BACK TO THE
BIBLE

The Gospel according to LUKE

누가복음

장종길 지음
김의원 박사 추천

Back to the Bible

The Gospel according to
LUKE

by

JANG Jong-Gil

Copyright © 2021 by *JANG Jong-Gil*
Grisim Publishing Co.
Seoul, Korea

Luke 4:18
"The Spirit of the Lord is upon Me,
Because He anointed Me to preach the
gospel to the poor. He has sent Me to
proclaim release to the captives, And
recovery of sight to the blind, To set free
those who are downtrodden,
19 To proclaim the favorable year of the
Lord."

“

내가 공을 세우나
은혜 갚지 못하네

”

추천사

현재 우리는 범세계적인 정보 시대에 살고 있습니다. 정보의 부재 시대는 이미 갔습니다. 원하는 분야에 대해 조회만 하면 얼마든지 많은 정보를 확보할 수 있습니다. 그래서 정보 홍수라는 말에 우리는 익숙해져 있습니다. 그런데 막상 접수한 정보를 대하면 정보의 빈곤을 느끼지 않을 수 없습니다. 질적 수준에 문제가 있는 정보들 때문입니다. 사회가 이런 문제를 안고 속앓이를 하고 있음을 우리는 익히 알고 있습니다.

이른바 초고속 정보화 시대에 있는 교회도 풍부한 목회 자료와 이들 자료들의 질적 난해성 사이에서 많은 고민을 하고 있습니다. 현재 우리 한국 교회는 컴퓨터에 의한 자료보다는 출판물에 의한 자료 의존도가 아직은 높은 상태입니다. 그러므로 질적으로 우수한 자료의 출판이 시급하다 할 수 있습니다. 질적인 우수성의 기준 중 하나는 정보를 사용하는 현장 사역자들의 필요를 정확하게 이해하고 있는지의 여부입니다. 그 자료를 수집한 현장 사역자들이 친근성을 가지고 쉽게 사용할 수 있게 해야 합니다. 많은 번역서들이 이 문제를 안고 있음을 우리는 알아야 합니다. 단순한 소개 정도로 정보를 전달하는 것은 또 다른 문제, 즉 현장화라는 과정을 요구하기 때문입니다. 다른 하나는 자료의 신뢰성입니다. 정확한 정보를 적절하게 인용한 자료를 간직하는 것은 필수적인 도리입니다. 이것이 부족할 경우 선의의 피해자를 계속해서 낳을 수 있습니다.

추천자는 새로운 출판물, 새로운 정보를 접할 때마다 이런 염려로부터 해방될 수 있기를 늘 바라고 있는 사람 중의 한 사람입니다. 그런데 본서는 이런 점으로부터 필자를 안심시키는 책이라고 봅니다. 우리 한국의 목회자들은 굵게 잘라 놓은 정보보다는 잘게 정리된 정보에 익숙합니다. 한국적인 상황이 특수하기 때문입니다. 확신하건대 이 책을 접하는 분들은 이런 면에서 공감할 것입니다. 또한 본서의 필자는 많은 출판 경험을 통해 인용되는 정보를 어떻게 사용해야 한국의 사역자들이 잘 활용할 수 있는지를 잘 알고 있는 분이라고 봅니다. 다른 책들이 외국의 좋은 내용을 단순히 알려주고 있는 반면에, 본서의 필자는 내용을 잘 요리해서 일정한 분야의 독자들이 효과적으로 사용할 수 있게 배려했다는 점이 본서의 장점이라 할 수 있습니다. 앞으로 출판 매체를 통해 정보를 제공하려는 분들이 참고하여 따라야 할 모델이라 생각하여 자신 있게 추천합니다.

김 의 원 박사 (전 총신대학교 총장)

金義援

이 책의 주된 목적은

신학자들의 연구를 한 단계 낮추고,
일반 성도의 수준을 한 단계 끌어올려
누구나 쉽게 접근할 수 있도록
인도하려는 데 그 목적이 있습니다.

신앙생활을 오래하셨는데도
성경이 여전히 수학문제같이 어렵게만 느껴지는
븐들에게 도움을 줄 것입니다.

특히 일반 성도들에게는
성경에 대한 지식이 풍부하더라도
성경 전체를 조망할 수 있는 훈련이 부족합니다.

따라서 이 교재는
성경 본문에 충실하면서도
성경의 통일성을 견지하고 구속사적 해석의 원리를
적용하여 설명하려고 노력하였습니다.
그것은 곧 하나님의 위대하신 섭리를 이해하는
빠른 길이기도 하기 때문입니다.

무엇보다도, 이 교재는
누구나 성경에 친근해질 수 있도록
쉽게 접근했다는 것입니다.
그러므로
아주 자세한 해설과 자료보다는
전체적인 흐름을 잡으려
강해식으로 설명했습니다.

지금, 곧 연필을 들고 시작하십시오.
여러분의 가장 친한 친구가
옆에서 설명해 주는 느낌을 받을 수 있을 것입니다.

저자 장 종 길

이 교재의 특징

본 교재는 무엇보다 성경 본문에 충실하려고 노력했습니다. 그러면서도 자칫 성경의 통일성을 놓치기가 쉬운 것을 감안, 언약 개념이 성경을 이해하는 데 중요한 요소라고 여겨, 성경 전체를 관통하는 언약의 흐름을 파악할 수 있도록 안내했습니다. 아래에 안내한 교재의 특징들을 잘 활용하면서 성경을 읽어나가면 성경을 보는 재미가 생겨날 것입니다. 이 교재의 최선의 목표는 성경을 혼자 공부할 수 있는 수준까지 끌어올리는 것입니다. 그것은 끊임없는 노력이 필요함은 두말할 나위가 없습니다. 너무

장별 제목

중심내용 : 본문의 내용이 무엇인가를 간단하게 숙지할 수 있도록 요약해 놓았습니다. 이 요약은 본 과에서 배울 내용을 한눈에 볼 수 있게 해줍니다.

애굽으로 당분간 피난했던 요셉은 꿈을 통해 헤롯의 죽음을 알게 되었고 주의 사자의 지시대로 다시 이스라엘 땅으로 돌아왔다(마 2:19).

도입 부분 : 본과에 들어가기 전에 지난 과에서 배운 내용을 간단히 이야기하고 이번 과에서 어떤 내용을 공부할 것인가를 안내했습니다. 이 부분은 음악에서 서곡(序曲)에 해당하는 부분으로 대단히 중요하므로 꼭 읽어야 합니다. 그래야 전체의 흐름을 이해할 수 있기 때문입니다.

본문개관 : 매장마다 본문의 내용을 간단하게 요약, 정리했습니다. 이 부분은 각 장을 정리하는데 도움을 줍니다. 필요에 따라 추가 설명도 했습니다. (Outline)

Close-up: 본문에서 신학적인 정리 및 자세한 설명이 필요할 때는 확대 설명해 놓았습니다. 내용이 그리 쉽지 않기 때문에 깊이 있게 공부하지 않을 분은 그냥 지나가도 됩니다. 만약 리더자가 있다면 안내를 받으십시오. 그러나 Close-up란은 본문의 이해를 위해 꼭 필요한 신학적 내용의 요약 정리입니다. 이 부분을 더욱 확대하여 교회에서 특강으로 해결하는 것도 좋은 방법입니다.

왕이신 예수 그리스도의 탄생

각주설명

도입부분

Outline 1장

본문개관

Close up-01

족보 부분을 조금 자세하게

Close-up

쉬운 것만 찾다 보면 우리의 믿음이 성장할 수 없습니다. 어려운 내용을 쉽게 설명하려고 노력했으나 한계가 있었습니다. 다만 성경(말씀) 동산에는 무궁무진한 보화가 있다는 사실을 알려주려고 애를 썼을 뿐입니다. 말할 수 없는 보화를 캐내는 작업은 여러분 스스로가 해야 합니다. 안내자는 안내자일 뿐입니다.

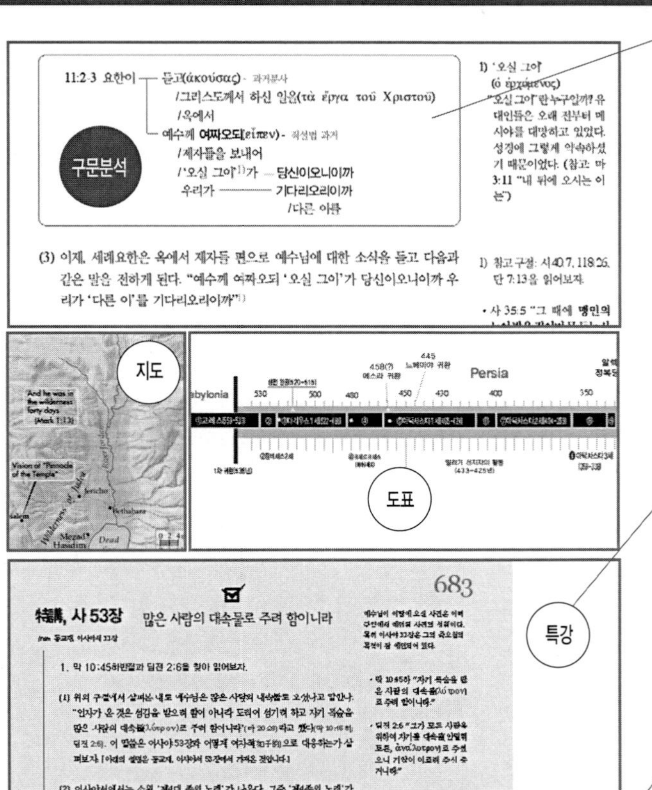

구문분석 : 본문에서 조금 자세히 설명이 필요한 경우에는 구문분석을 활용했으나 너무 많은 지면이 필요하고, 또 이 책의 목적이 분석보다는 쉬운 강해이기에 본문 이해의 차원에서 변형 적용했습니다. 구문분석은 「도서출판 그리심」에서 발간한 「문맥성경」을 사용했습니다. 문맥성경에 대한 더 깊은 이해를 원하시는 분은 서울성경연구원에 연락하시면 도움을 받을 수 있습니다.

(연락처 010-5495-3335) / 배동한 목사

특강 :

조금 깊이 다루어야 할 주제는 '특강'으로 설명했습니다. 내용이 너무 전문적이기에 일반 성도는 그대로 넘어가도 됩니다. 주로 동교재(백투더바이블)에서 그대로 사용한 경우가 많습니다.

성경을 공부할 때 도움이 될 만한 책들을 소개했습니다.

적용을 위한 묵상

질문식 해설: 본 교재는 먼저 질문을 하고 그 질문에 해설을 하는 식으로 정리하되 전체의 흐름을 강해식으로 설명했습니다. 따라서 차례대로 탐구해 간다면 성경 본문의 내용을 아주 쉽게 이해할 수 있을 것입니다. 물론 (색)연필은 꼭 준비하세요. 다음에 읽을 때 쉽게 정리할 수 있으니까요.

적용 : 말씀이 우리의 삶에서 적용되지 못한다면 지식만을 자랑하는 공부가 되기 쉽습니다. 가끔 삶의 적용을 위한 묵상을 실었습니다. 그러나 그 적용은 개인에 따라 달라질 수 있습니다. 본문에 대한 정확한 이해가 먼저 선행되어야 하고, 또한 그 말씀이 우리 삶에 적용되어야 합니다. 각자가 더 추가적인 적용을 해보세요. 그렇다고 억지로(?) 적용을 이끌어내려고 하지 마십시오. 적용이 필요없는 곳도 많으니까요. 우리는 본문이 의미하는 정확한 내용보다는 대입식 적용에 익숙해져 있습니다.

이 교재를 사용하시는 분들을 위하여

혼자 공부하시는 분에게

첫 째 물론, 성경공부를 하기 전에 기도하셔야지요! 본문을 잘 이해하게 해달라고 성령님께 지혜를 부탁하세요.

둘 째 오늘 배울 본문을 정독하면서 여러 번 읽으십시오. 혹시 영어 성경을 보신다면 함께 읽으십시오. 그리고 필요한 부분에는 구문분석을 소개했습니다. 내용의 흐름을 이해하는 데 도움을 줄 것입니다.

셋 째 이 교재는 문제를 먼저 던지고, 그에 대한 해설을 소개했습니다. 그런데 그 해설을 먼저 읽어보려는 유혹에서 벗어나야 성공합니다. 반드시 본인의 말로 답을 쓰십시오. 그리고 설명을 참고하세요.

넷 째 이 교재의 설명이 부족하신 분은 간단한 주석 또는 강해서를 참고하십시오. 그러나 이 교재의 주 목적이 전체의 흐름을 잡는 것이고, 또 너무 자세한 주석은 진도에 방해를 가져오기 때문에 많이 생략했습니다.

다섯째 혼자 공부하시다 이해가 잘 안 가는 문제는 여백에다 기록했다가 나중에 교역자의 안내를 받으십시오.

여섯째 꼭 한 번에 한 과씩 진도를 나갈 필요는 없습니다. 맛있는 뷔페에 가서는 정량보다 더 많이 먹는 것처럼 여러 과를 하셔도 됩니다. 따라서 이 교재가 어떤 사람에게는 몇 주나 몇 달이 걸릴 수 있고 어떤 사람에게는 더 걸릴 수도 있습니다.

일곱째 그 날 배운 내용을 주위 사람들에게 교재를 보지 않고 설명해 보십시오. 물론 완전히 자기 것으로 소화해서 자신의 말로 전달하셔야 합니다. 정 그럴 상대가 없다면, 자녀나 친구에게, 그래도 없으면 이불 속에서라도 혼자 중얼거려보세요. 그 효과가 배로 나타날 것입니다.

여덟째 소개된 성경 구절을 다 찾아 적으신다면 그보다 더 좋은 효과는 없겠지요. 그렇지 못하더라도 소개된 성경 구절은 꼭 찾아보아야 합니다. 아주 반드시.

아홉째 Close up은 어떤 사람에게는 너무 어렵겠지만, 어떤 사람에게는 도움이 될 것입니다. 잘 활용하시면 이해에 큰 도움이 될 것입니다. 책 소개는 필요하신 분을 위해 안내했습니다.

열 째 분명한 것은 이 교재가 반드시 완전하다는 것은 아닙니다. 성경에서 보다 풍성한 꼴을 얻게 하기 위한 기초과정일 것입니다. 보다 깊은 연구는 자기 스스로 하셔야 합니다. 꼭 부탁드리는 것은 잘 성장하셔서 교회에서 성경을 지도하는 교사가 되기를 바랄 뿐입니다. 노력하십시오.

구역공부 교재로 사용하시는 분들께

첫 째 구역의 활성화가 교회부흥의 첩경임은 누구나 다 아는 사실입니다. 그러나 말씀 중심으로 모이는 모임이 아니면, 그 모임이 계속 불타오를 수 없습니다. 인위적인 열심은 곧 시들해지기 때문이니까요.

먼저, 교재를 나누어 주시고 집에서 숙제를 해오게 하십시오. 성경 구절을 적어 오게 하되 바쁜 사람은 성경을 찾아보았다는 증거로 성경 페이지 숫자라도 적어 오게 하세요. 물론 안 해 오는 분에게는 벌금을 물리세요. 집에서 이 교재를 사용하시는 방법은 앞의 내용을 참고하십시오.

둘 째 만약 당신이 인도자라면, 앞에서 '혼자서 공부하는 사람에게' 말했던 내용대로 하십시오. 철저히 준비하셔서 속이 후련하게 해주셔야 합니다. 자세한 설명보다는 그 본문이 의미하는 내용을 아주 간단하고 알기 쉽게 설명해 주셔야 합니다.

셋 째 구역 모임은 시간을 그리 길게 잡을 수는 없을 테니까, 짧은 시간 내에 그 내용을 소화할 수 있도록 지도자나 지도를 받는 분들이 미리 준비를 잘 해오셔야 합니다. 그래서 구역 모임에서는 중요 내용을 토론, 요약해 주는 방법이 나을 것입니다. 물론 잘 이해가 안 되는 부분은 지도자가 설명해 주셔야 합니다.

넷 째 나머지 재미나는 프로그램은 지도자가 안내하십시오. 이 교재에 나와 있는 삽화를 예쁘게 색칠해 오게 하는 방법도 그 하나일 것입니다. 또는 좋은 책을 선정, 그 내용을 서로 소개하는 방법도 있을 것입니다.

성경공부 모임의 교재로 사용하시는 분들께

첫 째 우선 앞의 내용을 참고하십시오. 성경공부 시간이 얼마나 되는지 잘 모르겠지만, 물론 집에서 각자 충분히 공부를 해오게 하시는 것이 효과적입니다. 주로 교역자나 전문 성경공부 지도자가 인도하게 되겠기에 보다 깊은 토론을 할 수 있을 것입니다.

둘 째 그러나 어느 한 주제를 가지고 너무 깊은 토론을 하는 것은 유익하지 못합니다. 더욱이 교역자가 없는 성경공부 모임에서는 너무 깊은 토론을 하지 않는 것이 좋습니다. 이런 문제는 교인 전체를 대상으로 강사를 모시거나 본 교회 교역자의 특강으로 해결하는 것이 좋습니다.

셋 째 그보다는 성경 전체의 맥을 잡아 가는 것이 효과적입니다. 우리의 논쟁거리는 신학자들 사이에서도 논쟁이 되는 것이 대부분입니다. 만약, 성경공부 모임에 처음 참석하는 분이 있다면 더더욱 비효과적입니다. 많은 지식의 습득보다 성경 본문이 전하려는 핵심 메시지가 무엇인지를 알려고 노력하십시오.

BACK TO THE BIBLE

CONTENTS

The Gospel according to LUKE

BACK TO THE BIBLE

서 론

누가는 바울이 로마에 도착할 때까지
그의 곁에 있었으며,
후에 누가 · 행전을 썼다는 것으로
누가의 이야기는 모두 끝이 난다.
누가는 이방인이었으며,
따라서 기독교 선교에 대한 공정한 관찰자였다.
무엇보다도 가장 놀라운 것은
예수를 전혀 만난 적이 없었고,
예수의 12제자들 중 한 사람도 아니었으며,
그 이후의 사도도 아니었던 이 2세대 그리스도인이
예수의 삶과 사역을 유대적 배경이 아닌 세계를
배경으로 기록했다는 사실이다.

4복음서 중에서 많은 사람들에게 가장 매력적이고
설득력 있는 복음서가
거기에 있지도 않았던 사람에 의해 쓰여졌던 것이다!
[서론에서]

Close-up 조금 자세하게 들여다보기

BACK TO THE BIBLE 본 문

BACK TO THE
BIBLE

[안내 말씀]

학자들은 세 복음서(마태, 마가, 누가) 간에는
어느 정도 연관성이 있다고 주장합니다.
이는 서로 유사하거나 똑같은 병행구절을
많이 가지고 있기 때문입니다.
세 복음서가 모두 같은 자료를 사용했거나
아니면 이들 중 하나 이상의 책이
다른 책의 자료를 사용했음이 틀림없다는 것입니다.
이를 '공관복음서 문제'라고 부릅니다.
마가복음의 거의 전 내용이(약 90%) 마태복음에 실려 있습니다.
마태복음이 마가복음의 대부분의 자료를 사용했다면,
누가복음은 마가복음의 절반 남짓한 분량만 자료로 사용했습니다.

본 교재는
마태복음과 요한복음,
그리고 마가복음을 쓰고난 후에 썼습니다.
따라서 똑같은 주제를 설명할 때
마태복음과 마가복음에서 소개된 내용과
그림을 그대로 가져와 중복 설명된 부분이 많습니다.

물론 누가복음에서만 소개되는 내용도 절반은 되지만
이미 동교재로
마태복음과 요한복음, 마가복음을 공부하신 분은
복습하는 마음으로 하십시오.

이 교재의 특성상 신학적으로 논쟁이 있는 부분은
가급적 취급하지 아니했습니다.

백투더바이블(신약)

The Gospel according to
LUKE

누가복음

16

누가복음 서론

著者

저자

1. 누가 썼을까? (저자: Λουκᾶς)

Λουκᾶς(루카스)는 '빛나다'를 의미하며, 신약 성경에서 그 이름이 3회 언급된 바울의 동료이자 의사이다(골 4:14; 몬 1:24; 딤후 4:11).

(1) 본서의 저자는 바울을 잘 아는 제2세대 기독교인으로 제시된다. 그는 유명한 저자이면서 복음서에 기록된 어떠한 사건도 목격하지 못한 사람이다. 그러나 이 전승에 대한 가장 확실한 증거는 사도행전에 나타난다. 누가복음은 전통적으로 누가에 의하여 기록된 것으로 받아들여지고 있다. 물론 저자가 익명으로 되어 있으나 오랜 교회 전승에 의하면, 바울의 동역자인 '의사 누가'(골 4:4, "사랑 받는 의원" / 몬 1:24; 딤후 4:11)라고 한다. 이 전승을 최초로 전하고 있는 무리토리안 정경(주후 170-80, 누가복음의 저자를 의사이면서 바울선교 여행의 동행자로 소개하고 있다.)이 이 서신의 저자에 대해 밝히고 있다.[1] 어떤 학자는 누가가 헬라파 유대 그리스도인일 것이라고 주장하기도 하나 거의 지지를 받지 못하고 있다.

- 이레니우스(185년경), 터툴리안(208년경), 알렉산드리아의 클레멘트, 오리겐, 유세비우스와 초대교부들이 누가를 저자로 인정하고 있다.

(2) 누가는 드로아에서 바울의 두번째 전도 여행에 바울과 동행했다(행 16:11, "**우리가** 드로아에서 **배로 떠나**(ἀναχθέντες[과거분사, 수동]) 사모드라게로 직행하여...") – 여기서 기사가 처음으로 1인칭 복수로 변한다. 저자는 본서에서 바울 일행의 이동에 관하여 언급하면서 "우리"(we)와 '우리를'(us)이라는 대명사를 사용한다.[2]

(3) 누가는 자신의 역사적 위치를 분명하게 알고 있었다. 그는 자신을 세 번째 세대에 속한 사람이라고 밝힌다.

제 1세대 - 처음부터 말씀의 목격자되고 일꾼된 사람들(눅 1:2)
제 2세대 - 많은 사람들(1:1)
제 3세대 - "나(=누가) 역시"(1:3, "그 모든 일을 근원부터 자세히 미루어 살핀 ***나도*** 데오빌로 각하에게 차례대로 써 보내는 것이 좋은 줄 알았노니")

(4) 누가의 복음서 기록 원칙

- 근원부터 - 세례 요한부터 다룬다.
- 자세히 - 다른 사람들이 기록한 내용도 충분하지만 더 첨가할 의도를 밝힌다.

1) 성경의 복음서들은 모두 누가 저자인가가 나타나 있지 않다. 각 복음서 안에는 저자들의 이름이 나타나지 않기 때문이다. 그러나 그 신빙성의 정도가 다양했던 초기 기독교 전승에서는 각 복음서에 저자들의 이름이 덧붙혀졌다.

복음서의 '실제 저자가 누구냐?'는 하는 문제가 가장 중요한 문제는 아니다. 그러나 누가복음의 경우에는 이것이 아주 중요한 문제이다. 왜냐하면 실제 저자의 배경과 경험이 이 복음서를 쓴 관점과 목적을 보여주기 때문이다.

2) 사도행전에서는 '우리'(we)라는 인칭대명사가 여러번 사용됨을 볼 수 있는데 16:10-17(9회), 20:5-15(12회), 21:1-18(25), 27:1-28:16(34회) 이는 본저의 저자가 사도바울과 함께 있었음을 보여준다. 또한 누가복음의 저자는 성경의 저자들 가운데 누구보다도 풍부한 어휘력을 가지고 있다. 그는 교육을 많이 받은 기독교인으로 헬라문명에 익숙한 이방인이었을 것이다. 예수님을 본적이 없으나 바울을 알고 있었으며 구별된 신학적 견해를 가진 사람이었다.

• 차례대로 - 전통적으로 지키는 순서를 따랐다(요한의 사역 - 예수님의 출생 - 예수님의 활동 - 죽음 - 부활 - 승천 / 사도행전은 승천 이후의 사건).

(5) 누가복음과 사도행전이 같은 저자의 작품이다.
두 책의 서문이 모두 밝히고 있듯이 '데오빌로'(Θεόφιλος 데오필로스)라는 동일 인물에게 헌정되었다는 점을 밝히고 있기 때문이다(눅 1:3 // 행 1:1, "데오빌로여 내가 먼저 쓴 글에는..."). 이러한 증거가 아니더라도, 누가복음과 사도행전 사이에는 언어, 문체, 관심, 전망과 목적 등에서 발견되는 긴밀한 유사성을 보아 동일 저자의 기록임을 알 수 있다. 사도행전의 저자가 누구이든지 간에, 그가 누가복음을 썼다는 점에는 거의 의문이 제기되지 않았다.[1]

2. 바울의 선교여행에 동행했던 사람

(1) 누가복음의 저자는 바울과 선교여행에 동행했던(행 20:5* ; 세 번째 전도 여행 시 바울과 다시 만나 예루살렘으로 함께 갔다.) 그리고 바울이 가이사랴에서 옥에 갇혀있던 2년 동안 있었을 때 그의 복음서를 집필할 자료를 모을 기회를 가졌던 것 같다. 어쨌든 누가는 바울에 대한 직 · 간접적으로 많은 정보를 얻을 수 있었기에(몬 1:24*; 딤후 4:11*), 바울의 선교사역을 자세하게 소개할 수 있었을 것이다. 사도행전의 저자가 바울과 함께 로마에 있었다고도 밝히고 있다(행 28:16*).

(2) 누가는 초기에 이방인 회심자였던 것 같다(행 11:19-21. "때에 스데반의 일로 일어난 환난을 인하여 흩어진 자들이 베니게와 구브로와 **안디옥까지** 이르러 도를 유대인에게만 전하는데..."). 그래서인지 시리아의 안디옥 교회에 대한 상세한 정보를 제공한다(행 11:19-20; 13:1-4, 14:26-28, 15:1-3, 13-40, 18:22-23).

3. 어디서 기록했을까? (기록 장소)

(1) 기록 장소에서도 여러 의견이 있다. 안디옥, 가이아랴, 아가야, 소아아시아 등. 학자들은 누가가 팔레스타인의 지리에 밝지 못하다는 점을 들어(눅 17:11) 본서가 팔레스타인 밖에서 기록되었을 것이라고 추측한다.

(2) 복음서에 대한 반(反) 말시온 서문에 의하면 누가복음이 아가야(Achaia)[2]에서 썼다고 기록되어 있다. 그러나 이 견해는 별로 신빙성이 없다. 대체로 로마, 아니면 안디옥으로 본다.

1) 과학적인 의사, 교육을 많이 받은 인물, 개종한 이방인, 바울의 헌신적인 친구인 누가는 훈련된 지성과 역사가의 연구방법론과 전적으로 그에게서만 찾아볼 수 있는 문체의 매력으로 그리스도의 생애를 연구했다.

• 행 20:5 "그들은 먼저 가서 드로아에서 **우리를** 기다리더라."

• 몬 1:24 "또한 나의 동역자 마가, 아리스다고, 데마, **누가**가 문안하느니라."

• 딤후4:11 "**누가만 나와 함께 있느니라** 네가 올 때에 마가를 데리고 오라 그가 나의 일에 유익하니라."

• 행 28:16 "**우리가 로마에 들어가니** 바울에게는 자기를 지키는 한 군인과 함께 따로 있게 허락하더라."

2) 펠로폰네수스의 북부 중앙 지역으로 고린도만의 해안 쪽에 위치한 그리스의 작은 지방이다. 갈리오가 이 지방의 총독으로 있었다(행 18:12). 바울은 2, 3차 전도여행 때 이곳을 방문했다(행 18:12, 19:21).

누가가 헬라의 여러 도시들에 정통한 것은 아가야를 알고 있었던 자였기 때문이었다(행 16:12 이하; 17:16, 19;17:21; 18:8).

누가복음에서 의사의 특색을 보여주는 증거들

- "중한 열병"(눅 4:38, 참조: 마 8:14; 막 1:30);
- 다시 살아난 야이로의 딸이 그녀가 살아난 직후에 "먹을 것"을 주라고 하셨다(눅 8:55, 참조: 마 25장; 막 5:42);
- 선한 사마리아인의 비유에서 그 첫번 도움의 일화(눅10:25-37)
- 의사 누가는 멜리데인에게 행한 일을 영광스럽게 여긴 자들 가운데 자기 자신을 포함시킨다(행 28:9-10).
- 누가는 여러 가지 봉사로 그의 동료들에게 헌신한 친절하고 복음적이고 문학적 재능을 지닌 1세기 의사였다.

(3) 복음서는 어느 곳으로 보내졌을까? 누가가 이방인 전도에 많은 관심을 표명했다는 점을 참작한다면 안디옥, 아가야, 에베소 등이었을 것이다.

4. 언제 기록되었을까? (기록 연대)

(1) 누가복음과 사도행전의 가능한 가장 빠른 시기는 누가가 행 28장에서 기록한 사건들이 발생한 주후 62년경이다.

(2) 만일 누가가 바울의 순교(주후 64-67년경) 이후에 누가복음과 사도행전을 썼다면 바울의 재판과 죽음에 대한 내용이 빠져 있는 것은 이상하다고 주장해왔다. 누가는 주후 65년에 있었던 네로 치하의 끔찍한 박해는 전혀 언급하지 않고 오히려 바울에 대해 로마에서 2년 동안 "담대하게 거침없이"(행 28:31) 복음을 증거했다고 긍정적으로 묘사한다. 이런 견해라면 누가복음의 저작 연대는 60년대 초반이라고 할 수 있다.

(3) 그러나 위 견해를 믿는다면 마가복음의 기록 연대를 주후 64년경까지 잡는 설은 의문을 제기할 수밖에 없게 된다. 따라서 학자들 중에는 누가복음-사도행전도 주후 70년 이후의 쓰여진 것이라고 주장한다. 이들은 눅 21:20 "군대들에게 에워싸인 것을 보거든"이라는 기록을 예루살렘 파괴를 전제로 한다.

누가복음은 고유자료가 전체의 절반에 이른다. 예를 들면,

- 데오빌로 헌정문(1:1-4)
- 요한의 출생(1:5-25)
- 마리아에게 예수님의 탄생 고지(1:26-38)
- 마리아의 엘리사벳 방문(1:39-56)
- 세례 요한의 탄생(1:57-80)
- 예수님의 탄생(목자, 구유; 2:1-20)
- 예수님을 성전으로 데려감(2:21-38)
- 예수님의 어린 시절 예루살렘 방문(2:41-52)
- 질문에 대한 요한의 대답(3:10-14)
- 예수님의 족보(아담까지 상향 족보; 3:23-38)
- 가난한 자에 대한 복음(4:14-23, 25-30)
- 많은 고기를 잡음(5:1-11)
- 나인성 과부의 아들(7:11-17)
- 한 여자가 예수님게 향유를 붓다(7:36-40)

- 두 명의 빚진 자들의 비유(7:41-43)
- 여인들이 예수님을 섬김(8:1-3)
- 사마리아인의 촌에서 배척을 당하심(9:51-56)
- 70인이 돌아옴(10:17-20)
- 선한 사마리아인의 비유(10:29-37)
- 마리아와 마르다(10:38-42)
- 한 밤중에 찾아온 친구에 대한 비유(11:5-8)
- 어리석은 부자 비유(12:13-21)
- 열매 맺지 않는 무화과나무 비유(13:6-9)
- 안식일에 여인을 고친 사건(13:10-17)
- 수종병 든 사람을 고침(14:1-6)
- 청함을 받은 자와 주인에 관한 교훈(14:7-14)
- 망대를 세우는 비용에 대한 계산(14:28-30)
- 경솔한 임금(14:31-33)
- 잃어버린 드라크마 비유(15:8-10)
- 탕자 비유(15:11-32)
- 불의한 청지기(16:1-9)
- 부자와 나사로(16:19-31)
- 종의 직무(17:7-10)
- 열 명의 나병환자(17:11-19)
- 과부와 불의한 재판관(18:1-8)
- 바리새인과 세리(18:9-14)
- 삭개오(19:1-10)
- 예수님께서 예루살렘을 우하여 우심(19:41-44)
- 베드로의 부인(22:31-32)
- 두 개의 검(22:35-38)
- 헤롯 앞에 서신 예수님(23:6-12)
- 빌라도가 예수님의 무죄를 선언함(23:13-16)
- 예수님이 십자가에서 하신 말씀(23:28-31, 34, 43, 46)
- 엠마오로 가는 두 제자(24:13-15)
- 제자들에게 나타나심(24:36-49)
- 베다니에서 승천하심(24:50-53)

누가는 직접 사람들을 만나 조사하고, 가이사랴와 예루살렘과 그 밖의 다른 마을들과 가정들을 일일이 방문했다. 그 중에는 누가만이 전해 주는 아주 귀중한 이야기들도 있다. 선한 사마리아인의 비유, 잃어버린 동전의 비유, 탕자의 비유, 부자와 거지 나사로의 비유, 어리석은 부자의 비유, 불의한 청지기의 비유, 불의한 재판관의 비유, 바리새인과 세리의 비유, 열매 맺지 못한 나무의 비유, 두 빚진 사람의 비유, 그리고 한밤중에 찾아 온 친구의 비유 등은 누가가 찾아내지 않았으면 영원히 잊혀졌을 것이다.

베드로를 부르실 때 두 배 가득 물고기를 잡게 하신 이야기, 나인 성에서 행한 이적, 억눌린 여인을 놓아주신 이야기, 수종(水腫)을 고치신 이야기, 열 나병병자를 고치신 이야기, 그리고 오른쪽 귀에 대한 이야기도 마찬가지였을 것이다.

누가가 없었다면, 우리는 베들레헴의 목자들의 이야기, 요한의 탄생과 그의 설교에 대한 기사들, 그리고 나사렛의 마리아와 하나님의 부르심에 대한 그녀의 반응에 대해 우리가 알고 있는 거의 모든 것들, 성전에서 하나님께 바쳐지는 그리스도, 어린 시절 소년 예수의 예루살렘 방문 이야기, 예수의 나사렛 방문 사건의 전모, 그리고 시몬의 집에서 회개한 여인의 이야기를 놓쳤을 것이다.

지금까지 언급한 것들이 누가의 부지런한 연구 덕분으로 우리가 가질 수 있게 된 이야기들과 사건들의 대단한 목록이다. 이러한 이야기들과 사건들이 없는 누가복음을 상상하기란 어렵다. [R.E.O. White의 *Luke's Case for Christianity*(누가신학연구, 6장)]

누가는 어떤 인물이었을까?

1) R.E.O. White의 *Luke's Case for Christianity*(누가신학연구, 김경진 역, 도서출판 그리심)을 중심으로 정리했다.

누가(Λουκᾶς, 루카스)는 어떤 인물이었을까? 그에 대해 조금 자세하게(?) 알아보는 것이 누가복음의 내용을 보다 잘 이해할 수 있는 기초가 될 것이다. 물론 누가는 자신에 관해 거의 아무 것도 말하지 않았다. 따라서 그의 인격에 대해 알기 위해서는 흩어진 단서들을 모아 개연성이 있는 그의 모습을 그려낼 수밖에 없다. 앞에서 이미 언급했지만 조금 더 알아보자.[1]

• 골 4:14 "사랑을 받는 의사 누가와 또 데마가..."

1. 골 4:11-14을 읽어보면, 누가는 이방인이었음을 보여준다.

• 그렇다면, 누가는 헬라어 구약성경을 사용했으며, 회당의 사고 방식을 알고 있었고, 히브리 시들에 대해서도 잘 알고 있었을 것이다(눅 1-3장). 이러한 사실에 비춰 볼 때, 누가는 **유대교로 개종한 이방인**이었을 것이다.

• 행 10:22 "저희가 대답하되 백부장 고넬료는 의인이요 **하나님을 경외하는 자라** 유대 온 족속이 칭찬하더니 저가 거룩한 천사의 지시를 받아 너를 그 집으로 청하여 말을 들으려 하느니라 한대"

• 사도행전에는 '**하나님을 경외하는 자**'(God-fearing man, φοβούμενος τὸν θεόν)라는 표현이 나타난다(8회). [이 표현은 유대교의 일신론(一神論, monotheism)과 도덕에 매력을 느끼지만, 유대인의 민족적 관습과 할례와 동물 희생을 요구하기 때문에 완전한 개종을 거부하는 이방인들을 가리키는 말로 사용되었다.]

(1) 누가 역시 한 때는 이들과 같은 처지에 있었음을 강하게 암시해 준다. 누가는 복음서 가운데 유일하게 비(非)유대교의 배경을 가진 사람이었다. 바울이 감옥에 있을 때, 누가는 그의 곁에 있었다(골 4:14, 18; 몬 24장). 감옥에서 편지를 쓰면서 바울은 누가를 가리켜 '사랑 받는 자', '동역자'라고 불렀으며, 이것은 감사의 뜻이 담긴 칭찬의 표현이었다.

2) 누가가 보여주는 사도 바울은 유대인의 율법과 관습들을 이방 그리스도인들에게 부과하는 것을 강력히 반대하면서도, 선하고 충성스런 유대인으로, 유대교의 맹세들을 하고, 성전에서 예배하며, 성전세와 희생제물을 바친다(행 18: 18, 20:16, 21:23-26, 23:6, 24:4, 5).

(2) 누가의 성격 중 또 다른 분명한 특징은 그의 강한 독립심이다. 누가는 오랫동안 바울과 함께 지냈지만 단순히 바울의 메아리가 되지는 않았다. 바울은 선택이 아니라 필요에 의해 논쟁과 교회 문제들에 개입했는데 누가는 사도 바울의 또 다른 일면을 보여 준다.[2] 누가는 이러한 독립심, 즉 아첨하지 않고 (바울을) 칭찬할 수 있는 능력은 이방인으로서의 누가의 남다른 위치에 의해 충분히 설명될 수 있을 것이다. 그러나 그의 모든 저작들이 보여주듯이, 누가는 또한 교양 있고, 논리 정연하며, 꼼꼼한 사람이었다(예를 들면, 눅 1:1-4).

(3) 누가는 단어들을 정교하게 구사했으며, 그의 헬라어는 신약에서 가장 순수한 것이었다. 그는 여행을 많이 했으며, 경험이 많았고, 사상보다는 사람에 관심이 더 많았다. 그러나 이 모든 장점과 독립심에도 불구하고, 누가가 바

울에게 충성했다는 것은 의문의 여지가 없다. 마지막에(딤후 4:11) 바울은 "누가만 나와 함께 있느니라"고 강한 어조로 말했다. 그러니 바울이 누가를 사랑한 것이 어찌 놀라운 일이겠는가![1)]

1) 누가복음 1-3장의 유아의 노래들(infancy-song, 세례 요한과 예수의 출생 및 어린 시절에 관한 노래)은 누가에게 아주 일찍 시인의 명성을 가져다주었다.

2. 누가의 고향은 어디일까?

(1) 초기의 성경 필사자 중 한 사람은 누가가 수리아의 안디옥 출신이라고 했다(참조. 행 11:27 "그 때에 선지자들이 예루살렘에서 **안디옥**에 이르니…그리고 우리가 모일 때에…"). 누가는 안디옥을 열세 번이나 언급했다. 누가는 안디옥 교회를 아주 생생하게 묘사하며, 그들의 사역을 도울 목적으로 바나바를 진심으로 추천했다.

1) 누가복음1-3장의유아의노래들(infancy-song, 세례 요한과 예수의 출생 및 어린 시절에 관한 노래)은 누가에게 아주 일찍 시인의 명성을 가져다주었다.

(2) 누가는 드로아에서 바울을 만나 그와 함께 했으며, 빌립보까지 동행한 것으로 보인다. 바울은 습기가 많은 에베소에 머물기에는 건강이 너무 나빴던 것으로 생각된다(갈 4:12-14; 행 16:9). 이것이 사실이라면, **의사로서의 누가**의 보살핌은 시기 적절했을 것이다.

물론 1세기 의사들을 과학자로 생각해서는 안 된다. 그들의 치료약에는 상처를 소독하고 진정시키는 포도주와 기름(눅 10:34), 무화과과즙, 발삼(balsam, 일종의 진통제), 몰약, 박하, 쿠민(cumin), 포도주, 꿀, 아몬드, 무화과 등이 포함되었다. 누가는 1세기 기준에서 볼 때 주의 깊고, 능력 있으며, 매우 동정적인 사람이었다.

(3) 빌립보에서의 모험 이후에 바울과 실라는 마게도냐로 갔지만, 누가는 뒤에 남았다(행 16:40, 17:1에 '우리가'가 아니라 '저희가'(they)라고 되어있다). 데살로니가, 뵈레아, 아덴, 고린도를 방문한 후에 바울은 빌립보로 돌아 왔고, 누가는 그와 다시 재결합했다(행 20:5에서부터는 다시 '우리가'로 바뀐다).

(4) 빌립보가 그의 고향이었을까?

누가가 빌립보에 이렇게 오래 머물러 있었다는 것은 빌립보가 그의 고향이었다는 암시를 줄 수 있다. 누가는 빌립보에 편안히 머물면서 빌립보 이야기에 특별한 관심을 가지고 이를 상세히 기록했기 때문이다.

(5) 누가는 바울이 로마에 도착할 때까지 그의 곁에 있었으며, 후에 누가 · 행전을 썼다는 것으로 누가의 이야기는 모두 끝이 난다.[2)] 누가는 이방인이었으며, 따라서 **기독교 선교에 대한 공정한 관찰자**였다. 무엇보다도 가장 놀라운 것은 예수를 전혀 만난 적이 없었고, 예수의 12제자들 중 한 사람도 아니었으며, 그 이후의 사도도 아니었던 이 2세대 그리스도인이 예수의 삶과 사역을 유대적 배경이 아닌 세계를 배경으로 기록했다는 사실이다. 4복음서 중에서 많은 사람들에게 가장 매력적이고 설득력 있는 복음서가 **거기에 있지도 않았던 사람에 의해** 쓰여졌던 것이다!

2) 고대의 한 필사본에는 누가가 그리스에서 독신으로 84세에 죽었다고 기록하고 있다. 이것은 사실일 수도 있고 뜬소문에 불과할 수도 있다. 분명한 사실은 **누가는 그의 겸손에도 불구하고 성실하고, 충성스러우며, 유익하고, 재능이 있으며, 사랑받는 위대한 그리스도인이었다**는 점이다.

22

누가는 언제 그리스도인이 되었을까?

1. 누가는 어떻게 그리스도인이 되었을가? 정확히 알 수 없다. 그러나 우리는 안디옥 혹은 드로아에서 그리고 곧바로 뒤이어 빌립보에서 누가의 교회의 활동 모습을 보게 된다.

(1) 누가는 2세대 그리스도인이다. 거기다가 그는 팔레스타인으로부터는 멀리 떨어진 곳에 살았고, 교회를 처음 접했으며, 그 교회로부터 예수님을 알게 되었다. 이후의 모든 그리스도인들과 마찬가지로 누가에게서는 만남의 역사적 순서가 뒤바뀌었다(즉 예수님을 먼저 만나고 그 다음에 교회를 보게 된 것이 아니라 교회를 통해 예수님을 알게 되었다).

(2) 누가는 자신이 언제 어떻게 회심하게 되었는지 언급하지 않는다. 또 회심한 사람들에 대해 그렇게 자주 언급하고 있지는 않다. 대부분의 언급들도 매우 간단하다. 레위의 이야기, 루디아의 이야기, 서기오 바울의 회심 이야기는 겨우 한 절이나 두 절에 걸쳐 언급되었을 뿐이다. 그리고 다마리(Damaris)의 경우처럼(행 17:34) 단지 이름만 언급하고 있다.[1)]

2. 이에 비해 바울의 회심은 왜 세 번이나 언급했을까?

(1) 바울의 회심은 세 번이나 언급되었으며, 모두 합쳐 43절을 차지하고 있다. 왜 누가는 바울의 회심을 그렇게 분석하고 강조했을까? 그것은 누가와 바울 사이의 긴밀한 관계와는 별도로 **바울의 등장이 초대교회에서 아주 중요한 전환점이었기 때문이다**.

(2) **에디오피아 내시의 이야기**는 14절에 걸쳐 기록되어 있다. 이 이야기는 그 자체로 아주 극적이며, **성령의 활동을 보여주는 분명한 예**이기도 했다.[2)] 이 이야기는 누가처럼 하나님을 경외하는 이방인에게는 특별한 관심의 대상이 아닐 수 없었다.

(3) **고넬료의 회심**은 두 배나 더 자세하게 기록되어 있다(66절). 이는 고넬료의 이야기 역시 엄청난 중요성을 갖기 때문이다. 왜냐하면 이 이야기는 이방인 회심자들에 대한 사도 교회의 태도 변화를 보여주고 있기 때문이다. 누가는 세심하게 그리고 분명 즐거운 마음으로 이 이야기를 길게 기록했다.[3)] 여러 면에서 이 이야기는 누가 자신의 이야기에서도 필수적이었다.

(4) 고넬료의 이야기가 다시 한 번 자세히 반복된다. 이러한 반복은 누가처럼 고넬료의 이야기에 깊은 감동을 받은 사람들 외에는 전혀 불필요한 것이었다. **고넬료의 경험은 누가 자신의 경험과 아주 닮은 것이었다.** 그렇기 때문

1) (설교와 죽음이 사도행전에서 상당한 분량을 차지하는) 스데반의 회심 또는 (사도 교회에서 그렇게도 탁월한 위치에 있었던) 예수님의 형제 야고보의 회심에 대한 기록도 전혀 찾아볼 수 없다.

2) 에디오피아 내시는 외국인이었기 때문이다. 그는 구약성경을 읽고 있었으며, 유대교에 관한 것들에 대해 혼란스러워 하다가 극적으로 준비된 자세한 설명을 듣고 그 설명을 기쁨으로 받아들였다. 우리는 누가가 자신의 경험과 너무나 흡사한 이 내시의 이야기에 긴밀한 동질감을 느꼈을 것이라고 생각할 수 있다.

3) 왜냐하면 예전의 누가와 마찬가지로 고넬료도 이방인이었고, 유대교에 열심이긴 했으나 아직은 유대교로 개종하지 않은 상태였기 때문이었다. 고넬료는 또한 교양을 갖춘 사람이었으며, 누가와는 다르기는 하지만 그만큼 크고 중요한 책임을 맡은 로마군의 백부장이었다.

에 고넬료의 경험이 누가에게 깊은 영향을 미쳤다고 생각하는 것은 결코 억측이 아니다. 우리가 누가에 대해 알고 있는 모든 사실들에 비추어 볼 때, 누가는 이러한 단계들을 거쳐 그리스도인이 된 것이 분명한 것 같다.[1)]

3. 누가가 만난 교회

(1) 우리는 누가의 회심에 대한 자세한 이야기는 알 수 없지만 그의 회심이 이루어진 방법은 사도행전 전체에 걸쳐 많이 기록되어 있다. 누가는 연구와 저술과 논쟁에 능숙하고, 분명한 분석의 기질과 능력을 가졌으며, 이미 유대교에 열심이자 매료된, 교양 있고, 관찰력 있고, 주의 깊은 사람이었다. 이러한 누가는 그의 생애 가장 중요한 시기에 *그리스도의 교회*를 만났다.

(2) 어디서 만났을까? 아마도 **안디옥**에서였을 것이다. 안디옥에는 주로 이방인들로 구성된 활발한 그리스도인들의 모임(교회)이 있었고, 영감(靈感) 있는 선지자들은 하나님의 말씀을 전했으며, 모인 사람들은 성령의 지시에 순종했다. 또는 누가가 교회를 처음 만난 것은 **드로아**였을 가능성도 있다.[2)]

4. 바울이 선교 여행에서 그리스로 돌아 왔을 때, 누가는 (매우 다른 사회들에) 복음이 미친 놀라운 영향에 대해 전해 들었다. 누가가 이 모든 이야기들을 전해 들었다는 사실을 알고 있다. 왜냐하면 누가가 이 모든 것들을 기록하고 있기 때문이다. 예를 들어;

- 데살로니가에서 사람들에 대한 이야기 – "우상들을 버리고 살아 계신 참 하나님을 섬겼다." • 학구적인 베뢰아 청중들에게서 대 성공 이야기 • 아테네에서 바울이 냉대 받은 이야기 • 그리고 로마 제국의 더러운 소굴이자, 도박장, 이교도 신당, 포도주를 끊임없이 쏟아내는 넓은 포도밭, 백 개의 매춘굴을 가진 아프로디테의 대신전 등으로 가득 찬 거대한 항구 도시 고린도에서의 이야기 등등,

(1) 기독교는 이렇게 가장 저속한 형태의 이교도와 마주쳤다. 그러나 여기에서도, 교회는 커져 갔고, 악에서 구원받은 남자와 여자들로 구성된 역동적인 회중이 생겨났다.[3)]

(2) 이 모든 것들이 누가의 열심 있는 관찰 정신에 깊은 인상을 남겼으며, 우리는 이러한 인상을 누가의 생생한 묘사들과 그가 그리고 있는 사람들의 모습에서 찾아볼 수 있다. 누가복음과 사도행전, 이 두 책이 없었다면 우리가 가진 정보는 더욱더 제한적이었을 것이다.

1) 누가는 복음을 받아들일 준비가 되었을 때 바울을 만났으며, 누가에게 있어 이 만남은 하나님이 계획하신 일로 생각되어 졌다. 누가가 자신에 대해 말하지는 않지만, 고넬료의 증언에 대한 그의 기사는 누가 자신의 경험을 강하게 반영하고 있다.

2) 드로아에서 누가는 성령의 인도를 기다리는 실라와 바울을 만났다. 그리고 곧바로 빌립보로 갔는데, 거기에서 성령의 능력으로 경건하고 여행을 많이 하는 한 여성 사업가(루디아)가 회심하게 되었고, 점치는 귀신들린 여자도 깨끗하게 되었다.

3) 후에, 누가는 아마도 에베소 교회 장로들로부터 에베소의 놀라운 선교, '특별한 기적들', 마술 책들과 모아둔 제의 비전(秘傳)들의 소각, 우상 제작자들의 공개적인 항의 등에 대한 이야기를 들었을 것이다.

누가복음의 중심 메시지

▶ 누가는 그의 저작 목적을 사실대로 밝히고 있다(데오빌로에게 진리와 기독교 신앙의 근간을 알게 하려고 했다).

1. 기독교 신앙의 역사적 기초

누가는 기독교 신앙의 근간을 모든 사실들의 과정을 처음부터 정확하게 추적하는 방법을 따랐다. 예수님의 탄생 시기, 성령으로 세례 받으심 등 예수님의 생애의 사건들이 어떻게 세상 역사와 관련이 있는가를 설명해 나갔다.

2. 하나님 나라가 복음의 핵심

누가는 누가복음서에서 천국에 대하여 많은 지면을 할애했다. 그러므로 '하나님 나라'가 복음의 핵심을 이룬다. 예수님은 하나님 나라를 전파하는 일과 병 고치는 일을 병행하셨다. 예수님은 하나님의 나라를 비유를 들어 설명하셨다. 하나는 겨자씨 비유이고, 또 하나는 누룩 비유였다(눅 13:18-21*). 예수님께서 예루살렘 가까이 오실 때 사람들은 하나님의 나라가 즉시 나타나야 한다고 생각했다.

• 눅 13:18 "그러므로 예수께서 이르시되 하나님의 나라가 무엇과 같을까 내가 무엇으로 비교할까
19 마치 사람이 자기 채소밭에 갖다 심은 겨자씨 한 알 같으니 자라 나무가 되어 공중의 새들이 그 가지에 깃들였느니라
20 또 이르시되 내가 하나님의 나라를 무엇으로 비교할까
21 마치 여자가 가루 서 말 속에 갖다 넣어 전부 부풀게 한 누룩과 같으니라 하셨더라."

3. 성령으로 세례받으신 하나님의 아들

누가복음에서 성령에 대한 언급의 방식과 빈번함을 볼 수 있다(50번 이상). 태어날 아들이 날 때부터 성령으로 충만하였다. 예수님은 세상의 구주의 일을 성령의 능력을 통하여 이루셨다.

4. 세상의 구주이신 예수

누가는 세상의 구주로서 예수님의 사역을 분명하게 소개한다.

5. 복음의 보편성

누가는 복음이 모든 사람을 위한 것이라는 사실을 분명하게 나타냈다(눅 2:31, 32*). 이 보편주의는 이미 이사야가 예언하였던 바이다(눅 3:6). 누가는 복음의 보편성을 아브라함뿐만 아니라 아담까지 심지어 하나님까지 추적한다(눅 3:23-28). 누가는 예수님이 아브라함의 후손들뿐만 아니라 온 인류의 구세주가 되리라고 생각했다.

• 눅 2:31 "이는 만민 앞에 예비하신 것이요
32 이방을 비추는 빛이요 주의 백성 이스라엘의 영광이니이다 하니"

▶ 이와 같이 누가는 누가복음의 역사적인 사실들을 세상의 역사와 연관시켰다. 이 복음서가 처음 기록된 곳은 가이사의 통치를 받던 거대한 로마 세계였다. 독자들은 이 복음서가 로마 세계 안에 사는 모든 사람에게 미칠 것이라고 자연스럽게 생각했다(복음의 보편성).

누가복음의 주제

1. 예수님을 이해하기 위한 모델

▶ *from* 동교재, 마태복음

누가는 문화적으로 다양한 독자들을 위해 본서를 기록했으므로 다양한 배경을 가진 사람들에게 어필할 수 있도록 예수님을 제시했다.

① **메시야** - 수많은 구약성경의 본문은 메시야를 보내실 것이라는 내용을 언급한다(사 7:15-16*; 시 89편). 그는 다윗의 후손으로 이스라엘을 회복하실 이상적인 왕이다(사 9:6-7).

② **인자** - 다니엘서는 하늘에서 오는 이를 '인자'(단 7:13-14*)라고 불렀다. 마가는 이 복음을 예수님의 과거 지상 사역(막 2:10-12)과 장차 다시 오심(막 13:26)과 관련하여 언급했지만, 누가는 예수님을 현재 하나님의 권능의 우편에 앉으신 분으로 강조한다(눅 22: 69; 행 7:56).

③ **모세와 같은 선지자**를 일으키시겠다는 약속(신 18:15) - 사도행전은 예수님을 신명기에서 말한 모세와 같은 선지자라고 분명하게 언급한다(행 3:22; 7:37). 그러나 마태는 예수님께서 많은 예언을 성취하였다고 증언하나 신 18:15은 인용하지 않았다.

④ **고난의 종**(이사야 42~53장) - 이 이미지는 마가의 수난기사에 영향을 주었다. 그러나 누가는 이 내용을 더욱 부각시킨다(사 53:12을 인용하면서 - 눅 22:37).

⑤ **엘리야(말라기의 예언, 말 4:5*)** - 누가는 예수님을 엘리야와 관련해서 어떻게 소개하고 있는가? (눅 24:50-51; 행 1:6-11)

- 사 7:15-16 "그가 악을 버리며 선을 택할 줄 알 때가 되면 엉긴 젖과 꿀을 먹을 것이라. 대저 이 아이가 악을 버리며 선을 택할 줄 알기 전에 네가 미워하는 두 왕의 땅이 황폐하게 되리라."
- 단 7:13 "내가 또 밤 환상 중에 보니 **인자 같은 이가 하늘 구름을 타고 와서** 옛적부터 항상 계신 이에게 나아가 그 앞으로 인도되매 14 그에게 권세와 영광과 나라를 주고 모든 백성과 나라들과 다른 언어를 말하는 모든 자들이 그를 섬기게 하였으니 그의 권세는 소멸되지 아니하는 영원한 권세요 그의 나라는 멸망하지 아니할 것이니라."
- 말 4:5 "보라 여호와의 크고 두려운 날이 이르기 전에 내가 **선지자 엘리야**를 너희에게 보내리니"

2. 현재적 구원

모든 복음서에서 구원은 현재적 영역과 미래적 영역을 가진다. 그러나 누가복음의 경우에는 특히 전자에 치중한다. 누가는 그리스도인들이 내세(눅 18:30)에 받을 영생에 소망을 가지고 있음을 확인한다. 그러나 일반적으로 그는 지금 현재 이 세상에서의 삶에 보다 큰 강조를 둔다. 누가복음은 하나님의 구원행위에 대한 현재적 결과를 강조한다(눅 2:11; 4:21; 5:26; 19:5, 9; 23:43). 그는 예수님을 백성들의 죄와 질병과 죽음과 사탄의 세력으로부터 자유케 함으로 새로운 출애굽을 시작하시는 분으로 묘사한다.

3. 성장, 성공, 승리 - 누가는 교회의 승리와 성공을 강조한다. 누가는 독자들이 그들의 삶과 세상을 통해 이루어질 하나님의 뜻이 생각보다 크게 나타날 것이라는 사실을 믿어 주기를 원했다.

누가복음의 특징

from, 마크포엘, 복음서 개론, 크리스찬출판사 ▶

1) 데오빌로에 대한 서문으로 시작한다(눅 1:1-4). 데오빌로('하나님을 사랑하는 자'란 뜻)가 누구인지, 실존인물인지 아닌지 확실치 않다.

2) 역사적 상황에 대하여 자세히 설명한다(예; 눅 3:1-2).

3) 특히 예루살렘에 지리적 초점을 맞춘다(눅 2:22-40, 41-51). 또한 부활하신 후 예수님의 행적에 대해 예루살렘과 그 주변에서 일어난 사건으로 채우고 있다(눅 24:1-43). 예루살렘에 대한 초점은 사도행전에서도 계속된다(행 1:8; 15장).

4) 예배와 기도를 강조한다. 시작(눅 1:8)과 끝(눅 24:53). 누가는 하나님의 지배를 받는 생활에서 필수적인 것은 기도라고 보았다. 누가는 예수님의 기도하시는 장면을 다른 복음서보다 자주 언급한다. 예수님은 주기도문뿐만 아니라 항상 기도하라고 하셨다(눅 18:1, 21:36, 22:40). 기도에 관한 비유를 말씀하심(눅 11:5-8, 18:1-8, 9-14). 항상 기도해야 하지만 특별히 낙심하지 말라고 하셨다. 그리고 기도를 하되 아주 '반드시 해야 한다(데이, δεῖ)'고 말씀하신다. 기도는 결코 쉬어서는 안 되는 일이다. '반드시' 기도하되 항상(πάντοτε, 판도테) 기도하라는 것이다.

5) 식사에 관한 특별한 언급(19번). 그중 13번이 누가복음에서만 언급되었다.

6) 사회적 약자에 대한 예수님의 사역 강조(눅 4:18; 6:20-21)

7) 여성의 역할이 두드러진다(마리아 - 1:26-56; 엘리사벳 - 1:24-25, 41-55; 안나 - 2:36-38; 죄인인 한 여자를 용서하심 - 7:36-50).

8) 성령의 사역을 강조(성령충만 1:15, 41, 67). 성령의 감화(눅 2:25-27). 예수님도 성령으로 잉태되심(눅 1:35). 성령의 권능으로 행하심(눅 3:22, 4:1, 14, 18) / 누가의 두 번째 책에서 성령은 주도적 인물로 나타난다.

9) 약속의 성취 역시 중요한 주제이다(눅 24:25-27, 45-47).

10) 구원에 관한 주제가 강조된다(눅 2:11; 19:10).

▶ 누가복음 : 구속자(救贖者)의 복음

그리스도의 인성(人性) 강조 (그리스도의 출생과 어린 시절을 소상하게 기록) / 예수님의 기도에 관한 언급이 많다. 그리스도께서 사람이셨음을 보여주는 일화 등을 기록 / 하나님께 찬양 돌릴 것을 강조 / 주님이 비천한 사람들과 여자들과 어린이들을 사랑하셨다는 것을 강조 / 약한 자, 가난한 자, 소외당한 자에 대한 예수님의 교훈 / 의학 용어를 많이 사용했다. / 누가는 세계사(世界史)의 흐름을 인식하고 복음서를 쓴 유일한 기자이다. 자주 당시의 권력자들인 황제, 왕, 제사장에 대해 언급한다.[1)]

1) 누가의 기록은 마태보다 덜 교훈적이며, 요한보다 덜 신학적이다. 그러나 누가는 예수님의 오심, 그의 사역, 죽음, 부활에서 독특한 의미를 전달한다.

누가는 예수님의 선재(先在)나 성육신에 대해 아무런 언급도 하지 않았지만, 그러나 누가에게 있어서 그리스도의 생애와 그의 죽음은 역사의 전환점이었다. 그는 예수님을 성령으로 태어났으며, 성령의 담지자이며, 성령을 베푸는 자라고 소개한다.

• 누가는 하나님을 구원자로 언급하면서도(눅 1:4-7), 동시에 예수 그리스도를 구원자라고 언급한다(2:11; 행 5:31, 13:23). 예수님이 구원자라는 것은 구원자 하나님과는 달리 그리스도-메시야, 즉 하나님께로부터 기름부음을 받은 자라는 말이다.

• 구원자 예수님의 그리스도로서 지상 사역은 지상 사역은 눅 24:46-47과 행 17:3에 잘 요약되어 있다.

이 내용은 R.E.O. White의 *Luke's Case for Christianity*(누가신학연구, 김경진 역, 도서출판 그리심), 11장의 내용을 요약정리한 것이다. 누가는 어떤 관점을 가지고 복음서를 기록했을까? 오늘, 교회는 누가가 전하려고 했던 복음의 내용을 제대로 지키며 반영하고 있을까?

복음 옮겨심기

1. 누가복음은 문명화된 이방인들을 위한 역본이었으며, 그리스도와 교회를 그리스 · 로마 세계에 전하기 위한 목적에서 쓰여졌다.

(1) 따라서 예수에 대한 누가의 설명은 마태와 마가와 요한의 설명들과는 상당히 다르다. 일례로, 누가는 복음을 한 문화로부터 다른 문화에 맞게 재해석하여 옮겨 심었다.[1)]

(2) 마태는 구약으로부터 매우 자세한 예언들과 ('나사렛 사람이라 칭하리라', '애굽에서 내 아들을 불렀다'처럼) 유대교의 경전을 매우 잘 알고 있는 사람들만이 알 수 있는 단순한 구절들을 많이 인용한다. 그러나 **누가는 자신의 이방인 독자들을 어리둥절하게 하지 않고 이야기의 역사적 정확성 유지에 꼭 필요한 정도로만 이런 언어를 사용한다.** '메시야', '메시야 왕국', '인자', 희생제사, 유대 민족주의, 율법주의적 종교, 그리고 그 밖의 많은 것들이 누가의 이야기 속에 나타난다. 그러나 누가복음의 메시야, 그 나라, 제사, 그리고 하나님의 율법과 같은 것들은 유대교가 주장하고 기대하는 것들과는 매우 달랐다.

(3) 누가는 기독교를 가능한 한 멀리 이방인의 말과 이방 문화 속으로 옮겨 심었다. 그 뿐만 아니라 그는 기독교의 원천을 이스라엘 역사와 구약 종교, 그리고 유대교의 가정(假定)과 편견과 희망들로부터 분리시켰다. 그 결과 (데오빌로와 같은) 이방인들은 그리스도인이 되기 위해 유대인이 될 필요도 없었고, 유대교 내에서의 그리스도를 위한 긴 준비를 되풀이할 필요도 없었다.[2)]

2. 기독교 복음의 기준은 무엇일까? 그것은 변화된 사람들로 구성된, 성령 충만하고, 살아 있으며, 기쁨이 넘치고, 남을 섬기는, 그리스도를 닮은 교회이다.

(1) 입으로 전해지거나 기록된 **복음은** 이에 대한 설명, 즉 그 내적 진리와 기억들에 대한 하나의 명료한 진술이다. 그리고 우리는 그리스도인의 생활 양식

1) 기독교는 유대교에서 연관을 갖는다. 마태는 우리에게 이 사실을 끊임없이 상기시킨다. 마태는 유대교의 언어를 많이 사용하며(예 '진설병', '경문'), 자신의 독자들이 이를 이해할 것이라고 생각할 수 있었다.

2) **누가는 기독교를 유대적 배경에서 끌어내어 자신이 속한 더 넓은 세계 속으로 옮겨 심는 일을 하기에 아주 꼭 맞는 탁월한 인물이었다.**

왜냐하면 기독교에 대한 누가 자신의 경험은 팔레스타인과는 거리가 먼 교회들에 뿌리를 두고 있었으며, 그곳에서 형성되었기 때문이었다. 그리고 기독교의 중심은 역사적 전승이 아니라 그리스도 안에서 하나님을 경험하는 것이었다.

의 질과 기쁨과 사회적 가치에 관심이 있는 사람들에게 이를 제공한다.

(2) 다시 말해 경험이 공유될 때, 그 경험에 대한 설명은 명료하게 진술될 수 있으며 어떤 언어로든지 진술되고, 거듭 전해지며, 특히 새로운 문화에 적응하도록 재구성될 수 있고, 그러면서도 여전히 새로운 지원자들에게 영향력을 미치고 그들의 관심을 끄는 것이다. 누가는 **영원한 진리를 변하는 언어로 옮기고** 복음의 심장을 각각의 **새로운 시대 사고와 문화 양태 속으로 이식해야 할 필요성**을 느꼈다.[1)]

1) 누가는 기독교는 비록 유대교와 연관성이 있지만 그 안에서 예수가 십자가에 못 박힌 종교로부터 박차고 나와 자유를 얻어야만 하며, 스스로를 새로운 문화와 환경에 새로운 용어들로 전해져야만 한다는 것을 분명히 알고 있었다.

삶의 향상

(1) 누가는 복음서에서 구원을 이렇게 표현한다.

- 원수들로부터의 안전과 노예로부터의 자유로 말하고 있으며,
- 신분과 교제에 있어서의 회복(삭개오),
- 종교적 영적 관계에서의 회복,
- 하나님의 나라에서 죄로부터(7:50) 용서와
- 빛을 통한(1:77, 2:30) 건강한 존재로의 회복으로 말하고 있다(18:26).[2)]

(2) 누가복음에서 예수가 가져다 준 것은 어디서나 '복된 소식'이었다 – 이러한 강조는 너무나 분명하다(1:19, 2:10, 3:18, 4:18, 43, 7:22, 8:1, 9:6, 16:16, 20:1). 그리스도의 사역에 대한 사가랴의 묘사에는 구원, 부드러운 자비, 밝아 오는 아침, 빛, 인도, 그리고 평화 등이 예견되어 있었다(눅 1:67-79).

(3) 그리스도의 이적들이 오늘 우리들에게는 너무나 친숙하여 우리의 경이감을 자극하지 못한다고 하더라도, **우리는 각 이적의 긍정적 의미를 느낄 수는 있다.**

- 과부의 아들에게 다시 주어진 생명, 생명이 꺼져 가고 있는 한 여인에게 주어진 더 충만한 생명.
- 한 '죽은' 아이에게 주어진 온전한 생명.
- 꼬부라진 채로 살아온 여인에게 주어진 자유와 나음.
- 중풍병자와 고창병자에게 주어진 자유.
- 문둥병자들에게 다시 주어진 깨끗함과 사회적 관계들.
- 손이 말랐던 사람에게 주어진 일자리와 독립.
- 소경에게 주어진 빛. • 열병 환자에게 주어진 평온함.
- 자신을 죽이려 하는 간질 환자에게 주어진 치유.
- 두 사람 모두를 새로운 대화와 웃음으로 몰아넣은 벙어리에게 주어진 말과 귀머거리에게 주어진 들림.

2) 사도행전에 그 정확한 의미가 나타나 있는 곳에서 이러한 의미들이 다시 나타나며, 여기에다 난파선으로부터의 구원, 악한 세대로부터의 구원, 마음의 정결(15:9, 11), 성령의 선물, 그리고 구원의 길과 말씀이 덧붙여졌다. **따라서 구원에 대한 누가 언어의 전체적인 경향과 강조점은** 적극적이며 삶을 증진시킨다.

- 미친 사람에게 주어진 제 정신, 귀신들린 사람에게 주어진 구원, 배고픈 사람에게 주어진 음식.

(4) **이적의 목적은 무엇인가?** 이적은 악이 하나님의 질서를 어지럽힌 곳에서 하나님의 통치를 다시 세우며 누림과 기회로 이어지는 문들을 열기 위함이라고 분명히 말해 주고있다.

- "여자여 네가 네 병에서 놓였다(눅 13:12)…
- 온 무리는 그 하시는 모든 영광스러운 일을 기뻐하니라(13:17)
- 일어나 가라 네 믿음이 너를 구원하였느니라(17:19)
- 벙어리가 말하는지라 무리들이 기이히 여겼으나(11:14)
- 열병이 떠나고 여자가 곧 일어나 저희에게 수종드니라(4:39)
- 평안히 가라(8:48) • 아이야 일어나라(8:54)
- 아이를 낫게 하사 그 아비에게 도로 주시니(9:42)
- 먹고 다 배불렀더라(9:17)
- 귀신 나간 사람이 옷을 입고 정신이 온전하여 예수의 발아래 앉은 것을 보고 두려워하거늘(8:35).

(5) 누가복음은 복음서들 중에 **'행복'이 가장 넘치는 복음**이라는 말이 자주 있어왔다. 누가복음은 거의 '내 영혼아 주를 찬양하며 내 마음이 내 구주를 기뻐하였음은…'으로 시작하여(2:46-47) '큰 기쁨으로 예루살렘으로 돌아가 늘 성전에 있을 하나님을 찬양하는' 제자들의 모습으로 끝이 난다(24:51-52*).[1)]

(6) **누가복음 전체에 걸쳐 '기쁨'이라는 말이 넘쳐나 있다.** 스물 네 장에서 22회에 걸쳐 예수가 인간들 중에 오심이 기쁨, 즐거움, 찬양, 감사로 표현되었다.

- 네가 기뻐하고 즐거워할 것이요…아이가 내 복중에서 기쁨으로 뛰놀았도다(1:44)
- 내 마음이 하나님 내 구주를 기뻐하였음은(눅 1:47)
- 이웃과 친족이…함께 즐거워하더라(1:58)
- 온 백성에게 미칠 큰 기쁨의 좋은 소식(2:10)
- 그 날에 기뻐하고 뛰놀라(6:23)
- 말씀을 들을 때에 기쁨으로 받으나(8:13)
- 칠십인이 기뻐 돌아와(10:17)
- 너희 이름이 하늘에 기록된 것으로 기뻐하라(10:20)
- 예수께서 성령으로 기뻐하사(11:21) • 온 무리는…기뻐하더라(13.17)
- 또 찾은 즉 즐거워 어깨에 메고(15:5)
- 나와 함께 즐기자(15:6)
- 죄인 하나가 회개하면 하늘에서는…기뻐하는 것보다 더하리라(15:7)

1) 누가복음에는 다른 어떤 복음서들에서 보다 더 많은 행복한 장면들, 아이들, 가정, 젊은이, 건강, 기쁨, 가벼운 발걸음, 타오르는 가슴, '풍류와 춤추는 소리' (15:24-15) 등이 많이 나타난다.

그리고 이러한 모습들은 모두 천사가 약속한 '온 백성에게 미칠 큰 기쁨의좋은소식' (2:10)을 설명해 주는 것이었다. 누가복음 6:21은 복음서들에서 사람들이 '웃을 것이라'는 약속으로는 유일한 것이다.

- 눅 24:51 "축복하실 때에 그들을 떠나 [하늘로 올려지시니] 52 그들이 [그에게 경배하고] 큰 기쁨으로 예루살렘에 돌아가 53 늘 성전에서 하나님을 찬송하니라."

• 나와 함께 즐기자. 잃은 드라크마를 찾았노라(15:9)
• 하나님의 사자들 앞에서 기쁨이 되느니라(15:10)
• 저희가 즐거워하더라(15:24) • 풍류와 춤추는 소리(15:25)
• 우리가 즐거워하고 기뻐하는 것이 마땅하니라(15:32)
• (삭개오가) 즐거워하며 영접하거늘(19:6) • 온 무리가..기뻐하며(19:36)
• 저희가 너무 기쁘므로(24:40)
• 저희가 큰 기쁨으로 예루살렘으로 돌아가..하나님을 찬송하니라' (24:52-53).

(7) 교회는 누더기를 걸치고 스스로 굶으며, 해를 당하고, 스스로 채찍질하며 모욕을 당하고 자기를 학대하는 것(masochism)과 그 밖의 다른 형태의 쓸모 없고 부정적이며, 가난하게 하고, 삶의 질을 저하시키는 행동을 하는 분파들에 빠져, 이들 속에 어느 정도 그리스도인의 덕이 있다고 생각하고, 스스로 고행의 극단적인 형태들을 취하는 잘못을 범한 시대도 있었다.[1)]

1) 40년 동안 혼자서 사막의 기둥 위에서 수도한 후, 헝클어진 머리와 더럽고 악취나며 쇠약해진 몸과 반쯤 미친 모습을 한 고행자 시므온(Simon Stylite)

또는 여러 해 동안 벽 속에서, 또는 우물 속에 앉아 살았거나 습지에서 고행하며, 자기를 혐오하고 학대한 그의 어떤 '성자' 동료들

이런 사람들은 그리스도에 의해 삶이 변화되고, 활기차지며, 부요해지고, 건강을 회복한 누가복음의 인물들 중에 들지 못할 것이다.

사회적 사명

1. 누가는 복음서에서 결코 '교회'에 대해 언급하지 않지만, 그 '나라'에 대해서는 38회나 언급한다.

(1) 누가의 생각에 하나님의 나라는 어떤 곳인가?

하나님의 나라는 아버지께서 우리에게 '주시기를' 기뻐하시는 경험으로, 하나님의 통치 아래서의 삶이며, 그리스도 안에서 그 본(本)이 보여진 곳이다. 그 나라는 사람들 가운데 이미 왔으며, '우리 가운데' 이미 존재한다. 그 나라는 사회 속에서 누룩과 씨앗처럼 부풀고 자란다. 사람들은 회개와 아이들과 같은 영접을 통해 이 나라로 '들어간다'.[2)]

2) 하지만 그 완전한 성취와 능력에 있어서, 그 나라는 아직 오지 않았으며, 사람들은 그 나라를 기다리고, 그 나라를 위해 기도하며, 그 나라를 구한다.

(2) 사도행전에서 가장 강조되고 있는 개념은 무엇인가?

사도행전에서 그 나라는 드물게 언급되었다. 사도행전에서 압도적으로 강조되고 있는 것은 '교회'로, 19회 언급되었으며(이 단어는 또한 광야에서의 이스라엘에게, 그리고 에베소에서의 마을 모임에도 사용되었다.), 교회는 사도행전 전체에 걸쳐 자세하게 묘사되었다. 지금 그 나라를 건설하는 하나님의 대리자는 이 교회, 즉 그의 성령으로 여전히 그들 가운데 계시는 부활하신 예수와 함께 있는 **제자들의 확대된 모임**이다.

2. 사도행전에서 교회는 어떤 의미로 이해되었는가?

(1) 누가가 말하는 교회는 하나의 제도, 교회 계급제도, 잘 조직되고 동질적인 '사회'를 닮은 어떤 것을 말하지 않는다. 교회라는 단어는 어느 장소이건간에, 그리스도인들의 지역적 회중이나 어느 지역에서건 간에, 이러한 **회중들의 총체**를 의미했다.[1] 누가가 '교회'라는 말에서 의미한 것은, 그리스도를 믿는 사람들로 구성된 다양하고 분리된 회중들의 교제와 흩어짐이었다.

(2) 누가는 오순절 몇 주 후에 예루살렘 교회 교인이 5,000명 가량이었다고 말한다–이것은 바리새인들의 수보다 1,000명 정도 적은 수였다. 누가복음이 그리스도의 재림에 대한 더 오래된 종말론적 이미지들을 보존했던 것처럼 사도행전에서도 누가는 "이 예수는 하늘로 가심을 본 그대로 오시리라"는 약속을 보존한다(행 1:10-11, 17:32, 3:19-21과 비교해 보라).

3. 교회는 누가가 말한 교회의 사회적 사명의 적극적인 개념을 성취하고 있었을까?

(1) 교회는 처음에는 도움이 필요한 모든 사람들의 친구인 예수 그리스도의 이름으로 어디에서건 남자와 그 후에 여자들을 섬기고 있었다. 그러나 교회는 오랜 기간의 후퇴와 적대감과 배척의 시대가 계속되었다. 세계는 사탄의 영역처럼 보이기 시작했다. 박해와 타락이 하나가 되어 교회로 하여금 안전을 찾아 세상을 버리고 수도원으로 숨어들도록 만들었다.[2]

(2) 후에는 다른 사람들의 문제들과는 관계가 없는 영성을 추구하여 세상에서 물러나 신비적인 것을 추구하도록 만들었고, 더욱 더 후에는 세상에 의해 오염되지 않은 깨끗함을 찾아 세상으로부터 멀어지는 퓨리탄(청교도)들을 낳았다.

(2) 그리스도인들은 세상을 지배하기 위해 로마 제국의 명목상의 회심을 이용하려 하거나 유럽이 여러 작은 나라로 나뉘어질 때에는 하나님의 '주권'이라는 이름으로 (제네바에서처럼) 정부들에 대한 영적 권위를 행사하기도 했다.

(3) 19세기 중반에 교회가 누가의 하나님 나라 개념을 새롭게 발견한 후에야, 교회는 부분적으로, 천천히, 적극적이고, 기쁘며, 사회적으로 의미 있고, 창조적이며, 삶을 강하게 하고, 세상을 부요하게 하는, 누가가 데오빌로에게 설명했던 복음으로 돌아올 수 있었다.[3] (*)

1) 예루살렘, 안디옥, 에베소의 교회와 유대지역의 교회들 - 19회에 달하는 이 단어의 기독교적 적용 중 16회가 이렇게 사용되었다.

2) 물론 예외적으로, 수도승들이 억압당하는 농부들에게 자비를 베풀고 교육을 베풀었던 사회적으로 유익한 수도원들이 있었고, 또한 사회의 가장 나쁜 질병들을 줄이려고 애쓰는 많은 종류의 복음주의적인 조직체들도 있었다.

3) 지금은 교회가 다시금 나뉘어진 채 갈피를 못 잡고 있다. 두려워하는 세상에게 그리스도의 모습, 즉 자비(긍휼)를 통하여 구속적 섬김이 된 능력을 보여주지 못하고 있다. 사람들은 그리스도인들의 생활 양식을 칭송하거나 부러워하며, 그 설명을 구하거나 존경심을 가지고 있지 않다.

오늘날, 우리가 기독교에 대한 누가의 변증에 귀를 기울여야 할 이유가 여기에 있다.

32 교회의 탄생 · 누가복음이 기록될 당시 상황

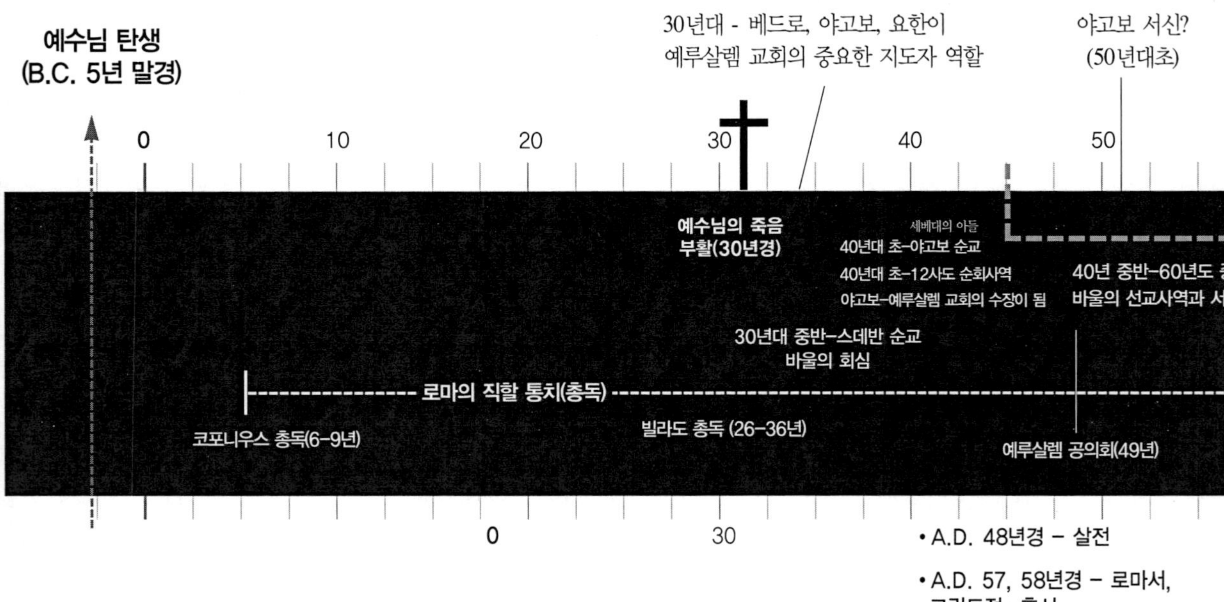

누가가 누가복음 · 사도행전을 쓸 무렵

1. 초기 로마 제국은 유대인에게 그들의 정서를 감안해 아주 관대하게 대해 주었다. 기독교인들도 크게 박해하지 않았다. 유대교의 한 분파로 보았기 때문이다. 기독교가 유대교의 한 분파로 여겨지는 한(행24:5, 14, 26:5, 28:22), 기독교는 로마법 아래서 유대교에 주어지는 보호를 받을 수 있었다.

(1) 유대인의 신앙은 이방인들에게 돋보였다. 그래서 많은 사람들이 유대교로 개종하기도 했다. 예수와 그 제자들 시대에 조직적인 개종 프로그램이 있었다는 증거는 별로 없지만 자신들의 종교와 정의에 대한 유대인들의 열정은 타인들에게 본이 되었고, 유대식의 생활 방식과 가치 또한 당시 로마 사회에 큰 영향을 끼쳤다.

(2) 누가가 누가 · 행전을 쓸 무렵, 기독교는 로마 제국 상류 계층들까지도 관심을 갖기 시작했다. 그 중에는 가이사의 '가신'(家臣)뿐 아니라 그의 가족까지 포함되어 있었다.

(3) 그러나 학식 있고 지도적인 위치의 로마인들은 기독교에 대해 여전히 회의적이었으며, 네로 황제 이후에는 적대적인 태도를 취했다. 특히 로마 대화재(A.D 64) 이후, 많은 다른 재난들을 그리스도인의 책임으로 돌리기 시작했다.

(4) 그리고 로마는 그리스도인들에게 '로마의 신'을 섬길 것을 점점 더 거세게 강요했다. 물론 그리스도인들의 양심은 이를 허락하지 않았다. 로마인들은 기독교인의 의식들을 오해하여 비난하기 시작했다. 이러한 태도는, 그리스도인들이 신전 제사에 참여하기를 거부한 것과 초기의 비밀스런 '사랑의 만찬들'(love feasts, 이것이 '사랑 파티'<love-ins>로 오인되었다.), 이는 '그리스도를 기념하여 살을 먹고 피를 마신다'는 데서 비롯되었다.

2. 누가는 자신이 한 때 섬겼던 어떤 로마 귀족에게 글을 쓰면서, 그 사람이 기독교의 진실된 모습을 알게 되기를 바랐다.

(1) 이것은 1세기에서 3세기까지 기독교에 대한 로마 상류 계층의 태도를 반영해 준다. 데오빌로가 그런 중상(中傷)과 비방들을 이미 믿고 있었다고는

1세기 말, 기독교가 처한 환경

(1) 황제 숭배 강요 (2) 유대교의 박해 (3) 이방인 기독교인 증가
(2) 초기 영지주의적 이단 사상에 직면(그리스도의 성육신 반대)

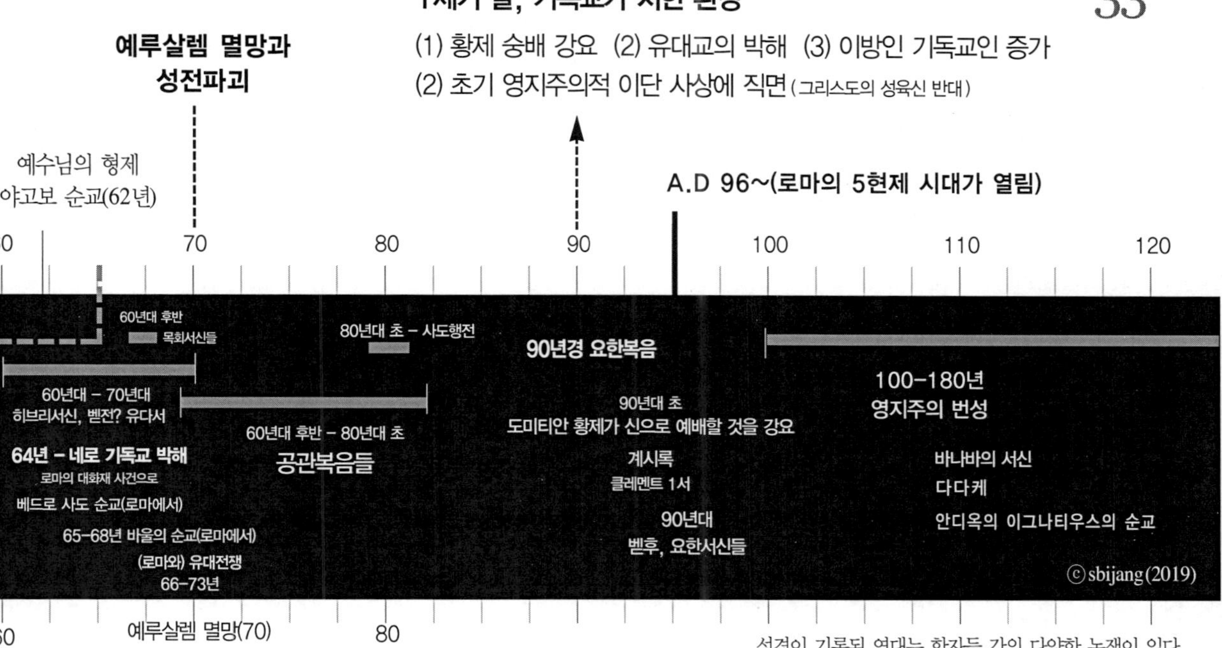

누가복음 – 70년대나 80년대

볼 수 없을 것이다. 왜냐하면 누가는 데오빌로가 어느 정도의 공감을 갖고 누가 · 행전을 읽을 것이라고 확신하였기 때문이다. ① 데오빌로는 기독교에 대한 이러한 비방들을 믿었던 것 같지는 않다. ② 그러나 로마세계의 학식 있는 지도자들은 이러한 이야기들을 듣고 반신반의했으며, 때로는 기독교 신앙에 대한 엄청난 양의 잘못된 정보를 접하고 있었다.

(2) 그리고 그들 중에는 이러한 이야기의 진위를 판단해야 하는 위치에 있는 사람들도 있었다. 우리가 누가 · 행전의 변호적 성격을 매우 주의 깊게 살펴보아야만 하는 것은 바로 이러한 이유 때문이다. 누가 · 행전의 의도는 단순히 가르침에 그치는 것이 아니었다. 그것은 **기독교에 대한 확고한 변증**이었다.

3. 유대교와 기독교는 서로 다른 종교인가?

(1) 바울의 선교 여행 전체를 통해, 기독교에 대한 유대교인들의 공격은 신랄했다. 이 새로운 믿음(기독교)이 회당 주변의 하나님을 경외하는 자들 가운데서 큰 성공을 거두고 있었기 때문이었다. 유대교인들은 그리스도인들에게 배교자라는 낙인을 찍었으며, 어디서든지 그리스도인들과 로마 당국과 싸움을 붙였다. 데오빌로는 이런 상황에 흥미가 있으면서도 당혹스러워했을 것이다.

(2) 따라서 누가는 유대교와 기독교의 보다 분명한 차이점들을 부각시키지 않고, 다만 문제를 일으키는 것은 일부 우매한 무리들(mobs)임을 강조한다. 그는 기독교가 민족주의, 배타성, 또는 편협성 등을 제외한 유대교의 가장 좋은 것들을 모두 물려받은 자연적인 상속자라는 것을 보여준다.

(3) 그리고 그는 기독교가 선동적이라는 유대교의 비난이 얼마나 근거 없는 것인지도 보여 준다. 누가는 유대 경전들, 절기들 그리고 국가에 대한 바울의 충성을 보여준다.

(4) 누가복음의 서두는 기독교의 근원에 대한 당시의 몇몇 설명들이 만족스럽지 못하다는 것을 인정한다. 그래서 누가는 정확하고 정연한 설명을 통해 데오빌로 앞에 '진실'을 제출하기 위해 오랜 시간 조사를 했다는 것이다. (*)

ⓒ sbijang-2021

누가복음 간단하게 훑어보기

서문 · 예수님의 유년기(1:5-2:52) · 사역준비(3:1-4:13)

• 서문(1:1-4)	• 누가복음은 마가나 마태복음보다 훨씬 고전적 스타일이며, 저자는 전승을 충실히 조사하고 이에 기초하여 "차례대로" 집필하는 데 깊은 관심을 가졌다. 그래서 근원부터 자세히 살펴보았다(눅 1:1-4).	• 데오빌로 각하는 누구인가? 실제인물인가? **누가는 역사적 상황을 자세히 언급한다.**
• 세례 요한의 출생(눅 1:5-25)	**세례 요한의 출생 예고(눅 1:5-25)** (1) 세례 요한의 탄생 역시 구약 예언의 성취임을 보여준다. 헤롯 대왕이 유다를 통치할 때, 한 제사장이 있었는데, 그는 아비야 반열에 속해 있었다. (2) 주의 사자가 사가랴에게 자식을 잉태하게 될 것이라고 알린다. 사가랴는 믿지 않았으므로 당분간 말 못하는 자(=벙어리)가 될 것이라는 벌(?)을 받는다.	• 그의 이름은 사가랴요 • 그의 아내는 아론의 자손이니 이름은 엘리사벳
• 마리아의 예수 잉태(눅 1:35)	**마리아의 예수 잉태(눅 1:35)** (1) 마리아는 다윗의 자손 요셉이라 하는 사람과 약혼한 상태에 있었다. 그런데 천사 가브리엘이 한 소식을 전한다. 전하는 소식은 청천벽력이었다. 가브라엘은 마리아에게 '기뻐하라' 고 전한다. (2) 마리아가 천사가 전해준 말을 수용했다는 것은 하나님의 뜻을 받아들였다는 것을 의미한다. 여러 의심을 받을 수도, 이혼도 당할 수 있는 상황이었기 때문이다.	• 마리아가 천사로부터 수태(受胎)를 통보받았을 때, "지극히 높으신 이의 능력이 너를 덮으시리니"라고 하는 말은 성막을 완성한 후에(출 40:35) 회막에 임했던 하나님의 영광이 성막에 충만하다는 말과 같은 개념이다. • 가브리엣 천사가 어떤 내용을 전했는가? • 이때 마리아는 어떤 반응을 보였는가? • 마리아가 잉태했다는 소식을 들은 남편 요셉의 태도는 어떠했을까?
• 마리아와 엘리사벳의 만남(눅 1:39-56)	**마리아와 엘리사벳의 만남(눅 1:39-56)** 마리아는 그녀의 사촌 엘리사벳을 찾아갔다. 사갸랴와 엘리사벳도 천사의 전갈을 받았기 때문에 이 모든 사실을 잘 이해할 수 있었을 것이다.	• 엘리사벳의 찬양의 내용은? 마리아가 모든 여자 중에 가장 복이 있는 것은 그녀가 낳을 아이(네 태중에 아이)가 복이 있기 때문이다.
• 마리아의 찬가 (눅 1:46-55)	**마리아의 찬가 (눅 1:46-55)** 아들의 출생을 감사하며 찬양한 마리아 찬가는 천사의 방문을 다루고 있는 누가복음 1장 주제의 절정을 이룬다.	
• 세례 요한의 출생(눅 1:57-80) • 사가랴의 찬가(눅 1:68-79) • 예수 그리스도의 탄생(눅 2:1-20) • 아기 예수의 정결 의식(눅 2:21-24) • 시므온의 찬양은 경건함과 동시에 이사야 46:6과 49:6과 같은 예언들을 반영하고 있다. • 여선지자 안나의 예언 (눅 2:36-40) . • 나사렛에서 예루살렘으로(눅 2:51-52)		

본문의 설명을 가져와 정리

1:46 마리아가 **이르되**
/내 영혼이 — 주를 찬양하며
47 /내 마음이 — 하나님 내 구주를 기뻐하였음은
48 //(이유: ὅτι, for) ①
[그가](=주께서) 그의 여종의 비천함을 돌보셨음이라
//(이유, γάρ, for) ②
보라!
[그들이] —— 일컬으리로다
/이제 후로는 만세에 나를 복이 있다
49 //(이유: ὅτι, for) ③
능하신 이가 — 큰 일을 내게 행하셨으니

마리아의 찬가

가브리엘 천사가 수태를 알린 후에 마리아가 부른 찬양의 내용을 설명해 보라. (본문을 보고)

① 마리아가 주를 찬양하며 기뻐하는 이유는?
② 또 다른 이유는?
이제부터는 온 백성이 나를 복되도다고 할 것이기에
③ 마리아는 복 받은 여인이라고 칭송을 받을 것이다. 그 이유는?

세례 요한의 출생 (눅 1:57-80)

마리아는 엘리사벳과 석 달쯤 함께 지내고 나사렛 자기 집으로 돌아왔다(56절). 이제 엘리사벳이 해산할 기한이 차서 아들을 낳았다. 사가랴는 성령의 충만함을 받아 예언한다.

예수 그리스도의 탄생(눅 2:1-20)

2장은 예수님의 탄생과 유년 시절을 다루고 있다. 그리스도의 탄생은 이스라엘과 맺은 언약의 약속이 성취된 것임이 분명하다. 시므온은 예수님의 탄생을 보고서 "이 구원이 이스라엘 백성의 영광"이라고 했다.

여선지자 안나의 예언 (눅 2:36-40)

아셀 지파의 바누엘의 딸 안나라는 선지자(84세), 지금 그녀의 나이가 106세가 된다. 그녀는 이 나이가 되도록 성전을 떠나지 않고 늘 기도와 금식으로 섬겼다고 했다.

아기 예수의 정결 의식(눅 2:21-24)

모세의 법대로 정결예식의 날이 차매 아기를 데리고 예루살렘에 올라왔다. 그렇다면 40일 정도가 되었을 것이다(레 12:2-4; 출 13:2).

나사렛에서 예루살렘으로 (눅 2:51-52)

예루살렘의 지리적인 것에 초점

세례 요한의 선포(눅 3:1-20)

(1) 세례 요한의 첫 외침은 '회개하라'는 것이었다. 그가 외치는 회개의 의미는 무엇인가? (마 3:1 참조)

세례 요한의 외침은 주께서 그들의 생활과 마음속에 들어오도록 마음의 길을 예비하는 것이었다. 백성들은 그의 강력한 회개의 메시지에 어떤 반응을 나타냈을까?

(2) 이에 비해 예수님은 성령으로 세례를 주신다. 예수님은 성령과 불로 세례를 주실 것이다(눅 3:16-17). 요한의 세례는 '죄 사함을 받게 하는 회개의 세례'였다(16절). 그러나 예수님의 세례는 성령으로 세례를 주신다.

(3) 분봉 왕 헤롯이 요한을 옥에 가두었다(눅 3:18-20).

인자의 족보(3:23-38)

예수님은 육신적으로 아브라함의 자손이며 다윗의 혈통의 왕인 동시에 그 백성과 그 백성을 통하여 지상의 모든 백성을 그들의 죄에서 구원할 자이시다(요 3:16).

갈릴리에서의 사역(4:14–9:50)

• 회당에서 하나님이 종말론적인 약속이 성취되었음을 선언한다(눅 4:16-30).	**마귀에게 시험을 받으심(눅 4:1-13)** 왜, 하나님은 예수로 하여금 성령에 이끌리어 시험을 받게 하시는가? 하나님께서는 그의 아들이 죄가 없으며, 또 구세주로서 자격이 있음을 입증하시려 했다. **갈릴리 여러 회당에서 가르치심(눅 4:14-30)** 예수님은 고향에서 배척을 받으셨다(눅 4:16-30). 갈릴리는 주로 병들고 가난한 사람들이 살고 있는 곳으로서 야만적이고 촌스러운 지방으로 멸시를 받았던 곳이다. 예수님은 고향에서 많은 기적을 베푸셨으나 오히려 배척 받으셨다. **더러운 귀신 들린 자를 고치심(눅 4:31-37)** 이렇게 예수님은 가버나움에서 갈릴리까지(마 4:23, 8:2-4; 막 1:39-45; 눅 4:43-5:16) 온 갈릴리 지역을 두루 다니면서 가르치시며 천국 복음을 전파하셨다.	**예수의 가르침과 이적에 초점을 맞춘다.** • 예수님이 이 지역에서 주로 하신 일이 무엇인가? (마4:23-25 참조) 회당에서; ① 가르치시며, ② 천국복음을 전파하시며, 또한 이뿐 아니라 ③ 모든 병과 약한 것을 고치셨다.
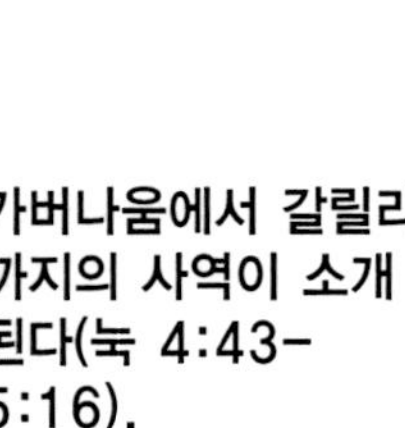 **가버나움에서 갈릴리까지의 사역이 소개된다(눅 4:43-5:16).** 	**어부들을 제자로 부르심(눅 5:1-11)** (1) 예수님은 어부들 중에서 몇 사람을 제자로 부르셨다. 누구누구? (2) 베드로를 포함한 어부들은 밤이 새도록 수고했다. 그런데도 한 마리도 못 잡았다. "그러나(but, δὲ) 선생님께서 말씀하시니 내가 그물을 내리겠습니다." "[너희는] 나를 따라 오라 내가 너희를 **사람을 낚는 어부**가(사람들의 어부) 되게 하리라." **나병 들린 사람을 고치심(눅 5:12-16)** "예수께서 한 동네에 계실 때에 온 몸에 나병 들린 사람이 있어"(눅 5:12). - 주님의 명령과 함께 즉시 나병이 나았다. "무릎을 꿇고 절하면서" '주여'를 외치는 한 나병환자의 믿음, 주님은 그러한 믿음을 치유의 조건으로 삼으셨다. **중풍병자를 고치심 (눅 5:17-26)** 중풍병자를 그의 친구들이 데려왔다. 그러나 사람들이 많아서 안으로 데리고 들어갈 수 없어서 지붕에 올라가 기와를 벗기고 병자를 침상째 무리 가운	• 기적이 일어났다. 심히 많은 고기가 잡혀 그물이 찢어질 지경이었다. 두 배에 나누어 실었는데도 배가 잠기게 될 정도였다(7절). • 이를 통해 예수님이 어떤 분인가를 알았을 것이다. 베드로는 예수님의 발 앞에 엎드리면서래 '주여 나를 떠나소서'라고 했다. 

<table>
<tr>
<td>

• 나병 들린 사람을 고치심(눅 5:12-16)

• 중풍병자를 고치심(눅 5:17-26)

• 레위가 주님을 따르다(눅 5:27-32)

• 금식에 대한 논쟁(눅 5:33-39)

• 안식일에 밀이삭을 자르다(눅 6:1-11)

• 열두 제자를 사도로 부르심(눅 6:12-16)

• 복과 화를 선포하심(눅 6:20-26)

• 원수를 사랑하라(눅 6:27-36)

• 비판하지 말라(눅 6:37-38, 41-42)

• 못된 열매 맺는 좋은 나무가 없다(눅 6:43-49)

</td>
<td>

데로 달아 내렸다(18-19절).

문제 : ① "네 죄 사함을 받았으니라" 하는 말과
② "일어나 걸어가라" 하는 말과 어느 것이 쉽겠느냐?

레위가 주님을 따르다(눅 5:27-32)

눅 5:28 그가 모든 것을 (버리고) 일어나 따르니라

금식에 대한 논쟁(눅 5:33-39)

바리새인들은 "요한의 제자들과 바리새인의 제자들은 금식하는데 당신의 제자들은 먹고 마시는 것입니까?" 하며 못마땅하게 생각했다. 예수님은 금식 문제에 대해 성경적 견해를 정리하신다. 그 이유를 어떤 비유를 들어 설명하셨나?

안식일에 밀이삭을 자르다(눅 6:1-11)

안식일에 손마른 사람을 고치심(눅 6:6-11)

안식일에 선을 행하는 것과 악을 행하는 것, 생명을 구하는 것과 죽이는 것 중에 어느 것이 옳으냐? (율법에 어떻게 기록되어 있느냐?) 예수님은 이들의 위선을 폭로하셨다.

</td>
<td>

• 안식일을 인간에게 주신 근본 목적이 무엇인가? 인간이 안식일의 노예가 되어서는 안 된다는 것이다.

비판하지 말라 (눅 6:37-38, 41-42)

• 우리가 타인에게 적용하는 기준은 바로 나에게도 적용된다는 것이다. 따라서 남을 해하려는 언동은 언젠가는 반드시 보복을 받는다는 것이다.

못된 열매 맺는 좋은 나무가 없다(눅 6:43-49)

누가 구원 얻을만한 믿음을 소유한 자인가? 주님은 이를 판단할 기준이 있다고 말씀하신다. 즉 좁은 길로 가는 것이 생명의 길이지만, 이들이 진짜 생명을 소유한 것을 알 수 있는 길은 그들의 열매로 알 수 있다고 말씀하신다.

</td>
</tr>
<tr>
<td>

기적들을 계속 소개함으로써 예수님이 어떤 분인가를 보여준다.

</td>
<td>

• 백부장의 종을 고치심(눅 7:1-10) .
• 나인성 과부의 아들을 살리심(눅 7:11-17)
• 한 여자가 예수님께 향유를 붓다(눅 7:36-50)
• 여자들이 예수님의 사역을 돕다(눅 8:1-3)
• 네 가지 땅에 떨어진 씨 비유(눅 8:4-15)
• 등불은 등경 위에 두려 함이 아니냐(눅 8:16-18)
• 예수님의 어미니와 동생들(눅 8:19-21)
• 바람과 바다를 잠잠하게 하심(눅 8:22-25)
• 귀신 들린 사람을 고치심(눅 8:26-39)
• 야히로의 딸(눅 8:40-56)
• 열두 해를 혈루증으로 앓는 여자(눅 8:43-48)

</td>
<td>

세례 요한까지도 예수님의 사역에 대해 의문을 가졌다. "과연 내가 소개했던 예수가 오시리라 예언되었던 메시야인가?"

이에 대해서 예수님은 치유와 이적 및 선포를 통해 자신의 메시야됨을 더욱 확증하고 있다(눅 7:18-35).

</td>
</tr>
</table>

• 열 두 제자를 파송하심(눅 9:1-6) • 분봉 왕 헤롯의 불안함(눅 9:7-9) • 오병이어 (눅 9:10-17) • 베드로의 신앙고백 (눅 9:18-27) • 나를 따라오려거든 (눅 9:23-27) • 영광스러운 모습으로 변화되심(눅 9:28-36) • 귀신 들린 아이를 낫게 하심(눅 9:37-43) • 누가 더 크냐? (눅 9:46-48) • 너희를 위하는 사람 (눅 9:49-50)	**열 두 제자를 파송하심(눅 9:1-6)** (1) 예수님은 복음을 전파하시면서, 많은 병자들을 치료해 주셨다. 그러나 아직도 대다수의 백성은 목자 없는 양들처럼 유리하고 있었다. 예수님은 많은 제자들 중에서도 특별히 12명을 택하여 사도(使徒)로 세우신다. 하나님의 나라를 전파하시기 위해서이다. (2) 보내다(아포스텔로, ἀπεστέλλω) - 예수님은 복음을 증거할 대리자들을 파송하신다. 제자들은 자신들을 보내신 주님을 대리하여 보냄을 받은 자들이다. 따라서 보내심을 받은 자들을 영접하는 것은 주님을 영접하고 대면하는 것이다. **영광스러운 모습으로 변화되심(눅 9:28-36)** (1) 예수님의 얼굴이 해처럼 빛나고 옷이 빛처럼 희어졌다. 그리고 갑자기 모세와 엘리야가 나타났다. (2) 예수님께서 부활하신 후에 나타나실 때에도 이런 모양으로 나타나셨다. 따라서 제자들은 그를 알아보지 못했다(막 16:12; 눅 24:16; 요 20:15). (3) 예수님이 변화하신 그 자체는 그의 죽음 이후 그가 영광에 참여하게 될 것을 예고한다(눅 24:26).	• 이르시되 죽은 자들로 자기의 죽은 자들을 장사하게 하고 **너는 가서 하나님의 나라를 전파하라** 하시고(눅 9:60) • 보내심을 받은 제자들은 주님의 권능을 공유하며(막 3:15) 하나님의 보호하심을 받는다(마 10:20). • 여기서 별세(別世, 윗 사람이 세상을 떠나다, 엑소도스, ἔξοδος)하셨다는 것은 단순히 예수님께서 이 세상을 떠나는 것을 언급한 것이 아니라 예수님의 육신의 삶과 사역의 종결을 의미한다.

예루살렘 여정에서의 사역(9:51-19:44)

• 사마리아 마을에서의 냉대(눅 9:51-56) • 칠십인의 제자들을 세워 보내시다(눅 10:1-16) • 예수님의 감사기도 (눅 10:21-24) • 어떤 율법 교사의 질문(눅 10:25-28) • 마르다와 마리아(눅 10:38-42)	**칠십인의 제자들을 세워 보내시다(눅 10:1-16)** (1) 열두 제자에게 귀신을 쫓아내고 병든 자를 고치며 천국의 가까움을 선포하도록 권세를 부여하신다(마 10:2). (2) 목자 없는 양과 같은 무리들을 위해, 희생 봉사해야 하는 추수할 일꾼들이 필요함을 알게하셨다. "이르시되 추수할 것은 많되 일꾼이 적으니"(눅 10:2). **• 어떤 율법 교사의 질문(눅 10:25-28)** (1) 이 율법교사는 "네 마음을 다하며 목숨을 다하며, 힘을 다하며, 뜻을 다하여 주 너의 하나님을 사랑하라"는 말씀은 너무 잘 알고 있는 내용이었다. 이 사랑의 계명은 모든 세대를 걸쳐 지켜져야 할 인생의 커다란 계명으로 하나님의 뜻의 요지요 내용이다. 따라서 그의 대답은 옳다는 칭찬을 받았다.	**내가 무엇을 하여야 영생(eternal life)을 얻으리이까?** (2) 그러나 문제는 이 율례를 온전히 다 지킬 수 있는사람이 한사람도 없다는 데에 있다. 율법교사는아마도자신도 이 계명을 온전히 지키지 못했다는 것을 잘 알고 있었을 것이다.

- 기도에 관한 교훈(눅 11:1-13)
- 바알세불을 힘입어 귀신을 쫓아내는 것 아니냐? (눅 11:14-26)
- 그 집이 비고 청소되고 수리되었거늘(눅 11:24-26)
- 악한 세대가 표적을 구하다(눅 11:29-36)
- 바리새인과 율법학자들을 책망하심(눅 11:37-54)
- 바리새인들의 외식을 주의하라(눅 12:1-3)

기도에 관한 교훈(눅 11:1-13)

(1) 주님께서는 기도를 가르쳐 주셨다. 지금까지 유대인들이 해 오던 기도와 어떤 차이점이 있을까?

(2) 주님은 "먼저(=무엇보다 중요한 것은) 그의 나라와 그의 의를 구하라"고 말씀하신다. "그리하면 이 모든 것을 더하여 주시리라."(마 6:33).

악한 세대가 표적을 구하다(눅 11:29-36)

(1) 표적(세메이온, σημεῖον)이란 무엇인가? 여기서 이 단어는 예수님이 참으로 신적 능력과 메시야적 권능을 가지고 행동했음을 확실하게 증명—"하늘로부터 온 자"—하기 위해 사용되었음이 분명하다.

(2) 그러나 예수님의 대적자들은 이것 가지고는 불충분하다고 생각했다. 이런 사람들에게 예수님은 무엇이라고 외치셨는가? (막 8:12) 예수님은 이들에게 '시대의 표적'을 분별할 눈이 없다고 책망하셨다(눅 12:54-56).

바리새인과 율법학자들을 책망하심(눅 11:37-54)

바리새인은 주로 겉으로 드러나는 데만 힘을 썼다. 이는 회칠한 무덤 같아서 겉으로는 아름답게 보이나 마음속에는 각종 더러운 것들이 가득할 뿐이다. 주님을 따르는 많은 백성과는 대조적으로 돌 같이 굳어버린 종교지도자들이 되어 버렸다.

- 성령을 모독하는 죄(눅 12:10-12)
- 한 어리석은 부자에 대한 비유(눅 12:13-21)
- 무엇을 먹을까, 무엇을 입을까? (눅 12:22-32)
- 보물 있는 곳에는 마음도 있다(눅 12:33-34)
- 깨어 준비하고 있어라! (눅 12:35-48)
- 불을 던지러 왔다(눅 12:49-53)
- 때를 분별하라(눅 12:54-56)

성령을 모독하는 죄(눅 12:10-12)

(1) 예수님이 귀신을 쫓아내신 일을 바알세불에게 돌렸던 바리새인들의 행동은 분명히 의도적인 고집이었다. 사람이 인자이신 예수님을 의심한 일에 대해서는 용서를 받을 수 있다.

(2) 그러나 예수님께서 귀신을 쫓아내신 행동이 명명백백히 하나님의 일로 드러났는데도 그것을 부인하는 것과 같은 행동은 결코 용서 받을 수 없다는 것이다. 이런 행동을 성령을 모독하는 죄라고 하셨다.

깨어 준비하고 있어라! (눅 12:35-48)

교회는 세상에 억매이지 않은 채 주님의 재림을 기대하며, 언제든지 이 세상에서 떠날 수 있는 준비를 갖추면서 살아갈 것을 말씀하신다. 그 준비성을, "허리에 띠를 띠고" 있으라고 하셨다. 에베소서에서는 "서서 진리로 너희 허리 띠를 띠고"라고 했다(엡 6:14).

• 때를 분별하라(눅 12:54-56)

(1) 이들은 날씨 변화에는 민감했지만 정작 시대의 표적에는 둔감했다. 지금은 그렇게 기다렸던 메시야가 오셔서 구속 사역의 정점을 향해 치닫고 있는 중이다. 역사의 거대한 전환점이다.

(2) 이런 그들에게는 요나의 표적 밖에는 주지 않으실 것이다(마 12:40 참조, 요나가 밤낮 3일을 큰 고기 뱃속에서 있었던 것과 마찬가지로 인자도 땅 속에서 그렇게 머물러 있을 것이라고 하셨다). 이것이 '이 세대'에게 주신 표적이다.

• 회개하지 않으면 망한다(눅 13:1-5) • 열매 맺지 못하는 무화과나무 비유(눅 13:6-9) • 안식일에 등이 굽은 여자를 고치심(눅 13:10-17) • 하나님의 나라는 무엇과 같은가? (눅 13:18-21) • 좁은 문으로 들어가기를 힘쓰라(눅 13:22-30) • 헤롯이 주님을 해하려한다는 제보(눅 13:31-33) • 너희의 자녀를 모으려 한 일이 몇 번이냐? (13:33-35)	**열매 맺지 못하는 무화과나무 비유(눅 13:6-9)** (1) 이스라엘은 포도원으로 비유되었다. 주인이 포도원지기에게 열매를 맺히지 못했다고 책망하신다. "내가 삼 년을 와서 이 무화과나무에서 열매를 구하되 얻지 못하니 찍어버리라 어찌 땅만 버리게 하겠느냐?" 주인은(=하나님은) 포도원지기에게(여기서는 예수님) 이 포도원을 포기하는 것이 낫지 않겠느냐고 했다. 포도원지기는 주인에게 유예 기간을 신청한다. (2) 이스라엘 백성들의 열매 없는 삶의 모습, 그것은 열매 맺지 못한 무화과나무였다. 이들은 천국이 임하여 진행되고 있었으나 좀체로 이를 받아들이려 하지도 않고 회개도 하지 않았다. **하나님의 나라는 무엇과 같은가? (눅 13:18-21)** 유대인들은 메시야가 오실 것을 기대하고 있었고, 그 나라는 굉장한 나라로 올 것이며, 불시에 완성될 것으로 믿고 있었다. 그러나 주님은 하나님의 나라는 그들과의 기대와는 아주 다르게 임하게 될 것이라고 설명하신다(18절). 이비유들은 천국 계시의 복합된 성격을 보여주고 있다(즉, 현재성과 미래성).	**• 좁은 문으로 들어가기를 힘쓰라(눅 13:22-30)** 좁은 길로 가는 것이 생명의 길이지만, 이들이 진짜 생명을 소유한 것을 알 수 있는 길은 그들의 열매로 알 수 있다고 말씀하신다. 좋은 열매를 맺는 나무가 좋은 나무이다. '좋은 나무'가 나쁜 열매를 맺을 수 없다(마 7:16). 물론 예수님을 영접하지 않으면서 좋은 열매를 기다릴 수는 없다. 여기서 열매는 사람의 '행실'을 가리킨다. 천국의 사람들을 판별할 수 있는 가장 좋은 방법, 그것은 그들이 살아가는 삶의 열매뿐이다.
• 수종병 든 사람을 고치시다(눅 14:1-6) • 무릇 자기를 높이는 자는...(눅 14:7-14) • 큰 잔치 비유(눅 14:15-24)	**큰 잔치 비유(눅 14:15-24)** (1) 이스라엘은 계속 메시야가 올 때를 소망했지만 막상 눈 앞에 나타난 메시야를 인정하지 않았다. 대제사장이나 서기관들과 같은 유대 지도부는 대부분 예수님의 천국 선포에 냉담으로 일관했다. 하나님은 자신의 백성을 부지런히 청하셨다(6절 "어떤 사람이 큰 잔치를 베풀고 많은 사람을 청한 것처럼"). (2) 하나님께서는 자신의 백성을 구원하기 위해 진수성찬을 차려놓고 청한 사람들이 오기만을 간절히 기다리는 주인이었다. (3) 천국 혼인잔치 비유는 하나님의 나라를 거부해온 유대인에게 경고의 의미를 갖고 있다. 이스라엘 민족은 메시야를 애타게 기다려왔음에도 불 구하고 정작 메시야가 왔을 때 이를 인정하지 않았다. 하나님은 이스라엘을 하나님의 백성의 자리에서 쫓아내시고 새로운 백성으로 천국을 채우신다는 것이다.	

- 잃은 양의 비유(눅 15:1-7)
- 잃었던 아들의 비유(눅 15:11-32)
- 불의한 청지기 비유(눅 16:1-13)
- 부자와 나사로(눅 16:19-31)

잃은 양의 비유(눅 15:1-7)

누가복음 15장에서 세 가지 비유가 나온다. ① **잃은 양**(눅 15:4이하) ② **잃은 드라크마**(눅 15:8이하) ③ **탕자**(눅 15:12) - 이 세 비유의 공통점은 인간의 상실된 상태가 생생하게 묘사되어 있다는 것이다. 하나님이 없는 사람은 목자에 의해 구조되지 않는다면 죽을 수밖에 없는 잃은 양과 같다(시 119:176, "**잃은 양 같이** 내가 방황하오니 주의 종을 찾으소서 내가 주의 계명들을 잊지 아니함이니이다."). 예수님은 자신을 잃은 양들을 위하여 목숨을 버리는 자로 묘사하셨다(요 10:11).

- 눅 15장에 나타나는 **세 가지 비유는 모두 잃어버린 죄인들을 되찾은 기쁨을 강조하고 있다.** 그 중심된 진리는 회개한 죄인에 대한 하늘에서의 기쁨이다(눅 15:7). "이와 같이 죄인 한 사람이 회개하면..."
- 결국, '하나님을 사랑한다는 것' 은 감정적인 것 뿐이 아니라 마음과 목숨과 힘을 다하는 것이다(마 22:37).

불의한 청지기 비유(눅 16:1-13)

주님을 따르는 자들은 하나님과 재물을 동시에 섬길 수는 없다는 것이다. 한 종이 두 주인을 섬길 수 없듯이 하나님과 재물을 동시에 섬길 수 없다. 만약 우리가 하나님과 재물(맘몬), 양쪽 모두에 관심을 쏟는다면 분명한 방향도 목적도 없는 삶을 살게 될 것이다(마 6:24).

- 하나님을 영화롭게 하는 일과 물질적 재물 두 가지에 똑같이 충성할 수 있다는 생각은 잘못이라는 것이다. 누구든지 세상 보화를 추구한다면 그의 마음을 하늘의 보화에 둘 수 없을 것이다.

- 차라리 자기 목에 연자 맷돌을(눅 17:1-3)
- 만일, 네 형제가 죄를 범하거든(눅 17:3-4)
- 겨자씨 한 알만한 믿음(눅 17:5-6)
- 우리는 무익한 종이라(눅 17:7-10)
- 나병 환자 10명이 깨끗함을 받았으나(눅 17:11-19)
- 하나님의 나라는 너희 안에 있느니라(눅 17:20-22)
- 과부와 재판장 비유(눅 18:1-8)
- 바리새인과 세리의 비유(눅 18:9-14)
- 맹인을 고치심(눅 18:35-43)

겨자씨 한 알만한 믿음(눅 17:5-6)

겨자씨만한 믿음(faith as a mustard seed)이란? 이런 믿음을 가지고 그것이 질적으로 순수할 때 이것은 놀라운 성장과 능력을 나타낼 수 있다. 아주 작은 믿음이라 할지라도 참으로 하나님에 대한 신뢰가 있다면 "이 뽕나무더러 뿌리가 뽑혀 바다에 심기어라"라고 하더라도 그대로 될 것이라는 말이다.

하나님의 나라는 너희 안에 있느니라(눅 17:20-22)

(1) 제자들은 성전 파괴 – 세상 끝 – 예수님의 재림을 연속적인 사건으로 이해하고 있었다. 이런 제자들의 생각을 어떻게 교정해 주시는가? (마 24:7-14) 언제 멸망할 것인가를 물었을 때 주님의 대답은 무엇이었나?

① 거짓 선지자의 출현
② 난리와 난리 소문
③ 큰 환난들이 일어난다.
그러나, 끝은 아직 아니다. 이 모든 것이 재난(災難)의 시작이다(마 24:8).

- 주님께서 힘써 강조하고 계신 사실은 자신의 재림이 예루살렘 멸망과 동시에 이루어지지 않을 것이라는 사실이다. 주님은 이 때를 심혈을 기울여 구분하셨다.
- 그 이유는, ① 제자들이 거짓 정보와 그 시대에 나타나게 될 거짓 메시야에게 잘못 인도되지 않도록 하기 위하여
- ② 그리고 기적적인 구원을 대망하는 망령된 일에 빠지지 않도록 보호하고자 함이었다(당시 수만명의 유대인들이 그렇게 대망하고 있었다).

예루살렘 성전에서의 사역(19:45-21:38)

- 예수님과 삭개오(눅 19:1-10)
- 열 므나 비유(눅 19:11-27)
- 예루살렘에 들어가시다(눅 19:28-44)
- 예루살렘 성을 내려다보시고 우심(눅 19:41-44)
- 성전에 들어가심(눅 19:45-48)

예루살렘 성을 내려다보시고 우심(눅 19:41-44)

(1) 예루살렘은 그들에게 평화를 가질 수 기회를 스스로 저버리고 있다. 그들은 메시야이신 예수님을 죽이기 위한 발빠른 계획을 세우고, 그 실행을 위해서 동분서주하고 있다. 이들이 진정 평화를 가져다 주는 일이 무엇인지를 알았더라면, 극단적인 파멸을 당하지 않았을 것이다. 그러나 그 길을 보지 못하고 있다(42절하). 하나님께서는 구원을 진심으로 찾지않는 자들에게는 구원의 지식을 숨기시기 때문이다.

(2) 예루살렘에 구원을 주시기를 원하셨지만 예루살렘은 깨닫는 데 실패했다. 이제 예루살렘은 이방인의 군대에 의해 공략을 당할 것이다.

- 성전에 들어가심(눅19:45-48) 많은사람들이 성전에서 매매되는 희생제물로 생계수단을 삼고 있었다. 그들은 성전에서는세상 사람들이 사용하는 화폐를 사용해서는 안 된다고 주장, 성전 화폐로 환전(換錢)시킨 후 그것으로 희생제물을 올려매긴 가격으로 사게 했다.

- 네가 무슨 권위로? (눅 20:1-8)
- 포도원 농부의 비유(눅 20:9-19)
- 가이사의 것은 가이사에게(눅 20:20-26)
- 부활 논쟁(눅 20:27-40)
- 그리스도와 다윗의 자손(눅 20:41-44)
- 서기관들을 삼가라(눅 20:45-47)

네가 무슨 권위로? (눅 20:1-8)

(1) 당시 대제사장들과 장로들, 즉 종교 지도자들의 권위는 대단한 것이었다. 이들은 공의회에서 인정하지 않는 권위는 인정하려 하지 않았다. 물론 예수님의 권위는 지금까지 말씀과 사역에서 분명하게 잘 드러나고 있었다. 그러나 이들은 예수님의 권위를 인정하려 들지 않았다.

(2) 또한 예수님의 권위는 뭇 사람들을 놀라게 했던 가르침에서도 잘 드러났다(막 1:22, :27; 마 7:29; 눅 4:32). 왜냐하면 그의 가르침은 서기관들의 가르침과 달랐기 때문이다. 서기관들의 가르침은 그들의 전통에 따른 것이었는데 반해(마 7:29), 예수님, 즉 기름 부음을 받으신 분은 모세나 예언자들처럼 하나님의 입으로부터 나오는 말씀으로 가르치셨을 뿐만 아니라 유일하게 아버지를 아시고 그분을 드러내실 수 있는 아들의 유일한 권위를 가지고 말씀하셨다(마 11:27, 28:18; 눅 10:22; 요 3:35, 13:3, 10:15, 17:25).

포도원 농부의 비유(눅 20:9-19)

이들은 하나님의 나라를 빼앗기게 될 것이다. 그리고 그 자리에 손으로 짓지 아니한 다른 새 건축물이 세워질 것이라고 말씀하신다. 이스라엘이 버린 쓸모없는 돌맹이 위에 하나님의 계획이 계속 이어질 것이라는 것이다.

- 서기관들을 삼가라 (눅 20:45-47)

백성의 지도자급에 속하는 서기관과 바리새인들은 오히려 천국문을 막고 다른 사람도 들어가지 못하게 하는 걸림돌이 되어버렸다. 주님을 따르는 많은 백성들과는 대조적으로 돌 같이 굳어버린 종교지도자에게 화를 선포하셨다.

유대인 '건축가들'이 하나님께서 '모퉁이의 머리'로 정하신 그 돌(=예수 그리스도)을 버렸다. 그 결과 유대인 건축가들 자신들이 버림을 당하고 말았다. 예수님은 이런 문맥 속에서 시편118:22을 인용하셨다.

성만찬(22:1–38)

- 가난한 과부의 헌금(눅 21:1-4)
- 성전이 무너질 것이다(눅 21:5-9)
- 무화과나무의 비유(눅 21:29-38)
- 유월절 준비(눅 22:7-13)
- 마지막 만찬(눅 22:14-20)
- 너희 중의 하나가 나를 팔리라(눅 22:21-23)
- 누가 더 크냐(높으냐?) (눅 22:24-27)
- 네가 세 번 나를 모른다고 부인하리라(눅 22:31-34)
- 겟세마네에서 기도하시다(눅 22:39-46)
- 가룟 유다의 배반(눅 22:47-53)
- 공회 앞에 서시다(눅 22:66-71)

유월절 준비(눅 22:7-13)

(1) 눅 22:15을 읽어보자(누가복음에만 나오는 기록이다). "내가 고난을 받기 전에(십자가에 달리기 전에) 너희와 함께 이 유월절 먹기를 '원하고 원하였노라' (I have earnestly desired - NASB)." 즉 이번에 지키는 유월절이 예수님께서 지상에서 마지막으로 지키는 유월절이다.

(2) 결국 이 일이 주님이 당하실 고난의 서곡임을 강조하신 것이다. 멀지 않아 주님은 대적자들의 손에 넘기워져 고난을 받으실 것이다. 그래서 제자들과 유월절 만찬을 준비케 하신다.

부활과 승천(24:1–53)

눅 23:28 예수께서 — **돌이켜** 그들을 향하여 **이르시되**
/예루살렘의 딸들아
[너희는] ┬ 나를 위하여 울지 말고
└ 너희와 너희 자녀를 위하여 울라

주님의 가시는 길은 이미 작정된 길이다.
주님의 죽으심은 특별한 죽음이다.
주님의 죽음이 곧 우리의 구원을 위한 죽음이기 때문이다.
주님의 죽음만이 사망의 권세를 이길 수 있는 유일한 길이다.

그러니 나를(주님) 위하여 울지 말고
너희들 자신과 너희 자녀를 위해 울어야 한다는 것이다.
머지 않아 예루살렘의 멸망이 다가올 것이기 때문이다.
예루살렘의 멸망이 너무 참혹할 것이기에
그날에는 차라리 자식이 없는 여인이 더 행복할 것이라고
말할 때가 온다는 것이다.

주님은 십자가에 못박히셨고
성소와 지성소를 가로막는 휘장(揮帳)이 찢어졌다.
이제, 누구나 그리스도의 피의 공로로
지성소로 통하는 길이 열려졌다.

BACK TO THE
BIBLE
LUKE

0	10	20	30	40	50	60	70	80	90	100

예수님의 죽음
부활(30)

누가복음
58-65년 사이?

교인의 증가, 내외부의 핍박,
이단의 발흥, 유대교의 핍박,
황제숭배 강요

0

누가복음 본문

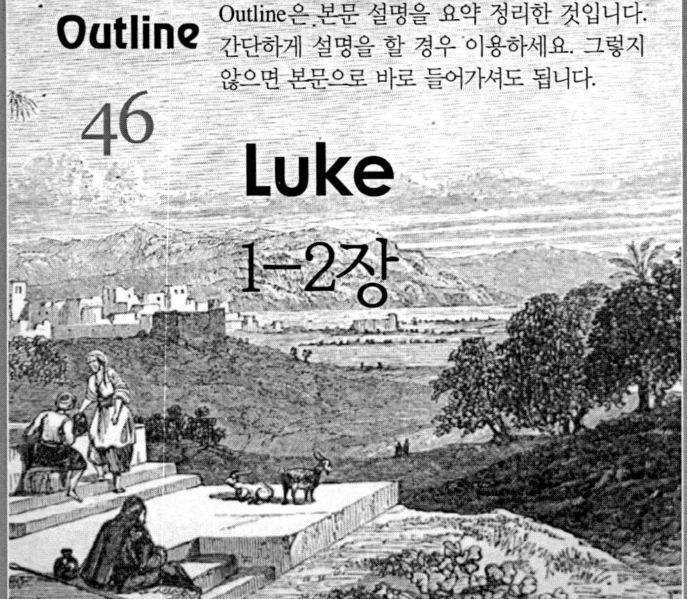

약속의 성취, 그리고 예수님의 유년기(눅 1–2장)

헬라인이요, 바울의 동료요, 의사인 누가(Luke),
그는 데오빌로 각하에게
장문의 역사적 기록을 전하려고 붓을 들었다.
"우리 중에 이루어진 사실"을
근원부터 자세히 살펴보기 시작했다.

누가, 그는 예수님을 본적이 없다.
더욱이 그는 이방인이었다.
그러나 그는 바울을 알고 있었으며
바울의 선교여행에 동행했던 사람으로
풍부한 어휘력, 교육을 많이 받은 기독교인이었다.
헬라문명에 익숙했고
구별된 신학적 견해를 가진 사람이었다.

누가는 복음의 시작을
세례 요한의 탄생과 예수님의 탄생 배경부터 시작한다.
이미 다른 사람들이 기록한 내용도 충분하지만
더 첨가할 의도를 밝힌다.

누가복음은 다른 복음서에는 다루지 않는
누가만의 독특한 자료가 많다.
그는 특히 버림 받은 자, 종교적 부적격자,
가난한 자와 여자에 대한 예수님의 사역을 다룬다.
따라서 누가복음으로의 여행은 또다른 즐거움이 될 것이다.

▶ 누가는 "우리 중에 이루어진 사실"을 유년기 기사를 통해 소개한다. 누가는 처음부터 그가 전하는 증언은 역사적인 사실(말씀의 목격자들이 전한 내용)임을 분명히 한다.

(1) 사도들은 그리스도의 일꾼된 자들로서 처음부터 목격자들이었다. 그들은 처음부터, 들었고 보았다. 예수님이 첫 번째 기적을 행하실 때에도 제자들은 함께 있었다(요 2:11; 행 1:21).

(2) 누가는 이 서신을 기록한 일들에 대해 근원부터 자세히 살펴보았다. 그리고 데오빌로에게 기독교의 기원과 발전을 자세히 기술하여 증정함으로써 이미 배운 것들에 대해 확실함을 알게 하려고 했다.

세례 요한의 출생 예고(눅 1:5-25)

(1) 세례 요한의 탄생 역시 구약 예언의 성취임을 보여준다. 헤롯 대왕이 유다를 통치할 때(아마 주전 7~6년경이었을 것이다), 한 제사장이 있었는데, 그는 아비야 반열에 속해 있었다. "그의 이름은 사가랴요 그의 아내는 아론의 자손이니 이름은 엘리사벳이라." 두 부부는 나이가 많았지만 자식을 두지 못했다. 잉태하지 못했기 때문이다.

(2) 제사장이 분향하는 동안에 모든 백성은 그 분향하는 시간에 밖에서 기도한다(10절). 그 때 주의 사자가 사가랴에게 나타나 향단 우편에 서 있었다(11절). 천사는 사가랴에게 자식을 잉태하게 될 것이라고 알린다.

(3) 가브리엘 천사가 나타난 것 자체가 커다란 증거가 되었을 것인데, 사가랴는 믿지 않았으므로 당분간 말 못하는 자(=벙어리)가 될 것이라는 벌(?)을 받는다. "사가랴의 아내 엘리사벳이 잉태하고 다섯 달 동안 숨어 있어 있었다"(24절).

마리아의 예수 잉태(눅 1:35)

(1) 마리아는 다윗의 자손 요셉이라 하는 사람과 약혼한 상태에 있었다. 그런데 천사 가브리엘이 전하는 소식은 청천벽력이었다. 가브라엘은 마리아에게 '기뻐하라' 고 전한다(명령형). 순간 마리아는 그 말을 듣고 놀랐다. 그래서 마리아는 '도대체 이런 인사말이 무슨 뜻인가 곰곰히 생각했다

는 것이다(29절).

(2) 마리아는 지금 기뻐하라(χαῖρε)는 말 자체보다는 오히려 그 잇따른 메시지에 당황한다. 이들은 아직 정혼(定婚)한 상태라 요셉과 동거하기 전이었다. 그런데 이런 마리아에게 아들이 잉태될 것이라는 것이었다. 천사 가브리엘이 전한 내용은 무엇인가?

(3) 마리아가 천사가 전해준 말을 수용했다는 것은 하나님의 뜻을 받아들였다는 것을 의미한다. 여러 의심을 받을 수도, 이혼도 당할 수 있는 상황이었기 때문이다. 마리아가 잉태했다는 소식을 들은 남편 요셉의 태도는 어떠했을까?

마리아와 엘리사벳의 만남(눅 1:39-56)

(1) 마리아는 자신의 잉태 사실을 공개적으로 이야기 할 수 없는 상황이다. 그래서 고민 끝에 그녀의 사촌 엘리사벳을 찾아갔을 것이다. 사갸랴와 엘리사벳도 천사의 전갈을 받았기 때문에 이 모든 사실을 잘 이해할 수 있었을 것이다.

(2) 엘리사벳은 마리아를 향해 큰 소리로 이렇게 찬양한다. 마리아가 모든 여자 중에 가장 복이 있는 것은 그녀가 낳을 아이(네 태중에 아이)가 복이 있기 때문이다. 이 말은 천사가 했던 말과 똑같은 것이다 (1:28). 즉 네 태중의 아이가 복이 있기 때문에 마리아도 모든 여자 중에 가장 복된 여자라는 것이다.

마리아의 찬가 (눅 1:46-55)

아들의 출생을 감사하며 찬양한 마리아 찬가는 천사의 방문을 다루고 있는 누가복음 1장 주제의 절정을 이룬다.

세례 요한의 출생(눅 1:57-80)

1. 마리아는 엘리사벳과 석 달쯤 함께 지내고 나사렛 자기 집으로 돌아왔다(56절). 이제 엘리사벳이 해산할 기한이 차서 아들을 낳았다. 사가랴는 성령의 충만함을 받아 예언한다.

사가랴의 찬가(눅 1:68-79)

예수 그리스도의 탄생(눅 2:1-20)

(1) 2장은 예수님의 탄생과 유년 시절을 다루고 있다. 누가복음에는 오직 누가복음에만 있는 자료들이 많다. 그리스도의 탄생은 이스라엘과 맺은 언약의 약속이 성취된 것임이 분명하다. 시므온은 예수님의 탄생을 보고서 "이 구원이 이스라엘 백성의 영광"이라고 했다.

(2) 누가는 예수님의 탄생 시기를 정확하게 기록한다. 예수님은 베들레헴에서 태어나셨다. 이는 구약 성경 미가서 5:2에 이미 예언되고 있던 사실임을 지적하고 있다. 하나님께서는 오래 전부터 한 왕(목자)을 보내주시겠다 약속하셨다. 이는 미가 선지의 예언이 성취되었음을 보여준다.

아기 예수의 정결 의식(눅 2:21-24)

(1) 모세의 법대로 정결예식의 날이 차매 아기를 데리고 예루살렘에 올라왔다. 그렇다면 40일 정도가 되었을 것이다(레 12:2-4; 출 13:2).

(2) 할례는 난지 8일만에 행하였다. 요셉은 제물로 양 대신 산비둘기 한 쌍(혹은 어린 집비둘기 2마리)을 드렸다. 가난했기 때문이다(레 12:8).

(3) 예수님을 본 시므온(눅 2:25-35) - 하나님께서 시므온에게 살아서 메시야를 보게 될 것이라고 약속하셨다. 그는 40일 된 아기를 보고 약속하신 메시야인 것을 곧 알아본다. 시므온이 아기를 안고 하나님을 찬송한다(29절) 시므온의 찬양은 경건함과 동시에 이사야 46:6과 49:6과 같은 예언들을 반영하고 있다.

여선지자 안나의 예언 (눅 2:36-40)

아셀 지파의 바누엘의 딸 안나라는 선지자(84세), 안나가 결혼할 때의 나이가 15세라고 한다면 혼자 생활한지가 84년, 그렇다면 지금 그녀의 나이가 106세가 된다. 그녀는 이 나이가 되도록 성전을 떠나지 않고 늘 기도와 금식으로 섬겼다고 했다.

나사렛에서 예루살렘으로(눅 2:51-52)

예수님이 12세 때, 첫 번째 유월절에 참석하셨다. 예수님이 제사장들과 신학적인 토론을 하고 있는 것을 발견했다(사 11:1-4, 49:1-2, 50:4 참조). 그의 총명함에 모두 놀란다(눅 4:22, 32).

약속의 성취, 그리고 유년기(눅 1-2장)

1) πεπληροφορημένων 분사 완료\ 수동태

플레로포레오(πληροφορέω) - 성취하다, 완수하다, 확신하다

2) 프라그마(πρᾶγμα) - 행위, 행동, 행해진 것, 성취된 것, 일, 문제, 사건.

누가는 그리스도인 가운데 널리 알려진 일들, 즉 자기 이전의 저술가들이 그리스도에 관한 다양한 자료를 적절한 방식으로 재연하려고 시도했다는 것이다. 그렇다고 누가는 자기보다 앞서 저술한 사람들을 비난하려는 의도는 아니었다.

3) 복음 전파자라는 의미이다(행26:16). 누가는 목격자 중의 한 사람이 아니다. 그는 2차적 증인이다.

4) 복음의 메시지를 말한다.

5) 담화식의 야기나 진술, 기사' (an account)

누가복음은 구약에서 예언된 것들을 소개하고, 그 예언이 성취되었다는 확신으로 시작하고 있다. 누가는 "우리 중에 이루어진 사실"을 유년기 기사를 통해 소개한다. 누가는 처음부터 그가 전하는 증언은 역사적인 사실(말씀의 목격자들이 전한 내용)임을 분명히 한다.

1. 누가는 자신이 전하려는 메시지의 기술 방법과 목적을 말하고 있다.

1:1-2
붓을 든 사람이 많은지라(=많은 사람이 붓을 들었다)
/내력을 저술하려고
/우리 중에 이루어진1) 사실2)에 대하여
/목격자3)와 말씀4)의 일꾼 된 자들이 — 전하여 준 그대로
/처음부터 /[우리에게]

• 내력(디에게시스: διήγησις) 예수님의 이야기, 진실, 기사

(1) 우리 중에 "이루어진 사실"은 어떤 사건을 말하고 있는가?
사도들은 그리스도의 강림, 그의 생애, 죽으심, 부활, 그리고 성령의 선물은 무엇보다 약속의 성취로, 구속사의 완성의 시작으로, 종말론적인 사건으로 받아들였다(베드로는 오순절에 요엘 선지의 빛 아래서 이 사실을 밝혔다, 행 2:17). 마태는 예수님을 다윗의 자손, 그리스도로 명백히 칭하고(마 1:1), 예수님의 족보에서 '다윗'의 이름을 자주 반복한다. 예수님이 다윗의 후손이라는 사실을 강조한다. 성경은 예수님이 어떻게 구약의 성경을 성취하셨으며, 왜 그가 모세 율법을 변경할 권세를 가지셨는지를 설명한다.

(2) 그런데, 예수님의 생애와 그가 메시야로서 어떤 말씀을 증거했는지 그 내력(디에게시스, διήγεσις)[5]을 저술하려고 붓을 든 사람들이 많았다는 것이다. 물론 이들은 목격자(αὐτόπτης아우톱테스)들이었다. '목격자와 말씀의 일꾼 된 자들'은 서로 분리된 자들을 가리키지 않는다. 이들은 처음부터(ἀπ' ἀρχῆς, from the beginning), 즉 예수님께서 활동하기 시작한 처음부터 직접 눈으로 보고 말씀을 전파한 사람들이었다.

(3) 누가(Luke) 역시 말씀의 목격자들이 전한 것과 같은 내용을 전하려는 것이라고 밝힌다. 사도들은 그리스도의 일꾼된 자들로서 처음부터 목격자들이었다.

그들은 처음부터 들었고 보았다. 예수님이 첫 번째 기적을 행하실 때에도 제자들은 함께 있었다(요 2:11; 행 1:21).

2. 누가는 이 서신을 기록한 일들에 대해 근원부터 자세히 살펴보았다. 그리고 예수 그리스도의 생애를 차례대로 써 보내야 겠다고 생각했다.

1:3 써 보내는 것이 ——— **좋은 줄 알았노니**
/그 모든 일을 /내게(나도, to me also)
/근원부터[1] 자세히[2] 미루어 살핀[3]
/차례대로 (순서대로 정리하여)
/데오빌로 각하에게
4 //이는(목적: ἵνα, so that...may)
각하가 — **더 확실하게 하려 함이로라**
/알고 있는 바를

• 아스팔레이아(ἀσφάλεια) - 교훈, 가르침의 '확실성'을 타나낸다. 틀림없는 진리로서 믿을만한 것임을 함축한다.

1) 근원부터(아노덴, ἄνωθεν) -시작부터, 처음부터, 다시, 새로이, from the beginning

2) 자세히(아크리보스, ἀκριβῶς), 정확하게 신중하게.

3) 미루어 살핀(파라콜루데오. παρηκολουθέω), 살피다, 조사하다

그러니까 누가는 저술을 시작하기 전에 쓰려고 하는 주제에 충분하고도 정확한 지식으로 준비를 갖추고 있었다는 것이다.

(1) 누가는 데오빌로에게 기독교의 기원과 발전을 자세히 기술하여 증정함으로써 이미 배운 것들에 대해 확실함을 알게 하려고 했다. 그러나 이미 예수 그리스도에 대한 사건을 저술하려고 붓을 든 사람이 많았다는 것이다. 문제는 어떤 기록물에서는 기독교 초보자들을 혼동시킬 수 있는 결점과 불완전이 있을 수 있다는 것이다. 그래서 누가는 데오빌로 각하에게 (기독교 신앙에 대해 이미 알고 있는) 신앙에 더욱 확신을 주어, 그 어떤 그릇된 전승(傳承)에 현혹되지 않기를 기대했을 것이다.

(2) 데오빌로(Theophilus)[4]가 누구인가에 대해서는 확실한 증거가 없다. 그래서 어떤 특정 인물을 가리킨다기보다는 '하나님을 사랑하는 자들'로서 기독교인 독자들의 상징적인 이름이라고 주장하기도 한다(기독교적 교육을 받은 이방인 집단?). 그러나 여기서 각하(크라티스토스, κράτιστος)라는 칭호가 사용된 것으로 보아[5] 실제 인물로 볼 수 있다. 그렇다면 데오빌로는 기독교에 관심이 많은 어떤 로마의 고관으로서, 기독교에 이미 입교한 신자로, 이방인 집단의 중심 인물이었을 것이다. 추측이지만 스트리터(Streeter)는 데오빌로를 도미티안 황제(81-96년)의 사촌이요 상속자인 티투스 플라비우스 클레멘스로 본다. 죽음에 처해진 정체를 은폐하기 위해서라는 것이다.[6] 클레멘스 부부가 기독교인이라면 그들은 복음이 황제의 집안 안으로 확장된 흥미로운 사례가 된다. 이런 사례는 이미 바울 시대에도 있었던 일이다(예; 빌 4:22, 가이사의 집 사람들).

4) 데오필로스(Θεόφιλος) - 데오스(θεός 하나님)와 필로스(φίλος 사랑하는 친구)에서 유대했으며 '하나님의 친구'라는 의미를 지닌다. 이 데오빌로가 누구인가는 누가복음과 사도행전의 서문을 떠나서 전혀 알 수 없다. 그래서 실제인물인지, 아닌지에 대한 논쟁이 있다.

5) 누가는 후에 총독 벨릭스와 베스도에게도 '각하'란 칭호를 사용했다(행 23:24, 25:1).

6) 그는 95년에 집정관이 되었다. 그의 아내는 도미티안의 조카인 플라비아 도미틸라(Flavia Domitilla)였다. 클레멘스는 사형에 처해졌고 그의 아내는 캄파니아 해변에서 떨어진 판테타리아 섬에 유배되었다(아이브로 J. 데이빗슨, 교회의 탄생).

50

세례 요한의 출생(눅 1:5-25)

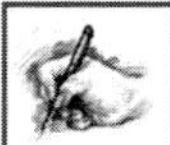

누가복음은 마태복음과 마가복음과는 달리 세례 요한의 탄생 배경부터 자세히 언급하고 있다. 그리고 예수님의 잉태와 출생에 대해서도 자세하게 기술한다. 특별히 누가는 세례 요한을 크게 부각시키고 있다. 세례 요한의 배경, 출생, 그리고 그의 메시지에 대해 다른 복음서보다 더 많은 정보를 제공한다. 누가는 세례 요한을 예수님의 오심을 준비하는 자로 여겼다. 누가는 세례 요한을 예수님과 아주 밀접하게 연관시키면서 소개하고 있다.

1. 세례 요한의 탄생 역시 구약 예언의 성취임을 보여준다. 그의 부모가 세례 요한을 잉태하게 된 배경을 살펴보자.

(1) 유대 왕 헤롯 때에(눅 1:4) - 여기서 헤롯은 헤롯 대왕을 가리킨다. 그는 이두매 출신 안티파테르(Antipater)의 아들이다. 예수님이 탄생하실 즈음, 유대는 헤롯 대왕이 다스리던 로마의 속주국이었다. 그런데 어떻게 헤롯이 장기간 유다를 통치할 수 있었을까? 물론 헤롯의 유능함과 간교함이 한 몫을 했다. 그는 매우 잔인한 인물이었다. 그는 로마의 안토니의 제의와 옥타비안의 동의를 얻어 (로마 원로원에 의해) 유대의 왕으로 임명되었다(B.C. 40년).[1]

(2) 헤롯 대왕이 유다를 통치할 때(아마 주전 7~6년경이었을 것이다), 한 제사장이 있었는데, 그는 아비야(Abijah)[2] 반열에 속해 있었다. "그의 이름은 사가랴(Zacharias, Ζαχαρίας)[3]요 그의 아내는 아론의 자손이니 이름은 엘리사벳(Elizabeth)[4]이라." 그런데 "이 두 사람이 하나님 앞에 의인이니(righteous in the sight of God) 주의 모든 계명과 규례대로 흠이 없이 행하더라"고 했다. '흠이 없다'는 말 '아멤프토스'(ἄμεμπτος)는 '흠이나 결점이 없는 것'을 의미한다. 그렇다고 죄가 없다는 것이 아니라 책망을 받을 것이 없었다는 말이다. 두 부부는 나이가 많았지만 자식을 두지 못했다. 잉태하지 못했기 때문이다.

1:8 마침(δέ, Now)
    사가랴가 — 제사장의 직무를 **행할새**(while)
        /그 반열(班列, of his division)의 차례대로(차례가 되어)
        /하나님 앞에서
1:9 [그가] ——— **제비를 뽑아**(=사가랴가 뽑혀)[5]
        /제사장의 전례를 따라
        /주의 성전에 들어가 분향하고

분향할 사람을 제비뽑아 정하였는데 사가랴가 향을 드리는 영예를 얻었다. 황금제단에 분향하는 것은 일생에 단 한번 있는 일이다(계 2:17의 "흰돌" -제비뽑을 때).

1) 헤롯이 어떻게 유대 왕으로 등장하게 되었는가는 신구약 중간사를 살펴보기로 하자(동교재, 마태복음 참조).

2) 다윗 때에 아론의 자손 중 남자는 모두 제사장이 되었는데, 그 숫자가 너무 많으므로 24반열로 나누웠다. 아비야 반열은 8번째였다(대상 24:10; 대하 8:14). 각 반열은 안식일에서 다음 안식일까지 8일간 일년에 두 차례씩 차례로 직무를 맡았다. 초막절에는 24반열이 모두 출두했다.

3) 히브리 이름으로 '스가랴'(여호와께서 기억하시다)이며 유대 사회에서는 흔한 이름이었다(왕하 14:29).

4) 히브리어 엘르아잘의 음역으로 '하나님은 맹세의 하나님이다'라는 의미이다.

5) 랑카노(λαγχάνω)의 과거 제비를 뽑아 얻다, ~를 위해 제비를 뽑다.

제사장이 분향하는 동안에 모든 백성은 밖에서 기도한다(10절).
▼

- 사가랴는 아비야 반열의 제사장이었다. 아론의 모든 직계 자손은 자동적으로 제사장이 되었다.
- 다윗 왕 때에 아론의 자손 제사장들이 많아졌을 때 그들을 24 반열로 나누었다(대상 24:1 대상 24:4, 10).
- 이 24반열 가운데 다만 4반열이 포로에서 돌아왔으며(스 2:24-39), 그것을 다시 24반열로 나누어 본 반열의 족장 이름을 붙여 그대로 존속시키었다.
- 다만 유월절과 오순절 그리고 장막절 때만 모든 제사장들이 참예, 그 외에는 각 반열이 일년에 두 차례씩 한 주간 동안 할당받아 봉사했다.

눅 1:8
마침 사가랴가 그 반열의 차례대로 하나님 앞에서 제사장의 직무를 행할새

반열(班列) - 한번에 일주일 동안 제사장 직무를 수행했다(대상 23:6; 대상 28:13).

2. 제사장이 분향하는 동안에 모든 백성은 그 시간에 밖에서 기도한다(10절).
그 때 주의 사자가 사가랴에게 나타나 향단 우편에 서 있었다(11절).

12 사가랴가 보고 **놀라며 무서워하니**
13 천사가 그에게 **이르되**
/사가랴여 [너는] — 무서워하지 말라
//(이유 διότι, for)
너의 간구함이 — 들린지라
네 아내 엘리사벳이 — 네게 아들을 낳아 주리니
그 이름을 ———— 요한이라 하라

사가랴는 그동안 무엇을 간구했을까? 엘리사벳이 잉태하지 못하므로(1:7), 자식이 없었다. 이 부부는 자식 낳기 위해 기도했을 것이다. 그러나 오래 전에 그 기도를 포기했던 것 같다. 하나님은 이미 오래 전부터 그의 간구함을 기억하셨다. 이제 하나님은 그 기도를 잊지 아니하시고 응답하신다. 기적적인 탄생을 준비하신다.

'들린지라'(εἰσηκούσθη 과거수동태) - 과거에도 들으셨고, 지금도 듣고 계신다는 의미이다.

(1) 갑자기 나타난 주의 천사를 보고 스가랴는 놀랐다. '놀라다'라는 말 '타랏소'(ταράσσω)는 두려움이나 큰 공포를 느꼈다는 뜻이다. 예수님이 물 위를 걸어오시는 것을 보았을 때 제자들은 유령이라 하여 '놀랐다'고 했을 때 이 단어를 썼다. 또 무서워했다(포보스, φοβος). 두려움과 공포심을 느꼈다는 말이다. 그러나 천사가 무서워하지 말라고 한다. 그 이유를 사가랴의 간구함을 이미 들으셨기 때문이라고 했다(εἰσηκούσθη 과거수동태).

요한(요한네스, Ἰωάννης) - 히브리 이름으로 '요하난'(또는 예호하난) - '그에게 여호와는 은혜롭다'를 뜻한다.

(2) 요한의 탄생은 이들에게 어떤 의미를 갖게 될까? (14절) 요한의 탄생은 사가랴 부부에게는 기뻐하고 즐거워할 일이 될것뿐만 아니라 많은 사람도 그의 태어남을 기뻐할 일이 될 것이다. 요한복음에서는 하나님께 보내심을 받은 자라고 했다(요 1:6). 요한복음에서는 세례 요한의 역할이 사람들의 이목을 예수님에게로 인도하는 역할을 했음을 보여주려는 데 있다고 했다. 세례 요한은 빛이 아니고 빛을 '증언하러 왔다'(εἰς μαρτυρίαν)고 분명하게 설명하고 있다(He came for a witness).[1]

1) 세례 요한은 증언(증거)하러 왔다(요 1:7). 무엇에 대하여? 빛에 대하여 (περὶ τοῦ φωτός) 요한복음의 저자는, 공관복음서의 저자들이 요한의 설교와 세례의 집행에 대하여 언급한 것과는 달리 그의 유일한 기능이 예수님께 대한 증언자로서의 사명을 강조하고 있다. 세례 요한이 할 일은 바로 "빛에 대하여 증언"하는 일이었다.

(4) 많은 사람이 그의 태어남을 기뻐하게 될 것이다. 그 이유를 이렇게 설명한다.

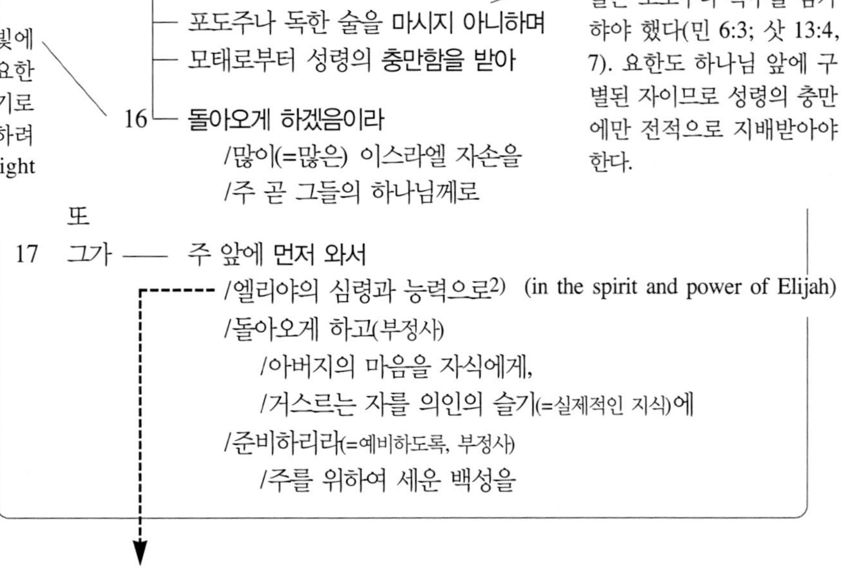

세례 요한이 할 일은 바로 "빛에 대하여 증언"하는 일이었다. 요한이 보내심을 받은 목적을 "자기로 말미암아 모든 사람이 믿게 하려 함이라"(πιστεύσωσιν, might believe)고 했다(요 1:6-8).

2) 예수님은 세례 요한을 말라기가 예언한 바로 그 엘리야라고 소개하신다. 예수님은 이사야 35:5-6에 있는 메시야 예언을 인용하시면서, 그 예언이 실제로 성취되고 있다고 대답하셨다.

• 마 11:9 "그러면 너희가 어찌하여 나갔더냐 선지자를 보기 위함이었더냐 옳다 내가 너희에게 이르노니 선지자보다 더 나은 자니라."

세례자 요한은 그 어떤 선지자보다 나은 선지자라고 말씀하신다. 이제 주님은 세례자 요한을 가리켜 예수님 바로 앞의 선구자(先驅者)로서, 예언을 성취시키려 온 자라고 소개하신다.

(ἐν πνεύματι καὶ δυνάμει Ἠλίου) - 엘리야의 심령과 능력으로

요한은 물론 문자적으로는 엘리야가 아니었다(마 1:21). 요한은 선구자로서의 역할을 충분히 수행했다. 그는 다른 선지자들이 예언만을 하였음에 비해, 직접 예수님을 만나보고 군중들에게 소개했다. 그는 빛이 아니라 빛에 대하여 증언하는 자였다. 이제까지 생존한 사람 가운데 요한보다 큰 사람은 없지만, "그러나 천국에서는 극히 작은 자라도 그보다 크니라"고 했다. 물론 "천국에서는"이라는 말은 "예수님이 오신 이후"라는 말로 이해해야 한다. 세례 요한은 옛 세대에서 새 세대로 이양해 준다. 요한은 비록 그것이 매우 근접해 있었다손치더라도 여전히 미래에 속해 있던 것들이다. 그러나 예수님과 더불어 새시대는 도래하였으며, 천국은 그 세력을 이 세상에 드러내는 활동을 개시하였다(동교재, 요한복음).

3. 이런 천사의 전언(傳言)을 듣고 사가랴는 어떤 반응을 보였을까?

1:18 사가랴가 — 천사에게 **이르되**
/내가 — 이것을 어떻게 알리요
//(for, γάρ)
내가 늙고 아내도 나이가 많으니이다

"저는 늙은이입니다. 제 아내도 나이가 많습니다. 무엇을 보고 그런 일을 믿으라는 말씀입니까?"(공동번역)

(1) 사가랴는 자녀를 얻기 위해 계속 기도를 드려왔을 것임에도 불구하고 막상 천사가 전하는 말을 믿지 못했다. 자신도 아내도 자식을 잉태하기에는 너무 늙었다는 것이었다.[1] 구약에서는 아주 늙었으나 아이를 갖게 된 시례가 많이 있었지만(기드온, 삿 6:36-39; 히스기야 왕, 왕하 20:8; 마리아, 눅 1:74), 그는 믿을 수가 없었다. 그래서 그는 징표를 원했을 것이다.

1) 아브라함의 경우는 같은 조건에서도 하나님의 약속을 믿고, 이삭을 얻었다. '천사'는 신약에서 175회 등장한다. 천사들은 천상계의 대표자들이요 하나님의 전달자들이다.

1:19 천사가 — **대답하여 이르되**
/나는 — 하나님 앞에 서 있는 가브리엘이라
— 보내심을 받았노라
/이 좋은 소식을 전하여 네게 말하라고
20 /보라
네가 — 말 못하는 자가 되어 능히 말을 못하리니
/이 일이 되는 날까지
//이는(because, ἀντί)
네가 — 내 말을 믿지 아니함이거니와
내 말이 — 때가 이르면 이루어지리라

• Gabriel - 가브리엘은 신약에서 누가복음에만 두 번 나온다. (구약: 단 8:16, 9:21) / 게베르(강한 남자)와 엘(하나님)의 합성어이다(=하나님은 나의 영웅). 가브리엘은 천사장 미가엘(단 10:13; 유 9절; 계 12:7)과 하나님 보좌에 둘러 선 '우리엘'과 '라파엘'과 함께 연합한다.

(2) 가브리엘 천사가 나타난 것 자체가 커다란 증거가 되었을 것인데, 사가랴는 믿지 않았으므로 당분간 말 못하는 자(=벙어리)가 될 것이라는 벌(?)을 받는다. 그 이유를 "네가 네 말을 믿지 아니였기 때문"이라고 했다. 언제까지? 이 일이 이루어지는 날까지. 이것이 증표이자, 또한 불신앙에 대한 벌이 되었다.

4. 이런 일로 인해 자연히 분향하는 시간이 많이 지체되었다. 백성들이 그의 지체함을 이상하게 여겼다(21절).

(1) 분향을 끝내고 성소 밖으로 나왔으나 사가랴는 말을 하지 못했다. 그래서 백성들이 그가 성전 안에서 환상(vision, ὀπτασία옵타시아)을 본 줄 알았더라고

1) 각 제사장은 6개월마다 한 번씩 성전에서 일주일 동안 봉사해야 했다(왕하 11:5).

했다(22절). 사가랴는 말은 못하고 몸짓으로 뜻을 표시했을 뿐, 그냥 말을 못한 채로 있었다. 사가랴는 그의 직무 기간[1]이 끝난 다음에 집으로 돌아갔다(23절). 사가랴의 집은 어딘데? 39절을 보면, "유대 한 동네"(유대 남쪽 산골에 있는 작은 마을)라고 했다.

5. 이후에(And after these days, Μετὰ δὲ ταύτας τὰς ἡμέρας)

2) 하나님의 특별한 은총으로 잉태된 나실인 아이였기에 의식상의 부정한 일에 관계하지 않아야 했기에 그러했을 것이다. 그런데 이제 이 모든 궁금증을 드러낸다.

(1) "사가랴의 아내 엘리사벳이 잉태하고 다섯 달 동안 숨어 있었다"(24절). 왜 숨어 지냈을까? 물론 본문의 설명이 없다. 나이가 들어 임신해 창피해서?[2] 어쨌든 엘리사벳은 더이상은 임신 사실을 숨길 수는 없었다. 누가 보아도 임신한 것을 알아볼 것이기 때문이다. 그녀는 이렇게 대답한다.

1:25 주께서 —— 이렇게 행하심이라
　　//(목적: 부정사)
　　내 부끄러움을 없게 하시려고
　　　/[그가]— 나를 돌보시는 날에
　　　/사람들 앞에서

"이렇게 주께서 나를 보살펴 주셔서 나에게 아이를 주심으로 모든 사람이 다 아는 내 부끄러움을 씻어 주셨다"(현대인의 성경)

(2) 엘리사벳은 사람들 앞에서 겪어야 했던 부끄러움(ὄνειδος 오네이도스, 수치, 비난, 불명예)을 없애 주시려고 아이를 허락해 주셨다는 것이다. 여기서 '부끄러움'(disgrace)은 후사를 원했던 남편의 소망과 자식을 원하는 어머니의 갈망 때문에 한 유대의 여인이 민감하게 느끼는 부끄러움이다(A.T. Robertson).

마리아의 예수 잉태(눅 1:35)

3) 나사렛 - 예수님의 부모가 이곳 나사렛에서 살았다(마 2:23). 마리아는 정혼한 요셉과 함께 나사렛에서 베들레헴으로 호적하러 갔다(눅 2:4-5). 예수님이 태어난 후 다시 나사렛으로 돌아왔다(마 2:23; 눅 2:39). 예수님은 소년 시절에 이곳 나사렛에서 사셨다(눅 2:29-51, 4:16).

1. 세례 요한의 출생 때와 마찬가지로 천사 가브리엘이 하나님의 보내심을 받아 마리아에게 나타났다.

1:26 여섯째 달에
　　천사 가브리엘이 ┬ 하나님의 **보내심을 받아**
　　　　　　　　　　├ 갈릴리 나사렛[3]이란 동네에 **가서**
　　　　　　27 └ 처녀에게 **이르니**
　　　　　　　　　　　/다윗의 자손 요셉이라 하는 사람과 약혼한
　　그 처녀의 이름은 ― **마리아라**

Close up *from* 동교재, 마태복음 1장

잠깐, 유대인의 결혼에 대해 알아보자 :

(1) 첫째 약혼(約婚) : 흔히 나이 어릴 때, 양친에 의해서 또는 직업적인 중매인에 의해, 당사자들이 맞선 보는 일이 없이 결정한다. 정혼은 결혼과 동등한 법적 효력을 갖는다.

(2) 둘째 정혼(定婚) : 이미 거행한 약혼을 재가(裁可)하는 것을 말한다. 만약 여자가 더 이상 진행하기를 싫어한다면 파약할 수 있다. 그러나 일단 정혼이 성립되면 절대적 구속력을 갖는다(일년간 계속). 이 기간 동안 남편과 아내의 권리는 소유하지 못하지만 남편과 아내로 불리어진다. 요셉과 마리아의 관계가 이런 기간이었다(마 1:19, 20 참조). 마리아가 잉태된 것이 나타난 것은 신랑 요셉과 더불어 일년간의 대기 기간을 보내고 있던 중이었다.

정혼(定婚)은 여러 증인 앞에서 맹세한 엄숙한 약속이다(스 16:8; 말 2:14). 추후에 잇단 약속은 없다. 뒤에 가서 문서상의 재가를 받는다. (한정된 의미에서) 본질적으로 결혼에 해당한다. 정혼식과 신부를 신랑의 집으로 데려오기까지는 일정한 기간을 두게 되고, 데려 올 때 잔치를 한다. 이때 장대한 행렬이 수반되곤 한다(마 25:1 참조).

(3) 결혼(結婚) : 정혼 기간이 끝날 때, 거행한다.

(1) 마리아는 다윗의 자손 요셉이라 하는 사람과 약혼한 상태에 있었다. 그런데 천사 가브리엘이 전하는 소식은 청천벽력이었다. "[28]그에게 들어가 이르되 은혜를 받은 자여 '평안할지어다' (χαῖρε명령법)[1)] 주께서 너와 함께 하시도다 하니" 가브라엘은 마리아에게 '기뻐하라'고 전한다(명령형). 순간 마리아는 그 말을 듣고 놀랐다(διεταράχθη과거 수동태). 순간 당황했다는 말이다. 그래서 마리아는 '도대체 이런 인사말이 무슨 뜻인가' 곰곰히 생각했다는 것이다(29절).

1) 카이로(χαίρω) - 즐거워하다, 기뻐하다. 이 단어는 특히 그리스도를 통한 종말론적 완성 및 그리스도 안에 존재함과 그리스도 안의 소망을 언급한 곳에 많이 나타난다.

(2) 마리아는 지금 기뻐하라(χαῖρε)는 말 자체보다는 오히려 그 잇따른 메시지에 당황한다. 이들은 아직 정혼(定婚)한 상태라 요셉과 동거하기 전이었다. 그런데 이런 마리아에게 아들이 잉태될 것이라는 것이었다. 천사 가브리엘이 전한 내용은 무엇인가?

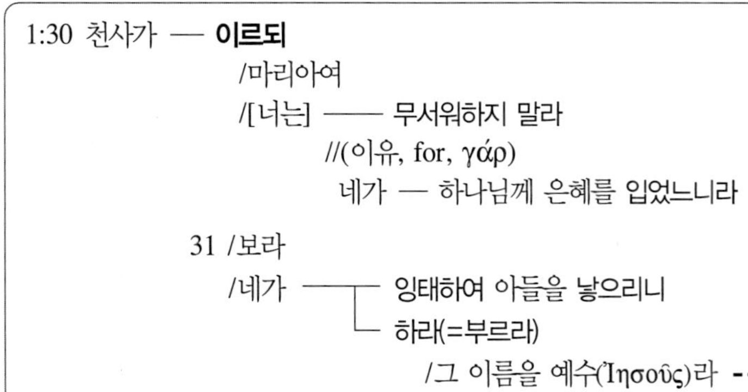

예수(Ἰησοῦς, 예수스) - '예수아'라는 유대 이름의 헬라어형이다. 예수아는 바벨론 포로기 무렵부터 예호수아 대신 일반적으로 사용하기 시작했다. '여호와는 도움이시다(또는 '구원이시다')라는 의미이다. '예수스'는 주후 2세기 초까지만 해도 통상적인 이름이었다. 신약성경의 기자들은 예수라는 이름을 가진 기타 인물들과 구별하기 위해 '갈릴리 나사렛' 예수라고 표현했다(마 21:11).

'지극히 높으신 이'(휩시스토스, ὕψιστος) - 가장 높은(highest), 지극히 높은, 하늘, 즉 하나님을 의미한다(눅 1:32, 35, 76, 6:35; 행 7:48)

가브리엘 천사는 마리아에게 앞으로 탄생할 그 아이의 이름을 예수가 될 것이라고 말한다. 이 이름은 그의 구속사적 역할을 미리 예고해 준다(31절; 마 1:21).

그에게 다윗의 왕위(보좌)는 메시야 왕의 보좌이다(행 2:30, "그는 선지자라 하나님이 이미 맹세하사 **그 자손 중에서 한 사람을 그 위에 앉게 하리라 하심**을 알고").

32 그가 ─── 큰 자가 되고
일컬어질 것이요
/지극히 높으신 이의 아들이라
주 하나님께서 ─ 그에게 주시리니
/그 조상 다윗의 왕위를
33 [그가] ─── 왕으로 다스리실 것이며
/영원히 야곱의 집을
그 나라가 ─── 무궁하리라

Close up

1) 예레드 : 아이, 아들, 소년, 자손, 청년 / 한 아기 (人性) = 다윗의 후손 (삼하 7:12-16) Cf. 렘 33:17-22, 겔 37:25, 사 55:3, 사 11:1, 한 아들 (神性)

2) Wonderful Counselor (פֶּלֶא יוֹעֵץ) '경이로운 모사'(NIV)로 번역하기도 했다. 일반적인 의미에서 왕의 지혜를 가리킨다.

2. 마리아에게서 태어난 그가 야곱의 집을 영원히 다스릴 것이다(사 9:6).

9:6 이는(이유: for, כִּי)
한 아기(יֶלֶד 예레드)[1]가 우리에게 났고(יֻלַּד־לָנוּ) - ילד의 푸알 동사 완료
한 아들(בֵּן 벤)을 우리에게 주신 바 되었는데
그의 어깨에는 정사(מִשְׂרָה 미쓰라)를 메었고
그의 이름은 ── 기묘자(פֶּלֶא 페레)[2]라,
모사(יוֹעֵץ)라, - 야아쯔(יָעַץ)의 칼 동사 분사형 - 충고(권면)하다
전능하신 하나님이라,
영존하시는 아버지(אֲבִיעַד)라,
평강의 왕(שַׂר־שָׁלוֹם)이라 할 것임이라

평강의 왕은 인류의 삶과 목적과 방향을 일깨워줄 메시야를 나타낸다. 사무엘하 23:1-5을 보라. 다윗이 이 칭호와 매우 일치하고 있음을 본다. 메시야와 같은 분이 도래할 때 인류는 참혹한 상황을 끝내고 평강의 시대를 맞이하게 될 것이라는 말씀이다.

(1) 사무엘하 23:1-7은 다윗의 '마지막 말'(last words)이라고 했다. 그러나 내용에 비추어 볼 때 '여호와께서 다윗에게 주신 예언의 말씀'이라고 부르는 것이 더 적합할 것이다.

(2) 하나님은 다윗과 더불어 영원한 언약을 맺으셨다. 사무엘하 7장의 내용이다. 다윗은 여호와의 전을 건축하기를 원하였으나 하나님은 이를 거절하셨다. 하나님은 오히려 다윗을 위하여 집(바이트, house)을 건축할 것이라고 약속하신다(삼하 7:13). 여기서 말하는 '집'은 다윗의 혈통인 가계(家系), 즉 왕조(王朝)를 말한다. 그런데 그 왕조는 영원하다는 것이다. 즉, 다윗의 후손 왕들이 불순종했을 때에 그에 대한 징계는 면치 못할 것이지만, 사울에게서 은총을 빼앗은 것같이 언약적 맹세까지 철회하지는 않을 것임을 약속하셨다. 그런 면에서 이 언약은 '영원한 언약'이라고 했다(삼하 7장에서는 영원성에 대해 여섯 차례나 언급되었다. 7:13, 16, 24, 25, 26, 29절).

(3) 아하스 왕은(이사야 7장 참조) 율법에서 요구하는 왕의 통치자로서의 모습을 보여주지 못했다. 오히려 이방 나라, 앗수르의 도움을 요청하고 있다. 백성들은 공의와 공평으로 다스리고, 어려울 때 바른 길로 안내해야 할 왕이 갈피를 잡지 못하고 있다. 그는 믿음과 확신이 없었기 때문에 전능하신 여호와를 바라보지 않았다. 물론 백성들은 크게 흔들렸고, 백성들 역시 여호와를 찾지 않고 우상에게 길을 묻기까지 했다.

(4) 그러나 여호와께서는 한 아기의 탄생을 예언하신다. 그 아들이 하나님의 뜻을 지금부터 영원까지(from that time on and forever, מֵעַתָּה וְעַד־עוֹלָם) 행하실 것이다. 그리고 그 왕의 나라가 공평과 정의로 세워지고 유지될 것이다. 그 나라는 평화의 나라이며 영원한 나라이다.

(5) **그렇게 태워날 '그 아기' 또는 아들은 처녀에게서 태워날 다윗의 후손이다**(사 7:14). 이 인물은 인간이며 또한 하나님이다. 그는 왕이며, 영원하다. 그는 기쁨과 빛과 자유와 평화를 가져다 주신다. 그의 통치에는 열방들에 대한 주권적인 다스림과 언약 백성을 압제하는 자들에 더한 심판도 포함될 것이다. 이사야는 아하스와 그의 백성들에게 여호와께서 다윗의 집과 보좌와 나라에 기대하시는 것이 무엇인가를 상기시켜 주었다. 아하스는 한 여자에게서 태어날 그의 후손이 하나님이며, 구원자이자, 결코 망하거나 없어지지 않을 나라의 왕이 될 것임을 믿어야 했다.

(6) **이사야 9:6-7의 말씀은 예수 그리스도의 생애와 사역을 통해 성취되었고, 미래에 온전히 성취될 것이다.** 그런데 이 아기에 대한 찬양 언어들은 이 지상의 어느 왕에게도 적용되지 않는다. 따라서 이사야는 역사적인 왕의 한계를 넘어 멀리 내다보고 있는 것이다. 즉 이 선지자는 다윗 계보의 최종적인 왕, 곧 왕 같은 메시야를 고대하고 있다. "그(는) 정사와 평강의 더함이 무궁하며 또 다윗의 왕좌와 그의 나라에 군림하여 그 나라를 굳게 세우고 지금 이후로 영원히 정의와 공의로 그것을 보존하실 것이라 만군의 여호와의 열심이 이를 이루시리라"(사 9:7).

한 아이의 특징을 살펴보라.(이사야 9:6)

- Wonderful Counselor = 11:2, 28:29 / 전사-왕을 비범한 전략가로 묘사하고 있다(묘략, 계략 - 이사야 11:2, 36:5). 신적인 성격과 능력을 표현하고 있다. 그는 왕적인 책임들과 의무들을 수행할 소양이 갖추어져 있음을 보여준다.

- The Mighty God(전능하신 하나님) - 왕을 전쟁터에서 하나님을 대표하는 자로 묘사한다. 시 45:6-7을 보라. 다윗계의 왕을 '하나님'으로 부른다. 왜냐하면 그는 하나님이 지상 대표자로서 나라를 다스리고 전쟁을 수행하기 때문이다.

- The Father of Eternity(영존하시는 하나님 / 계속적인 존재) - 왕을 자기 백성을 보호하는 자로 묘사한다(사 63:16, 시 103:13).

- The Prince of Peace(평강의 왕) - 왕을 자기 백성을 위하여 안정된 사회 정치적 환경을 확립시키는 자로 묘사한다. (군사적 힘으로 평화를 이룬다 - 시 29편 참조)

3. 이사야에서 예언된(사 9:6-7) 한 아기가 이제 마리아의 몸에서 잉태될 것이다. 마리아는 그 엄청난 계시에 당황할 수밖에 없었다.

1:34 마리아가 천사에게 **말하되**
/어찌 이 일이 —— 있으리이까
//(since, ἐπεί)
나는 — 남자를 알지 못하니(ἄνδρα οὐ γινώσκω)
(I am a virgin)

(1) 알다(γινώσκω, 기노스코) - 여기서는 '~와 관계를 맺다'는 의미이다. 성적인 관계에서 사용되었다(마 1:25). 성적인 관계에서 비롯된 히브리어 '야다'(ידע)의 의미이다(창 4:1, 19:8; 삿 11:39). 정혼한 기간에 있어서 요셉은 마리아와 함께 있지 아니했다.

58

(2) 당황하는 마리아에게 천사는 아이가 성령의 능력으로 잉태될 것임을 알려주신다.

1) 덮으시리니(ἐπισκιάσει) 에피스키아조(ἐπισκιάζω)의 미래 능동태 - 덮다, 그늘 지게 하다 / 덮는다의 주체가 하나님이시다.

1:35 천사가 — **대답하여 이르되**
/성령이 ——— 네게 임하시고
/능력이 ——— 너를 덮으시리니[1]
/지극히 높으신 이의(=하나님의)
/이러므로(for that reason)
나실 바 거룩한 이는 — 일컬어지리라
/하나님의 아들이라

참조: 출 40:35을 보라. שָׁכַן(샤칸) 머물다, 정착하다 / 하나님은 이 동사의 주어가 된다.

지극히 높으신 이의 능력이 너를 덮으시리니 (눅 1:35)

눅 1:35과 다음 구절을 읽고 비교해 보라.

- 출 40:35 "모세가 회막에 들어갈 수 없었으니 이는 구름이 <회막 위에 **덮이고**(ἐπεσκίαζεν, שָׁכַן샤칸) 여호와의 영광이 성막에 충만함이었으며>"

1) 마리아가 천사로부터 수태(受胎)를 통보받았을 때, "지극히 높으신 이의 능력이 너를 **덮으시리니**"라고 하는 말은 성막을 완성한 후에(출 40:35) 회막에 임했던 하나님의 영광이 성막에 충만하다는 말과 같은 개념이다.

2) 천사 가브리엘이 마리아에게 수태고지 시 마리아의 대답이 어떠했나?

눅 1:30이하
천 사 : "마리아여 무서워하지 말라"
마리아 : "어찌 이 일이 있으리이까?"(눅 1:34)
천 사 : "거룩한 영(靈), 곧 하나님의 입김이 갑자기 불가항력적으로 마리아 위에 **덮으실 것이다**."(에피스키아조, ἐπισκιάζω)

3) 지극히 높으신 이의 능력이(출 40:35 참조) 덮으실 것이다. 마리아는 이 사실을 믿었다고 했다(눅 1:45 πιστεύσασα - 과거분사, "믿은 여자에게" - 그녀는 믿었다.) "주의 여종이오니 말씀대로 내게 이루어지이다"(눅 1:38). 믿음으로 능력을 받았다. 히 11:11을 읽고 비교해 보라 : "믿음으로 사라 자신도 나이가 많아 단산하였으나..."

4) 물론 이에 비해 사가랴는 (세례 요한 잉태 시, 눅 1:13이하) 이를 믿지 아니했다(1:18 "내가 이것을 어떻게 알리요"). 눅 1:20 믿지 아니하므로 세례 요한의 출생 시까지 말 못하는 자가 되었다.

▶ **그러므로** 예수님께서 잉태된 사건은 부성(父性)이 없는 잉태(孕胎)였다. 즉 성령으로 잉태되었다.

출 40:34
(그 후에)
구름이 회막에 **덮이고**
여호와의 영광이
성막에 **충만하매**

Then the cloud **covered** the tent of meeting, and the glory of the LORD filled the tabernacle.

친족 : 반드시 사촌을 의미하는 말이 아니라 친척 관계를 말한다.

1) 쉴람바노(συλλαμβάνω) - 임신하다, 붙잡다.

1:36 보라
네 친족 엘리사벳도 늙어서 아들을 배었느니라(has conceived)[1)]
본래 임신하지 못한다고 알려진 이가 이미 여섯 달이 되었나니
37 대저(ὅτι, For)
하나님의 모든 말씀(ῥῆμα)은 능하지 못하심이 없느니라
(ὅτι οὐκ ἀδυνατήσει παρὰ τοῦ θεοῦ πᾶν ῥῆμα.)
38 마리아가 **이르되**
/주의 여종이오니 말씀대로 내게 이루어지이다
천사가 떠나가니라

레마(ῥῆμα) - 하나님의 개별적인 어휘를 말한다.

γένοιτό μοι κατὰ τὸ ῥῆμά σου.

(be it done to me according to your word)

'말씀대로 내게 이루어지이다'라는 표현은 하나님의 뜻에 순종함을 나타내는 말이다(삼상 1:18, 25:41; 삼하 9:6, 11; 왕하 4:2).

(3) 마리아가 천사가 전해준 말(레마, ῥῆμα)을 수용했다는 것은 하나님의 뜻을 받아들였다는 것을 의미한다. 여러 의심을 받을 수도, 이혼도 당할 수 있는 상황이었기 때문이다.

4. 마리아가 잉태했다는 소식을 들은 남편 요셉의 태도는 어떠했을까? (마태복음 1:18이하를 읽어보자) (동교재, 마태복음에서 설명을 가져옴)

(1) 마리아가 잉태된 것은 요셉과 약혼(정혼) 중에 있을 때였다. 즉, 동거하기 전에 잉태되었다. 이 일은 요셉에게는 적지 않은 충격이었을 것이다. 의로운 요셉에게는(1:19, "그의 남편 요셉은 의로운 사람이라…") 마리아를 더 이상 그의 아내로 맞아들일 수가 없었다.

(2) 물론 요셉의 이러한 마음은 불의한 것이 아니었다. 이런 상태에서 그녀와 결혼하는 것은 불가능하였기 때문이다. 요셉은 마리아가 잉태하게 된 원인을 알 수 없었다. 요셉은 '의로운 사람'(δίκαιος)이라고 했다. 성경에 자세한 기록은 없지만 그는 얼마나 많은 고민을 했을까!

(3) 따라서 요셉은 "그를 드러내지(δειγματίσαι, 예를 제시하다, ~을 본보기로 삼다, 공개하다, 수치나 불명예를 드러내다 / 부정사 과거) 아니하고 가만히 끊고자" 했다. 이미 정혼한 여인이 정조를 지키지 않음으로써 임신되었기 때문이었다. '드러내다'(δειγματίζω 데이그마티조)라는 말은 '수치나 불명예를 드러내다' 라는 의미이다. '가만히'(λάθρα 라드라)'라는 말은 꼭 '비밀로' 끊겠다는 의미보다는 요셉이 마리아를 재판관에게 데려가지 않고, 이혼 증서를 주어 그녀와 공적으로 이혼해야겠다는 결심을 의미하는 말일 것이다.[1)]

1) 이렇게 괴로워하고 있을 때, 주의 사자가 꿈에 나타났다. 무엇을 알려주었는가? (1:20)

• 생명의 비밀이 너무 깊어서 마리아 외에는 그 누구도 그 잉태의 비밀을 알 수가 없었다. 마리아에게는 이미 성령으로 잉태될 것을 알려주었다. 누가복음 1:26-38까지 읽어보자.

• 이 일로 인해 괴로워하는 요셉, 하나님은 이런 요셉에게 마리아의 잉태의 비밀을 알게 해 주신다. 요셉은 하나님이 깨우쳐 주실 때에야 비로소 잉태의 비밀을 알 수 있었다. 주의 천사가 나타나 마리아가 잉태된 것은 "성령"으로 된 것임을 알려주었다. 물론 이 당시 이 율법이 얼마나 철저하게 지켜졌는지는 모르지만 정혼한 여인이 불성실할 경우, 그것은 죽음의 형벌을 받을 수도 있었다(신 22:23, 24). 마리아는 그 순결을 입증할 만한 수단이 없었기 때문이었다. 그녀가 고민했을 과정, 그 과정을 생각해 보라.

마리아와 엘리사벳의 만남(눅 1:39-56)

1. 이 일이 있은 후('이 때에', Now at this time, ἐν ταῖς ἡμέραις), 마리아가 엘리사벳을 만나러 간다. "마리아가 일어나 빨리 산골로 가서 유대 한 동네에 이르러"(39절). 나사렛에서 유대의 산지 마을까지 얼마나 많은 시간이 걸렸을까? 수십 마일이나 떨어진 거리니까, 삼일에서 오일 정도?

(1) 엘리사벳은 마리아의 사촌이다. 마리아는 자신의 잉태 사실을 공개적으로 이야기 할 수 없는 상황이다. 그래서 고민 끝에 그녀의 친족 엘리사벳을 찾아갔을 것이다. 사가랴와 엘리사벳도 천사의 전갈을 받았기 때문에 이 모든 사실을 잘 이해할 수 있었을 것이다.

> 1:40 사가랴의 집에 **들어가** 엘리사벳에게 **문안하니**[1]
> 41 엘리사벳이 마리아가 문안함을 들으매
> 아이가 ——— 복중에서 '뛰노는지라'(스킬타오, σκιρτάω)[2]
> 엘리사벳이 —— 성령의 '충만함을 받아'(ἐπλήσθη, was filled with)

엘리사벳의 복중의 아이가 마리아가 문안함을 듣고 아이가(세례 요한) 여느 때와는 다르게 (기뻐서) 뛰었다는 것이다. 이는 복중의 아이가 예수님을 위한 길을 예비하는 선지자 역할을 할 것이라는 첫 번째 사례로 볼 수 있다(눅 1:17, 76, "**이 아이여 네가 지극히 높으신 이의 선지자라 일컬음을 받고** 주 앞에 앞서 가서 그 길을 준비하여"). 아이가 여느 때와는 아주 다르게 힘차게 뛰놀았다는 것은 자기 뒤에 올 자가 지금 가까이에 와 있다는 사실을 어머니(엘리사벳)에게 알려주는 것이었다.

(2) 엘리사벳은 마리아를 향해 큰 소리로 이렇게 찬양한다.

> 1:42 [엘리사벳이] — 큰 소리로 **불러 이르되**
> /네가 ——— 여자 중에 복이 있으며(εὐλογημένη)[3]
> /아이도 —— 복이 있도다
> /네 태중의

마리아가 모든 여자 중에 가장 복이 있는 것은 그녀가 낳을 아이(태중의 아이)가 복이 있기 때문이다. 이 말은 천사가 했던 말과 똑같은 것이다(1:28). 즉 네 태중의 아이가 복이 있기 때문에 마리아도 모든 여자 중에 가장 복된 여자라는 것이다.

1) 아스파라조마이(ἀσπάζομαι) 인사하다(어떤 집에 들어갈 때) 포옹하다, 인격과 함께 어떤 사람을 좋아하다, 존경하다.

2) 깡충 뛰다(leap), 도약하다 / 여기서는 기뻐서 뛰는 것을 나타난다.

3) 완료수동태 분사(Blessed) 율로게오(εὐλογέω) - 칭찬하다, 찬양하다, 축복하다.

(3) 엘리사벳은 마리아보다 연장자이다. 게다가 제사장의 아내이다. 자기보다 나이가 훨씬 아래인 사촌이 처녀로 잉태하여 지금 복중에 아이가 자라고 있다. 그래서 엘리사벳은 마리아에게 "내 주의 어머니"(ἡ μήτηρ τοῦ κυρίου μου, the mother of my Lord)라고 부른다.

43 이[것이] —— [나에게] 어찌 된 일인가
/내 주의 어머니가 – 내게 나아오니
//(이유, γὰρ, for)
44 보라(ἰδοὺ, behold)
네 문안하는 소리가 내 귀에 들릴 때에
아이가 —— 내 복중에서 기쁨으로 뛰놀았도다

엘리사벳은 마리아를 '내 주의 어머니' 라고 부른다. 그녀는 자기 복중에서 아이가 마리아를 환영하며 기뻐 뛰었다고 알려준다. 나에게 문안 인사를 했을 때에 아이가 기쁨으로 뛰놀았음을 알려주었다. 무엇보다 "주님께서 약속하신 말씀이 꼭 이루어지리라 믿은 여자는 복이 있다"는 것이었다(45절).

마리아의 찬가[1] (눅 1:46–55)

1. 아들의 출생을 감사하며 찬양한 마리아 찬가는 천사의 방문을 다루고 있는 누가복음 1장 주제의 절정을 이룬다.

(1) 하나님의 임재는 영원토록 그의 백성과 함께 하실 것이라는 것이다. 마리아의 찬가 내용을 조금 자세하게 살펴보기로 하자.

1:46 마리아가 **이르되**
/내 영혼이 —— 주를 찬양하며
47 /내 마음이 —— 하나님 내 구주를 기뻐하였음은
48 //(이유: ὅτι, for) ① (마리아가 주를 찬양하며 기뻐하는 이유는?)
[그가](=주께서) — 그의 여종의 비천함을 돌보셨음이라
//(이유, γάρ, for) ② (또 다른 이유는? 이제부터는 온 백성이 나를 복되도다고 할 것이기에)
보라!
[그들이] —— 일컬으리로다
/이제 후로는 만세에 나를 복이 있다
49 //(이유: ὅτι, for) ③
능하신 이가 — 큰 일을 내게 행하셨으니

비천함(타페이노시스)
ταπείνωσις
굴욕, 겸비, 비하

여종의 비천함 - 여자 노예의 상태로 낮은 신분의 상태(비천, 비하, 낮음)를 가리킨다. 여기서는 가난한 자와 비천한 자가 높임을 받고 교만한 자와 부자가 낮아진다는 것을 강조한다. 마리아의 노래는 사무엘상 2:1-10에 나오는 사무엘의 어머니 한나의 찬양과 비슷하다.

1) 찬가(Magnificat) - 참으로 아름다운[감명 깊은/훌륭한] / 이 구절은 '마리아 찬가'라고 불려왔다. '마리아의 찬가'가 첫 번째 찬미가이며;

- 둘째 찬가 -사가랴의 노래 (1:68-79)
- 셋째 찬가 - 시므온의 노래 (2:29-32)

- 마리아가 주를 찬양하며 기뻐하는 이유는?

① 자신의 비천함을 돌아보았기 때문이다.
② 또 온 백성이 자신을 복되다 할 것이기 때문이다.
③ 그녀가 복 받을 수 있었던 것은 하나님께서 자신에 큰 일을 행하셨기 때문이다.

(2) 계속하여 하나님을 능하신 분으로 확장하면서 찬양한다.

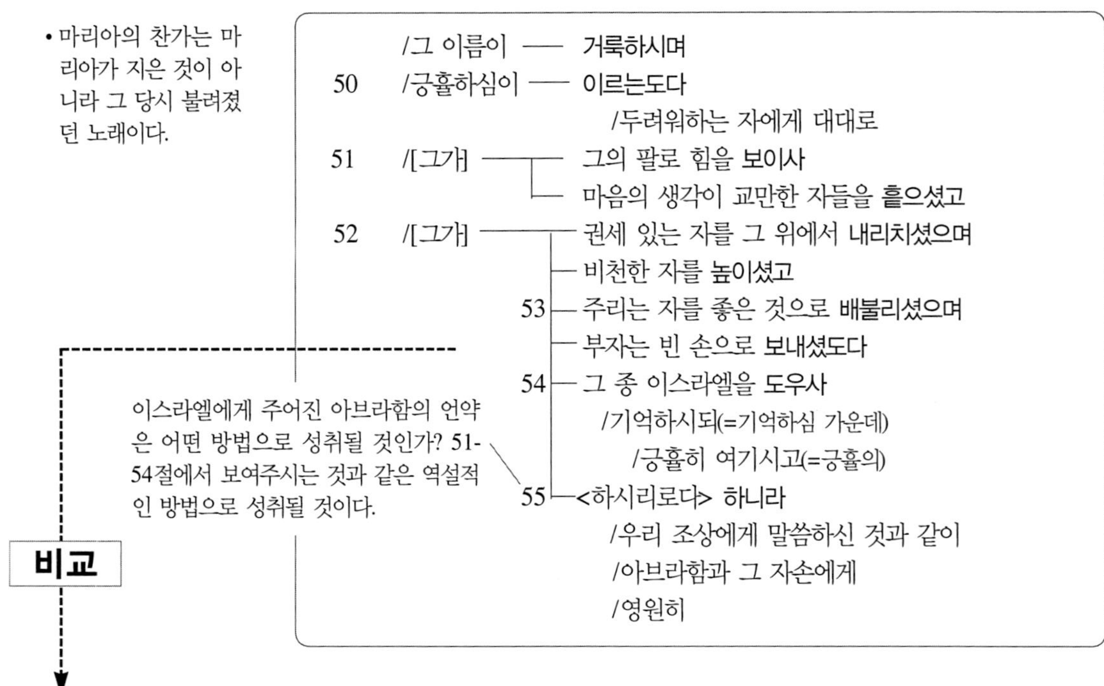

한나의 노래

삼상 2:1-11

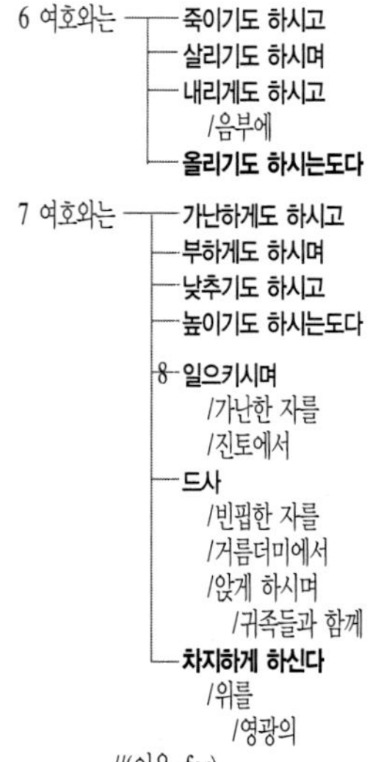

2. 사무엘의 출생은 예수님이 오시기 바로 전에 탄생한 세례 요한의 출생과 거의 비슷한 역할을 한다(동교재, 사무엘상에서).

(1) 결혼하여 아이를 갖지 못해 고통을 당하던 한 여인, 그녀는 이 고통의 경험을 통해 여호와만이 유일하신 하나님이요, 우주의 설계자요 통치자임을 체험하게 된다. 그녀는 여호와께서 그의 모든 대적을 물리치시고 땅 끝까지 심판을 베푸실 분임을 알게 된다. (옆의 시에서 **고딕**으로 표시된 부분이 동사이다. 인생의 생사화복이 그의 손에 달려 있다. 한나는 고통을 통해 그 사실을 체험한다) 여호와는 약속된 메시야(기름 부음을 받을 자)를 통해 그의 약속과 목적들을 이루어 가실 것이다.

(2) 그 '왕-메시야'가 와서 이루실 구원 사역의 여러 모습들이 이스라엘의 역사 속에서 점진적으로 그리고 구체적으로 나타나게 될 것이다. **한나의 노래는 예수의 모친 마리아의 노래에서(눅 1:46-55) 그 완전한 성취를 보게 된다.**

(3) 그러므로 한나의 노래는 일차적으로는 다윗 왕에게서 성취를 보게 되나 결국은 예수 그리스도의 오심과 그의 사역에서 최종 성취된다. 한나는 그녀의 체험을 통해서 약속을 신실히 지키시는 하나님의 놀라운 은혜를 찬양하고

있다. 그러므로 한나의 노래는 그 '왕-메시야'의 그림자 역할을 감당할 왕들에 의해 다스림을 받는 왕국시대의 도래를 알리는 서곡(序曲)이라고 할 수 있다.[1)]

(4) 이 사무엘의 출생은 예수님이 오시기 바로 전에 탄생한 세례 요한의 출생과 거의 비슷한 역할을 한다(눅 1:68-79 사가랴의 찬가). 즉 **사무엘은 다윗의 왕조를 세우는 준비 역할을 했고, 사가랴는 예수님의 탄생의 준비 역할을 했다**는 말이다. 이렇게 한나는 자신의 고통을 통한 어려움에 대한 하나님의 돌보심만을 노래한 것이 아니다. 하나님께서 장차 이루어 가실 구원 계획을 예언했다는 점에서 이 노래는 더욱 가치가 있다. 그 일차적 성취가 다윗에게서 이루어짐을 볼 수 있는데, 그 다윗의 노래를 읽어보자(삼하 22:1-23:7).

1) 당시 이스라엘은 블레셋의 위협 속에서 상당히 어려움을 겪고 있었다. 백성들은 이방 족속들과 같은 왕을 강력하게 요청하고 있었다. 이 노래는 비참한 이스라엘을 구원할 왕국의 도래를 예언하고 있다. 물론 이 예언을 자신의 아들 사무엘과 연관해서 언급한 것은 이 사무엘의 출생이 다가올 새로운 왕국의 설립과 밀접한 관계가 있기 때문이었을 것이다. 사무엘은 우리가 잘 아는 것처럼 왕국 설립의 준비 역할을 감당하는 자가 된다.

가난한 자를 위한 기쁜 소식

누가복음의 주요 특징 가운데 하나는 사회적 약자에 대한 예수님의 사역이 강조된다는 점이다.

(1) 누가복음은 억압받는 자, 소외된 자 및 사회적 약자에 대한 예수님의 사역을 강조한다. 예수님은 자신의 사역이 "가난한 자에게 복음을 전하기"위함이라고 언급하신다(눅 4:18을 읽어보자). 물론 하나님은 참으로 외모로 사람을 가리지 않는 분이시다(행 10:34). 귀한 자든, 부자든, 가난한 자든, 남자든 여자든, 유대인이든 사마리아인이든, 이방인이든 모든 계층의 사람들이 하나님의 구원하려는 목적 안에 들어와 있다.

(2) **그러나 누가는 이 복음서 안에서 특별히 가난한 자, 멸시 받는 자, 그리고 불이익을 당한 자를 위한 예수님의 사역을 크게 부각시킨다.** 이것은 예수님께서 자신의 선교 목적을 말한 표제적 선언(눅 4:18이하)의 바탕을 이루는 이사야 61장의 시각이다.

사 61:1 주 여호와의 영이 내게 (내리셨으니)
//이는(Because, יַעַן)
여호와께서 내게 기름을 부으사
//(לְ, to)
가난한 자에게 아름다운 소식을 전하게 하려 하심이라

(3) '주 여호와의 영'이 내게(עָלַי, 1인칭 보통 단수) (내리셨으니)(The Spirit of the Lord GOD is upon me) - 여기서 보는 대로 여호와의 영을 통해 위임받고 있는 한 종을 소개한다. 그렇다면 여기서 '나'는 누구를 가리킬까? 이 사람의 임무는 가난한 자(언약의 성취를 고대하고 있는 팔레스타인의 유다 공동체)에게 아름다운 소식을 전해주는 일이다. 여러 논쟁이 있으나 여기에 언급된 '나'는 많이 언급된(사 42:1-9, 49:1-9, 50:4-9, 52:13-53:12 - 여호와의 4대 종의 노래) 여호와의 종임을 알 수 있다.

(4) 이 메시지는 이 세상의 가치 기준이 역전(逆轉)된다는 주제를 닮고 있는 마리아의 찬가에서(눅 1:46-55) 강하게 표현되고 있다. 눅 2:8이하에서 어린 예수를 찾는 것이 부자 고관들이 아니라 멸시받는 목자에게서이다. 예수님의 가족도 가난한 자들이 드리는 예물을 드린다(눅 2:24).

(5) 이렇게 하나님의 나라는 세상의 가치를 완전히 뒤집어 놓는 것이다. 그 중심 사상이 마리아의 찬가에서 깊게 드러나고 있다.

세례 요한의 출생(눅 1:57-80)

1) KJV는 사촌들(cousins)로 번역했다.

쉉게네스(συγγενής) - '타고난, 친척의'

1. 마리아는 엘리사벳과 석 달쯤 함께 지내고 나사렛 자기 집으로 돌아왔다(56절). 이제 엘리사벳이 해산할 기한이 차서 아들을 낳았다.

(1) 석 달 동안 엘리사벳과 함께 지냈다면 요한을 낳을 때까지는 그곳에 있다가 그 후에 고향 나사렛으로 돌아간 것 같다. 그녀의 이웃과 친척들[1]은 주께서 엘리사벳에게 큰 자비를 베푸셨다는 말을 듣고 그와 함께 기뻐했다(58절).

(2) 아이가 태어난지 팔 일이 되자 아이를 할례식에 데리고 왔다. 아기의 이름을 무엇으로 지을까? 그래서 아버지의 이름을 따라 '사가랴'(Ζαχαρίας, Zacharias)라 하고자 했다. 그러나(καί, but[NIV]) 어머니 엘리사벳이 안 된다고 했다. 그리고 그 이름을 '요한'(Ἰωάννης, John)이라고 해야 된다고 대답했다(61절). 그러자 그들은 "당신 집안에는 그런 이름을 가진 사람이 없지 않는냐?"고 하며(61절), 그의 아버지 사가랴에게 무엇으로 이름을 지을까 손짓으로 물었다(62절). 사가랴는 서판(a writing tablet)을 달라하여 그 이름을 '요한'(John)이라고 썼다. 이것을 보고 사람들이 다 이상하게 여겼다고 했다(63절).

2) 아노이고(ἀνοίγω)의 과거 수동태 / 열다(open), 누가복음에서는 아노이고가 특별한 때(time)와 관련되어 있다. 서판에 아이의 이름을 '요한'이라고 기록했을 때 비로소 사가랴의 입이 열렸다.

(3) 이에(δέ) 지금까지 닫혀 있던(눅 1:20) 그의 입이 열리고(ἀνεῴχθη)[2] 혀가 풀렸다(γλῶσσα글룻사, 혀, 함축적으로 '언어'). 이 모든 과정을 지켜본 이웃 사람들은 다 두려워 했다고 했다. 이 모든 사건은 "온 유대 산골에 두루 퍼지매 듣는 사람이 다 이 말을 마음에 두며 이르되 이 아이가 장차 어찌 될까 하니 이는 주의 손이 그와 함께 하심이러라"(65-66절).

찬가(Magnificat)

- 첫째 찬가 - 마리아의 노래(1:눅 1:46-55)
- **둘째 찬가 - 사가랴의 노래(1:68-79)**
- 셋째 찬가 - 시므온의 노래(2:29-32)

2. 사가랴는 성령의 충만함을 받아 예언한다.

(1) 누가가 복음서에서 강조한 특징 중 하나는 성령님의 사역이다. 그 부친 사가랴가 성령의 충만함을 받아 예언한다. 앞에서도 성령 충만을 언급했다(눅 1:15, 41). 예수님도 성령으로 잉태되셨다(1:35).

(2) 성령의 감화(눅 2:25-27), 또 성령께서 권능으로 행하셨음을 강조한다(눅 3:22, 4:1, 14, 18). 특별히 누가의 두 번째 책(사도행전)에서 성령은 주도적 인물로 나타난다.

사가랴의 찬가(눅 1:68-79)

1:67 그 부친 사가랴가 성령의 충만함을 **입어 예언하여 이르되**

68 /찬송하리로다

주 이스라엘의 하나님이여

//이유(ὅτι, for) – 찬송하는 이유는?

[그가] —— 그 백성을 돌보사 / 속량하시며

하나님께서 그 백성을 돌보시고, 속량하시고, 다윗의 집에 구원의 뿔을 일으키셨기 때문에

69 그 종 다윗의 집에 일으키셨으니

/우리를 위하여 구원의 뿔을

황소의 뿔은 힘을 상징했다. 시편에서 이 비유가 많이 사용되었다(시 18:2. 89:24, 132:17. 148:14)

구원의 뿔이란? ← κέραςᵃ horn σωτηρίας

구원의 뿔이란? 시편 18:2에서 인용한 것으로 그 의미는 '구원의 능력'이다. 누가는 시 132:17로 소급되는 "그 종의 다윗의 집에" 라는 말을 첨가하여 메시야를 '구원의 뿔'로 명시한다. 그 메시야를 다윗의 가문에서 일으키실 것을 약속하셨다.

70 /(이것은)

주께서 —— 말씀하신 바와 같이

/예로부터

/거룩한 선지자의 입으로

하나님은 아브라함 및 그의 후손들과 맺으신 언약에서 원수들로부터 구원해 주실 것을 약속하셨다. (70-71절)

71 /구원하시는 일이라

/우리 원수에게서와

우리를 미워하는 모든 자의 손에서

구원은 원수들의 악의에서의 구원이다.

하나님은 아브라함 및 그의 후손들과 맺으신 언약에서 원수들로부터 구원해 주실 것을 약속하셨다. (70-71절)

72 //(목적: 부정사)

우리 조상을 긍휼히 여기시며

그 거룩한 언약을 기억하셨으니(기억하시기 위해)

73 /곧 우리 조상 아브라함에게 하신 맹세라

//(목적: 부정사)

[인정하도록]

아브라함에게 하신 약속은?
그것은 아브라함을 통해서 세상에 복을 주신다는 것이다(74-75절) 원수의 손에서 구원해 주시고 평생을 주님 앞에서 거룩하고 의롭게 살아가게 하실 것이다.

74 /우리가 원수의 손에서 건지심을 받고

75 /종신토록 주의 앞에서 성결과

의로 두려움이 없이 섬기게 하리라 하셨도다

▲ **사가랴의 찬가**는 세례 요한과 예수님의 출생의 중요성을 상세히 소개한다(눅 1:67-79). 찬가는 축복의 형식으로 시작한다. "찬송하리로다." 그 이유를 말하고 있다. 그의 백성을 돌보시고 구속하시기 때문이다. 예수님의 탄생은 이스라엘의 구원의 날이 시작되었음을 말해 줄뿐 아니라 아브라함의 약속이 성취될 것임을 알려준다. 마리아의 찬가와 사가랴의 찬가는 다윗과 같은 메시야의 오심을 찬양한다(68-75절). 메시야의 세례 요한의 역할을 설명해 준다(76-79절).

▲ 전능하신 구원자 예수님은 아브라함의 언약을 성취하면서 출애굽의 승리를 재현하실 것이다(71-73절). 74-75절에서는 이스라엘의 구원이 이미 성취되었음을 말한다. 이제 77절에서는 죄사함이라는 관점을 통해서 이루어진다는 것이다.

66

돋는 해(아나톨레)가 위로부터 우리에게 임하여
↳ 다윗에게 한 의로운 가지(쩨마흐, צֶמַח)를 **일으킬 것이라**(렘 23:5)

1) 이 **아이(파이디온,** 세례 요한)는 지극히 높으신 이의 선지자로서(1:17 참조) 주님 앞서(1:15, 17) 사역하는 자로 묘사된다.

1:76 이 아이여(And you, child, παιδίον파이디온)[1])
네가 ——— 일컬음을 받고
/지극히 높으신 이의 선지자라
//(이유, for, γάρ)
[네가] ——— 주 앞에 앞서 가서(you *will* go on before the Lord)
//(목적: 부정사)
그 길을 준비하여 (to prepare, ἑτοιμάσαι)
77 구원을 알게 하리니
/그 죄 사함으로 말미암는
/주의 백성에게

요한은 죄를 용서 받고 구원 받는 길을 주의 백성에게 알리게 하는 역할을 감당하게 될 것이다.

백성이 구원 받는 것은 오직 죄사함으로 말미암는 구원이다. 이 구원 방법이야말로 구원 선포의 핵심 메시지이다(눅 5:17-32; 행 2:38).

78 //이는(Because of, διὰ + 목적격)
긍휼로 인함이라
/우리 하나님의
/이로써 (With which, ἐν οἷς)
돋는 해가 ── 위로부터 우리에게 임하여
79 //(목적, 부정사)
어둠과 죽음의 그늘에 앉은 자에게
비치고 우리 발을 평강의 길로 인도
하시리로다

돋는 해, 즉 메시야 도래는 거룩과 의로써 하나님을 섬겨야 할 이스라엘의 소명을 성취하게 된다(74-75절). 그분이 오셔야 이 세상이 절망과 고통에서 벗어날 수 있다. 그래서 우리 발을 평강의 길로, 즉 구원의 길로 인도하실 것이다.

돋는 해

여기 **돋는 해**(ἀνατολή, **아나톨레**)는 이상적인 다윗계 왕을 가리킨다. 그러나 스가랴는 또한 '가지'(싹)라는 단어, 즉 이사야(사 4:2, 61:11)와 예레미야가 사용했던(렘 23:5, 33:15) 단어를 사용함으로써 다윗 왕가를 언급하고 있음을 본다. 학개 선지자는 이 약속이 다윗의 후손이요 공동체의 총독으로서 성전 재건의 도구가 될 스룹바벨이라는 인물과 연결시키고 있다(슥 4:6, 9; 학 2:20-23).

(1) 렘 23:5

구약의 예언 성취

보라!
때가 ── **이르리니**
내가 ── 다윗에게 한 의로운 가지(쩨마흐, צֶמַח)를 **일으킬 것이라**
그가 ── 왕이 **되어** 지혜롭게 **다스리며**
세상에서 정의와 공의를 행할 것이며

(2) 같은 내용이 스가랴 3장 8절에 다시 등장한다.

3:8 대제사장 여호수아야 너와 네 앞에 앉은 네 동료들은
내 말을 들을 것이니라(שְׁמַע־נָא)
이들은 예표의 사람들(אַנְשֵׁי מוֹפֵת)이라
//(이유, for, behold)
내가 ── 나게 하리라(מֵבִיא - 히필 동사 분사형)
/내 종 싹(순, 荀, צֶמַח)을

"내가…나게 하리라"(מֵבִיא) - '보'(בּוֹא - 들어가다, 오다, 가다)의 히필(사역 능동) 동사 분사형으로 만군의 여호와의 주권적인 능력이 강조되어 있다. "I *will* bring forth my servant the BRANCH." - KJV. 여호와께서는 '나의 종'(아브디, עַבְדִּי), 즉 그 가지(순, 싹, 쩨마흐, צֶמַח)를 나게 하실 것이다. 여기서 '내가'는 '만군의 여호와'를 가리킨다. 하나님께서 가지(branch)라고 불리는 한 종(從)을 일으키셔서 수행하실 것이다.

슥 3:8, 6:12, 렘 23:5에 나오는 '줄기, 싹(순)'을 70인역에서는 '아나톨레'로 소개하고 있다. 따라서 눅 1:78의 해석은 메시야의 오심을 말하는 것이다. '돋는 해'(아나톨레)가 위로부터 임하신다는 것은 결국 다윗에게서 나올 의로운 '가지', 메시야의 오심을 말하는 것이다.

예수 그리스도의 탄생(눅 2:1-20)

2장은 예수님의 탄생과 유년 시절을 다루고 있다. 누가복음에는 오직 누가복음에만 있는 자료들이 많다. 앞에서 살펴본 1장도 누가복음에만 있는 자료들이다. 오늘 본문에 살펴보려고 하는 예수님의 탄생기사도 마태복음 1, 2장의 기록보다 누가복음의 기록이 더 자세하다. 앞에서 살펴본 바와 같이 앞으로 태어나실 예수님은 다윗가 출신의 왕으로 소개된다. 즉 예수님은 "그의 백성을 그들의 죄에서 구원할 자"(마 1:21)이시다. 그리스도의 탄생은 이스라엘과 맺은 언약의 약속이 성취된 것임이 분명하다. 시므온은 예수님의 탄생을 보고서 "이 구원이 이스라엘 백성의 영광"이라고 했다.

제 1차 三頭政治 시대(로마)
Crassus, Pompey, Julius Caesar간의 세력 다툼이 계속되었다. 맨처음에는 크랏수스 ⇒ 폼페이 ⇒ 카이사르 순으로 통치권을 이어받는다. 카이사르는 주전 44년에 원로원에서 자신의 심복들에게 처참하게 살해당한다.

제 2차 三頭政治 시대
그리고 로마는 주전 43년 카이사르의 후계자들인 안토니우스, 옥타비아누스, 레피두스의 제 2차 삼두정치로 이어진다. 카이사르의 유언에 따라 그의 젊은 종손 옥타비아누스가 제1상속자로 지명되었다(18세의 나이). 이 세력 다툼에서 결국은 옥타비아누스가 실권을 잡는다.

1. 누가는 예수님의 탄생 시기를 정확하게 기록한다.

2:1 그 때에(ἐν ταῖς ἡμέραις)
가이사 아구스도(Caesar Augustus)가 영(a decree, δόγμα)을 내려
천하로 다 호적하라(ἀπογράφεσθαι) 하였으니

(1) 로마 황제가 온 천하에 호구 조사령을 내렸다(세금보다는 인구조사가 주 목적이었다). 여기 가이사 아구스도는 옥타비아누스를 가리킨다. 당시 로마는 동쪽으로는 페르시아, 서쪽으로는 영국에 이르기까지 광대한 제국을 이루고 있었다. 그래서 로마 제국을 천하(οἰκουμένη오이쿠메네)라고 불릴 수 있었다. 옥타비아누스가 황제로 등극하는 과정을 간단하게 살펴보자.

아우구스투스 황제 등극(BC.27-AD.14)

- 카이사르가 죽은 뒤, 조카의 아들인 18세 소년 가이우스 옥타비아누스가 그의 뒤를 잇는다. 옥타비아누스는 국가 정치 중심인 원로원을 억누르기 위하여, 카이사르의 부하인 안토니우스, 레피두스와 삼두정치(三頭政治)를 했다. 레피두스는 옥타비아누스와 함께 폼페이우스를 몰아내는데 성공했지만(B.C 36년), 옛날에 약속한 대로 폼페이우스가 통치하던 시칠리아와 아프리카 통치권을 주장, 옥타비아누스와 대립한다. 결국 그는 쫓겨난다.

- 그후 옥타비아누스와 안토니우스가 싸웠는데(악티움 해전), 옥타비아누스가 승리한다. 옥타비아누스는 카이사르의 실패를 반복하지 않으려고 로마의 중요 권력기관인 원로원과 손을 잡는다. 원로원은 그에게 '존엄한 자'라는 뜻의 '아우구스투스'라는 존호와 '원로원의 제1인자'란 칭호를 주었다. 그러나 정치 군사의 실질적 권한이 아우구스투스에게 집중된다. 이때부터 로마의 제정(帝政)이 시작된다(주전 27년).

옥타비아누스 : 공화정의 수장이라고 했지만, 실제로는 로마 최초의 황제였다. (바티칸 박물관 소장, 주전 20년경에 만들어진 것 같음)

(2) 예루살렘은 B.C. 63년에 로마의 폼페이 장군 의해 침공을 당했다.[1)]

◀ 폼페이는 로마의 최고의 권력자로서 이탈리아, 시칠리아, 북아프리카의 내전에서 승리한 개선장군이었다. 그는 당시 골치 아픈 해적 소탕에 공을 세웠고, 본도(Pontus)의 미드라다네스 왕을 물리치고, 시리아와 유대 두 곳을 속주로 만들었다. 그는 정복 과정에서 1000군데의 요새를 점령했고, 900곳의 도시와 800척의 해적선을 나포했다고 한다. 그는 내전 중인 유대인들의 중재를 맡았고 결국은 그에 의해 **예루살렘은 정복을 당했다**. 로마는 카이사르(씨이저, Julius Caesar)와 폼페이 간에 주도권 싸움이 벌어진다. 카이사르는 주전 49년, Gaul에서 루비콘 강을 건너 이탈리아를 침공했고, 18개월 후에 폼페이를 물리쳤다. 폼페이는 이집트로 도망갔고, 가이사는 그를 뒤좇았다. 가이사는 이집트인들이 폼페이를 죽인지 이틀 후에 도착했다(주전 48년).[2)]

(3) 본문에 기록된 호적하라는 명령은 구레뇨(Quirinius, Κυρηνίος 퀴레니오스)가 수리아(Syria)[3)] 총독이 되었을 때에 처음 한 것이라고 했다. 구레뇨는 군인출신인데, 충실하게 군에 봉사함으로 그 업적을 인정받아 아구스도(Augustus) 밑에 집정관으로 직위를 부여받았다. 그는 A.D 6-9년 사이에 수리아-길리기아에서 제국의 총독으로 있었다.[4)] 이 연대가 맞는다면 예수님의 탄생 연대와 차이가 있다. 물론 원문에는 총독이란 말이 없고, 구레뇨가 통치자(최고사령관, governor of Syria)[5)]였다고 기록되어 있다. 헤롯의 죽음은 B.C. 4년 3월 말이나 4월 초라고 본다(Josephus, *Antiquities*). 그러므로 그리스도의 탄생은 유다 지파가 호적할 때인 B.C. 5년말경으로 본다. 주전/주후라는 구분은 주후 6세기 때에 제한된 정보를 토대로 생겨난 것이기 때문이다.

2. 예수님은 베들레헴에서 태어나셨다.

(1) "[3]모든 사람이 호적하러 각각 고향으로 돌아가매 [4]요셉도 다윗의 집 족속이므로(눅 1:27) 갈릴리 나사렛 동네에서 유대를 향하여 베들레헴이라 하는 다윗의 동네로 [5]그 약혼한 마리아와 함께 호적하러 올라가니 마리아가 이미 잉태하였더라."

(2) 마 2:5-6을 읽어보자. 헤롯 대왕은 '산헤드린' 공의회를 소집하고 이들에게 무엇을 물었을까? 자기 외에 다른 왕이 태어났다는 소식에 발작적인 태도로 그 왕이 어느 지역에 태어날 것인가를 물었다(4절). 성경 박사들로 구성된 공의회에서 즉각적인 대답이 있었을 것이다. 왕이 태어날 곳이 어디라고 했는가? 그리고 이것은 어느 선지자의 예언인가? 이는 구약 성경 미가서 5:2*에

1) 주전 63년 로마의 폼페이 장군의 3년간에 걸친 예루살렘 침공으로 많은 제사장들은 살육을 당했고, 성전 모독, 그리고 일방적인 강화조약이 맺어졌다.

2) 이후 유다는 사실상 로마의 속국으로 전락되고 말았다. 물론 그들에게 조공을 바쳐야만했고, 그나마 B.C. 40년까지는 유대인 통치자에 의한 통치가 허락되었을 뿐이다.

3) 수리아 - 수리아 중심에는 수도 '다메섹'이 있다. 히브리 성경에는 주로 '아람'으로 언급된다.

4) Josephus와 W. Ramsey의 기록에 의하면, 두번 총독을 역임하였다고 기록하고 있다 (b.C 6-4년, A.D 6-9년).

5) ἡγεμονεύω - 헤게모뉴오, 다스리다, 통치하다

• 미 5:2 "**베들레헴 에브라다야** 너는 유다 족속 중에 작을지라도 이스라엘을 다스릴 자가 네게서 내게로 나올 것이라 그의 근본은 상고에, 영원에 있느니라."

Close up

베들레헴에서 다스릴 자가 나오리라(미 5:2-4)

▶ **하나님은 새로운 왕(메시야)을 통해 이스라엘을 회복시키실 것이다. 그러나 그것은 먼 미래의 일이다.**

5:2 [그러나 너는, **וְאַתָּה**] - 한글성경에서는 번역 생략

베들레헴 에브라다야
너는 유다 족속 중에 '작을지라도'(짜이르)
이스라엘을 다스릴 자가
네게서 '내게로' **나올 것이라**
그의 근본은 상고에, 영원에 [**있느니라**]

- '짜이르'는 '하찮은, 보잘것없는, 작은'이라는 뜻이다. '미비한, 비천한'(시 119:141)이란 뜻도 있다.
- 여기서 '내게로'라는 말은 원문에서 "나를 위해서"라는 말이다. 이렇게 번역하는 것이 본문의 뜻을 더 잘 드러낸다.

(1) 이스라엘의 재판자(왕이나 통치자)가 뺨을 맞는 일이 있겠지만, "그러나(וְ) 너는(אַתָּה)", 즉 베들레헴 에브라다는 낙심말라는 것이다. '에브랏'은 베들레헴의 옛이름이다. 라헬이 이곳에 장사되었다(창 35:10, 48:7). 엘리멜렉 및 그 가족과 이새가 베들레헴 에브랏 사람으로 불렸다(룻 4:11; 삼상 17:12). '베들레헴 에브라다(אֶפְרָתָה-어근이 '열매를 맺음'이라는 뜻이다)'는 비옥하고 풍성함을 상징하는 말이다.

(2) 이 구절들이 마태복음에서 인용될 때는 '베들레헴'만 인용되었다. 베들레헴은 유다 족속 중에서 작은 곳이다. 요한복음 7:42에서도 베들레헴을 가리켜 다윗이 살던 '마을(촌, 코메, κώμη)'이라고 언급했다. 베들레헴은 다윗의 아버지 이새의 고향이다. 이스라엘 왕들 중에서 가장 위대했던 왕 다윗의 출생지였다(삼상 17:12). 이 예언이 놀라운 것은 그리스도의 육신의 부모의 고향이 나사렛이었음에도 불구하고 전능하신 하나님께서 그를 베들레헴에서 나게 하셨다는 사실이다(눅 2:1-20).

(3) **유다 족속 중에** : 여기서 '족속'은 '엘레프'(אֶלֶף)라는 단어로 '천'(thousand)을 가리키는 말이다. 영어성경은 '씨족'(clans)으로 번역했다(NA SB, RSV, NIV). KJ는 thousands로 번역했다. 어쨌든 베들레헴은 작은 곳(짜이르)이라고 했다.

(4) 이스라엘을 '**다스릴 자**'(מוֹשֵׁל - 칼동사 분사형): '다스릴 자'란 말은 일찍부터 예언된 메시야를 가리키는 용어였다. 다음 구절을 참조해 보라.

- 창 49:10 – '실로'(שִׁילֹה - 메시야의 특징을 나타내는 통칭)가 오시기까지
- 사 9:6 – 그 어깨에 정사를 맨 자
- 삼하 23:3 – 공의로 다스리는 자(사 11:4)

(5) "네게서 내게로"(מִמְּךָ לִי) : 앞으로 올 통치자는 베들레헴에서 날 것이다. 즉 그 통치자는 새로운 다윗이 될 것이라는 것이다.

(6) 이사야 11:1에서도 동일한 개념으로 표현했다("이새의 줄기에서 한 싹이 나며 그 뿌리에서 한 가지가 나서 결실할 것이요"). 분명히 메시야는 베들레헴에서 나고 또 유다 족속 중에서 날 것이다. 그가 온 이스라엘을 다스리게 될 것이다. 물론 여기서 이스라엘은 먼 후일에 이루어질 영적 왕국, 곧 메시야 왕국을 말한다(호 1:11, 3:5). (*)

(*from*, 동교재, 미가서)

이미 예언되고 있던 사실임을 지적하고 있다. 하나님께서는 오래 전부터 한 왕(목자)을 보내 주시겠다 약속하셨다. 주님은 베들레헴에서 탄생하셨다. 이는 미가 선지의 예언이 성취되었음을 보여준다.

(3) 위의 두 구절을 보라. 마태가 말한 마 2:6*의 말씀은 미 5:2 이외에도 이스라엘의 열두 지파가 다윗에게 왕이 되어 달라고 한 삼하 5:2*에서도 취한 것이 분명하다. 그러나, 미가 5:1, 2과 사무엘하 5:2의 내용이 밀접하게 연관되어 있다. 베들레헴[1] 출신이었던 대왕 다윗을 연관시켜 대답했을 것이다(H. 리델보스, 마태복음).

3. 예수님은 탄생부터 비천했다. 인간의 가장 낮은 자리까지 체험하시게 된다.

2:7 첫아들을 **낳아** 강보(포대기)로 **싸서**
구유(외양간)에 **뉘었으니** 이는 여관에 있을 곳이 없음이러라.

(1) 여러 정황으로 보아 요셉은 매우 가난했음을 알 수 있다. 만약 여유가 있었다면 어떤 방법으로도 방을 구할 수는 있었을 것이다. 그날 여관에는 많은 사람들이 있었을 것인데, 그들은 분만(分娩)이 임박한 산모를 외양간으로 내모는 몰인정을 보인다.

(2) 예수님은 하나님과 본질이 같으신 분이시다. 따라서 그에게는 영광과 권능이 있었고 또한 이를 누릴 특권도 가지셨다. 그래서 바울은 이를 하나님과 동등됨(equality)이라고 표현했다. 그러나 하나님과 동등함을 당연하게 생각하지 않으시고, 자기를 낮추시고 종의 형체를 가져 우리와 똑같은 인간이 되셨다.[2]

(3) 왜, 그는 인간의 형체를 입고 우리에게 오셨는가? 히 2:14에서 설명한다.

히 2:14 "자녀들은 혈과 육에 속하였으매
그도 또한 같은 모양으로(παραπλησίως) 혈과 육을 함께 지니심은
죽음을 통하여 죽음의 세력을 잡은 자 곧 마귀를 멸하시며
15 또 죽기를 무서워하므로 한평생 매여 종 노릇 하는 모든 자들을
놓아 주려 하심이니"

4. 예수님의 탄생을 알리기 위해 주의 사자가 나타난다. 주의 사자가 제일 먼저 찾아간 곳은 부자들이 아니라 유대인 목자들이었다.

1) 베들레헴은 다윗이 비천하게 태어나 목자가 된 곳이다. 예수님은 번영을 누리며 통치하던 시온이 아닌 바로 이곳에서 탄생하시게 된다.

- 마 2:6 "또 유대 땅 베들레헴아 너는 유대 고을 중에서 가장 작지 아니하도다 네게서 한 다스리는 자가 나와서 내 백성 이스라엘의 목자가 되리라 하였음이니이다." (미 5:2)

- 삼하 5:2 "전에 곧 사울이 우리의 왕이 되었을 때에도 이스라엘을 거느려 출입하게 하신 분은 왕이시었고 여호와께서도 왕에게 말씀하시기를 네가 내 백성 이스라엘의 목자가 되며 네가 이스라엘의 주권자가 되리라 하셨나이다."

2) 말씀(λόγος)은 마리아의 몸에 잉태되어 역사의 시간과 공간 속에 모습을 드러내신다. 예수님은 이전부터 존재하셨고(요 8:58, 17:5 참조), 성부와 영원히 동등하신 신성(神性)을 소유하셨다. 그러나 스스로를 비하(卑下, 낮아지심)하셨고, 이제 인성을 취하시기 위해 구유에서 탄생하신다. 그는 지금 인간의 가장 낮은 위치까지 내려오신 것이다.

(1) 마태복음에서는 동방의 박사들이 그리스도의 탄생을 알고 찾아왔다고 소개한다. 그러나 누가는 밖에서 밤에 양떼를 지키는 목자들에게 나타났다고 소개한다. "[8]그 지역에 목자들이 밤에 밖에서 자기 양 떼를 지키더니 [9]주의 사자가 곁에 서고 주의 영광이 그들을 두루 비추매 크게 무서워하는지라." 그들에게 천사들이 무엇을 전하고 있는가?

10 천사가 —— [그들에게] **이르되**
/[너희는] —— 무서워하지 말라
보라
/내가 —— 너희에게 전하노라
/큰 기쁨의 좋은 소식을
/온 백성에게 미칠
11 /구주가 —— 나셨으니
/오늘 다윗의 동네에 너희를 위하여
'곧 그리스도 주시니라'
12 /너희가 ┬ 가서
└ 아기를 보리니
/강보에 싸여 구유에 뉘어 있는
/이것이 —— 너희에게 표적이니라 하더니

- 천사가 요셉에게 알려준 내용에는 예수님이 "그의 백성을 그들의 죄에서 구원할 자"라고 했다(마 1:21).
- 동일한 소식이 목자들에게도 전달된다. 여기서는 베들레헴을 가리켜 '다윗의 동네'라고 했다(2:11).
- 천사는 마리아에게 이미 예수님의 탄생에 대해서 고했다(눅 1:32이하). 사가랴의 찬양에서도 예수님을 다윗 가의 출신의 왕으로 소개한다.
- 그리스도의 탄생은 이스라엘과 맺은 언약의 약속이 성취된 것임이 분명해졌다.

(2) 이 때 그 천사들과 함께 수많은 천군이 함께 하나님을 찬양한다(13절). '천군'(heavenly host, στρατιᾶς οὐρανίου), '스트라티아'(στρατια)는 천사들의 군대를 의미한다(왕상 22:19; 느 9:6).[1)]

1) 신약에서는 누가복음과 사도행전에서만 나온다(눅 2:13; 행 7:42).

2:14 지극히 높은 곳에서는 하나님께 영광이요(δόξα) ------------------
땅에서는 하나님이 기뻐하신 사람들 중에 평화로다

"자비하심과 사랑으로 이러한 은혜를 내려 주시고 지혜로써 그 일을 도모하신 하나님께 영광이다." 세상을 구속하신 일은 지극히 높은 곳에서 하나님께 영광이 된다. 이 찬송은 하나님의 나라가 임할 때, 그리고 임함으로써 실현될 미래에 대한 축복의 요약이다.

> 하나님께서 우리와 화목하신다면 그로부터 모든 평화가 도래할 것이다. 그리스도의 오심으로써 이룩된 구원은 큰 기쁨이 되며, 이는 모든 백성에게 미친다. '하나님이 기뻐하신 사람들'은 기쁨의 약속을 받은 백성들을 가리킨다. 여기서 백성은 물리적인 이스라엘 백성이 아니라 참되고도 이상적인 의미의 하나님의 백성을 가리킨다.

(3) 천사들이 떠나 하늘로 올라간 후, 목자들은 서로 베들레헴으로 가자고 했다. 그래서 달려가 구유에 누인 아기를 찾았다. 그곳에 마리아와 요셉이 함께 있었다. 목자들은 천사가 자신들에게 전한 이야기를 전했다. 이 내용을 듣는 자들이 놀랍게 여겼다고 했다(18절).

εὐαγγελίζομαι ὑμῖν χαρὰν μεγάλην (눅 2:10)

10 천사가 ——— [그들에게] **이르되**
/[너희는] — 무서워하지 말라
보라
/내가 ——— 너희에게 **전하노라**
/큰 기쁨의 좋은 소식을
/온 백성에게 미칠
11 /구주가 — **나셨으니**
/오늘 다윗의 동네에 너희를 위하여
'곧 그리스도 주시니라'

(4) 그러나(But, δέ) 마리아는 이 모든 말을 마음에 새겨 깊이 생각했다(treasured up, συμβάλλουσα 현재분사).[1] 마리아의 차분함을 엿볼 수 있다(19절). 그녀는 아이의 탄생과정에서 오해받을 수 있는 문제들도 하나님께 조용히 맡긴 것처럼, 그 누구도 메시야의 출생에 관심을 가지지 않았지만, 천사들이 주목하고 있다는 사실에 마음에 깊은 안정을 찾았을 것이다. 목자들도 미천한 자신들에게 먼저 알려준 사실에 감사하며 하나님께 영광을 돌려 찬송하며 돌아갔다(20절).

1) 쉰테레오(συντηρέω) - 기억에 간직하다, 지키다.

아기 예수의 정결 의식(눅 2:21-24)

1. 모세의 법대로 정결예식의 날이 차매 아기를 데리고 예루살렘에 올라왔다. 그렇다면 40일 정도가 되었을 것이다(레 12:2-4*; 출 13:2).

• 레 12:2 "이스라엘 자손에게 말하여 이르라 여인이 임신하여 남자를 낳으면 그는 이레 동안 부정하리니 곧 월경할 때와 같이 부정할 것이며 3여덟째 날에는 그 아이의 포피를 벨 것이요 4그 여인은 아직도 삼십삼 일을 지내야 산혈이 깨끗하리니 정결하게 되는 기한이 차기 전에는 성물을 만지지도 말며 성소에 들어가지도 말 것이며."

2:21 할례할 팔 일이 되매 그 이름을 예수라 **하니**
곧 잉태하기 전에 천사가 일컬은 바러라

(1) 할례는 난지 8일만에 행하였다. 그 때가 의학상 아이의 건강을 위해서 가장 적합하다고 한다. 고대에는 부싯돌로 행하였다(출 4:25, 수 5:2-3). 할례 의식이 이방인들의 할례처럼 사춘기를 표시하거나 위생적인 것 때문이 아니다. 이 할례는 그 아이가 여호와께서 이스라엘과 맺으신 언약에 참여하는 것을 나타낸다. 할례 의식은 그 아이와 하나님과, 아이와 그 백성간의 관계를 잡아매는 것이다(창 17장 참조). 자기 양친의 이러한 행위로 그 아기는 여호와께 봉헌되고 여호와의 계명을 자기의 삶에서 준수해야 하는 의무를 지니게 된다. 예수님은 죄 가운데 잉태되지 않으셨지만 법 아래 나셨으므로 할례를 받으셔서 모든 의를 성취하시게 된다.

(2) 요셉은 제물로 양 대신 산비둘기 한 쌍(혹은 어린 집비둘기 2마리)을 드렸다. 가난했기 때문이다(레 12:8).

산비둘기

2. 산모는 출산한지 7일이면 가정에서 활동할 수 있었다. 남자 아이를 낳으면 33일간, 여자 아이의 경우에는 66일간 종교적 의무 수행이 금지되었다. 또 이 기간이 지난 후에 산모는 1년된 어린양으로 번제를 드렸고, 비둘기로 속죄제를 드렸다. 어쨌든 부정한 자가 정하게 되기 위해서는 속죄 제물이 꼭 필요함을 강조하고 있다.

예수님을 본 시므온(눅 2:25-35)

1) 위로(consolation, 파라클레시스, παράκλησις) / 격려, 호소, 간청, 위로(사 49:3; 시 71:21 참조) 여기서는 메시야를 기다렸다는 말이다.

• 사 49:13 "여호와께서 그의 백성을 **위로하셨은즉** 그의 고난 당한 자를 긍휼히 여기실 것임이라".

1. 시므온(Simeon, Συμεών쉬메온)이라는 의롭고 경건한 사람이 있었다. 하나님께서 그에게 살아서 메시야를 보게 될 것이라고 약속하셨다. 그는 40일 된 아기를 보고 약속하신 메시야인 것을 곧 알아보았다.

2:25 이 사람은 — **의롭고 경건하여**
/이스라엘의 위로(구원)[1]를 기다리는 자라
성령이 —— 그 위에 **계시더라**

(1) 시므온은 성령님으로부터 살아서 그리스도를 뵈올 것이라는 계시를 받고 이스라엘의 위로가 되실 그분을 간절히 기다리고 있었다. 시므온에 대해서는 역사적으로 자세히 알려진 바가 없다. 그는 인간에 대하여 의롭고 하나님께 대하여 경건했다. 그는 오랫 동안 그리스도가 오기를 기다렸을 것이다. 더욱이 그가 살아가는 세상은 소망이 없어보이는 사회였다. 메시야가 오시면 유대인들은 원수들의 압제에서 벗어나게 하실 것이라고 믿었다.

(2) 마침내 시므온은 성령의 인도를 받아 성전에 들어갔다. 마침 예수의 부모가 율법이 정한 대로 하고자 아기를 데리고 왔다.

시므온의 찬가
(눅 2:28-32)

2:28 시므온이 아기를 **안고** 하나님을 **찬송하여 이르되**
29 /주재여(Sovereign Lord, δέσποτα, 데스포타, 주님)
[당신은] —— 놓아 주시는도다(ἀπολύεις)
/이제는 말씀하신 대로 종을 평안히
30 //(이유: ὅτι, For)
내 눈이 —— 주의 구원을 보았사오니
31 /이는 ┬ 만민 앞에 예비하신 것이요
32 ├ 이방을 비추는 빛이요
└ 영광이니이다
/주의 백성 이스라엘의

"주여, 이제는 말씀하신대로 이 종은 평안히 눈감게 되었습니다."(공동)

시므온이 이제 평안히 눈감을 수 있게 되었다는 것이다. 그래서 아기를 안고 찬송을 드린다. 그 이유를 "내 눈이 주의 구원을 보았기 때문"이라고 말한다. 구원의 내용은? (31-32절)

(3) 시므온은 지금 그렇게 기다렸던 메시야를 친히 보고 있다. 그는 오랫동안 성령님이 약속하셨던 메시야를 기다려오지 않았던가! 그런데 지금 품 안에 아기를 안고 있다. 그래서 이제는 평안히 눈을 감을 수 있다는 것이다. 그 이유가 자신의 눈이 친히 주의 구원을 보았기 때문이라고 했다. 그의 팔에 안겨 있는 예수님이 곧 구원이라는 것이다.

(4) 그 구원이 내용은 무엇인가?

① "이는 만민 앞에 '예비하신 것이요' (Which Thou hast prepared)"(31절). 이 구원은 온 세상에 축복이 될 것이다. 하나님께서는 이것을 모든 백성들 앞에 예비하셨다(ἡτοίμασας과거 능동).[1] 즉 예수님 안에서 구원을 예비하셨다는 것이다.

② 또한 구원은 비방을 비치는 빛(포스, φῶς)이다(32절). 이 빛은 이스라엘만을 위한 빛이 아니다. 이방인에게도 비치는 하나님의 사랑의 빛이다. 이러한 구원을 가져다 주는 자도 '포스'이다. 특히 요한은 예수 그리스도를 빛으로 묘사한다(요 1:4, 8:12; 요일 1:5; 딤전 6:16). 그 빛은 직접적으로 예수님의 본성을 나타내고 있다. 그는 빛과 유사한 존재가 아니라 그가 곧 '빛'(φῶς)이다. 그는 친히 **이방인의 빛**이 되셨다. 이방인인 누가는 특별히 시므온의 이런 예언에 관심을 두었을 것이다.

③ 또한 주의 백성 이스라엘의 영광이다. 또한 메시야의 나타나심은 이스라엘 백성, 곧 영적 이스라엘의 영광이다. 그것은 교회의 축복이다. 그리스도는 모든 나라에 복음을 선포하라고 말씀하셨다.

1) 헤토이마조(ἡτοιμάζω)
- 준비하다, 예비하다
은유: 메시야를 맞을 준비를 하다.

여호와의 종의 사명(사 49:6)
이렇게 특수한 소명을 받은 종의 역할은 포로된 백성을 구원하는 사명을 부여받는다. 그에게 주어진 ① 첫 번째 과제는 이스라엘을 회복케 하여 하나님과의 온전한 관계를 갖게 하는 일이다.

② 또한 단순히 이스라엘의 회복뿐 아니라 그의 사명은 이를 뛰어넘는 것으로서 "이방의 빛"이 되는 것이다.

(5) 이렇게 시므온의 찬양은 경건함과 동시에 이사야 42:6과 49:6과 같은 예언들을 반영하고 있다("...너를 이방의 빛으로 삼아...").

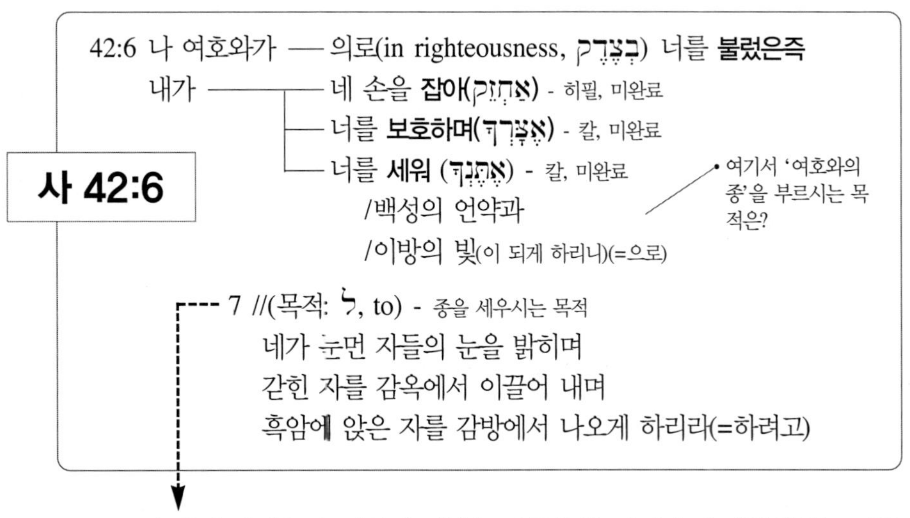

이 종의 사역은 온 세상에 영향을 끼치게 할 것이다(**이 세상의 빛**). 결국 이 종의 사역은 이스라엘을 통해 온 세상에 빛을 퍼져나가게 될 것이다. 그리고 열방들은 이스라엘에게로 달려올 것이다(사 55:3-5).

이사야 46장의 내용이다. 여기서 종을 세우시는 목적이 무엇인가? (사 46:6-7) 여호와께서는 종을 의로(בְּצֶדֶק, in righteousness) 부르셨다. 즉 의를 이루려고 부르셨다. 왜? 부르시는가? (이스라엘과 새언약을 세우시려고) 하나님의 창조목적(사 41:9-10 참조)을 성실하게 이루시기 위해 부르신다.

이런 면에서 여기뿐만(사42:1-9) 아니라, 49:1-9, 50:4-11, 52:13-53:12도 그 주인공이 되는 "여호와의 종"은 근본적으로 메시야, 곧 그리스도를 예언하는 것으로 본다.

2. 시므온의 찬양을 듣고 그의 부모가 어떤 반응을 보였는가? "그의 부모가 그에 대한 말들을 놀랍게 여기더라"(33절)

(1) '놀랍게 여기다'(다우마조, θαυμάζω) - '기이히 여기다, 경탄하다.' 시므온은 요셉 부부에게 **아이에 대한 예언**을 상세하고 명확하게 전달했다. 그리고 그들을 축복하며 다음과 같이 아이가 앞으로 걸어가게 될 길을 전했다.

2:34 시므온이 그들에게 **축복하고** 그의 어머니 마리아에게 **말하여 이르되**
/보라
이는(이 아이는) — 세움을 받았고
/패하거나 흥하게 하며 ①
/비방을 받는 표적이 되기 위하여 ②
/이스라엘 중 많은 사람을
35 또 칼이 —— 네 마음을 찌르듯 하리니
//이는(ὅπως)
[생각을] — 드러나게 할 것이다.
/여러 사람의 마음의

이 아이는 ① 이스라엘 중 많은 사람의 흥함을 위하여 세움을 입히셨다. 죄 가운데 있는 사람들을 하나님께로 인도하시고 절망에 빠진 사람들에게 위안을 주실 것이다. ② 그러나 어떤 사람에게는 비방의 대상이 되실 것이다.

시므온은 아이가 사역하게 될 것을 예언한다. 이사야 8:14-15의 말씀을 기억하게 한다.

칼(sword, 롬파이아, ῥομφαία) - 여기서 칼은 치명적인 고통에 대한 은유이다. 예수님이 당하시는 고통으로 인한 마리아의 아픔을 가리키는 듯 하다. 어머니 마리아는 그리스도가 핍박을 받을 때, 그 일이 자신에게는 골수의 칼이었을 것이다. 십자가에서 죽어가는 예수를 바라보게 될 때, 그 비탄의 칼이 그녀를 찌르게 될 것이다. 그때의 많은 사람들의 생각들이 드러나게 될 것이다. 어떤 사람에게는 선한 성품이 드러나게 될 것이고, 또 다른 사람들에게는 그리스도에 대한 적개심을 드러낼 것이다.

- 이사야 8:14-15 "그가 성소가 되시리라 그러나 이스라엘의 두 집에는 걸림돌과 걸려 넘어지는 반석이 되실 것이며 예루살렘 주민에게는 함정과 올무가 되시리니...."

- 하나님을 신뢰하는 자에게는 여호와 하나님은 성소가 되실 것이다. 여호와 하나님은 ① 신뢰하는 자에게는 거룩한 곳(Sanctuary, 성역, 지성소)이 되신다. 환난 날에 피난처가 되신다는 말이다.

  ② 그러나 여호와를 멸시하는 자에게는 거치는 돌, 함정, 올무가 되신다. 따라서 환난 날에 "많은 사람들이 그로 말미암아 걸려 넘어질 것이며 부러질 것이며 덫에 걸려 잡힐 것"이다(사 8:15).

여선지자 안나의 예언 (눅 2:36-40)

1. 아셀 지파의 바누엘의 딸 안나라는 선지자(84세), 그녀는 "성전을 떠나지 아니하고 주야로 금식하며 기도함으로 섬겼다." 마침 이때에 나와서 하나님께서 보내주신 그 선물에 감사하며 이 사실을 사람들에게 말하였다.

2:36 또 아셀 지파 바누엘의 딸 안나(Anna, Ἄννα)[1]라 하는 선지자가 **있어**
나이가 **매우 많았더라**

1) 안나 - 히브리어 '한나'(חַנָּה, 삼상 1:2)의 음역(音譯)이다. 아셀 지파 사람 바누엘의 딸이다. 아셀 지파는 앗수르에 포로로 붙잡혀가서 결코 공식적으로 귀환하지 못했으나 그녀의 가족은 족보를 기억하여 약속의 땅으로 돌아왔다.

그가 결혼한 후 일곱 해 동안 남편과 함께 **살다가**
37 과부가 되고 **팔십사 세가 되었더라**
이 사람이 성전을 **떠나지 아니하고**[1)]
주야로 금식하며 기도함으로 섬기더니
38 마침 이 때에 나아와서 하나님께 **감사하고**
예루살렘의 속량을 바라는 모든 사람에게 그에 대하여 **말하니라**

1) 이 말은 성전에 있는 어느 방 하나를 마련하고 그곳에서 생활했다는 것을 의미하지는 않는다. 그러나 그녀는 늘 성전에서 하나님을 위한 봉사의 생활을 했다.

(1) 안나가 결혼할 때의 나이가 15세라고 한다면 혼자 생활한지가 84년, 그렇다면 지금 그녀의 나이가 106세가 된다. 그녀는 이 나이가 되도록 성전을 떠나지 않고 늘 기도와 금식으로 섬겼다고 했다.

(2) 안나는 다른 성도와 는 교제하는 것을 기뻐했던 것같다. 마침 성전에서 아기 예수님을 뵈옵고 "여루살렘의 속량(λύτρωσις[뤼트로시스]2))을 바라는 모든 사람에게" 아기 예수님에 대해서 말해 주었다는 것이다. 예루살렘에는 비록 소수이기는 했지만 메시야가 오실 것을, 이스라엘의 구속을 위하여 기다렸던 사람들이 있었다. 그녀 역시 제사장 시므온처럼 이스라엘의 메시야를 기다렸다. 그녀 역시 마침니 그렇게 기다렸던 메시야를 친히 보게 되었다. 이 아이가 이스라엘의 구속을 위하여 약속된 메시야임을 확신하였다는 것에 그녀의 위대함이 있다.

2) 구속(redemption) - 원수들의 멍에로부터 '해방'을 뜻한다.

(3) 주의 율법을 따라 모든 일을 마치고 예수의 부모는 갈릴리 나사렛으로 돌아갔다(눅 2:39). 이들 식구가 다시 나사렛으로 돌아가게 된 배경은 마태복음에서 설명을 볼 수 있다.

베들레헴에서 애굽으로 피함(마 2:13-18)

1. 새로운 왕이 태어났다는 소식에 헤롯 대왕은 겁을 먹는다.

(1) 헤롯은 당장 '산헤드린' 공의회를 소집한다. 헤롯은 자기 외에 다른 왕이 태어났다는 소식에 발작적인 태도로 그 왕이 어느 지역에 태어날 것인가를 물었다(마 2:4). 이들은 왕이 태어날 곳이 어디라고 했는가? 그리고 이것은 어느 선지자의 예언인가? (마 2:5-6)

(2) 이는 구약 성경 미가서 5:2*에 이미 예언되고 있던 사실임을 지적하고 있다.

• 미 5:2 "베들레헴 에브라다야 너는 유다 족속 중에 작을지라도 이스라엘을 다스릴 자가 네게서 내게로 나올 것이라 그의 근본은 상고에, 영원에 있느니라."

• 마태가 말한 마 2:6의 말씀은 미 5:2 이외에도 이스라엘의 열두 지파가 다윗에게 왕이 되어 달라고 한 삼하 5:2에서도 취한 것이 분명하다.

하나님께서는 오래 전부터 한 왕(목자)을 보내 주시겠다 약속하셨다. 주님은 베들레헴에서 탄생하셨다. 이는 미가 선지의 예언이 성취되었음을 보여준다.

(3) 헤롯은 동방으로부터 온 박사들에게 왕의 탄생지를 친절하게 가르쳐 주고, 경배가 끝나거든 다시 왕궁에 들려 달려는 부탁까지 했다. 만약 그렇게만 된다면, 그 아이가 태어난 지점을 힘들이지 않고도 찾아낼 수 있기 때문이었다.[1] 헤롯은 이를 계기로 새로 태었다는 아기를 제거하려고 했다.

1) 헤롯은 '유대인의 왕'과 '메시야'가 동일 인물임을 알고 있었다. 왜냐하면 그 이야기가 수많은 사람들의 입에 오르내리고 있었기 때문이었다. 따라서 동방박사들의 질문은 헤롯을 크게 동요시키고도 남았다.

2. 주의 사자가 요셉에게 현몽하여 '헤롯이 아기를 죽이려 하니 애굽으로 피하라'고 전한다.

(1) 꿈에 박사들은 헤롯에게로 돌아가지 말라는 '지시를 받고' 다른 길로 고국에 돌아갔다. 헤롯은 이 사실을 알고 심히 노하였고, 그의 광기가 다시 살아났다(마 2:16, "이에 헤롯이 박사들에게 속은 줄 알고 심히 노하여 사람을 보내어 베들레헴과 그 모든 지경 안에 있는 사내아이를 박사들에게 자세히 알아본 그 때를 기준하여 두 살부터 그 아래로 다 죽이니").

마 2:16 이에(Τότε, 그때에) 헤롯이 박사들에게 속은 줄 알고
　　심히 **노하여**
　　두 살부터 그 아래로 다 **죽이니**
　　　/사람을 보내어
　　　/베들레헴과 그 모든 지경 안에 있는 사내아이를
　　　/박사들에게 자세히 알아본 그 때를 기준하여

(2) 이 사건은 누구의 어떤 예언의 성취라고 말하고 있는가? [2]

2:17 이에 선지자 예레미야를 통하여 말씀하신 바(가) — **이루어졌느니라**
　　/라마(Ῥαμά)에서 슬퍼하며 크게 통곡하는 소리가 들리니
　　라헬(Ῥαχήλ)이 그 자식을 위하여 애곡하는 것이라
　　그가 자식이 없으므로 위로 받기를 거절하였도다 함이

2) 마태는 지금 [이 사실을 베들레헴의 유아(幼兒)들의 살육으로] 라헬이 다시 한 번 통곡하는 것으로 묘사하고 있다. 즉, 베들레헴의 영아를 잃은 여인들의 슬픔은 곧 라헬의 슬픔이었다고 말한다.

(3) 헤롯 대왕이 죽자 요셉은 애굽에서 다시 예루살렘으로 올라오라는 천사장의 지시를 받는다(마 2:19-23; 눅 2:40). 다시 돌아왔지만, 헤롯의 뒤를 이은 아켈라오스(유다와 이두매 지역)의 광적인 통치로 인해, 베들레헴으로 돌아가기를 취소하고 나사렛으로 가서 정착하게 된다(마 2:22-23).

애굽에서 다시 나사렛으로(마 2:19–23)

구약의 예언이 성취됨

-동교재, 마태복음에서 설명을 그대로 가져옴-

1. 예수님은 애굽에서 다시 이스라엘 땅으로 오셔서 어디서 사셨나? 왜, 그 곳으로 가서 사시게 되었나?

(1) 헤롯 왕이 죽은 후에(마 2:19 "헤롯이 죽은 후에 주의 사자가 애굽에서 요셉에게 현몽하여 이르되") 그 영토는 세 아들에게 분할되었다. 팔레스틴 남쪽은 '아켈라오'에게, 팔레스틴 북동쪽은 '빌립'에게, 그리고 갈릴리와 베레아 지방은 '안디바'에게 분할되었다. 세 아들이 모두 분봉의 영주가 되었다. 따라서 **아켈라오**(=Archelaus)는 유대와 사마리아와 이두매의 통치자가 되었는데, 이 아켈라오 역시 그의 부친 헤롯처럼 포악한 왕이었다. 아켈라오는 기원후 6년에 실각하게 되고, 그 영지는 로마 총독의 직할지가 된다. 예수님이 십자가에 죽으실 때에는 본디오 빌라도가 총독으로 있었다. 아켈라오는 부친의 사망 이후 폭동 진압 과정에서 아주 잔인했다.

(2) 그래서 요셉은 "나사렛"(Nazarene)이란 동네로 간다. 예수님은 나사렛이란 동네에서 유아기를 지내며 무명인으로 자라 가신다. 그가 공생애의 삶을 살기 전까지는 가난하고 찌들린 사람들이 모여 사는 갈릴리 주변에서 인생들의 가장 낮은 모습들을 보시며 자라나신다. "나사렛을 떠나 스불론과 납달리 지경 해변에 있는 가버나움에 가서 사시니"(마 4:13).

2. 예수님은 베들레헴에서 태어나셨지만, "나사렛 예수"로 알려질 것이다.

(1) 나사렛 또는 갈릴리 지역 출신, 그것은 명예가 아니라 열등함을 나타내는 표시였다. 나사렛은 갈릴리 북방을 담당하던 로마의 주둔 부대에게 거처를 제공한 마을이었다. 그래서 이곳에 사는 사람들은 회색분자들로 취급당했다. "나사렛에서 무슨 선한 것이 날 수 있겠느냐?"는 나다나엘의 반응은 바로 나사렛의 위치를 알아볼 수 있는 말이었다.

(2) 복음은 그런 비천하고 어두운 곳에서부터 선포되기 시작한다(마 4:13-16 참조). 그것 또한 예언의 성취라고 저자는 말한다. 이렇게 마태는 구약성경을 자주 인용함으로써 선지자들의 예언이 역사적으로 성취되었음을 확증하고 있다. 예수는 선지자들이 예언한 바로 그 메시야였다.

▲ 헤롯 대왕이 죽자 로마 황제 아우구스투스(Augustus)는 심사숙고 끝에 B.C. 4년에, 세 아들에게 분할하여 주기로 결정한다. 아켈라오를 유대와 이두매, 그리고 사마리아를 통치하게 될 분봉왕으로 임명했다. 그런데, 아켈라오 역시 그의 부친 헤롯처럼 포악한 왕이었다. 따라서 예수님은 나사렛으로 가서 사시게 된다.

• 마 2:25 "그러나 아켈라오가 그의 아버지 헤롯을 이어 유대의 임금 됨을 듣고 **거기로 가기를 무서워하더니** 꿈에 지시하심을 받아 갈릴리 지방으로 떠나가"

• 렘 23:5 "여호와의 말씀이니라 보라 때가 이르리니 내가 다윗에게 한 의로운 가지를 일으킬 것이라 그가 왕이 되어 지혜롭게 다스리며 세상에서 정의와 공의를 행할 것이며"

• 렘 33:15 "그 날 그 때에 내가 다윗에게서 한 공의로운 가지가 나게 하리니 그가 이 땅에 정의와 공의를 실행할 것이라."

3. "나사렛이란 동네에 와서 사니 이는 선지자로 하신 말씀에 나사렛 사람이라 칭하리라 하심을 이루려 함이러라."(마 2:23)

(1) "나사렛 사람이라 칭하리라"는 직접적인 선지자의 말은 없다. 마태는 아마 이사야 11:1을 생각했을 것이다. 렘 23:5*과 33:15*도 같이 읽어보자. 이사야 선지자는 앗수르의 패망을 선포하면서, 앗수르의 패망이 곧 구원이 아니라고 말한다. 결국, 메시야를 통한 궁극적인 구원이 있을 것이라고 말한다(사 11:6-9). 이새의 줄기에서 한 싹(네째르,נֵצֶר - 새로 나온 가지, a Branch)이 날 것이다(사 11:1).

(2) 메시야께서 앞으로 멸시와 천대의 대상이 되실 것이라고 예언되었다(사 53:3; 시 22:6; 단 9:26). 당시 베들레헴은 메시야의 신분에는 어울리지 않는 하찮은 성읍이다. 예수님은 나사렛에서 사신다(참조 - 요 1:46, "나다나엘이 이르되 나사렛에서 무슨 선한 것이 날 수 있느냐 빌립이 이르되 와서 보라 하니라"). **이사야 선지자가 예언한 이상적인 다윗계의 왕, 정의와 평화를 보증하면서 통치할 만왕의 왕 예수님이 지금 이 초라한 베들레헴에서 태어나셨다.** 마태는 그 예언이 성취되었다고 증언한다. 그러나 그는 탄생부터 파란을 겪으셔야 했다. 사탄은 십자가를 지셔야만 하는 메시야의 사역을 초장부터 잘라버려야 하겠다고 벼르고 있었기 때문이다.

12세가 되심

나사렛에서 예루살렘으로(눅 2:51-52)

예수님은 소년 시절을 어떻게 보내셨을까?

• 예수님은 소년 시절에 당시 통용되던 언어를 습득하셨을 것이다. 그는 히브리어로 된 두루마리를 읽으셨고(눅 4장), 대중들을 아람어로 가르치셨다. 빌라도와는 헬라어로 대화하셨다.

• 나사렛 주변은 수많은 역사가 묻혀 있는 곳이다. 예수님은 이곳에서 많은 상황을 접하셨을 것이다.

1. 예수님이 12세 때, 첫 번째 유월절에 참석하셨다. 돌아오는 길에 부모가 아이를 잃었다.

(1) 예수님이 제사장들과 신학적인 토론을 하고 있는 것을 발견했다(사 11:1-4, 49:1-2, 50:4 참조). 그의 총명함에 모두 놀란다(마 7:28; 막 1:22; 눅 4:22, 32; 요 7:15). - "내가 내 아버지 집에 있어야 될 줄을 알지 못하셨나이까?"(눅 2:49) - 그러나 부모는 이 말씀을 잘 깨닫지 못했다.

(2) 예루살렘에서 나사렛으로 내려가심 - 예수님은 부모님과 함께 나사렛으로 내려가서 그들을 잘 섬기신다. "순종하여 받드시더라"(눅 2:51) 예수님은 지혜와 키가 자라고 하나님과 사람에게 더욱 사랑을 받으신다(52절). 그 후 18년간 나사렛(눅 3:23)에 살면서 아버지 요셉의 뒤를 이어 목수의 일을 하셨다(막 6:3).

2. 예수께서 열두 살 되었을 때에 부모와 함께 예루살렘에 올라가셨다.

(1) 예수님의 부모는 해마다 유월절이 되면 명절을 지키러 예루살렘으로 올라갔다(41절).[1] 예수께서 열두 살 되었을 때에 이 절기의 관례를 따라 함께 예루살렘에 올라가셨다고 했다(42절). 명절 기간이 끝나고 집으로 돌아가려고 했는데, 어린 예수님은 예루살렘에 그대로 남아 있었다. 물론 부모는 이를 알지 못했고, 그저 일행 중에 끼여 있으려니 했다. 그리고 하룻길을 갔다. 그런데 친척과 아는 사람들 가운데 찾아보았으나 보이지 않으므로 줄곧 찾아 헤메면서 다시 예루살렘까지 되돌아가야 했다(44-45절).

12세 되신 예수님은 예루살렘 구경보다 율법에 더 관심이 많으셨다. 율법 선생들의 교훈에 더 관심을 가지셨다.

2:46 사흘 후에(after three days)
[그들이] ——— 성전에서 **만난즉**
/그가 선생들 중에 앉으사
/그들에게 듣기도 하시며 묻기도 하시니
47 듣는 자가 다 — **놀랍게 여기더라**
/그(의) 지혜와 대답을

유월절을 지킬 의무는 13살부터이다. 아마 유월절의 의무들에 익숙해지려 함께 여행하셨던 것 같다.

(2) 어린 예수님의 대답을 들은 사람들은 모두 그 지혜(쉬네시스, σύνεσις, 이해력, 통찰력)와 대답에 놀랐다고 했다(경탄했다, ἐξίσταντο).[2] 12살의 나이에 율법 선생들의 교훈을 귀담아 듣기도 하고 묻기도 했다. 또 그의 대답은 거기 모인 사람들을 경탄(驚歎 - 몹시 놀라며 감탄함)케 했다. 당시 일부 율법 교사는 성전뜰에서 수업을 진행하였다고 한다(당시 유명한 율법학파들이 있었다. 힐렐과 샴마이 학파가 유명했다. 수업 방법은 질문과 대답의 형식을 취했다).

(3) 그의 부모는 다시 예루살렘으로 돌아가 예수를 만났다. 부모는 놀라며 예수께 이렇게 물었다. "애야(테크논, τέκνον), 이게 무슨 일이냐? 네 아버지와 내가 얼마나 애를 태웠는지 모르느냐?" 그러나, 의아한 것은 어린 아들 예수였다. "예수께서 이르시되 어찌하여 나를 찾으셨나이까 내가 내 아버지 집에 있어야 될 줄을 알지 못하셨나이까 하시니"(49절). 예수님은 비록 열두 살 밖에 안되었지만 하나님과 자신과의 관계를 명확히 파악하고 계셨음을 본다. 오히려 그의 부모가 이 관계를 이해하지 못했다. 그의 부모가 오히려 예수가 하신 말씀을 이해하지 못했다(50절).[3]

"예수께서 함께 내려가사 나사렛에 이르러 순종하여 받드시더라 그 어머니는 이 모든 말을 마음에 두니라 예수는 지혜와 키가 자라가며 하나님과 사람에게 더욱 사랑스러워 가시더라."(51-52절)

1) 신명기 16:6을 보면 해마다 유월절에 예루살렘을 요구했다(6절 "오직 네 하나님 여호와께서 **자기의 이름을 두시려고 택하신 곳에서** 네가 애굽에서 나오던 시각 곧 초저녁 해 질 때에 유월절 제물을 드리고). 모든 사람들이 해마다 대부분의 유대인은 이를 지켰다. 여자들은 강제적인 것은 아니지만 많은 여자들이 참석했다.

2) 엑시스테미(ἐξίστημι) - 놀라다, 혼란하게 하다, 놀라게 하다. 정신을 잃다, 정신나가다

3) 물론 예수님은 부모에게 반항하고 있는 것이 아니다. 예수님은 부모에게 순종하고 사셨다는 것을 보여준다(51절). 예수님은 공생애를 시작하시기 전까지 나사렛에서 부모와 함께 성장하신다.

적용을 위한 묵상

• 약속하신 메시야의 탄생, 전 세계가 숨죽이고 기다려야 할 역사의 순간이거늘, 실제는 그렇지 않았다.

• 세례 요한의 탄생과정을 이야기 해보자. 아들을 낳게 해달라고 계속 기도하고 있었으나 응답을 받지 못하고 있던 사가랴, 이제는 나이가 들어 모든 소망을 포기하고 있는 늙은 사가랴에게, 어느날 주의 사자가 나타났다. 그를 바라보는 사가랴는 놀라고 두려워했다. "네 아내 엘리시벳이 아들을 낳을 것이다." 그는 이 사실을 받아들이지 못했다. ... 그래서....

• 누가가 붓을 들었다.
데오빌로에게 복음이 무엇인가를 전하기 위해서였다.
그는 지금 소설을 쓰려고 하는 것이 아니다.
누가 말고도 예수님의 생애를 집필하려고 붓을 든 사람들이 많았단다.
그러다보니 잘못된, 그리고 변질된 복음이 전달될 위험도 있었다.
누가는 이를 위해 처음부터 자세히 조사하기 시작했다.
확인되지 않은 내용을 풍문으로 듣고 써내려갈 수는 없었다.

• 누가는 얼마나 많은 시간과 열정을 불어넣었을까?
그는 그 모든 일을 근원부터 정확하게 조사하기 시작했다.
그리고 데오빌로에게 순서대로 써내려 가기 시작한다.
누가는 비록 이방인이었고, 예수님과 동행하지는 않았지만
엄청난 복음의 내용들을 정리할 수 있었다.
예수님의 탄생부터, 부활까지. 아니, 그보다도 더 멀리,
복음이 어떻게 당시 세계의 수도 로마까지 증거되었는가를 기록했다.
누가의 기록이 없었다면,
복음이 어떻게 세계로 확산되었가를 놓칠뻔 했다.
그는 바울과 선교여행에 동행하면서 복음이 무엇인가를 배웠다.

• 나(우리)에게 전해진 복음도 이런 열정 있는 분들을 통하여
전해진 것이다.
우리는 얼마나 정확하게 복음을 이해하고,
또는 증거하려고 노력하고 있을까?
우리는 너무 바쁘다.
그래서 하나님의 말씀을 깊이 있게 탐구하지 못한다.
물론 누구에게나 항변할 이유는 있다.
말씀을 깊이 연구하지 않는 사역자,
더욱 높은 신앙인격으로 자라가기를 싫어하는 성도들
우리 모두가 누가의 열정을 따라가지 못한다면
복음은 그 전파력을 상실하게 될 것이다.
교회 출석의 열심이 반드시 신앙의 성숙을 가져오지는 않는다.

• 하나님의 구원 역사는 정확하게 성취되어 간다.
오래 전 메시야의 탄생을 미리 예언하시고

2:11 오늘 다윗의 동네에 너희를 위하여 구주가 나셨으니 곧 그리스도 주시니라

이제 때가 차매 메시야가 이 땅에 태어나게 하셨다.

- 누가는 하나님께서 약속하신 메시야가 어떤 과정을 거쳐 태어나셨는가를 여러 등장 인물을 통하 증거한다.
  사가랴, 그의 아내 엘리시벳, 마리아, 시므온, 안나 등등.
  그러나 이들이 메시야의 탄생 역사에 주인공은 아니다.
  그러나 누가는 이 과정을 다른 복음서보다 더 자세하게 기술한다.

- 예수님의 출생이 기적인 것 같이
  세례 요한의 출생도 기적의 결과였다.
  그는 이사야 40장에서 예언된 광야의 소리였다.

- 천사 가브리엘이 하나님의 보내심을 받는다.
  시골에 사는 처녀 마리아, 그녀는 천사로부터
  황당한 메시지를 듣는다.
  네가 잉태하여 아들을 낳을 것이라는 전언이다.
  나는 남자를 알지 못하는데, 어찌 이런 일이...
  그러나 마리아는 말씀을 받아들인다.

- 다윗의 동네 베들레헴,
  지금 호적을 하기 위해 모여든 사람들로 북적거린다.
  하나님의 아들 메시야가 탄생하는 모습이 그려진다.
  그 누가 메시야의 탄생을 반겼으리요.
  밤에 밖에서 자기 양을 지키는 목자들만이 천사의 전갈을 받고
  베들레헴을 향하여 달려가고 있었다.

- 12세의 어린 예수님, 예루살렘에서 율법 학자들과 대화하신다.
  그의 지혜와 대답에 사람들은 모두 놀란다.
  그러나 누가는 그를 신동(神童)의 한 사람으로 묘사하지 않는다.
  그는 율법 아래 태어나셨고
  또 여느 사람들과 같이 율법을 지키셨다.
  예수님은 공생애의 삶을 시작하시기 전까지는
  자연적으로 성장해 가는 사랑스러운 아이였다.
  "예수는 그 지혜와 그 키가 자라가고
  하나님과 하나님에게 더 사랑스러워 가시더라"(2:51).

- 누가복음 1-2장, 예수님의 탄생과정에서 여러 인물이 등장한다. 우리는 여기서 이들 등장인물의 믿음을 평가하려고, 그리고 거기에서 어떤 교훈을 이끌어내려고 한다. 그러나 잘못 전달하면, 정작 드러내야 할 하나님의 신실하심과 오래 전 예언이 어떻게 성취되었는가, 하나님이 어떻게 구원 역사를 이끌어 오셨는가의 의미를 놓치기 쉽다.

- 그래도 이스라엘의 위로를 기다렸던 시므온, 이스라엘의 구속을 노래한 사가랴, 성전을 떠나지 않고 기도 생활을 했던 안나와 같은 신실한 인물들을 눈여겨 보아야 할 것 아닌가!

Outline Outline은 본문 설명을 요약 정리한 것입니다. 간단하게 설명을 할 경우 이용하세요. 그렇지 않으면 본문으로 바로 들어가셔도 됩니다.

84 Luke 3–4장

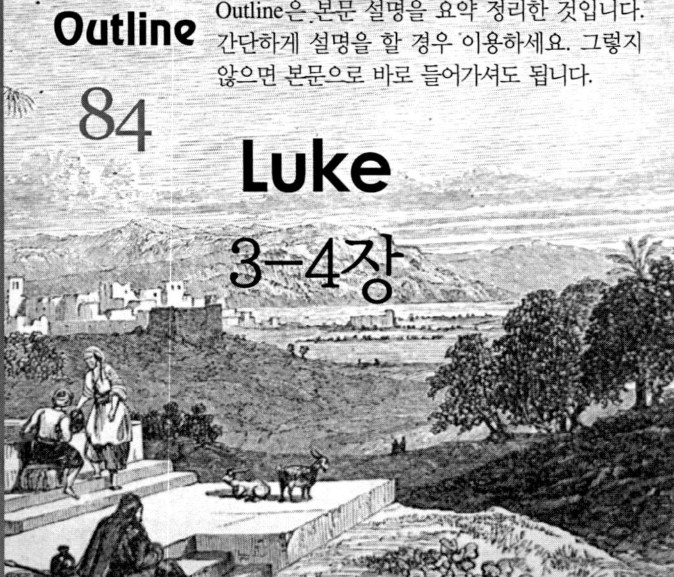

세례를 받으심 · 갈릴리 사역 시작

3장에서는 세례 요한의 사역을,
이어서 예수님께서 세례 받으신 사건을,
그리고 족보를 언급하고 있다.
그리고 4장에서는 예수님의 사역의 시작을 소개한다.
누가는 세례 요한의 사역이 시작된 때를
정확히 기록한다. 그래서 6명의 인물의 이름을 거론한다.
세례 요한은 광야에 거했다.

요한은 요단강에서 회개의 세례 사역을 계속하고 있었다.
많은 사람들이 그곳으로 몰려들었다.
세리들도 모여들었고
군병들까지도 그에게로 나아왔다.

혹시 저 사람이 지금까지 기다렸던 메시야가 아닐까?
그러나 요한은 자신은 결코 메시야가 아니라고 말한다.
나는 물로 세례를 주거니와
내 뒤에 오시는 한 분이 있는데
그는 성령과 불로 너희에게 세례를 주실 것이다.

예수님도 세례 현장에 나오셨다.
예수님도 요한에게 세례를 받으셨다.
그때에 하늘이 열리고 성령이 비둘기 형상으로 내려오셨다.
"너는 내가 사랑하는 아들이라."
이제 그의 공생애가 시작된 것이다.
예수님은 갈릴리 지역에서부터 사역을 시작하신다.

세례 요한의 선포(눅 3:1-20)

(1) 누가는 세례 요한이 사역을 시작할 즈음의 역사적 상황을 아주 자세히 소개한다(눅 3:1-2).

(2) 세례 요한의 첫 외침은 '회개하라'는 것이었다. 그가 외치는 회개의 의미는 무엇인가? (마 3:1 참조) 요한이 백성들에게 설교하는 것은 회개하고, 죄에서 돌이키고, 죄와 관련된 모든 생활에서 떠나라는 것이었다. 이에 비해 뒤에 오시는 예수님은 성령으로 세례를 주신다고 했다.

(3) 누가는 요한의 활동의 정당성을 선지자 이사야의 예언에서 찾았다(사 40:3). 세례 요한의 임무는 무엇인가? (마 3:3)
① (주의 길)을 준비하고
② 그의 오실 길을 (곧게) 하는 것이었다.

즉, 주께서 그들의 생활과 마음속에 들어오시도록 마음의 길을 예비하는 것이었다. 어른이 된 후 그는 백성들 가운데서 나와 광야로 가야한다는 내적인 충동을 느꼈다(눅 1:80).

(4) "독사의 자식들아, 누가 너희에게..."(눅 3:7-14) 세례 요한의 메시지는 매우 강력했다. 백성들은 그의 강력한 회개의 메시지에 어떤 반응을 나타냈을까?

(5) 그 나라에 들어가기 위해 회개하라는 새로운 개념에 유대인들은 상당히 당황했다. 그 당시 대다수의 유대인들은 할례를 받음으로써 하나님의 거룩한 자녀가 된다고 생각했다. 이런 그릇된 생각에 세례 요한은 쐐기를 박고 있다.

이들은 아브라함의 자손이므로 만약, 하나님의 나라가 가까이 왔다면 그 나라에 당연히 들어가리라고 생각했다.

(6) 임박한 진노를 피할 자는 누구인가? 회개를 변화된 행위로 나타내는 자만이 임박한 진노를 피할 것이다. 요한은 회개에 합당한 열매를 요구했다. 그렇다면 어떤 점들을 고쳐야할까? 요한은 그 구체적 실례를 든다.

요한을 혹 그리스도신가 심중에 생각하니(눅 3:15)

(1) 요한의 불같은 회개에로의 외침, 그런 행동은 백성들로 하여금 세례를 베풀면서 회개를 외치고 있는 요한이 바로 그렇게 기다리고 기다리던 '그 메시야'(ὁ χριστός)가 아닐까 하는 의구심을 자아내기에 충분했다(눅 3:15, 16 참조).

(1) 요한복음에서는 더욱 구체적으로 묻는 내용이 나온다. 세례 요한의 더답이 어떠했는가? 그들과의 일문일답이 요한복음 1:19-28에 기록되어 있다. 요한은 자신은 구약에서부터 오리라고 약속되었던 바로 '그 메시야'가 아니라고 잘라 말한다.

(2) 예수님은 성령과 불로 세례를 주실 것이다(눅 3:16-17). 요한의 세례는 '죄 사함을 받게 하는 회개의 세례'였다(16절). 그러나 예수님의 세례는 성령으로 세례를 주실 것이다. 여기서 '성령과 불로 세례를 주신다'는 것은 무엇을 의미하는가?

인자의 족보(3:23-38)

(1) 예수님은 육신적으로 아브라함의 자손이며 다윗의 혈통의 왕인 동시에 그 백성과 그 백성을 통하여 지상의 모든 백성을 그들의 죄에서 구원할 자이시다(요 3:16). 이 모든 계보를 존속시킨 것은 하나님의 절대 주권적 은혜였다는 것이다.

(2) 누가는 예수님에게서 시작하여 아담까지 거슬러 올라가는 족보를 기록했는데, 이는 이교적인 배경 하에 있던 기독교인들을 대상으로 썼기 때문일 것이다.

(3) 그의 족보를 '아담, 하나님의 아들'이라는 어구에서 아담을 하나님과의 독특한 관계에서 아들로 표현한 것과 같이 예수님도 동일하게 하나님과의 독특한 관계에서 아들로 묘사한다.

마귀에게 시험을 받으심(눅 4:1-13)

(1) 왜, 하나님은 예수로 하여금 성령에 이끌리어 시험을 받게 하시는가? 하나님께서는 그의 아들이 죄가 없으며, 또 구세주로서 자격이 있음을 입증하시려 했다. 하나님은 이스라엘 백성을 '아들'이라고 부르셨다(출 4:22, 사 1:2; 호 11:1).

(2) 히 4:15을 찾아보자. 예수님은 "모든 일에 우리와 한결 같이 '시험'을 받은 자로되 '죄'는 없으신 분"이라고 했다. 이제 예수님께서 이스라엘의 실패를 승리로 이끄실 하나님의 아들이심을 보여주려 하신다. 따라서 그는 성령에 이끌리어 광야로 가셨다.

첫 번째 시험: 이 돌들로 떡덩이가 되게 하라(눅 4:3)
두 번째 시험: 성전 꼭대기에서 뛰어내려라(눅 4:9)
세 번째 시험: 나와 한 번 타협하면 세상 영광 다 주겠다(눅 4:5-8)

(3) 주님은 시험에서 승리하셨다.

갈릴리 사역(눅 4:14-9:50)

갈릴리 여러 회당에서 가르치심(눅 4:14-30)

(1) 예수님은 지금까지 자라나셨던 나사렛을 떠나셔서 갈릴리로 오셨다. 예수님은 고향에서 배척을 받으셨다(눅 4:16-30). 갈릴리는 주로 병들고 가난한 사람들이 살고 있는 곳으로서 야만적이고 촌스러운 지방으로 멸시를 받았던 곳이다.

(2) 이미 예수님에 대한 소문이 모든 지역에 퍼져 있었다(눅 4:14). 예수님은 여러 회당에서 말씀을 가르치셨다. 예수님은 모든 사람들에게서 '칭송을 받으셨다.'

(3) 예수님이 이 지역에서 주로 하신 일이 무엇인가? (마 4:23-25에서는 이 지역의 사역을 구체적으로 언급하고 있다.) 회당에서 ① 가르치시며, ② 천국 복음을 전파하시며, 또한 이뿐 아니라 ③ 모든 병과 약한 것을 고치셨다.

(4) 예수님은 고향에서 많은 기적을 베푸셨으나 오히려 배척 받으셨다.

더러운 귀신 들린 자를 고치심(눅 4:31-37)

이렇게 예수님은 가버나움에서 갈릴리까지(마 4:23, 8:2-4; 막 1:39-45; 눅 4:43-5:16) 온 갈릴리 지역을 두루 다니면서 가르치시며 천국 복음을 전파하셨다.

86

세례 요한의 선포(눅 3:1-20)

같이 읽을 곳 (마 3:1-6; 막 1:2-6; 요 1:19-28)

BACK TO THE
BIBLE

누가복음 1-2장에서는 앞에서 살핀 바와 같이 세례 요한과 예수님의 탄생과정, 그리고 예수님의 유 · 소년기의 이야기를 다루고 있다. 이제 3장에서는 세례 요한의 사역을 소개하고, 이어서 예수님의 세례 받으심, 그리고 족보를 언급하고 있다. 4장에서는 예수님의 사역의 시작을 소개한다. 예수님은 헤롯의 광란(狂亂)을 피하여 애굽으로 가신다. 요셉은 꿈을 통해 헤롯의 죽음을 알게 되었고 주의 사자의 지시대로 다시 이스라엘 땅으로 돌아왔다(마 2:19). 그러나 요셉 가족은 아켈라오스(=아켈라오)가 통치하던 지역을 떠나 '나사렛'이란 동네로 간다. 예수님은 나사렛이란 동네에서 유아기를 지내며 무명인으로 자라 가신다. 그리고 예수님이 삼십 세가 넘으셨을 때, 세례 요한이 등장한다.

본디오 빌라도가 유대의 총독으로 재임한 기간은 A.D. 26-36년이다. 예수님께서 30세가 되어서야 비로소 공생애를 시작하셨음을 볼 때, 세례 요한은 예수님의 공생애 시작 바로 전에 회개의 세례를 베풀기 시작하였을 것이다. 그렇다면 아마, A.D. 26년 여름이었을 것이다.

1. 누가는 세례 요한이 사역을 시작할 즈음의 역사적 상황을 아주 자세히 소개한다(눅 3:1-2).

- **디베료 황제**[1])가 통치한 지 열다섯 해
  곧 **본디오 빌라도가** 유대의 총독으로,
  헤롯(=안티파스)이 갈릴리의 분봉 왕으로,
  그 동생 **빌립**이 이두래와 드라고닛 지방의 분봉 왕으로,
  루사니아가 아빌레네[2])의 분봉 왕으로,
  2 **안나스**와 **가야바**가 대제사장으로 있을 때에
  하나님의 말씀이 — **임한지라**
  /빈 들에서
  /사가랴의 아들 요한에게

유대 광야 : "요한이 요단 강 부근 각처에 와서 죄 사함을 받게 하는 회개의 세례를 전파하니"(눅 3:3). 여기서 말하는 '유대 광야' 서쪽은 유대 산지, 남쪽은 사해(死海), 동쪽은 요단 저지대, 북쪽은 얍복강이 요단강과 합류하는 지점이다. 석회질 토양으로서 암벽 부스러기로 된 불모의 땅이었다.

1) **디베료**(티베리오스, Tiberius, 14-37년)
아우구스투스는 왕이 아니었기 때문에 후계자를 지명 할 수 없었다. 그의 유일한 자식은 첫 번째 아내에게서 태어난 딸 율리아(Julia)뿐이었다. 우여곡절 끝에 그의 두번째 아내 리비아(Livia)의 아들 티베리우스가 황제 자리에 오르게 된다. (아우구스투스는 주후 14년에 서거한다.) 예수님께 건네진 데나리온에 티베리오스의 얼굴이 새겨져 있었다(마 22:20-21). 그는 많은 비난을 받았다. 고집이 세고, 반사회적인 인물이었다. 인색하고 변태적인 성생활로 유명하며 주변 사람들을 몹시 의심했던 인물이었다. 유대교에 대해 적대감을 나타냈다.

2) **아빌레네**(Abilene) - 유대 북방 안디레바논 산 동쪽에 있는(다메섹에서 30km) 작은 나라.

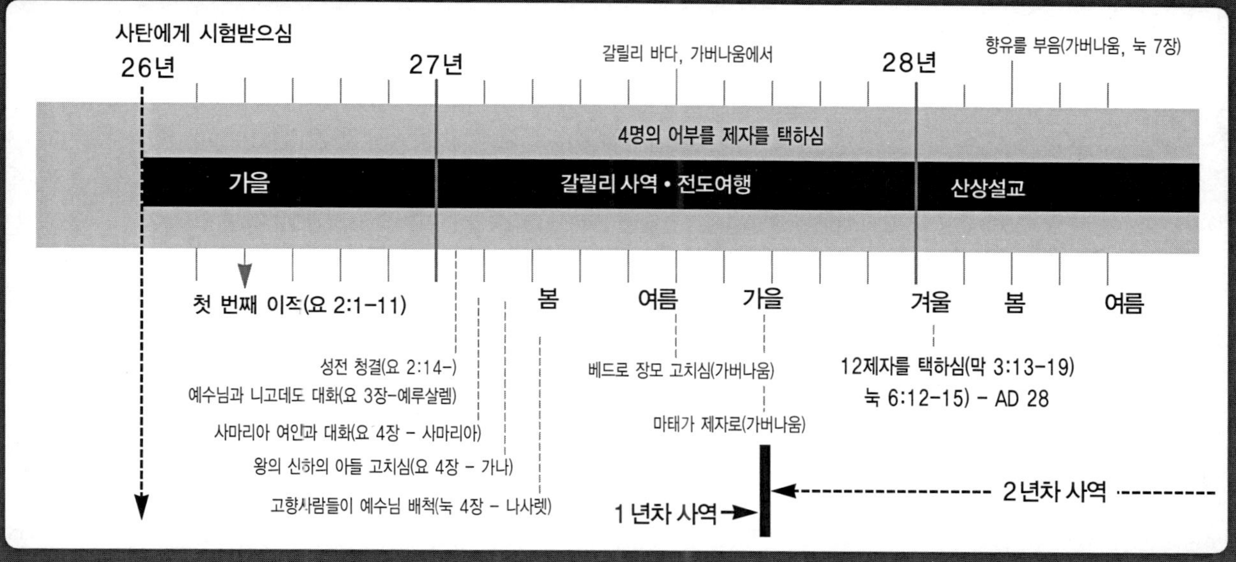

세례 받으심 A.D 26년경 30세가 되심

나사렛에서 요단강가(마 3:13-17; 막 1:9-11; 눅 3:21-22)

(1) 예수님께서 30세가 되셨다(눅 3:23)
세례 요한에게 물로 세례 받으심(마 3:15)

13 "이 때에 예수께서 갈릴리로부터 요단 강에 이르러 요한에게 세례
를 받으려 하시니 14 요한이 말려 이르되 **내가 당신에게서 세례를 받아
야 할 터인데** 당신이 내게로 오시나이까 15 예수께서 대답하여 이르시
되 **이제 허락하라** 우리가 이와 같이 하여 모든 의를 이루는 것이 합당
하니라."

(2) 예수님은 요한의 세례를 받으심으로써 메시야로서 왕국의 위임을 공개적으로 받으셨다. "이는 <내 사랑하는 아들>이요 내 기뻐하는 자라 하시니라" (17절). 또 그는 모든 죄인들과 동일시(同一視)됨으로써 백성들의 대표자가 되셔야 했다. 그는 우리의 죄를 해결하실 대제사장이시다(히 5:7 참조). 그의 백성들과 동질화(同質化) 되시기 위해 요한에게 세례를 받으시는 것이 그를 향하신 하나님의 뜻이었다.

광야에서 시험받으심 (마 4:1-11; 막 1:12-13; 눅 4:1-13)

(1) 예수께서 성령에 이끌리어 광야로 나가셔서 들짐승과 함께 40일을 계심 / 40일이 지난 후 사탄이 나타나 예수님을 시험한다.

(2) 첫 사람 아담의 실패를 두 번째 아담이신 그리스도께서 온전히 이루셨음을 본다. 또 예수님은 우리와 똑같이 시험을 받으셨기에 우리가 시험에 처할 때에 도우실 수 있는 대제사장이심을 보여주신다(히 2:18, 4:14-16).

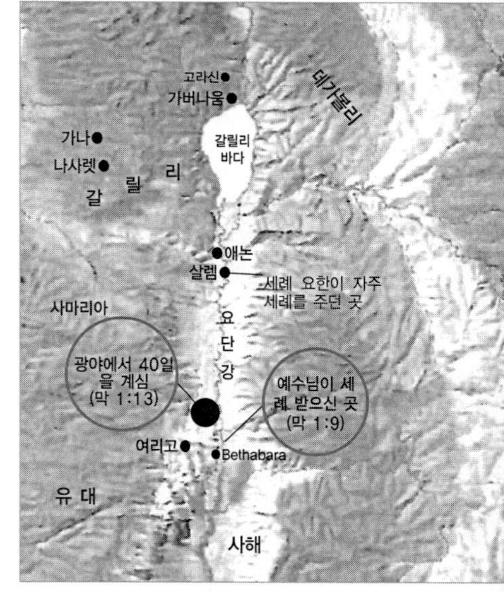

세례 받으신 곳

① **첫 번째 시험** - 돌을 떡으로 만들라 - "사람이 떡으로만 살 것이 아니요 하나님의 입으로부터 나오는 모든 말씀으로 살 것이라"(신 8:3)

② **두 번째 시험** - 성전 꼭대기에서 뛰어내려라 그리하면 천사가 받들 것이다. - "주 너의 하나님을 시험하지 말라"(신 6:16)

③ **세 번째 시험** - 사탄에게 절하고 경배하라 - "기록되었으되 주 너의 하나님께 경배하고 다만 그를 섬기라 하였느니라"(신 6:13).

1) 여기서 '회개하라'는 의미는? (μετανοεῖτε - 명령법, 현재, 능동태 2인칭 복수) 그의 간절한 선포에는 뉘우침의 개념(repentance)이 포함되어 있다(소극적인 면으로). 그러나 적극적인 면으로는 그 뉘우침에 합당한 열매를 맺어야 한다고 외치고 있다(마 3:8, 10). 따라서 'repent' 보다는 'be converted'가 더 정확한 번역이다. 즉 단순한 뉘우침이나 회심 정도가 아니라 방향 전환을 의미한다.

2. 세례 요한의 첫 외침은 '회개하라'는 것이었다. 그가 외치는 회개의 의미는 무엇인가? (마 3:1 참조)

3:1 [너희는] — 회개하라(μετανοεῖτε)

//이유(for, γάρ) - 회개해야 할 이유는?

천국이 가까이 왔느니라(~때문이다)

ἤγγικεν γὰρ ἡ βασιλεία τῶν οὐρανῶν.

세례 요한은 이후 예수님이 선포하실 메시지를 미리 선언하고 있다. 구약에서부터 고대해 왔던 새 시대의 도래를 선포하고 있다. 그는 주의 길을 예비하기 위해 광야에 나타난 것이다(사 40:3 참조).

(1) 천국을 선포한 세례 요한의 설교는 '죄 사함'에 집중되어 있다. "요한이 요단 강 부근 각처에 와서 **죄 사함을 받게 하는 회개의 세례**를 전파하니"(눅 3:3). 그래서 많은 사람들이 그에게 나와서 "그들의 죄를 고백하였다"(막 1:4; 눅 3:3). 세례 요한의 세례는 '죄 사함을 받게 하는 회개의 세례'였다(막 1:4). 그러나 이 '죄 사함'은 요한에게서 세례를 받은 자들에게 그가 죄 사함을 준다는 의미가 아니다. 또한 요한의 세례로 말미암아 죄씻음이 달성된다는 것도 아니다. 요한이 백성들에게 설교하는 것은 회개하고, 죄에서 돌이키고 죄와 관련된 모든 생활에게 떠나라고 했다.

이사야 선지자는 긴 세월 동안 바벨론 포로 기간이 끝나고 고국으로 돌아오는 길에서 여호와께서 가까이 임하시는 장면을 상징적으로 예언하고 있다(사 40:1-11).

바벨론 포로 기간이 끝난 이후의 상황을 선지자는 예고하고 있다. <언약의 중보자로서> 인간의 왕이 아니라 하나님 자신이 자기 백성의 왕으로 임하실 것이었다. 그래서 이사야 40:3-4에서는 왕의 행차하는 모습을 그리고 있다. 그리고 그 왕이 자기 백성을 친히 다스리겠다고 말씀하고 있다(10-11절).

(2) 이에 비해 예수님은 성령으로 세례를 주신다. 세례 요한은 자신이 그리스도나 엘리야가 아니라고 분명히 밝혔다. 그는 선지자 이사야의 말과 일치하는 '광야에서 외치는 소리'라고 했다(요 1:23).

3:4 선지자 이사야의 책에 쓴 바 (...함과 같으니라) - 사 40:3 이하

/광야에서 외치는 자의 소리가 있어 이르되

/너희는 — 주의 길을 준비하라

— 곧게 하라

/그의 오실 길을

5 /모든 골짜기가 — 메워지고

모든 산과 작은 산이 — 낮아지고

굽은 것이 — 곧아지고

험한 길이 — 평탄하여질 것이요

6 /모든 육체가 — 하나님의 구원하심을 보리라

이렇게 이사야의 예언은 메시야의 사자와 메시야 자신이 현장에 나타나기 전까지는 완전한 성취가 될 수 없었다. 오늘 본문에서 외치는 세례 요한이 바로 이사야가 예언한 **"광야에서 외치는 자의 소리"**라고 말한다.

이스라엘이 포로가 된 것은 어디까지나 백성들 자신의 죄 때문이라는 것이다(사 50:1). 하나님의 불의한 결정 때문이 아니다. (**언약 파기가 하나님의 진노를 가져왔다**. 사 42:24, 43:24, 48:18-19, 64:5) 그렇다면 하나님은 자기 백성을 완전히 버리셨는가? 아니다. 언약 관계가 손상되지 않았음을 보여준다. 이제 제2출애굽의 역사가 있을 것이다. 포로의 회복을 위하여 하나님께서 친히 행차하실 것이다. 그래서 그의 길을 준비하고 오실 길을 곧게 하라는 것이다.

(3) 포로 상태 하에서 그의 백성, 장차 올 구원을 기대했지만(사 42:7, 22, 43:5-6, 14), 포로민들은 구원에 대하여 회의적이었다(사 40:27, 41:17, 49:14). 다윗 왕조는 붕괴되지만 그러나 참 다윗 왕이 나타나 자기 백성을 영원히 다스리게 될 것이며, 하나님의 백성은 참 가나안인 "새 하늘과 새 땅"에서 영원한 삶을 누리게 될 것이라고 약속하신다.[1)]

1) 이스라엘의 왕이신 여호와께서 오실 것이니, 준비작업을 하라는 것이다. 그래서 여호와께서 그의 목적을 이루실 것이다. "골짜기마다 돋우어지며 산마다, 언덕마다 낮아지며 고르지 아니한 곳이 평탄하게 되며 험한 곳이 평지가 될 것이요"(사 40:4). 이땅에 남은 자들에게 기쁜 소식이 들려오고 있다. 믿음으로 하나님께로부터 오는 회복을 기다렸던 사람들에게 희망과 확신을 보여주고 있다.

3. 누가는 요한의 활동의 정당성을 선지자 이사야의 예언에서 찾았다.

(1) 선지자 이사야가 이미 예언한 그 사람이기 때문에 이렇게 외쳤다는 것이다. 이사야 40장 3절은 바벨론에 잡혀간 하나님의 백성 이스라엘을 하나님이 구원하실 것을 예언한 내용인데 마태는 이것을 예수님의 일과 연결하여 해석했다. 요한을 "광야에서 외치는 소리"에 비유한 것은 요한의 선포 사역을 강조한 것으로 보인다. 이스라엘의 귀환에 방해가 되는 것들을 제거한다는 의미의 비유어 '길이 없는 광야에 길을 만들고 좁은 길을 곧게 만든다는 것'은 이 문맥에서는 그리스도의 길을 준비하는 것을 뜻한다.

(2) 그러니까 한마디로 세례 요한의 임무는 무엇인가? (마 3:3)

① (주의 길)을 준비하고 ② 그의 오실 길을 (곧게) 하라.
즉, 주께서 그들의 생활과 마음속에 들어오도록 마음의 길을 예비하는 것이었다. 어른이 된 후 그는 백성들 가운데서 나와 광야로 가야한다는 내적인 충동을 느꼈다(눅 1:80).

• 마 3:3 "그는 선지자 이사야를 통하여 말씀하신 자라 일렀으되 **광야에 외치는 자의 소리**가 있어 이르되 너희는 주의 길을 준비하라 그가 오실 길을 곧게 하라 하였느니라"(사 40:3 참조)

독사의 자식들아 누가 너희에게...(눅 3:7-14)

1. 세례 요한의 메시지는 매우 강력했다. 백성들은 그의 강력한 회개의 메시지에 백성들은 어떤 반응을 나타냈을까? (동교재, 마태복음 3장)

(1) 요단강으로 몰려드는 백성들, 요한은 그들에게 회개의 세례를 베풀었다. 새로운 예언자가 나타났다는 소식은 요원의 불길처럼 전 유대에 퍼져 나갔다. 수많은 사람들이 요단강으로 몰려들었다(막 1:5*). 많은 사람들이 그에게로 나와서 회개의 세례를 받았다. 이때 종교 지도자들도 세례를 주는 현장으로 왔다.

• 막 1:5 "온 유대 지방과 예루살렘 사람이 다 나아가 자기 죄를 자복하고 요단강에서 그에게 세례를 받더라."

마 3:7 "요한이 많은 바리새인들과 사두개인들이 세례 베푸는 데로 오는 것을 보고"

• **바리새인**(Pharisees) : 하시딤(경건한 자들, 성자들)의 후예들일 것이다. 이들은 헬라 문물과 관습을 받아들이기를 강력하게 반대하던 보수파 유대인들이다. 분리주의자들이며, 장로들의 전통을 중시했다. 그러나 그 전통으로 말씀을 폐하는 우를 범했다(마 15:6, 막 7:13). 하나님의 섭리를 믿기는 했으나 스스로 노력과 행위로써 하늘에 들어가려고 했다.

• **사두개인**(Sadducess) : 일반적으로 대제사장들이 속하여 있는 성직자들의 그룹으로 성전에서 장사로 인해 많은 수입을 올렸다. 그래서 부호들이 많았다.

• 이들은 서로 사이가 좋지 아니했으나 예수님을 죽이려는 데는 힘을 모았다(마 16:1, 6, 11, 22:15, 23).

2) 당시 유대인들은 임박한(장차 올 바야흐로, 막 ~하려고 하는) 하나님의 진노를 내다보았지만 그것은 이방인에게 임하는 것이라고 생각했다. 그러나 세례 요한은 그 화살을 유대인에게 돌렸다. 너희도 회개치 아니하면, 즉 회개해서 합당한 열매를 맺지 못한다면 너희도 역시 꺼지지 않은 불에 던져지리라고 경고하고 있다. 이들이 얼마나 하나님에게서 멀리 떨어져 있었던가!

(2) 그들 중에는 당시 종교 지도자들인 '바리새인'과 '사두개인'들이 있었다. 예수님은 이들에 대해 어떻게 책망하셨는가? 마 23:23 이하를 보라. 이런 그릇된 종교 지도자들 때문에 이스라엘 백성들은 오히려 진정한 하나님의 율법에서 멀리 떠나게 되었고, 악한 길에서 방황하고 있었다. 그들은 자기 자신을 높이기 위해 하나님을 수단으로 사용하였고, 자기들의 영광을 위하여 하나님의 율법을 이용하는 자들이었다.

(3) 이에 비해 세리와 창녀와 같이 스스로 죄인이라고 인정한 사람들은 어떠했을까? 이들 역시 엄청난 죄인이었다. 이들은 자기 죄 때문에 요단강에 나와 자신들의 죄를 씻기를 원하였다. 이들은 보다 회심하기가 쉬웠다. 그러나 종교 지도자들은 회개를 촉구했을 때, 오히려 주저했을 것이다. 아니 회개를 했더라도 열매 없는 겉모양의 변화만을 나타냈을 것이다(눅 3:7). 요한의 의분(義憤)을 보라.

3:7 [요한이] —— **이르되**
　　/독사의 자식들아(γεννήματα ἐχιδνῶν[1])
　　/누가 —— 가르쳐 (..하더냐.?)
　　　　/너희를
　　　　/장차올 진노[2])를 피하라 (=피할 것을)

1) 에키드나(ἔχιδνα) - 독사, 교활하고 악한 자들을 지칭한다. 독사의 본성은 악하고 파괴적이다. 이들은 이런 뱀의 특성을 닮았다는 것이다. 즉 독사의 자식들이란 일종의 욕설이다.

(4) 그 나라에 들어가기 위해 회개하라는 새로운 개념에 유대인들은 상당히 당황했다. 그 당시 대다수의 유대 백성들은 할례를 받음으로써 하나님의 거룩한 자녀가 된다고 생각했다. 이런 그릇된 생각에 세례 요한은 쐐기를 박고 있다. 이들은 아브라함의 자손이므로 만약, 하나님의 나라가 가까이 왔다면 그 나라에 당연히 들어가리라고 생각했다.

4. 이런 종교 지도자들을 향해 세례 요한은 무엇이라고 외치고 있는가?

(1) 지금, 세례 요한은 그들에게 회개에 합당한 열매를 맺으라고 책망하고 있다. 회개란 이론이 아니라 실제적인 변화가 생활 속에 나타나야 한다. 교만과 오만으로 가득 찬 것을 다 드러내고, 백성들보다 결코 낫지 않다는 것을 보여주어야 한다.

3:8 그러므로(Therefore, οὖν)
회개에 합당한(ἄξιον)[1] 열매를 맺고
9 속으로 아브라함이 우리 조상이라고 말하지 말라
//(이유: γὰρ)
내가 너희에게 이르노니
/하나님이 능히 이 돌들로도
아브라함의 자손이 되게 하시리라 (=마 3:8)

1) "너희가 회개했다는 증거를 행실로써 보이라"는 말이다. 즉 회개했다면 대등한, 같은 가치의 행동이 뒤따라야 한다는 것이다.

하나님께서는 땅의 흙을 취하여 아담을 만드신 것을 연상시키는 말씀으로 하나님의 능력을 가리킨다.

구약에서 가리키는 회개란 어떤 의미인가?
(겔 14:6, 18:30 참조)

- 겔 14:6 "그런즉 너는 이스라엘 족속에게 이르기를 주 여호와의 말씀에 너희는 '마음을 돌이켜'(슈브, שׁוּב - 돌아가다, 선회하다) 우상을 떠나고(שׁוּב) 얼굴을 돌려 모든 '가증한 것'(구역질 나는 것)을 떠나라(슈브, שׁוּב)."
- 에스겔서에서 보는 것처럼, 회개는 '마음을 돌이켜', '우상을 떠나고' 모든 '가증한 것'에서 너희 얼굴을 돌리는 것이라고 했다. 여기에 계속해서 '슈브'(שׁוּב)라는 동사를 사용했다. 즉 '되돌아가(오)다'는 의미가 강조되어 있다. 이 동사는 신학적으로 극히 중대한 것으로 언약의 공동체가 하나님께로 돌아오는 것(회개의 의미에서), 또는 악으로부터 돌아서는 것(죄를 버리고 부인한다는 의미에서)을 의미한다.
- 따라서 죄로 인한 슬픔이 일어나고, 이는 마음의 변화를 일으키고, 그리고 전인(全人)의 변화를 가져온다. 이렇게 구약에서 회개란 죄로부터 돌아섬을 의미했다.

(2) 그러므로 임박한 진노를 피할 자는 누구인가? 회개를 변화된 행위로 나타내는 자만이 임박한 진노를 피할 것이다. 요한은 회개에 합당한 열매를 요구했다. 그러한 자들에게 회개의 세례를 받을 자격이 있다는 것이다. 우리 하나님은 비록 하나님께서 직접 심으신 것이라도 열매가 없으면 찍어 불에 던지겠다고 말씀하신다(눅 3:9 이미 도끼가 나무 뿌리에 놓였으니 좋은 열매 맺지 아니하는 나무마다 찍혀 불에 던져지리라").

5. 그렇다면 어떤 점들을 고쳐야할까? 요한은 그 구체적 실례를 든다.

10 무리가 — **물어 이르되**
/그러면 우리가 무엇을 하리이까
11 [그가] — **대답하여 이르되**
/옷 두 벌 있는 자는 옷 없는 자에게 나눠 줄 것이요
/먹을 것이 있는 자도 그렇게 할 것이니라 하고

(1) 세리들은 어떻게 해야 할까? "선생이여 우리는 무엇을 하리이까 하매"

13 이르되 부과된 것 외에는 거두지 말라 하고

1) 임박한 진노를 피할 자는 누구인가? 이는 회개를 변화된 행위로 나타내는 자만이 임박한 진노를 피할 것이다. 따라서 누가 진정한 아브라함의 후손인가? 그것은 육적인 아브라함의 자손이 아니라 자손이 아니다. 하나님께서 심으신 것이라 해도 열매 맺지 아니하는 나무는 찍혀 불에 던져질 것이다(마 3:10).

(2) 군인들도 물어 이르되 "우리는 무엇을 하리이까?" 하매

- 사람에게서 강탈하지 말며 • 거짓으로 고발하지 말고
- 받는 급료를 족한 줄로 알라

(3) 이렇게 요한의 세례는 국가적이거나 율법적인 의의 모든 개념들을 거부하고 하나님을 향하여 도덕적으로, 종교적으로 돌아설 것을 요구했다. 그는 '유대인 = 의로운 백성'이라는 개념을 거절했다.[1)]

요한을 혹 그리스도신가 심중에 생각하니(눅 3:15)

질문 :
"네가 만일 그리스도도 아니요 엘리야도 아니요 '그' 선지자도 아니라면 어찌하여 세례를 주느냐?"

요한 :
"요한이 대답하되 나는 물로 세례를 베풀거니와 너희 가운데 너희가 알지 못하는 한 사람이 섰으니 곧 내 뒤에 오시는 그이라 나는 그의 신발끈을 풀기도 감당하지 못하겠노라"(요 1:26, 27; 눅 3:16; 마 3:11).2)

1. 요한의 불같은 회개에로의 외침, 그런 행동은 백성들로 하여금 세례를 베풀면서 회개를 외치고 있는 요한이 바로 그렇게 기다리고 기다리던 '**그** 메시야'(**ὁ** χριστός)가 아닐까 하는 의구심을 자아내기에 충분했다(눅 3:15, 16 참조).

(1) 요한복음에는 더욱 구체적으로 묻는다. 세례 요한의 대답이 어떠했는가? 그들과의 일문일답이 요한복음 1:19-28에 기록되어 있다.

- 요 1:21 "또 묻되 그러면 무엇, 네가 엘리야냐 이르되 나는 아니라 또 묻되 네가 '**그** 선지자'(**ὁ** προφήτης)냐 대답하되 아니라(οὔ)"

질문 : "네가 누구냐?(Who are you? σὺ τίς εἶ) 네가 진짜 그리스도냐?"
요한 : "나는 그리스도가 아니다."
(I am not the Christ., ἐγὼ οὐκ εἰμὶ ὁ χριστός.)
질문 : "그러면 무엇이냐, 네가 엘리야냐?" (What then? Are you Elijah?)
요한 : "나는 (엘리야도) 아니다."
질문 : "그러면, 네가 '**그** 선지자'(**ὁ** προφήτης)냐?" = 구약에서 보내 주시기로 약속한 바로 '그'(ὁ) 선지자냐? (신 18:15)

2) 그리스도는 빛 자체라고 말하고 요한은 그 빛을 증언하는 일, 그것이 그의 임무였다. 그는 분명히 빛이 아니요, 빛에 대한 증인이었다고 잘라 말한다(요 1:8). 세례 요한의 증언의 목적이 "모든 사람이 자기로 말미암아 믿게 하려 함이라"(요 1:7하)라고 했다.

(2) 그는 한마디로 구약에서부터 오리라고 약속되었던 바로 '그 메시야'가 아니라고 잘라 말한다.[2)] 그는 단지 하나님의 명령을 따라 회개의 세례만을 베풀었을 뿐이라는 것이다. 당국에서는 세례 요한의 메시야의 진위(眞僞) 여부를 알기 위해 제사장들과 레위인들로 구성된 조사위원들을 파견했다.

성령과 불로 세례를 주실 것이다(눅 3:16-17)

1. 요한의 세례는 '죄 사함을 받게 하는 회개의 세례'였다(16절). 그러나 예수님의 세례는 성령으로 세례를 주신다. 마태복음의 설명이 더욱 자세하다.

• 요한은 임박한 심판에 앞서 죄사함의 세례를 선포했다. 회개를 촉구했을 뿐만 아니라 진정으로 회개한 사람들은 그 표로서 세례를 받았다. 여기서 회개란 단순히 지난 날의 잘못을 뉘우치는 것이 아니라 율법을 지키는 자가 되는 것을 의미했다. 그래서 그에게 세례를 받는 사람들은 그 회개의 증거들을 보여야 했다.

• 물론 그는 세례가 죄 사함의 수단이라고 가르치지 않았다.

마 3:11 나는 —— (참으로) **세례를 베풀거니와** (Ἐγὼ μὲν βαπτίζω)
/너희로
/회개하게 하기 위하여(εἰς μετάνοιαν)
/물로(ἐν ὕδατι)

세례 요한

내 뒤에 오시는 이는 — **능력이 많으시니**
/나보다

나는 — **감당하지 못하겠노라**
/그의 신을 들기도

그는 — **세례를 베푸실 것이요**(βαπτίσει)
/너희에게
/성령과 불로(**ἐν** πνεύματι ἁγίῳ καὶ πυρί)

마가는 단지 성령의 세례만을 언급하고 있다(막 1:8).
(αὐτὸς δὲ βαπτίσει ὑμᾶς **ἐν πνεύματι ἁγίῳ**).

또한 예수님께서 오심으로써 사람들에게 '불'(πυρί)로 세례를 주실 것이라고 했다. 그가 성령으로 세례를 주실 뿐만 아니라 또한 불로 세례를 주시기 위해 오신다는 것이다(**ἐν** πνεύματι ἁγίῳ καὶ πυρί).

이를 누구에게 주실 것인가? - "너희(들)에게"(ὑμᾶς), 즉 제자들에게 주실 것이다. 그렇다면, 제자들에게 성령 세례와 불 세례를 같이 주신다는 말이다. '엔'(ἐν)이란 전치사에 '성령'과 '불'이 같이 연결되어 있다.

(1) 세례 요한의 하나님 나라의 선포는 구약적인 기대의 성취를 두 가지 방향에서 내다보았다. ① 하나님은 의로운 자들을 구원하고, ② 악한 자들을 심판하시기 위해서 왕적인 권세를 가지고 활동하실 것이라는 것이다.

(2) 그렇다면, 여기서 '성령과 불로 세례를 주신다'는 것은 무엇을 의미하는가?

구약에서 종말의 날에 성령을 부어 주실 것이라고 약속을 반복하고 있음을 본다(사 44:3*; 겔 39:29*; 요엘 2:28-29; 말 3:2-5). 약속하신 메시아(=그리스도)가 오시면 바로 성령으로 세례를 주실 것이라고 약속하셨다. 그런데, 세례의 본질이 되는 성령으로 세례를 주는 것은 그리스도만이 그 권세를 가지셨다는 것이다. 그 성령은 어떤 특정한 사람에게만 주어지는 것이 아니라 남녀노소, 빈부귀천을 막론하고 누구나 받을 수 있다고 말한다(욜 2:28).

• 사 44:3 "나는 목마른 자에게 물을 주며 마른 땅에 시내가 흐르게 하며 **나의 영을 네 자손에게, 나의 복을 네 후손에게 부어 주리니**"

• 겔 39:29 "내가 다시는 내 얼굴을 그들에게 가리지 아니하리니 이는 내가 **내 영을 이스라엘 족속에게 쏟았음이라** 주 여호와의 말씀이니라."

Close-up

성령으로 세례받으신 하나님의 아들

1. 누가는 그의 복음서에서 마태나 누가보다 훨씬 자주 성령에 대해 언급한다(특히 눅 1-2장에서).[1] 태어날 아들이 날 때부터 성령으로 충만하였다는 것이다. 누가는 예수님께서 이 지상 사역을 성령의 능력을 통하여 이루셨다고 강조한다. 다양한 국면에서 성령께서 주도적으로 활동하시는 사실을 누가복음 전반을 통해 보여 준다.

(1) 누가는 예수님의 탄생을 증거하는 일에 성령께서 생생하게 역사하신 것을 강조한다. 누가는 예수님께서 탄생하시기 전후로 성령 충만한 사람들을 열거한다.

예를 들어, 요한은 성령으로 충만해질 것이다(1:15). 엘리사벳도 성령으로 충만해져 예언하였다(1:41).[2]

- 사가랴(눅 1:6 "이 두 사람이 하나님 앞에 **의인이니** 주의 모든 계명과 규례대로 흠이 **없이 행하더라**.") 하나님 앞에서 흠없이 행했다는 것은 이들이 성령으로 충만했음을 전제하는 것이다.[3]
- 엘리사벳 역시 그의 남편처럼 의롭고 하나님의 율법에서 흠없이 행한 여인이었다. 엘리사벳의 성령 충만한 모습은 마리아를 만났을 때 잘 드러난다. 그녀는 마리아를 만나고 그녀를 "내 주의 모친"이라고 불렀다. 엘리사벳은 성령으로 충만하여 임신한 지 얼마 안되는 마리아와 복중의 아기(=예수)를 축복하였다(눅 1:41-42).
- 마리아가 가브리엘 천사를 만났을 때 그녀의 영적인 상태는 어떠했을까? 그녀가 천사의 말을 듣고 힘든 일이지만 순종한 것을 보면 그녀는 성령 충만했다고 볼 수 있다.
- 시므온은 성령의 감동하심을 받아 정결 의식을 위해 부모 품에 안겨 성전에 온 아기 예수를 보고 "이방인들을 비추는 빛이며, 주님의 백성 이스라엘의 영광"이라고 외쳤다(눅 2:25-32).
- 안나는 성령으로 충만했다고 직접적으로 말하지는 않지만 그녀가 과부로 84년 살았다는 것은 육신의 정욕을 성령으로 이겼다는 것을 암시한다("주야에 금식하며 기도함으로 섬기더니")

(2) 이와 같이 누가는 예수의 탄생을 증거하는 일에 성령께서 생생하게 역사하신 것을 강조한다. 누가의 의도는 예수님의 탄생이 신적 탄생임을 강조한다. 또한 누가는 성령의 활발한 활동이 새 시대의 특징임을 강조한다.[4]

2. 예수님께서 세례를 받을 때 성령의 기름부음을 받으셨다(눅 3:22; 4:1, 14, 18).

1) 마태복음과 마가복음이 단지 몇 차례 언급하는 것과 대조적이다(막 1:8-12; 3:29; 마3:11, 16; 4:1; 12:28 -32).

2) 학개, 스가랴, 말라기와 더불어 끊어졌던 예언적 영의 재등장은 예수님과 함께 동터 온 새로운 시대의 출범을 표상하는 것이다.

3) 엘리사벳의 남편 사가랴는 성령으로 충만하여 하나님께서 "구원의 뿔" 곧 예수 그리스도를 일으키신 사실과 갓 태어난 자기 아들이 장차 그의 길을 예비할 것을 예언하였다(눅 1:67-79).

4) 예수님과 관련한 성령의 활동은 성령으로 충만한 선지자라고하는인상을준다. 예수님은 성령에 이끌리어 광야로 이끌림을 받았다(눅 4:1). 그리소 성령의 능력 가운데 갈리리로 돌이왔다(눅 4:14). 사역을 하시기에 앞서 성령 으로 충만해지셨다(눅 10:21).

누가복음에서는 성령에 대해 자주 언급한다.

(1) 예수는 세례를 받을 때 성령의 기름부음을 받았다. 성령이 비둘기 같은 형체로 예수 위에 임하였고 이 순간 하늘에서는 신비한 음성이 들려왔다(눅 3:22).

(2) 예수는 마귀의 시험을 받으시기 전에도 성령의 기름부음을 받았으며(눅 4:1), 마귀를 이기신 후에는 성령의 능력을 입고 갈릴리로 가셨다(눅 4:14).

(3) 예수님은 "성령"을 사람이 하늘 아버지께 구할 수 있는 최상의 것으로 제시하셨다. 마태는 단지 하나님께서 구하는 자에게 "좋은 것"을 주실 것이라고만 했지만 (마 7:11, "너희가 악한 자라도 **좋은 것으로** 자식에게 줄 줄 알거든 하물며 하늘에 계신 너희 아버지께서 구하는 자에게 좋은 것으로 주시지 않겠느냐") 누가는 그것이 성령인 것을 특별히 지목하여 말했다(눅 11:13*).

• 눅 11:13 "너희가 악할지라도 좋은 것을 자식에게 줄 줄 알거든 하물며 너희 하늘 아버지께서 구하는 자에게 **성령을 주시지 않겠느냐** 하시니라."

3. 특별히 눅 24:49을 읽어보자.

눅 24:49　볼지어다
　　내가 ── 너희에게 보내리니
　　　　/내 아버지께서 약속하신 것을
　　너희는 ─ 이 성에 머물라(καθίσατε)
　　　　/입혀질 때까지(받을 때까지)
　　　　/위로부터 능력으로

주님은 49절에서 보는 것처럼 제자들에게 "아버지께서 약속하신 것" 곧 성령을 보내시겠다고 말씀하신다. 예수님은 사도들에게 **성령을 부으셔서** 그들로 교회를 위해 일하게 하실 것이다.

(1) "내 아버지께서 약속하신 것", "위로부터의 능력"이라는 언급은 누가의 두 번째 책 사도행전(=성령의 행전이라고 불림)의 지배적인 주제를 지향하고 있음을 본다. 사도행전 1:4-8에서는 그 성령을 기다리라고 했다. 그리고 2장에서는 오순절 때, 기다리던 성령이 임하셨다.

(2) 이후 누가는 일관되게 증언할 힘을 성령에 의존하고 있다(예; 행 4:8, 31, 5:32, 6:10, 7:55). 그리고 선교를 성공적으로 이끄는 것도 다름아닌 '성령'[1]이라는 것을 강조한다(행 8:29, 39, 10:19, 13:2, 4, 16:6-10). 모든 것이 성령에 의해 지휘되고, 성령이 없다면 선교도 누가와 관련된 이야기도 없다. 믿는 자가 예수님의 이름으로 세례를 받으면 성령을 선물로 받는다(행 2:38, 10:43-48).

1) 그 성령은 예수를 증언하는(교회에 권능을 부여하는, 행 1:8) 예수의 영이시다(행 16:7). 누가의 두 번째 책에서 성령은 주도적 인물로 나타난다.

(3) 성령의 오심은 구약성경의 종말론적 희망의 성취이다(행 2:16-21). 성령의 임재는 교회시대를 여는 것이다. 선교는 단순한 인간의 행위가 아니라 '예수의 영'의 계획과 권능으로 실행된다(G.E. 래드, 신약신학, 16).

▶ 이렇게 누가복음은 다른 복음서에 비해서 **성령**이라는 용어를 많이 그리고 다양하게 사용함으로써 성령이 이 복음서에 중요한 위치를 차지함을 보여준다.

(3) 베드로가 상기한 것(행 11:16)과 그리스도 자신의 말씀(행 1:5, 8)에 의하면 특별한 의미에서 이 예언은 오순절 날에 성취되었다. 물론 성령은 현시대 동안 충만히 수여되지 않았지만(롬 8:23), 첫 번째 하나님 나라의 도래는 오순절날 임시적인 방도로 완성되었다.

2. 그렇다면, 여기서 '불'(πυρί) 세례를 무엇으로 볼 것인가? 몇 가지 서로 다른 견해가 있다.

(1) 많은 학자들은 요한이 불 세례만을 전파하였을 것이라고 한다. 그는 임박한 심판의 불을 전하였다는 것이다(그렇다면, 성령 세례는? - 오순절 성령 경험에 비추어 후대에 기독교인들이 부가시킨 것으로 본다). 또다른 견해는 '프뉴마'(πνεύμα)가 성령을 가리키는 것이 아니라 원수들을 파멸시키는 불과 같은 입 기운(사 11:4, 제4에스라 3장)이든가, 아니면 타작 마당에 쭉정이를 날려버릴 하나님의 심판의 바람이라고 주장한다. 셋째 견해는 양면을 지닌 단일 세례로서 한 편에서는 악한 자들을 심판하고 한 편에서는 의로운 자들을 정결케 하는 것으로 보았다. 넷째는 의로운 자에게는 성령으로 악한 자에게는 불로 세례를 베푸실 것이라는 견해이다.[1)]

(2) 요한은 자신이 왕이 아님을 명확히 했다. 자신은 물로 회개의 세례만을 베풀고 있지만 자기 뒤에 오시는 한 분, 그 분은 "성령과 불"로 세례를 주실 터인데, 그 차이는 무엇으로 비교할 수 없다는 것이었다.

1) 여기서 언급된 불은 (행 2:3처럼) 성령의 은사를 상징하는 것이 아니라 오히려 심판의 불(진노)을 의미한다(행 2:10, 12 참조). 이렇게 성령 세례와 불 세례가 동시에 기록된 것은 하나님 나라의 이중적인 의미를 날카롭게 대립시키고 있는 것이다. 즉, 하나님의 나라는 은혜와 심판, 충만한 복과 철저한 파멸을 모두 초래하는 것이다. 이와 같은 양면성은 겔 36:26-32, 요엘 2:28-31; 슥 12:9, 10에서 발견된다(H. 리델보스, 마태복음).

세례 요한의 죽음
마 14:1-12;
막 6:14-29

분봉 왕 헤롯이 요한을 옥에 가두다(눅 3:18-20)

(1) 본문에 언급된 헤롯은 대헤롯이 아니고 그 아들 중 한 사람이다(안티파스, Antipas / '안디바'). 이 사람은 헤롯의 세 아들 중 가장 유능했으며, 문화를 장려했고, 건설에도 치중했다. 그는 갈릴리 바다 서해안에 있는 공동묘지 위에 황제 디베료(AD 22년)를 축하하기 위하여 [디베료 도성]을 건축하기도 했다. 그는 로마 여행 중 빌립의 아내였던 '헤로디아'에게 반하여 청혼을 했고, 이 여자는 현재 부인인 '나바티안'을 물리칠 것을 조건으로 승인했다.

(2) 세례 요한이나 예수님은 위의 이 사실을 옳지 못한 것이라고 책망했고(막 10:11 참고), 이 일로 앙심을 품고 있던 헤로디아에게 세례 요한은 미움을 사게 되었고(막 6:14), 마침내 목숨을 잃게 되었다.

(3) 헤로디아는 아리스토불루스(어머니 마리암네)가 난 딸이다. 어쨌든 살로메는 그러니까 헤롯 대왕의 손녀다. 자기 어머니 헤로디아의 조정을 받아 술좌석에서 음란한 춤을 추었고, 이에 정신나간 헤롯 안티파스(안디바)는 무엇이든지 다 들어주겠다는 결정을 했다. 어머니 헤로디아의 사주를 받은 살로메는 세례 요한의 목을 요구했다.

<이 사건에 대한 내용은 마태복음 14장에 자세하게 언급되어 있다...>

97

Close-up

"하늘로부터 소리가" : 이는 신적 선언이다

This is My beloved Son

οὗτός ἐστιν ὁ υἱός μου ὁ ἀγαπητός

1. 하늘로부터 소리가:
• 마 3:17 **하늘로부터 소리가** 있어 말씀하시되 이는 내 사랑하는 아들이요 내 기뻐하는 자라 하시니라 (눅 3:21-22)

[보라, ἰδού]
소리가 —— **(있어) 말씀하시되**(...하시니라)
/하늘로부터 /이는 — **아들이요**
/내 사랑하는
/자라(=그 안에서)
/내[가] — 기뻐하는

(1) 요단강에서 세례 받으실 때, 이 말씀은 신적 선언이다(마 3:17; 눅 3:22; 막 1:11) // (막 9: 7; 눅 9:35 - 변화산에서도).

(2) 사랑하는 자, 선택된 자, 그리고 "내가 그를 기뻐하노라"는 말 등(예 사 42:1-4; 마 12:28) / 눅 3:22의 신적 용어들이 시편 2:7("내가 여호와의 명령을 전하노라 여호와께서 내게 이르시되 너는 내 아들이라 오늘 내가 너를 낳았도다")의 메시야적 왕에 관한 용어들을 예수님에게 적용시킨 것을 볼 수 있다.

(3) 아가페토스(사랑하는, ἀγαπητός)라는 말은 때대로 '유일한'(μονογενής)타는 말과 동의어로 사용된다. 따라서 위의 말씀은 '이는 내 유일한 아들이요, 그를 내가 택하였노라'고 번역될 수 있다. '유일한 아들이라'는 말은 예수님의 영구한 신분을 묘사한다. 그러니까 그는 아들이 된 것이 아니라 그는 아들이시다.

(4) 예수님 위에 성령 강림(마 3:16; 막 1:10; 눅 3: 22) - 이것은 분명히 메시야적 의의를 지니고 있다.

• 막 1:12 "성령은 그를 광야로 내몰았다"
• 눅 4:1 "성령에 이끌려 광야로 갔다"
• 눅 4:14 "예수께서 성령의 권능으로 갈릴리에 돌아가시니..."

예수님께서 = 성령으로 옷 입으셨다. 이는 예수님의 전 활동의 원리와 능력이 된다. 또한 예수님께서 성령을 사람들에게 수여하시는 능력도 있다. 예수님이 메시야이시기 때문에 성령을 가지고 계신다. 예수님께서 성령에 이끌렸고 성령으로 충만하게 되었다는 사실은 사탄이 패배하게 될 것임을 보여준다.

(4) 눅 4:14 "예수께서 성령의 능력으로 갈릴리에 돌아가시니 그 소문이 사방에 퍼졌고" (눅 3: 22, 눅 4:1과 연관되어 설명해야 한다.)

• 눅 3:22 "**성령이 비둘기 같은 형체로** 그의 위에 강림하시더니 하늘로부터 소리가 나기를 너는 내 사랑하는 아들이라 내가 너를 기뻐하노라 하시니라."

• 눅 4:1 "예수께서 **성령의 충만함을 입어** 요단 강에서 돌아오사 광야에서 사십 일 동안 성령에게 이끌리시며"

2. 성부께서 예수님께 맡기신 메시야로서 수행해야 할 과업 - 예수님께서 준비해야 되는 것에 의미가 있다 (예; 사 11:2, 61:1).

(1) 사 61:1을 자기 자신에게 적용하신 사건, 눅 4: 18을 보라.

(2) 마태복음 12:28에서는 예수님께서 하나님의 성령으로 귀신을 쫓아내셨음을 분명하게 말하고 있다. - 그러므로 하나님의 나라가 임하였다고 말한다.

(3) 막 3:29에서 서기관들의 비방 - 신성 모독이라고 했다. 혹은 성령을 거스려 말하는 것이라고 했다.

화면캡쳐

from 동교재, 마태복음, 3장

98

인자의 족보(눅 3:23-38)

[같이 읽을 곳: 마 1:1-17]

족보는 가장 압축된 역사라고 말할 수 있다. 복음서는 이 족보를 통해서 예수 그리스도가 진정 유대인들이 기다렸던 메시야였음을 증언하고 있다. 마태는 하나님께서 아브라함과 다윗에게 약속하신 바 모든 것을 성취시키시는 분으로 설명하고 있다. 그러니까 예수님이 바로 다윗의 왕위를 이어받은 합법적인 후사라는 것이다.[1] 그런데 누가는 예수님에게서 시작하여 아담, 그리고 하나님까지 거슬러 올라가는 족보를 기록했다. 무슨 이유가 있었을까?

1) 그는 그의 나라의 왕위가 '영원히 견고하게 될 바로 그 아들'이시다(삼하 7:13; 눅 1:32, 33). 아브라함까지도 바로 이 분의 오심을 보고 기뻐했었다고 사도 요한은 증언한다. "너희 조상 아브라함은 나의 때 볼 것을 즐거워하다가 보고 기뻐하였느니라"(요 8:56).

1. 이 족보에는 이방인도 포함되어 있음을 본다. 예수님은 유대인의 메시야만이 아니라 이방인의 메시야도 되신다(마 28:19).

(1) 예수님은 육신적으로 아브라함의 자손이며, 다윗의 혈통의 왕인 동시에 그 백성과 그 백성을 통하여, 지상의 모든 백성을 그들의 죄에서 구원할 자이시다(요 3:16). 이 모든 계보를 존속시킨 것은 하나님의 절대 주권적 은혜에 있다는 것이다.

(2) 누가가 예수님에게서 시작하여 아담, 그리고 하나님까지 거슬러 올라가는 족보를 기록했는데, 누가는 이교적인 배경 하에 있던 기독교인들을 대상으로 썼기 때문일 것이다.

- 다말(3절)과 라합(5절), 룻(5절), 밧세바(우리아의 아내, 6절)는 모두 여성이었다. 이들 중에는 수치스러운 면을 가진 사람도 있다. 유대인들의 족보에는 여인들의 이름이 거의 열거되지 않는다. 그렇다면, 마태는 명백히 교훈적인 입장에서 여인들을 족보에서 언급했을 것이다.
  - 다말은 = 시아버지와 부도덕한 행위를 저질렀고,
  - 라합은 = 이방인이요, 기생 출신이며,
  - 룻은 = 이방 여인이요, 모압 여자이며,
  - 밧세바는 = 다윗과의 부정한 행위를 가졌던 여인이었다.

2. 마태복음의 족보와 누가복음의 족보 서술에서 몇 가지 차이점을 볼 수 있다.

(1) 위치 - 마태는 복음서를 시작하면서 족보를 기술했고, 누가는 공생애를 시작하면서 예수님의 세례와 시험 사이에 두었다.

(2) 기록 방법 : 아브라함으로부터 시작(하향족보) / 누가 - 거슬로 올라가(상향족보), 아담과 하나님에 이른다. 따라서 예수님은 유대인들만 아니라 모든 인류의 소망의 성취로 부각시킨다(하나님을 포함해 78명을 언급). 또 마태는 요셉 계통을, 누가는 마리아의 계통을 다룬다. 다윗 이후에 마태는 솔로몬의 족보를, 누가는 나단의 족보를 따르고 있다.

(3) 마태는 누가 누구를 낳고 하는(남자가 낳다는 용어, ἐγέννησεν) 단어를 섰

다. 그러나 누가는 '그 위'(원문은 τοῦ 관사 소유격, 단수)라는 관사를 사용했다.

3:23 예수께서 — **삼십 세쯤 되시니라**
/가르치심을 시작하실 때에
/사람들이 아는 대로는(ἐνομίζετο미완료 수동태)[1]
/요셉의 아들이니 요셉의 위는 헬리요
(Ἰωσὴφ요셉 τοῦ'그 위는' Ἠλὶ헬리)[2]

1) 노미조(νομίζω) - 생각하다, 믿다. 간주하다, 상상하다

2) Heli - 신약에서 이곳에서만 단 한번 언급된다. 마리아의 남편 요셉의 아버지로 나온다.

3:38 그 위는 에노스요 그 위는 셋이요
그 위는 아담이요 그 위는 하나님이시니라
(τοῦ Ἐνὼς Enos τοῦ Σὴθ Seth τοῦ Ἀδὰμ Adam τοῦ θεοῦ God.)

(4) 여기서 아담(Adam, Ἀδὰμ)은 셋(Seth, Σὴθ세드)이 아들인 것처럼, 거의 동일한 의미로 하나님의 아들(the son of God)로 불려지고 있다. 이스라엘은 그의 아들, 그의 장자로 불리고 있다(출 4:22*). 말 2:10에서의 설명을 들어보자.

• 출 4:22 "너는 바로에게 이르기를 여호와의 말씀에 이스라엘은 내 아들 내 장자라."

말 2:10 '우리'는 '한 아버지'를 가지지 아니하였느냐(הֲלוֹא)[3]
한 하나님께서 지으신 바가 아니냐
어찌하여 우리 각 사람이 자기 형제에게 거짓을 행하여
우리 조상들의 언약을 욕되게 하느냐

3) '가지지 아니하였느냐' 의문사(הֲ)+부정사로 몰리서 답을 구하는 것이 아니라 강조의 의미를 가지고 있다. 특히 동사가 없는 문장에서 술어적인 의미까지 내포되어 있다.

(5) 여기서 '우리'는 누구를 가리키는가? 여러 논쟁이 있지만 '우리'는 언약 백성인 이스라엘을 가리킨다고 본다. 그렇다면 '한 아버지'(one father, אָב אֶחָד)는 누구를 말함일까? ① 아브라함 ② 야곱 ③ 인류의 조상인 아담 ④ 창조주 하나님 / 이렇게 여러 주장이 있지만 서로 병행된 구절에서 볼 수 있듯이 ("한 하나님께서 지으신 바가 아니냐" - 같은 구절 안에 '한 아버지'와 '한 하나님'이 동의대구법으로 사용되었기 때문에) '한 아버지'는 창조주 하나님을 가리키는 것으로 본다. 즉 이스라엘은 하나님의 자녀라는 것이다(출 4:22; 호 11:1; 신 32:6; 렘 3:4, 19 등).

4) G. E. 래드, 12. 하나님의 아들. (신약신학)

(6) 따라서 눅 1:35에서 "천사가 대답하여 이르되 성령이 네게 임하시고 지극히 높으신 이의 능력이 너를 덮으시리니 이러므로 나실 바 거룩한 이는(=예수는) '하나님의 아들'이라고 하신 것도 이런 의미일 것이다. 왜냐하면, 예수님의 탄생은 성령께서 마리아의 몸을 통하여 행한 직접적인 창조 행위에 기인하기 때문이다(G. E. 래드).[4] 이렇게 누가는 그의 족보를 '아담, 하나님의 아들'이라는 어구에서 **아담을 하나님과의 독특한 관계에서 아들로 표현한 것과 같이**[5] **예수님도 동일하게 하나님과의 독특한 관계에서 아들로 묘사한다.**

5) 첫째 아담은 타락했고, 모든 인류는 죄 가운데 떨어졌다. 이제 **둘째 아담되신 예수님께서 진정한 하나님의 아들**로 오셨다는 것이다. 따라서 우리는 이 예수님 안에 있을 때만이 하나님과의 관계가 회복된다.

100

마귀에게 시험을 받으심(눅 4:1-13)

같이 읽을 곳 (마 4:1-11; 막 1:12-13)

동교재, 마태복음에서 설명을 그대로 가져옴

누가는 앞에서 세례 요한의 탄생을 크게 부각시킨다. 요한의 배경과 출생, 그리고 그의 메시지에 대해 다른 복음서보다 많은 정보를 제공한다. 예수님은 죄인의 신분을 취하시고 그의 백성과 동일시되심으로써 세례를 받으셨다. 이는 자기 몸을 대속물로 주고자 하시는 그의 결의의 재확증이었다. 누가는 예수님께서 요한에게 세례를 받은 것을 설명하기 위해서 그의 운동이 '하늘로부터' 유래한 것임을 강조한다.

1. 예수님은 세례 받을 때에(막 1:11) 하늘로부터 '하나님의 아들'이라 불리어졌다. 이제 사탄은 그가 하나님의 아들이라는 가정 아래 시험하여 넘어뜨리려고 한다. 마태복음 4:1이하를 보자.

1) "그 때에"(4:1) : 이 시험은 예수님이 세례를 받으신 직후에 일어났을 것이다. 예수님은 세례 시에 '하나님의 아들이심'이 공개적으로 드러났다.

눅 4:1 "예수께서 성령의 충만함을 입어 요단 강에서 돌아오사 광야에서 사십 일 동안 **성령에게 이끌리시며**"

4:1 그 때에(Then, Τότε)[1] - 언제?
예수께서 ── **이끌리어 가사**
/성령에게(ὑπὸ τοῦ πνεύματος)
/광야로
/시험을 받으러(πειρασθῆναι) - 부정사, 과거 수동태
/마귀에게(ὑπὸ τοῦ διαβόλου)

막 1:12
And immediately the **Spirit impelled Him** to go out into the wilderness - NASB

(1) 왜 성령에 이끌리어 시험을 받게 하시는가? 막 1:12, 13에는 "성령이 곧 예수를 광야로 '몰아내신지라'(ἐκβάλλει)"라고 했다. 그 광야에서 사십 일을 계셔서 사탄에게 시험을 받으시며 "들짐승과 함께" 계셨다고 했다. 눅 4:2에서는 "마귀에게 시험을 받으시더라 이 모든 날에 아무것도 잡수시지 아니하시니 날 수가 다하매 주리신지라"(페이나오, πεινάω).[2]

2) 굶주림과 목마름으로 고통을 당하셨다는 것은 하나님의 아들이지만 인성(人性)을 가지고 있었음을 보여준다. 마귀는 굶주림 가운데 있는 예수님을 유혹하여 하나님의 아들로서의 권세를 이용하여 기적을 행하고 자신의 욕구를 충복하라는 것이다. 그러나 예수님은 하나님의 말씀에만 순종하여 시험을 이기셨다.

(2) 이 시험은 예수님을 연단시키려는 시험이 아니다. 이 시험은 예수님이 하나님 나라의 왕으로서의 사명을 감당할 수 있는지와 관련있는 시험이다. 성령께서 예수를 광야로 인도하셨다. 광야는 처음 아담이 시험받았던 환경과는 전혀 다르다. 광야에서 예수님은 오직 하나님만을 굳게 잡아야 하는 시험을 받으시게 된 것이다.

(3) 마귀(디아볼로스, διάβολος = 비방자, 적대자) : 여기 마귀는 첫 번째 아담을 타락시켰던 그 마귀이다. 그런데 이제 둘째 아담을 정복하려 하고 있다. 마귀의 간계는 매우 간교하다(엡 1:3, 6:11 참조). 예수님이 태어나셨을 때, 이

마귀는 헤롯을 통해 제거하려 했다. 이제 성년(成年)이 되시자 마귀는 자신이 직접 나타나 예수님을 시험하려 하고 있다. 마귀는 예수님으로 하여금 그가 갈 길을 가지 못하게 유혹하고 있다.

2. 사탄은 성경에서 여러 가지 이름으로 불리고 있는데 그 이름들은 사탄이 어떤 존재인가를 말해주고 있다.[1)]

① 사탄 : '대적'이라는 뜻으로, 사탄이 하나님을 대적하는 자임을 뜻한다.

② 아폴루온(ἀπολύων) : 이 명칭은 '파괴자'란 뜻으로, 사탄이 하나님의 창조의 최고봉인 인간을 공격하여 파괴시켰고 그 인간을 회복시키기 위하여 일하시는 그리스도 예수를 공격하는 자임을 뜻한다. "그들에게 왕이 있으니 무저갱의 사자라 히브리 어로는 이름이 아바돈이요 헬라어로는 이름이 아볼루온이더라"(계 9:11).

③ 디아블로스(διάβλος) : 이 명칭은 '참소자'(讒訴者)라는 뜻으로, 하나님의 백성들을 계속적으로 하나님께 참소하는 자임을 의미하고 있다. "그리스도의 권세가 나타났으니 우리 형제들을 참소하던 자 곧 우리 하나님 앞에서 밤낮 참소하던 자가 쫓겨났고"(계 12:10).

④ 이 외에도 사탄은 '포네로스'(πονηρός: 악자, 마 13:19), 옛뱀 또는 용(계 20:1, 2) 등으로 불리었다.

(1) 왜, 하나님은 예수로 하여금 성령에 이끌리어 시험을 받게 하시는가?

하나님께서는 그의 아들이 죄가 없으며, 또 **구세주로서 자격이 있음을 입증하시려** 했다. 하나님은 이스라엘 백성을 '아들' 이라고 부르셨다(출 4:22, 사 1:2; 호 11:1). 하나님께서는 출애굽 후 백성을 시험하기 위해 광야로 인도하셨다. 순종 여부를 알려 하셨기 때문이다(신 8:2, 16). 물론 광야의 이스라엘은 실패했다.

(2) 지금 예수님은 **'하나님의 아들'**[2)]로 공개적으로 선포되었다. 예수님은 이제 이스라엘이 실패한 장소인 광야로(신 8:2 참조) (성령에 의해) 이끌리신다. 물론 이 시험이 예수님의 '아들되심'을 확인하려는 시험은 아니다. 히 4:15을 찾아보자. 예수님은 "모든 일에 우리와 한결 같이 '시험'을 받은 자로되 '죄'는 없으신 분"이라고 하셨다. 이제 예수님께서 이스라엘의 실패를 승리로 이끄실 하나님의 아들이심을 보여주려 하신다. 따라서 그는 성령에 이끌리어 광야로 가셨다. 물론 예수님의 자발적인 순종이 따랐다. 예수님은 마침내 시험에 승리하시고, 예수님을 섬기기 위해 천사들이 수종든다. 예수님의 "주되심"을 확증하고 있다(마 4:11).

1) 사탄의 활동 : 타락한 천사들도 선한 천사와 같이 초인적인 능력을 가졌는데 그들은 이 능력을 가지고 선한 천사들과 정반대의 활동을 한다. 그 활동을 열거해 보면;

① 하나님과 그의 하시는 일에 반항(창 3:1-)
② 하나님의 백성 미혹, 인간의 범죄 조장(벧전 5:8; 요일 4:6)
③ 질병을 가져옴(마 9:33; 12:22; 눅 9:37-42)
④ 정신적 문란 초래(막 5:4, 5; 눅 8:35)
⑤ 허위 교리 포교(왕상 22:21-23; 살후 2:2; 딤전 4:1)
⑥ 성도의 영적 성장 방해(엡 6:12)
⑦ 일시적인 이적을 행함(살후 2:9; 계 16:14)

2) 누가는 족보에서 아담을 하나님의 아들로 표현하고 있다(눅3:38, "그 이상은 에노스요 그 이상은 셋이요 **그 이상은 아담이요 그 이상은 하나님이시니라.**"

물론 첫째 아담은 실패한 아들이었다. 이제 예수님은 둘째 아담으로 오신 것이다. 하나님은 세례 받으실 때 이를 공개적으로 확인해 주신 것이다. "너는 내 사랑하는 아들이라"(눅 3:22).

Close-up

사탄의 시험의 성격

1. 누가복음 4:3-13을 자세히 읽어보자.[1)]

(1) 예수님의 굶주림은 실제적인 것이었다. 우리와 같이 인성(人性)을 가지셨기 때문이다. "사십 일을 **밤낮으로 금식하신 후에** 주리신지라"(마 4:2). "이 모든 날에 아무 것도 잡수시지 아니하시니 날 수가 다하매 주리신지라"(눅 4:2) 예수님은 하나님이실 뿐만 아니라 또한 인성(人性)을 가진 사람이시기 때문에 우리가 목마르고 배고픈 것처럼 역시 피곤하고 목마르셨다(요 4:6, 7, 19:18). 주님은 금식하신 후 육신적으로 가장 약해지셨다. 이 때가 마귀에게는 예수님을 넘어뜨릴 황금의 기회였다.

(2) **시험의 성격** : 구주께서 시험에 패배할 가능성이 있었을까? 분명히 없었다. 그는 죄가 없으실 뿐만 아니라 죄를 지을 수도 없는 분이시기 때문이다(사 53:9; 고후 5:21; 히 4:15, χωρὶς ἁμαρτίας). 그렇다면 그의 시험은 실제적이었는가? 물론 그도 인간이시기에 곤하고 목마르셨다(요 4:6). 그는 시험에 빠져 범죄하실 수 없는 분이셨으나 시험이 끝나기까지 견디셔야만 했다.[2)] 완전한 인간이 되신 그리스도가 그와 연합한 자들을 완전하게 하기 위해서는 스스로 완전해지셔야 한다(히 5:9 "온전하게 되셨은즉 자기에게 순종하는 모든 자에게 영원한 구원의 근원이 되시고"). 인간이 경험해야 할 모든 경험을 통해서 완전하게 되었기 때문에 자기 백성들의 "영원한 구원의 근원"이 되셨다.

첫 번째 시험: 이 돌들로 떡덩이가 되게 하라(눅 4:3)

> 마 4:3 시험하는 자가(ὁ πειράζων)[3)] 예수께 **나아와서 이르되**
> /네가 — 만일 하나님의 아들이어든(εἰ υἱὸς εἶ τοῦ θεοῦ)
> 명하여(εἰπὲ) - ῥέω의 명령법 과거
> /이 돌들로 — 떡덩이가 되게 하라
> (ἵνα οἱ λίθοι οὗτοι ἄρτοι γένωνται)
>
> εἰμί동사의 현재 직설법 you are...

(1) "네가 만일 하나님의 아들이어든"이라는 말은 "네가 하나님의 아들이므로 (you are the Son of God = εἶ -현재 능동태)"라는 뜻이다. 얼마 전 요단강의 수세(水洗) 시에 증명된 것처럼 "하나님의 아들"이므로 이런 것쯤이야 문제 없지 않을 것이 아닌가? '너는 세계를 다스리기로 약속된 메시야가 아

---

1) 마태복음의 내용과 동일하기 때문에 동교재, 마태복음의 설명을 가져와 간추려 설명하였다.

40일 금식

- 모세의 경우(출 34:28; 신 9:9, 18)
- 엘리야의 경우 (왕상 19:8).
- 물론 이들과 비교할 필요가 없다. 예수님은 40일 전 기간 동안 전혀 잠을 안 주무셨는가? 이런 해석은 지지될 수 없다. 그는 우리 인간처럼 사악한 생각이나 욕심에서 일어나는 시험이 아니었기 때문이다.

2) 그는 순종과 겸손을 통해 그의 메시야직을 성취하실 것이다. "그가 아들이시면서도 받으신 고난으로 순종함을 배워서 온전하게 되셨은즉 자기에게 순종하는 모든 자에게 영원한 구원의 근원(아이티오스, αἴτιος)이 되시고"(히 5:8-9). 하나님의 입장에서 볼 때, 이 시험을 통해 주님이 메시야의 자질을 입증한 것이었다.

3) πειράζω 페이라조의 현재 분사 ; 시험하다, 유혹하다

닌가? 얼마나 많은 권리를 갖고 있는가! 그렇다면 네가 할 수 있는 모든 것을 해보라. 네가 하나님의 아들이니까 아버지께 의존함이 없이 독자적인 행동을 할 수 있지 않느냐?' 라는 의미이다.[1)]

(2) 예수님은 그 첫 번째 시험에서 승리하셨다. 어떻게 시험을 물리치셨나? (마 4:4; 눅 4:8)

마 4:4 예수께서 **대답하여 이르시되**
/기록되었으되(...하였느니라)
/사람이 떡으로만 살 것이 아니요
하나님의 입으로부터 나오는 모든 말씀으로 살 것이라 하시니

(3) 주님은 신명기 8:3*을 인용하셨다. 예수님은 돌로 떡을 만들 수 있으셨으나, 그러나 그것은 하나님의 뜻이 아니었다. 마귀는 용도를 왜곡시키려 하고 있다. 마귀는 지금 이기적 목적으로 그 능력을 사용하라고 유혹하고 있지 아니한가! 터무니없는 방법으로 출세, 돈, 명예를 얻으려는 생각은 마귀적 방법이다. 예수님은 "너는 내 아들이라"(시 2:7)는 말씀과 그 뒤에 이어 나오는 말씀 "내게 구하라 내가 이방나라를 네 유업으로 주리니 네 소유가 땅 끝까지 이르리로다"(시 2:8)는 말씀을 상기하셨을 것이다.

(4) 세상을 통치할 권한이 하나님께 있다면 예수님은 그것을 다른 누구가 아니라 그의 아버지로부터 받아야 한다. 메시야는 사탄이 그에게 보여주기를 제안하는 방법으로 그 능력을 나타내지 아니하신다. 기적은 오로지 하나님께서 하라고 하신 방식대로 제시되어야 한다.

두 번째 시험: 성전 꼭대기에서 뛰어내려라(눅 4:9)

(1) 첫 번째 시험에 실패한 사탄은 재차 공격을 시도한다. 이번에는 예수님을 성전 꼭대기로 세웠다(이 상황이 실제적인지 이상 중에 나타난 것인지 확실치 않다). 그리고 시험을 한다. 자, 이번에는 어떤 시험을 했는가? 마귀는 지금 시편 91:11, 12을 인용하고 있다.

마 4:6 [그리고 그에게] **이르되** (καὶ λέγει αὐτῷ)
/네가 만일 하나님의 아들이어든 — 뛰어내리라(βάλε)
throw Yourself down

1) 물론 예수님께서는 자신에게 이런 능력이 있으셨음을 아셨다. 광야에서 40년 동안 만나를 먹이셨던 분이 아닌가! 그리고 마귀는 지금 예수를 향해 "하나님의 '그' 아들" 즉, 독생자로 말하지 않고, "하나님의 '한' 아들"로 부르고 있다. 즉, 하나님의 메시야로 선택받은 어떤 계급의 한 사람으로 격하시켜 말하고 있다.

• 신 8:3 "너를 낮추시며 너를 주리게 하시며 또 너도 알지 못하며 네 조상들도 알지 못하던 만나를 네게 먹이신 것은 사람이 떡으로만 사는 것이 아니요 여호와의 입에서 나오는 모든 말씀으로 사는 줄을 네가 알게 하려 하심이니라."

마태복음에 두번 째 시험이 누가복음에는 세번 째 시험으로 기록되어 있다(눅 4:9-12).

9 또 이끌고 예루살렘으로 가서 성전 꼭대기에 세우고 이르되 네가 만일 하나님의 아들이어든 여기서 뛰어내리라
10 기록되었으되 하나님이 너를 위하여 그 사자들을 명하사 너를 지키게 하시리라 하였고(시 91:11, 12)
11 또한 그들이 손으로 너를 받들어 네 발이 돌에 부딪치지 않게 하시리라 하였느니라
12 예수께서 대답하여 이르시되 ㄹ)주 너의 하나님을 시험하지 말라 하였느니라 신 6:16

시 91:11, 12에 기록되어 있지 아니하냐? 그러니 신적인 사역의 권위를 증명해 보여라.

//(이유: γάρ, for)
기록되었으되 (...하였느니라)
/그가 너를 위하여 그의 사자들을 명하시리니
그들이 손으로 너를 받들어
발이 돌에 부딪치지 않게 하리로다

시편 91:11, 12의 말씀이다.

(2) 마귀는 두 번째 시험에서 이렇게 속삭인다 : '첫 번째 시험에서 예수가 신임 받는 하나님의 참아들이라면 이 사실을 증명해 보라. 성전 꼭대기에서 뛰어내려 시편 91:11, 12의 하나님의 약속이 참됨을 증명해 보라. 그리고 하나님이 그 약속을 이행치 못한다면 그의 말씀은 아무 것도 아니다.'

마귀는 시편 91편을 어떻게 곡해하여 예수님께 가지고 왔는가?

- 마귀는 마태 4:6(눅 4:9)에서 시편 91:11, 12을 인용했다 : "그가 너를 위하여 그의 천사들을 명령하사 <네 모든 길에서> 너를 지키게 하심이라 그들이 그들의 손으로 너를 붙들어 발이 돌에 부딪히지 아니하게 하리로다."
- 마 4:6에는 <네 모든 길에> 라는 말이 없고, 눅 4:10에는 "너를 지키게 하시리라"고 되어 있다. 그런데, 이런 약속은 어떻게 하는 자에게 주어진 약속인가? 물론 시 91:1부터 읽어보아야 한다. 이 시편 91편이 의미하는 바가 무엇인지 설명해 보라.
- 그러니까, "네 모든 길에서 너를 지키게 하시리라"(시 91:11, 12)는 약속은 시편 91:1이하에 나와 있는 것처럼 "지존자의 은밀한 곳에 거주하며, 전능자의 그늘 아래에 살며, 여호와를 자기의 피난처와 요새요 자기를 의뢰하는 하나님으로 삼는 자"에게 이런 하나님의 도우심이 있다는 것이다. 사탄은 앞 부분을 삭제하고, 필요한 부분만 확대하여, 그 본 뜻을 왜곡하며 대들고 있다.

(3) 사탄은 마치 무슨 일을 행하든 간에 하나님께서 의인을 지키시리라는 것처럼 곡해하여 유혹했다. 마귀는 고의적으로 정확한 인용을 하지 않았다. 시편 기자는 사람이 주의 뜻을 따라 살 때만이 보호를 받는다는 것으로 이야기했다. 예수님이 성전 꼭대기에서 뛰어내려 사람들에게 신으로서의 환영을 받는 것을 하나님은 원치 않으셨을 것이다.[1]

(4) 만일 예수님이 성전 꼭대기에서 뛰어내린다면, 그 일은 '하나님이 그 약속을 지키시는가 아닌가' 하나님을 시험하는 것이 된다. 만약 예수님이 그 일을 선택한다면 이는 분명히 제멋대로의 선택이 된다. 그것은 하나님을 자기 마음대로 하려는 요구로서, 결국은 하나님을 자기 의지에 억지로 따르게 하는 결과가 되는 것이다. 우리는 얼마나 이런 비슷한 잘못을 범하고 있는가! 예수님은 이 유혹에 빠져들지 않으셨다. 이것은 아버지를 시험하시는 일이

1) 성경에 그렇게 기록되어 있지 않느냐? 마귀는 지금 성경을 인용하고 있다. 왜냐하면 더 이상 성경에 호소하지 못하게 하려고 예수님의 손에서 성령의 검을 빼앗으려 하고 있다. 마귀는 자기 자신이 성경의 전문가임을 보여주려 하고 있다. 예수님이 첫 번째 시험에서 하나님의 말씀을 인용하여 물리치자, **이번에는 마귀도 성경 구절을 인용하면서 물고 늘어지고 있다.**

었기 때문이다. 하나님을 시험하고(test), 하나님의 뜻을 거스려 자기 영광을 위하여 무엇이든지 행하려는 것은 합당한 일이 아니다.

신 6:16
לֹא תְנַסּוּ אֶת־יְהוָה אֱלֹהֵיכֶם

You shall not put the LORD your God to the test

(5) **두 번째 시험을 이기심** : 주 너의 하나님을 시험하지 말라(신 6:16*).

주님은 구약성경 신 6:16의 말씀으로 두 번째 시험을 물리치셨다. 물론, 여기에 나오는 '시험'이라는 말은 마 4:1, 3에서 나오는 '시험하다'(tempt - 유혹하다)라는 말이 아니다. 여기서 '시험'(test)이라는 말은 하나님께 도발하고 그에게 간섭하도록 도전함으로써 하나님의 신실성을 시험해 보는 것을 의미한다(H. 리델보스, 마태복음).

תְּנַסּוּ / נָסָה의 피엘 동사 미완료 - 시험하다, 입증하다.

세 번째 시험: 나와 한 번 타협하면 세상 영광 다 주겠다(눅 4:5-8)

마태복음에 세번 째 시험이 누가복음에는 두번 째 시험으로 9:5-8에 기록되어 있다.

마 4:9 [그리고 그에게] **이르되** (καὶ εἶπεν αὐτῷ)
/만일 내게 엎드려 경배하면(προσκυνήσῃς)
(눅 4:7 네가 만일 내게 절하면)
/이 모든 것을 네게 주리라(αὐτά σοι πάντα δώσω)

5 마귀가 또 예수를 이끌고 올라가서 순식간에 천하 만국을 보이며
6 이르되 이 모든 권위와 그 영광을 내가 네게 주리라 이것은 내게 넘겨 준 것이므로 내가 원하는 자에게 주노라
7 그러므로 **네가 만일 내게 절하면 다 네 것이 되리라**
8 예수께서 대답하여 이르시되 기록된 바 주 너의 하나님께 경배하고 다만 그를 섬기라 하였느니라(신 6:13)

(1) 세 번째는 어떤 내용으로 시험했나, 어떤 조건을 제시했나 보라. "만일 내게 엎드려 <경배하면(προσκυνήσῃς)[1]> 이 모든 것을 네게 <주리라(δώσω 미래능동태)>" 마귀는 자기와 한 번만 타협하면 온 세상을 다스리게 해주겠다고 유혹하고 있다. '뭐 그렇게 어렵게 고통스러운 십자가를 지려고 하는가? 나에게 딱 한 번만 절하면 되는데... 그러면, 천하를 얻을 수 있는데....'

(2) 이 세 번째 시험은 가장 큰 시험이라 할 수 있다. 지극히 높은 산은 어디일까? 실제로 이 세상 가장 높은 산으로 간 것일까? 아니면? 아마 환상 가운데서 이루어졌을 것이다. 마귀는 예수님께 전 세상을 보여주기 위해 초자연적으로, 한 번에 만국(萬國)을 보여주었을 것이다. 마귀가 비법적(秘法的) 능력으로 예수님을 유혹하려 했을 것이다. 한 번만 자기에게 경배한다면 모든 영광을 주겠다고 속삭이고 있다. 물론 마귀는 우리 신자의 생활 속에서도 이렇게 유혹한다. 원래, 유혹은 마귀의 특성 중의 하나이니까.

1) προσκυνέω - 무릎을 꿇거나 엎드림으로 존경하다, 또는 순종하다 / 가정법 과거 능동태

(3) 도대체 어떤 영광을 주겠다는 것인가? "천하 왕국과 그 영광", 이 영광은

다만 예수 그리스도의 고난과 죽음을 통해서만 얻어지는 것이었다. 그러나 사탄은 지금 예수님에게 <the crown without the cross, 십자가 없는 영광(면류관)>을 제안하고 있다. 그러나 하나님은 <***first*** cross, ***then*** the crown>을 말씀하신다. 그것이 하나님의 뜻이었다. 그렇지 않다면, 인류의 구원은 수포로 돌아가고 만다.[1]

(4) 마귀는 십자가의 고난을 당하지 말고, 면류관을 써보라고 제안한다. 십자가를 지는 일은 쉬운 일이 아니었다. 십자가의 죽음, 그것은 인류의 죄를 짊어지고 당하셔야 하는 지옥의 형벌이었다. 그것은 범인들이 자기의 죄 때문에 죽는 육신의 죽음과는 다른 것이다. 예수님도 이 십자가를 앞에 놓고 심각한 갈등(?)이 일어나셨을 것이다. 어떤 극단의 경우까지 가지는 아니하셨으나 분명 고뇌에 처하게 하는 것이었다(마 26:39; 눅 12:50). "내 아버지여, 만일 할 만하시거든 이 잔을 내게서 지나가게 하옵소서." 얼마나 힘드는 일인가! 마귀는 이 점을 잘 알고 있었다.

(5) **세 번째 시험을 이기심** : 주 너의 하나님께 경배하고 다만 그를 섬기라

마 4:10을 보라. 주님은 이번에도 구약성경 신 6:13의 말씀으로 물리치셨다. 사탄은 하나님의 말씀에 의해 완전히 패했음을 인정하고 예수님을 떠났다. 예수님은 시험을 당하실 때, 세 번 모두 성경 말씀에 의지해서 승리하셨다(신 8:3, 6:16, 6:13).

(6) 마귀는 의식주 문제 또는 명예에 대한 유혹 등 다각도로 유혹하고 있음을 본다. 이제 예수님께서 십자가를 지지 않게 하려는 마귀의 유혹은 예수님이 시험에 승리하심으로 무산되었다. 마귀는 한동안 떠났다고 했다(11절, 눅 4:13 참조). 물론 그 후에 사탄은 재공격을 시도한다(마 16:23). 그는 이 세상 끝 날까지 그 유혹과 공격을 좀처럼 멈추지 않을 것이다(계 20:10). 그의 공격은 오직 예수 그리스도 안에서만 피할 수 있는 치열한 것이다.[2]

(7) 시험받으신 후, 천사들이 수종들었다(마 4:11). 그는 들짐승과 함께 계셨다고 했다(막 1:13). 천사들이 그를 수종들었다는 사실은 그가 곧 그리스도이심을, 그리고 천사들보다 더 크신 분이라는 것을 입증해 준다. 이렇게 주님은 단지 겸손, 고난 그리고 죽음을 통해서만 하늘과 땅에 있는 권세를 획득하실 것이다(마 28:18). 이제 주님의 나라가 완성에 이를 때, 광야에 낙원이 형성될 것이다. 여기서 들짐승들은 결코 사람을 전혀 해치지 않는 낙원과 그 상태를 지시하고 있다(욥 5:23; 사 11:6이하).

1) 십자가의 죽음, 그것은 첫 번째 인류 아담이 하나님의 언약을 어기고 지은 죄, 그래서 지옥의 형벌을 받아야만 했는데 그 형벌을 벗어나는 오직 유일한 길이었다. 피흘림이 없다면 죄 사함이 없기 때문이다(히 9:22). 십자가의 피흘리심, 그 사건은 사탄의 머리를 파쇄하는, 사탄의 나라가 무너지는 결정적 순간이다. 십자가 위에서 피흘려 죽으심, 그것은 창 3:15 "여자의 후손이 네(사탄) 머리를 상하게 하실 것"이라는 예언의 성취가 되는 것이다. 따라서 마귀는 갖은 유혹으로 예수님을 회유하려고(?) 발버둥을 치고 있는 것이다.

2) 첫 사람 아담의 실패를 두 번째 아담이신 그리스도께서 온전히 이루셨음을 본다. 또 예수님은 우리와 똑같이 시험을 받으셨기에 우리가 시험에 처할 때에 도우실 수 있는 대제사장이심을 보여주신다(히 2:18, 4:14-16). 예수님은 온전히 아버지를 신뢰하셨다. 전적으로 아버지께 복종하셨으며, 오로지 아버지의 뜻대로만 순종하셨다. 그가 하나님의 아들이시라도 말이다. 그는 하나님의 아들이라고 해서 고통에서 자유로워지려고 하지 않으셨다.

갈릴리 여러 회당에서 가르치심(눅 4:14-30)

같이 읽을 곳 (마 4:12-17; 막 1:14-15)

누가복음 4:13은 다음과 같이 기록한다. "마귀가 모든 시험을 다 한 후에 얼마 동안 떠나니라." 그렇다면 이제 더이상 태클을 걸어오지 않았을까? 물론 그렇지 않다. 앞으로 우리가 살펴보겠지만 예수님의 모든 사역 속에 사탄은 계속 저항한다. 사탄은 얼마 동안 주님을 떠났지만, 다양한 방법으로 다시 접근한다. 예수님은 요단강에서 세례를 받으시고, 시험을 받으시고, 그러고나서 여섯 제자를 얻은 것으로 되어 있다. 사도 요한은 이 기간 동안의 예수님의 사역을 비교적 상세하게 진술한다(요 1:35-4:42을 읽어보자).

- 갈릴리는 어떤 지역인가? 갈릴리 지방은 헤롯 안디바(안티파스)가 다스리고 있던 영토였다(마2장에 나오는 헤롯 대왕은 기원전 4년에 죽었고, 그의 영토는 세 아들에게 분할되었다).

- 갈릴리 : 남북 21km, 동서 13km. 누가는 호수라고 불렀다. 해면보다 207m나 낮다. 기후가 따뜻하고 주위의 평야는 비옥했다. 갈릴리 지방은 바닷가로서 인구가 조밀했다. 그리고 큰 무역 통로가 나 있다. 그곳을 통해 다메섹, 동방으로, 지중해까지 갈 수 있었다.

- 스불론 땅 : 갈릴리 바다 서편과 요단강 저편은 인구 분포상 이방인이 많이 살고 있었다. 이 지역은 지난 시대에 심히 재난을 많이 받은 곳이었다. 거의 혼혈족이 살고 있었고, 영적(靈的) 상태는 매우 한심스러웠다. 예루살렘 성소와 단절 이후로 더욱 그러했다.

1. 성령으로 충만함을 입으신 예수님은 갈릴리로 가신 후, 그의 공적(公的) 사역을 시작하게 될 나사렛으로 향하신다(16절).

(1) 예수님은 지금까지 자라나셨던 나사렛을 떠나셔서 갈릴리로 오셨다. 예수님은 고향에서 배척을 받으셨다(눅 4:16-30). 갈릴리는 주로 병들고 가난한 사람들이 살고 있는 곳으로서 야만적이고 촌스러운 지방으로 멸시를 받았던 곳이다. 이 지역은 여호수아가 정복한 이후 스불론과 납달리 족속들이 살고 있었다. 예수님은 주로 갈릴리 지역에서 어부들과 함께 하나님 나라의 일을 시작하셨다. 복음을 전파하고, 병자를 고치심으로써 절망 속에 있던 자들에게 빛을 비추셨다. 흑암(마귀의 권세) 아래서, 가장 어두운 곳에서 그리스도의 대대적인 사역이 시작되고 있다. 이는 이사야의 예언(사 9:1-7)이 성취되었다고 말하고 있다.

(2) 그런데 이사야 선지자는 이 지역에 빛이 머물 것이라고 예언했다. 사 9:1-2*을 읽어보라("전에 고통 받던 자들에게는 흑암이 없으리로다 옛적에는 여호와께서 **스불론 땅과 납달리 땅이 멸시를 당하게 하셨더니** 후에는 해변 길과 요단 저쪽 이방의 갈릴리를 영화롭게 하셨느니라 2흑암에 행하던 백성이 큰 빛을 보고 사망의 그늘진 땅에 거주하던 자에게 빛이 비치도다.") 즉, 이들 백성은 흑암에 앉아 있었다. 그들이 살고 있는 곳은 마치 사망의 땅과 같이 왕이 살기에는 부적당한 곳이었다. 수세기 동안 이방 족속들에게 군사적 침략을 당하였고(앗수르에 점령당했다), 이로 인해 도덕적으로도 종교적으로도 부패했다(왕하 17:33 참고).

(3) 예수님께서는 성령의 능력(권능)을 입고 갈릴리에 돌아가셨다. 이미 예수님

1) 독사조(δοξάζω) - 영광스럽게 하다, 영광으로 가득차다. 찬양하다, 칭찬하다.

에 대한 소문이 모든 지역에 퍼져 있었다(눅 4:14). 예수님은 여러 회당에서 말씀을 가르치셨다. 예수님은 모든 사람들에게서 '칭송을 받으셨다' (δοξαζόμενος분사 현재 수동태).1)

2. 예수님이 이 지역에서 주로 하신 일이 무엇인가? (마 4:23-25에서는 이 지역의 사역을 구체적으로 언급하고 있다.)

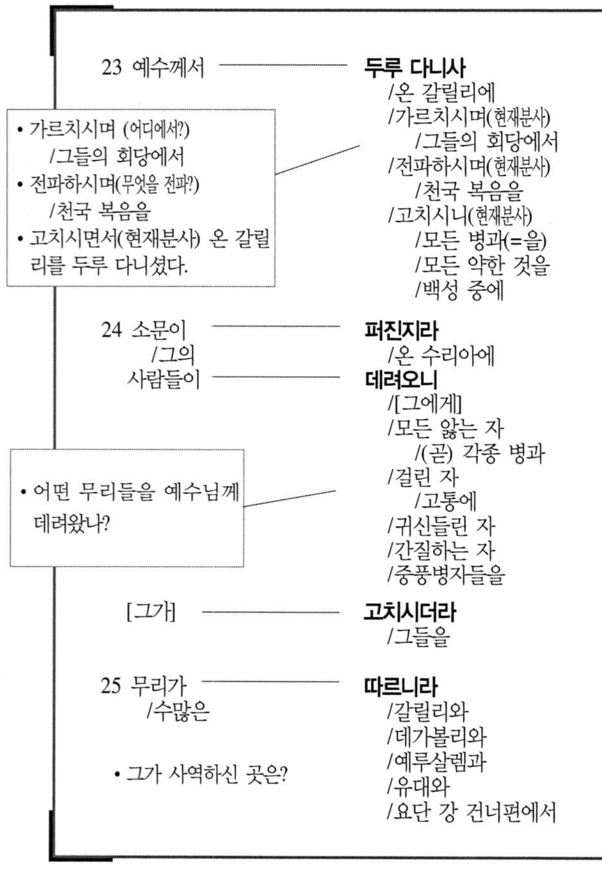

from 동교재, 마태복음 4장

(1) 그들의 회당에서 ① 가르치시며, ② 천국 복음을 전파하시며, 또한 이뿐 아니라 ③ 모든 병과 약한 것을 고치셨다.

(2) 예수님이 온 갈릴리를 두루 다니시면서 복음을 전파하심과 병을 고치신다는 소식은 요원의 불길처럼 순식간에 퍼져 나갔다(마 4:24). 어떤 자들이 고침을 받았나? (24절을 보라.) 인종의 차별이 없었다. 모든 병자를 고치셨다. 예수님의 치료는 재발(再發)하는 치료가 아니다. 주님은 말씀을 가르치시고 전파하실 뿐만 아니라 병도 고치셨다.

(3) 이렇게 하심으로써 하나님의 나라는 예수님 안에서 나타나기 시작했다. 마태는 예수님의 인격과 사역에서 하나님의 나라(천국)를 강조하고 있다. 예수님의 첫 번째 메시지도, 마지막 메시지도 **하나님의 나라**에 관한 것이었음을 본다.

3. 예수님은 갈릴리 지역에서 사역하신 후 그가 자라나신 곳 나사렛에 가셨다고 했다. 예수님은 안식일에 회당에 들어가사 성경을 읽으려고 강론하셨다.

(1) 예수님은 세례를 통해 성령의 충만함을 입으셨다. 즉, 그의 사역을 위한 권능을 입게 되셨다. 예수님은 자신이 이사야 본문(사 61:1-2과 58:6이 결합)을 성취하신 것으로 적용하신다. 예수 그리스도께서 자신을 가리켜 메시야로 선언하실 때 이사야 61장의 1절을 인용하셨다(눅 4:16-20).

(2) 메시야의 사역은 바벨론 포로로 사로잡혀 가서 가난과 재앙과 압박 중에 상한 자들에게 자유와 해방을 주신다. 메시야의 사역이 마치 바벨론에 잡혀간 포로들을 해방시키는 것과 같다는 말씀이다. 이 해방사역이 "하나님의 신원의 날"에 이루어지며, "여호와의 은혜의 해(희년)"에 이루어진다.

사 61장

이사야 61장은 고난받는 종의 노래 중 하나이다. 누가복음에서 고난당하고 배척당하는 선지자가 중요한 주제로서 나타나는데, 예수의 배척받고 고난 당하는 메시야의 모습으로 연결된다.

4. 이사야 61:1-2의 말씀이 주어진 배경을 살펴보자.

(1) 시온은 인정받고 회복된다. 시온의 폐허가 재건된다는 것이다. 그러면 누가 그러한 축복을 가져다 줄 것인가?

여기서 '나'는 누구를 가리킬까?

사 61:1 주 여호와의 영이 —— 내게 (**내리셨으니**)
//이는(Because, יַעַן)
여호와께서 —— 내게 기름을 부으사(=셨기 때문에)
//(לְ, to) 아름다운 소식을 전하게 하려 하심이라
/가난한 자에게

"여호와께서 내게 기름을 부으사(מָשַׁח יְהוָה אֹתִי)"라고 했다. 기름부음과 주의 영이 함께 한다는 것은 사울과 다윗이 각각 왕으로 추대받았을 때 뿐이다(삼상10:1, 6-7, 삼상16:13*, 삼하 23:1-7). 이로보아 여기 여호와의 종은 백성들의 왕임을 알 수 있다.

• 삼상16:13 "사무엘이 **기름 뿔병**을 가져다가 그의 형제 중에서 그에게 부었더니 이 날 이후로 다윗이 **여호와의 영에게 크게 감동되니라** 사무엘이 떠나서 라마로 가니라.

(1) '주 여호와의 영'(רוּחַ אֲדֹנָי יְהוִה)이 내게(עָלָי, 1인칭 보통 단수) (내리셨으니)(The Spirit of the Lord GOD is **upon *me***) - 여기서 보는대로 여호와의 영을 통해 위임받고 있는 한 종을 소개한다. 그렇다면 여기서 '나'는 누구를 가리킬까? 이 사람의 임무는 가난한 자(언약의 성취를 고대하고 있는 팔레스타인의 유다 공동체)에게 아름다운 소식을 전해주는 일이다. 여러 논쟁이 있으나 여기에 언급된 '나'는 이미 앞에서 많이 언급된(사 42:1-9, 49:1-9, 50:4-9, 52:13-53:12 - 여호와의 4대 종의 노래) 여호와의 종임을 알 수 있다.

[그가] —— 나를 **보내사**(שְׁלָחַנִי)
//(목적, לְ, to)
마음이 상한 자를 고치며, 포로된 자에게 자유를,
갇힌 자에게 놓임을 선포하며
61:2 //(목적, לְ, to)
선포하여
/여호와의 은혜의 해와 우리 하나님의 보복의 날을
위로하되
/모든 슬픈 자를

(여호와께서 '나'(=여호와의 종)를 보내시는 목적은 무엇인가?

• "마음이 상한 자를 고치며 포로된 자에게(=주로 전쟁 포로들) 자유를, 갇힌 자에게 놓임을 선포"하기 위해서이다.
• 또한 "여호와의 은혜의 해"를 선포한다. '은혜의 해'(שְׁנַת־רָצוֹן)는 희년을 가리킨다(레 25:1-55).
• 희년(禧年, Jubilee)은 어떤 제도이며, 왜 지키게 하셨는가? (레 25:10, 13)

→ 선지자가 선포한 구원의 시대가 예수님의 사역에서 성취되었다(눅 4:18-19).

• 하나님은 토지를 7년을 주기로 쉬게 하셨다. 따라서 6년째 되는 해에는 그 수확을 많이 주시겠다고 약속하신다. 이렇게 안식년 도입과 함께 또한 50년마다 희년 제도를 두심으로써 백성들로 하여금 이스라엘에게 주어진 토지가 하나님의 소유임을 알게 하신다. 따라서 가난을 모면하기 위해서 땅을 팔거나 임대할 수가 없었다. 가나안의 소유주는 하나님이셨다. 그러므로 이스라엘은 오직 소작인에 불과했다(레 25:23).

(2) 희년(禧年, Jubilee)은 어떤 제도이며, 왜 지키게 하셨는가? (레 25:10, 13)

• 희년(요벨) : '요벨'은 "수양의 뿔"을 뜻한다. 수양의 뿔로 나팔을 불었기 때문에 희년을 "요벨의 해"라고 했다. 그러므로 희년(禧年)은 '기쁘고 복된 해'(Jubilee)라는 의미이다. 희년이 선포되면 가난을 모면하기 위해 넘겨주었던 땅은 원 소유주에게 돌려져야 한다. 또한 종 되었던 사람들은 풀려난다. 물론 경작하던 땅도 쉬게 된다.

(3) 예수님은 주의 **은혜의 해**를 전파하시면서 그의 사역을 시작하셨다(눅 4:19). 이 희년은 장차 임하게 될 메시야 시대를 예표한다. 희년의 선포는 인류를 죄에서 해방시킬 복음 전파를 상징한다고 할 수 있다.

이사야 61:1-2 예언의 성취

4:18 주의 성령이 — 내게 임하셨으니[1)]
//이는(εἵνεκεν, Because)
[그가] —— 내게 기름을 부으시고[2)]
//(목적: 부정사)
가난한 자에게 복음을 전하게 하시려고
[그가] —— 나를 보내사
//(목적: 부정사)
전파하며[3)]
/포로 된 자에게 자유를,
/눈 먼 자에게 다시 보게 함을
자유롭게 하고
/눌린 자를
전파하게 하려 하심이라 (하였더라)
/주의 은혜의 해를

이사야에서 가난한 자들은 고통스런 포로생활에서 영적으로 고난을 당하는 자들을 가리킬 것이나 예수님 당시의 포로된 자, 눈 먼 자들은 사탄의 세력에 속박되어 있는 백성들을 가리킨다.

'은혜의 해'(שְׁנַת־רָצוֹן)는 희년을 가리킨다(레 25:1-55). 은혜의 해는 모든 빚을 탕감 받는 희년을 가리킨다.

1) 신성(神性)으로서의 예수님은 성령과 동일한 위격이시지만 인성(人性)으로서는 성령의 임재하심이 있을 수 있다(눅 3:22).
2) 기름부음은 제사장(출 28:41), 예언자(왕상 19:16), 왕(삼상 10:1)에게 행해졌다. 예수님은 이 세 가지 직분을 모두 수행하셨다.
3) 예수님은 신명기 18:15, 18에서 예언된 '그' 예언자로서 가난한 자들에게 복음을 전하셨다.

▲ 예수 그리스도는 자신이 메시야이심을 주장하시면서 회당에서 그의 초림 시의 사역에 해당하는 것만을 읽으셨다(눅 4:17).

(4) 세례 요한이 보낸 자들이 예수님께 "오실 그이가 당신이오니까"라고 예수님께 물었을 때(눅 7:20) 무엇이라고 대답하셨는가? (눅 7:22 "예수께서 대답하여 이르시되 너희가 가서 보고 들은 것을 요한에게 알리되 맹인이 보며 못 걷는 사람이 걸으며 나병환자가 깨끗함을 받으며 귀먹은 사람이 들으며 죽은 자가 살아나며 가난한 자에게 복음이 전파된다 하라.") 이런 치유의 역사는 이미 메시야의 구원 시대가 임했다는 것을 보여주는 표징이다.

111

선지자가 고향에서는 환영을 받는 자가 없느니라

예언성취(사 61:1-2)

1. 이사야서는 위대한 구속자가 오실 것을 예언하고 있다(사 61:1-2; 58:6). 포로된 자들에게 자유를 선포하고 상처 받은 자들에게 자유를 주실 때가 올 것이다.

(1) 예수님은 이 구절을 자신에게 적용시키시고 **이 예언이 성취되었음을 선포하신다.** 그리고 책을 덮어 그 맡은 자에게 주시고 앉으셨다. 회당에 있는 자들이 다 예수님을 주목하여 보았다(20절).

(2) 예수님은 이사야의 예언이 지금 그리스도가 공적 사역을 시작할 때 응하기 시작하였다고 말씀하신다(21절). 사람들은 모두 예수님의 은총의 말씀에 탄복했다. "그 입으로 나오는 바 은혜로운 말을 놀랍게 여겼다(ἐθαύμαζον)[1)]" 고 했는데, 이는 긍정적인 반응일까, 부정적인 반응일까? "이 사람이 요셉의 아들이 아니냐?" 라고 수군거리고, "선지자가 고향에서는 높임을 받지 못한다"(눅 4:16-30;막 6:1-6, 요 4:44)고 하셨음을 볼 때 부정적인 반응이었을 것이다.

1) 다우마조(θαυμάζω) - 이상히 여기다, 칭찬하다, 칭송하다, 놀라다 / 미완료 능동태.

2. 복음서에서는 예수님은 고향에서 많은 기적을 베푸셨으나 배척 받으셨음을 볼 수 있다.

(1) "친히 증언하시기를 선지자가 고향에서는 높임을 받지 못한다"고 하셨다(눅 4:16-30; 막 6:1-6; 요 4:44). 예수님은 고향 사람들이 자신에게 무엇을 요구하고 있는 지 알고 계셨다. 예수님은 그들에게 이렇게 말씀하신다.

2) 예수님은 이미 이들의 생각을 아셨다(눅 5:22, 6:8,7:40, 9:47, 11:17도 참조해 보라.

23 "너희는 틀림없이 나를 빗대어 '의사야, 네 자신이나 고쳐라'하는 속담을 들어 '네가 가버나움에서 행했다고 우리가 들은 (그 일들을) 여기 네 고향에서 행해 보라(ποίησον)' 하고 말할 것이다"(원문성경).

3) 믿음이 없는 곳에는 이적이 있을 여지가 없다.

막 6:5 - "거기서는(나사렛에서는) 아무 권능도 행하실 수 없이 다만 소수의 병인에게 안수하여 그치실 뿐이었다." - 이들은 불신앙을 드러냈다.

(2) 고향 사람들은 예수님께서 갈릴리 가버나움에서 행하신 기적들에 대해 이미 소문을 들어 잘 알고 있었다. 따라서 이곳 고향 사람들도 예수님이 많은 이적을 베풀 것이라고 기대하고 있었을 것이다. 물론 예수님은 이런 그들의 마음을 간파하셨다.[2)] 단순히 그들의 호기심만을 만족시켜주는 이적은 베풀지 아니하실 것임을 분명히 하셨다.[3)]

1) 나사렛 사람들은 예수님에 대해서 너무나 잘 알고 있었다. 그들은 예수님을 메시야로 받아들이지 않았다. 예수님에 대해서 놀랍게 바라보았으나 그는 우리가 잘 알고 있는 "요셉의 아들이 아니냐?!"라는 반응을 나타낸다.

진실로(아멘, ἀμήν) Truly, 확실히, 이 단어는 '엄숙하게'라는 의미가 있다. 이어지는 말씀에 진실성을 강조한다.

환영받는 - 텍토스(δεκτός) - 호의적인, 받아들일 수 있는, 호의를 가진

24 또 **이르시되**
/내가 —— 진실로 너희에게 이르노니
/선지자가 —— 환영을 받는 자가 없느니라1)
/고향에서는

(3) 이사야의 예언이 자기 자신을 가리킨다는 말에 나사렛 사람들은 쉽게 동의하지 못한다. 예수님을 옛부터 함께 지내왔던 아이가 아닌가(=목수 요셉의 아들이 아닌가) 하고 수군거렸다. 예수님의 사역에 대해 배척이 처음부터 일어나고 있음을 보여준다.

(4) 예수님은 고향 사람들에게 엘리야와 엘리사 역시 고향에서 환영받지 못했음을 상기시킨다.

사르밧(헬, 사렙다) : 두로와 시돈 사이에 있는 베니게(페니키아)의 성읍이다.

4:25 내가 참으로 너희에게 **이르노니**
엘리야 시대에 하늘이 삼 년 육 개월간 닫히어
온 땅에 큰 흉년이 들었을 때에 이스라엘에 많은 과부가 있었으되
26 엘리야가 그 중 한 사람에게도 보내심을 받지 않고
오직 시돈 땅에 있는 사렙다의 한 과부에게 뿐이었으며 (왕상 17:13-24)

• 하나님은 엘리야를 사르밧으로 보내 이적 가운데서 과부의 공궤를 받게 하셨다. 그녀의 아들이 다시 사는 기적을 나타냈다.

하나님은 엘리야에게 다시 시돈 땅 사르밧(헬라어 : 사렙다)이라는 곳으로 가라고 명령하신다. 그곳에서 한 과부를 돌보라고 하셨다. 사르밧(Zarephath)이 어디쯤 있을까? 사르밧은 페니키아(시돈과 두로) 지역이었다. 하나님은 왜 사르밧까지 가라고 하셨을까? 이스라엘 백성들은 가뭄도 가뭄이려니와 목숨을 걸고 그를 숨겨줄 만한 사람이 없었을 것이다. 엘리야는 이스라엘 국경을 넘어 사르밧으로 갔다. 성문으로 들어서니 마침 땔감을 줍고 있는 한 여인이 있었다. 시돈에서도 가뭄은 계속되었던 것 같다. 이 과부와 그 아들이 기근으로 인해 굶어죽어 가고 있었다. 엘리야는 이 여인의 집을 은신처로 삼는다. 하나님은 물론 기적으로 이들을 살리신다. 기적의 내용을 설명해 보라(왕상 17:12-16).

(5) 엘리사 때에도 이와 같은 역사가 있었다. 엘리사는 엘리야의 제자요, 동료이자 후계자였다(왕상 19:16).

불치의 병에서 살아난 나아만, 그는 지금 자신 앞에 있는 엘리사를 최고의 예우로 대한다. 그는 자신을 '당신(=엘리사)의 종'(עַבְדְּךָ)이라고 부르고 있다. 그는 자기가 가지고 왔던 그 많은 선물을 엘리사에게 받으라고 강권한다. 꼭 받으라고 수차례 간청했을 것이다. 그러나 엘리사는 이를 단호하게 거절한다.

4:27 또 선지자 엘리사 때에
이스라엘에 많은 나병환자가 있었으되
그 중의 한 사람도 깨끗함을 얻지 못하고
오직 수리아 사람 나아만뿐이었느니라

나아만이 고침을 받은 이야기는 왕하 5장을 보라.

"당신의 종에게서' 예물을 받으소서"
"내가 받지 아니하리라."

3. 이 말을 들은 고향 사람들은 격한 반응을 드러냈다("크게 화가 나서").

4:28 이것을 듣고(when)
회당에 있는 자들이 —— 다 **크게 화가 나서** (ἐπλήσθησαν θυμοῦ)[1]
29 [그들이] —— **일어나** 동네 밖으로 **쫓아내어**
끌고 가서
/그 동네가 건설된 산 낭떠러지까지
//(목적: ὥστε, in order to)
밀쳐 떨어뜨리고자 하되(κατακρημνίζω 카타크렘니조)[2]

1) 분이 가득하여 뒤모스(θυμός) - 욕정, 격노, 격분, 분노 / 이들은 예수님의 가르침을 받아들이지 아니했다. 오히려 분노가 가득했다(플레도, πλήθω - 가득차다, 충만하다).

2) '절벽 아래로 내던지다'를 의미한다.

고향에서 환영받지 못한 엘리야나 엘리사와 같이 예수님도 고향에서 선지자로서 인정받지 못했다. 이들은 예수님을 산 낭떠러지까지 끌고 가서 밀쳐 떨어뜨리려고(to throw Him down the cliff) 했다. 극도로 잔인한 방법으로 예수님을 죽이려 했다. 예수님을 절벽 아래로 내 던지려 했으나 예수님은 그들을 피하셨다. 그들 한 가운데로 지나서 자기의 갈길을 가셨다(30절).[3]

3) 폭도들이 예수님을 둘러 사고 있었으나 성령에 의한 기적적인 구출이 있었을 것이다. 예수님이 구원 역사를 이루기 위해 아직은 죽으실 때가 아니었기 때문이다(눅 22:53). 예수님은 사역의 목적이 자신의 죽음이라는 사실을 잘 알고 계셨다. 그래서 자주 그의 (죽음의) 때를 언급하셨다(요 2:4, 12:23, 27, 13:1, 17:1). 십자가의 죽음이 그의 사역의 본질적이며 특징적임을 보여준다(요 10:11, 15을 읽어보자).

더러운 귀신 들린 자를 고치심(눅 4:31-37)

같이 읽을 곳 (막 1:21-28))

1. 예수님은 고향 나사렛을 떠나 갈릴리 가버나움으로 내려오셨다. 예수님은 안식일에 회당에서 말씀을 가르치셨다.

(1) 예수님은 회당에서 ① 가르치시며, ② 천국 복음을 전파하시며, 또한 이뿐 아니라 ③ 모든 병과 약한 것을 고치셨다. 백성들은 예수님의 가르치심에 놀랐다. 그가 전하는 말씀이 권위(authority, ἐξουσία)가 있었기 때문이다.

33 귀신 들린 사람이 —— 회당에 **있어**
/더러운 —— 크게 **소리 질러 이르되**
34 /아 나사렛 예수여
우리가 —— 당신과 무슨 상관이 있나이까
[당신은] —우리를 멸하러 왔나이까
나는 —— 당신이 누구인 줄 아노니
[당신은] - 하나님의 거룩한 자니이다

τί(What) ἡμῖν καὶ σοί - 우리와 당신이 왜 우리를 간섭하십니까?
What do we have to do with You - NASB

마귀는 더러운 귀신이다. 이들은 사람들의 몸속에서 활동한다. 이 마귀도 예수가 누구인가를 알았다. 마귀 들린 사람이 회당에 참석했다.

귀신들은 "우리를 멸하려(to destroy) 왔나이까?"라고 소리 질렀다. 여기서 사용된 '멸망시키다'(ἀπόλλυμι, 아폴뤼미)는 지옥의 운명, 영원한 멸망이라는 의미로 쓰였다(약 4:12; 마 10:28, 22:7; 막 12:9).

(2) 귀신(더러운 영, unclean spirit, πνεύματι ἀκαθάρτῳ)은 예수님이 "하나님의

• 눅 4:41 "여러 사람에게서 귀신들이 나가며 소리 질러 이르되 당신은 하나님의 아들이니이다 예수께서 꾸짖으사 그들이 말함을 허락하지 아니하시니 이는 (귀신들이) 자기를(=예수를) 그리스도인 줄 앎이러라(알고 있었기 때문이다)."

거룩한 자"(ὁ ἅγιος τοῦ θεοῦ, You are the Holy One of God!)라고 증언한다. 아직까지는 크게 자신의 정체를 드러내지 않으셨지만 오히려 귀신이 그를 하나님의 아들로 알아보았다(41절*).

2. 귀신들은 예수님의 권세의 원천을 잘 알고 있다. (눅 4:35)

• 눅 4:35 "예수께서 꾸짖어 이르시되 잠잠하고 그 사람에게서 나오라 하시니 **귀신이 그 사람을 무리 중에 넘어뜨리고 나오되** 그 사람은 상하지 아니한지라."

막 1:25 예수께서 — [그를] **꾸짖어**(ἐπετίμησεν) **이르시되**(...하시니)
/[너는] — **잠잠하고 나오라**
/그 사람에게서
26//(결과)
더러운 귀신이 — 나오는지라
/그 사람에게 경련을 일으키고(과거분사)
/큰 소리를 지르며(과거분사)

• 막 9:25 "예수께서 무리가 달려와 모이는 것을 보시고 그 더러운 귀신을 **꾸짖어** 이르시되 말 못하고 못 듣는 귀신아 내가 네게 명하노니 그 아이에게서 나오고 다시 들어가지 말라 하시매 26 귀신이 소리 지르며 아이로 심히 경련을 일으키게 하고 나가니 그 아이가 죽은 것 같이 되어 많은 사람이 말하기를 죽었다 하나 27 예수께서 그 손을 잡아 일으키시니 이에 일어서니라."

(1) 예수님은 귀신을 꾸짖으셨다(ἐπετίμησεν). 이 단어 '에피티마오'(ἐπετιμάω)는 하나님만이 특권으로 마귀를 꾸짖으실 때 사용되었다(예를 들어, 유다서 1:9을 보라). 물론 예수님도 이런 권리를 가지셨다(막 8:33; 눅 9:55). 막 9:25* 에서도 예수님은 더러운 영을 꾸짖고 몰아내셨다. 시몬의 장모의 열병을 꾸짖으실 때에도 이 단어가 쓰였다(눅 4:39). 심지어 자연의 기본적인 바람을 꾸짖으실 때도 이 단어를 쓰셨다(막 4:39).

• 에피탓소(ἐπιτάσσω) - 명령하다 - 예수님의 강력하고 영향력 있는 명령이다(막 1:27; 눅 8:25). 그 입의 말씀은 마치 창조의 말씀과 정확하고 효력이 있다(눅 8:31이하).

눅 4:36 [그들이] 다 **놀라** 서로 **말하여 이르되**
/이 어떠한 말씀인고
//이유: for, ὅτι)
[그가] —더러운 귀신을 명하매
/권위와 능력으로(with authority and power)
[그들이 — 나가는도다

• 엑셀코마이(ἐξέρχομαι) : '~에서 나오다'(get out). 여기서는 귀신들이 축출되거나 쫓겨나는 것을 가리킨다(막 1:25이하, 5:8; 눅 4:35, 8:33, 11:24).

(2) 더러운 귀신이 쫓겨나가는 것을 본 사람들은 크게 놀랐다(담보스, θάμβος). 여기 '담보스'라는 말은 (놀라움으로 인해) '마비', 즉 '경악, 놀램, 두려움'을 의미한다. 이 단어는 신약성경에서 누가복음에만 나온다. 당시 현장에 있었던 사람들은 예수님께서 귀신을 내쫓은 일은(축사, 逐邪) 경악할만한 사건이었다. 따라서 예수께서 행하신 귀신 축출 사건에 대한 소문이 그 근처 사방에 퍼져나갔다(37절).

온갖 병자를 고치심(눅 4:38-41)

베드로의 장모의 열병 치료

1. 베드로의 장모는 "중한(심한) 열병에 붙들려" 있었다(38절). 예수님의 치료가 어떻게 나타났는가?

(1) 예수님은 회당을 떠나 시몬의 집에 가셨다. 그 때 시몬의 장모[1]가 중한 열병을 앓고 있었는데, 사람들이 그를 위하여 고쳐달라고 간청했다(38절).

(2) 예수님은 그녀를 내려다 보시고 열병[2]을 꾸짖으셨다. 그러자 병이 떠나고 곧 일어나 그들에게 시중을 들었다. 예수님께서 육체적인 병을 고치시고 다른 이적들을 행하실 때에도 '꾸짖다'(rebuke, 에피티마오)[3]라는 표현을 사용하셨다. 사탄은 일반적인 의미에서 고통의 원인으로 언급되고 있다. 예수님은 베드로의 장모의 열병을 꾸짖음으로써 고치셨다.

2. 해가 질 무렵에(안식일이 끝나갈 즈음) 사람들이 귀신 들린 자를 많이 데리고 예수님께 나아왔다(눅 4:40; 마 8:16).

(1) 예수께서 병을 고치신다는 소문이 성내에 신속하게 퍼져나갔을 것이다. 따라서 사람들이 많은 병자들을 데리고 왔다. 특히 귀신 들린 사람들을 많이 데려왔다고 했다(마 4:24을 참조해 보라). 예수님은 말씀으로 귀신을 쫓아 냈을 뿐 아니라 병든 자를 고치셨다. 예수님께서 일일이(every one of them) 그 위에 손을 얹으사 온갖(각색) 종류의 병(various diseases)을 고치셨다.

눅 4:41 귀신들이 — **나가며**
/여러 사람에게서
/소리 질러 이르되 (분사)
/당신은 하나님의 아들이니이다
예수께서 ┬ **꾸짖으사**
└ 그들이 말함을 **허락하지 아니하시니**
//이는(이유, for, ὅτι)
[귀신들이] —— 앎이러라(알고 있었기 때문이다)
/예수가 그리스도인 줄

모든 질병이 귀신에게서 비롯된 것은 아니지만 귀신 때문에 걸린 질병은 귀신을 내어쫓음으로써 치유하셨다. 이런 치유 사역은 기적의 성격으로 하나님의 나라가 도래했음을 보여주는 것이다.

(2) 이적들은 하나님 나라가 도래하였다는 것을 말해주고 있다. 이적들은 초월적

1) 백부장뿐만 아니라 베드로는 그 당시 가버나움에 살고 있었다(마 4:18-). 베드로는 결혼을 했고 그의 아내는 나중에 복음전도 여행에 함께 했던 것 같다.

2) 열병(a high fever, 퓌레토스, πυρετός) - 퓌르(πῦρ 불)에서 유래 했다.

3) ἐπετίμησεν
ἐπιτιμάω - 비난하다, 꾸짖다, 견책하다. / 예수님은 더러운 영을 꾸짖으시고 몰아내셨다(막 9:25). 바람을 꾸짖을 때에도 권능을 나타내셨다.

• 눅 10:19 "내가 너희에게 뱀과 전갈을 밟으며 원수의 모든 능력을 제어할 권능을 주었으니 너희를 해칠 자가 결코 없으리라."

인 천국의 임함 때문에 일어난 것이다(눅 10:9 "거기 있는 병자들을 고치고 또 말하기를 **하나님의 나라가 너희에게 가까이 왔다** 하라.") 예수님의 **이런 이적들을 통해** 백성들은 예수를 메시야로 인식하게 되었다. 백성들은 그를 다윗의 아들이라고 고백하게 된다(마 9:27, 12:23).

3. 날이 밝자 예수님은 그곳을 떠나 한적한 곳으로 가셨다. 치유 사역을 마치시고 따로 기도하려고 하셨을 것이다.

(1) 그러니까 사람들이 예수님을 찾아다녔다. 그리고 자신들에게서 떠나지 말라고 붙들었다. "예수께서 이르시되 내가 다른 동네들에서도 **하나님의 나라 복음을 전하여야 하리니 나는 이 일을 위해 보내심을 받았노라** 하시고"(43절), 갈릴리 지역 여러 회당에서 전도하셨다(44절).

(2) 이렇게 예수님은 가버나움에서 갈릴리까지(마 4:23, 8:2-4; 막 1:39-45; 눅 4:43-5:16) 온 갈릴리 지역을 두루 다니면서 회당에서 가르치시며 천국 복음을 전파하셨다.

나는 이 일을 위해 보내심을 받았노라

1. 공관복음서의 핵심적인 주제는 무엇이라고 할 수 있을까?

하나님 나라의 임함
- 마태, 마가, 누가 - 천국의 임함
- 요한 - '영생' 으로 표현했다.

2. 예수님은 그의 사역의 시작을 어떤 말로 시작하고 계신가? (구절을 찾아보고 꼭 적으세요.)

- 마 4:17, 23; 9:35 ( )
- 눅 9:11 ( )
- 막 1:14, 15 ( )

3. 주님의 사역의 목적은 무엇이었는가?

- 눅 4:43 "예수께서 이르시되 내가 다른 동네에서도 (하나님 나라)의 복음을 전하여야 하리니 나는 이 일로 보내심을 입었노라 하시고"

(1) 주님의 사역 역시 주 사역 내용은 한마디로 "하나님 나라"의 선포였다(the preaching of the K.G.). 그러므로, 그가 전파한 하나님의 말씀은(눅 8:11) = 그 나라의 말씀(마 13:9)이라고 할 수 있다. 네 복음서 모두가 예수 그리스도께서 "하나님의 나라"를 선포하기 위해 오셨다고 설명하고 있다.

(2) 누가는 사도행전에서도(행 1:3) 계속 이 사실을 언급하고 있다. 즉 주님은 죽음 이전의 중심적 메시지였던 <하나님의 왕국>에 관해 부활 이후에도 계속 강조하셨음을 증언하고 있다.

(3) 눅 8:1; 16:16 - 그의 제자들도 물론 아직은 진정한 의미를 인식하지 못했지만 역시 같은 주제를 가지고 사역했다.

(4) 부활 후 제자들의 태도는 어떠했는가? 제자들은 처음에는 하나님의 나라에 대한 정확한 이해가 부족했다. 유대인들은 이스라엘 국가의 정치적 회복을 얼마나 깊이 간직하고 있었는가를 볼 수 있다(행 1:1-6).

적용을 위한 묵상 **너희는 '아브라함이 우리의 조상이다'라고 말하지 말라!!**

• 독사의 자식들아!
회개하지 않는 유대인들에게 던진 세례 요한의 폭탄적인 선언이다.
특히 바리새인과 사두개인들의 회개는
하나님이 원하시는 뜻과는 너무 거리가 멀었다.
그들의 회개는 당시 죄인으로 취급했던 무리들과
더욱 분리하는 삶을 사는 것이라고 생각했다.
따라서, 하나님께서 원하시는 진정한 회개는 없었다.
물론 당연히 외식적인 삶을 살았다.
그들은 종교지도자들이었다. 그들은 백성들로부터 칭송받기를 좋아했다.
그러나 그들의 가르침을 통해 백성들의 변화는 크게 없었다.
이스라엘이 고난 받고 있는 것은 이런 삐뚤어진 지도자들 때문이었다.

• 오늘도 끝없이 회개하라는 외침이 강단에서 선포된다.
유명한 집회 장소에서 강도 높은(?) 회개가 이루어지지만
우리가 살아가는 공동체에는 크게 변화가 없다.
당연히 삶의 열매가 많지 않다.
무엇이 문제일까?
세례 요한이 다시 우리 앞에 나타난다면, 무엇이라고 외칠까?
나는, 우리는, 오직 입으로만 회개하는 것이 아닐까?!

• **하늘로부터 소리가** 있어 말씀하시되
이는 **내 사랑하는 아들**이요 내 기뻐하는 자라 하시니라(눅 3:21-22)
그는 성령으로 세례를 주실 뿐만 아니라
또한 불로 세례를 주시기 위해 오셨다.
그는 첫 사람 아담의 실패를 회복하기 위해, 둘째 아담으로 오셨다.
그의 지상에서의 삶은 고난과 핍박과 고뇌의 연속이었다.
나의, 그리고 우리의 죄 때문에 죽으로 오셨기 때문이다.

주님이 전하시는 말씀과 사역의 의미를 깊이 알 이유가 여기에 있다.
하나님의 말씀을 배우기에 밤을 새우는 열정이
그리고 말씀대로 살아가기 위해 몸부림침이 있어야 한다. 반드시~.
그렇지 않으면, 우리는 (   ).

• 예수님은 성령에 이끌려 광야에서 40일간 금식하셨다.
금식을 마치자 사탄이 와서 유혹했다. 어떤 내용으로 유혹했을까?
주님은 시험에서 말씀으로 승리하셨다.
우리가 말씀으로 무장해야 할 이유가 여기에 있다.

• 평소에 말씀으로 잘 무장해야할 이유가 있다. 왜? (엡 6:11).

• 예수님의 가르침에 많은 사람들이 회개하고 복음을 받아들이는 역사가 일어났다. 그런데 예수님의 고향에서는 오히려 예수님을 반대하고 복음을 받아들이지 아니했다는데(눅4:14-30), 왜 그랬을까?

• 주님의 사역은 피곤의 연속이었다. 너무 많은 사람들에 몰려 들었기 때문이다. 그래서, 사역을 중단하셨을까? 오히려 주님은 한적한 곳을 찾아 기도하셨다.

Outline Outline은 본문 설명을 요약 정리한 것입니다. 간단하게 설명을 할 경우 이용하세요. 그렇지 않으면 본문으로 바로 들어가셔도 됩니다.

118

Luke 5–6장

갈릴리 사역(눅 4:14–9:50)

4장~9장까지는 주님의 갈릴리에서의 사역이 소개된다.
주님은 회당에서 복음을 증거하신다(4:14-44).
구약에서 예언된 종말론적 약속이 성취되었다는 것이다.
예수님은 자신이 메시야이심을 주장하시면서
회당에서 그의 초림 시의 사역에 대해 읽으셨다.

- 눅 4:18 "주의 성령이 내게 **임하셨으니** 이는 가난한 자에게 복음을 전하게 하시려고 내게 **기름을 부으시고** 나를 보내사 포로 된 자에게 자유를, 눈 먼 자에게 다시 보게 함을 **전파하며** 눌린 자를 자유롭게 하고 19주의 은혜의 해를 전파하게 하려 하심이라 하였더라."

이제, 5장에서는
제자들을 부르사는 장면이 소개된다.
사람들을 낚는 어부로 부르신 것이다(5:1-11).
그러나
예수님의 사역에 반기를 드는 무리들이 있었다(6:1-11).
주로 종교지도자들이었다.
그들은 예수님의 죄 용서 사건과
안식일에 병고친 사건을 들먹이며 신성모독으로 몰고 갔다.

그리고 제자들을 부르고 가르치시는 사역이 계속된다.

어부들을 제자로 부르심(눅 5:1-11)

(1) 예수님은 공생애의 시작을 갈릴리 사역으로부터 시작하셨다. 예수님은 어부들 중에서 몇 사람을 제자로 부르셨다. 누구누구?

(2) 베드로를 포함한 어부들은 밤이 새도록 수고했다. 여기서 '수고하다'라는 말은 '(녹초가 되도록) 수고하다, 애쓰다, 열심히 일하다'라는 의미가 있다. 그런데도 한 마리도 못 잡았다는 것이다. "그러나(but, δέ) 선생님께서 말씀하시니 내가 그물을 내리겠습니다."

(3) 기적이 일어났다. 심히 많은 고기가 잡혀 그물이 찢어질 지경이었다. 두 배에 나누어 실었는데도 배가 잠기게 될 정도였다(7절). 이를 통해 예수님이 어떤 분인가를 알았을 것이다. 베드로는 예수님의 발 앞에 엎드리면서 '주여 나를 떠나소서'라고 했다.

"[너희는] 나를 따라 오라 내가 너희를 사람을 낚는 어부가(사람들의 어부) 되게 하리라."

(4) 이제 그들은 단순히 스승과 제자 사이가 아니다. 그는 왕(王)이요, 그 왕의 권위를 가지고 자기의 백성들에게 따라 오라고 하셨다. ① **시몬**과 그의 형제 ② **안드레** ③ **야고보**와 그의 형제 ④ **요한**을 부르셨다.

나병 들린 사람을 고치심(눅 5:12-16)

(1) 가버나움에서 갈릴리까지의 사역이 소개된다(눅 4:43-5:16). "예수께서 한 동네에 계실 때에 온 몸에 나병 들린 사람이 있어"(눅 5:12).

(2) 주님의 명령과 함께 즉시 나병이 나았다. 무릎을 꿇고 절하면서 '주여'를 외치는 한 나병환자의 믿음, 주님은 그러한 믿음을 치유의 조건으로 삼으셨다. 이 일로 "예수님에 대한 소문이 더욱 퍼지매 수많은 무리가 말씀도 듣고 자기 병도 고침을 받고자 하여 모여 들었다."(15절)

중풍병자를 고치심(눅 5:17-26)

(1) 중풍병자를 그의 친구들이 데려왔다. 그러나 사람들이 많아서 안으로 데리고 들어갈 수 없어서 지붕에 올라가 기와를 벗기고 병자를 침상 째 무

리 가운데로 달아 내렸다(18-19절).

(2) 이 모든 과정을 지켜보고 있던 서기관들은 예수님을 신성모독자로 몰아부쳤다. 죄를 용서하실 수 있는 권한은 오직 하나님께만 있는데, 주님의 행위는 (이들이 보기에는) 분명히 참람된(blasphemies) 죄악이었다. 즉, 하나님을 모독하는 행위라는 것이다.

(3) 주님께서는 이들의 악한 생각을 아시고(=예수를 해하고자 하는 악한 생각) 무슨 목적으로 그렇게 생각하느냐고 물으셨다.

문제 : ① "네 죄 사함을 받았으니라" 하는 말과
② "일어나 걸어가라" 하는 말과 어느 것이 쉽겠느냐?

(4) 예수님은 병자를 고침으로써 "인자가 세상에서 죄를 사(赦)하는 권능이 있으심"을 증명하려 하셨다(마 9:6). 오직 예수님만이 죄 사함과 병고침을 다 행하실 수 있는 권세가 있으심을 증명하셨다.

레위가 주님을 따르다(눅 5:27-32)

예수님은 중풍병자를 고치셨던 곳을 떠나셨다. 그리고 갈릴리 해변에서 돌아오시다가 레위라 하는 세리가 세관(稅關, tax collector's booth)에 앉아 있는 것을 보시고 나를 따르라 하셨다.

눅 5:28 그가 모든 것을 (버리고) 일어나 따르니라

금식에 대한 논쟁(눅 5:33-39)

(1) 바리새인들은 "요한의 제자들과 바리새인의 제자들은 금식하는데 당신의 제자들은 먹고 마시는 것입니까?" 하며 못마땅하게 생각했다. 예수님은 금식 문제에 대해 성경적 견해를 정리하신다. 그 이유를 어떤 비유를 들어 설명하셨나?

(2) "그러나 신랑을 빼앗길 날이 이르리니 그때에는 금식할 것이니라."

- 생베 조각을 (낡은 옷)에 붙이는 자가 없나니,
- 새 포도주를 (낡은) 가죽 부대에 넣는 사람이 없듯이,

(3) 이 교훈의 요지는 무엇인가? 아직도 구약의 형식이 남아 있다면 예수님으로 말미암아 도래한 새 시대는 경험할 수 없다는 것이다.

안식일에 밀이삭을 자르다(눅 6:1-11)

호세아 6:6의 뜻을 바로 알았더라면, 안식일에 자비를 베푸는 것이 의롭다는 것을 알았을 것이다. 인자는 "안식일의 주인"이셨기 때문이다(눅 6:5). 그들은 안식일의 주인을 모욕했다. 안식일을 인간에게 주신 근본 목적이 무엇인가? 인간이 안식일의 노예가 되어서는 안 된다는 것이다.

안식일에 손마른 사람을 고치심(눅 6:6-11)

(1) 안식일에 선을 행하는 것과 악을 행하는 것, 생명을 구하는 것과 죽이는 것 중에 어느 것이 옳으냐? (율법에 어떻게 기록되어 있느냐?)

(2) 예수님은 이들의 위선을 폭로하셨다. 아무리 그들이 전통을 고수한다 하더라도 안식일에 양이 구덩이에 빠졌다면 끌어낼 것이 아니겠는가? 하나님은 안식일에 선한 일을 하도록 하셨다.

열두 제자를 사도로 부르심(눅 6:12-16)

복과 화를 선포하심(눅 6:20-26)

원수를 사랑하라(눅 6:27-36)

비판하지 말라(눅 6:37-38, 41-42)

우리가 타인에게 적용하는 기준은 바로 나에게도 적용된다는 것이다. 따라서 남을 해하려는 언동은 언젠가는 반드시 보복을 받는다는 것이다.

못된 열매 맺는 좋은 나무는 없다(눅 6:43-49)

(1) 누가 구원 얻을만한 믿음을 소유한 자인가? 주님은 이를 판단할 기준이 있다고 말씀하신다. 즉 좁은 길로 가는 것이 생명의 길이지만, 이들이 진짜 생명을 소유한 것을 알 수 있는 길은 그들의 열매로 알 수 있다고 말씀하신다.

(2) 좋은 열매를 맺는 나무가 좋은 나무이다. '좋은 나무'가 나쁜 열매를 맺을 수 없음과 같다는 것이다(눅 6:43). 여기서 열매는 사람의 '행실'을 가리킨다.

갈릴리 사역 | 눅 4:14-9:50

어부들을 제자로 부르심(눅 5:1-11)

같이 읽을 곳 (마 4:18-22; 막 1:16-20)

예수님은 공생애를 갈릴리 사역으로부터 시작하셨다. 그 이유는 종교 지도자들 때문이었다. 너무 빠르게 그들을 자극하는 것은 시기적으로 이르기 때문이었을 것이다. 그리고 갈릴리 지방에는 잃어버린 양들이 많이 있었다. 갈릴리 사역(눅 4:14-9:50)에서는, 물론 처음부터 대적하는 무리들이 있긴했지만, 노골적인 박해는 아직 없었다.

• 사람을 낚는 어부는 하나님의 백성을 집으로 데려오는 종말론적인 임무를 가졌다는 의미이다. 이 임무에는 추호의 지체도 용납되지 않는다.

1. 예수님은 갈릴리 바다에서 그물을 던지고 있던 어부들 중에서 몇 사람을 제자로 부르셨다. 누구이며, 이들은 어떤 반응을 보이며 따랐을까?

(1) 게네사렛 호숫가(갈릴리 바다), 많은 사람들이 몰려들었다. 예수님의 말씀을 듣기 위해서였다. 어부들(바닷 사람들)은 배에서 내려 그물을 씻고 있었다. 배 두 척이 있었는데, 그 중 하나는 베드로의 배였다. 예수님은 베드로에게 배를 뭍에서 조금 떼어 놓게 하신 후,[1] 배에 앉아 무리를 가르치셨다.

1) 호숫가에 너무 많은 사람들이 운집했기에 예수님의 말씀을 들을 수가 없었다. 따라서 예수님은 베드로의 배에 오르시고, 그 배를 설교단으로 사용하셨다. 배를 육지에서 조금 떼어 놓으면 모든 사람이 잘 들을 수 있었다.

"말씀을 **마치시고** 시몬(베드로)에게 **이르시되** 깊은 데로 가서 그물을 내려 고기를 잡으라(for a catch, εἰς ἄγραν)."(4절)

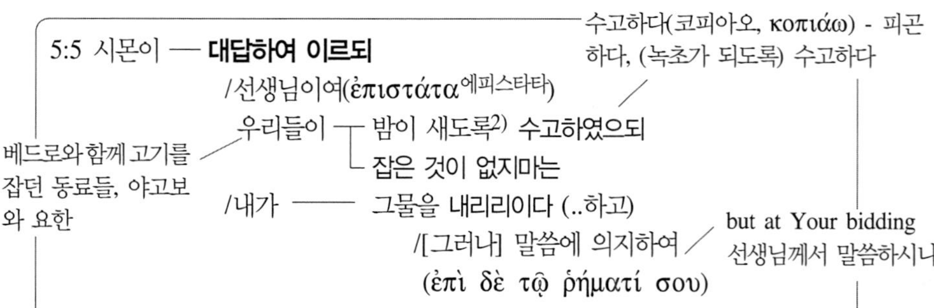

2) 갈릴리 호수에서는 낮보다 밤에 고기를 더 쉽게 잡을 수 있었다고 한다. 그러나 어부가 직업인 이들도 지나간 밤에는 한 마리도 잡지 못했다.

(2) 베드로를 포함한 어부들은 밤이 새도록 수고했다. 여기서 '수고하다'라는 말은 '(녹초가 되도록) 수고하다, 애쓰다, 열심히 일하다'라는 의미가 있다. 그런데도 한 마리도 못 잡았다는 것이다. "그러나(but, δὲ) 선생님(Master, ἐπιστάτα 에피스타테스)[3]께서 말씀하시니(at Your bidding, 말씀에 따라) 내가(=베드로) 그물을 내리겠습니다."

3) 이 단어는 누가복음에서만 6회 나온다. 주인, 선생이라는 의미로 쓰였다. 그러나 기적을 본 후, 베드로는 예수님을 '주'(큐리오스)로 불렀다(8절).

5:6 그렇게 하니 고기를 잡은 것이 심히 많아
그물이 찢어지는지라(διερρήσσω 디알렛소)

(3) 기적이 일어났다. 심히 많은 고기가 잡혀 그물이 찢어질 지경이었다. 그래서 그것을 끌어올리는데 자신들끼리는 역부족이었다. 그래서 다른 배에 있는 동료들에게 손짓하여 도움을 청했다. 두 배에 나누어 실었는데도 배가 잠기게 될 정도였다(βυθίζω[뷔디조])(7절).

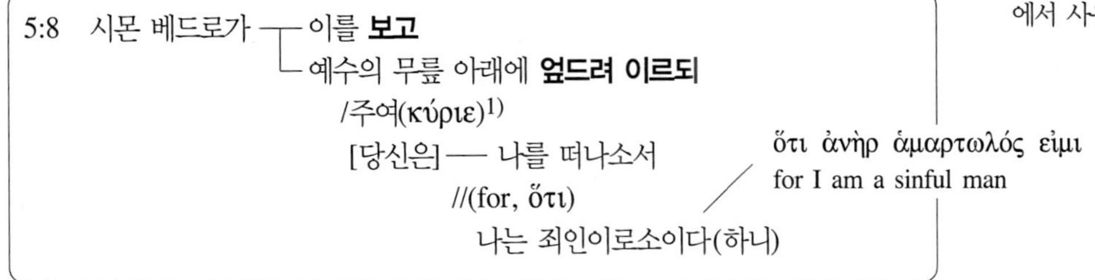

(4) '주'(퀴리오스, κύριος)라는 호칭은 특히 누가의 저술에서 많이 나오는데(210회), 이는 헬라문화와 언어의 지배를 받던 지역에 사는 사람들을 위해서 사용했을 것이다. 지상에 계신 예수님에게 사용된 이 칭호는 상대방을 정중하게 부르는 호격 형태를 띤다. 초대교회에서는 예수님을 가리키는 존칭들 가운데 하나였다. 베드로는 예수님을 향해 '주여' (κύριε[퀴리에])라고 불렀다. 처음에는 예수님을 '선생님이여' (ἐπιστάτα[에피스타타])라고 불렀다(눅 5:5). 베드로는 임재의 표시인 기적으로 인해 놀랐고, 이를 통해 예수님이 어떤 분인가를 알았을 것이다. 베드로는 예수님의 발 앞에 엎드리면서 '주여 나를 떠나소서'라고 했다.[2] 앞으로 제자들은 예수님이 어떤 분인가를 더 깊이 알아가게 될 것이다.

(5) 그곳에 있던 모든 사람들이 이 기적을 보고 놀랐는데(9절), 특히 "세베대의 아들로서 시몬의 동업자인 야고보와 요한도 놀랐다"고 했다(10절). 예수님은 시몬에게 "무서워하지 말라"고 하시면서 "이제 후로는 네가 사람을 취하리라"고 하셨다. "그들이 배들을 육지에 대고 모든 것을 버려 두고 예수를 따르니라." 마태복음에서는 "[너희는] 나를 따라 오라 내가 너희를 사람을 낚는 어부가(ἁλιεῖς ἀνθρώπων, 사람들의 어부)[3] 되게 하리라"고 하셨다.

(6) 이제 그들은 단순히 스승과 제자 사이가 아니다. 그는 왕(王)이요, 그 왕의 권위를 가지시고 자기의 백성들에게 따라 오라고 하셨다. 먼저 누구를 부르셨나? 마 4:18 "<베드로>라 하는 ① **시몬**과 그의 형제 ② **안드레** -- (그들은 어부라)" 그리고 이어서 누구를 부르셨나? 마 4:21 "거기서 더 가시다가 다른 두 형제 곧 세베대의 아들 ③ **야고보와** 그의 형제 ④ **요한**을 부르셨다.

1) 주(퀴리오스, κύριος)는 퀴로스(κύρος, 힘, 권위)에서 유래했다. 신약성경에서 725회가 나오는데, 그 중 대부분 누가의 기록에서 210회, 바울서신(275회)에서 사용되었다.

2) 이사야가 만군의 여호와 이신 주를 뵈옵고 나타난 반응을 비교해 보라(사 6:1-8).

3) 이들은 이제 '사람을 낚는 어부'(fishers of men)가 될 것이다. 할리유스(ἁλιεύς)는 어부를 말한다. 눅 5:2에서 그물을 손질하는 어부들을 묘사했다. '사람들의 어부'는 복음으로 사람들을 하나님 나라의 백성으로 불러들이는 사람들을 말한다. '낚는'다는 말은 원문에 없다.

나병 들린 사람을 고치심(눅 5:12-16)

같이 읽을 곳 (마 8:1-4; 막 1:40-45)

1. 가버나움에서 갈릴리까지의 사역이 소개된다(마 4:23,* 8:2-4; 막 1:39-45; 눅 4:43-5:16). "예수께서 한 동네에 계실 때에 온 몸에 나병 들린 사람이 있어"(눅 5:12).

- 마 4:23 "예수께서 온 갈릴리에 두루 다니사 그들의 회당에서 가르치시며 천국 복음을 전파하시며 백성 중의 모든 병과 모든 약한 것을 고치시니"

(1) 마태복음에서는 산상설교 다음에 일어난 일로 소개한다. 산상설교를 들은 '수많은 무리'가 예수님을 따라 내려 왔다. 그의 가르치심에 놀랐기(충격을 받다) 때문이다(마 7:28). 그 때 누가 예수님께 나왔는가? (마 8:2 "한 나병환자가 나아와 절하며") 두 사건이 같은 사건인지 확실하지 않다.

- 당시 사람들은 나병은 죄를 지은 결과로 걸리는 천형(天刑)으로 알고 있었다.

눅 5:12 예수께서 한 동네에 계실 때에(when)
온 몸에 나병 들린 사람이 **있어** 예수를 보고
[그가] —— **엎드려 구하여** 이르되
/주여(κύριε)[1] [만일] 원하시면(ἐὰν θέλῃς)
[당신은] — 깨끗하게(καθαρίσαι)[2] 하실 수 있나이다
/나를

"내가 (원하노니) (깨끗함을 받으라, καθαρίσθητι)[3]"

1) "주여"(κύριε)라는 간절함 속에서 그 환자는 주님의 능력으로 치료될 수 있다는 신뢰와 주님께 대한 존경심이 있었다. 이 말은 "선생님"이라는 말보다 훨씬 더 존칭이다.

2) καθαρίζω(깨끗하게 하다)의 부정사 과거 능동태

3) καθαρίζω(깨끗하게 하다)의 명령법 과거 수동태

(1) 주님의 명령과 함께 즉시 나병이 나았다. "무릎을 꿇고 절하면서" '주여'를 외치는 한 나병환자의 믿음, 주님은 그러한 믿음을 치유의 조건으로 삼으셨다. 나병환자는 예수님께서 능히 자기의 병을 깨끗케 하실 수 있는 분임을 믿었다. "수많은 무리"가 나병환자의 치료과정을 보았을 것이다. 이들에게는 죽은 사람을 다시 살리는 것과 같은 기적을 본 것이다.

(2) 주님은 고침을 받은 자들에게 '삼가 아무에게도 이르지 말라'고 당부하셨다(마 9:30, 12:16; 막 1:44, 3:12; 눅 4:41, 8:56 등도 참조해 보라). 그리고 제사장에게 네 몸을 보이고 또 네가 깨끗하게 됨으로 인하여 모세가 명한 대로 예물을 드려 그들에게 입증하라고 하셨다(레 14:2 이하 참조). 또한 이렇게 금하신 이유는 예수님이 십자가 위에서 피를 흘리시기 전까지, 이런 병고치는 일이 그의 주 목적에 방해를 가져와서는 안 되었다. 복음 전파에 방해 요소가 될 수 있기 때문이었다. 아직은 주님이 이런 일로 공연한 충돌을 가져와서는 안 되었다.

2. 그런데, 이 나병환자는 예수님의 명령을 어기고 자기에게 일어났던 일을 "많이 전파하여 널리 퍼지게" 했다(막 1:45).[1] 주님은 이 나병환자에게 "제사장에게 가서 몸을 보이고 모세의 명한 예물을 드려 '입증'하라"고 하셨다. 무엇을 입증하라는 것일까?[2]

1) 어떤 자유주의 학자들 중에는(Wrede) 이런 구절을 보고 예수님이 처음에는 메시야에 대한 자각(自覺)이 없었다고 주장한다.

(1) 어쨌든 예수님의 이적은 그의 말씀의 진실됨을 확증했다(마 9:6, 요 14:11 참조). 이 나병환자가 갑자기 성전에 나타나서 바로 예수가 자기의 병을 고쳤다는 사실을 통보했을 때, 제사장들이 받은 충격이 어떠했을까? 당시, 나병을 고친다는 일은 하나님만이 하실 수 있는 일이었기 때문이었다. 그런데, "하나님의 아들 예수"라는 사람이 바로 그 일을 행하셨다는 것이다.

2) 이에 대한 다양한 해석이 있다. ① 이제는 병을 다 고쳐 정상인들과 똑같이 되었다는 것을 증언하라는 것인지? ② 다른 사람이 아니라 바로 예수라는 사람이 이 병을 고쳐주었다는 것을 증언하라는 것인지? ③ 예수님은 자신을 고쳐주실 수 있는 능력있는 하나님의 아들이시라는 것을 증언하라는 것인지?

(2) 이 일로 "예수님에 대한 소문이 더욱 퍼지매 수많은 무리가 말씀도 듣고 자기 병도 고침을 받고자 하여 모여 들었다."(15절) "예수님은 물러가사 한적한 곳에서 기도하시니라."(16절).

중풍병자를 고치심(눅 5:17-26)

같이 읽을 곳 (마 9:1-4; 막 2:1-12)

1. 누가복음에서는 장소가 언급되어 있지 않으나 마태나 마가복음에서는 예수님께서 본 동네(=가버나움, 막 2:1)로 오셨을 때 일어난 일로 기록하고 있다.

(1) 어떻게 주님 앞에 오게 되었는가? (막 2:1-4*)

- 막 2:1 수 일 후에 예수께서 다시 **가버나움**에 들어가시니 집에 계시다는 소문이 들린지라 2 **많은 사람이 모여서** 문 앞까지도 들어설 자리가 없게 되었는데 예수께서 그들에게 도를 말씀하시더니 3 사람들이 **한 중풍병자를 네 사람에게 메워 가지고** 예수께로 올새 4 무리들 때문에 예수께 데려갈 수 없으므로 그 계신 곳의 **지붕을 뜯어 구멍을 내고 중풍병자가 누운 상을 달아 내리니**

(2) 예수님은, 가다라 지방에서, 무덤 사이에 거하던 귀신들린 자들을 치료해주셨다. 그러나 그 지방 사람들이 떠나기를 간청함으로(마 8:34) 오래 계시지 못하고 그 곳을 떠나 본 동네(=가버나움)로 오셨다. 물론 이곳에서도 예수님에 대한 소문은 널리 퍼져 있었다(눅 5:17 "하루는 가르치실 때에 갈릴리의 각 마을과 유대와 예루살렘에서 온 바리새인과 율법교사들이 앉았는데 병을 고치는 주의 능력이 예수와 함께 하더라").

버나움(Capernaum)은 갈릴리 북쪽 해변에 위치하고 있던 마을로 예수님은 많은 시간을 이곳에서 사역하셨다. 이곳에 세관이 있었으며(마 9:9), 로마의 백부장이 주둔하고 있었다(마 8:10). 예수님께서는 가버나움을 '그 자신의 마을'(본 동네)이라고 부르셨다. 회당 부근에는 베드로의 집이 있었다(마 8:14; 막 1:29). 물론 세리 마태도 살았다.

(3) 중풍병자를 그의 친구들이 데려왔다. 그러나 사람들이 많아서 (안으로 데리고 들어갈 수 없어서) 지붕에 올라가 기와를 벗기고 병자를 침상 째 무리 가운데로 달아 내렸다(18-19절).

1) 그들의 믿음을 보시고 : '그들의' 믿음이라고 했는데, '그들'은 누구일까? 물론 중풍병자와 그를 데려온 사람들을 말한다.

눅 5:20 예수께서 그들의[1] 믿음을 보시고 **이르시되(**...하시니)
/이 사람아
/네 죄[들이] ──사함을 받았느니라

주님은 이들의 믿음을 보시고 먼저 죄 사함을 선포하신다.

2) 이 믿음은 하나님을 믿는 믿음을 가리킨다(faith *in God*). 믿음은 하나님과 함께 시작한다. 예수님은 먼저 그에게 사랑을 베푸셨고 그를 받아들이셨다. 치유하는 믿음은 문제 자체에 있지 않으며, 오히려 하나님의 선하심과 자비를 깨달음으로써 하나님에게 초점을 맞춘다.

마 9:2 예수께서 그들의 믿음[2]을 **보시고**
/작은 자야(Son, τέκνον)
[너는] ──── 안심하라(Take courage, θάρσει)
/네 죄[들이] ─사함을 받았으니라

(4) 그렇다면 질병의 치료는 곧 죄 사함을 받는다는 것을 의미하는가? 물론 죄와 질병 사이에는 이런 관계가 있기도 하지만(요 5:14 참조), 이런 견해는 대체로 반대하셨다(눅 13:1-5, 요 9:2-3 참조). 어쨌든 중풍병자와 친구들은 예수님께서 자기의 질병을 고쳐주실 수 있다는 확신과 자기의 죄까지도 사유하실 수 있다는 믿음이 있었다. 이제 주님은 "일어나 걸어가라"고 명령하신다(6절). 주님은 이 사건을 통해 이 땅 위에서도 죄를 사하는 권세가 있음을 나타내신 것이다. 그는 천국(天國)을 지상(地上)에 가져옴으로써 미래를 현재로 나타셨다. 그는 인간의 육체적, 정신적 모든 필요를 충족시킬 능력이 있으시다.

3) βλασφημια블라스페미아 중상, 비방, 상처주는 말 / 이 말은 하나님에 대해 여러 구절에서 하나님에 대한 모독을 나타낸다.

2. 이 모든 과정을 지켜보고 있던 서기관들은 예수님을 신성모독자로 몰아부쳤다.

눅 5:21 서기관과 바리새인들이 **생각하여 이르되**
/이 신성 모독 하는 자[3]가 ── 누구냐
/누가 ─── 능히 사하겠느냐(Who can forgive sins)
/죄를
/오직 하나님 외에

아피에미(ἀφίημι) 쫓아내다, 용서하다.

(1) 예수님의 치유 과정을 서기관들도 지켜보고 있었다. 죄를 용서하실 수 있는 권한은 오직 하나님께만 있는 것이다. 그렇다면 예수라는 사람이 누구이기에 하나님만이 하실 수 있는 죄 사함을 선포한단 말인가? 그들의 생각에는 중풍병자가 하나님의 형벌을 받고 있다고 생각하고 있었는데 "네 죄 사함을 받았느니라"는 주님의 말씀에 놀라지 않을 수 없었다. 이들이 보기에는 이는

분명히 참람된(blasphemies, βλασφημίας)[1] 죄악이었다. 즉, 하나님을 모독하는 행위라는 것이다.

(2) 예수님은 이들의 악한 생각을 아셨다(5:22). 어떤 서기관들은 예수님을 고소하기 위하여 그의 뒤를 계속해서 추적해왔고, 마침내 고소할 거리가 생겼다고 판정했을 것이다. "속으로 이르되 이 사람이 신성(神性)을 모독하는도다." 예수를 한낱 인간에 지나지 않는다고 생각한 그들에게는 "네 죄 사함을 받았느니라"(23절)라는 하나님만이 하실 수 있는 말을 했기에 그 말 자체가 하나님 앞에 참람(=신성모독, 불경)하다고 생각했다. 종교 지도자들의 반발이 나타나기 시작하고 있다.

3. 주님께서는 이들의 악한 생각을 아시고(=예수를 해하고자 하는 악한 생각) **무슨 목적으로 그렇게 생각하느냐고 물으셨다(4절).**

(1) 그리고 다음과 같은 질문을 하셨다(눅 5:23).

문제 : ① "네 죄 사함을 받았으니라" 하는 말과
② "일어나 걸어가라" 하는 말과 어느 것이 쉽겠느냐?

(2) 어느 쪽이 더 쉽다고 생각하는가? 물론 이 두 질문은 모두 하나님의 능력이 필요하다는 것은 분명하다. ① 말로써 중풍병자를 고치는 일은 인간으로서는 불가능하다. ② 또한 죄를 용서하는 것도 인간으로서는 불가능하다. 사람으로서는 둘 다 불가능한 일이다. 물론 전자가 더 쉽게 보일는지는 모른다. 왜냐하면 이는 보는 사람이 반증할 길이 없기 때문이다. 예수님은 병자를 고침으로써 "인자가 세상에서 죄를 사(赦)하는 (권능)[2]이 있으심"을 증명하려 하셨다(마 9:6). 오직 예수님만이 죄 사함과 병고침을 다 행하실 수 있는 권세가 있으심을 증명하신 것이다.

(3) 이제 주님은 중풍병자에게 이렇게 말씀하신다 : "(일어나) 네 침상을 가지고 (집으로) 가라." 네 사람이 침상을 떼메어 데려왔으나, 친히 그 병자 자신이 침상을 들고 걸어갔다(25절, "곧 일어나 그 누웠던 것을 가지고 하나님께 영광을 돌리며 자기 집으로 돌아가니"). 주님의 권능으로 말미암아 이 병자는 육체적으로 건강하게 되었다. 또한 그에게 건강한 영혼도 주셨다. 이후 이 사람의 생활의 변화가 있었을 것이다. 육신의 병을 고침 받았다는 사실은 물론 자신의 죄가 용서 받았다는 기쁨 역시 컸을 것이다.

1) 이 단어는 여러 구절에서 하나님에 대한 모독을 나타낸다(막 3:28, 12:31; 막 14:64; 마 26:65; 요 10:33).

2) ἐξουσία
엑수시아 - 기본적으로 어떤 행동을 행할 수 있는 능력(ability)을 의미한다. 예수님께서 치유의 기적으로 말미암아 인간의 죄를 사해주시고 자신의 말씀에 권능이 있음을 확증해 주셨을 때, 이는 하나님의 권위에 따라 행하신 것이다(마 9:2-8; 막 2:3-12; 눅 5:18-26).

4. 물론 이 서기관들이 패배를 인정했는지 또는 주님이 행하신 것이 옳았다는 것을 시인했는지는 기록이 없지만, 이 사건들을 보면서 이렇게 말했다. 마태복음의 기록을 보자.

마 9:8 무리가 보고 두려워하며(누가복음 =심히 두려워하여)
이런 권능(ἐξουσία엑수시아)을 (사람)에게 주신 하나님께
'영광을 돌리니라'(ἐδόξασαν)

• 막 2:12 "그들이 다 <놀라> 하나님께 영광을 돌리며"

(1) 이들은 하나님께는 영광을 돌렸지만 아직은 예수님을 하나님으로 인정하고 있지 않음을 볼 수 있다. 사람들은 예수님이 행하신 이적은 분명 놀라운 일이지만 예수님이 진정 누구인가는 아직 알지 못했다. 다만 이들은 예수님이 병고치는 권세와 죄를 사하실 수 있는 권능을 **사람에게** 주신 "하나님"께만 영광을 돌렸다(막 2:12*).

(2) 주님은 이런 이적을 통해 예수님의 말씀이 진리임과 동시에 그의 메시야 됨을 나타내려 하셨다. 이 사건은 인간이 죄의 용서를 받기 위해 무엇을 해야 한다는 것을 말하고 있지 아니하다. 오히려 인간의 죄를 사하시는 주님의 절대적인 권세를 드러내고 있다. 예수님은 다니엘서 7:14의 인자(人子)이셨던 것이다.

레위가 주님을 따르다(눅 5:27–32)

같이 읽을 곳 (마 9:9–17; 막 2:13–22)

1. 예수님은 중풍병자를 고치셨던 곳을 떠나셨다. 그리고 갈릴리 해변에서 돌아오시다가 레위라 하는 세리가 세관(稅關, tax collector's booth)에 앉아 있는 것을 보시고 나를 따르라 하셨다.

(1) 세리(稅吏)는 마태(Matthew)[1]라고 했다(마 9:9). 마가복음 2:14에서는 그가 알패오(Alphaeus)의 아들이라고 했다.[2] 세리(τελώνης텔로네스)는 세금 징수원을 말한다. 팔레스타인에서 세금 징수 청부(請負)가 실시된 것은 주전 3세기 때부터 였다고 한다. 주전 63년 폼페이 왕에게 예루살렘이 점령되었기에 이스라엘 사람들에게도 로마인들에게 부과되던 세금이 부과되었다.

(2) '텔로네스' 라는 말은 공관복음에서만 21회 쓰였다. 로마 통치 시대 동안 과

1) 마태는 아람어로 "하나님의 선물"이라는 뜻이다. 마가와 누가복음에는 "레위"(Levi)로 되어 있다. '레위'라는 이름이 본명이고, '마태'라는 이름은 사도가 된 후의 일이었을 것이다(例 : 시몬 - 베드로 / 도마 - 디두모).

2) 어떤 사람들은 이 세리를 야고보와 동일시 하기도 한다(막3:18, "또 안드레와 빌립과 바돌로매와 마태와 도마와 **알패오의 아들 야고보**와 및 다대오와 가나나인 시몬이며").

세는 가혹하다고 할 만한 수준이었다. 오직 유대 지방에서만 600달란트를 마련해 내야 했다고 한다(*Ant*, 17, 320). 유대인들은 이방인들을 미워하는 것처럼 세리들을 멸시했다.[1)]

(3) 가버나움은 시리아에서 지중해안을 거쳐 애굽에 이르는 대로에 위치해 있었다. 이 국제로를 따라서 이루어진 상거래에 대하여 세금을 거두었을 것이다. 세리 마태가 직접 세금을 거두었는지, 아니면 말단 관리인지 설명이 없으나 어쨌든 당시 세리에 대한 유대인의 시선은 곱지 아니했다.

- 헤롯 대왕은 농업 생산물을 포함해서 거의 모든 분야에서 세금을 거두었다. 헤롯 이후의 로마 총독들은 프톨레마이오스와 셀류코스 왕조가 했던 것처럼 최고 입찰자에게 세금 징수권을 위탁했다. 이 세리들은 유대인들이 증오하는 로마 사람들을 위해 일했기 때문에 동족들에게 배신자로 낙인찍혔다. 그들은 자신들의 고용주(이들은 헤롯의 공무원들이었다)에 대한 책임을 완수한 후에는 남은 세금을 마음대로 착복할 수 있었기에 유대인들, 특히 바리새인들에게 멸시를 당했다.

1) 타키투스는 주후 17년에 시리아와 유다 지방의 주민들이 세금을 감해달라고 애걸했다고 한다. 유대인이 세무에 종사하게 되면 그는 고위층 사회와는 단절되었다. 심지어 법정에서 증인의 자격까지 박탈당했으며, 황에서는 출교까지 당했다. 그들의 강제 징수와 착취 때문에 세관원들은 살인자와 강도, 도둑 강도와 돈 바꾸는 자와 법적으로 동일한 범주에 속한 자들로 대했다. 세리가 만진 돈은 심지어 자선금으로도 사용할 수 없었다.

2. 주님께서 "나를 따르라"는 말씀에 그는 어떻게 응답했나?

he left everything
καταλιπὼν πάντα
καταλείπω - 남겨두다, 뒤에 남기다.

여기서는 '버리다'(abandon), '포기하다'(give up)를 의미한다.

눅 5:28 그가 모든 것을 (　버리고　) 일어나 따르니라(ἠκολούθει)[1)]

1) ἠκολούθει 미완료 능동
ἀκολουθέω(아콜루데오) - 따르다, 뒤따르다

(1) 메시야를 좇는 것을 의미한다. 따라서 이는 예수님 안에 제공된 구원에 참여함을 뜻한다. 그러나 이는 또한 예수님의 운명에 함께 하는 것을 암시한다(마 8:22, 눅 9:61; 요 12:25-26, "자기의 생명을 사랑하는 자는 잃어버릴 것이요 이 세상에서 자기의 생명을 미워하는 자는 영생하도록 보전하리라 26 사**람이 나를 섬기려면 나를 따르라** 나 있는 곳에 나를 섬기는 자도 거기 있으리니 사람이 나를 섬기면 내 아버지께서 그를 귀히 여기시리라.").

(2) 주님을 따라 나서는 일은 그리 쉬운 일이 아니다. ἀκολουθέω(아콜루데오, 따르다, 뒤따르다)는 신약성경에서 제자의 직분과 관련되어 있는 단어로 주로 예수님의 추종자들에게 사용되어 믿음의 생활을 나타내고 있다. 자신의 삶을 전부 바쳐 부르심에 합당한 행동으로 나타낸다. 제자는 예수님의 부르심을 따르고 그와 함께 하는 자들이다. 마태는 가버나움에서 살면서 주님과 여러 번 접촉이 있었을 것이다. 이제 그를 부를 때 그는 기꺼이 응답했다. 그는 주님의 사역에 여러모로 유익했을 것이다. 그는 세리였기에 1개국어 이상

말을 할 수 있었겠고, 세리로서 기록물을 써서 보관해 본 경험도 있었을 것이다.

3. 세리 마태는 주님의 부르심에 즉시 다랐고, 이어 예수님을 자신의 초대했다. 이 식사 저라에 대체로 어떤 사람들이 참석했을까? (눅 5:29)

(1) "많은 세리와 다른 사람이 많이 와서 예수와 그 제자들과 (함께) 앉았다" 고 했다. 세리와 창기(娼妓)들, 이들은 당시 사회에서 대체로 멸시와 천대를 받던 무리들이었다(마 21:31).[1] 여기 '앉다'(κατάκειμαι카타케이마이)라는 단어는 '식탁에 기대어 눕다, 비스듬이 기대다'라는 의미로 쓰였다(막 2:15; 눅 5:29 참조). 자기 영예(榮譽)에 보답하는 것은 고대의 사회 생활에 중요한 일로 여겼다.

(2) 이런 식사 광경을 본 바리새인과 그들의 서기관들이 그 제자들을 비방하기 시작했다.[2] "너희가 어찌하여 세리와 죄인(ἁμαρτωλός하마르톨로스)과 함께 먹고 마시느냐?" 바리새인들은 "어찌하여"라고 비난과 고소가 섞인 질문을 퍼부었다. 그러지 않아도 이들은 예수님에게서 트집거리를 찾아내려고 애쓰고 있는 중이었다. 예수님은 빈정거리는 바리새인들의 질문을 간파하셨다.

5:31 예수께서 **대답하여 이르시되**
/건강한 자에게는 의사가 ─ 쓸 데 없고
병든 자에게라야──── 쓸 데 있나니
32 /내가 ──┬── 의인을 부르러 온 것이 아니요
└── 죄인을 불러 회개시키러 왔노라

여기서 의사인 누가는 의학적인 상식을 들어 설명한다.

(3) 주님은 이미 잘 알려진 속담으로 대답을 하신다. "어떤 의사가 건강한 자를 고치려고 하겠는가? 건강한 자에게는 의사가 쓸 데 없지 않느냐, 의사는 병든 자에게라야 쓸 데 있는 것이 아니겠느냐?" 건강한 자들이 바리새인이라면 세리 같은 큰 죄인들이야말로 병든 자가 아니겠는가?! 물론 바리새인들이 '건강한 자'라는 말은 아니다.

사람은 자신을 죄인으로 고백하고 난 후에라야 영적으로 치료함을 받을 수 있다는 말이다. 주님께서는 인간들이 생각하고 있는 어떤 도덕적 표준으로 위로하려는 것이 아니고 전적으로 부패해버린 인간을 구원하러 오신 것이 아닌가!

1) 세리들(tax-gatherers)에게는 바리새인들의 경건성이 물론 없었다. 그런 외식적인 종교행위와는 거리가 먼 사람들이었다. 그런데, 마태의 동료들을 보라. 이들 무리들은 예수님의 식사 시간에 동참하기를 즐겨했다. 분명 이 새로운 선생은 바리새인들과는 다르다고 생각했다.

2) 예수님은 그 누구와도 함께 식사를 하셨다. 제자들뿐만 아니라 다른 사람들과도 식탁의 교제를 하셨다(막 14:18). 이 일은 친교의 표현으로 간주되엇다(눅 13:26). 예수님은 바리새인과도 함께 식사하셨다(눅 7:36). 원시 기독교회의 생활은 금욕적인 것이 아니었다(막2:19). 그들에게는 이런 모임이 오히려 즐거운 공동식사였다(행2:46).

금식에 대한 논쟁(눅 5:33-39)

같이 읽을 곳 [마 9:14-17; 막 2:18-22]

1. 이 논쟁이 언제 어디서 일어났는지는 명확하지는 않다. 아마 마태의 집에서 잔치하고 있는 동안에 일어났던 일인 것 같다.

(1) 율법에는 속죄일에 행하는 금식만이 규정되어 있다(레 6:29-30, 23:27-32; 민 29:7). 그후 예루살렘의 멸망 후에(주전 587) 나흘 간의 금식일을 택해서 기념일로 정했다(슥 7:3-5; 8:19).[1] 그러나 시간이 흐름에 따라 금식의 심오한 의미는 점차 사라져 갔다. 그래서 금식은 경건한 공적(功績)으로 간주되었다. 선지자들이 이런 문제점에 대에 대해 금식의 참뜻이 무엇인가를 경고하기 위해 투쟁하였으나(참조: 사 58:3-7; 렘 14:12) 아무런 성과가 없었다. 예수님 당시에 자신들의 종교에 열심이었던 사람들, 특히 바리새인들은 매주 이틀씩 금식일을 지키라는 요구를 받았다. 세례 요한의 제자들도 이와 같은 규칙을 지키고 있었다(참조: 막 2:18).

1) 금식은 하나님과 친교하기 위한 준비 작업으로 행하여졌다(출 34:28; 신 9:9). 큰 근심으로 인해 개인적으로 행해지기도 했다(삼하 12:16-23; 왕상 21:27). 전쟁이 임박해졌을 때(삿 20:16; 대하 20:3); 또 속죄제 때(느9:1)에도 시행되었다.

(2) 바리새인들은 "요한의 제자들[2]과 바리새인의 제자들은 금식하는데 당신의 제자들은 왜 먹고 마시는 것입니까?" 하며 못마땅하게 생각했다. 당시 바리새인들은 일주일에 이틀씩 금식했다고 한다. 이에 비해 예수님의 제자들은 세리와 죄인들과 자주 어울렸다(마 11:19; 눅 7:34, 15:1, 2, 19:1-10).

2) 요한의 제자들이란 누구인가? 또 이들의 생활방식은 어떠했나? 세례 요한은 그리스도의 선구자였다. 그러나 예수님이 사역을 시작하신 후에도 어떤 일부의 무리들은 여전히 그를 추종했다. 이들은 요한이 옥에 갇힌 후에도 계속해서 요한의 제자로 남아 있었다(마 14장). 안드레와 (사도) 요한은 원래 (세례) 요한의 제자였었다. 요한의 제자들 역시 기도와 금식 같은 금욕생활을 했다.

2. 예수님은 금식 문제에 대해 성경적 견해를 정리하신다. 그 이유를 어떤 비유를 들어 설명하셨나?

> 눅 5:34 예수께서 ─ 그들에게 **이르시되**
> /혼인 집 손님들이 신랑과 함께 있을 때에
> 너희가 ── 금식하게 할 수 있느냐?
> /그 손님으로

(1) 예수님은 비유를 들어 바리새인들과 같은 류의 금식은 부적당하다고 말씀하신다. 결혼 잔치는 보통 칠일 동안 계속되었는데, 이 기간 동안 손님들로 하여금 금식을 하거나 힘든 노동을 해서는 안 된다. 즉 예수님이 지상에 계실 때 금식하는 것은 위와 같이 부적절하다는 것이다.

(2) "그러나 신랑을 빼앗길 날이 이르리니 그때에는 금식할 것이니라." 주님에게

는 십자가를 지셔야 하는 일이 아직 남아 있다(요 16:16-21). 그러나 그들은 이미 확실히 도래할 성취의 빛 가운데에 살고 있다. 이미 왕국이 그 신랑과 함께 도래(到來)했기 때문이다. 이들은 지금 그 신랑과 함께 있다.[1)]

3. 이제 주님은 두 가지 일상적인 요소를 들어 요점을 정리하여 주신다.

(1) 죄 속에 빠져 있는 자들에게 구원을 얻게 해주는 새로운 말씀이 인간이 규정한 금식의 옛 틀 속으로 갇힌다는 것은 적당치 않음을 설명하신다.

- 생베 조각을 (낡은 옷)에 붙이는 자가 없나니,
  만약, 그와 같이 한다면 조금만 잡아당겨도 새 헝겊이 낡은 옷을 당기게 되어 그 해어짐이 더욱 크게 될 것이다.

- 새 포도주를 (낡은) 가죽 부대에 넣는 사람이 없듯이,
  만약, 낡은 부대에 새 술을 담그면 그 부대도 술도 다 버리게 될 것이다.

(2) 이 교훈의 요지는 무엇인가? 아직도 구약의 형식이 남아 있다면 예수님으로 말미암아 도래한 새 시대는 경험할 수 없다는 것이다. 그렇다고 해서 예수님이 구약의 형식을 모두 부인하신 것은 물론 아니다. 주님과 함께 도래한 새 시대, 그 시대에 주님을 따르는 자들은 주님이 주시는 새로운 규범을 따라야 한다는 것이다.[2)] 이런 류의 금식은 지나가버린 시대에 속한 과거의 일이다.

(3) 1세기 이후에 기독교인들이 자발적으로 자신들에게 금식을 **강요했다**는 증거가 없다. 신약성경의 서신들은 금식에 대해 언급하지 않고 있으며 심지어 어떤 금욕적 경향들에 대해 주의를 집중하고 있는 구절들(롬 14장과 골 2장)에서조차 금식은 전혀 언급되어 있지 않다.

4. 그렇다면 기독교인은 금식이 아주 필요없다는 말일까?

그러나 팔레스틴에 있던 원시 기독교회에서는 그래도 여전히 자기네의 기도가 진실된 것임을 나타내기 위해서 금식이 행해졌음을 볼 수 있다(참조: 행 13:3; 행 14:23).[3)] 마 4:2에 의하면 예수님은 공적 사역을 시작하시기 전에 40주야를 금식하셨다. 예수님은 금식 그 자체를 비난하신 것이 아니라 외식적인 금식을 비난하셨다(마 6:16-18). 금식은 사람의 눈 앞에서 행해져서는 안되고, 은밀히 계시며 "은밀한 중에 보시는" 하나님 앞에서 행해져야 한다고 말씀하셨다.[3)]

1) 만약 금식을 계속한다면, 그것은 마치 혼인집 손님이 울고 있는 것과 같은 것이다. 그러나 이 신랑을 빼앗길 날이 있게 될 것이다. 물론 당시 예수님이 말씀하시는 그 의미를 그 누구도 깊이 알 수가 없었을 것이다. 예수께서 고난당하시고 죽임을 당하신다는 그 사실을 아직은 아는 자가 없었다.

2) 그런데 이들 바리새인들이나 세례 요한의 제자들이 취했던 금식의 방법은 하나님의 율법이 아니고 인간의 제도였다. 주님 안에서 옛 것은 지나갔고 새것이 이미 도래했다. 자기의 의로 인하여, 또 사소한 규례로 과중한 짐을 져야했던 것과는 아주 다른 새로운 시대가 마침내 온 것이다. 제자들은 지금 이 새로운 시대, 새로운 그 나라에 들어가 있는 것이다. 예수님과 함께 있는 동안 우울하게 금식 절기를 지키는 것이 잘못이라고 말씀하신다.

3) 예수님의 말씀에 의하면 "기도와 금식을 통해서"만 인간이 해방될 수 있다고 말씀하셨다(마 17:21). 그러나 병행구인 막 9:29에는 기도만이 언급되어 있다.

안식일에 밀이삭을 자르다(눅 6:1-11)

같이 읽을 곳 (마 12:1-8; 막 2:23-28)

안식일은 쉰다는 개념에서 "안식일" 개념으로 발전한다(출 20:8-11, 31:15). 출 20:8에서 사용된 안식일(솨바트)은 쉰다는 동사인 쉰다(누아흐, to cease)와 연결하여 안식의 뜻만 아니라 농사일, 노동, 상행위도 그칠 것을 말한다. 안식일과 쉼이 연결되어 소극적 휴식을 떠나 적극적인 행위를 명령하고 있다. 이를 더 확장한 부분이 출 31:15-17이다. 본문에서는 예수님에 대한 적대적인 감정이 점차 노골화되어 가는 가운데 일어난 사건이다. 바리새인들은 어떻게 하든지 고소할 거리를 찾던 중 특히 안식일 문제를 가지고 이들은 예수님께 도전한다. 바리새인들은 어떻게 하면 예수를 죽일 수 있을까 음모를 꾸미기 시작한다(마 12:14).

• 레 19:30을 보라. 그러므로 안식일은 ① 쉼의 원리를 지님과 동시에 다른 절기와 더불어 ② 주된 예배의 날이다(겔 46:3). 이렇게 창조의 개념으로서의 안식을 가리키는 말이 구속의 기념으로서의 안식을 가리키는 말로 점진되었다.

1. 바리새인들이 예수님과 제자들을 걸고 넘어지게 하려고 꼬투리를 잡고 있고 있었다. 마침 안식일에 제자들이 밀이삭을 비비어 먹는 사건을 발견한다.

눅 6:1 안식일에 예수께서 밀밭 사이로 **지나가실새**
제자들이 ─┬ 이삭을 **잘라**
　　　　　└ 손으로 비비어 **먹으니**

비비어(프스코, ψώχω) - 이삭을 잡아뜯는 것도 수확으로, 비비는 것은 탈곡으로 간주했다. 따라서 죄악된 소득의 곡식을 먹었다고 주장했다.

2 어떤 바리새인들이 ─ **말하되**
/[그는] ─ 어찌하여 하느냐
/안식일에 하지 못할 일을

(1) 안식일은 어떤 날로 지켜져야 하는가? (출 20:8-11; 신 5:12-15)
유대인들은 어떻게 하든지 율법을 철저히 지키려 했다. 그것은 하나님을 보다 잘 섬기려는 몸부림이었을 것이다. 그러나 이들은 율법의 근본 정신을 놓쳐버렸다. 안식일 준수도 그 중의 하나였다. 이들은 율법의 규정 외에 인간의 전통을 첨부시켜 이를 더욱 중요시 했다.[1] 안식일의 규정이 너무 많아서 하나님이 안식일을 주신 근본 의도와는 너무도 거리가 멀어져 있었다. 물론, 이들은 제자들이 고소의 대상이 아니었다. 그 비난의 화살은 예수님을 겨냥했다.

1) 미쉬나(구약성경 주석)에 따르면, 안식일에 "양의 한 입 정도의 곡식 이삭을 취하는" 사람은 안식일을 범한 죄를 지은 것이라고 했다.

1) 탈무드 = 미쉬나(Mishina, 구약성경의 주석) + Gemara(미쉬나의 주석)

(2) 주님의 제자들이 이삭을 따먹은(잘라서 비비어 먹는 일) 일이 죄가 되었는가? (신 23:25 "네 이웃의 곡식밭에 들어갈 때에는 **네가 손으로 그 이삭을 따도 되느니라**. 그러나 네 이웃의 곡식밭에 낫을 대지는 말지니라.") 신명기에서도 볼 수 있

는 것처럼 이삭을 잘라 먹었던 것이 잘못된 것이 아니었음을 본다. 그러면, 그 어떤 점이 바리새인들의 고소의 대상이 되었을까?

• 마 12:2 "바리새인들이 보고 **예수께 말하되** 보시오 당신의 제자들이 안식일에 하지 못할 일을 하나이다."

(3) 문제는, 이 사건이 안식일에 일어났다는 데 있었다. 마 12:2*을 보라. 이 문제를 예수님께 들고와서 당신도 그 일을 묵인했으니 공범자가 아니냐고 따져 물었다. 지금 이들은 어떻게 하든지 예수님의 말이나 행동에서 '고소할 기회'를 찾고 있었다.

2. 예수님께서는 네 번째 계명의 참 뜻을 두 가지 예를 들어 그들의 안식일 개념에 문제가 있음을 지적하신다.

눅 6:3 예수께서 [그들에게] **대답하여 이르시되**
/[너희는] — 읽지 못하였느냐
/다윗이 자기 및 자기와 함께 한 자들이 시장할 때에 한 일을(삼상 21:6)

1) 다윗과 그 동료들이 놉 땅에 피난을 간 일이 있었다(삼상 21장). 그때 제사장 아히멜렉에게 거룩한 떡(진설병)을 달라고 요구한다. 다윗 일행들이 너무 허기가 졌기 때문이었다.

• 삼상 21:4 "그가 하나님의 전에 들어가서 제사장 외에는 자기나 그 함께 한 자들이 먹어서는 안 되는 진설병을 먹지 아니하였느냐 5 또 안식일에 제사장들이 성전 안에서 안식을 범하여도 죄가 없음을 너희가 율법에서 읽지 못하였느냐" (민28:9, 10).

2) 다윗이 율법을 어긴 사건은 그가 하나님의 기름부음 받은 구별된 인물이었기 때문이다.

(1) 우선, 사무엘상 21장을 보자. "거룩한 떡"(삼상 21:4)은 누구만을 위한 것이었나? (레 24:9) 아론과 그 자손, 즉 제사장을 위한 것이었다. 다윗이 성소에 들어가서 진설병을 내온 것도 아니었다. 이 진설병은 두 열로 진열해 놓은 12 지파를 상징하는 12개의 떡으로서, 매 안식일마다 새로운 떡으로 교체되었으며, 시일이 지난 떡은 제사장들만이 먹을 수 있었다(출 25:30, 삼상 21:6 참고).

(2) 예수님은 이들에게 "그가(=다윗이) 하나님의 전에 들어가서 다만 제사장 외에는 먹어서는 안 되는 진설병을 먹고 함께 한 자들에게도 주지 아니하였느냐?"라고 대답하셨다. 다윗 일행은 오랫 동안 굶주렸기(왜, 허기졌느냐고? 삼상 21장을 읽어보자).[1] 때문에 제사장만이 먹을 수 있는 진설병을 먹었다는 것이다. 이렇게 다윗이 하나님이 정하신 규례까지도 무시하고 그 떡을 먹을 수 있었다면.... // 더욱이 예수님과 그의 제자들이 인간이 만든 규정을 폐하실 권한이 없겠는가? 더욱이 예수님의 제자들이 어긴 것은 실제로 모세의 의식법이 아니라 바리새인들의 전통 중의 하나였을 뿐이다.

(3) 만약, 다윗이 거룩한 떡을 먹었을 때, 그것이 안식일이 아닌 다른 날에 취하여졌다고 해도 역시 옳고 필요한 일이었다. 다윗은 그가 수행하고 있던 사명이 거룩하다는 것을 호소했다. 그래서 당시 제사장 아히멜렉은 그것을 먹도록 허용했다. 만약, 다윗이 행한 일이 정당했다면,[2] 주님의 행동은 더욱 정당할 수 있지 않겠는가? 주님은 메시야적 왕의 전형(典型)인 다윗보다 열등하지

눅 6:1 그 때에 예수께서 안식일에 밀밭 사이로 가실새 제자들이 시장하여 이삭을 잘라 먹으니

• 이삭을 잘라 먹었던 것이 잘못된 것이 아니었음을 본다. 그러면, 그 어떤 점이 바리새인들의 고소의 대상이 되었을까?

• 문제는, 이 사건이 안식일에 일어났다는 데 있었다. 바리새인들이 주장하는 것은 왜 안식일에 탈곡과 같은 행위(따서 비비어 먹었다)를 했는가의 문제였다.

않다는 것을 보이셨다(마 12:6).

3. 마태복음을 보면 주님은 또 하나의 논증을 꺼내셨다. 어떤 논증인가? (마 12:5) 동교재, 마태복음의 설명을 그대로 가져왔다.

마 12:5 또 [너희가] —— **읽지 못하였느냐**
/율법에서
/제사장들이 —— 안식을 범하여도
/안식일에 성전 안에서
죄가 없음을

제사장들이 안식일에 성전에서 섬기는 제사장적 행위, 이것은 안식일을 더럽히는 행위였다.

• 민 28:9 "안식일에는 일 년 되고 흠 없는 숫양 두 마리와 고운 가루 십분의 이에 기름 섞은 소제와 그 전제를 드릴 것이니 10이는 상번제와 그 전제 외에 매 안식일의 번제니라."

(1) 사실, 제사장들은 안식일을 더욱 바쁘게 보냈다(레 24:8, 9; 민 28:9,10; 대상 9:32, 23:31). 그러나 안식일은 바로 성전 안에서 제사장들에 의해 깨뜨려졌다. 그러나 이러한 사실이 **죄가 되지 않는다**고 말한다. 제사장들에게 문제가 있지 않았다. 왜? 그들이 행하는 일은 거룩한 목적에서 이루어지는 것이었기 때문이었다. 따라서 의식법의 안식일 규정에서 제외되었다. 마태복음에서는 이렇게 결론 내리신다.

마 12:6 내가 너희에게 **이르노니**
/(성전) 보다 '더 큰 이'가 여기 있느니라.

λέγω δὲ ὑμῖν ὅτι τοῦ ἱεροῦ μειζόν ἐστιν(is) ὧδε(here).
(ὅτι: that; τοῦ ἱεροῦ: the temple; μειζόν: something greater)

여기서 '더 큰 이'는 '더 큰 것' 즉, 하나님의 나라(=예수)를 말한다(NIV성경). 구약의 성전은 무엇을 가리키는가? 참 성전은 누구인가? 제사장이 거룩한 성전을 섬기기 위해 안식일에 일하는 것이 허락되었다면, (성전보다 더 크신) 주님의 제자들의 이러한 행동이 어찌 비난받을 만한 일이 되겠는가?

(2) 물론, 그러나 이 말이 주님께서 안식일을 무시했다든가 하는 말은 아니다. 예수님은 오히려 안식일을 존중하셨음을 본다. 눅 4:16-27을 읽어보자. 안식일에 자비를 베푸시고 병을 고쳐주셨다(마 12:9-13; 눅 13:10-17). 예수님은 안식일을 제정하신 분이시다. 이제 예수님은 안식일의 상징적 의미를 성취하셨다. 이들은 예수님만이 참 안식(쉼)과 구원을 베푸시는 분이시라는 것을 알아야 했다(마 11:28 "수고하고 무거운 짐 진 자들아 다 내게로 오라 내가 너희를 쉬게 하리라").

(3) 그들이 진정 호세아 6:6의 뜻을 바로 알았더라면, 안식일에 자비를 베푸는 것이 의롭다는 것을 알았을 것이다. **인자는 "안식일의 주인"**이셨기 때문이다(눅 6:5). 그들은 안식일의 주인을 모욕했다.[1] 안식일을 인간에게 주신 근본 목적이 무엇인가? 인간이 안식일의 노예가 되어서는 안 된다는 것이다.

1) 호 6:6 **"나는 (인애)를 원하고 제사를 원하지 아니하며 (번제)보다 하나님을 아는 것을 원하노라."**

바리새인들은 호세아 당시처럼 종교적 외식에만 온통 관심을 기울였다. 율법의 진정한 목적이 무엇인가? 제사보다, 번제보다 하나님과 이웃을 사랑하라는 근본 의미를 잃어버렸다. 호 6:6의 의 미를 바로 알았다면 무죄한 사람을 죄로 정죄하지는 아니했을 것이다.

안식일에 손마른 사람을 고치심(눅 6:6-11)

같이 읽을 곳 (마 12:9-14; 막 3:1-6)

두 번째 안식일 논쟁 (마 12:9-21)

1. 예수님이 회당에 들어가시니 손 마른 사람이 있었다. 바리새인과 서기관들(6-7절)은 이번에도 주님을 고발(송사)하려 했다.

(1) "또 다른 안식일에" 일어난 사건을 다룬다. 예수님께서 회당에 들어가사 가르치실새 거기 오른손 마른[2] 사람이 있었다(6절). 이번에도 서기관과 바리새인들은 예수님을 고발할 증거를 찾는 중이었다. 그래서 이번에도 또 안식일에 병을 고치는가 하고 엿보고 있었다(7절). 예수님께서 그들의 생각을 아셨다. 예수님은 손 마른 사람에게 "일어나 한가운데 서라"고 하셨다. 그리고 바리새인들에게 이렇게 물으셨다(9절).

안식일에 선을 행하는 것과 악을 행하는 것, 생명을 구하는 것과 죽이는 것 중에 어느 것이 옳으냐? (율법에 어떻게 기록되어 있느냐?)

(2) 마태복음의 본문을 보자. (마 12:10)

질문 : "(　　　　　)에 병 고치는 일이 옳으니이까?" 이에 대한 예수님의 답변은 어떠했나? (마 12:11-12)

2) 손의 근육과 신경이 죽어 있는 상태

마 12:12　사람이 양보다 얼마나 더 귀하냐
그러므로 (　안식일　)에 선을 행하는 것이 옳으니라

(3) 예수님은 이들의 위선을 폭로하셨다. 아무리 그들이 전통을 고수한다 하더라도 안식일에 양이 구덩이에 빠졌다면 끌어낼 것이 아니겠는가? 하나님은 안식일에 선한 일을 하도록 하셨다. 그렇다면, 안식일에 선을 행한다는 것은 어떤 일들일까? 인간에게 축복이 되고, 인간에게 필요에 부합하는 일은 행하는 것이 옳을 것이다. 미가서 6:6-8을 읽어보고 설명해 보라. (동교재 참조)

(4) 우리는 하나님을 기쁘게 하는 일을 무엇이라고 생각하고 있을까? 우리는 선한 의도로 하나님을 기쁘게 해드리려고, 또는 하나님의 진노를 피하기 위해 많은 노력을 기울인다. 그렇지 않으면 하나님의 복을 받지 못할 것이라고 생각하기 때문이다. 그래서 우리는 7절의 내용처럼 하나님을 설득하려 한다.

호 6:7 여호와께서 천천(엘레프, אֶלֶף)의 숫양(아일, אַיִל)이나
만만(레바바, רְבָבָה)의 강물 같은 기름을 **기뻐하실까**(라차, רָצָה)
내 허물을 위하여 내 맏아들을,
내 영혼의 죄로 말미암아 내 몸의 열매를 **드릴까**

물론 여기서 하나님께 나아갈 때 제물을 드리는 것 자체를 부정하는 것이 아니다. 일 년 된 송아지와 천천의 숫양이란 말과 같이, 또 번제를 드릴 때에는 '기름' 섞인 소제를 같이 드려야 했다(민 28:9, 12, 20:29). 그런데 이들은 다량(천천, 만만)의 제물과 값비싼 제물(일년 된 송아지, 맏아들, 번제)을 드린다면 하나님이 얼마나 기뻐하실까라고 생각했다. '기뻐하실까'의 어근 '라차'(רָצָה)는 '호의를 보이다, 받아들이다'라는 뜻으로 '기뻐 가납하는 것'을 말한다.

(5) 바리새인들은 안식일에 선을 행하는 것은 인정했지만 자신들이 이것을 공개적으로는 하지 않았다. 그런 일은 굴복으로 생각했기 때문이었다. 침묵이 흘렀다. 눅 6:9(막 3:4)을 보라. "그들에게 이르시되 안식일에 선을 행하는 것과 악을 행하는 것, 생명을 구하는 것과 죽이는 것, 어느 것이 옳으냐?"

(6) 주님은 그들의 완악함을 인하여 근심하셨다고 했다(막 3:5을 보라). 그리고 손 마른 사람을 고쳐주셨다. 이런 일로 인해 예수님을 죽이려는 음모가 더욱 구체화 된다(마 12:14; 눅 6:11 "그들은 노기[1]가 가득하여 예수를 어떻게 할까 하고 서로 의논하니라").

• 미 6:6 "내가 무엇을 가지고 여호와 앞에 나아가며 높으신 하나님께 경배할까 내가 번제물로 일 년 된 송아지를 가지고 그 앞에 나아갈까

7 **여호와께서 천천의 숫양이나 만만의 강물 같은 기름을 기뻐하실까** 내 허물을 위하여 내 맏아들을, 내 영혼의 죄로 말미암아 내 몸의 열매를 드릴까

8 사람아 주께서 선한 것이 무엇임을 네게 보이셨나니 **여호와께서 네게 구하시는 것은 오직 정의를 행하며 인자를 사랑하며 겸손하게 네 하나님과 함께 행하는 것이 아니냐**."

1) 아노미아(ἀνοία) : 병적인 광기로 차 있는 어리석음을 가리킨다. 물론 예수님을 죽이려는 의도는 그 이전부터 있었다(요 5:18).

마 10:1
예수께서 그의 열두 제자를
부르사
더러운 귀신을 쫓아내며
모든 병과 모든 약한 것을
고치는 권능을 주시니라

5 예수께서
이 열둘을 내보내시며
명하여 이르시되
이방인의 길로도
가지 말고
사마리아인의 고을에도
들어가지 말고

6 오히려
이스라엘 집의
잃어버린 양에게로 가라

열두 제자를 사도로 부르심(눅 6:12-16)

같이 읽을 곳 (마 10:1-4, 4:23-25; 막 3:13-19)

1. 예수님은 기도하시러 산으로 가셔서 밤이 새도록 하나님께 기도하셨다(12절). 날이 밝으매 그 제자들을 부르사 그 중에서 열둘을 택하여 사도라 칭하셨다.

(1) 많은 무리가 예수님은 따라 다녔다. 주님은 이 무리들을 보시고 매우 불쌍히 여기셨다(마 9:36). "그 제자의 많은 무리와 예수의 말씀도 듣고 병 고침을 받으려고 유대 사방과 예루살렘과 두로와 시돈의 해안으로부터 온 많은 백성도 있더라"(눅 6:17). 이들을 어떻게 지도해 나갈 것인가? 따라서 주님은 제자들에게 추수할 일꾼을 보내달라는 기도를 하라고 말씀하셨다. 주님은 그들 중에서 열 둘[1]을 택하여 사도로 세우셨다.

(2) 예수님의 사역은 결국은 사탄과의 투쟁이다. 그래서 주님은 제자들에게 "더러운 귀신을 쫓아내며 모든 병과 모든 약한 것을 고치는 권능(authority, ἐξουσία)을" 주셨다. 물론 귀신들린 것과 병이 드는 것을 분명하게 구분하고 있기도 하지만, 그러나 육체의 모든 질고가 결국은 사탄으로 기인했다는 것을 본문을 통해 알 수 있다.

2. 예수님의 말씀을 듣고 병 고침을 받으려고 모여든 사람들이 고침을 받았다. "더러운 귀신에게 고난 받는 자들도 고침을 받은지라 온 무리가 예수를 만지려고 힘쓰니 이는 능력이 예수께로부터 나와서 모든 사람을 낫게 했기 때문이다"(눅 6:18-19).

1) 열둘의 숫자는 열두 족장이 구약시대의 이스라엘의 열두 지파를 대표한 것처럼(창 49:28), 이 열두 명은 새로 존재할 그리스도의 공동체인 하나님의 새 백성을 대표한다.

• 마 19:28 "예수께서 이르시되 내가 진실로 너희에게 이르노니 세상이 새롭게 되어 인자가 자기 영광의 보좌에 앉을 때에 나를 따르는 너희도 열두 보좌에 앉아 이스라엘 열두 지파를 심판하리라"(마 19:28; 눅 22: 30 참조).

복과 화를 선포하심(눅 6:20–26)

같이 읽을 곳 (마 5:1–12)

이 부분은 마태복음 5-7장(산상설교)와 동일한 가르침을 설명한 것일 수도 있고, 아니면 다른 경우에 주어진 유사한 가르침일 수 있다. 마태복음의 '산상설교(보훈)'에 비해 '평지설교'라고 불리운다("예수께서 그들과 함께 내려오사 평지에 서시니", 눅 6:17). 산상설교가 '의'에 초점을 맞추고 있지만 누가의 평지설교의 중심 주제는 자기 원수를 사랑해야 한다는 것이다. 평지설교는 그의 사역이 상당히 진행된 후에 일이며, 예수님이 가난한 자들에게 가져온 복음의 표본이다(눅 4:18과 6:20 비교).

• 눅 6:20 "예수께서 눈을 들어 제자들을 보시고 이르시되 너희 가난한 자는 복이 있나니 하나님의 나라가 너희 것임이요 21 지금 주린 자는 복이 있나니 너희가 배부름을 얻을 것임이요 지금 우는 자는 복이 있나니 너희가 웃을 것임이요."

▶ 누가는 여러 중요한 내용을 강조하고 있는 있는데, 그 중에 하나가 특히 약한 자, 가난한 자, 소외당한 자에 대한 교훈이다. 산상설교와 비교해 보자.

Close-up

<table>
<tr><th>마태복음의 산상설교</th><th>누가복음의 평지설교</th></tr>
<tr><td>
(1) 서론부 (5:3-16)
5:3- 10 : 팔복 -- 제자의 일반적인 상태와 자격
5:11-12 : 교량 -- 제자의 특수한 자격
5:13-16 : 비유 -- 제자의 의무와 목적

(2) 본론부 (5:17-7:12) : 제자들이 지켜야 할 구체적 명령들
5:17-20 : 율법의 유효성, 율법의 바른 해석, 서기관, 바리새인들의 의와 제자들의 의의 비교
▶ 5:17-20은 5:21-48(six antithese)의 서론이다.
5:21-48 : 여섯 반제(six antithese) : "그러나, 나는 너희에게 말한다)."

▶ 5:20의 바리새인의 의보다 더욱 넘치는 의는 6:1-18에 다시 나타난다. 5:20은 6:1-18의 서론이다. 그러므로 마 5:20과 6:33 = 같은 두 개념이다(의와 하늘나라).

(3) 결론부 (7:13-27)
좁은 문, 좁은 길, 열매 등의 단어는 선행을 행하는 것이란 표현이다.
</td><td>
(1) 서론부 (6:20-26)
• 4개의 축복(6:20-23)
① 가난한 자는 ② 지금 주린 자 ③ 지금 우는 자 ④ 인자로 말미암아 핍박을 받는 자 / 너희에게 복이 있도다
• 4개의 탄식(6:24-26)
① 부요한 자 ② 지금 배부른 자 ③ 지금 웃는 자 ④ 모든 사람에게 칭찬 받는 자 / 이들에게 화가 있도다

(2) 설교 본문(6:27-42)
① 원수를 사랑하라.
② 다른 사람을 비판하지 마라

(3) 결론(6:43-49)
① 예수님의 말씀을 따라 행함으로써 좋은 열매를 맺어라(6:43-45). "못된 열매 맺는 좋은 나무가 없고 또 좋은 열매 맺는 못된 나무가 없느니라"(43절)

② 두 가지 기초(6:43-49) - "듣고 행하지 아니하는 자는 주초 없이 흙 위에 집 지은 사람과 같으니" (49절)
</td></tr>
</table>

예수님의 제2년차 사역(A.D 28-29)

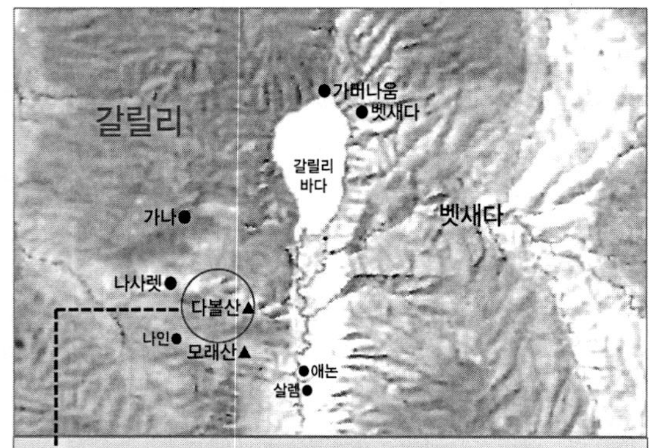

12제자를 택하심(막 3:13-19)
눅 6:12-15) - A.D 28년

갈릴리에서 다볼산(?)까지(마 5:1-7:29, 4:24-25; 10:2-4, 12:15-21; 막 1:12, 3:7-19; **눅 6:12-49, 12:22-31, 57-59, 16:17**)

(1) 병든 자를 고치심(마 4:24-25; 막 3:7-12)

(2) 더러운 귀신들도 어느 때든지 예수님을 보면, 그 앞에 엎드려 당신은 하나님의 아들이라고 함(막 3:11).

(3) 이사야의 예언 성취(마 12:17-21). 상한 갈대도 꺾지 아니하시고 꺼져가는 심지도 끄지 아니하신다(사 42:1-).

(4) 열두 사도를 선택하시기 전에 밤새도록 기도하심(눅6:12). 12사도의 이름(마10:2-4; 막3:13-19; **눅 6:13-16**)

(5) 다음 날에도 사람들을 고치시는 일을 계속하심(**눅 6:17-19**)

(6) 산상설교 - 하늘 나라의 특성에 대하여(마 5-7장; **눅 6:20-49, 12:22-31, 57-59, 16:17**).

마태복음의 산상설교

(1) 예수님은 제자들을 부르신다. 이들을 통해 세상 앞에서 진정한 복과 의를 가르치며, 의의 길로 인도하시기 위해서이다(마 5:1-16).

(2) 팔복은 누구에게 주어지는 말씀인가?
예수님께서 선포하신 천국의 구원은 먼저 그것 자체의 역사적 배경에서 보아야 한다. 무엇보다 먼저 '가난한 자' 혹은 '심령이 가난한 자'에게 천국의 구원을 말씀하셨다. '지금 우는' '가난한 자들'이란 이제까지 계속 시달려온 억압과 불의에서 그의 백성들에게 베푸시는 하나님의 은혜를 간절히 바라는 자들이다. 팔복(八福) (마 5:1-12)은 제자의 일반적인 상태와 자격을 언급한다. 그러므로 팔복의 대상이 된 사람들은 바로 **하나님의 참된 백성들**이다.

(3) 마태복음의 많은 부분이 하늘나라에서의 새로운 삶이라는 윤리적 요구에 대해 말하고 있다. 특히 산상설교라고 부르는 것은 제자직에 대한 예수님의 가르침에 대한 위대한 모음집이다. 제자들이 지켜야 할 삶의 지침이다. 이제 **예수님의 부르심을 받은 제자들**은 예수님의 가르침을 **행하여** 하나님의 영광을 위하여 살아야만 한다.

(4) 산상설교는 사람이 죽은 후에 어떻게 하면 천국에 들어갈 수 있는가에 대한 지침이 아니다. 그것은 그 시민들이 곧 경험하게 될 천국을 알리는 복의 선언으로 시작한다. 그래서 천국의 백성, 곧 그 나라의 시민이라는 하나의 핵심을 가지고 끝까지 계속된다. 예수님은 천국(하늘나라)을 소개하신다. 무엇보다 산상설교는 단순히 규율을 지키는 것을 훨씬 뛰어넘는 하나님과의 새로운 관계에 초점을 맞추고 있다(마 5:20).

*

▶ 산상설교의 특수한 의도는 무엇인가?

(1) 산상설교가 다른 복음서보다 더 짙은 유대 색채(표현, 풍습, 자료 등)를 지니고 있어 유대인들이 이해하기에 적당했다. 이 색채는 복음서 전체에 깔려 있다. 마태는 예수님의 말씀들을 최초의 모습대로 보존하려 했다. 어떤 독자라도 예수님 당시의 유대세계를 잘 알지 못하고는 마태복음을 잘 이해할 수 없다.

(2) 마태는 예수님께서 율법이나 선지자들을 폐하려 오셨다는 견해가 잘못되었음을 알리고 싶어했다. 서기관들과 바리새인들의 의가 거부되고 있음을 분명히 하는 것이었다. 또한 거짓 선지자가 그의 독자 가운데 있다는 것을 알리려 했다.

(3) 행치 않음. 넓은 문과 넓은 길이 거부되고 경고 받았다는 것을 알리는 데 있었다. 행하지 않는 것이 넓은 길, 넓은 문이다. [동교재, 마태복음에서 정리]

네 개의 축복(눅 6:20-23)

1. 예수님은 주로 갈릴리 지역에서 어부들과 함께 하나님 나라의 일을 시작하셨다. 복음을 전파하고, 병자를 고치심으로써 절망 속에 있던 자들에게 빛을 비추셨다. 예수님은 가난한 자들에게 복음을 전하기 위해 기름 부음을 받았다고 선언하셨다(눅 4:18).

• 눅 4:18 "주의 성령이 내게 임하셨으니 이는 **가난한 자에게 복음을 전하게 하시려고** 내게 기름을 부으시고 나를 보내사 포로된 자에게 자유를, 눈 먼 자에게 다시 보게 함을 전파하며 눌린 자를 자유롭게 하고."

(1) 하나님 나라의 도래는 세상의 가치를 완전히 뒤집어 놓았다. 예수님이 선언하시는 복음은 인간 사회에서 전통적 가치가 무효화됨을 선언된다. 이사야 61장의 "가난한 자를 위한 기쁜 소식"이 지금 선포되고 있다.

눅 6:20 예수께서 눈을 **들어** 제자들을 **보시고 이르시되**
/너희 가난한 자는 — 복이 있나니
//(이유: ὅτι, for)
하나님의 나라가 — 너희 것임이요
21 /지금 주린 자는 —— 복이 있나니
//(이유: ὅτι, for)
너희가 —— 배부름을 얻을 것임이요
/지금 우는 자는 —— 복이 있나니
//(이유: ὅτι, for)
너희가 —— 웃을 것임이요
22 /사람들이 —— 너희를 미워하며, 멀리하고, 욕하고
너희 이름을 악하다 하여 버릴 때에는(when)
/너희에게(=가) —— 복이 있도다

"가난한 자"(οἱ πτωχοί) - 누가는 실제로 굶주리고, 실제로 울고, 실제로 핍박 당하는 사람을 생각하고 있음을 본다. 마태복음에서는 '심령이' 가난한 자로 되어 있다. 구약의 공식을 채택하여 순수하게 종교적인 방식으로 지복을 이해하였다. 물론 하나님 나라가 가난한 자들이 무엇을 행했기 때문에 주어진 것이 아니라 하나님의 은혜에 기인하는 복됨이다.

"가난한 자"(οἱ πτωχοί) - 이 말은 일부 유대인 집단에서 경건한 자를 지칭하는 말이 되었다. 당시 대부분은 가난했다.

진정으로 복된 사람은 누구인가?

오직 하나님께만 소망을 두는 사람이다.

이런 가난한 자들, 지금 주린 자들, 지금 우는 자들, 또 예수 믿기 때문에 고난을 당하는 자들은 오직 하늘 나라만을 소망하게 된다. 그러므로 이런 사람들이야말로 진정으로 복된 사람이다. '복이 있다'는 마카리오스(μακάριος)는 최고의 행복을 가리킨다. / μακάρ는 일상적인 염려와 걱정들로부터 놓여 자유하는 것이다. 하나님 나라의 참여를 통해 오는 독특한 즐거움을 나타내는 데 사용되었다. 그래서 "그 날에 기뻐하고 뛰놀라(σκιρτάω 스키르타오, 강충깡충 뛰다)"고 말한다(눅 6:23).

그러니까, 여기서 가난한 자들이란 영적이든, 물질적이든 하나님 앞에서 얼마나 연약한 존재인가를 깨닫고(사 6:5) 철저히 자기 자신이 죄인임을 인식하는 사람(사 57:15, 66:2)을 가리킨다. 의식적으로 자기 자신을 의지하지 않고 하나님을 의지하는 자들, 결국 하나님께만 소망을 두는 사람들을 말한다.

네 개의 탄식(화있을진저, 禍)(눅 6:24-26)

1. 어떤 사람에게 화(禍)가 임할 것인가?

눅 6:24 그러나 **화 있을진저**
/너희 부요한 자여
//(이유: ὅτι, for)
너희는 —— 너희의 위로를 이미 받았도다
25 /화 있을진저
너희 지금 배부른 자여
//(이유: ὅτι, for)
너희는 —— 주리리로다
/화 있을진저
너희 지금 웃는 자여
//(이유: ὅτι, for)
너희가 —— 애통하며 울리로다
26 /모든 사람이 너희를 칭찬하면
화가 있도다
//(이유: ὅτι, for)
그들의 조상들이 거짓 선지자들에게 이와 같이 하였느니라

특히 재물이 풍족한 자, 즉 부자를 말한다(플루시오스, πλούσιος)

이러한 사람들은 현실이 변화되기를 원치 않는다. 지금이 너무 재미있고 풍족하기 때문이다. 현실에 만족하고 안주하며, 그러니 당연히 하나님 나라를 소망하지 않는다.

만족하다, 배부르다. 특히 물질적인 만족을 누리는 자들을 가리킨다. 이런 사람들은 하나님 나라에서 제외된다. 하나님 없이도 배부른 자들

어리석은 자의 웃음을 즐기는 사람들, 이들은 잠시 동안만 웃을 수 있다. 애통으로 바뀔 것이기 때문이다.

모든 사람이 칭찬하는 자에게 화가 있다. 이들에게는 칭찬과 갈채를 받는 것이 가장 유일한 관심이다. 조상들에게 아첨하는 말만 했던 선지자들은 오히려 사랑받고 칭찬받았다. 칭찬이나 핍박은 일시적이지만 심판대 앞에서 모든 것은 가려질 것이다.

(1) 고대 지중해 지역에 살아가던 사람들은 대체로 가난했다. 물론 유대인들도 대부분 가난했다. 예수님의 말씀을 듣는 사람들은 대부분 가난했다. 이런 가난한 자들에게 '위로'는 메시야 시대의 축복이었다. 웃을 수 있는 사회적 지위에 있는 자들에 비해 지금 주리고, 지금 울고, 지금 가난한 자들은 억압과 불의에 계속 시달려 온 사람들이다. 그래서 이들은 그의 백성에게 베푸시는 하나님의 구원을 간절히 바라고 있었다.

(2) 이렇게 누가는 이 복음서 안에서 가난한 자, 주리고 있는 자, 지금 웃을 수 없는 환경에서 고달프게 살아가는 사람들, 그리고 사회적 지위가 높은 부한 자들에게 불이익을 당하는 자를 위한 예수님의 사역을 크게 부각시킨다. 이러한 사상은 마리아의 찬가 속에서 밝히 드러난다(눅 4:18이하). 이것은 예수님께서 자신의 선교 목적을 말하는 이사야 61장의 시각이다.

2. 예수님이 증거하시는 평지설교는 특히 지금 가난하고, 주리고, 우는 자들에게는 복음이지만 부유하고 권세 있는 자들에게는 경고의 메시지인 것이다.

원수를 사랑하라(눅 6:27-36)

같이 읽을 곳(마 5:38-48)

1. 서론(6:20-26)에 이어 구체적인 실천 사항을 명령하신다(6:27-42). 이 부분은 그리스도의 사랑의 극치요 기독교 윤리의 최고봉이다.

선대(칼로스, καλῶς) do good, 선하게, 받을만하게

눅 6:27 그러나 너희 듣는 자에게 내가 **이르노니**

[너희는] 너희 원수를 사랑하며
너희를 미워하는 자를 선대하며
28 너희를 저주하는 자를 위하여 축복하며
너희를 모욕하는 자를 위하여 기도하라
29 너의 이 뺨을 치는 자에게 저 뺨도 돌려대며
네 겉옷을 빼앗는 자에게 속옷도 거절하지 말라
30 네게 구하는 자에게 주며
네 것을 가져가는 자에게 다시 달라 하지 말며
31 너희도 남을 대접하라
/남에게 대접을 받고자 하는 대로

그의 제자들은 자기의 원수들, 즉 그들을 미워하며, 멀리하며, 욕하고 매도하는 자들을 사랑하라고 말씀하신다. 사랑하는 구체적인 방법은 미워하는 자들을 선대하며, 축복하며, 기도하라는 것이다.

원수들이 그들에게 악을 행할 때 보복해서는 안 된다는 것이다. 예를 들어 말씀하신다. 모역적으로 뺨을 치고, 겉옷을 빼앗고.... 이럴 경우에 보복하거나 저항하지 말라. 맞서거나 보복하기 보다 다른 뺨도 돌려내며 속옷까지 내주어야 한다는 것이다.

이것은 악한 자를 상대하여 성질을 내지 아니하는 무저항주의를 가리키며, 이렇게 하는 것만이 악을 시정하는 진정한 태도이다.

이 구절을 보통 "황금률"이라고 부르고 있다. 마태복음의 설명을 가져와 보자(마 7:12)

7:12 그러므로(Therefore, οὖν)
[만약](ἐὰν)
너희도 하는 대로(뜻한다면, θέλητε)
/무엇이든지(πάντα)
/남에게 대접을 받고자
대접하라(ποιεῖτε) - 명령법
/남을
//(이유; γάρ, for)
이것이 율법이요(ὁ νόμος)
선지자니라(οἱ προφῆται)

먼저, 마 22:37-40, 눅 10:27을 읽어보라. 꼭.

어디까지? - 모든 것까지

왜 대접해야 돼? (이유) 그것이 율법의 정신이니까.

예수님은 자신의 교훈을 '율법이나 선지자들의 완성' 으로 제시하셨다(마 5:17-20).

여기 "그러므로"(οὖν) 란 말은 앞의 내용(마 7:9-11절)과 상호 관련이 있다는 것을 알 수 있다. 넓게 본다면 마 5:17에서부터 시작한 예수님의 말씀과 연결된다.

"이것이 율법과 선지자니라"는 말은 무슨 뜻인가?
(이것이 율법과 예언서의 본뜻이다 - 새번역)

즉, 12절과 같이 하는 것이 구약 성경이 지금까지 가르쳐 온 정신이요, 또

• 마 22:37 "예수께서 이르시되 **네 마음을 다하고 목숨을 다하고 뜻을 다하여 주 너의 하나님을 사랑하라** 하셨으니(신 6:5) 38 이것이 크고 첫째 되는 계명이요."

• 신 6:5 "**너는 마음을 다하고 뜻을 다하고 힘을 다하여** 네 하나님 여호와를 사랑하라."

1) 너희를 미워하는 사람에게 잘해 주고; 선하게, 받을만하게 하라는 것이다.

2) 우리는 어떠한가? 반대로 하고 있지는 아니한가? 악(惡)은 미워하지 않고 사람만을 미워하고 있지는 아니한가! 구약에서의 율법도 개인적인 보복을 금하셨음을 본다(레 19:17-18). 따라서 복수는 하나님이 하실 일이요, 개인적으로 보복해서는 안 된다는것이다. 오히려 이웃에 대한 사랑의 실천을 요구하고 있다. 우리는 악을 대적하고 마귀와 싸워야 한다.

3) 출 21:24-25, 레 24:20, 신 19:21. 사람은 자기가 피해를 당했을 때 보복을 하려는 것이 통상적인 생각이다. 그러나 여기서 말하는 이 말은 개인에게 주어진 것이 아니고 재판관에게 주어진 것이었다. 이 말씀은 사람들의 지나친 복수의 욕망을 통제하기 위해 주어진 말씀이다.

한 주님이 말씀하신 교훈의 기본원리라는 것이다(기독교의 윤리관을 가장 정확하게 표현한 말). 사람들은 누구든지 남이 자기 자신에게 가장 좋게 대우해 주기를 바란다. 바로 그와 같은 태도로 남을 대해야 한다고 명령하신다. 따라서 주님이 제자들에게 요구하시는 삶은 구약 성경과 결코 다르지 않다는 것이다(마 22:38, 39*; 신 6:5*).

(2) 물론 여기서 강조하는 것이 사람들 간에 주고받기식의 교훈이 아니다. 우리가 남에게 기대하는 내용대로, 돌려 받을 생각을 하지 말고 남을 대접하라는 것이다. 그리하면 하나님께서 그 좋은 것으로 채워주실 것이라는 말이다.

(3) 학자들은, 이 황금률은 마 7:1-11의 결론만이 아니라 산상보훈 전체의 결론이라고 보기도 한다(마 5:16, 5:20 참조). 그래서 여기까지가 산상보훈의 중요 부분의 끝이라고 본다. 그리고 마 7:13절부터는 산상설교를 실제생활에 적용하기를 권면하며 이를 경고하는 내용이다.

원수를 사랑하라고?

2. "자기 원수를 사랑하라"니, 어떻게 그것이 가능할까?

(1) "너희 듣는 자에게 내가 이르노니"(눅 6:27), 즉 모든 사람들이 실천해야 할 말씀이다. 먼저, 원수를 사랑하고(ἀγαπᾶτε현재 명령형) 너희를 미워하는 자를 선대하라(καλῶς ποιεῖτε현재 명령형)[1]는 명령이다(늘, 계속해서 실천하라는 의미이다). 그러니까 마태복음 5:38-48의 내용과 같은 말씀이다. "너희를 저주하는 자를 위하여 축복하며 너희를 모욕하는 자를 위하여 기도하라"(28절). 상대방에게 상당한 피해를 입었을 경우 우리는 눈에 불을 켜고 복수하려는 것이 보통이다. 그러나 주님은 이에 대해 보복을 해서는 안 된다고 말씀하신다. 보복이 아니라 오히려 적극적으로, 그리고 선으로 악한 자를 대응하라는 것이다.[2]

눅 6:29 [너희는] ┬ 저 뺨도 돌려대며
　　/너의 이 뺨을 치는 자에게
└ 속옷도 거절하지 말라
　　/네 겉옷을 빼앗는 자에게

• 마태복음에는 '오른뺨'으로 되어 있다. 뺨을 친다는 것은 경멸보다는 폭력의 행위를 가리키는 것으로 보인다.

(2) "눈은 눈으로, 이는 이로 갚으라 하였다는 것을 너희가 들었으나", 마 5:38)[3] 그러나 예수님의 가르침은 그 범위가 더욱 넓다. 비록 자존심이 상해도, 재산

상의 손해가 좀 있더라도(마 5:40), 또 그 일로 인해 내 자유가 제한을 당하더라도(41절) 기쁜 마음을 가지고 이웃을 대하라는 것이다(42절).

(3) 또 어떤 사람이 속옷 때문에 송사하려 한다면 그와 함께 법정에 가느니 차라리 그보다 더 비싼 겉옷을 그에게 주는 편이 더 낫다는 것이다. 아무나 그 옷을 원하면 주라는 의미가 아니라 **담보물의 논쟁이 일어난 경우** 법정에 가는 것보다는 불의를 참는 것이 더 낫다는 말이다.

(4) 또 어떤 사람이 법적인 의무가 없는 데도 억지 동행을 요구한다면 너무 매몰차게 거절하지 말고 오 리가 아니라 십 리도 동행하라는 것이다. - '이런 명령을 누가 과연 지킬 수 있을까?' 그러나 주님의 명령이라면 심각하게 생각해야 하지 않을까?

1) 마 5:39 "나는 너희에게 이르노니 악한 자를 대적하지 말라 누구든지 네 오른편 뺨을 치거든 왼편도 돌려 대며." - 어떤 사람이 오른편 뺨을 때려 모욕을 주는 행위를 했다면 그에게 대항하지 말고, 차라리 왼쪽 뺨도 돌려 대어 몇 대 더 맞는 편이 낫다는 것이다

2. 예수님은 율법의 다양한 특성을 배제하려 하지 않으셨다.

(1) 예수님은 율법을 단순히 문자적으로만 이해하려는 안이하고 외식적인 경건보다는 그 율법이 가지고 있는 그 근본적인 의미를 드러내려 하셨다. 따라서 누구든지 스스로 하나님의 명령에 절대 순종하지 않는 한 율법을 완수할 수 없다는 것이 예수님의 계명에 나타난 교훈이다.2)

(2) 산상보훈에 의하면 천국에 들어가기 위해서는 누구나 의를 소유해야 한다. 그렇다면 새로운 의란 무엇인가? 완성된 율법, 즉 예수님의 말씀을 지키는 것이 곧 새로운 의(義)다. 이 '의'(義)는 천국에 들어갈 자격을 준다.

(3) 그러므로 천국에서 누가 큰 자인가? 완성된 율법을 지키는 사람들이다(마 5:18-19). 당연히 서기관들이나 바리새인들의 의보다 더 나은 의를 소유한 사람이며(마 5:20), 하나님의 뜻을 행하는 사람이다(마 7:21).

(4) "남에게 대접을 받고자 하는 대로 너희도 남을 대접하라. 이것이 율법과 선지자니라."(마 7:12) 주님을 영접하고 하나님의 통치영역으로 삶을 옮긴 사람들은 새로운 삶의 법칙에 순종해야 한다. 하나님과의 새로운 관계에 있을 때에 산상보훈을 지킬 수 있는 능력이 생기게 된다. 산상보훈은 믿음보다는 행위에 더 강조점을 두고 있다.

2) 우리를 사랑하는 자들을 사랑하는 것은 크게 칭찬받을 만한 일이 못된다. 그것은 불신 세계에서만 흔히 있는 일이기 때문이다. 죄인들도 자기를 사랑하는 자들을 사랑한다. 그것은 당연한 본성이며 결국 아무 의미 없는 일이다.

144

비판하지 말라(눅 6:37-38, 41-42)

같이 읽을 곳(마 7:1-6)

1) 크리노(κρίνω) - 판단하다, 결정하다.

비판하다 : 트집 잡기를 좋아하며, 까다롭고, 공평하지 못한 습관적인 비판을 말한다. 다른사람에 대한 개인적인 판단을 가리킨다. 마 5:40에서는 '법에 소송을 걸다'라는 의미로 쓰였다.

2) 도키마조(δοκιμάζω) - '시험하다, 시험으로 입증하다'는 의미로서 '분별하다'를 의미를 지닌다. 그리스도인들은 하나님의 뜻이 무엇인지 시험하거나 입증해야 한다. 하나님의 뜻이라는 것이 입증되면 하나님의 뜻을 행하여야 한다.

1. '비판'에 대한 예수님의 교훈이다. 여기서 '비판'이란 어떤 의미인가?

눅 6:37 [너희는] —— 비판하지 말라(Μὴ κρίνετε)[1)]

//그리하면
너희가 비판을 받지 않을 것이요

(1) 여기서 비판(판단)하지 말라는 것은 무슨 뜻인가? 이 말은 어떤 경우에라도, 즉 타인의 선행과 악행에 대해 **분별**하는 일까지 그만 두라는 뜻인가? 이 말씀은 자신이 최후의 심판장인 것처럼 심판을 내리는 것을 금하신 것이다. 우리 주위에는 가혹하고, 독선적이고, 무자비하고, 매정한 비판을 가하고 흠잡기를 좋아하는 사람들이 많이 있다.

(2) 그러나 성경에는 진리나 교리 문제에 대해 **분별력을 발휘하라는 말씀**이 많이 나온다(롬 12:2; 엡 5:10; 빌 1:10; 살전 5:21; 요일 4:1 - 하나님의 뜻이 무엇인지 알기 위해서는 시험, testing으로 알아야 한다.). 로마서 12:2을 읽어보자.

롬 12:2 너희는 이 세대를 본받지 말고 오직 마음을 새롭게 함으로 변화를 받아 하나님의 선하시고 기뻐하시고 온전하신 뜻이 무엇인지 **분별하도록 하라**(εἰς τὸ δοκιμάζειν[2)])

(3) 어떤 사건에 대해 분석하고, 판단하고, 비평(批評)하는 일은 필요하지만 혹평(酷評, 독할 혹)하는 일, 즉 악의적 정죄는 잘못이라는 말이다. 타인의 악을 정죄해야 하지만 교만한 마음으로 해서는 안 된다(요 7:24, 딤후 2:17-18, 마 7:6, 15 등을 찾아보자). 정죄하는 자는 자기가 하나님의 위치를 대신하는 것이기 때문이다.

2. 왜, 남을 비판해서는 안 되는가? 그 이유를 설명하고 있다.

(1) "남을 비판하지 마라. 그리하면 너희도 비판 받지 않을 것이다." 마태복음 7:2에는 더 자세하게 언급되었다.

마 7: 2 //(이유: for, γάρ)
너희가 — 비판을 받을 것이요(κριθήσεσθε) - 미래, 수동태
/너희가 비판하는 그 비판으로[1]
너희가 — 헤아림을 받을 것이니라
/너희가 헤아리는 그 헤아림으로[2]

눅 6:38 주라 그리하면 너희에게 줄 것이니
곧 후히 되어 누르고 흔들어 넘치도록 하여
너희에게 안겨 주리라
너희가 헤아리는 그 헤아림으로(ᾧ μέτρῳ, measure, 그 분량만큼)
너희도 헤아림을 도로 받을 것이니라

1) ἐν ᾧ κρίματι κρίνετε in the way you judge

2) ἐν ᾧ μέτρῳ μετρεῖτε by your standard of measure

헤아림(메트론, μέτρον) - 척도, 도량형(병행구절 - 막 4:24; 눅 6:38)

(2) **즉 우리가 타인에게 적용하는 기준은 바로 나에게도 적용된다는 것이다.** 따라서 남을 해하려는 언동은 언젠가는 반드시 보복을 받는다는 것이다. 우리는 늘 타인의 약점은 크게 드러내려 하고, 자신의 잘못은 합리화시키려 한다. 인간의 죄된 속성이 있기 때문이다. 남의 흠 잡기를 좋아하는 사람은 필연적으로 다른 사람의 악평을 살 수밖에 없다. 이런 사람은 남에게 적용하는 그 엄격함이 자신에게 되돌아온다. 물론 하나님의 용서하심으로부터 제외시킴을 당한다.

3. 주님은 자기 이웃에 대한 잘못된 판단이 얼마나 어리석은 것인가를 무엇을 예로 들어 설명하셨는가? (마 7:3-4)

7:3-4 어찌하여 형제의 눈 속에 있는 티(the speck, κάρφος카르포스)는 보고
네 눈 속에 있는 들보(the log, δοκός도코스)는 깨닫지 못하느냐

4 보라 네 눈 속에 들보가 있는데 어찌하여 형제에게 말하기를
나로 네 눈 속에 있는 티를 빼게 하라 하겠느냐

(1) 티와 들보의 비교는 엄청나게 작은 것과 큰 것의 비교이다. 형제의 눈 속에 있는 티란 그에게 있는 어떤 흠(결점)을 말한다. 이 티가 아무리 크다한들 자기 눈 속에 있는 대들보만이야 하겠는가? 그러나 사람들은 형제의 눈 속에 있는 티를 발견하고 그 티(죄)를 하늘만큼 부풀려 비판한다.

(2) 성도들은 새로운 공동체의 일원이 된 주의 제자들이 아닌가? 그렇다면 타인의 죄에 대해 어떠한 태도를 가져야 할까?

• 눅 6:39 또 비유로 말씀하시되 맹인이 맹인을 인도할 수 있느냐 둘이 다 구덩이에 빠지지 아니하겠느냐
40 제자가 그 선생보다 높지 못하나 무릇 온전하게 된 자는 그 선생과 같으리라
41 어찌하여 형제의 눈 속에 있는 티는 보고 네 눈 속에 있는 들보는 깨닫지 못하느냐
42 너는 네 눈 속에 있는 들보를 보지 못하면서 어찌하여 형제에게 말하기를 형제여 나로 네 눈 속에 있는 티를 빼게 하라 할 수 있느냐 외식하는 자여 먼저 네 눈 속에서 들보를 빼라 그 후에야 네가 밝히 보고 형제의 눈 속에 있는 티를 빼리라

146

못된 열매 맺는 좋은 나무가 없다(눅 6:43-49)

같이 읽을 곳(마 7:17-20)

1. 마태복음에서는 산상설교의 결론으로 **좁은 문**으로 들어가라고 말씀하신다. 곧 좁은 길을 가는 것이 생명의 길이기 때문이다. 왜 좁은 문으로 가야 하는가 그 이유를 이렇게 말씀하신다(마 7:14).

7:14 //(이유, for)
생명으로 인도하는 문은 좁고 길이 협착하여(비좁아서)
찾는 자가 적기 때문이다.

(1) 누가 구원 얻을만한 믿음을 소유한 자인가? 주님은 이를 판단할 기준이 있다고 말씀하신다. 즉 좁은 길로 가는 것이 생명의 길이지만, 이들이 진짜 생명을 소유한 것을 알 수 있는 길은 그들의 열매로 알 수 있다고 말씀하신다. 좋은 열매를 맺는 나무가 좋은 나무이다. '좋은 나무'가 나쁜 열매를 맺을 수 없음과 같다는 것이다(눅 6:43 "못된 열매 맺는 좋은 나무가 없고 또 좋은 열매 맺는 못된 나무가 없느니라 44 나무는 각각 그 열매로 아나니 가시나무에서 무화과를, 또는 찔레에서 포도를 따지 못하느니라.").

(2) 물론 예수님을 영접하지 않으면서 좋은 열매를 기다릴 수는 없다. 여기서 열매는 사람의 '행실'을 가리킨다. 천국의 사람들을 판별할 수 있는 가장 좋은 방법, 그것은 그들이 살아가는 삶의 열매뿐이다. 문제는 사람들이 "주여 주여 하면서도 주님이 말씀하는 것을 행하지 않는다"는 것이다(46절).

(3) 따라서 "듣고 행하지 아니하는 자는 주추 없이 흙 위에 집 지은 사람과 같다"는 것이다(48절). 그러면 이런 집은 "탁류(홍수)가 들이닥치면 집이 곧 무너져 파괴되고 말 것이다."[1]

2. 하나님의 뜻을 따라 행하지 않는 사람은 불법을 행하는 자이다.

만약 주의 이름으로 귀신을 쫓아내며 주의 이름으로 많은 권능을 행하였다면, 이런 것에 일치하도록 하나님의 뜻을 따라 의롭게 살라는 것이다. 그런 자들에게는 천국이 허락된다고 하신다. 주여 주여 하는 자마다(즉, 바른 신앙을 고백하는 자) 다 구원받을 수 없다고 했다.[2]

1) 좁은 길을 가기 위해서는 우리들의 탐욕과 고집들을 버려야 하며 때로는 가족도 버려야 한다고 말씀하신다(눅 12:51-53). 이제 우리는 주님의 말씀 선포에 대한 반응을 보여야 한다. 말씀을 들었으므로 그 말씀대로 살아가야 한다. 그러나 (바리새인의 가르침을 뛰어넘어야 하는) 예수님의 말씀을 지킨다는 것은 좁은 길을 가는 것처럼 어렵다는 말이다. 물론 이 삶의 마지막은 생명이요, 영생이요, 천국이다. 따라서 주님의 제자라면 누구나 이 길을 걸어가지 않으면 안 된다.

2) 아니, 그러면 도대체 누가 구원받을 수 있단말인가? (마 7:24) 주님은 이제 하나님의 뜻대로 행하는 것을 천국의 백성 여부를 따지는 근거로 삼겠다고 선언하신다.

적용을 위한 **묵상**

주여 주여 하면서도 어찌하여 내가 말하는 것을 행하지 않느냐?

- 갈릴리 바다에서는 고기잡이가 한창이었다.
  가난하고, 삶에 찌든 어부들이 그물을 걷는다.
  오늘따라 고기가 잡히지 않았다.
  "깊은 데로 가 그물을 내려라."
  깊은 곳에서는 물고기가 잡히지 않는다.
  어부로 잔뼈가 굵은 어부들의 경험이다.
  그러나 베드로는 예수님의 말씀에 순종한다.

- 기적이 일어났다. 심히 많은 고기가 잡혀 그물이 찢어질 지경이었다.
  '주여 나를 떠나소서.'
  [너희는] 나를 따라 오라.
  내가 너희를 사람을 낚는 어부가(사람들의 어부) 되게 하리라.
  시몬과 그의 형제 안드레, 야고보와 그의 형제 요한이 주님을 따라 나섰다.
  모든 것을 버리고 주님을 따른다. 모든 것을 버리고....

- 지붕에 올라가 기와를 벗기고
  병자를 침상째 무리 가운데로 예수님 앞에 달아 내렸다(5:18-19).
  "네 죄 사함을 받았느니라."
  "신성 모독하는 자가 누구냐?"
  "네 죄 사함을 받았으니라" 하는 말과
  "일어나 걸어가라" 하는 말과 어느 것이 쉽겠느냐?
  글쎄, 어느 것이 더 쉬울까?

- 세리(tax-gatherer) 레위, 그는 사람들에게 많은 멸시를 받았다.
  생활은 안정되었어도 고독하고, 불안했다.
  "나를 따르라." 주님의 부르심이었다.
  그는 모든 것을 버리고 즉시 일어나 주님을 따라 나섰다.
  그리고 자신의 재산을 팔아 가난한 자들에게 나누어 주었다.
  주위에서는 아우성이다. "어찌하여 저런 죄인들과..."

- 못된 열매 맺는 좋은 나무가 없다고 했다(눅 6:43-49).
  좁은 길로 가는 것이 생명의 길이지만,
  모두들 그 길로 가려 하지 않는다.
  힘들기 때문이다. 고난도 기다리고 있다.
  우리는 무엇으로 믿음을 판별하는가?
  하나님의 뜻과 상관없는 열심은 열매를 맺지 못한다.
  삶의 열매, 나는 얼마나 맺혔을까?

- '야~, 너는 왜 새벽기도도 않하고, 금식기도도 않하니?' '누구? 나?'
- 세리는 모든 재산을 버리고 예수님을 따랐단다. '뭐? 너는 버릴 재산도 없다고?' '그래도 잘 살펴봐, 분명히 버릴 것이 있을꺼야.'
- 예수님과 제자들, 태가 너무 고파서 밀이삭을 잘라 먹었단다. 그것도 안식일에. 그래서 바리새인들이 길길이 뛰었다. 안식일을 어겼다는 것이다.

  '너, 주일에 쇼핑했지? 그리고 등산도 하고?'
  '응~'
  '이게, 너~큰일 났다, 목사님에게 이를꺼야?'
- 아무래도 주일(안식일)의 참뜻에 대해 특강을 들어봐야겠다. 그치?

갈릴리 사역(눅 4:14–9:50)

7장과 8장에서도 계속 갈릴리 지역에서의
사역이 소개된다.
갈릴리의 어느 작은 성읍, 나인 성
제자들, 그리고 많은 무리가 동행한다.
성문에 가까이 가니
사람들이 한 죽은 자를 메고 나온다.
어떤 과부의 외아들이란다.
동네 사람들이 상여를 따라오고 있다(눅 7:12).
주님께서는 과부를 보시고 불쌍히 여겨
이미 죽었던 청년을 다시 살려내신다.

기적을 보고 모두 두려워했다.
놀람과 두려움이 함께...
그리고 하나님께 영광을 돌렸다.
"큰 선지자가 우리 가운데 일어나셨도다."
예수님에 대한 이 소문이 온 유대와 사방에
두루 퍼져 나갔다.
이적은 하나님 나라가 계시되고 있다는 증거다.

그래도 예수님을 하나님의 아들로 소개했던
세례 요한, 지금 옥에 갇혔는데...

'당신이 과연 오리라고 하던 그 메시야인가?'

지금, 예수님은 이사야에서 예언되었던
하나님의 종의 역할을 감당하고 계신 것이다.
우리는 지금 그 종의 사역을 탐구하는 것이다.

백부장의 종을 고치심(눅 7:1-10)

(1) 백부장의 사랑하는 종이 지금 중풍병으로 앓아 누워 거의 죽게 되었다(7:2). 예수님은 어떤 반응을 나타내셨을까? 마 8:7 "이르시되 내가 가서, ἐγὼ ἐλθὼν 고쳐주리라."

(2) 백부장의 믿음을 보라. 백부장은 다만 자기 수하에 있는 군사들과 하인들이 자기 상관의 명령을 따라 즉시 움직이는 것과 같이(권위의 원리) 주님께서도 다만 "말씀만으로도" 자기 하인이 나을 수 있다는 믿음이 있었다.

(3) 예수님은 백부장을 크게 칭찬하셨다. "예수께서 들으시고 그를 놀랍게 여겨...이스라엘 중에서도 이만한 믿음은 만나보지 못하였노라." 물론 그 종은 즉시 치료되었다(10절, 백부장의 믿음대로 "(그 시각에, ἐν τῇ ὥρᾳ ἐκείνῃ).

나인성 과부의 아들을 살리심(눅 7:11-17)

(1) 죽은 사람은 어떤 과부의 외아들이었다. 동네 사람들이 상여를 따라오고 있었다(12절). 주님께서는 과부를 보시고 불쌍히 여기시고 이미 죽었던 청년을 다시 살려 그를 어머니에게 주셨다(15절).

(2) 이 기적은 사람들에게 어떤 영향을 주었을까? "이르되 큰 선지자가 우리 가운데 일어나셨다 하고 또 하나님께서 자기 백성을 돌보셨다 하더라"(16절). 예수님에 대한 이 소문이 온 유대와 사방에 두루 퍼져 나갔다(17절).

당신이 오실 그 분입니까? (눅 7:18-23)

(1) 세례 요한이 제기한 질문의 내용은 무엇인가? (눅 7:19-20) 세례 요한에게는 예수님이 행하고 계신 일이 그가 기대했던 메시야와는 너무나 기대밖이었다. 그래서 요한은 두 명의 제자를 예수님의 사역 현장에 보내서 그 진위 여부를 알아보게 했다.

(2) 예수님은 세례 요한의 질문에 대해 이사야 35:5-6; 61:1에 있는 메시야 예언을 인용하시면서, 그 예언이 실제로 성취되었음을 요한에게 알리신다(마 11:2-6; 눅 7:22).

너희가 무엇을 보려고 광야에 나갔더냐(눅 7:24-35)

(1) "여자가 낳은 자 중에서 세례 요한보다 큰 이가 일어남이 없도다. 그러나 천국에서는 극히 작은 자라도 저보다 크니라." 즉 주님은 구약시대와 새로운 시대를 비교하여 설명해 주신 것이다.

(2) 주님은 구약 말씀을 인용하여 세례 요한의 위치를 설명하신다(눅 7:27). 이제까지 생존한 사람 가운데 요한보다 큰 사람은 없지만, "그러나 천국에서는 극히 작은 자라도 그보다 크니라"(눅 7:28). 세례 요한은 옛 세대에서 새 세대로 이양해 준다. 예수님과 더불어 새시대가 도래했다.

한 여자가 예수님께 향유를 붓다(눅 7:36-50)

(1) 한 여자가 예수님께서 바리새인의 집에 앉아 계심을 알고 향유 담은 옥합을 가지고 들어왔다. 그런데 그 여자가 예수님의 뒤로 그 발 곁에 서서 울기 시작한다. 그리고 눈물로 그 발을 적시고, 자기 머리털로 닦고 그 발에 입맞추고 향유를 부었다. 물론 예수님을 초대한 바리새인들이 반발했다.

(2) 주님은 한 가지 비유를 드셨다. 내용을 설명해 보라. "네 믿음이 너를 구원하였으니 평안히 가라." 더 놀란 것은 함께 앉아 있는 사람들이었다. "이가 누구이기에 죄도 사하는가 하더라(속으로)"

여자들이 예수님의 사역을 돕다(눅 8:1-3)

누가복음에는 여자들의 사역에 대한 언급이 특히 많다. 당시 유대 사회에서 여성의 위치는 어떠했을까? 누가는 여성들에게도 자유가 주어지며, 그들도 하나님 보시기에 똑같이 소중한 존재로 인정되며, 사회적 소명이 주어졌다는 점을 설명하고 있다.

네 가지 땅에 떨어진 씨 비유(눅 8:4-15)

(1) ① 길가에 뿌려진 씨 ② 돌밭에 뿌려진 씨 ③ 가시떨기에 뿌려진 씨 ④ 좋은 땅에 뿌려진 씨

(2) 복음은 배척을 당하는 것이 사실이지만, 또한 복음을 받아들이는 사람들이 있음을 말하고 있다. 모든 방해에도 불구하고, 넘치는 추수를 가져왔다. 하나님 나라의 시작은 많은 방해와 실패와 좌절 가운데서 시작되지만, 즉 미약한 시작이지만 모든 사람의 기대를 넘어서 풍성한 결과를 나타낸다는 비유이다.

등불은 등경 위에 두려 함이 아니냐(눅 8:16-18)
예수님의 어머니와 동생들(눅 8:19-21)

바람과 바다를 잠잠하게 하심(눅 8:22-25)

제자들에게 이르시되(...하시니) 어찌하여 이렇게 무서워하느냐 너희가 어찌 믿음이 없느냐?

귀신 들린 사람을 고치심(눅 8:26-39)

(1) 귀신 들린 두 사람은 아주 난폭했다. 막 5:2-6에서는 여러 번 고랑과 쇠사슬에 매였어도 쇠사슬을 끊고 고랑을 깨뜨렸다고 했다.

(2) "때가 이르기 전에": (눅 8:31, "무저갱으로 들어가라 하지 마시기를 간구하더니"). 귀신들은 그 때가 아직 오지 않았는데, 왜 지금 나타나서 자기들을 쫓아내느냐고 항변(?)하고 있다.

야히로의 딸(눅 8:40-56)

(1) "아니 이 소녀가 자고 있다니!!" 분명 죽어서 장례 절차를 밟고 있는데. 예수님의 '달리다굼'이라는 말은 분명 비웃음을 가져오기에 충분했다. 곡하는 사람들은 이 소녀가 분명히 죽은 것을 잘 알고 있었기 때문이었다.

(2) 달리다굼 (Talitha kum! ταλιθα κουμ) 지금까지 주님은 육신적으로 병들고 정신적, 도덕적으로 병든 자를 고치셨다. 그러나, 본문에서는 죽음을 정복하시는 생명의 왕으로서, 그의 능력을 나타내며 이적을 행하셨다.

열두 해를 혈루증으로 앓는 여자(눅 8:43-48)

주님은 옷가를 만진 사람이 누구인가를 물으셨다(막 5:30). 그녀는 주님 앞에 엎드려 고백한다. 순간 두려워했을 여인, 그러나 주님은 이 여인을 안심시키신다. 그녀는 즉시 치유되었고, 주님 앞에서 새로운 삶을 시작할 수 있었을 것이다.

갈릴리 사역 눅 4:14-9:50

백부장의 종을 고치심(눅 7:1-10)

같이 읽을 곳 (마 8:5-13; 요 4:43-54)

복음이 전파된다는 것은 천국이 임하였다는 증거이다. 예수님의 설교는 반복해서 복음이라는 말로 요약되었다. 예수님은 계속 치유와 복음 전파의 사역을 진행하시는데, 이적은 하나님 나라가 계시되고 있다는 증거였다. 본문에서 백부장의 사랑하는 종이 "병들어 죽게" 되었다고 했다. 그래서 예수님의 소문을 듣고 유대인의 장로들이 사람을 보내어 '오셔서 그 종을 구원하시기를 청했다'고 했다.

로마 백부장

1. 마태는 하인(파이스, παῖς, 아이, 소년)**으로 기록했고, 누가는 종**(둘로스, δοῦλος)**이라고 표현함으로써 그 하인이 어렸음을 시사하고 있다.**

(1) 그런데 백부장의 종이 지금 중풍병으로(마 8:6) 앓아누워 거의 죽게 되었다는 것이다(7:2 "어떤 백부장의 사랑하는 종이 병들어 죽게 되었더니").

마 8:5 주여, 내 하인이 중풍병으로 집에 **누워**
/몹시 괴로워하나이다(분사, βασανιζόμενος)[2]

(2) 백부장은 로마 군대의 지휘관으로 백 명의 부하를 거느리는 부대장이다.[1] 백부장은 "예수님의 (치유) 소문을 듣고 유대인의 장로 몇 사람을 예수님께 보내어 오셔서 자기 종을 구해 주시기를 청했다(ἐρωτῶν분사형 '간청하다'라는 의미)"(3절). 마태복음에서는 백부장이 나와 '간구하여'(간청하여, παρακαλῶν, 현재 분사)라고 했다. 유대인의 장로들은 백부장을 크게 칭찬했다(눅 7:4 "이에 그들이 예수께 나아와 간절히 구하여 이르되 이 일을 하시는 것이 이 사람에게는 합당하니이다. / 이 사람은 도와주실 만한 사람입니다.)" (눅 7:5 "그가 우리 민족을 사랑하고 또한 **우리를 위하여 회당을 지었나이다** 하니.").

(3) 예수님은 어떤 반응을 나타내셨을까? 마태복음 8:7을 보자. 예수님은 "(이르시되 **내가** 가서, **ἐγὼ** ἐλθὼν) 고쳐주리라"고 하셨다(마 8:7). 다른 사람이 아닌 "내 자신"(ἐγώ)이, "확실히 내가"라는 뜻으로 말씀하셨다.

2. 그러나 백부장의 믿음을 보라. 그의 대답이 어떠했나? (6-8절)

(1) 위와 같은 말을 들으시고 예수님께서는 그들과 함께 백부장 집으로 향하셨다. 집에 거의 다왔는데, 백부장은 친구들은 보내 급한 전갈을 보냈다.

1) 백부장은 50명에서 백명의 이르는 중대를 지휘한다. 각 보병대에는 여섯 명의 백부장이 있었다. 또한 각 대(legion)에는 열개의 보병대로 구성되어 있었다(행 10:1). 그런데 백부장의 종이 지금 중풍병으로 앓아누워 거의 죽게 되었다는 것이다(마 8:5-6).

2) βασανίζω
고통을 주다, 고문하다, 괴롭히다

누 7:6 주여 —— 수고하시지 마옵소서(μὴ σκύλλου) —주님, 수고롭게 오실 것까지 없습니다(공동)
나는 —— 감당하지 못하겠나이다 — 감당하다(히카노스, ἱκανός - 충분한)[1]
/내 집에 들어오심을 — 저는 주님을 제 집에 모실 만한 사람이 못 됩니다(공동).
οὐ γὰρ ἱκανὸς εἰμὶ
7 그러므로
내가 —— 알았나이다
/주께 나아가기도 감당하지 못할 줄을 - 주님께로 나아올 엄두도 못냈습니다.
[주님은] — 말씀만(으로) 하사 — 다만 말씀으로만 하옵소서(ἀλλὰ **μόνον** εἰπὲ λόγῳ)
내 하인을 낫게 하소서
//그러면(결과 : 명령문, and)
내 하인이 — 낫겠사옵나이다 (마 8:8)

• 과거 수동태 명령법으로 '고침 받게 하라'는 의미이다.

(2) 그 당시에는 유대인들이 이방인의 집에 들어 간다는 것은 있을 수 없는 일이었다(요 18:28; 행 10:28, 11:2, 3 참고). 백부장(centurion)은 그러실 필요가 없다고 했다. 그는 군인이었기에 권위의 원리를 이해했던 것같다. 백부장은 다만 자기 수하에 있는 군사들과 하인들이 자기 상관의 명령을 따라 즉시 움직이는 것과 같이(권위의 원리) 주님께서도 다만 "말씀만으로도" 자기 하인이 나을 수 있다는 믿음이 있었다. 권세를 가진 사람은 사건의 현장에 가지 않아도 된다. 멀리서도 남들을 통해 명령을 전달할 수 있기 때문이다.

(3) 예수님은 백부장을 크게 칭찬하셨다. "예수께서 들으시고 그를 놀랍게 여겨(was astonished)[2] 돌이키사 따르는 무리에게 이르시되 내가 너희에게 이르노니 이스라엘 중에서도 이만한 믿음은 만나보지 못하였노라 하시더라"(9절). 물론 그 종은 즉시 치료되었다(10 "보내었던 사람들이 집으로 돌아가 보매 종이 **이미** 나아 있었더라"). 백부장의 믿음대로 "(그 시각에, ἐν τῇ ὥρᾳ ἐκείνῃ) 하인이 나았다"(마 8:13)고 했다. 그들이 집에 도착했을 때는 이미 그 하인은 나아 있었다.

(4) 마태복음은 이 사건 이후 추가 설명을 했다(마 8:11-12, 또 너희에게 이르노니 동 서로부터 많은 사람이 이르러 아브라함과 이삭과 야곱과 함께 천국에 앉으려니와 12 그 나라의 본 자손들은 바깥 어두운 데 쫓겨나 거기서 울며 이를 갈게 되리라."). 무슨 내용인가? 많은 사람들이 족장들인 아브라함과 이삭과 야곱과 함께 구원의 축복에 동참하기 위하여 동서(東西)로부터, 즉 이 세상 모든 곳에서부터 올 것이라고 이미 예언되어 있었다.[3]

구약시대에도 이미 이방인이 이 구원에 동참하고 있음을 본다(왕상 8:41-43; 렘 38:7-12, 39:16-18).

1) 히카노스 - 충분한, 매우 족한(눅 7:6) - οὐκ ἱκανὸς ~not worthy 백부장은 자신의 무가치함을 인정하면서 예수님의 위엄을 고백했다.

2) "놀랍게 여기셨다" - 왜 놀라셨을까? 이스라엘 중에 이런 믿음을 가지고 있는 사람을 아직 보지 못하셨다고 했다. 예수님은 하나님의 계시를 받은 유대인들 가운데서도 이렇게 큰 믿음(great faith)을 발견하지 못하셨다. 더욱이 그는 이방인이 아닌가? 이 백부장의 믿음은 어떤 것이었나? 그는 '예수님의 능력을 믿는 믿음'을 가졌다.

3) 사 2:2, 3, 11:10, 14:6, 45:6, 49:12; 렘 3:18; 호 1:9; 암 9:11 등등을 참고.

152

나인성 과부의 아들을 살리심(눅 7:11-17)

[이 사건은 누가복음에만 기록되어 있다]

1. 하나님 나라가 이미 도래했다는 확실한 증거는 무엇일까? 죽은 자가 살아났다는 소식, 죽음에서 해방되었다는 사실은 그 나라의 구원이 그 절정에 달한 모습임을 명확하게 확인할 수 있게 한다.

(1) 예수님은 나인 성[1])으로 가셨다. 그때 제자들과 함께 많은 무리도 동행했다(11절). 성문에 가까이 가니 사람들이 한 죽은 자를 메고 나왔다. 그 죽은 사람은 어떤 과부의 외아들이었다. 동네 사람들이 상여를 따라오고 있었다(12절). 주님께서는 과부를 보시고 불쌍히 여기시고 울지 말라고 하셨다(13절).

1) 나인(Nain) : 나인은 소헬몬(Little Hermon)의 북쪽 기슭에 위치해 있는 갈릴리의 읍이다. 현대의 네인(Nein)이다.

눅 7:14 [주께서] ── **가까이 가서**
└ 그 관에 **손을 대시니**
멘 자들이 ── **서는지라**
예수께서 ── **이르시되**(...하시매)
/청년아!
내가 ── 네게 말하노니
[너는] ── 일어나라
15 죽었던 자가 ── **일어나 앉고 말도 하거늘**
예수께서 ── 그를 어머니에게 **주시니**

청년은 죽이서 이미 관속에 들어가 있었다. 예수님은 관(소로스, σορός)에 손을 대어 멈추게 하셨다.

죽었던 자(네크로스, ὁ νεκρός) - 산 자와 구별되는 죽은 자를 가리킨다. 죽은 시체 / 이미 죽었던 자가 살아난 것이다. 죽은 나사로를 살리신 것과 같은 기적이다(요 12:1, 9, 17; 마 11:5).

일어나라(ἐγέρθητι명령법 과거 수동태) - 죽은 자로부터 일어나다(마 9:25, 10:8, 11:5; 눅 7:14, 요 5:21).

(2) '일어나다'(에게이로, ἐγείρω)는 '죽은 자로부터 일어나다'(수동태)는 개인의 부활과 관련하여 긍정적으로 사용되었다(눅 7:14; 요 5:21, 12:1, 9; 히 11:19). 예수님의 인격과 결합할 때 이 살아남은 메시야 시대 및 모든 죽은 자의 장래 부활의 표징이다. 청년이 다시 살아났다는 것은 그리스도가 죽음을 지배한다는 사실을 보여준다. 예수님께서 이미 죽었던 청년을 다시 살려 그를 어머니에게 주셨다(15절).

2. 이 기적은 사람들에게 어떤 영향을 주었을까?

이들은 이 기적을 보고 모두 두려워했다(포보스, φόβος)고 했다. 놀람과 두려움이 함께 있었다. 그래서 하나님께 영광을 돌렸다. "이르되 큰 선지자가 우리 가운데 일어나셨다 하고 또 하나님께서 자기 백성을 돌보셨다 하더라"(16절). 예수님에 대한 이 소문이 온 유대와 사방에 두루 퍼져 나갔다(17절).

당신이 오실 그 분입니까? (눅 7:18-23)

같이 읽을 곳 (마 11:2-6)

예수님에 대한 반대의 세력이 가끔 있긴 했지만(마 9:3-4), 이제 공공연한 적대 세력이 등장하기 시작한다. 특히 유대 종교 지도자들의 반대가 극심했다. 세례 요한이 헤롯 안디바의 일로 인해 옥에 갇혔는데, 세례 요한은 예수님에 대한 궁금증이 생겼다. '과연, 예수님이 우리가 기대했던 메시야일까?'

1. 세례 요한이 제기한 질문의 내용은 무엇인가? (눅 7:19-20)

마 11:2-3 요한이 — 듣고(ἀκούσας)- 과거분사
/그리스도께서 하신 일을(τὰ ἔργα τοῦ Χριστοῦ)
/옥에서

(1) 왜 세례 요한이 옥에 갇히게 되었는가? (마 14:3, 4*) 세례 요한은 헤롯 안디바가 동생 빌립의 아내를 취한 사실을 보고 옳지 않은 일이라고 책망했고, 이 일로 인해 옥에 갇히게 되었다(마 14장). 그러나, 그곳에서 외부의 방문객은 접견할 수는 있었던 것 같다. 요한은 이들로부터 예수님이 행하시는 일을 듣고 알게 되었을 것이다. 특히, 세례 요한에게는 예수님이 행하고 계신 일은 그가 기대했던 메시야와는 너무나 기대밖이었다.

• 마 14:3, 4 "전에 헤롯이 그 동생 빌립의 아내 헤로디아의 일로 요한을 잡아 결박하여 옥에 가두었으니 4이는(for, γάρ) 요한이 헤롯에게 말하되 당신이 그 여자를 차지한 것이 옳지 않다 하였음이라(=때문이다)."

(2) 그래서 요한은 두 명의 제자를 예수님의 사역 현장에 보내서 그 진위 여부를 알아보게 했다.

눅 7:19 요한이 그 제자 중 둘을 **불러** 주께 **보내어 이르되**(..하라 하매)
/'오실 그이'[1])가 — 당신이오니이까
우리가 ——— 다른 이를 기다리오리이까

1) **'오실 그이'**
(ὁ ἐρχόμενος)

"오실 그이"란 누구일까? 유대인들은 오래 전부터 메시야를 대망하고 있었다. 성경에 그렇게 약속하셨기 때문이었다.(참고: 마 3:11 "내 뒤에 오시는 이는")

(3) 예수님의 사역에 부정적인 눈으로 바라보는 자들이 생기기 시작한다(마 11장). 우선, 예수님이 요단강에서 수세(水洗)시 그를 가리켜 '하나님의 어린양'이라고 소개했던 장본인인 세례 요한이 의문을 갖기 시작한다. 세례 요한은 예수님에 대해서 군중들에게 어떻게 소개했었는가? (마 3:11; 요 1:15-18, 6-39). 과연 이 사람이 오시리라고 했던 그 분일까? 이것이 그가 선포했던 하나님의 왕국인가? 메시야가 이 세상에 왔는데도 악의 세력은 없어지지 않았고,

누 7:14 "가까이 가서
그 관에 손을 대시니
멘 자들이 서는지라
예수께서 이르시되
청년아
내가 네게 말하노니
일어나라 하시매

15 죽었던 자가 일어나 앉
고 말도 하거늘 예수께서
그를 어머니에게 주시니"

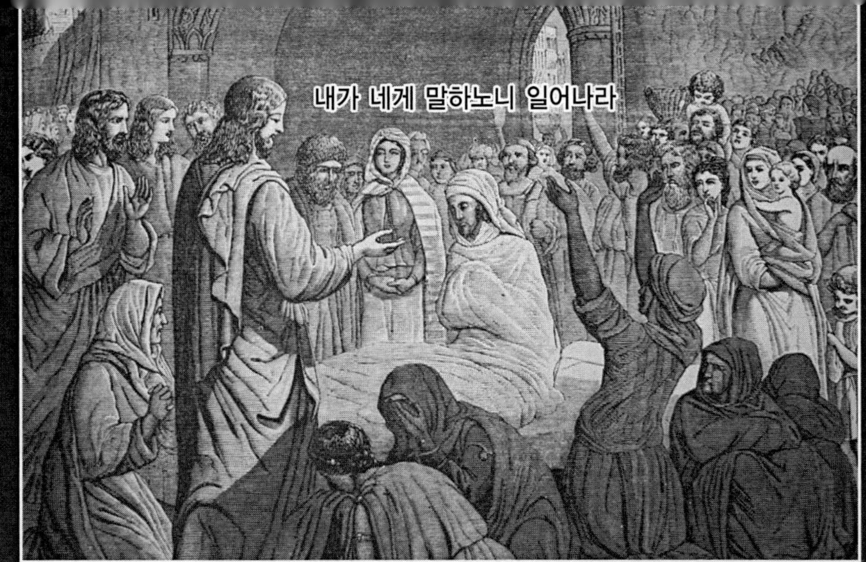

죽었던 자가 일어나 앉고 말도 하거늘

이 세상에 아무런 변화도 오지 않았다. 아니 악은 더욱 팽창해 가고, 로마인들의 말발굽의 소리는 더욱 높아지고 있는 것이 아닌가? '혹시 내가 잘못 소개한 것이 아닌가?'

2. 이에 대한 예수님의 대답은 무엇인가?

• 눅 7:21 "마침 그 때에 예수께서 질병과 고통과 및 악귀 들린 자를 많이 고치시며 또 많은 맹인을 보게 하신지라 22 예수께서 대답하여 이르시되 너희가 가서 보고 들은 것을 요한에게 알리되 **맹인이 보며 못 걷는 사람이 걸으며 나병환자가 깨끗함을 받으며 귀먹은 사람이 들으며 죽은 자가 살아나며 가난한 자에게 복음이 전파된다 하라**"

(1) 지금 메시야 되시는 예수님이 하시는 일은 주로 어떤 일인가? 눅 7:22을 주의 깊게 읽어보자. 이 말씀은 이사야 35:5, 6*과 61:1*의 내용이다. 자, 그런데 이 말씀이 어떻게 세례 요한의 질문에 대한 대답이 될 수 있을까?

• 사 35:5 "그 때에 **맹인의 눈이 밝을 것이며 못 듣는 사람의 귀가 열릴 것이며**
6 그 때에 저는 자는 사슴 같이 뛸 것이며 말 못하는 자의 혀는 노래하리니 이는 광야에서 물이 솟겠고 사막에서 시내가 흐를 것임이라."

• 사 61:1 "주 여호와의 영이 내게 내리셨으니 이는 여호와께서 내게 기름을 부으사 가난한 자에게 아름다운 소식을 전하게 하려 하심이라 나를 보내사 **마음이 상한 자를 고치며 포로된 자에게 자유를, 갇힌 자에게 놓임**을 선포하며"

(2) 위의 말씀(유다 백성들아, 강하고 담대하라, 사 35:1-10)은 어떤 환경에서 주어진 내용인가? 하나님은 하나님의 백성을 못 살게 굴던 이웃 나라, 특히 앗수르의 패망을 언급하면서 하나님을 대적하는 모든 세력이 무너지고 이제 망하지 아니하는 하나님의 나라가 세워질 것을 말하고 있다(사 33:1-6).[1)]

(3) 하나님은 유다의 원수인 앗수르를 심판하실 것이며(이사야 33장), 온 세상도 궁극적으로는 하나님의 심판 안에 있게 될 것이다(사 34장). 이제 하나님은 고통 당하는 자신의 백성을 구원하실 것이다. 유다의 구원은 마치 메마른 땅이 기뻐하며, 사막이 꽃을 피우는 것과 같은 일이 될 것이다(사 35:2).

(4) 이사야 35:5, 6과 61:1의 내용에서 가리키는 맹인이나 못 듣는 자는 육적 눈

1) 하나님의 백성을 괴롭게 하는 적대 세력은 때가 이르면 패망할 것이다. 앗수르의 산헤립이 예루살렘을 공격해서 항복을 요구했다(대하 32:1, 9). 주전 701년의 일이다

이나 육신의 귀가 먹은 사람을 가리키는 것이 아니다. 영적 맹목과 무지를 가리키는 것임을 알 수 있다. 당대의 영적 우매함과 패역함을 제거하시리라는 뜻이 강하게 암시되어 있다.

3. 예수님은 세례 요한의 질문에 대해 이사야 35:5-6; 61:1에 있는 메시야 예언을 인용하시면서, **그 예언이 실제로 성취되었음을 요한에게 알리신다**(마 11:2-6; 눅 7:22*). 공관복음서 전체에서 예수님의 사역은 구약의 약속들의 성취로 언급하고 있다.

• 눅 7:22 "예수께서 대답하여 이르시되 너희가 가서 보고 들은 것을 요한에게 알리되 맹인이 보며 못 걷는 사람이 걸으며 나병환자가 깨끗함을 받으며 귀 먹은 사람이 들으며 죽은 자가 살아나며 **가난한 자에게 복음이 전파된다 하라.**"

(1) 그 왕되신 예수님은 (맹인의 눈이 밝을 것이며 못 듣는 사람의 귀가 열리는 사역을 통해서) 미래에 완성될 하나님의 나라가 이미 현세에 이루어지고 있음을 말씀하셨다. 무엇보다도 지금 "가난한 자에게 복음이 전파된다"는 것이었다(22절하). 구약의 약속의 성취는 이미 시작되고 있다는 것이다.

(2) 그렇다면, 과연 누가 복이 있는 자인가? (눅 7:23; 마 11:6)
즉, 주님을 의심하지 않고 전폭적인 믿음을 가지고, 그가 행하시는 모든 능력의 역사를 메시야직의 한 증거로 인정하여 받아들일 수 있는 사람은 행복한 사람이라고 말씀하신다. "누구든지 나로 말미암아 실족하지[1] 아니하는 자는 복이 있도다 하시니라"(눅 7:23).

당시에 많은 사람들은 예수님께서 베푸신 기적을 보면서도 여전히 메시야로 받아들이지 아니했다. 따라서 예수님에 대해 의심을 품지 않는 사람은 복이 있다는 것이다.

1) 실족하다(스칸달리조, σκανδαλίζω) 수동태로 쓰일 때는 '믿음을 저버리다, 떨어져 나가다, 변절하다, 배반하다.'라는 의미로 쓰인다.

(3) 옥에 갇혀 있는 요한에게도 이 말씀은 그의 불신앙(?)을 잠재우는 말씀이었다. 바로 이 말씀은, 세례 요한에게도 그런 믿음이 필요하다는 경고성 메시지였을 것이다.

(4) 세례 요한은 자기(세례 요한)를 통하여 모든 사람이 믿음을 얻도록 하기 위하여 보냄을 받은 사람이다(요 1:7).

그러나 "그는(ἐκεῖνος, 세례 요한) 이 빛이 아니요 (but, ἀλλ')
이 빛에 대하여(περὶ τοῦ φωτός) 증언하러 온 자라"고
분명하게 언급한다.
예수님은 '**그** 빛'이고 요한은 반사체일 뿐이다.

너희가 무엇을 보려고 광야에 나갔더냐(눅 7:24-35)

같이 읽을 곳 (마 11:7-19)

• 마 11:11 "내가 진실로 너희에게 말하노니 여자가 낳은 자 중에 세례 요한보다 큰 이가 일어남이 없도다 그러나 천국에서는 극히 작은 자라도 그보다 크니라 12 세례 요한의 때부터 지금까지 천국은 침노를 당하나니 침노하는 자는 빼앗느니라 13 모든 선지자와 율법이 예언한 것은 요한까지니"

1. 요한이 보낸 사람들이 떠나간 후에 예수님은 세례 요한에 대해 그 위치와 중요성을 무리에게 설명하신다.

(1) "여자가 낳은 자 중에서 세례 요한보다 큰 이가 일어남이 없도다. 그러나 천국에서는 극히 작은 자라도 저보다 크니라." 즉 주님은 구약시대와 새로운 시대를 비교하여 설명해 주신 것이다.

(2) 모든 선지자와 및 율법의 예언한 것은 요한 때까지이다(마 11:11-13*). 그러나 이제 천국은 예수님의 활동을 통해서, 또 제자들의 복음 전파를 통해서 힘 있게 나아가기 시작할 것이다. 예수님은 세례 요한을 말라기가 예언한 바로 그 엘리야라고 소개하신다. 예수님은 이사야 35:5-6에 있는 메시야 예언을 인용하시면서, 그 예언이 실제로 성취되고 있다고 대답하셨다.

너희는 왜 광야에 나갔었느냐?

"갈대와 같은 한 사람을 보기 위해 광야에 나갔었느냐?"라는 주님의 물음에 당연히 대답은 "그렇지 않다"라는 것이었을 것이다. "그렇다면, 너희들이 무엇하러 광야에까지 나갔었느냐? 부드러운 옷 입은 사람을 보려고 광야에까지 나가지는 아니했을 것 아니냐? 그런 사람들은 왕궁에 있지 않느냐?"

눅 7:24 너희가 — 광야에 나갔더냐?
/무엇을 보려고
바람에 흔들리는 갈대냐?

25 그러면 너희가 무엇을 보려고 나갔더냐?
부드러운 옷 입은 사람이냐?
보라
화려한 옷을 입고 사치하게 지내는 자는
왕궁에 있느니라

26 그러면 너희가 무엇을 보려고 나갔더냐?
선지자냐 옳다
내가 너희에게 이르노니
/선지자보다도 훌륭한 자니라
(περισσότερον προφήτου)
(one who is more than a prophet)

사람들이 혹시 세례 요한이 변덕스럽고 우유부단한 사람이라는 오해를 없애기 위하여, 주님은 세례 요한에 대해 자세히 설명하신다.

백성들은 광야로 몰려 들었다. 패션쇼를 구경하기 위해 나간 것이 아니다. 그러면 무엇하러 광야로 나왔느냐?

그렇다. 선지자를 보려고 나갔지 않았느냐?

페릿소테로스(περισσότερος) '더욱 높은, 더욱 탁월한'을 의미한다.

요한은 선구자로서의 역할을 충분히 수행했다. 그는 다른 선지자들이 예언만을 하였음에 비해, 직접 예수님을 만나보고 군중들에게 소개했다. 그는 빛이 아니라 빛에 대하여 증언하는 자였다.

2. 주님은 구약 말씀을 인용하여 세례 요한의 위치를 설명하신다(눅 7:27).

(1) 주님은 구약 말라기 3장 1절을 인용하시면서 그 예언이 성취되었다고 말씀하신다. 말 3:1에서 "내 사자를 네 앞에 보내노니 그가 네 앞에서 네 길을 준비하리라"고 예언되었는데, 여기서 예언된 사자가 바로 이 사람(세례 요한)이라고 설명해 주신다.[1)]

(2) 왜 말라기 3:1절과 같은 말씀이 주어졌는지 조금 자세히 살펴보자. (동교재, 말라기에서 설명을 가져왔다.) 말라기 시대의 타락은 하나님을 크게 근심시키고 있었다. 백성들은 "도대체 정의의 하나님이 어디 계시냐?"라고 항의했다. 이에 대해 하나님은 말라기를 통해 이렇게 답하신다.

3:1 만군의 여호와가 **이르노라**
보라(הִנְנִי) - 보라, 주목하라(감탄사, 1인칭 보통 단수)
내가 —— '내 사자'(מַלְאָכִי)를 보내리니(שֹׁלֵחַ - 칼 동사 분사)
그가 —— 내 앞에서 길을 준비할 것이요

주가 ———— (또) 임하시리니
/너희가 구하는 바 /그의 성전에
/갑자기(피트옴, פִּתְאֹם)
[보라](הִנֵּה)
언약의 사자가 ———— 임하실 것이라
/너희가 사모하는 바

'주'(아돈, אָדוֹן)와 '언약의 사자'가 동일 인물이다.

이 말씀은 말 2:17의 질문에 대한 답변이다. 하나님의 답변은 한결같이 "여호와의 날"이 임박했다는 것이었다. 참 성도들은 인내해야 한다. 왜냐하면 구속사(救贖史)에서는 언제나 '하나님의 때'가 있기 때문이다. 물론 여기에 약속한 '주님의 강림'은 **말라기의 예언이 있은지 약 397년 후의 성취된다.**

(3) 도대체 '정의(공의)의 하나님이 어디 계시냐?"라는 백성들의 힐난에 대해, 하나님은 말라기를 통해 이렇게 외치신다. "보라 내가 내 사자를 보내겠다." 여기에 나오는 '내 사자'(מַלְאָכִי말아키)란 누구일까?[2)] 여기서 사자는 '말라기'를 가리키는 것 같지는 않다. 그는 '**여호와의 오심을 위한 길을 준비하라고 보낸 사자**' 라고 말씀하신다. "그가 내 앞에서 길을 준비할 것이요" 말 4:5-6에서는 이 사자가 엘리야와 동일시 되고 있다. '주'께서 어떻게 성전에 임하는지, '언약의 사자'(말라크 하베리트)가 어떻게 임하는지에 대해서 묘사한다. 동의적인 교차 대칭 구조로 '**주**'(아돈, אָדוֹן)와 '**언약의 사자**'가 동일 인물임을 암시하고 있다.

(4) 신약에서는 이 '사자'는 세례 요한을 가리키는 것으로 해석하고 있다(눅 1:76, 마 11:4, 17:11, 12, 막 9:12, 13). 세례 요한은 그리스도 앞에서 그의 길

1) 말 3:1 "만군의 여호와가 이르노라 보라 내가 **내 사자를 보내리니** 그가 내 앞에서 길을 준비할 것이요 또 너희가 구하는 바 주가 갑자기 그의 성전에 임하시리니 곧 너희가 사모하는 바 **언약의 사자**가 임하실 것이라."

• 말 4:5 "보라 **여호와의 크고 두려운 날이 이르기 전에** 내가 선지자 **엘리야**를 너희에게 보내리니"

2) 이사야 40:3에서 어떻게 외쳤나? ("외치는 자의 소리여 이르되 너희는 광야에서 여호와의 길을 예비하라 사막에서 우리 하나님의 대로를 평탄하게 하라.")

왕이 행차하기 전 먼저 사자를 보내어 그 길을 예비케 한다는 것이었다. 여기서 '외치는 자'는 세례 요한이라는 것을 앞에서 배웠다.

을 예비할 최후의 선지자였다. 그는 오랫동안 죄악의 잠을 자고 있던 백성들에게 하나님의 나라가 가까움을 선포하며 회개의 세례를 베풀었다

3. 그렇다면 '나의 사자'인 세례 요한을 뒤이어 누가 임한다고 했는가?

"또 너희의 구하는 바 주(主, 아돈, הָאָדוֹן[2])가 홀연히(갑자기)
그의 성전(to His temple)에 임하리니"(말 3:1하)

(1) 그들은 그들에게 임할 주를 간절히 바랐다. 여기에 나오는 "주"는 다음에 나오는 "언약의 사자"와 대구를 이루는 동의어이다. 또 그들은 약속된 '언약의 사자'를 심히 사모했다. 왜냐하면, 학개와 스가랴 선지자가 "영광의 주"가 오실 것이라고 외쳤기 때문이다(B.C. 520년경) 그런데 예언한지 100여년이 넘어갔는데도 그 "영광의 주"는 오지 않았다. 그래서 백성들은 크게 흔들리기 시작했을 것이다. '공의의 하나님이 어디 계신가?'라는 생각이 사회 전반에 팽배해졌다. 그런데 여호와께서는 먼저 '나의 사자'를 보낼 것이고, 그리고 '또' '너희의 구하는 바 주'가 홀연히 임할 것이라고 말씀하신다.

(2) '언약의 사자' (the messenger of the covenant, מַלְאַךְ הַבְּרִית)란 말에서 '언약'이란 말에는 정관사(הַ)가 있다. 이것은 일찍이 예레미야 선지가 예언한 '새 언약'을 가리킨다(렘 31:31). 그리스도는 새언약의 중보자이시다(히 12:24). 그러나 그들이 생각했던 "사모하는 언약의 사자"에 대한 개념은 어떤 것이었을까? 그들이 사모하는 언약의 사자는 예레미야나 에스겔 선지가 예언한 (렘 31:31; 겔 37:26) "새언약"의 사자가 아니라 육신의 원수를 멸하고 육신의 나라를 일으켜줄 군사적인 메시야였다.

4. 주는 별안간(갑자기) 오실 것이라고 했다. '그가 임하시는 날'은 과연 어떤 날일까? 그 날에 누가 감히 그 앞에 설 자가 있겠느냐고 경고하신다(말 3:2).

3:2 그가 임하시는 날을 '누가 능히 당하며'(מִי מְכַלְכֵּל who)
그가 나타나는 때에 '누가 능히 서리요'(מִי הָעֹמֵד)

//(이유, for, כִּי)
그는 ── 금을 연단하는 자의 불과
└ 표백하는 자의 잿물과 같을 것이라

(1) 말라기 3:1에서 언급된 "그가(=내 사자) 내 앞에서 길을 준비할 것이요" 말

2) 여기 '주'(아돈, אָדוֹן)라는 말에 정관사(הָ)을 갖고 있다. 이런 경우에는 항상 여호와 하나님을 가리켰다(출 23:17, 34:23, 사 1:24, 3:1, 10:16, 33 등). 그렇다면 그들이 당시에 그처럼 기라리던 '주'는 곧 전능의 하나님 자신이었을 것이다.

4:5-6에서는 '엘리야'와 동일시 되고 있다. 말라기 4:5절을 자세히 보자. 여기서 엘리야는 누구를 가리키는가?

말 4:5 보라
'여호와의 크고 두려운 날'[1]이 이르기 전에
내가 —— **보내리니**
/선지자 엘리야를(אֵת אֵלִיָּה הַנָּבִיא)
/너희에게

두번 째 말라기서의 결론으로 선지자 엘리야를 '여호와의 크고 두려운 날이 이르기 전에' 보내실 것이라고 약속하셨다.

(2) 그 엘리야는 '여호와의 날'(יוֹם יְהוָה)이 '이르기 전에'(לִפְנֵי) 올 것이지만, 그 엘리야는 메시야의 선구자이지 메시야 자신은 아닐 것이다. 여기서 '선지자'(나비, נָבִיא)라는 말은 엘리야의 직임(office)을 말하는 것이지, 그 역사적인 인격체를 말하는 것이 아니다. 이것은 마치 호 3:5; 겔 34:23, 37:24; 렘 30:9에 보면, 장차 다윗이 이스라엘이 목자로 나타날 것을 말했으나, 이 일은 죽었던 다윗이 다시 부활하여 나타날 것을 의미한 것이 아닌 것과 같다.

1) 요엘서 2:31을 참조. - '여호와의 날'은 심판의 날이기도 하지만(욜 1:1-2:17), 또한 하나님의 구원(회복)의 날이기도 하다(욜 2:18-3:21). 그러나 언약을 파괴한 백성들에게는 그 날이 크고 두려운 날이 될 수밖에 없다. 이제 말일에 엘리야가 와서 백성들이 저주(헤렘)로 멸망 받지 않게 하기 위하여 엘리야를 보내시겠다고 약속하신다(4:6).

5. 그렇다면, 왜, "엘리야"라고 했을까?

(1) 이 말은 눅 1:16, 17에서 말한 것처럼 "엘리야의 심령"(=그의 책망 교훈, 경고 및 예언)과 능력으로 나타날 그러한 선지자(=눅 1:13, 막 17:2에서 설명되었듯이, 세례 요한)를 가리킨 것이다. 이러한 해석은 루터와 칼빈을 위시한 대다수의 개혁자들의 의견이다.

(2) 말 4:5절에서 말하는 '엘리야'는 앞 절에서(말 3:1) 말한 '말아키'(나의 사자, מַלְאָכִי)를 반복 설명하고 있는 것처럼 보인다. 엘리야가 살던 시대는 어떠했는가? 그래서 엘리야는 어떤 메시지를 외쳤는가?[2] 그 선지자가 과거에 그 백성을 우상 숭배에서 돌이켰던 것 같이(왕상 18장), 이 '새 엘리야'가 성령과 권능 안에서(눅 1:17 참조) 하나님의 자녀들의 마음을 돌아오게 할 것이라는 말이다.

눅 1:17 그가 —— 먼저 와서(προελεύσεται)
/**엘리야의 심령과 능력으로**
(ἐν πνεύματι καὶ δυνάμει Ἠλίου)
/주 앞에
/돌아오게 하고
/아버지의 마음을 자식에게,
/거스르는 자를 의인의 슬기에
/준비하리라
/주를 위하여 세운 백성을

세례 요한은 물론 문자적으로는 엘리야가 아니었다(마 1:21).

2) 물론 그 당시 북이스라엘은 배신과 반역의 가장 암흑의 시기였다. 여호와 종교가 바알의 종교로 대치되고 있었다. 그 혼란한 와중에 엘리야는 여호와의 종교를 다시 원위치로 돌려놓는 역할을 했다.

그는 불신앙의 타락한 세대를 하나님께로 돌이키게 한 선지자 중의 선지자였다. 그래서 하나님과 그의 백성을 화해시키는 역할을 감당했다. 엘리야는 후기 유대주의에서 영웅적인 인물이 되었다.

(3) 요한은 물론 문자적으로는 엘리야가 아니었다(마 1:21). 그러나 그는 다른 선지자들이 예언만을 하였음에 비해, 직접 예수님을 만나보고 군중들에게 소개했다.

(4) 1세기 당시 유대인들은 엘리야가 나타나기를 기대했다. 말라기 선지자의 예언 때문이었다(말 3:1, 4:5-6). 1세기 당시 유대인들은 더 이상 하나님의 말씀을 직접 전달하는 선지자의 출현은 기대하지 않았지만, 때가 이르면 엘리야가 나타나서 임박한 주의 날을 준비시킬 것이라고 믿고 있었다.[1] 그런데 주님의 제자들은 지금의 상황을 잘 이해할 수 없었다.

(5) 이렇게 주님은 이미 세례 요한이 엘리야였음을 말씀하셨다(마 11:14 참조). 그러나 그 때는 그 의미를 잘 깨닫지 못하고 있었다. 따라서 주님은 다시 설명해 주신다. 예수님은 서기관들의 가르침이 잘못된 것이 아니라고 말씀하신다. 그러나, 서기관들이 실수를 범하고 있는 점은 무엇인가? 주님은 세례자 요한이 엘리야는 아니였으나 실제로는 엘리야였다는 사실을 설명하신다(마 16:16, 요 1:19, 21 ; 마 11:14,; 눅 1:17, 마 7:27). 그제서야 제자들은 그 의미를 깨달았다고 했다(마 17:12-13, 내가 너희에게 말하노니 엘리야가 이미 왔으되 사람들이 알지 못하고 임의로 대우하였도다 인자도 이와 같이 그들에게 고난을 받으리라 하시니 13그제서야 제자들이 예수께서 말씀하신 것이 세례 요한인 줄을 깨달으니라.")

1) 완악한 서기관들은 무엇을 빌미로 예수가 그리스도가 아니라고 부인했는가? (말 4:5). 제자들은 아무래도 주님이 말씀하시는 메시야관을 이해할 수가 없었다. 서기관들의 주장에 의하면, 말4:5에 있는 것같이, 만약 예수가 메시야라면, 어찌하여 엘리야가 아직 오지 않았느냐는 것이다.

6. 이제까지 생존한 사람 가운데 요한보다 큰 사람은 없지만, "그러나 천국에서는 극히 작은 자라도 그보다 크니라"고 하셨다(눅 7:28; 마 11:11).

마 11:11 내가 진실로 너희에게 말하노니
큰 이가 ———— 일어남이 없도다(οὐκ ἐγήγερται)
/세례 요한보다 /여자가 낳은 자 중에
그러나
극히 작은 자라도 —— 크니라
/천국에서는 /그보다

물론 "천국에서는"이라는 말은 "예수님이 오신 이후"라는 말로 이해해야 한다. 세례 요한은 옛 세대에서 새 세대로 이양해 준다. 요한은 비록 그것이 매우 근접해 있었다손치더라도 여전히 미래에 속해 있던 인물이다. 그러나 예수님과 더불어 새시대는 도래하였으며, 천국은 그 세력을 이 세상에 드러내는 활동을 개시하였다.[2]

2) 세례 요한은 예언자들 중에서는 최후의 인물이었다. 그와 더불어 율법과 예언자의 시대는 종말을 고했다. **요한이 온 때 이후로 이미 하나님의 나라는 세상 가운데서 역사하고 있었다. 세례 요한이 예비한 길 위에 왕은 벌써 나타나셨으며 왕국은 세상에서 이미 진행되고 있었다.** 따라서 새로운 시대에서는 가장 작은 자일지라도 요한이 알고 있었던 것보다도 더 큰 축복을 누린다는 것이다.

한 여자가 예수님께 향유를 붓다(눅 7:36-50)

1. 누가복음의 이 사건은 언제 어디서 일어난 일인지는 분명치 않다. (아마 그리스도가 세리와 죄인들의 친구라고 비난 받으실 때쯤. 갈릴리 사역 초기). 네 복음서에는 기름을 바른 여자 이야기가 모두 기록되어 있다. 그러나 누가복음의 사건은 앞에 세 사건과 다른 사건으로 본다.[1)]

1) 예수님께 기름 부은 사건은 네 복음서에 모두 나타나 있다(마 26:6-13; 막 14:3-9; 요 12:1-8 - 마태와 마가에 기록된 내용은 거의 비슷하다. 요한은 조금 다르다. 세 곳 모두 공생애의 마지막 주간에 일어난 이다.

그러나 오늘 본문 눅 7:36-50은 많이 다르다. 다만 주인공의 이름 '시몬'의 이름이 같다는 것이다. 누가복음은 예수님의 사역 초기에 일어난 사건으로 기록되어 있다.

(1) 어떤 한 바리새인이 예수님을 식사 자리에 초대했다. 그래서 그와 함께 식사를 하시게 되었다(눅 7:36). 이 바리새인이 어떤 생각으로 예수님을 초대했을까? 예수님과 함께 한다는 기쁨보다 아마도 다른 어떤 의도가 있었을 것이다. 그때 한 여자가 예수님께서 바리새인의 집에 앉아 계심을 알고 향유 담은 옥합[an alabaster box(석고 상자) of perfume]을 가지고 들어왔다.

> 당시 향유(뮈론, μύρον)은 상당히 비쌌는데, 요한복음에 나오는 마리아는 순전한 나드(pure nard) 한 근을 예수님의 발에 부었다. 그때 제자 중 특히 가룟 유다가 매우 민감하게 반응한 것을 보면, 당시 상황으로 보아서는 보통 큰 금액이 아니었던 것 같다. 유다는 이 나드 향유의 값을 대략 300 데나리온으로 추정했다.

(2) 그런데 그 여자가 예수님의 뒤로 그 발 곁에 서서 울기 시작한다. 그리고 눈물로 그 발을 적시고, 자기 머리털로 닦고 그 발에 입맞추고 향유를 부었다. 물론 예수님의 얼굴을 쳐다보지도 못했으리라. 이 광경을 지켜보던 바리새인들은 어떤 감정을 가지고 있었을까? 게다가 그 여자는 동네에서 죄를 지어서 사람들에게 눈총을 받고 있던 터였다. 예수님을 초대했던 바리새인, 그는 이 일에 예수님이 어떻게 반응할지 주의깊게 관찰한다. 그는 이렇게 생각했다.

눅 7:39 이 사람이 만일 선지자라면(if)
[그가] — 알았으리라
/자기를 만지는 이 여자가 — 누구며
/[그녀가] — 어떠한 자 곧 죄인인 줄을

바리새인은 예수가 이 여인에게 모욕을 주며 거절할 것이라고 생각했다. 왜냐하면 선지자는, 랍비라면 이런 여인과는 공적(公的)으로 대화도 하지 않았기 때문이다. '예수가 정말 선지자라면 저 여인이 어떤 여자며 행실이 나쁜 여자인지 알았을 터인데...' 그렇게 속으로 생각했다.

(3) 그 때에 예수님은 갑자기 시몬을 부르신다. "시몬아, 내가 네게 할 말이 있다."고 하신다. "말씀하옵소서." 여기 시몬은 누구일까? (마 26:6-13; 막 14:3-9; 요 12:1-8에 나오는 <나병한자>였던 시몬과 같은 인물인가? 동일시 하는 사람도 있으나 어쨌든 여기 기록된 시몬에 대해서는 아는 바 없다.[1)])

1) 이름을 밝히지 않은 한 여자가 향유를 부은 사건은 마가복음의 14:3이하의 변형으로 보는 사람도 있다. 그러나 이 여인이 베다니의 마리아, 혹은 막달라 마리아와 동일시 할 수는 없다.

1) 빚을 없애주다, 값없이 주다, 은혜를 베풀다.

2. 어쨌든, 주님은 한 가지 비유를 드셨다. "이르시되 빚 주는 사람에게 빚진 자가 둘이 있어 하나는 오백 데나리온(로마의 은전)을 졌고 하나는 오십 데나리온을 졌는데 갚을 것이 없으므로 둘 다 탕감하여(카리조마이, χαρίζομαι)[1] 주었으니 둘 중에 누가 그를 더 사랑하겠느냐?"(41-42절)

2) 이 여자는 자신이 어떤 여자인 것을 잘 알고 있었다. 그래서 주님 앞에서 울고 있는것이다. 그녀는 지금 자신이 지은 죄를 부끄러워하고 있다. 그녀는 지금 주님 앞에서 진정으로 회개하고 있는 것이다. 자기의 머리털로 예수님의 발을 닦고 있는 것이다. 그런데.... 너 시몬은?

(1) 시몬은 부자였으므로 빚을 탕감해 주었던 경험이 있었으리라. "내 생각에는" 이라는 단서를 달고(혹시 틀릴 수도 있으니까) "많이 탕감함을 받은 자니이다." "네 판단이 옳다." 이제, 주님은 시몬과 이 여자의 행동을 비교하신다. "내가 네 집에 들어올 때 너는 내게 발 씻을 물도 주지 아니하였다. 그런데 이 여자는... / 너는 내게 입맞추지 아니하였지만, 이 여자는 ...내 발에 입맞추기를 그치지 아니하였다. / 너는 내 머리에 감람유도 붓지 아니하였지만 이 여자는 향유를 내 발에 부었느니라."[2]

눅 7:47 이러므로(For this reason)
내가 —— 네게 **말하노니**
/그의 많은 죄가 **사하여졌도다**
//이는(이유, for, ὅτι)
그의 사랑함이 많음이라
(이 여자는 이토록 극진한 사랑을 보였으니 - 공동)
사함을 받은 일이 적은 자는 — 적게 사랑하느니라

아피에미(ἀφίημι) - 용서하다. 이 여자는 극진한 사랑을 보였으니 그만큼 많은 죄를 용서받았기 때문이다. 그렇다고 사랑 때문에 용서받은 것이 아니라 믿음으로 죄 사함을 체험했다(50절).

예수님도 이 여자가 죄가 많다는 것을 인정하셨다. 그러나 그녀의 엄청난 죄가 사하여졌다. 따라서 그녀는 많이 사랑하게 되었다는 것이다. '너(시몬)는 크게 사함 받을 일이 없지 않느냐?' 너처럼 사함 받을 일이 적은 사람은 적게 사랑하는 것이다. 바리새인은 속으로 계속 씩씩 거렸을 것이다. '그래도 그렇지. 저 여자는 아주 막나가던 여자가 아닌가!'

7:48 이에 여자에게 **이르시되**
/네 죄 사함을 받았느니라(ἀφέωνταί완료수동태 σου αἱ ἁμαρτίαι.)
(Your sins have been forgiven.)

(2) 그러나 이 여인이 죄 사함을 받은 것은 예수님을 많이 사랑한 것 때문이 아니다. 그녀의 **믿음** 때문에 죄 사함을 받았음이 분명하다(50절, "**네 믿음이 너를 구원하였으니** 평안히 가라."). 그녀의 믿음이 곧 그녀의 (발을 씻는) 행동으로 나타난 것이다. 더 놀란 것은 함께 앉아 있는 사람들이었다. "이가 누구이기에 죄도 사하는가 하더라(속으로)"

- **구원하셨으니**(σέσωκεν) - 완료, 능동태 / 소조(σῴζω) - '구원하다'라는 동사는 특별히 누가복음에 많이 등장한다. 마태(15번), 마가(15번), 요한(6번). 이에 비해 누가-행전에는 30번이나 등장한다. 이렇게 누가복음은 구원(구원하다)이 핵심 주제임을 알 수 있다. 눅 1:5-2:52에서는 구원자 하나님의 구원행위와 구원자 예수님의 탄생 이야기를 중심으로 소개되었다.

여자들이 예수님의 사역을 돕다(눅 8:1-3)

1. 누가복음에는 여자들의 사역에 대한 언급이 특히 많다.[1] 누가의 글에는 그리스도 안에서 새로운 존엄과 가치를 발견한 여성들이 가득차 있다. 누가는 최소한 26명의 여성들의 이름을 열거한다.

(1) 예수님은 각 성과 마을에 두루 다니시며 하나님의 나라를 선포하셨다. 물론 열두 제자와 함께 하셨다(눅 8:1). 제자들만 동행한 것이 아니고, 여러 여자들이 그 사역을 돕고 있었다.

(2) • 어떤 여자들
/악귀를 쫓아내심과 병 고침을 받은
곧 일곱 귀신이 나간 자 막달라인(Μαγδαληνή)이라 하는 마리아와

막달라(Μαγδαληνη, Magdalene, 막달레네) - 아람어 믹델라(망대, 망루)의 헬라어 형태이다. 갈릴리 호수 서쪽에 위치한 막달라는 고대에 염색 공업과 가는 베 직물 공업으로 유명했다. 이 성읍은 도덕적으로 부패하기로도 유명했다. 물론 본문의 막달라 출신 마리아가 부도덕한 여자였다는 기록은 어디에도 없다. 성경에 '마리아'는 미리암이라는 히브리 이름을 헬라식의 형태로 바꾼 것이다. 신약성경에 '마리아'라는 이름이 여럿 나온다. 서로 구분하기 위해 막달라 마리아 라고 표기했다. (동정녀 마리아 / 글로바의 아내 마리아(요 19:25) - 야고보와 요셉의 어머니 / 나사로의 누이 마리아(요 11:1-2) / 마가의 어머니(행 12:12-17) / 로마의 기독교인(롬 16:6).

(3) • 요안나(=헤롯 안디바의 청지기 구사의 아내)와 수산나(히브리어 쇼샨나['백합'])와 다른 여러 여자들 / 이렇게 가난한 자들뿐만 아니라 부유하고 힘 있는 여자 중에서도 예수님과 제자들을 위해 물질봉사를 했음을 본다.

당시 유대 사회에서 여성의 위치[2]

2. 당시 유대 사회에서 여성의 위치는 어떠했을까?

(1) 당시 유대 사회에서는 여성의 위치가 모호했다. 전통적으로 세상의 모든 악에 대한 책임이 하와에게 있다고 생각했기 때문이다. 지혜문학(특히 잠언과 시락서)은 죄에 대한 여성들의 유혹에 관한 경고들로 가득 차 있다. 예를 들어;

1) 누가복음에는 특히 여성의 역할이 두드러진다
- 마리아 - 1:26-56;
- 경건한 여성 엘리사벳 - 1:24-25, 41-55;
- 늙은 여선지자 안나 - 2:36-38;
- 헤롯의 가속으로 예수님의 사역을 물질적으로 도왔던 수산나와 요안나
- 막달라 마리아(8:2)
- 마르다와 마리아
- 죄인인 한 여자를 용서하심 - 7:36-50). 등등

2) 이하 내용은 R.E.O. 화이트, 김경진 역, 『누가신학연구』(도서출판 그리심), 130-133을 정리한 것임.

1) 그러나 사라, 한나, 드보라, 드고아의 지혜로운 여인, 여선지자 훌다, 미리암, 에스더, 유디스, 마카비 형제의 어머니, 잠언 31: 10-31의 '현숙한 여인' 등은 크게 칭송되었다.

• 여성은 제사장에 임명될 수 없었다. • 성전의 성소에 들어갈 수 없었다(물론 초기는 여성들도 회막문에 일했다, 출 38:3; 삼상 2:22). • 유대 회당에서도 여자들은 남자들로부터 분리되었다. • 경건한 유대인들은 여자로 태어나지 않은 것을 감사했다. • 심지어 아내나 딸들과도 공개적으로는 이야기를 나누지 않았다.[1)]

(2) 그러나 앞에서 언급된 예수님과 제자들에게 물질 봉사를 했던 여자들뿐 아니라(눅 8:2-3) 많은 여인들의 이야기를 소개하고 있다.

• 죽은 아들 때문에 흘린 한 여인의 눈물의 이야기 • 정의를 위해 한 재판관을 못살게 구는 한 여인의 이야기 • 머리 장식용 동전을 잃었다가 찾은 여인의 이야기 • 누룩을 넣은 빵을 만들고 있는 한 여인의 이야기 • 혈루증을 앓고 있는 한 여인의 이야기 • 야이로의 어린 딸 • 남몰래 성전에 두 렙돈을 헌금한 여인 • 멸시 당하는 어떤 여인의 모습을 보고 의분을 일으켜 변호한 것(눅 7:36-39).

2)
• '여자들'이 사도들과 함께 마가 요한의 어머니 마리아의 집에 모였다.
• 오순절에 '딸들과 여종들'이 예언의 영을 받을 것이라고 확증되었다.
• 빌립의 네 딸들은 여선지자들이었다.
• 히브리파 과부들과 헬라파 과부들이 예루살렘에서 교회를 섬겼다.
• 도르가는 '선행과 구제'를 많이 했다.
• 여자들도 다메섹에서 심한 핍박을 함께 받았다.
• 루디아와 바울이 치료해 준 점하는 귀신들린 여종
• 브리스길라는 아볼로에게 훌륭한 선생이었다.
• 하녀 로데와 아테네에서 회심한 다마리는 데살로니가의 '지도적인 여성들'이었으며,
• 베뢰아에서 믿은 '헬라 귀부인들'도 있었다.

(3) 물론 사도행전도 계속해서 이 점을 강조한다.[2)]

(4) 이 모든 예들은 누가만이 특별히 사탄에 의해 결박되어(한글 개역은 '귀신들려') 꼬부라져 스스로 일어설 수 없는 한 여인의 이야기(눅 13:10-13)를 기록하고 있는 이유를 설명해 준다. 예수님은 모든 장소, 모든 세대의 여성들을 위해 일하셨다.

(5) 집에서 예수님을 대접하는 마르다와 마리아의 이야기는 강한 논증이 전혀 필요 없다.

이 이야기가 더 깊은 의미를 지니고 있다면, 그것은 '준비하는 일이 많아 마음이 분주하여 부엌일과 집안 일에 매달려 있는 한 여인(마르다)과 예수님과 함께 하는 데서 마음이 뜨거워지고 유대교가 허락지 않는 더 큰 삶의 지평을 열고자 하는 다른 한 여인(마리아)과의 대조에 있는 것이 분명하다. **예수님은 가르침을 받으려는 마리아의 열심을 변호하셨다.** 유대교에서는 여자들에게 율법을 가르치는 일을 노력의 낭비요, 더 적극적으로는 해악이라고 생각했다. 이 둘 사이의 대조를 강조하는 것이 누가가 이 이야기를 기록한 의도일 가능성이 충분히 있다.

(6) 이렇게 누가는 여성들에게도 자유가 주어지며, 그들도 하나님이 보시기에 똑같이 소중한 존재로 인정되며, 넓은 사회적 소명이 주어졌다는 점을 설명하고 있다. 그리고 누가는 데오빌로에게도 이를 알도록 해주었을 것이다.

네 가지 땅에 떨어진 씨 비유(눅 8:4–15)

같이 읽을 곳 (마 13장; 막 4:1–9, 13–20)

예수님은 많은 기적을 베푸셨으나 백성들은 생각보다는 훨씬 완고했다. 그를 좇는 무리들이 있었으나 이들도 예수님이 증거하시는 천국복음을 이해하지 못했다. 백성들에게 아무리 천국을 소개해도 그들은 다분히 지상주의적인 천국으로 이해하고 있었기 때문이다. 천국이 과연 어떻게 도래하는가? 그를 따라 다니는 제자들조차도 그에 대한 확실한 지식이 아직은 없었다. 이 비유들을 통해, 예수님을 반대하던 무리들의 생각이 얼마나 잘못되었는가를 알려주게 될 것이며, 제자들에게는 경성하며 예비하는 계기가 될 것이다. [동교재, 마태복음 13장의 설명을 간추려 정리한다.]

1. 제자들은 예수님께 "어찌하여 그들에게 비유로 말씀하시나이까?"라고 물었다 (마 13:10). 이런 비유는 제자들에게 매우 낯선 방식이었는가?

(1) 비유(parable)[1]는 히브리어 마샬(mashal, מָשָׁל)이라는 말로 모든 종류의 '시나 상징적인 말, 우화, 이야깃거리, 조롱, 강화(講話)' 등의 뜻으로 사용되었다. 때로는 수수께끼를 가리키기도 했다. 이 방법은 고대로부터 잘 알려진 방법 중 하나였다. 사사기 9:8-15과 삼하 12:1-4을 꼭 읽어보자.

(2) 그렇다면 이런 비유로 가르치신 의도가 어디 있을까? 천국의 비밀을 알기 시작한 사람에게는 이 비유를 통해 '천국(하나님 나라)의 비밀'[2]을 더욱 깊이 알게 될 것이나 그렇지 못한 자에게는 아는 진리까지도 빼앗기게 될 것이라는 것이다. 따라서 잘 깨닫는 자들은 더욱 잘 받아들여서 풍성하게 자랄 것이고, 반면에 믿지 않는 자들은 어떻게 될까? 주님은 10절에서 그 이유를 설명하신다.

눅 8:10 **이르시되**		
/아는 것이	┬	허락되었으나
/하나님 나라의 비밀을		/너희에게는[3]
	└	비유로 하나니
		/다른 사람에게는[4]

1) 비유: 예수님은 은유나 직유를 사용하여 청중에게 비밀을 드러내는 메시지를 선포하셨다.
- 참 비유: 잃어버린 양, 탕자, 포도원 품꾼 비유 등
- 직유 : 누룩, 씨 뿌리는 자의 비유 등
- 은유(metaphor) :παραβολη에 포함시키기도 하고 않기도 한다. 예 - "나는 세상이 소금이니"

2) '천국의 비밀' (τὰ μυστήρια τῆς βασιλείας τῶν οὐρανῶν)이란 말은 하늘나라와 그 나라에 속한 모든 것들이 현 단계에서는 주로 감추어진 채 임재할 것이라는 것을 뜻한다.

3) 너희 : 12제자를 포함한 주를 따르는 자

4) 다른 사람들 : 일반 대중(바리새인, 서기관을 포함한 큰 무리)

2. 따라서 외인들이 하나님 나라의 비밀을 받지 못하는데 반하여(눅 8:10; 마

(1) 비유는 어떤 의미로 이해되어 왔는가? 비유는 타당한 사상과 도덕적 교훈만을 위해 사용되었을까?

• 비유는 또한 천국이 현재적 실재라는 사실을 알리는 요소들이 담겨 있다. 하나님 나라의 임함의 양태(樣態)들에 관해서 더욱 많은 교훈을 하고 있다.

• 또 비유는 우리의 마음을 거기에다가 집중시킬 것을 묘사하기도 한다(마 6:19-21; 19:21). 천국은 미래에 속한 것으로 언급되기도 하지만 그렇다고, 전적으로 미래에 속한 것만은 아니다. 현재적 실재로 주어졌다(마 13:16, 17). "제자들이 지금 보고 듣는 까닭에 복이 있다"는 칭찬을 들었다.

13:11 이하; 마 13:34), 제자들은 어떻게든 적절한 깨달음에 이르게 된다(마 13:51). 비유는 "천국(하나님 나라)은 ~과 같으니라"라는 형식으로 소개된다. 이 비유들은 예수님의 (구속사적) 설교의 다양한 면모들을 예증하고 있다. 따라서 예수님의 계명의 의미를 명료하게 하며 예수님을 반대하는 자들에게 그들의 생각이 얼마나 잘못되어 있는가를 지적한다("이는 그들로 보아도 보지 못하고 들어도 깨닫지 못하게 하려 함이라.")

"씨 뿌리는 자의 비유" (마 13:18; 눅 8:5–8)

1. 이 비유의 해석은 주님이 직접하셨다. 이 비유를 해석할 때 강조점이 어디에 있느냐에 주목해야 한다.

눅 8:5 씨를 뿌리는 자가 그 씨를 뿌리러 나가서 뿌릴새
/더러는 길 가에 떨어지매 밟히며
공중의 새들이 먹어버렸고
① 6 /더러는 바위 위에 떨어지매 싹이 났다가
습기가 없으므로 말랐고
7 /더러는 가시떨기 속에 떨어지매
가시가 함께 자라서 기운을 막았고
----
② 8 /더러는 좋은 땅에 떨어지매
나서 백 배의 결실을 하였느니라

'씨 뿌리는 자의 비유'의 핵심 주제는 무엇인가?

씨를 뿌리는 자가 많은 수고에도 불구하고 ① 열매를 맺지 못한다든가, ② 아니면 열매를 맺게 된다. (두 가지 사실을 강조하고 있다)

(1) 열매를 맺지 못하는 이유는 무엇인가? 그것은 길가나 가시떨기에 뿌려졌기

때문이다. 그 원인이 어디에 있다고 말씀하시는가?[1)]

- 사탄 때문에(마 13:19; 막 4:15; 눅 8:12)
- 인간의 마음의 피상적인 상태 때문에(돌밭)
- 세상적인 마음 때문에(가시떨기)

(2) 이런 요소들은 씨 뿌리는 자의 부주의한 탓으로 발생했다고는 할 수 없다. 씨가 뿌려질 때 이런 일이 있을 것이다. 말씀을 받을 때 사람의 상태이다. 씨가 뿌려질 때에는(복음이 증거될 때) 이러한 일들이 있을 것이라는 것이다.

(3) 물론, 학자들마다 '씨 뿌리는 자의 비유'에 대한 견해가 다르다.

- G. C. Morgan : 전반부 : 강조점을 흙의 종류에 두었다.
  후반부(해석 부분) : 강조점을 땅에 떨어진 씨에 있다고 보았다.
- J. D. Kingsbury : 비유의 대조를 열매를 맺지 않고 죽게 되는 씨(눅 8:5-7절)와 열매를 맺는 씨(8절) 사이의 대조로 보았다. (말씀에는 반응을 보이지 않는 유대인과 선지자 혹은 교회에 선포된 말씀과의 대조)
- W. M. Taylor : 강조점을 흙의 성질에 두었다. 그렇다면 이 비유는 청중들에게 결단을 요구하는 비유가 된다.

2. 마태복음에는 이 비유의 참 뜻을 잘 이해하지 못하는 제자들이 예수님께서 무리를 떠나 집에 들어가시니 이 비유의 뜻을 설명해 주시기를 원했다고 했다(마 13:36). 주님은 어떻게 설명해 주셨나? (눅 8:11-15까지 읽어보자.) 여기서 씨는 '하나님의 말씀'이라고 했다.

(1) 마 13:4이하를 읽어보자. 어떤 다양한 사람들이 예수님을 따라왔을까?
그 당시 예수님을 따라 다니던 군중들은 다양했다. 모든 것을 다 버리고 예수님의 제자가 된 사람, 제자보다는 못하지만 호감을 가지고 따라다니던 사람들, 그리고 예수님의 말씀과 행적에는 전혀 관심이 없고 어떻게 하면 예수에게 올무를 씌울까 생각하는 적대자들. 주님은 하나님의 아들의 권위와 능력을 가지고 똑같이 천국의 씨를 뿌렸다. 그런데도 불구하고 사역의 결과는 어떻게 다르게 나타났는가?

① 길가에 뿌려진 씨(12절 - 마태 13:19 새들이 와서 먹어버렸다)

예수님의 말씀과 행적에는 전혀 관심이 없는 사람들. 그들이 만난 예수는 그들에게는 아무 상관도 없었다. 천국의 말씀은 들었지만 사탄이 와서 이내 그

1) 여기서 씨앗의 4분의 3이 열매를 맺지 못한 채 손실을 가져왔다는 개념은 찾을 수 없다. 즉 비율적으로 다루지 않았다는 것이다.

눅 8장

11 이 비유는 이러하니라 씨는 하나님의 말씀이요

12 길 가에 있다는 것은 말씀을 들은 자니 이에 마귀가 가서 그들이 믿어 구원을 얻지 못하게 하려고 말씀을 그 마음에서 빼앗는 것이요

13 바위 위에 있다는 것은 말씀을 들을 때에 기쁨으로 받으나 뿌리가 없어 잠깐 믿다가 시련을 당할 때에 배반하는 자요

14 가시떨기에 떨어졌다는 것은 말씀을 들은 자이나 지내는 중 이생의 염려와 재물과 향락에 기운이 막혀 온전히 결실하지 못하는 자요

15 좋은 땅에 있다는 것은 착하고 좋은 마음으로 말씀을 듣고 지키어 인내로 결실하는 자니라

말씀을 빼앗아갔다고 설명하신다.

② 돌밭(바위 위)에 뿌려진 씨 (13절 - 마태 13:20 뿌리가 없어 잠간 믿다가...)

처음에는 말씀을 받아들이고 기뻐했으나, 그 말씀이 화근이 되어 세상으로 나가는 자들이 있다. 예수님의 제자가 되면 세상과 너무 이질적인 것 때문에 핍박과 환란이 오게 된다. 이런 사람들은 열매는커녕 성장도 못하고 마치 자갈밭에 떨어진 씨처럼 되고 만다.

③ 가시떨기에 뿌려진 씨 (14절 - 마태 13:22 염려와 재물과 향락 때문에...)

기쁨으로 말씀을 받고 환란과 핍박을 받아 흔들리지 않았지만 물질의 유혹과 세상의 염려가 다시 그를 세상으로 내몰아간다. 예수님의 말씀대로 살아가야 된다는 것을 알고 있지만 그는 세상적인 방법과 세상적인 출세와 명예 때문에 되돌아간다. 즉, 싹이 나고 꽃은 피지만 열매를 맺지 못한다.[1)]

④ 좋은 땅에 뿌려진 씨 (23절 100배, 60배, 30배의 결실을 맺었다)

위와 같은 조건 속에서도 열매를 맺혀가는 사람들이 있다. 이들은 '**듣고 깨닫는 자들**'이라고 불렸다. 세상의 환란과 핍박을 견디고 또 세상의 염려와 재물의 유혹을 담대하게 물리친 사람은 당연히 천국의 열매들을 맺을 수 있는 사람들이다.

3. 세상이 현 상태로 있는 한 천국과 사탄의 나라는 둘 다 세상 안에 함께 있을 것이다. 따라서 복음 전파자들은 가라지를 뽑으려 하기 전에 세상의 종말이 올 것을 기다려야 한다는 것이다.

▲ 자, 여러 가지 해석이 있지만 분명한 것은 위에서 보는 것처럼
복음은 배척을 당하는 것이 사실이지만,
또한 복음을 받아들이는 사람들이 있음을 말하고 있다.
모든 방해에도 불구하고,
손실에도 불구하고 넘치는 추수를 가져왔다.

이 비유의 중심점은 여기에 있다고 보아야 한다.
하나님 나라의 시작은
많은 방해와 실패와 좌절 가운데서 시작되지만,
즉 미약한 시작이었지만
모든 사람의 기대를 넘어서 풍성한 결과를 나타낸다는 비유이다.

[조금 더 자세한 설명은 동교재, 마태복음 13장을 살펴보기로 하자.]

1) 이와 같이 첫 번째의 경우를 불신자의 경우라면, 두 번째, 세 번째의 경우는 어떤 모양으로든지 교회생활을 하는 사람들이라고 볼 수 있다. 이들은 스스로 하나님의 자녀라고 생각할지도 모른다. 그러나 주님이 인정하시는 것은 다음 네 번째 사람뿐이다.

등불은 등경 위에 두려 함이 아니냐(눅 8:16-18)

같이 읽을 곳 (막 4:21-25)

1. 하나님의 나라는 예수님의 오심과 함께 이미 도래하였다(현재적). 앞에 '씨 뿌리는 자'의 비유에서 볼 수 있듯이 씨를 뿌린다고 해서 모두 결실을 맺지 못한다. 그러나 좋은 땅에 뿌려진 씨는 100배, 60배, 30배의 결실을 맺는다는 것이다.

• 막4:21 "또 그들에게 이르시되 사람이 등불을 가져오는 것은
① 말 아래(under a peck-measure)에나 평상(bed) 아래에두려 함이냐
② 등경(lampstand, 등잔대) 위에 두려 함이 아니냐."

(1) 복음을 전하다가 열매가 없다고 중단할 수 없다. 이렇게 천국은 이미 도래했지만 또한 여전히 미래적이다. 천국은 아직 대망해야 하는 나라이다. 따라서 복음을 들은 자는 어떻게 해야 할까? 결실이 적다고 해서 낙심해서는 안 된다. 그래서 등불 비유를 드신다.

> 눅8:16 누구든지 등불을 켜서 그릇으로 **덮거나**
> 평상 아래에 **두지 아니하고** 등경 위에 **두나니**
> //이는(목적: ἵνα, so that...may)
> (방에) 들어가는 자들로 그 빛을 보게 하려 함이라
> 17 //이는(목적: γάρ, for)
> 숨은 것이 ——장차 드러나지 아니할 것이 없고
> 감추인 것이 — 장차 알려지고 나타나지 않을 것이 없느니라

비추임을 받은 사람은 다른 사람을 비추는 자가 되어야 한다. 등불을 켠다면 등경(lampstand, 등잔대, λυχνία뤼크니아) 위에 두는 것이 당연하다. 누가 그것을 말(peck-measure, μόδιος모디오스) 아래에 두겠는가? 유대인들은 등불을 켜지 않을 때에는 그릇들로 덮거나 침상 아래에 넣어두었다.

(2) 백성들은 물론 제자들까지도 아직은 천국의 특성을 잘 이해하지 못하고 있다. 등불을 밝히는 목적은 무엇인가? 그것은 언제든지 빛을 비추이는데 있다. 즉 등불은 비추기 위한 것이지 숨기기 위한 것이 아니다(16절). 어느 때엔가 천국은 그 숨기어졌던 것처럼 보이는 것이 충만히 계시되어 나타나게 될 것이다. 그래서 이렇게 말씀하신다.

화면캡쳐

등경(lampstand)

(3) "들을 귀 있는 자는 들으라"(18절). 이 말씀은 현재는 예수님이 그리스도라는 사실을 스스로 감추고 있다는 사실과 밀접한 관계가 있다. 어느 때엔가 천국은 그 은폐된 것이 완전히 드러날 때가 있을 것이다. 주님께서 부활하시면 천국이 전파되는 양상이 크게 달라질 것이다. 그래서 그 비밀이 공개되기 위해서는 듣는 것이 대단히 중요하다. "누구든지 들을 귀가 있는 사람은 알아들어라." **듣는 것이 왜 중요할까? 하나님 나라에서 궁극적으로 받게 될 것이 전파된 말씀을 지금 소유하느냐 않느냐에 달려 있기 때문이다.**

예수님의 어머니와 동생들(눅 8:19–21)

같이 읽을 곳 (마 12:46–50; 막 3:31–35)

(1) 다른 복음서보다 누가의 설명이 가장 간단하다. 예수님의 어머니와 동생들이 (주님께서 무리에게 말씀하실 때에) 도착하였다. 어머니와 동생들이 예수님이 계신 곳까지 들어왔으나 주님께 접근하기가 어려웠을 것이다.

(2) 아마, 예수님의 가족들은 예수께서 바알세불을 섬기고 있다는 바리새인들의 중상모략(中傷謀略)을 듣고 당황했을 것이다. 그래서 급히 예수님을 만나려 왔을 것이다. 그의 가장 가까운 혈육들은 오히려 예수님의 말씀을 들으려고 하지 않았던 것 같다. 그래서 밖에서 서성거렸을 것이다. 그러자 어떤 사람이 주님께 다가와 어머니와 동생들이 밖에서 기다린다고 알렸다.

(3) 그렇다면 예수님이 모든 것을 중단하고 어머니 일행과 대화를 해야 했을 것이다. 그러나 예수님은 영적 인연이 혈육보다 더욱 중요함을 지적하신다. 주님께서는 혈육관계보다, 어머니에 대한 충성보다 더욱 중요한 것은 하늘에 계신 아버지께서 맡기신 사명이었다(눅 2:49).[1] 주님은 "내 어머니와 내 동생들은 곧 **하나님의 말씀을 듣고 행하는 이 사람들**이라"고 하셨다. 마태복음에서는 "누구든지 하늘에 계신 **내 아버지의 뜻대로 하는 자**"가 내 형제요 자매요 어머니이니라"(마 12:50)라고 기록했다.[2]

1) 그리스도의 피로 한 형제가 된 사람들이야말로 진정한 가족이다. 그렇다고, 예수님이 가족에 대해서는 전혀 무관심하셨다는 말일까?

2) 누가복음은 "누가 내 어머니요, 내 동생들"인가? 라는 말을 생략했다. 누가복음의 독자들인 이방인들에게 예수님이 어머니를 존경하지 않는다는 인상을 갖게 하지 않으려 했을 것이다.

바람과 바다를 잠잠하게 하심(눅 8:22–25)

같이 읽을 곳 (마 8:23–27; 막 4:35–41)

1. 예수님은 지금 어디를 향해 가시고 있나? 왜 배에 오르셨는가?

> 눅 8:22 하루는 제자들과 함께 배에 **오르사** 그들에게 **이르시되**
> /호수 저편으로 건너가자 하시매
> 이에 [그들이] **떠나**

(1) 막 4:35에서는 "그 날 저물 때에"라고 했다. 호수 저편은 거라사 지방을 말한다.[3] 예수님이 배에 오르실 때, 다른 배들도 같이 떠났음을 본다(막 4:36). 배에 오르시매 제자들도 따랐다. 예수님은 너무 지친 나머지 쉬고 싶으셨을 것이다(24절 "행선할 때에 예수께서 잠이 드셨더니").

3) 마태복음에서는 **가다라 지방**(마 8:28)이라고 표현되었고, 막 5:1과 눅 8:26에서는 **거라사인의 지방**이라고 표현되었다. 가다라는 인접한 지역의 주요 도시이고, 반면에 거라사는 작은 마을을 포함하는 보다 넓은 지역을 가리키는 것이었을 것이다.

(2) "마침 광풍이 호수로 내리치매 배에 물이 가득하게 되어 위태하게" 되었다. 광풍(a storm of wind)은 '회오리바람'(돌풍 - 갑자기 미친듯이 사납게 휘몰아치는 거센 바람)을 가리킨다(마가복음에서는 '큰 광풍', a fierce gale of wind, 막 4:37)이라고했다. 바다(호수)에서 자란 어부 출신 제자들에게도 어찌할 수 없는 상황이었다. 너무 심각했기에 제자들은 몹시 당황했다. 결국 제자들은 곤히 주무시는 예수님을 깨운다.[1]

1) 예수님은 어디에서 주무셨을까? 배의 고물(船尾, stern, 배의 뒷부분)에서 베개를 베고 주무셨다고 했다(막 4:38).

(3) "주님~!! 주니이임!!(Master, master) 우리가 (물에 빠져) 죽게 되었습니다"(눅 8:24) (ἐπιστάτα^master ἐπιστάτα,[2] ἀπολλύμεθα^we perish)

2) 아피스타테스(ἐπιστάτης) 이 단어는 누가복음에서만 6회 나온다. '주인, 선생' 이라는 의미로 쓰인다. 마가복음에서는 '선생님'이라는 단어를 썼다(디다스칼로스). 마태복음에서는 '큐리오스'(κύριος, Lord)라고 했다.

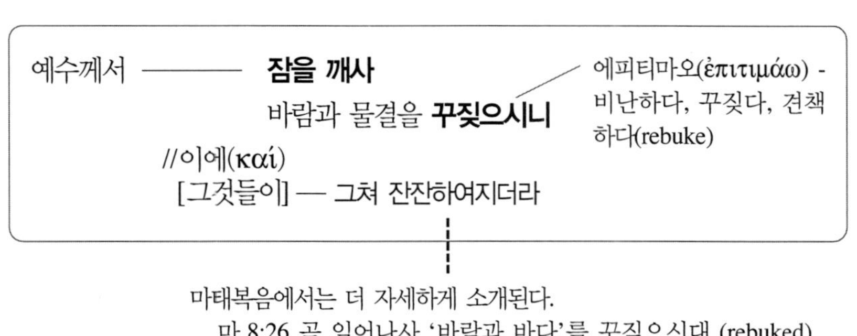

(4) 예수님의 이적 속에는 병고침과 고통과 죽음으로부터의 해방과 자연의 파괴적 능력에 대한 지배 등이 포함되어 있다. 이 이적들은 왕국의 징조들이며, 이 땅에 임한 하나님의 왕국을 눈으로 볼 수 있게 해준다. 어쨌든 제자들은 몹시 당황한 순간이었다. 이에 대한 예수님의 책망(?)이 어떠했나? (마 8:25-26) 마가복음에는 제자들의 믿음의 상태를 나무라신다(막 4:40).

3) 마태복음에는 "믿음이 작은 자들아"라고 했다. : 이런 상황에서 불안에 떠는 제자들의 태도는 결국, 그들의 믿음이 적다는 것을 드러낸 것뿐이었다. 그들은 아직도 예수님에 대한 신뢰가 깊지 못했음을 본다(막 4:40 참조).

막 4:40 이에
[그가] —— 제자들에게 **이르시되**(...하시니)
/[너희가] — 어찌하여 이렇게 무서워하느냐
너희가 —— 어찌 믿음이 없느냐[3]

• 믿음이 작은 자 (ὀλιγόπιστος) - 마태복음 5회 / 누가복음 1회(눅 12:8) (마 6:30, 14:31, 8:26, 16:8, 17:20)

(5) 주님이 함께 계시는 동안, 결코 그들에게는 어떤 어려움도 있을 수 없다는 사실을 믿었어야 했다. 예수님은 이렇게 아직은 나약한 제자들과 함께 하나님의 나라를 선포하셔야 한다. 이 기적을 본 자들은 예수님이 그전에 생각했던 것보다 훨씬 위대하신 분이심을 깨닫기 시작했다(그 사람들이 **놀랍게 여겨**, 마 8:27절).

1) 가다라는 인접한 지역의 주요 도시이고, 반면 거라사는 가다라보다 작은 마을들을 포함하는 넓은 지역을 가리켰을 것이다.

현지를 탐방한 사람들의 증언에 의하면 돼지들이 익사한 곳은 갈릴리 동쪽 해안선, 그리고 산비탈이 있는 곳, 또 절벽이 있는 곳 등을 감안할 때 오늘날의 쿠르씬(영어로는 Kursi) 혹은 '게라쉼'으로 불리는 곳이라고 한다.

귀신 들린 사람을 고치심(눅 8:26-39)

같이 읽을 곳 (마 8:28-34; 막 5:1-20)

◀ 같은 사건을 말하는 마 8:28에서는 가다라 지방에 가셨다고 했다. 그곳에 귀신 들린 자 둘이 무덤 사이에서 예수님을 만났다. 그들은 몹시 사나워서 아무도 그 길로 지나갈 수 없을 정도였다. 막 5:1과 눅 8:26에서는 갈릴리 맞은편 거라사인의 땅에 가셨다고 했다. 같은 사건이다. 마태복음의 가다라(Gadarenes)와 거라사(Gerasenes)는 다른 곳을 지칭한 것이 아니라면 오늘날 어느 지역일까?[1)]

1. 귀신 들린 두 사람은 아주 난폭했다(so exceedingly violent). 막 5:2-6에서는 여러 번 고랑과 쇠사슬에 매였어도 쇠사슬을 끊고 고랑을 깨뜨렸다고 했다. 아무도 이들을 제어할 수 없었다. 그리고 밤낮 무덤 사이에서나 산에서나 늘 소리지르며 돌로 제 몸을 상하고 있었다(마가, 누가복음에서는 한 사람이라고 했고, 마태복음에서는 둘로 말했고 그 중에 하나가 더 난폭했다고 했다.).

(1) 이 귀신 들린 자는 오래 옷을 입지 아니하며 집에 거하지도 아니하고 무덤 사이에 거하는 자라 몹시 사나워 아무도 그 길로 지나갈 수 없을 지경이라고 했다. 이 귀신들린 자가 예수님을 보고 부르짖었다.

눅 8:28 [그가] ── 예수를 **보고 부르짖으며**(ἀνακράξας 과거분사)
└ 그 앞에 **엎드려**
└ 큰 소리로 **불러 이르되**
/지극히 높으신 하나님의 아들 예수여
당신이 나와 무슨 상관이 있나이까
/[내가] ── 당신께 **구하노니**
/[당신은] ─ 나를 괴롭게 하지 마옵소서

마 8:29 "때가 이르기 전에 우리를 괴롭게 하려고 여기 오셨나이까?"

"**때가 이르기 전에**"(29절) : 여기서 '때'(καιρος)는 사탄의 세력이 끝날 순간이요, 동시에 그의 숙적인 메시야의 때가 시작될 때를 가리킨다. 귀신들은 자기의 마지막 때를 알고 있었을 것이다. 마지막 심판에 이르기 전에 무저갱(계 20:3)에 던져질까봐 두려워했다(눅 8:31, "무저갱으로 들어가라 하지 마시기를 간구하더니"). 무저갱으로 들어간다는 말은 귀신들을 강제로 심판의 자리로 내던지는 것을 의미하기 때문이다. 거기에 빠지면 귀신들은 더 이상 활동할 정상적인 자유를 소유할 수 없기 때문이다. 무저갱(아뷔소스, ἀβύσσος)은 불 못(=귀신들이 최후의 심판 후에 던져질 곳)과는 구별된 곳으로 본다.

(2) 사탄과 귀신들은 영원한 불과 유황 못에 던져짐을 당할 것이다(계 20:10). 귀신들은 그 때가 아직 오지 않았는데, 왜 지금 나타나서 자기들을 쫓아내느냐고 항변(?)하고 있는 것이다. 여기서 "우리를 괴롭게 하려고" 하는 말은 귀신들이 아직은 떨어지기를 무서워하는 지옥의 영원한 심판을 의미한다고 할 수 있다(계 20:10, 14).

(3) 누가는 귀신 들린 자가 얼마나 강력한 힘을 가졌는가를 이렇게 표현했다("귀신이 가끔 그 사람을 붙잡으므로 그를 쇠사슬과 고랑에 매어 지켰으되 그 맨 것을 끊고 귀신에게 몰려 광야로 나갔더라.") 막 5:2-6에서는 여러 번 고랑과 쇠사슬에 매였어도 쇠사슬을 끊고 고랑을 깨뜨렸다고 했다. 아무도 이들을 제어할 수 없었다.

(4) 주님은 귀신에게 명령하신다. 흑암의 권세 역시 주님의 지배를 받고있기 때문이다.

29 //이는(이유, for, γάρ)
예수께서 — 이미 명하사(παρήγγειλεν 과거능동)
/더러운 귀신을(=귀신에게)
/그 사람에게서 나오라(하셨기 때문이다)

2. 예수님은 귀신에 이름을 물으신다. "예수께서 네 이름이 무엇이냐 물으신즉 이르되 군대(레게온, λεγεών)라 하니 이는 많은 귀신이 들렸음이라."

(1) 군대 귀신은 무저갱으로 들어가라 하지 마시기를 간구했다. 이곳은 마귀가 일시적으로 갇히는 곳으로(계 9:1, 20:3), 그곳에서는 더이상 활동을 할 수 없기 때문이다. 귀신은 산에서 먹고 있는 돼지떼에게 들어가게 허락하심을 간구했고, 주님은 이를 허락하셨다. 하나님은 최후의 날이 오기까지는 마귀의 파괴적 활동을 허용하신다(계 12:12 참조).

33 "귀신들이 그 사람에게서 나와 돼지에게로 들어가니 그 떼가 비탈로 내리달아 호수에 들어가 몰사하거늘."

아무도 그를 제어할 힘이 없는지라

귀신은 예수님을 보자 즉각적으로
하나님의 아들로 알아보았다.
이러한 일은 예수님의 말과 행실에 대해
관찰해서 얻어낸 결론이 아니다.
그것은 오히려 초자연적이고
직관적인 지식이었다.
귀신은 예수님 안에서
초자연적인 인격의 현존을 인식하였다.

주님의 오심으로
이미 하나님의 나라가 도래했지만,
그래서
귀신들이 쫓겨나가는 기적이 나타나지만,
최종적인 완성의 때는
아직 도래하지 않았다.
그 때까지 사탄은
하나님 나라의 파괴 공작을 위하여
여전히 발호(跋扈)할 것이다.

1) 포베오(φοβέω) - 두려워하다, 놀라다, 경악하다. (대단히) 무서워하다

(2) 돼지를 치던 사람은 이 일을 보고 놀라 도망하여 성내와 마을에 알렸다. '돼지 떼가 모두 호수에 빠져 죽다니!' '멀쩡한 돼지들이 왜?' 곧 많은 사람들이 몰려왔다. 와서 보니 그 날뛰던 자가 옷을 입고 멀쩡한 정신으로(in his right mind) 예수의 발치에 앉아 있는 것이 아닌가! 사람 속에 들어갔던 귀신이 파멸하면 귀신들렸던 사람은 즉시 회복된다. 육신의 질병으로 온 것이 아니기 때문이다. 이 모든 일이 사실임을 알고 그들은 '두려워했다'(35절).[1] "거라사인의 땅 근방 모든 백성이 크게(μεγάλῳ great) 두려워했다고 했다.

3. 이들은 주님께 빨리 이 동네를 떠나시기를 간청한다. 왜 그랬을까?

• 눅8:38 "귀신 나간 사람이 함께 있기를 구하였으나 예수께서 그를 보내시며 이르시되 39 집으로 돌아가 하나님이 네게 어떻게 큰 일을 행하셨는지를 말하라 하시니 그가 가서 예수께서 자기에게 어떻게 큰 일을 행하셨는지를 온 성내에 전파하니라."

(1) 예수님의 권세에 대한 두려움?, 아니면 수많은 돼지를 잃은 분함 때문에? 아마 후자였을 것이다. 그들은 귀신들린 사람들이 치료함을 받았다는 기쁨보다 예수로 인한 또 다른 물질적 손해에 더 관심이 컸을 것이기 때문이다.

(2) 귀신의 권세에서 풀려난 자들은 얼마나 기뻤을까?! 그가 이 사실을 잠잠하고 있었을까? 눅 8:38, 39*을 보고 설명해 보라. 그는 완전한 선교사(?)가 되었을 것이다. 많은 사람들에게 이 사실을 두고두고 증언하지 않았겠는가! 만약 나에게 이런 일이 벌어졌다면 입을 다물고 있겠는가? 하나님의 나라는 이런 증언들을 통해 더욱 빨리 확장된다.

야이로의 딸과 혈루증을 앓던 여자(눅 8:40–56)

같이 읽을 곳 (마 9:18–26; 막 5:21–43)

2) 기다리다(생각, 희망을 가지고)

1. 예수님은 갈릴리 호수 동편 데가볼리쪽으로 가서 사역하시다가(막 5:20) 다시 서쪽으로 돌아오셨다. 돼지 떼가 몰살한 사건으로 거라사인들에게 쫓겨나듯 떠나셨지만, 이곳 갈릴리 사람들은 예수님을 환영하며 기다렸다(been waiting for Him, προσδοκῶντες 현재분사).[2]

(1) 그 때에 [보라!] (And behold, καὶ ἰδοὺ) 야이로라 하는 회당장이 예수님을 찾아와 발 앞에 엎드리면서 자기 집에 와 주시기를 간구했다. 자신의 열두 살 된 외동딸이 방금 죽어가고 있었기 때문이었다.

(2) 회당장은 예수님이 누구이신가를 알았다. 그는 가버나움에 살았을 것이고,

주님께서 이적을 베푸시는 역사를 목격할 수 있었을 것이다(막 1:21-26 참조). 예수님은 즉시 일어나 회당장과 동행하신다. 물론 제자들도 따라 나선다. 가는 도중에 열 두 해를 혈루증을 앓는 여자를 만났다. 주님은 그 회당장의 집에 도착하셨다. 아마 시간이 혈루증 여인을 치료하는 사건 때문에 많이 지체되어 도착하셨을 것이다.

(3) 둘러싸인 군중과 아직 말씀 중에(was still speaking) 회당장의 집에서 사람이 달려 왔다. "당신의 딸이 죽었나이다(has died, τέθνηκεν완료능동태) 선생님을 더 괴롭게 하지 마소서 하거늘"(49절)

예수님께서 **들으시고 이르시되**

/[너는] ㅡ 두려워하지 말고 믿기만 하라

//그리하면(and, καί)

딸이 구원을 얻으리라(=살아나리라, 50절)

Do not be afraid any longer; only believe
μὴ φοβοῦ, μόνον^only πίστευσον^명령법과거

거라사에서 가버나움까지

(마 9:1, 10–34, 11:2–19; 막 2:15–22, 5:21–43; **눅 5:29–39, 7:18–35, 8:40–56, 16:16**)

(1) 바리새인들 - 죄인들과 함께 식사하는 것을 비난한다. - 예수님은 죄인들을 회개시키기 위해 오셨다.
(2) 낡은 옷과 낡은 부대 비유(마 9:16-17; 막 2:21-22; **눅 5:36-39**)
(3) 혈루병 앓던 여인을 고치심(마 9:22; 막 5:29; 눅 8:44)
(4) 야이로의 딸을 고치심(마 9:25; 막 5:41; **눅 8:54**)
(5) 두 맹인을 고치심(마 9:29)
(6) 귀신들려 말 못하는 사람을 고치심(마 9:33)
(7) 세례 요한에 관하여(마 11:7-15; **눅 7:24-30**)

(4) 무리들도 주님이 말씀하시는 것을 들었을테지만, 그들은 이를 믿지 않았을 것이다. 어쨌든 이들로 말미암아 현장은 소란스러웠을 것이다. 따라서 주님은 그 집에 이르러서는 베드로와 요한과 야고보와 아이의 부모 외에는 함께 들어가기를 허락하지 아니하셨다(51절).

(5) 벌써 피리 부는 자들과 떠드는 무리(noisy crowd)가 와 있었다(마 9:23).[1] 더욱이 회당장의 딸이었기에 더 많은 무리들이 모여와서 시끄럽게 떠들고 있었을 것이다. 예수님은 이렇게 소란스러운 무리들을 향하여 무엇이라고 외치셨나? "예수께서 이르시되 울지 말라 죽은 것이 아니라 잔다 하시니 그들이 그 죽은 것을 아는 고로 비웃더라"(they began laughing at Him).

(6) "아니 이 소녀가 자고 있다니!!" 분명 죽어서 장례 절차를 밟고 있는데. 예수님의 '달리다굼'이라는 말은 분명 비웃음을 가져오기에 충분했다. 곡하는 사람들은 이 소녀가 분명히 죽은 것을 잘 알고 있었기 때문이었다.

1) 이들은 관례적인 조문의식을 행하는 무리들이었다. 피리 부는 자들뿐 아니라 곡하는 여인들이 통곡하고 있었다. 곡하는 자는 북 소리에 맞춰 슬픈 노래를 부른다. 이들은 직업적으로 통곡하는 무리들이다.

달리다굼 (Talitha kum! ταλιθα κουμ)

(Little girl, I say to you, get up!)

눅 8:54 예수께서 아이의 손을 **잡고 불러 이르시되**
/아이야(ἡ παῖς) 일어나라(ἔγειρε) 하시니
55 그[녀의] —— 영이 돌아와(her spirit returned)
아이가 —— 곧 일어나거늘
예수께서 —— 먹을 것을 주라 명하시니

ἐπέστρεψεν과거능동태
her spirit returned
her spirit came again

1) 엑사스테미(ἐξίστημι) 의식을 잃게 하다, 혼란하게 하다, 정신을 잃다. / 과거 능동태

2) 엑스타시스(ἔκστασις) 얼빠짐, 놀람, 무아경, 황홀, 무서움

3) 직설법 완료수동(중간)태. 디포넌트
κοιμάω - 잠들게 하다, 재우다

4) ἀποθνήσκω - 죽다 / 죽음에 직면하다, 죽기 마련이다. / 직설법, 과거 능동태

• 눅 8:43 "이에 열두 해를 혈루증으로 앓는 중에 아무에게도 고침을 받지 못하던 여자가" [어떤 사본에는, 의사들에게 그 가산을 다 허비하였으되]

• 막 5:26 "많은 의사에게 많은 **괴로움**을 받았고 가진 것도 다 허비하였으되 아무 **효험**이 없고 도리어 더 중하여졌던 차에"

막 5:42 소녀가 (곧, immediately, εὐθὺς) (ἀνέστη) 걸으니
나이 열두 살이라
사람들이 곧 크게 놀라고(ἐξέστησαν)[1] 놀라거늘(ἐκστάσει)[2]
they were astonished with a great astonishment. - KJV

(1) 이 소녀는 정말로 자고 있었는가? 그렇다면 혼수상태에 있었단 말인가? 우리는 이런 비슷한 예를 요 11:11-14에서 볼 수 있다. "우리 친구 나사로가 '잠들었도다'(κεκοίμηται)[3] 그러나 내가 (깨우러) 가노라" 하셨다(11절). 그렇다면 나사로는 혼수상태에 있었다는 말인가? "이에 예수께서 '밝히' 이르시되 나사로가 죽었느니라(ἀπέθανεν - 과거 능동태)[4]"(요 11:14).

(2) 지금까지 주님은 육신적으로 병들고 정신적, 도덕적으로 병든 자를 고치셨다. 그러나, 본문에서는 죽음을 정복하시는 생명의 왕으로서, 그의 능력을 나타내며 이적을 행하신다.

열두 해를 혈루증으로 앓는 여자(눅 8:43-48)

1. 회당장 야이로(synagogue rulers, Jairus)의 집으로 가는 도중 주님 일행은 열두 해를 혈루증(=하혈병)으로 고생하던 여인을 만난다(43절). 마가는 이 여인을 어떻게 설명하고 있나? [동교재, 마태복음의 설명을 가져왔다]

막 5:26 많은 의사에게 많은 (괴로움)을 받았고
가진 것도 다 허비하였으되 아무 (效驗)이 없고
도리어 더 중하여졌던 차에

(1) 따라서 그녀는 공개적으로 사람 앞에 나타나기를 꺼려했을 것이다. 그러나 그 여인은 믿음이 있었다. 혈루증을 앓는 이 여인의 믿음은 어떤 점이 훌륭했나? 마태복음의 설명을 들어보자.

마 9:21 이는(for, γὰρ) - 마 9:20의 이유
[그녀가] — [말]함이라
/제 마음에 [만일, ἐὰν] 그 겉옷만 만져도 구원을 받겠다

간절함: 예수님에게 조심스럽게 접근하는 여인, 그녀는 12년을 혈루증으로 고생하고 있었다. 혈루증을 앓고 있는 여인은 부정(不淨)한 자로 여겼으며, 그를 만지는 자 또한 부정하게 되었다. 그는 성전에도 가지 못했다(레 15:25-30). 그녀는 그 병을 고쳐보려고 수많은 의사를 찾아다녔고, 이로 인해 가산을 다 탕진했다. 이제 남은 길은 주님께 치료함을 받는 길뿐이다. 어찌 간절함이 없었겠는가!

(2) 그녀는 이번이 마지막 남은 희망이라고 생각했다. 따라서 사람들 사이를 비집고 들어가 어떻게 하든지 예수님의 옷가(fringe)라도 만지려 했다. 아마, 예수님도 이렇게 몰래 옷가에 손을 대는 것은 알지 못하리라고 생각했을 것이다. 그러나 이 여인은 그 "마음에 그 겉옷만 만져도 구원을 받을 것이다"는 **믿음**이 있었다(마 9:21). 그녀는 예수님께서 그런 능력을 가지신 분으로 믿었다. 물론, 여기서의 구원은 병에서의 구원, 즉 치유(治癒)를 의미한다.

(3) 그녀는 결국, 마지막 희망으로 예수님에게로의 접근을 시도한다. 그리고 마침내 고침을 받았다. 그의 혈루(血漏)의 근원이 마르고 병이 나은 줄을 몸에 깨닫게 되었다(막 5:29). 예수님은 즉시 그의 몸에서 능력이 나간 것을 아셨다. 다른 사람들은 이 여인의 행동을 눈치 채지 못했지만 주님은 아셨다.

(4) 주님은 옷가를 만진 사람이 누구인가를 물으셨다(막 5:30). 물론 제자들은 그런 일이 없었다고 했다. 다만 사람이 많아서 그랬을 것이라고 했다. 그러나 그녀는 알았다. 그녀는 주님 앞에 엎드려 고백한다. 순간 두려워했을 여인, 그러나 주님은 이 여인을 안심시키신다. 그녀는 즉시 치유되었고, 주님 앞에서 새로운 삶을 시작할 수 있었을 것이다.

적용을 위한 묵상

이스라엘 중에도 이만한 믿음을 아직 만나보지 못했다.

• 백부장, 로마 군대의 지휘관으로
백 명의 부하를 거느리는 부대장이다.
그런데, 자신의 종이 병들어 죽게 되었다.
종을 마치 물건과 같이 취급하던 시절. 그러나, 이 백부장을 보라.
비록 로마 군대의 장교였지만, 유대 민족도 사랑하여
회당까지 지워주었단다.
백부장은 예수님의 (치유) 소문을 듣고
유대인의 장로 몇 사람을 예수님께 보내어
오셔서 자기 종을 구해 주시기를 간청했다.

• 예수님은 어떤 반응을 나타내셨을까?
"**내가** 가서(**ἐγὼ** ἐλθὼν) 고쳐주리라."
뭐라구요? 저는 예수님께서 내 집에 들어오심을 감당치 못하겠나이다.
말씀만하사 내 종을 낫게 하소서...
주님께서 이 말을 들으시고,
"나는 이스라엘 중에도 이만한 믿음을 아직 만나보지 못했다"고 하셨다.
신앙의 연륜이 깊어갈 수록,
점점 교만함과 경직성으로 눈살을 찌쁘리는 사람이 많은데
오늘, 로마의 백부장이 우리에게 던져주는 교훈은 무엇일까?

• 지금, 세례 요한이 옥에 갇혀 있다.
그렇게 기다렸던 메시야가 오셔서 사역을 진행하고 계신다.
그런데, 아직도 사회는 어떤 변화가 감지 되지 않는다.
분명, 예수님을 하나님의 아들이라고 소개했었는데...
그래서 요한은 제자들을 보내어
예수님께 "당신이 약속된 메시야냐"고 물었다.
주님은 이사야 35:5, 6과 61:1으로 대답을 주셨다.
주님은 요한의 제자들이 떠난 후 무리들 앞에서 요한을 칭찬하셨다.
요한의 위치와 사명, 그 사역의 의미를 자세히 알려주셨다.

• 힘들고 어려운 역경을 헤치고 그 소임을 다하고 사라진 세례 요한,
나는, 우리는, 지금 세례 요한과 같은 심정으로 일하고 있는가?
아니면, 주님의 위치에 올라서서
자신의 엄청난 프로젝트를 관철하기 위해 주님을 피곤케 하지는 않는가?

• 나인 성에 힘들게 살아가는 한 과부, 그런데 그의 외아들이 죽었다. 너무 슬퍼 울음이 그치지 않는다. 누구의 위로도 귀에 들어오지 않는다.

"울지 말아라." 주님의 음성이었다. "청년아, 일어나라." - 죽었던 청년이 다시 살아났다.

• 모든 사람이 두려워하며 하나님께 영광을 돌렸다. 예수님에 대한 소문이 온 유대와 사방에 퍼졌다. 하나님의 나라가 지금 그 모습을 드러내고 있는 중이다.

울지 말라. 죽은 것이 아니라 잔다. 달리다굼 (Talitha kum!)

- 예수님과 제자들이 말씀의 씨앗을 뿌리고 있다.
  그러나 그 수고와 애씀에 비해 열매가 많지 못했다.
  아무리 애써 복음을 증거하지만, 제자들은 피곤하기만 하다.
  하나님 나라가 이미 왔다는데... 달라진 것은 아직 크게 없다.

- 주님은 비유로 하나님 나라의 개념을 설명하신다.
  씨를 뿌리는 자가 그 씨를 뿌리러 나가서....
  그 씨가 길가에, 바위 위에, 가시떨기 속에, 그리고 좋은 땅에 떨어진다.
  그러나 아무리 이해를 하려해도 답답하기는 마찬가지다.
  이 비유의 뜻이 무엇입니까?
  하나님 나라의 비밀을 아는 것이 너희에게는 허락되었으나...

- 복음을 전하면서, 낙심하기 쉽다. 열매가 생각보다 많지 않기 때문이리라.
  낙심하는 제자들에게 주님은 말씀하신다.
  비록 씨앗을 뿌렸지만, 뿌린 씨앗이 모두 열매를 맺지는 못한다.
  그러함에도 좋은 땅에 뿌려진 씨앗은 많은 열매를 맺지 않느냐?
  오늘도, 복음의 씨앗은 뿌려진다.
  그 과정이 힘들고 어려워도 낙심해서는 안 된다.
  열매가 분명히 맺히고 있기 때문이다(100배, 60배, 30배).

- 모친과 동생들이 예수님을 만나려고 찾아왔다.
  그런데, 예수님께서 한창 말씀을 가르치고 계신다.
  "지금, 어머니와 동생들이 찾아왔어요?"
  "누가 내 어머니요, 내 동생들"인가? (누가복음은 이 말을 생략했다)
  "말씀을 듣고 행하는 자가 진정한 내 가족이다"(막 3:33-35).
  물론, 영적인 관계가 더 중요하고 우선임을 말씀하신 것이다.

- 귀신 들린 자,
  오랫동안 옷도 안 입고, 집에 거하지도 않고, 무덤가에서 살아간다.
  예수님을 보고, 부르짖는다. "지극히 높으신 하나님 아들 예수여!~"
  "네 이름이 무엇이냐?" 물론 귀신에게 물으신 말씀이다.
  "군대입니다." "너, 그 사람에게서 나와라."
  "나갈께요. 그렇다고 저를 무저갱으로는 보내지는 말아주세요."
  그래서 돼지 떼에게로 들어가기를 허락하셨다.
  물론 온 동네가 난리가 났다. "제발~, 이곳을 떠나주세요"
  '무엇이 중한디?' 정말 무엇이 중요할까? '뭐, 돼지가 더 중요하다고?'

- 등불은 등경 위에 두어야 한다(눅 8:16-18). 무슨 뜻일까?

- 한 여자가 예수님께 값비싼 향유를 부었다. 그리고 예수님 발 곁에서 눈물로 그 발을 적시고...

- 예수님을 대접하던 바리새인이 노발대발했다. '이 여자가 어떤 여자인지도 모르고...' / 시몬아, 너 누가복음 7:40-50까지 읽어보고 나와 대화좀 하자. - "야, 빨리 읽어보자."

- 여인들이 푸대접 받던 시절, 그러나 많은 여인들이 예수님의 사역을 위해 직간접으로 도왔다.
  '어디 그런 말씀이 있어?' 성경 본문좀 자세히 읽어봐. 눅 8:1-3에 있잖아.

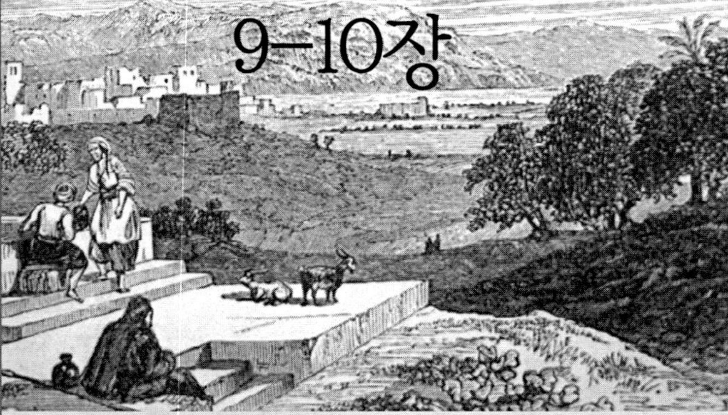

갈릴리 사역(눅 4:14–9:50)

9장 50절까지 갈릴리 사역이 소개된다.
이제 주님의 사역이 정점을 향한다.
많은 병자들을 치료하시고,
기적을 베푸시면서 하나님의 나라를 전하셨지만
아직도 대다수의 백성이 목자 없는 양처럼
헤메고 있다.
오병이어의 기적, 변화산 사건, 귀신 축출 등을 통해
자신의 메시야 되심을 증거하셨다.
그러나 주님 혼자 모든 지역을 커버할 수 없다.

그래서, 12제자를 부르셔서
최전방으로 보내시기로 작정하신다.
훗날, 주님이 이 땅에 안 계실 때를 위해서라도
훈련을 시키고 계신 것이다.
특별히 70인 전도대를 결성하시고
둘씩 둘씩 필요한 곳에 하나님 나라를 증거하셨다.
이들 제자들에게도 기적과 병고침의 역사가 나타났다.

가이사랴 빌립보, 이곳에서
베드로(다른 제자들 포함)의 신앙고백을 들으시고
비로소 예루살렘에 올라가 고난과 역경을 당하시고
십자가에 달리실 것을 공개적으로 선포하셨다.
이 지상에서의 마지막 삶을 내다보시면서
주옥 같은 메시지가 선포된다.

열 두 제자를 파송하심(눅 9:1-6)

(1) 예수님은 복음을 전파하시면서, 많은 병자들을 치료해 주셨다. 그러나 아직도 대다수의 백성은 목자 없는 양들처럼 유리하고 있었다. 예수님은 많은 제자들 중에서도 특별히 12명을 택하여 사도(使徒)로 세우신다.

(2) 예수님이 전 지역을 다니면서 복음을 증거할 수 없으므로 제자들을 불러 그 사역을 맡기신다. 당연히 제자들에게 자신이 갖고 있는 능력과 권위를 주신다.

분봉 왕 헤롯의 불안함(눅 9:7-9)

(1) 예수님의 복음 전파는 많은 사람들의 관심을 끌어들였다. 그의 제자들까지도 기적을 행하였기 때문이다. 그런 소문은 헤롯 안디바를 불안하게 했다.

(2) "헤롯이 이르되 요한은 내가 목을 베었거늘 이제 이런 일이 들리니 이 사람이 누군가 하며 그를 보고자 하더라."

오병이어 (눅 9:10-17)

(1) 큰 무리가 예수님을 따른다. 예수님께서 병자들에게 행하시는 표적을 보았기 때문이었다(요 6:2). 큰 군중들이 몰려오고 있는데, 저녁이 되어가고 있다.

"여기 한 아이가 있어 보리떡 다섯 개와 작은 물고기 두 마리를 가지고 있습니다만 그러나 그것이 이 많은 사람에게 무슨 소용이 있겠습니까?"

(2) 주님은 이들을 향해 "너희가 나를 찾아온 것은 표적을 본 까닭이 아니요 떡을 먹고 배부른 까닭"이라고 하셨다(요 6:26). 거기 모인 사람들이 다 '배불리' 먹고 그 남은 조각이 열두 바구니나 되었다(눅 9:17).

베드로의 신앙고백(눅 9:18-27)

(1) 마지막으로 십자가를 지시기 위해 주님은 제자들에게, 사람들이 주님 자신을 누구라고 보고 있느냐고 물으셨다(눅 9:18; 마 16:14).

(2) 베드로는 살아계신 하나님의 아들임을 고백했

다. 여기 베드로가 고백한 '하나님의 아들'이라는 개념은 '예수님도 하나님이시다'라는 의미를 갖는 것이다(요 5:17-18). 물론 베드로의 고백은 전체 제자들의 고백이기도 하다.

나를 따라오려거든(눅 9:23-27)

(1) 주님을 따르는 길은 나의 생각, 나의 인간적인 방법을 포기하며, 적극적으로는 나의 목숨까지 맡기는 것이라고 하셨다.

(2) 훗날 주님을 따르던 제자들은 십자가에 처형되시는 모습을 보고, 어떤 생각들을 했을까? 그 동안의 삶을 후회하고 낙심했을까?

영광스러운 모습으로 변화되심(눅 9:28-36)

(1) 장소가 어디인지 확실치 않으나 (다볼산으로 전해지기도 하나 가이사랴 빌립보와 가까운 곳이라면) 헤르몬 산이었을 것이다. 예수님의 얼굴이 해처럼 빛나고 옷이 빛처럼 희어졌다. 그리고 갑자기 모세와 엘리야가 나타났다.

(2) 여기서 별세(別世, 윗 사람이 세상을 떠나다, 엑소도스, ἔξοδος)하셨다는 것은 단순히 예수님께서 이 세상을 떠나는 것을 언급한 것이 아니라 예수님의 육신의 삶과 사역의 종결을 의미한다. 종말이라는 의미에서 삶의 '끝'(죽음)을 뜻하기도 한다

- **귀신 들린 아이를 낫게 하심(눅 9:37-43)**
- **누가 더 크냐? (눅 9:46-48)**
- **너희를 위하는 사람(눅 9:49-50)**
- **사마리아 마을에서의 냉대(눅 9:51-56)**

- **예수님의 감사기도(눅 10:21-24)**

(1) 당시 바리새인들이나 서기관들은 자기 자신들의 지혜를 자랑했다. 종교문제에 대해서는 전문가요, 권위자라는 것이다. 이런 그들이 주님이 전하는 '은혜의 복음'은 이해하지 못했다.

(2) 그렇다면, '어린 아이들'은 누구를 가리킬까? 한마디로 예수님의 제자들을 가리킨다. 이들은 율법에 대해서는 어린 아이들과 같았다. 바리새인들은 제자들을 가리켜 율법을 알지 못하는 무리들이라고 비웃었다(요 7:49).

어떤 율법 교사의 질문(눅 10:25-28)

(1) 어떤 율법교사가 일어나 예수를 시험하려고 주님께 '무엇을 하여야 영생을 얻을 수 있겠는가?'라고 질문했다. 미래의 축복에 관한 모든 가르침은 '생명'이라는 말로 요약할 수 있다(마 7:14, 18:8이하; 막 9:43, 45).

(2) 예수님을 시험하려고 질문한 율법교사는 아주 정확한 대답을 했다. 그래서 예수님께서 율법교사에게 이렇게 말씀하셨다.

"네 대답이 옳도다 이를 행하라 그러면 살리라."

(3) 이 율례와 법도를 지키면 의롭게 된다는 말인가? 물론 우리는 율법의 의(義)로는 구원을 받을 수 없다. 설혹 우리가 율법을 100% 다 지켰다고 해서, 그 사실이 곧 구원의 근거가 되지 아니한다. 인간은 누구나 하나님의 은혜가 아니면 결코 구원을 받을 수 없다.

그러면 누가 내 이웃입니까? (눅 10:29-37)

(1) 유대인 역시 이웃 사랑을 가르쳤다. 레 19:17-18을 읽어보자. 그러나 이들의 사랑은 대부분 하나님의 백성이라는 울타리를 뛰어넘지 못했다. 예수님 당시에도 사마리아인이나 이방인은 결코 이웃이 될 수 없다고 생각했다.

(2) 이런 생각을 깨우치기 위해서 주님은 한 가지 비유를 드셨다. 주님은 질문한 율법 학자에게 물으셨다. "네 생각에는 이 세 사람 중에 누가 강도 만난 자의 이웃이 되겠느냐"(36절). "자비를 베푼 자입니다." "예수께서 이르시되 가서 너도 이와 같이 하라."

(3) 신약시대에는 '동포'(brother)의 의미가 확대된다. 예수님의 이웃 사랑에 대한 가르침은 유대인 자기 동족에게만 한정되지 않는다(눅 10:29-37).

마르다와 마리아(눅 10:38-42)

마리아는 이 좋은 편을 택하였으니 – 물론 마리아의 봉사가 잘못이라는 말이 아니다. 그녀의 봉사는 칭찬 받을만한 일이다. 그러나 예수님은 오히려 언니의 분주함을 책망하셨다(41절). 언니의 분주함보다 그리스도의 발 앞에 앉아 그의 말씀을 경청하는 동생이 더 좋은 편을 택한 것이라고 칭찬하셨다.

갈릴리 사역 눅 4:14-9:50

열 두 제자를 파송하심(눅 9:1-6)

같이 읽을 곳 (마 10:5-15; 막 6:7-13)

언제 제자들을 부르셨는가?

눅 6:12, 13, 20을 보면, 이들은 산상수훈 이전에 부름을 받은 것 같기도 하다. 주님은 이 열둘을 택하여 "자기와 함께 있게 하시고 또 보내사 전도도 하며 귀신을 내쫓는 권능도 가지게 하려" 하셨다(막 3:14, 15).

예수님은 복음을 전파하시면서, 많은 병자들(육신과 영혼의 병)을 치료해 주셨다. 그러나 아직도 대다수의 백성은 목자 없는 양들처럼 유리하고 있었다. 따라서 추수할 일꾼이 필요했다. 이제 예수님은 많은 제자들 중에서도 특별히 12명을 택하여 사도(使徒)로 세우신다. 이 열둘을 택하여 "자기와 함께 있게 하시고 또 보내사 전도도 하며 귀신을 내쫓는 권능도 가지게 하려" 하셨다(막 3:14, 15). 예수님의 제자가 된다는 것은 무엇을 의미할까? 이는 단순히 그를 따른다는 것 이상의 의미를 갖는다.

1. 열두 족장이 구약시대의 이스라엘의 열두 지파를 대표한 것처럼(창 49:28), 이 열두 명은 새로 존재할 그리스도의 공동체인 하나님의 새 백성을 대표한다.

1) 열두 제자(사도)는, 말하자면 하나님의 새로운 백성의 열두 족장인 셈이다(마 19:28). "예수께서 이르시되 내가 진실로 너희에게 이르노니 세상이 새롭게 되어 인자가 자기 영광의 보좌에 앉을 때에 나를 따르는 너희도 열두 보좌에 앉아 이스라엘 열두 지파를 심판하리라"(마 19:28, 눅 22:30 참조

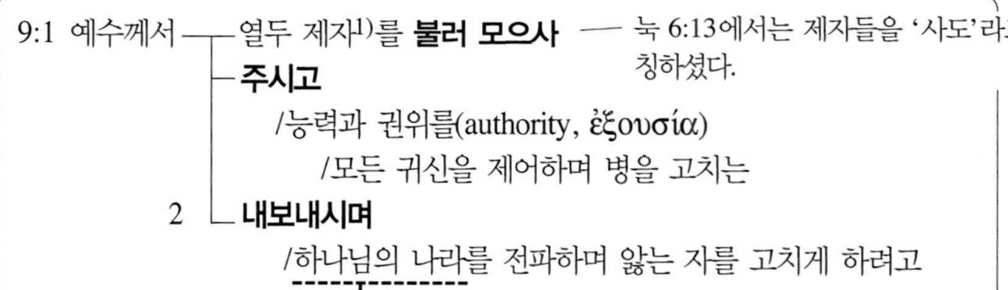

주님의 사역 역시 주 사역 내용은 한마디로 "하나님 나라"의 선포였다(the preaching of the K.G.). 네 복음서 모두 예수 그리스도께서 "하나님의 나라"를 선포하기 위해 오셨다고 설명하고 있다. 누가복음은 거의 일관적으로 "하나님의 나라"라는 용어를 사용했다(어떤 때는 '그의 나라' 눅 12:32, 22:19). 마태는 두어 번 정도 "하나님의 나라"를 사용했고(마 12: 28, 19:24, 21:31, 43) 나머지는 거의 '천국' 이라는 용어를 사용했다. 그러므로, 이 두 단어 사이에는 실제적인 차이가 없다. 누가는 이방인들에게 유대적 표현을 피하고 '하나님의 나라'라는 직접적인 표현을 했다. 그러나, '하나님의 나라' 라는 용어는 '천국' 이란 용어의 부차적 표현으로 생각되어질 수 있다.

(1) 예수님의 사역은 결국은 사탄과의 투쟁에 있다. 그래서 주님은 제자들에게 "더러운 귀신을 쫓아내며 모든 병과 모든 약한 것을 고치는 권위(authority, ἐξουσία)"를 주신다. 물론 귀신들린 것과 병이 드는 것을 분명하게 구분하

고 있기도 하지만, 그러나 육체의 모든 질고가 결국은 사탄으로 기인했다는 것을 본문을 통해 알 수 있다.

(2) 예수님이 전 지역을 다니시면서 복음을 증거할 수 없으시므로 제자들을 부르셔서 그 사역을 맡기신다. 당연히 제자들에게 자신이 갖고 있는 능력과 권위를 주신다.

• 마태복음에서는 열 둘을 내보내시며 "[너희는] 이방인의 길로도 가지 말고 사마리아인의 고을에도 들어가지 말고 오히려 이스라엘 집의 잃어버린 양에게로 가라"고 하셨다(마 10:5).

2. 이때 제자들은 어떤 자세로 나갈 것인가? 그 구체적 지침을 주신다.

눅 9:3 [예수께서] – **이르시되**
/[너희는] ┌ 아무 것도 가지지 말라
/여행을 위하여
└ 가지지 말며
/지팡이나 배낭이나 양식이나 돈이나
두 벌 옷을

• 왜, 이방인의 길과 사마리아인의 고을에도 가지 말라고 하셨을까? 복음은 온 세계에 전파되어야 할 것이었다(행 1:8). 그러나, 이 복음은 먼저는 유대인에게서 시작될 것이었다(행 3:26, 13:46). 이방인에게 복음을 전파하는 일은 훗날 제자(사도)들에게 맡겨진다. 물론, 예수님이 이방인이나 사마리아인을 구원의 대상에서 제외시키셨다는 말은 아니다.

(1) 이 말씀(3절)은 사도들이 특별한 고생을 인내하라는 말일까? 주님은 이들에게 육신의 필요한 모든 것을 위해 근심할 필요가 없다는 것을 말씀하셨다. **그들을 파송하시는 이가 이미 준비할 것이기 때문이다.** 이제 사도들은 개인의 사사로운 이익 때문에 복음을 전하는 일에 한눈을 팔아서는 안 된다. 사도들이 예수님을 대신하여 행동하는 최선의 목적은 하나님의 백성을 함께 모으는 일이었다.

눅 9:4 어느 집에 들어가든지 거기서 **머물다가** 거기서 떠나라
5 누구든지 너희를 영접하지 아니하거든 그 성에서 떠날 때에
너희 발에서 먼지를 **떨어 버려**[1] 그들에게 증거를 삼으라

(2) 사도들은 어떤 곳에 가든지 그곳에 가서 합당한 사람을 찾아내어 거기를 떠날 때까지 그 집에 머무르면서 전도하라고 말씀하신다(4절). 그 집에 머물되 이 집 저 집으로 옮겨다녀서는 안 된다는 것이다(눅 10:7, 10에서 그 구체적 지침이 언급된다.). 그 당시에는 이런 자들을 위해 환영하는 것이 오랜 전통이 되어 있었다. 복음을 전하러 나가서, 어떤 집에 들어갈 때, 평안을 받을 사람이 거기 있다면(눅 10:6) "평안하기를 빌라"고 했다. 그들이 복음을 기꺼이 영접한다면, 그들은 참으로 왕국에 합당한 자들이기 때문이다. 이제 이들의 전도로 이스라엘의 참된 양들이 함께 모아지게 된다. 복음을 전할 때 사람들과 타협해서는 안 된다. 하나님의 구속의 사랑과 심판을 그대로 선포해야 한다.

1) 유대인들은 이방지역을 여행한 후 성지에 들어오기 전에는 그들의 신과 옷의 먼지를 떨어버리는 습관이 있었다. 복음을 거절하는 이스라엘의 지역은 이방의 흙같이 더러운 것으로 간주해야 된다는 것이다. 바리새인들은 부정한 이방인의 지역을 떠날 때에는 이러한 습관을 가졌던 것처럼 하나님의 복음을 거절하는 자들에게는 엄중한 경고를 나타내라는 것이다.

분봉 왕 헤롯의 불안함(눅 9:7-9)

같이 읽을 곳 (마 14:1-12; 막 6:14-29)

• 헤롯 안디바는 자신을 비판한 세례 요한을 즉시 잡아 죽이려 했으나 폭동이 일어날 것을 두려워하여 오랫동안 감금해 두고 있었다. 만약 그를 처단하면 백성들이 들고 일어날 것이다. (백성들이 세례 요한을 선지자로 믿고 있었기 때문이다.) 그러지 않아도 유대 지역을 다스리던 아켈라오도 이런 일로 로마로부터 축출 당했다.

• 그러나
"왕이 근심하나 자기가 맹세한 것과 그 함께 앉은 사람들 때문에 주라 명하고 10사람을 보내어 옥에서 요한의 목을 베어 11그 머리를 소반에 얹어서 그 소녀에게 주니 그가 자기 어머니에게로 가져가니라."

• 마 14:5 "헤롯이 요한을 죽이려 하되 **무리가 그를 선지자로 여기므로** 그들을 두려워하더니"

• 막 6:19 "헤로디아가 요한을 원수로 여겨 죽이고자 하였으되 하지 못한 것은 20 **헤롯이 요한을 의롭고 거룩한 사람으로 알고 두려워하여 보호하며** 또 그의 말을 들을 때에 크게 번민을 하면서도 달갑게 들음이러라."

1. 예수님의 복음 전파는 많은 사람들의 관심을 끌어들였다. 그의 제자들까지도 기적을 행하였기 때문이다. 그런 소문은 헤롯 안디바를 불안케 했다.

눅 9:7 분봉 왕 헤롯이 이 모든 일을 **듣고 심히 당황하니**
//이는(διά + 목적격, because)
어떤 사람은 — 요한이 죽은 자 가운데서 살아났다고도 하며
8 어떤 사람은 — 엘리야가 나타났다고도 하며
어떤 사람은 — 옛 선지자 한 사람이 다시 살아났다고도 함이라

(1) "헤롯이 이르되 요한은 내가 목을 베었거늘 이제 이런 일이 들리니 이 사람이 누군가 하며 그를 보고자 하더라." 안디바의 명령에 의하여 세례 요한이 죽임을 당한 이유는 무엇인가? (마태복음 14:6-11을 읽고 설명해보자)

헤롯의 생일 날, 왕궁에서 여러 날 잔치가 벌어졌는데, 헤로디아의 딸 살로메가 춤을 추어 헤롯을 기쁘게 했다. 헤롯은 맹세하며 살로메에게 무엇이나 들어주겠다고 약속한다. 어린 살로메(대략 12-13세)는 어머니 헤로디아에게 물었고, 헤로디아는 그러지 않아도 자신들을 모욕하고 있는 요한의 목을 요구하였다.

(2) 이 분별없는 분봉 왕 안디바의 행동으로 어떤 일들이 벌어졌을까? 많은 유대인들의 불만을 가중시켰고, 헤롯 안티파스(Antipas)에게서 강제로 버림받은 그의 부인의 아버지, '아레타스'의 분노를 가져왔다. 후일 아레타스(아랍족) 왕은 A.D. 36년 베레아를 침공, 안티파스의 군대를 박살냈다. 패전한 안티파스는 티베리우스 황제에게 도움을 요청했고, 비텔리우스 장군에 의해 나바테안은 포위를 풀고 물러갔다. 요한의 수난일은 로마 가톨릭 교회에서 8월 29일이며, 그리스 정교회에서는 1월 29일이다.

2. 헤롯 안티파스는 이 사람이(=예수) 누군가 하며 그를 보고 싶어 했다(9절). 그래서 가서 만났을까? 그랬다는 기록은 없다. 물론 그는 훗날 법정에서 예수님을 대하게 된다(눅 23:8, 9 "헤롯이 예수를 보고 매우 기뻐하니 이는 그의 소문을 들었으므로 보고자 한 지 오래였고 또한 무엇이나 이적 행하심을 볼까 바랐던 연고러라 여러 말로 물으나 아무 말도 대답하지 아니하시니")

오병이어 (눅 9:10-17)

같이 읽을 곳 (마 14:13-21; 막 6:30-44; 요 6:1-14)

1. 큰 무리가 예수님을 따른다. 예수님께서 병자들에게 행하시는 표적을 보았기 때문이었다(요 6:2). 큰 군중들이 몰려오고 있는데,[1] 저녁이 되어가고 있다. "너희는 따로 한적한 곳에 가서 잠깐 쉬어라 하시니 이는 오고 가는 사람이 많아 음식 먹을 겨를도 없음이라"(막 6:31). 예수님은 무리를 떠나 한적한 곳으로 가셨다. 너무 피곤하셨기 때문이다. 그러나 무리들은 예수님보다 더 먼저 그곳에 도착해 있었다(막 6:33 "그들이 가는 것을 보고 많은 사람이 그들인 줄 안지라 **모든 고을로부터 도보로 그 곳에 달려와 그들보다 먼저 갔더라**).

1) 병자를 고치셨을 뿐 아니라(마 14:14하) "큰 무리를 보시고 그 목자 없는 양 같음으로 인하여 불쌍히 여기사(felt compassion) 이에 여러 가지로 가르치셨다"(막 6:34).

(1) 시간은 거의 저녁이 되어가고 있다(아마 오후 3시경). 게다가 이 곳은 빈 들이었다(마 14:15). 사람들은 흩어질 생각을 하지 않는다. 그래서 제자들끼리 묘안을 냈다. "무리를 보내어 마을에 들어가 먹을 것을 사 먹게 합시다." 제자들이 묘안을 내고 있는 중에 주님은 이렇게 말씀하신다:

- 막 6:37 대답하여 이르시되 '**너희가 먹을 것을 주라**'
  여짜오되 우리가 가서 이백 데나리온의 떡을 사다 먹이리이까? - 이런 물음을 제기한 제자는 빌립이라고 했다(요 6:7).[2]

2) 빌립 :
"뭐라고요, 주님! 여기 모인 사람들에게 조금씩 나눠준다 해도 이백 데나리온 가지고도 부족할 텐데요?" (한 데나리온은 노동자 하루 품삯에 해당하는 금액이다).

(2) 제자들은 주님께서 이렇게 말씀하시는 이유를 알지 못했다. 주님은 그들이 평생 잊을 수 없는 기적을 행하심으로써 제자들의 믿음을 굳게 하려 하셨다. 주님은 자기 백성들에게 먹을 것을 주실 수 있는 능력이 있고, 또 먹여주시는 분이시다. 그는 광야에서 매일 만나를 내려주셨던 분이 아니신가?

(3) 주님은 제자들에게 떡 몇 개가 있는가 알아보라고 하셨다(막 6:38). 시몬 베드로의 형제 안드레가 알아본 것 같다(요 6:8-9). "여기 한 아이가 있어 보리떡 다섯 개와 작은 물고기 두 마리를 가지고 있습니다만 그러나 그것이 이 많은 사람에게 무슨 소용이 있겠습니까?" 여기 모인 사람이 "오천 명쯤 되는데요."

2. 제자들로 하여금 거기 모인 무리들을 떼를 지어 한 오십 명씩 잔디 위에 둥그렇게 앉히게 하셨다(14절). 약 100여팀의 모임이다.

눅 9:16 예수께서 떡 다섯 개와 물고기 두 마리를 **가지사**
하늘을 **우러러**[3] **축사하시고 떼어**[4] 제자들에게 **주어**
무리에게 나누어 주게 하시니

3) 하늘을 우러러(looking up toward heaven, ἀναβλέψας εἰς τὸν οὐρανὸν)

4) "축사하시고"(He blessed, εὐλόγησεν)(마 14:19)

• 요 11:41을 참조할 것, "돌을 옮겨 놓으니 **예수께서 눈을 들어 우러러 보시고** 이르시되 아버지여 내 말을 들으신 것을 감사하나이다."
ἀναβλέπω=
ἀνα(~위를 향하여)
블레포(βλέπω)-보다.

(1) 예수님은 무리들에게 줄 떡을 늘리기 위해 감사의 기도를 드릴 때 하늘을 우러러(올려) 쳐다 보셨다(마 14:19; 막 6:41; 눅 9:16). 이 기도는 보통 식사 기도하고는 다른 것이었다. 그것은 **하늘 아버지와 특별한 교통의 행위**였다(요 11:41 참조).[1)]

(2) '아나블레포'(ἀναβλέπω)는 '위를 처다보다'를 의미한다(막 16:4; 눅 19:5; 눅 21:1 참조). 또한 예수님께서 귀먹은 자를 치유하실 때에도 하늘을 올려다 보셨다(막 7:34). 그러나 '하나님을 보다'라는 말을 할 때 '블레포'(βλέπω)라는 말을 쓰지 않고 있다.

3. 이 이적을 통해 어떤 결과를 가져왔을까?

(1) 오병이어(五餠二魚) 사건 이후 많은 사람들이 예수님을 향해 "이는 참으로 세상에 오실 **그(ὁ) 선지자**"라고 고백했다(요 6:14). 물론 이들의 고백이 참된 믿음까지 간 것은 아니다. 왜냐하면 이런 기적을 체험하고도 "그의 제자 중에서 **많은 사람이 떠나가고** 다시 그와 함께 다니지 아니하더라"(요 6:66)고 했음을 본다.

1) 코리타조(χορτάζω) - '음식으로 배부르다'를 의미한다. 기본 개념은 음식으로 만족하는 것을 말한다(시 37:19, 132:15 - '실컷 먹어 물리다'라는 개념). / 과거 수동태

(2) 주님은 이들을 향해 "너희가 나를 찾아온 것은 표적을 본 까닭이 아니요 떡을 먹고 배부른 까닭"이라고 하셨다(요 6:26). 이 기적의 대단함을 강조하기 위해 그 무리의 숫자를 말하고 있다. 몇 명이라고? (요 6:10) 거기 모인 사람들이 다 '배불리'(were satisfied, ἐχορτάσθησα)[1)] 먹고 그 남은 조각이 열 두 바구니(κόφινος코피노스)라고 했다(눅 9:17). 이 기적은 네 복음서에 모두 기록되어 있다. 이 기적은 제자들로 하여금 다시금 힘을 얻는 계기가 되었을 것이다.

2) 마태복음에서는 예수님께서 무리를 해산시키시고(마 14:22), 제자들을 불러 건너편으로 가게 하신 후 따로 기도하러 산으로 올라 가셨다(23절)고 했다. 기도하시는 것, 기도를 드리심으로 그는 점차 다가오는 그 날을 준비하셨을 것이다.

(3) 이 기적을 체험하고 사람들은 예수님을 억지로 붙들고 임금으로 삼으려 했다. 그래서 예수님은 다시 혼자 산으로 떠나셨다(요 6:15). 때는 유월절이 멀지 않았다(요 6:4). 만약 예수님이 이 무리들의 요구대로 왕으로 등극을 허락하셨다면, 이 무리들은 언제라도 예루살렘으로 달려갈 수 있었으리라. 그들은 예수님을 강제 납치하여 그를 왕으로 삼아 로마의 악정(惡政)을 무너뜨리고 이 땅에서 하나님의 나라를 세우려고 했을 것이다. 예수님에게서 그런 능력을 보았기 때문이다. 하지만 예수님은 이 무리들의 이런 생각을 차단하신다. 그들의 생각을 잘 아셨기에 다시 혼자 산으로 피해 가셨다.[2)] 그의 나라는 이 세상에 속한 것이 아니기 때문이다(요 18:36).

베드로의 신앙고백(눅 9:18-27)

같이 읽을 곳 (마 16:13-28; 막 8:27-30)

예수님과 제자들은 갈릴리 바다 주변을 떠나 북쪽으로 '가이사랴 빌립보'[1] 지방에 이르셨다. 가이사랴 빌립보는 이스라엘의 가장 바깥쪽이었다. 이렇게 예수님은 전 지역을 다니시면서 복음을 증거하셨다. 예수께서는 제자들과는 따로 기도하셨다(18절). 중대한 일을 앞에 두고 깊은 기도를 하셨을 것이다. 이제, 주님은 예루살렘으로 올라가셔야 한다. 그리고 비로소 제자들에게 자신이 많은 고난을 받고 죽으실 것을 말씀하신다.

1) 가이사랴 빌립보는 헬몬산 남쪽 기슭에 위치해 있다(갈릴리에서 북쪽으로 약 40km 정도). B.C. 20년경에 로마는 이곳을 헤롯 대왕에게 주었다. 헤롯은 이곳에다 로마 황제 아구스도(Augustus)를 기념하는 흰 대리석 사원을 건축하고, 그 황제의 조상(彫像)을 세워 가이샤라(황제의 도시)라고 불렀다. 헤롯이 죽고, 분봉 왕 빌립이 그 도시를 정비하고, 지중해 연변에 자리잡고 있는 항구 도시 가이사랴(갈멜산에서 남쪽으로 약 37km, 예루살렘에서 북서쪽으로 약 105km)와 구별하기 위해, "가이사랴 빌립보"라고 이름지었다.

1. 마지막으로 십자가를 지시기 위해, 주님은 제자들에게, 사람들이 주님 자신을 누구라고 보고 있느냐고 물으셨다(눅 9:18; 마 16:14).

눅 9:18 예수께서 따로 기도하실 때에
제자들이 ── 주와 함께 **있더니**
└ **물어 이르시되**
/무리가 ── 나를 누구라고 하느냐

• 무리(오클로스, ὄχλος) - 군중, 많은 사람들, 몰려 다니는 떼 / 귀족이나 상류 사회가 아닌, 지도자도 없는 집단, 대중들을 가리킨다.

(1) 그래도 세상 사람들은 예수님을 존경하는 인물로 보았음을 본다. 다음에 언급된 사람들은 세상 사람들이 존경했고, 또 다시 오리라고 기대했던 인물들이다.

- 세례 요한 : 헤롯도 그리스도를 세례 요한이 다시 살아났다고 보았다(마 14:2).
- 엘리야 : 죽음을 보지 않고 승천한 선지자이다(왕하 2:21). 말 4:5을 읽어 보자.[2]
- 예레미야(마 16:14) : 이스라엘의 패망을 보며 애타했던 눈물의 선지자였다. 외경에는 그가 다시 온다는 말이 있다.
- 선지자 중의 하나 : 그밖에 모세나 에스라 등과 같은 선지자 중의 하나일 것이라고 생각했다. "더러는 옛 선지자 중의 한 사람이 살아났다 하나이다"(눅 9:19).

2) "보라 여호와의 크고 두려운 날이 이르기 전에 내가 선지 엘리야를 너희에게 보내리니" 예수님은 세례 요한이 바로 말 4:5에서 말한 엘리야였다고 하셨다(마 11:14).

(2) 당시 가이샤라 빌립보의 통치자는 빌립Ⅱ(B.C 4년 - A.D 34년)였다. 바타네아와 드라고닛, 가우라닛, 얍니야 지역의 분봉왕으로 헤롯의 아들 중 가장 존경을 받았다. 그는 헤로디아의 딸 살로메와 결혼했으나 계승자 없이 34년

에 죽었다. 당시 로마사회에서는 황제가 주(큐리오스)였다. 그런 곳에서 예수님은 마지막 설교를 하셨다. 예수님의 변화산 사건은(마 17:1-13, 막 9:2-23; 눅 9:28-36) 이 곳에서 멀지 않은 헬몬산 경사지에 서 있었다. 유대인들은 이 곳에 많이 살지 않았다. 사람들이 이런 도시에 들어가 살기를 원치 않았다. 도시가 이미 **로마문화**에 물들어 있었기 때문일 것이다. 이런 곳에서 주님은 제자들에게 "너희는 나를 누구라 하느냐"고 물으신 것이다(20절).

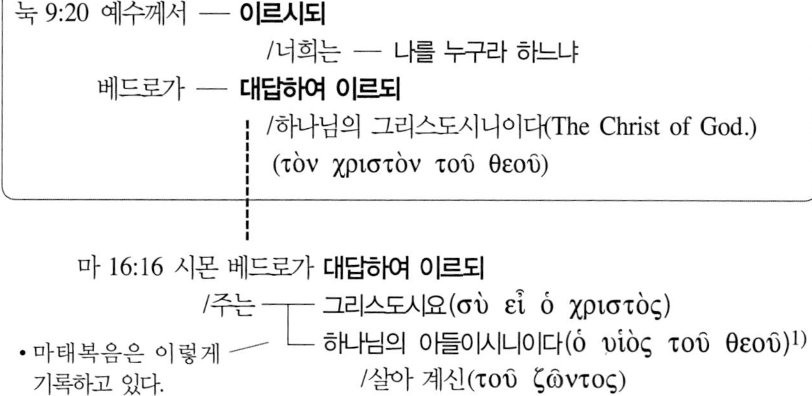

1) 물론, 베드로는 예수님께서 메시야 되신다는 의미를 아직 충분하게 이해하지는 못했지만 희미하게나 그 뜻을 알게 되었을 것이다. 2년 이상 넘는 주님과의 교제를 통해서 위와 같은 대답을 가능케 했다. 오랫동안 예수님을 관찰하고, 그의 이적들을 목격했다. 특히 물 위를 걸어오시는 주님을 만난 사건, 그리고 그의 교훈들을 종합할 때 위와 같은 고백이 있었을 것이다. 베드로는 예수님이 오랫동안 대망해 왔던 기름 부은 자임을 고백했다.

2. 이 질문은 베드로 한 사람에게만 한 질문이었을까?

물론 아니다. 제자들 전체에게 던지신 질문이었다. 이때 베드로가 그의 성격상, 또 지도자의 위치로서(마 4:18-22, 10:2, 14:28, 29) 이렇게 대답했을 것이다. 예수님은 자기 백성의 대언자요(신 18:15,18; 사 55:4), 대제사장이시요(시 110:4; 히 6:20, 7:24), 영원한 왕이심(시 2:6; 슥 9:9; 눅 1:33; 계 11:15)을 고백했다. 그는 또한 살아계신 하나님의 아들임을 고백했다. 여기 베드로가 고백한 '하나님의 아들'이라는 개념은 '예수님도 하나님이시다'라는 의미를 갖는 것이다(요 5:17-18). 물론 베드로의 고백은 전체 제자들의 고백이기도 하다.

"주는 그리스도요 살아계신 하나님의 아들"이라는 시몬의 고백은 하나님께서 시몬에게 깨닫게 하신 하나님의 선물이었다. 이제, 그 무딘 제자들도 하나님의 비밀을 희미하게나마 깨달아 가고 있었다. 예수님의 오심과 함께 천국은 임하였고, 메시야가 계시되었다. 그러나, 일반군중들은 아직도 그것을 깨닫지 못했다.

3. 주님은 베드로를 칭찬하셨다. 어떻게? (마 16:17을 보라)

16:17 예수께서 **대답하여 이르시되**
/바요나 시몬아 —— 네가 복이 있도다
//이는(이유, for)
혈육이 —이를 네게 알게 한 것이 아니요
하늘에 계신 내 아버지(가)— <알게 하신 것>이시니라

사람이 알려준 것이 아니라 하나님이 알려주신 것이다.

"요나의 아들 시몬", 베드로가 어렸을 때부터 들어왔던 친숙한 이름, 시몬은 그의 히브리명(아람어)이었다.

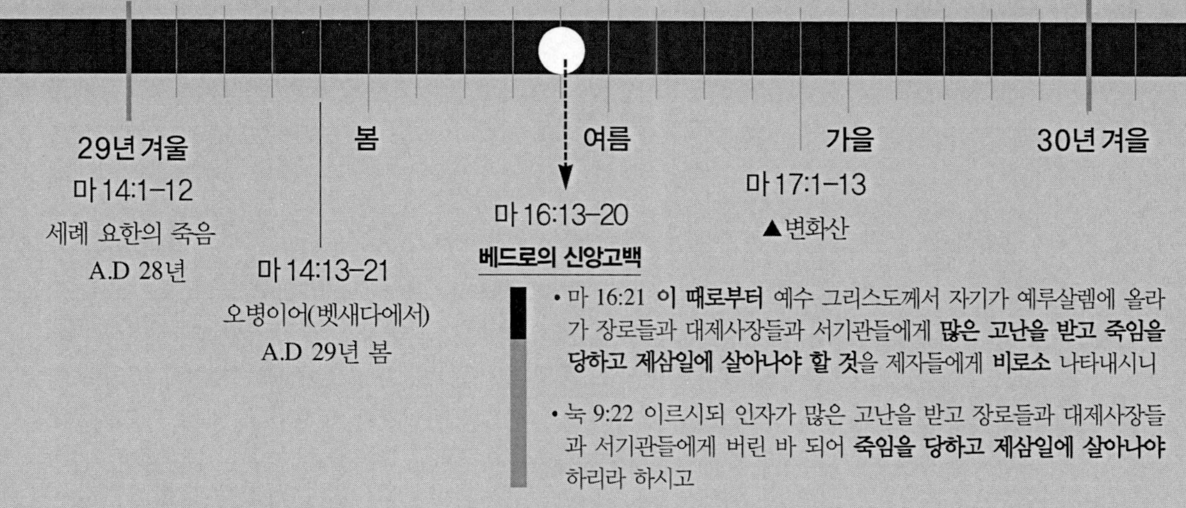

(1) 지금 제자들이 이 신앙고백을 했다. 주님의 기쁨은 너무 큰 것이었다. 베드로의 고백을 듣고, 이 고백이 결코 인간의 생각에서 나온 대답이 아니었다고 말씀하신다. 왜냐하면 그것은 하나님의 은혜로써만 인식될 수 있기 때문이었다.

(2) 주님은 제자들에게 이 일을 아무에게도 알리지 말라고 명하셨다(당부하셨다, 금하셨다). (21절) 왜 알리지 말라고 하셨을까? 지금부터 예수님의 메시지를 듣는 자들은 일반 군중이 아니었다. 군중들은 너무나도 예수님을 다른 시각으로 보았다. 따라서 이제는 주님의 가르침을 받았던 선택된 제자들만이 그분의 메시지를 들을 수밖에 없었다. 그러므로 "메시야의 비밀"을 드러낸다는 말은 예수님 자신의 선교에 참된 본질을 밝히신다는 의미이다.[1] 주님이 부활하신 이후, 제자들은 이 사실(부활)을 아주 크게 외쳤다(행 2:36).

1) 베드로의 고백, 그 자체는 "메시야 비밀" (혹은 메시야의 자기 은익)을 드러내는데 있어 그 시작에 불과했다.

막 9:30 그 곳을 떠나 갈릴리 가운데로 지날새 예수께서 **아무에게도 알리고자 아니하시니**

31 //이는(이유: for, γάρ)
제자들을 가르치시며 또 인자가 사람들의 손에 넘겨져 죽임을 당하고 죽은 지 삼 일 만에 살아나리라는 것을 말씀하셨기 때문이더라

아무에게도 알리지 말아야 하는 이유를 마가복음 9:31에서 말하고 있다.

이제 겨우 그분이 그리스도이심을 믿었는데, 이들에게는 왜 예수님께서 죽으셔야만 하는지 이해할 수 없었다. 제자들의 반응을 보라(마 17:22-23). 막 9:32을 보라. 그들은 "이 말씀을 깨닫지 못하고 묻기도 (두려워하더라)"라고 했다(눅 9:45 참조, "그들이 이 말씀을 알지 못하니 이는 그들로 깨닫지 못하게 숨긴 바 되었음이라 또 그들은 이 말씀을 묻기도 두려워하더라.")

(3) 오병이어의 기적 등 많은 사건들을 통해 제자들은 예수님을 메시야라고 확신하게 된다. 그래서 가이사랴 빌립보에서 그 유명한 베드로(와 그의 제자들)의 신앙고백을 이끌어낸다. 이 고백을 들으신 후, 주님은 매우 흡족해 하셨고, 비로소 예수님은 새로운 교훈을 가르치기 시작하신다. 그것은 "인자가 많은 고난을 받고 장로들과 대제사장들과 서기관들에게 버린 바되어 죽임을 당하고 사흘만에 살아나야 할 것"이라는 내용이었다(막 8:31). 예수님이 죽어야 한다고? 이들에게 죽임을 당하는 인자 또는 메시야란 개념은 믿어지지

1) 예수님은 제자들에게 자기 자신을 알리지 말라고 금하신 것은 백성의 인기에 끌려 영광을 받으려는 것에 있지 않았기 때문이다. 그는 이사야의 예언과 같이(사 42, 53장) 여호와의 종으로 오셨다. 여호아의 종은 자신이 존귀히 되기 전에 많은 사람들의 죄를 속하고 고난을 받아 마침내 죽어야만 했기 때문이다.

않는 모순된 말이었다.

(4) 유대인들은 메시야에 대해서 어떤 생각을 하고 있었을까? 이들은 메시야가 고난을 당한다 해도 그것은 어디까지나 대속적인 죽음에서가 아니라 그의 원수들과의 투쟁에서 그러했다. 에녹서에 나오는 인자는 이사야 53장에 나타난 종의 고난과 그 특성을 공유하고 있지만, 중요한 특징, 즉 "대속적 고난"이라는 특징은 완전히 결핍되어 있다. 이러한 내용들을 대중에게 공개적으로 알리기는 아직 일렀다. 그러나 제자들에게는, 주님 자신이 예루살렘에 올라가 고난과 죽임을 당한다는 사실을 신앙고백을 들으신 후 드러내신 것이다.[1)]

나를 따라오려거든(눅 9:23–27)

같이 읽을 곳 (마 16:24–27; 막 8:34–9:1)

1. 주를 따르는 길은 어떤 길일까? 제자들과 무리들은 아직까지도 희망에 들떠 있었다. 주님께서 예루살렘에 입성하셔서 역전(逆轉)의 기회를 잡으실 것이라고 생각했기 때문이다. 예루살렘에 올라가서 고난을 당하실 것이라고 했지만 제자들에게는 실감이 나지 않는다. 그러나 이런 제자들에게 예수님은 주를 따르는 길이 어떤 길임을 주지시키신다.

(1) 주님을 따르는 길은 나의 생각, 나의 인간적인 방법을 포기하며, 적극적으로는 나의 목숨까지 맡기는 것이라고 하셨다.

날마다 제 십자가를 지고 - 누가복음에서만 '날마다'라는 말이 추가되었다.

눅 9:23 또 [그가] — 무리에게 **이르시되**
/[만일]
아무든지 — 나를 따라오려거든(if)
/[그는] — 자기를 부인하고
— 날마다 제 십자가를 지고
— 나를 따를 것이니라

자기를 부인하지 않고 자기 십자가를 지고 주를 따른다는 것은 무서운 어리석음이라고 말씀하신다. 예수님의 제자가 된다는 것, 그의 길을 따른다는 것은 슬픔과 고난의 여정이다. 우리는 자신의 삶을 위해 충실해야지만 영혼의 행복과 구원에 더 관심을 두어야 한다.

(2) 그래서 "누구든지 제 목숨을 구원하고자 하면 잃을 것이요 누구든지 나를 위하여 제 목숨을 잃으면 구원하리라."고 하셨다. 자신의 부귀와 안일만을 위해 살아간다면, 그는 진정한 제자의 삶이 아니다. 자신의 재산을 불리는 일에만 열정을 좇는다면, 그래서 그리스도나 그의 진리를 부정하는 사람은

구원도 잃어버릴 뿐만 아니라 종국에는 파멸로 떨어질 것이다. 주님을 따르는 길은 잘못하면 목숨을 잃을 것도 각오해야 하는 길이다. 만약, 그 길을 버리고 세상의 모든 것을 얻었다고 하자. 세상의 모든 것을 얻고도(비교, 마 4:8, 9), 제 목숨을 잃는다면 그것보다 어리석은 일은 없다.[1)]

눅 9:26 누구든지 나와 내 말을 부끄러워하면(if)
인자도 자기와 아버지와 거룩한 천사들의 영광으로 올 때에
[인자도] — 그 사람을 **부끄러워하리라**

2. 주님을 따르던 제자들은 십자가에 처형되시는 모습을 보고, 어떤 생각들을 했을까? 그 동안의 삶을 후회하고 낙심했을까?

(1) 예수님은 제자들을 돌아보시면서 비록 자신이 십자가에 죽임을 당한다해도 그것으로 두려워하지 말 것을 권고하신다(막 8:38; 마 10:26-33; 눅 21:2-9). 만약 주님과 그의 말씀을 부끄러워하면 예수님 자신이 아버지와 거룩한 천사들과 함께 영광으로 올 때에 그 사람을 부끄럽게 여기실 것이다.

(2) 그러므로 우리는 그리스도의 복음을 부끄러워 하지 말아야 한다. 주님은 영광 중에 다시 오실 것이다. "내가 참으로 너희에게 이르노니 여기 서 있는 사람 중에 죽기 전에 하나님의 나라를 볼 자들도 있느니라."(눅 9:27)

- **이 구절은 다양한 해석이 있다.**

(1) 인자의 영광은 재림 때에 비로소 충분히 드러나게 될 것이다.
그렇지만 그 영광의 시작(부활, 오순절, 초대교회의 신속하고 힘 있는 확장이라고 생각)은 바로 그 당시 예수님의 말씀을 듣고 있는 자들 중에서 볼 자도 있을 것이다(W. 헨드릭슨).

(2) 그러나 주님께서는 부활에서 재림까지의 모든 영광의 상태를 하나로 간주하신다.

구약성경에서는 메시야 시대의 예언을 말할 때, 초림과 재림을 하나로 묶어 표현하고 있음을 본다. 마 16:27절에서는 영광의 마지막을, 28절에서는 그 시작을 말씀하고 계신다. 인자가 "그의 왕권을 가지고" 오는 것, 즉 왕으로 통치하시기 위해 위엄을 갖추고 오시는 것을 볼 자도 있다고 하셨다(참고, 계 19:16).

(3) 따라서, 마 16:28(눅 9:27)의 언급은,
그의 **영광의 부활** ⇨ **오순절에 성령으로 다시 오심** ⇨ 아버지의 우편에서 통치하심과 **오순절 후의 교회 역사의 통치자**로서의 지위 등에서 그 실현을 보는 자가 있음을 말하고 있다.

(4) 어떤 학자들은 마 17장(눅 9:28-36)의 변화산에서의 변모도(마 17:1-8) 이 예언에 포함되어 있다고 말한다. 어쨌든, 그의 왕국은 그리스도의 죽음을 통해서만 분명히 볼 수 있게 될 것이었다. 그 고난을 지나서 영광으로 올려지실 것이었다. 그 "고난"과 "영광"이 얼마나 밀접하게 연관되어 있는가를 볼 수 있다. (동교재, 마태복음, 마가복음에서)

1) 자신의 육신만을 위하여, 그래서 천하를 얻었다고 하자. 이 세상 사람들이 추구하는 궁극적인 영화를 누렸다고 치자. 그런데 만약, 자기 목숨을 잃는다면(구원을 얻지 못한다면), 그 영화가 무슨 유익이 있겠는가? 그 누가 "무엇을 주고 자기 목숨과 바꾸겠는가?" "누구든지 예수님과 복음을 위하여 목숨을 잃는 일이 있다면" 그는 반드시 구원을 받을 것이다(막 8: 35).

192

영광스러운 모습으로 변화되심(눅 9:28-36)

같이 읽을 곳 (마 17:1-8; 막 9:2-8)

• 랍비들은 엘리야 자신이 둘째 모세로 율법을 위해 싸운 자요, 거룩한 산(호렙산: 왕상 19:8)에서 하나님을 만나는 것을 허락받은 자로 생각했다. 엘리야가 '다시 온 엘리야'(Eliajah-over-again)로 존재한 것과 마찬가지로 예수님은 '다시 온 모세'로 존재하신다. 모세와 엘리야는 둘 다 (랍비들의 견해로는) 죽지 않고 하늘로 옮기어졌다. 누가가 그 점을 이해했다. 말라기 4:4이하의 기록 때문에 모세와 엘리야는 유대인의 사고 속에서 일치되었다. 변화산 강화에서 모세와 엘리야는 이제 성취된 새 질서와 대조되는 옛 질서를 나타낸다. 하늘로부터 들린 음성이 증거한 후에, 모세와 엘리야는 사라졌다.

• **변화산의 경험은 그리스도인들이 소망하는 일들이 성취되고 있다는 것을 사도들에게 확신시켜 주는 하나의 방법이었다.** 이제, 이 사건은 사도들의 증거를 믿는 자들에게 그리스도의 복음의 믿음과 소망이 환상이 아님을 보여주는 하나의 표적이었다. 이제 후로는 구약의

가이사랴 빌립보에서 첫 번째 수난 예고가 있은 후 엿새 후에(마 17:1)[누가는 여드레 후에(눅 9:28)라고 기록하고 있다.], 예수님은 세 제자만을 데리고 높은 산에 오르셨다. 이른 바 변화산 사건이다. 장소가 어디인지 확실하지 않으나 (다볼산으로 전해지기도 하나 가이사랴 빌립보와 가까운 곳이라면) 헤르몬 산이었을 것이다. 예수님의 얼굴이 해처럼 빛나고 옷이 빛처럼 희어졌다. 그리고 갑자기 모세와 엘리야가 나타났다.

1. 어떻게 변형되셨나? 비교: 계 1:13-16과 비교해 보라.

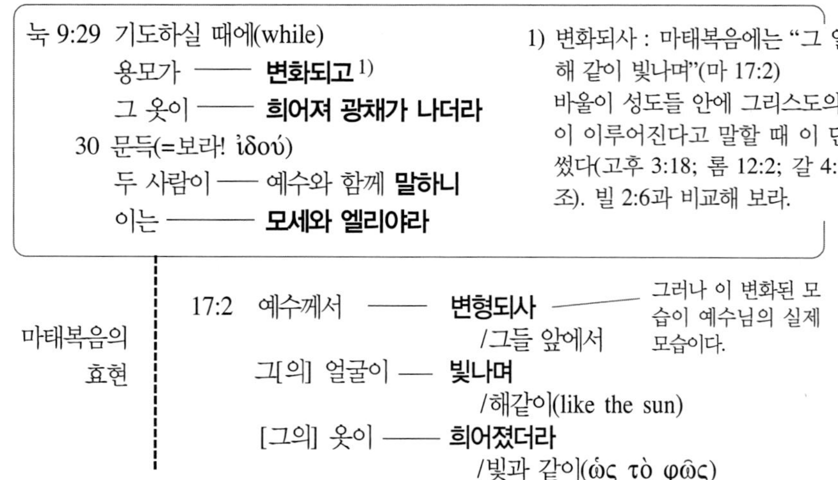

(1) 이들은 예수님과 대화했고, 빛난 구름이 그들을 덮었다. 그리고 하늘에서 소리가 들린다. "이는 내 사랑하는 아들이요 내 기뻐하는 자니 너희는 그의 말을 들으라." 제자들이 듣고 엎드려 심히 두려워했다. 그 광경이 너무 황홀해 베드로는 영원히 그 산에 있고 싶어 했다. 그래서 그곳에다 천막을 치겠다고 제안했다. 베드로는 후일까지도 이때의 일을 회상했다(벧후 1:6).

(2) 예수님은 왜 이들에게 변화산 사건을 체험케 하려 하셨을까? 여러 해석이 있으나, 두 사람이 예수님과 함께 나타난 것은 주님의 죽음이(마 16:21) 메시아에 관한 구약 예언과 완전히 일치했음을 제자들에게 확신시키려 했다는 해석이 가장 정당한 것으로 받아들여지고 있다(마 5:17, 눅 24:25-). 주님은 제자들에게

예수님은 세상 사람들에게 다양하게 비쳐졌다. "죽은 세례 요한이 다시 살아났다, 죽음을 보지 않고 승천한 엘리야다, 예레미야다, 선지자들 중 하나다." 이런 잘못된 인식에 예수님은 하나님의 아들임을 분명하게 계시하셨다.

◀누가 모세일까? 모세와 엘리야. 그들은 율법과 선지자의 대표이다.

예수님은 진실로 모세와 같은 선지자였다(신 18:15, 18). 이 예수님은 역사적 출애굽과 구원보다 더 위대한 구원을 성취하실 분임을 계시하고 있다. 세 사람은 인간의 언어 능력으로는 설명할 수 없는 일을 경험했다. 이들은 예수님이 하나님의 메시야라는 사실을 확신하게 되었다. 그렇다면, 변화산은 새로운 시내산이다. 그래서 새 모세는 옛 모세처럼 거룩한 산에서 하나님의 음성을 듣는다(벧후 1:18을 보라).

눅 9:32
베드로와 및 함께 있는 자들이
깊이 졸다가 온전히 깨어나
예수의 영광과 및
함께 선 두 사람을 보더니

마 17:5
"이는 내 사랑하는 아들이요"
(This is My beloved Son)
(οὗτός ἐστιν ὁ υἱός μου ὁ ἀγαπητός)

"너희는 그의 말을 들을지니라."

이제, 구약의 약속이 성취되고 새 시대가 도래했다. 새 시대에는 예수님의 말씀을 들어야 한다는 것이다.

눅 9:33 두 사람이 떠날 때에 베드로가 예수께 여짜오되
주여 우리가 여기 있는 것이 좋사오니
우리가 초막 셋을 짓되 하나는 주를 위하여, 하나는 모세를 위하여,
하나는 엘리야를 위하여 하사이다 하되
(그러나) 자기가 하는 말을 자기도 알지 못하더라

"초막(草幕) 셋을 지읍시다." 베드로는 그가 보았던 그 영광스러운 분위기를 놓치고 싶지 않았을 것이다. 그러나, 만약 그렇게 된다면, 예수님이 고난 당해야 한다는 사실을 가로막는 일이 될 것이다. (물론, 베드로는 그런 생각을 가지고 그런 말을 하지 않았겠지만.) 메시야의 영광은 고난 뒤에 있을 것이었다. 그러나 아직도 제자들은 그런 메시야관을 이해할 수가 없었다. 누가복음에서는 베드로는 "자기가 하는 말을 자기도 알지 못하더라"(μὴ εἰδὼς ὃ λέγει)고 했다(눅 9:33).

이 일을 자신이 죽었다가 살아나기까지 아무에게도 말하지 말라고 하셨다. 어쨌든 제자들은 아직도 예수님의 고난과 죽음과 부활에 대한 예고를 선뜻 받아들이지 못하고 있었다. 변화산 사건은 이들에게 이런 확신을 주고자 한 사건이었다.

1) 별세(엑소도스, ἔξοδος) - His departure

2. 고난을 받으시고, 십자가에 달리신다는 것은 제자들에게 이해할 수 없는 주제였다. 누가복음 9:31, 32에서는 무엇을 의논했다고 했나?

• 눅 9:31-32 "영광 중에 나타나서
장차 예수께서 예루살렘에서 (별세, 그의 죽음에 대해)[1]하실 것을 말할새
베드로와 및 함께 있는 자들이 깊이 졸다가
온전히 깨어나 예수의 영광과 및 함께 선 두 사람을 보더니"

훗날 베드로가 성숙한 믿음을 가졌을 때 이 사건을 어떻게 생각하고 있었는지 살펴보라(벧후 1:13이하).

베드로는 그의 서신을 읽는 독자에게 예수님에 대한 허황된 이야기를 전하는 것이 아니라고 힘주어 말한다. 베드로는"더 확실한" 성경의 예언의 말씀을 성도들이 가졌다고 말한다(벧후 1:19). 그는 변화산 사건에서의 한순간의 감동보다 기록된 하나님의 말씀을 비할 수 없이 귀중한 것으로 여기고 있음을 본다.

(1) 여기서 별세(別世, 윗 사람이 세상을 떠나다, 엑소도스, ἔξοδος)하셨다는 것은 단순히 예수님께서 이 세상을 떠나는 것을 언급한 것이 아니라 예수님의 육신의 삶과 사역의 종결을 의미한다. 종말이라는 의미에서 삶의 '끝'(죽음)을 뜻하기도 한다(벧후 1:15 "내[베드로]의 떠난 후에라도...")

(2) 메시야의 고난을 이해할 수 없었던 제자들에게, 예수님이야말로 우리가 기다리는 참메시야이며, 그가 십자가에 못박혀 죽으시려는 고난의 길은 하나님의 뜻에 부합하는 길임을 하나님께서 친히 보여주셨다. 이 변화산 사건으로 인하여 제자들은 예수님의 왕국에서 어떻게 고난과 영광이 서로 일정한 관계가 있는가를 배웠을 것이다.

3. 그러나 이 엄청난 사건 앞에 제자들은 어떻게 했을까?

2) 구름은 하나님의 임재의 표현이다. 마가복음14:62에 의하면, 예수님 자신이 하늘 구름을 타고 오시는 인자이시다(눅 21:27; 계 1:7). 계 14:14이하를 보면 그리스도는 이미 구름 위의 보좌에 앉아 계신다.

또한 새 시대에는 예수님의 말씀을 들어야 함을 하나님께서 직접 말씀하신 것이다.

눅 9:34 이 말 할 즈음에 구름[2]이 와서 그들을(예수, 모세, 엘리야) 덮는지라
구름 속으로 들어갈 때에 그들이 무서워하더니(they were afraid)

"제자들이 듣고 엎드려 심히 두려워" 했다고 했다. "예수께서 나아와 그들에게 손을 대시며 이르시되 일어나라 (두려워하지 말라) 하시니"(마 17:7). 순간 하늘의 황홀한 광경은 사라지고 예수님이 그들을 만지시며 위로하셨다. 이들은 언제까지나 그곳에 머물러 있을 수 없었다. 제자들은 산 아래로 내려와야 했다. 마 16:18, 19에서 말씀하신 대로 아버지께서 구원하시기로 작정한 자들에게 복음을 전할 사명이 이들에게 있었다. 세상은 우리에게 어떤 곳인가?

귀신 들린 아이를 낫게 하심(눅 9:37-43)

같이 읽을 곳 (마 17:14-18; 막 9:14-27)

1. 이튿날, 예수님 일행이 변하산에서 내려와 산에 올라가지 않은 다른 제자들이 있는 곳으로 돌아왔다.

(1) 남아 있던 제자들에게로 돌아와 현장에 접근했을 때, 제자들은 큰 군중에게 둘러싸여 서기관들과 논쟁을 하고 있었다. 큰 무리가 예수님 일행을 맞았다(마 17:15 "온 무리가 곧 예수를 보고 매우 놀라며 달려와 문안하거늘").

(2) 큰 무리 중에 한 사람이 소리 지르며 예수님께로 달려 왔다. 자신의 외아들이 "귀신이 들려 그를 잡아 갑자기 부르짖게 하고 경련을 일으켜 거품을 흘리게 하며 몹시 상하게 하고야 겨우 떠나 간다"는 것이었다. 그래서 제자들에게 그 귀신을 내쫓아 주기를 구했는데, 그들이 쫓아내지 못했다는 것이다(40절 "당신의 제자들에게 내쫓아 주기를 구하였으나 그들이 능히 못하더이다").[1)]

마가복음에서는 그 상태가 어떻다고 했는가? (막 9:22-24) - 마가복음은 다른 복음서보다 아이의 아버지가 전하는 상황이 생생하다.

"귀신이 그를 죽이려고 불과 물에 자주 던졌나이다"(22절). "귀신이 어디서든지 그를 잡으면 거꾸러져 거품을 흘리며 이를 갈며(=발작하며, 심한 경련을 일으키며) 그리고 파리해지는지라(=몸이 뻣뻣해지고 말았다)"(18절).

1) 마태복음에는 간질병을 앓고 있는 아들이라고 했다. 막 9:25에서는 더러운 귀신이 들렸다고 했다(말 못하고 못 듣는 귀신).

2. "믿음이 없고 패역한 세대여!" - 예수님은 이런 세대에 대해서 불평(?)하신다. 예수님은 누구를 향하여 "믿음이 없고 패역한 세대여"라고 꾸중하셨나? 주님은 이 세대에 대해 깊이 실망하고 계셨다.

(1) 서기관들은 제자들의 무능을 비웃었을 것이다(마 17:16). 제자들의 믿음이 아직은 온전치 못했다(막 9:28*). 물론 제자들이 능력을 받고 승리한 적도 있었다(마 10:1; 막 6:13). 제자들은 얼마 전에(마 10장 참조) 그분의 이름으로 귀신을 내쫓은 경험이 있었다. 그런데 왜 이번에는 귀신을 쫓아내지 못했을까? 그리스도께서는 병 고치는 능력을 지니셨다. 그러나, 제자들에게는 그러한 능력이 있지는 않았다. 그들은 예수님만을 철저하게 의뢰해야 했고, 그렇게 의뢰하는 사람만을 통해 필요한 일들을 행하신다는 점을 알지 못했다. 능력

• 막 9:28 "집에 들어가시매 제자들이 조용히 묻자오되 우리는 어찌하여 능히 그 귀신을 쫓아내지 못하였나이까?".

의 원천이 자기 자신들에게 있는 줄로 착각했다.

(2) 예수님께서 더러운 귀신을 꾸짖으시고 아이를 낫게 하셨다(42절). 물론 아이를 예수님께 데리고 올 때에 귀신은 아이를 거꾸러뜨리고 심한 경련을 일으키게 했다. 그러나 예수님은 귀신을 꾸짖음으로써 낫게 하셨다. 그리고 아이를 아버지에게 돌려주셨다. "사람들이 다 하나님의 '위엄'(μεγαλειότης메갈레이오테스, greatness)에 놀랐다"(43절; 벧후 1:16 참조).

3. 병을 고치신 후, 제자들 간에는 자기들의 무능함에 논란이 있었을 것이다. 왜, 우리는 이 귀신을 쫓아내지 못했을까? 마태복음의 설명을 들어보자.

여기서 "작은 믿음"이란 어떤 믿음을 가리키는가?

예수님께서 이들을 꾸짖은 것은 이들이 귀신을 내쫓기에 충분한 믿음의 양(量)을 가지지 못했다는 뜻에서가 아니다. '작은 믿음'이란 역사(役事)하지 못하는 믿음(헛된 믿음, vain faith), 즉 주님을 의지하기 보다는 사람이나, 자기 자신을 의지하는 믿음을 가리킨다.

마 17:20 [그가] **이르시되**
/너희 믿음이 — 작은 까닭이니라
//이유(for)
진실로(ἀμὴν아멘)
[내가] —— 너희에게 이르노니
/만일 너희에게 **믿음이 겨자씨 한 알 만큼만 있어도** 이 산을 명하여 여기서 저기로 옮겨지라 하면 옮겨질 것이요 또 너희가 못할 것이 없으리라

겨자씨만한 믿음 - 그것이 질적으로 순수할 때 이것은 놀라운 성장과 능력을 나타낼 수 있다.

아주 작은 믿음이라 할지라도 참으로 하나님에 대한 신뢰가 있다면 "이 산을 명하여 여기서 저기로 옮겨지라 하면 옮겨질 것"이라는 것이다.

(1) 아주 작은 믿음이라 할지라도 참으로 하나님에 대한 신뢰가 있다면 "이 산을 명하여 여기서 저기로 옮겨지라 하면 옮겨질 것"이라는 것이다. 결국, 믿음은 그 근거를 인간의 능력 안에 있는 것에서 구하지 않고, 오직 주님을 바라보고, 그리스도 안에서 능력과 자비를 구해야 한다는 것이다.

(2) 귀신 들린 자를 고쳐주신 사실에 제자들은 주님과는 전혀 다른 생각을 갖고 있었던 것 같다. 아마 제자들은 주님께서 세상적인 권세를 가지고 곧 세상을 통치하실 것이라고 믿었을 것이다. 그렇다면 제자들에게는 엄청난 기회가 다가오고 있는 것이다. 그러나 주님은 제자들의 이런 생각을 차단하신다. 주님은 제자들에게 "장차 사람들의 손에(=죽음에) 넘겨지리라"고 말씀하셨다(44절).

(3) 물론 제자들은 이 말씀의 뜻을 전혀 이해하지 못했다. 왜냐하면 그 뜻이 그들로 깨닫지 못하게 숨긴 바 되었기 때문이다(45절). 그렇다고 제자들은 감히 이 말씀에 대해 묻기도 두려워했다고 했다.[1)]

1) 무엇보다도 제자들은 주님이 수난을 당하신다는 것을 두려워했다. 지금까지 가졌던 주님에 대한 환상이 무너지고 있다. 자신들의 기대와는 전혀 다른 길이었기에 제자들은 침묵하면서 이 일에 대해 물어볼 엄두도 내지 못했다.

누가더 크냐? (눅 9:46-48)

같이 읽을 곳 (마 18:1-5; 막 9:33-37)

1. 제자들은 지금 어떤 생각들을 하고 있을까? 주님은 머지 않아 예루살렘에 올라가셔서 세상이 놀랄 거대한 일을 드러내실 것이다. 그렇다면 새로운 왕국에서 나의 위치는? 국무총리?, 장관?

(1) 어떤 공동체가 있다켠, 자연 인간 관계간에 서열을 생각하지 않을 수 없었을 것이다. 그렇다면 누가 제일 높은 자리에 있게 될까? 제자들은 서로 수군거리기 시작한다. '그러면 누가 제일 큰 자일까!' 참다 못한 제자들 사이에는 변론(디알로기스모스, διαλογισμός)[1)]이 일어났고 드디어 주님 앞에 질문을 하기 시작한다. "예스님, 천국에서는 누가 제일 큰 자입니까?" 물론 이들이 묻는 천국은 지상천국을 의미했다.

1) 제자들의 마음에는 야심적인 생각이 가득했다. 예수님이 장치 고난에 넘겨질 것이라는 말씀을 하셨지만 아직 제자들에게는 이에 대한 긴장감이 없었다. 그렇다면 제자들이 지녀야 할 믿음의 자세는 어떠해야 할까? 주님은 어린아이를 예로 들으신다.

눅 9:47 예수께서 ─ 그 마음에 변론하는 것을 **아시고**
├ 어린 아이 하나를 **데려다가** 자기 곁에 **세우시고**
48 └ 그들에게 **이르시되**
/[만일] 누구든지 ─ 이런 어린 아이를 영접하면
/내 이름으로
/[그는] ──── 곧 나를 영접함이요
/또 [만일] 누구든지 ─ 나를 영접하면
/[그는] ──── 곧 나를 보내신 이를 영접함이라
//(이유: for, γάρ)
너희 모든 사람 중에 가장 작은 그가 큰 자니라(=이기 때문이다)

• 제자들 간에게는 아직까지도 곧 세워질 새로운 왕국에서 자기들에게 돌아올 제각기의 자리에만 관심이 집중되어 있었다. 그러나, 주님은 새로운 공동체, 곧 교회의 삶에 관계된 것을 말씀해 주신다.

• 이제, 이들 제자들은 옛 질서를 초월하여, 새로운 공동체에 주어진 계율을 지켜야 한다. 그런데, 그 교회의 본질과 사명이 무엇일까? 새로운 공동체의 계율은 그들의 기본 이해를 뛰어넘는 것이었다. "어린 아이들과 같이 되지 않으면 천국에 들어갈 수 없다"고 잘라 말씀하신다.

(2) 지금 예수님은 예루살렘을 향해 올라가실 것이다. 오병이어의 기적을 일으키셨던 주님이 아닌가!, 병자를 고치시고, 귀신을 내쫓으시고, 죽은 자도 일으키신 주님이 아니신가! 제자들은 지금 환상적인 꿈을 꾸고 있다. 그러나 주님은 이런 꿈같은 이야기에 긴급 제동을 거신다. 마태복음의 설명이 더 리얼하다(마 18:2).

(3) 예수께서 한 어린 아이(파이디온, παιδίον-단수)를 불러 그들 가운데 세우신다. '파이디온'은 7세까지의 어린 아이를 가리킨다. "진실로 너희에게 이르노

니 너희가 [만일] 돌이켜(바뀌어서, you are converted) 어린 아이들(παιδία)과 같이 되지 아니하면 결단코(οὐ μὴ) 천국에 들어가지 못하리라(you *shall not* enter the kingdom of heaven.)[1)]

2. 여기서 '어린 아이'는 근본적으로 누구를 가리킬까?

(1) 주님이 여기서 강조하시는 것은 어린 아이와 어른과의 성품의 비교보다는 사회적 지위에 관심이 있으셨음을 알 수 있다(마 18:4 "그러므로 누구든지 이 어린 아이와 같이 **자기를 낮추는 사람이** 천국에서 큰 자니라"). 그렇다면, 여기서 '어린 아이'는 사회적인 약자, 즉 소외된 계층이라고 볼 수 있다. 당시 유대인 사회에서 어린 아이는 사회적 위치에서 중요 관심의 대상이 아니었다.

(2) '소외된 계층'은 누구일까? 마 18:5절을 자세히 읽어보자.

"이런 어린 아이 하나"를 영접하는 것이 곧 나(주님)를 영접하는 것이라 했다. 문자적인 어린 아이(παιδίον, 파이디온)는 마 18:6, 10, 14절에서 누구로 바뀌는가? (작은 자, 소자, μικρός)[2)]

(3) 주님은 이 공동체 안에서는 그 누구도 경시(輕視)될 수도 없고, 있어서는 안 된다고 강조하고 있으시다(10-14절). 그러므로 공동체 안에서는 신분 의식이 있어서는 안 된다. 교회 공동체 안의 전 회원 모두는 자신들을 단지 '작은 자들'로 여겨야만 한다. 하나님의 나라는 결국 이런 것이다. 제자들은 어느 사이에 기득권 문제로 소란을 피우고 있지 않은가! '천국에서 누가 큰가' 하는 문제로 시끄럽다면 이런 자들은 주님의 나라에 합당치 않다는 것이다. 오직 하나님께만 소망을 두지 않는다면, 이런 자들은 현재 이루어지고 있는 하나님 나라와는 무관한 자들이다. 그러한 면에서 이들 제자들은 세상적 가치관에서 벗어나지 못하고 있었음을 볼 수 있다.

(4) 그런 의미에서 어떤 점이 하나님의 나라와 세상 나라가 다른가?
비록 주님을 영접한 사람들만이 모였다고 하는 교회라 할지라도, 그 공동체를 구성하는 인간들, 그들은 아직 모든 면에서 죄를 짓는 사람들이다. 비록 완전을 향해 몸부림 치는 일이 있다손치더라도 작은 자를 무시하는 일이 분명히 있을 것이다. 물론 여기서 '작은 자'란 마 18:5에서 언급된 어린 아이가 아니라 영적 태도가 어린 아이를 닮은 평범한 신자들을 가리킨다. 따라서 이 작은 자 중에 하나라도 잃어서는 안 된다는 것이다. 하나라도 잃는 것은 하늘에 계신 너희 아버지의 뜻이 아니다(14절).[3)]

1) 그렇다면, 여기서 '천국에 들어가지 못한다'는 말은 구원을 받지 못한다는 말일까? 여기서 하는 말의 의미는 현재 이루어져가고 있는 하나님의 나라(통치)와 아무 상관이 없다는 의미일 것이다. 어쨌든 주님은 한 어린 아이를 불러 세우시고 잘못된 천국관을 수정하심으로써 제자들의 허황된 생각을 잠재우셨다.

2) 마태복음에서는 제자들을 '작은 자'라고 부르고 있기도하다(18:10, 14, 10:42 참조 / 11:25, 25:40, 45).

3) 마태복음은 "또 누구든지 나를 믿는 이 작은 자들 중 하나라도 실족하게 하면 차라리 연자맷돌이 그 목에 매여 바다에 던져지는 것이 나으리라."(마 18:6) 말씀이 추가되었다.

즉 한 나약한 사람의 신앙을 좌절케 하고, 죄를 짓게 한다면 그것은 곧 주님을 우습게 여기는 것으로 간주하시겠다는 것이다. 지금 이 작은 자는 주님을 믿고 있기 때문에 주님의 지극한 관심의 대상이다. 따라서 그를 업신여기지 말라는 것이다(마 18:10).

너희를 위하는 사람(눅 9:49-50)

같이 읽을 곳 (막 9:38-40)

마가복음에 같은 내용이 언급되었다. 동교재 마가복음의 설명을 가져왔다.

(1) 왜 주의 이름으로 귀신을 내쫓는 행위를 계속해서 금하였을까? 그 이유를 그 사람은 우리를 따르는 사람이 아니기 때문이라고 했다. 제자들은 그 사람이 자신들과 같이 예수님을 따르지 않고 치유 역사를 행한다는 것을 이상하게 여겼다. 따라서 예수님을 따르지 않으면서 그리스도의 이름을 사용하지 못하도록 금했을 것이다. 자신들과 함께 그리스도를 따르는 사람은 전혀 그리스도를 따르는 것이 아니라고 생각했던 것 같다. 당시 유대교에서 종파적 갈등은 아주 흔한 일이었다. 아주 사소한 견해 차이로 다른 집단들과 갈라서곤 했다.

(2) 이런 제자들의 질문에 예수님은 어떻게 대답하셨나?

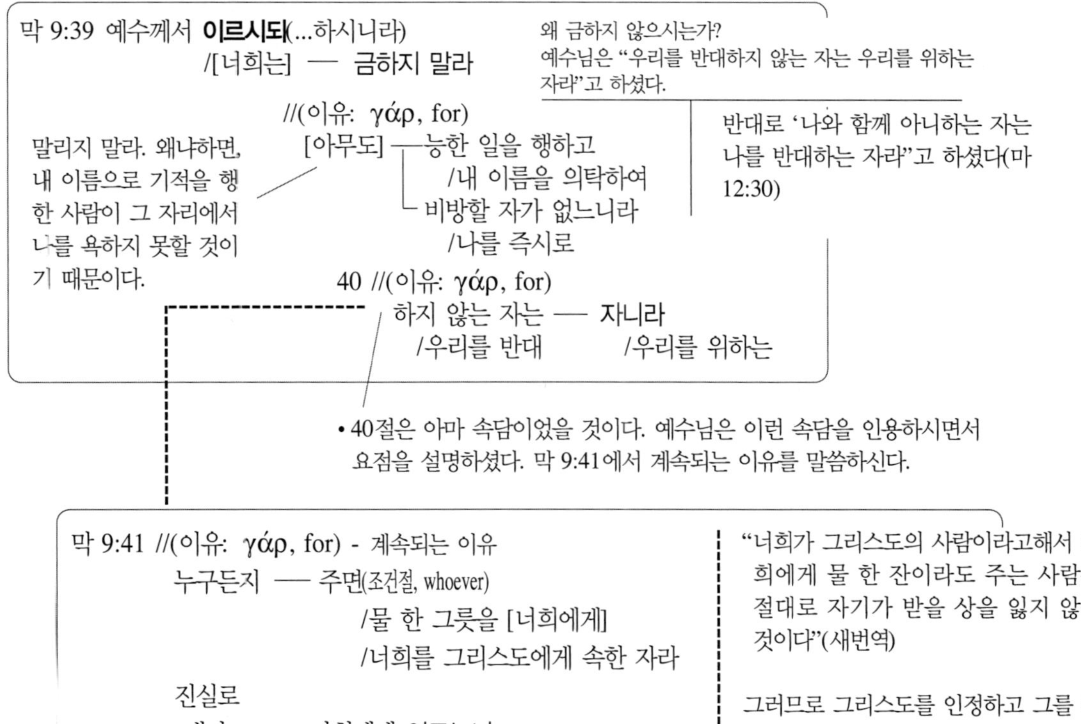

▶ 갈릴리에서 사역(4:14-9:50) 을 끝내시고, 여기서부터는 예루살렘 여정에서의 예수님의 사역(9:51-19:44)이 소개된다.

예루살렘 여정에서의 사역(9:51-19:44)

200 사마리아 마을에서의 냉대(눅 9:51-56)

1) 헤메라(ἡμέρα) - 날(day)

1. 예수님은 "승천하실 기약[1]이 차가매 예루살렘을 향하여 올라가기로 굳게 결심하신다"(51절). 승천(하늘에 오르심)하실 날이 다가온다는 말은 곧 그의 죽음이 가까웠다는 말이다. 그래서 예루살렘으로 가시기로 결심하신다. 어떤 상황이 전개되더라도 변경할 수 없는 결심을 하셨다는 말이다.

주님은 심부름꾼 몇 사람을 앞서 보내셨다. 이들은 사마리아 지역의 한 마을로 들어가 주님을 맞이할 준비를 하려고 하였으나 그들이 받아들이지 않았다(52절). 그 이유가 무엇인가?

요 4:11 "여자가 이르되 주여 물 길을 그릇도 없고, 이 우물은 깊은데 어디서 당신이 그 생수를 얻겠사옵나이까 12 우리 조상 야곱이 이 우물을 우리에게 주셨고 또 여기서 자기와 자기 아들들과 짐승이 다 마셨는데 당신이 야곱보다 더 크니이까?" -

눅 9:53 그들이 —— **받아들이지 아니 하는지라**

//이유: ὅτι, for)

예수께서 —— 예루살렘을 향하여 가시기 때문에

이들은 **예수님이 예루살렘으로 가신다는 말을 듣고는** 예수님을 영접하지 않았다. 왜, 이것이 문제가 되었는가? 원래 사마리아인들은 자신들을 위하여 그리심 산에 성전을 건축하여 그곳에서 모세의 율법을 따라 하나님께 예배하였으나, 이 성전은 주전 128년, 요한 힐카누스에 의해 파괴되었다. 자신들의 성전이 박탈되었으나 그럼에도 계속하여 그들이 신성히 여기는 그리심 산에서 예배하기를 계속했다. 요한복음 4:9을 읽어보자. 유대인과 사마리아인의 갈등이 여전했다는 것을 알 수 있다. 이전의 전도여행 때는 주님을 환영하기도 했었다(요한복음 4장 참조). 그러나 지금은 상황이 달랐다. 그리스도가 예루살렘 성전을 인정하고 그곳을 지지하는 것으로 보였기 때문이다. 그래서 이전의 전도여행 때 주님께 보여주었던 예의를 갖추지 않았다.

2. 사마리아인들의 이런 무례한 행동에 제자들, 특히 야고보와 요한이 울분을 나타냈다. '이것들이 예수님을 뭘로 보고! 씩씩~' "주여 우리가 불을 명하여 하늘로부터 내려 저들을 (소)멸하라 하기를 원하시나이까?"

1) 어떤 고대 사본에는, 55절 끝에 다음 말이 있음. "이르시되 너희는 무슨 정신으로 말하는지 모르는구나 인자는 사람의 생명을 멸망시키러 온 것이 아니요 구원하러 왔노라 하시고"

물론 제자들은 예수님에게는 그런 능력을 갖고 계심을 믿었다. 그러나 주님께서 그렇게 하실 의향이 있으신가를 물었다. 물론 주님은 이곳 주민을 저주하지 않으셨다. 오히려 제자들을 꾸짖으셨다. "예수께서 돌아보시며 꾸짖으시고[1] 함께 다른 마을로 가시니라"(56절). 아마 다시 요단강을 건너 베레아길로 가셨을 것이다.

제자의 자격(눅 9:57-62)

같이 읽을 곳 (마 8:18-22)

예수님은 병자를 고치신 일을 통해 자주 무리에 둘러싸이셨다. 따라서 몹시 피곤하셨다. 인성(人性)을 가지셨기 때문이다. 그래서 예수님은 자신을 에워싸는 것을 보시고 건너편으로 가기를 명하셨다(마 8:18). 그런데 예수님이 출발하시기 직전 한 서기관이 예수님께 다가왔다.

1. **"길 가실 때에 어떤 사람이 여짜오되 어디로 가시든지 나는 따르리이다"(57절). 마태복음에서는 그 사람이 서기관이라고 했다(마 8:19).**

8:19 한 서기관이 나아와 예수께 **아뢰되**
/선생님이여(διδάσκαλε)
저는 — 따르리이다(ἀκολουθήσω)
/[당신이] — 어디로 가시든지

(1) "선생님이여" : 그 당시 모든 서기관들이 예수님을 적대시 한 것을 볼 때에 이 서기관의 고백은 놀라운 것이었다. 이 말에 대한 예수님의 반응은 어떠하셨나?

58 예수께서 **이르시되** (...하시고)
/여우도 —— 굴이 있고
공중의 —— 새도 집이 있으되
인자는 —— 머리 둘 곳이 없도다

(2) 이 서기관은 예수님이 가시는 길을 알지 못한다. 예수님께서 나타내신 기적과 위엄 앞에 순간적인 감동이 일어났을 뿐이다. 주님을 따르는 것을 단지 외형적이요 세속적인 것으로 이해했기 때문이다. 이 사람은 예수님이 이 세상에서 얼마나 비천한(=가난한) 삶을 살아가시는 지를 알지 못했을 것이다. 미물도 가지고 있는 안식할 곳조차

41 가버나움에서 베레아까지(마 8:19-22, 11:20-30, 19:1-2; 막 10:1; 눅 9:51-10:37)

(1) 많은 사람을 고치시고 가르치심(마 19:1-2; 막 10:1)

(2) 예수님께서 승천하실 기약이 차가매 예루살렘을 향하여 올라가기로 굳게 결심하신다. "사자들을 먼저 보내 사마리아에 들어가려 하였으나 예수님을 배척한다."(**눅 9:52**)

(3) 선생님이여 어디로 가시든지 저는 따르리이다(마 8:19). 여우도 굴이 있고 공중의 새도 거처가 있으되 인자는 머리 둘 곳이 없다(마 8:20). "주여 .... 나로 먼저 내 가족을 작별하게 허락하소서" - "손에 쟁기를 잡고 뒤를 돌아보는 자는 하나님 나라에 합당하지 아니하니라"(**눅 9:62**)

(4) 설교- 칠십 명을 앞서 보내심(마11:20-24; 눅10:1-16). / 추수할 것이 많으나 추수할 일꾼이 적다. 세 성읍에 대하여 화(禍)를 선포하심 - 고라신과 벳새다와 가버나움

(5) 둘씩 둘씩 칠십 명을 보내심(마 11:28-30) - "수고하고 무거운 짐 진 자들아 다 내게로 오라 내". 돌아오는 칠십 인을 반갑게 맞이하심(**눅10:17-20**)

(6) 기도 - 70인이 돌아와 전도 보고(마 11:25-27; **눅 10:21-22**)

(7) 비유 - "내 이웃이 누구이오니이까?" (여리고로 내려가는 사람들 중 누가 이 강도 만난 자의 이웃이냐?") (**눅 10:29-37**)

없으셨기 때문이다. 만약 나를 따르기를 원한다면 세상의 부귀와 영광을 생각해서는 안 된다는 경고를 하신 것이다. 아마, 이 서기관은 곧바로 돌아서 갔을 것이다. 그리스도를 따르는 길은 고난을 각오해야 하는 삶이다.

(3) 예수님은 인류의 죄를 인하여 십자가에 달려 죽으셔야만 한다. 그는 '여호와의 종'으로 이 땅에서의 그의 사역을 위해 한가하게 머물 시간적 여유도, 의지할 만한 안정된 가정도 없으셨다. 서기관은 이 사실을 알지 못했던 것이다. 예수님은 그를 따르려는 사람들에게 이런 사실을 확신시켜 주고 싶으셨던 것이다. 물론 제자들도 아직까지는 예수님이 당하실 고난과 십자가에 죽으심을 이해하지 못한다.

2. 제자 중 또 다른 사람에게 나를 따르라고 하자 그 제자는 어떻게 대답했나?

9:59 또 다른 사람에게 — **(말씀)하시니**
/[너는] — 나를 따르라
그가 — **이르되**
/[당신은] — 장사하게 허락하옵소서
/나로 먼저 가서 내 아버지를

(1) 이 사람은 예수님에게 먼저 부모를 장사하게 해달라고 요청했다.[1] 그런 후에는 예수님을 따르겠다는 것이었다(눅 9:61 "또 다른 사람이 이르되 주여 내가 주를 따르겠나이다마는 나로 먼저 **내 가족을 작별하게 허락하소서**"). 유대인들은 죽은 자들을 장사하는 것을 성스럽게 여겼고, 또한 하나님 앞에서 상급을 얻을 만한 사람의 행위로 간주했다.

(2) 이에 대해 예수님은 어떻게 대답하셨나?

9:60 [예수께서] — **이르시되** (...하시고)
/죽은 자들로[2] — 자기의 죽은 자들을 **장사하게** 하고
/너는 — 가서
— 하나님의 나라를 **전파하라**

(3) 이 구절이 예수님께서 불신자들의 장례식에 참석해서는 안 된다든지 도와서는 안 된다는 것을 가르치신 것은 아니다. (예: 마 5:34의 말씀이 모든 맹세를 정죄하는 것이 아닌 것처럼) 아마도 이 사람의 부친은 이미 죽어 있거나 아니

1) 팔레스타인에서는 보통 시체를 방부 보존하지 않고 죽은 지 몇 시간 안에 장사지냈다. 때로는 무덤, 흔히는 동굴을 사용했다. 관은 없었고 시체는 씻어서 향유를 발랐다(요 19:40).

2) 마 8:22절의 말씀에서 '죽은 자들'은 어떤 사람들을 말하는가? "**영적으로 죽은 자들**"(이들은 생명이 없기 때문에)로 자기 동료들의 장례식을 치르게 하고, 그것보다는 그 나라의 복음을 전하는 일이 더 시급하다는 것을 지적하고 계신다.

즉, 어느 것이 더 우선순위인가? 예수님을 따르는 일은 지체해서는 안 된다는 점을 강조하고 계신다. 물론 예수님의 제자들은 결코 가족의 의무를 가벼이 여겨도 된다는 뜻이 아니다. 누가복음 9:59의 경우에 이 사람의 우선순위는 분명히 예수님은 아니었다.

면 죽기 직전에 있었을 것이다.

(4) 누가복음 9:60에는 "너는 나를 따르라"(마 8:22) 대신 "너는 가서 (하나님의 나라)를 전파하라"라고 기록되어 있다. 마태복음 19:21-22도 읽어보자. 예수님은 이러한 표현을 써서 하나님의 나라를 전파하는 것이 얼마나 중요하며, 지체해서는 안 되는 일인가를 말씀하려 하셨다.[1] 이렇게 하나님의 나라의 선포는 그만큼 화급을 다투는 일이다. 물론 그렇다고 부모님의 장례를 하찮은 일이라고 여기는 사람은 없을 것이다. 문제는 무엇이 더 우선순위에 있는가 하는 것이다.

1) 예수님께서 하신 교수법과 설교법에서는 종종 진리의 어떤 면을 지나치게 강조하는 히브리어의 마샬(mashal) 또는 잠언의 특성이 들어 있다. 진리의 한 면을 대단히 강조하기 위해서 이런 말씀을 하신 것이다. 일반적인 규칙에 예외가 있다는 것을 부정하신 것은 아니다.

쟁기를 잡고 뒤를 돌아보는 자는(눅 9:62)

하나님의 나라는 인간으로 하여금 중대한 결단들을 내려야 할 때가 있다. 주님을 따르기로 결정했다면서 세상적인 일로 되돌아간다면, 그는 하나님의 나라에 합당하지 않다.

> 눅 9:62 예수께서 **이르시되** (...하시니라)
> /뒤를 돌아보는 자는 — 하나님의 나라에 합당하지[2] 아니하니라
> /손에 쟁기를 잡고

2) 합당하다(유데토스, εὔθετός) - '적합한'이라는 의미이다. 그러니까, 쟁기를 잡고 뒤를 돌아보는 자는 하나님의 나라에 적합하지 않은 자라는 말이다.

(1) 쟁기(아로트론, ἄροτρον)를 잡은 농부는 앞을 똑바로 내다볼 때만 비로소 반듯한 고랑을 만들 수 있다. 만약 뒤를 돌아보면 고랑을 망가뜨릴 수 있다. 더욱이 팔레스타인 지역은 땅이 고르지 못할 뿐만 아니라 돌이 많기에 더욱 그러하다. 하나님 나라와 그 선포를 위해 헌신한 사람이 뒤를 돌아보는 것은 제자로서의 합당치 않은 일이다. 주님의 길을 따른다는 것은 그리스도의 삶과 고난의 교제에 참여한다는 것을 의미한다(마 10:38 "또 자기 십자가를 지고 나를 좇지 않는 자도 내게 합당하지 아니하니라.")

(2) 제자들에게 있어서 뒤를 돌아본다는 것은 박해를 피하려는 사람과 같다(눅 17:31이하 참조). 이는 쟁기를 잡고 뒤를 돌아보는 사람이다. 제자들은 오직 목적지를 행하여 달리는 경기자와 같다(빌 3:13, "형제들아 나는 아직 내가 잡은 줄로 여기지 아니하고 오직 한 일 즉 뒤에 있는 것은 잊어버리고 앞에 있는 것을 잡으려고 14 푯대를 향하여 그리스도 예수 안에서 하나님이 위에서 부르신 부름의 상을 위하여 달려가노라.")

(3) 예수님을 따르는 제자들은 뒤에 남아 있는 관계를 뒤돌아 보지 않으며, 물론 과거를 뒤돌아보지도 않는다. 또한 이전에 자신이 성취한 어떤 공적도 뒤돌아보지 않는다. 물론 무성의하게 쟁기질을 하는 것도 합당치 않은 일이다. 힘들더라도 끝까지 달려가야 한다.

칠십인의 제자들을 세워 보내시다(눅 10:1-16)

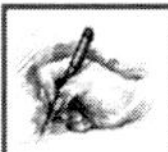

다른 복음서에는 이 내용에 대한 기록이 없다. 누가복음만의 독특한 자료들(눅 10:1-18:14; 19:1-28)은 어떤 부분들은 동일한 자료들을 사용하였지만 누가복음을 독자적으로 사용했음을 보여준다. • 70인이 돌아옴(10:17-20) • 선한 사마리아인의 비유(10:29-37) • 마리아와 마르다(10:38-42)의 기록은 누가만의 기록이다. 앞에서 12제자의 파송을 언급했지만(눅 6:12-19), 이번에는 70인을 세워 각처로 파송한 사실을 기록했다. 예수님을 따르는 추종자들이 많이 있었음을 볼 수 있다.

1. 예수님은 승천하실 때가 가까워오자 예루살렘을 향하여 올라가기로 굳게 결심하신다(눅 9:51). 70인 파송은 언제 있었는가?

(1) "그 후에"(After these things, Μετὰ δὲ ταῦτα) - 이 일이 있은 후에, 앞에서의 사건 얼마 후에 있었던 일인 것 같다. 어쨌든 예루살렘으로 올라가기로 굳게 결심하신 이후(눅 9:51), 그리고 사마리아 촌에서 곤욕을 당하신 후, 예루살렘으로 올라가시면서(눅 9:57) 여러 가지 사건이 있었다.

(2) 주님은 따로(ἕτερος)[1] 칠십 인[2]을 세워(임명하다) 각 동네와 각 지역으로 보내셨다(파송하다, 보내다, ἀποστέλλω).[3] 이들은 주님께서 공식적으로 선택해 보냄을 받은 자들이다(특수한 임무를 띤 대사의 성격을 지닌다). 이들은 전도 여행에서 돌아와 그들이 행한 일을 보고한다(눅 9:10 참조). 물론 아직 항구적인 직분에 대한 문제는 나타나지 않는다. 이들은 특별한 사명을 위하여 부르신 것이다.

(3) 보내시되 둘씩(ἀνὰ δύο [δύο]) 짝지어 보내셨다. 예수님은 갈릴리 사역에서도 둘씩 보내셨다(눅 9:1-6; 막 6:7). 둘씩 보내심은 서로 돕고 격려하기 위해, 효과적인 전도를 위해 그리하셨을 것이다. 물론 모든 동네로 보내신 것이 아니라 친히 가시고자 원하셨던 곳으로 보내셨다.

2. 예수님은 이들에게도 12제자에게 주신 같은 명령과 같은 권능을 주신다(마 10:1, 7, 8 참조, "예수께서 그의 열두 제자를 부르사 더러운 귀신을 쫓아내며 모든 병과 모든 약한 것을 고치는 권능을 주시니라").

(1) 주님은 머지않아 사역을 마치시고 본향으로 돌아가셔야 한다. 그러나 세상 이

---

1) 헤테로스 - 다른, 또 하나의

2) 칠십 인(헵도메콘다, ἑβδομήκοντα) - 어떤 사본에는 72인으로 되어 있다. 구약에서는 '칠십'이라는 숫자는 종종 중요한 의미를 갖는다(70인 장로 민 11:16). 창세기 10장의 70민족과도 연관시킨다.

사도행전과 서신서들에 나오는 사도들의 동행자들 중 많은 사람들이 아마도 이 칠십 인의 제자들에 속한 자들이었을 것이다.

3) 아포스텔로 - 보내다. 지정된 장소로 가도록 명령하다. 파송하다.

곳에서는 육신적으로 병든 사람, 거기에다 영혼까지 병든 사람들이 많았다. 그들은 마치 목자 없는 양들처럼 지치고, 유리하고 있었다. 그들은 생활고에 시달려야 했고 율법의 무거운 짐을 지고 괴로워하고 있다.

(2) 이제, 주님은 제자들로 하여금 이러한 사실에 눈을 뜨게 하셨다. 이 **목자 없는 양과 같은 무리들을 위해**, 희생 봉사해야 하는 추수할 일꾼들이 필요함을 알게 하셨다. "이르시되 **추수할 것은 많되 일꾼이 적으니**"(눅 10:2). 그러므로 "추수하는 주인"에게 청하여 "(추수할 일꾼들)"을 보내달라고 간구하라고 말씀하셨다. 일꾼은 스스로 되는 것이 아니다. 하나님께서 보내주셔야 한다. 그 일꾼은 하나님과 인간을 사랑하는 사람들이어야 함은 말할 것도 없다.

추수(데리스모스, θερισμός) - 예수님은 추수의 기본적인 이미지를 복음 사역의 잠재적 결실의 개념으로 발전시키고 있다. 하나님은 복음을 받아들일 소지를 마련해 놓으셨다. 따라서 사람들은 추수를 가다리는 완전히 무르익은 곡식에 비유되고 있다. 추수의 주인 예수님은 그를 따르는 자들에게 긴급한 어조로 곡식이 들판에 없어지기 전에 무르익은 곡식을 거두어들일 것을 명하고 계신다.

3. 그러면서도 주님의 마음에는 안쓰러움이 있다. 왜?

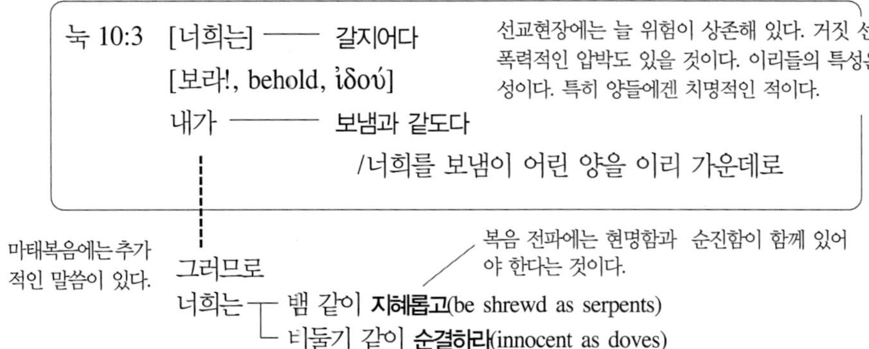

예수님의 사역시에 대적했던 어둠의 권세가 이 제자들에게도 있을 것이다. 어떤 사람들은 제자들을 영접하여 동조할 것이지만, **양을 해치려는 악한 이리와 같은 사람들도 있을 것이다**(마 10:17, 18). 그러나 걱정할 바 없는 것은 왕께서는 그의 충실한 종들을 보호하실 것이기 때문이다. 성령께서 그들이 무슨 말을 해야 할까 일러주실 것이다(19절하, "너희를 넘겨 줄 때에 어떻게 또는 무엇을 말할까 염려하지 말라 그 때에 너희에게 할 말을 주시리니").

(1) 복음을 전파할 때, "지혜롭고, 순결하라"는 점을 강조하고 있다. '지혜롭다'는 말 '프로니모스'(φρόνιμος)는 '슬기로운, 신중한, 사려깊은' 등의 뜻이 있다. 복음 전파에는 사탄의 고도의 작전과 맞부딪친다. 따라서 사려깊은 행동과 함께 순전함[ἀκέραιος 아케라이오스 - 순결한(pure), 섞지 않은, 순수한]이 있어야 한다는 것이다. 바울은 전도할 때에 아주 지혜롭게 행했고(고전 9:22), 또 그의 생활도 늘 하나님 앞에서 순결했다(행 24:16 참조). 복음을 전한다는 것이 그리 쉬운 일이 아님을 본다.

(2) 주님은 이들에게 특별한 주문을 하신다.

4절 ▶ 전대(돈주머니)나 배낭(여행용 가방)이나 신발을 가지지 말며

- 한곳에 정착된 삶을 포기하라. 그래도 하나님께서 부족함이 없이 채워주실 것이기 때문이다(눅 22:35 참조). 너희들은 지금 여행을 하러 가

는 것이 아니다. 배낭까지도 금지해라. 가방 가득 소지품의 지참으로 번거롭게 될 것이기 때문이다. 이런 것이 없어도 전도여행 때 전혀 불편하지 않았음을 본다(눅 22:35 참조).

▶ 길에서 아무에게도 문안하지 말며

• 길거리에서 아는 사람을 만나거든 그들과 인사하느라고 시간을 빼앗기지 말아라. 유대인들은 상대방의 건강이나 가족의 안부를 묻는 등 길거리에서 많은 시간을 빼앗겼다.

5 ▶ 어느 집에 들어가든지 먼저 말하되
/이 집이 평안할지어다[1] 하라
('Peace be to this house.', εἰρήνη τῷ οἴκῳ τούτῳ.)

• 다른 집보다 우선 이스라엘 집의 잃어버린 양들에게로 가라고 말씀하셨다(마 10:6.) 이 복음은 먼저는 유대인에게서 시작될 것이었다(행 3:26, 13:46과 롬 1:16 참조). 그래서 제자들에게 이방인의 길로도, 사마리아인의 고을에도 가지 말라고 명하신다.[2]

6 ▶ 만일 '평안을 받을 사람' (υἱὸς εἰρήνης, the son of peace, 평안의 아들)이 거기 있으면 너희의 평안이 그에게 실제로 임할 것이고, 그렇지 않으면 너희에게로 돌아오리라

• 그 집에 평안을 바라는 사람을 만나면 너희가 빈 평안이 그집에 임할 것이고(계속 머물 것이고), 그렇지 않으면 그 평안이 전도자에게 되돌아올 것이다. 물론 이 인사말을 겉치레의 말로 듣지 않고 받아들이는 자에게는 결정적으로 영향을 미칠 수 있는 말이다. 그러므로 이 평안은 그대로 거절하거나 받거나 해야 하는 선물이다. 그 평안의 인사를 받아들이지 않는 자들에게는 아무런 구원의 효과를 내지 않을 것이다. 그런 경우에는 그들이 들어간 동네에서 묻은 발의 먼지를 떨어버리라고 했다(마 10:14).

• "어느 동네에 들어가든지 너희를 영접하지 아니하거든 그 거리로 나와서 말하되 너희 동네에서 우리 발에 묻은 먼지도 너희에게 떨어버리노라 그러나 하나님의 나라가 가까이 온 줄을 알라 하라"(눅 10:11) / 즉 이런 자들은 혈육으로는 이스라엘 속했으나 "그 날에(=심판 날에) 소돔이 그 동네보다 견디기 쉬우리라"(12절)고 하셨다.

• 이렇게 전도인을 내보내는 것은 하나님의 참 백성을 모으는데 있었음을 보여준다. 그래서 제자들이 가는 곳마다 평안이, 즉 포괄적인 의미에서 구원이 전해지는 것이다. 단순히 축복을 비는 차원이 아니라 복음을 받아들이든 거부하든 간에 하나님의 선물로 주어지는 것이다. 이들의 전도로 말미암아 이스라엘의 진정한 양들이 채워지는 것이다.

1) 어느 집에 들어가기에 앞서 "이 집이 평안할지어다"라고 말해야 한다. 그곳에서 복음을 맞아들일 준비가 되어 있는 사람을 만나게 될 것이다.

2) 이방인에게 복음을 전파하는 일은 훗날 제자(사도)들에게 맡겨질 것이기 때문이다. 물론, 예수님이 이방인이나 사마리아인을 구원의 대상에서 제외시키셨다는 말은 아니다.

7 ▶ 그 집에 유하며 주는 것을 먹고 마시라
일꾼이 그 삯을 받는 것이 '마땅하니라'[1] (딤전 5:18; 마 10:10)
이 집에서 저 집으로 옮기지 말라

• 주님의 제자들은 지금 구걸하기 위해 여행하는 것이 아니다. 따라서 동냥하듯 배회해서는 안 된다. 복음을 받아들이는 자들의 집에 거할 때 폐가 된다고 느끼지 말라. 너희는 그것을 '받을 자격이 있다'(악시오스, ἄξιος). 너희는 하나님의 일꾼이기에 그 삯을 받는 것이 마땅하다. "어느 동네에 들어가든지 너희를 영접하거든 너희 앞에 차려놓는 것을 먹어라"(8절). "또 거기 있는 병자들을 고쳐주어라"(9절).

9 ▶ 또 말하기를 "하나님의 나라가 너희에게 가까이 왔다" 하라.
(ἤγγικεν ἐφ᾽ ὑμᾶς ἡ βασιλεία τοῦ θεοῦ.)

• 세례 요한과 예수님은 그 메시지의 선포를 "회개하라 천국이 가까이 왔느니라"라는 말로 시작하셨다.[2] 예수님은 제자들에게 이제 그 하나님의 나라가 "가까이 왔다(ἤγγικεν완료형)라고 전하라는 것이다. 예수님의 제자들은 그 구원의 때가 도래했다는 넘치는 확신 속에서 살아갔다.

12 ▶ 내가 너희에게 말하노니 그 날에 소돔이 그 동네보다 견디기 쉬우리라
13 화 있을진저(οὐαί σοι) 고라신아,
화 있을진저 벳새다야,

너희에게 행한 모든 권능을 **두로**와 **시돈**에서 행하였더라면
그들이 벌써 베옷을 입고 재에 앉아 회개하였으리라
14 심판 때에 두로와 시돈이 너희보다 견디기 쉬우리라 (마 11:20-24 참조)

• 예수님은 여러 고을을 다니시면서 복음을 전파하셨으나 오히려 권능을 가장 많이 베푸신 고을들이 회개하지 아니했다(마 11:20). 어떤 도시들이 책망의 대상이었나? 고라신(Chorazin)은 가버나움 북쪽으로 약 2.5마일 거리에 위치한 갈릴리 바다의 한 성읍이다. 그리고 벳새다(Bethsaida)는 예수님의 제자들인 안드레, 베드로, 빌립의 고향이다(요 1:44, 12:21). 주님은 이곳에서 오병이어의 기적(눅 9:10), 맹인을 고쳐주시는 등(막 8:22-26) 많은 권능을 행하셨다(마 11:21).

• 두로와 시돈, 이들은 심판날에 정죄를 면치 못한다. 이 두 도시는 이방 종교와 불경(不敬)으로 그 악명이 높았던 곳이다. 그러나 이들에게 내려질 심판은 고라신이나 벳새다에게 내려질 심판보다는 훨씬 가벼울 것이라는 것이다. 만약 두로와 시돈에서 예수님의 천국의 능력 있는 역사를 보았다면 아마 그들은 벌써 베옷을 입고 재에 앉았을 것이다(욘 3:6 참조).

1) 마땅하니라' (악시오스, ἄξιος) - 받을 가치가 있는, ~할만한.

2) "때가 찼다"(막1:15)라는 말을 보아서도 이스라엘이 고래로부터 미래를 대망해 왔다는 사실을 충분하게 요약해 주고 있다. 여기서 "때"(the time)란 하나님 자신이 그의 왕적 영광을 충분히 계시하겠다고 약속하셨던 역사의 거대한 전환점(the great turning-point of history)을 의미한다.

그의 백성을 구원하고 그의 원수들을 징벌할 때를 의미한다. 세상이 그 정점에 도달하고 그 충만한 상태에 이르게 되는 때이다. 하나님은 이런 그리스도의 때를 준비하기 위하여 수천년 동안 역사에 개입해 오셨다. 물론 이 성취가 잠정적인 특징이 있고, 그 완성은 여전히 미래에 되어질 것이지만 시간의 또는 역사의 성숙은 이미 효력을 발휘하고 있다.

1) 이 말씀은 어디에서 인용된 말인가? 이사야 14:13-15*을 읽어보라. 그 당시 바벨론 왕은 하늘 높은 줄 모르고 교만해지고 있었다. 그러나, 하나님은 그 교만을 꺾으시겠다고 말씀하신다.

• 사 14:13-15 "네가 네 마음에 이르기를 내가 하늘에 올라 하나님의 뭇 별 위에 내 자리를 높이리라 내가 북극 집회의 산 위에 앉으리라 [14]**가장 높은 구름에 올라가 지극히 높은 이와 같아지리라 하는도다**[15] 그러나 이제 네가 **스올 곧 구덩이 맨 밑에 떨어짐을 당하리로다**."

(2) 예수님이 말씀을 전하시던 가버나움이 지금 바벨론 왕의 마음 같다는 것이다. 주님은 이곳에서 가장 많은 기적을 베푸시며 천국을 증거하셨다. 그러나 그들의 냉담함을 보라. 물론 그 도시는 훗날 황폐화 되었다.

15 ▶ 가버나움아 —— 네가 하늘에까지 높아지겠느냐
└ 음부(ᾅδης하데스)에까지 낮아지리라[1)]

(마태복음에는 이 말이 첨부되어 있다.)
//네게 행한 모든 권능을 소돔에서 행하였더라면
그 성이 오늘까지 있었으리라

• 그만큼 가버나움 지역은 복음을 받아들이지 아니했다. 특히 가버나움은 메시야가 그곳에 사심으로 더 큰 특권을 입었다고 볼 수 있다. 그러나, 더 큰 특권은 이에 따르는 더 큰 책임이 있음을 이들은 알지 못했다. 예수님의 말씀과 사역에서 왕국을 깨닫지 못했다. 회개하지 않은 그들에게는 심판날에 견디기 힘든 진노가 있을 것이다.

• 만약 소돔성이 가버나움(Capernaum)에서 있었던 이적을 보았다면 어떤 일이 일어났을까? 그 소돔성은 크게 회개하고 구원을 얻었을 것이다. 가버나움은 그만큼 강팍했다는 것이다. 이제, 심판날 주님의 음성에 귀 기울이지 않고 복음을 거절했던, 그래서 회개하기를 거절했던 그 대가를 분명히 받게 될 것이다.

눅 10:16 너희 말을 듣는 자는 —— 곧 내 말을 듣는 것이요
너희를 저버리는 자는 —— 곧 나를 저버리는 것이요
나를 저버리는 자는 —— 나 보내신 이를 저버리는 것이라

• 이는 예수님과 제자들간의 연대성을 강조하는 말이다.

칠십인이 돌아오다(눅 10:17-20)

1. **전도여행을 떠났던 칠십 인이 기쁨이 넘쳐 돌아왔다. 그들은 전도 사역에서 놀라운 일을 체험하였기 때문이다.**

눅 10:17 칠십 인이 기뻐하며 **돌아와 이르되**
/주여
귀신들도 —— 우리에게 항복하더이다 (ὑποτάσσεται수동태)
/주의 이름이면(주의 이름을 대면)

복종하다(휘포탓소, ὑποτάσσω) - ~아래 놓이다

(1) 제자들은 귀신 들린 아이를 고치는데 실패한 적도 있었다(눅 9:40). 귀신을 축출하는 과정에서 예수님을 전적으로 의지하는 데 실패했기 때문이었다. 그러나 70인 전도대는 예수님의 이름을 대면 귀신이 쫓겨나가는 것을 체험했

다. 그래서 지금 기쁜 마음으로 주님께 보고하고 있는 것이다.

> 눅 10:18 예수께서 **이르시되**
> /내가 — 보았노라(ἐθεώρουν미완료 능동)[1]
> /사탄이 — 떨어지는 것을
> /하늘로부터 번개[2] 같이

(1) 사탄이 사람의 몸에서 쫓겨난다는 것은 사탄이 파멸되고 그의 소유를 늑탈당하고 있음을 나타내준다. 이는 사탄에 대한 예수님의 승리를 보여준다. 70인의 사역을 통해서 사탄이 패배당한 증거를 보여주는 것이다. 예수님의 사역을 통해서 결정적인 승리가 성취되었다는 것이다. 사탄은 결박당하였지만 그러나 그의 궁극적인 멸망은 이 세대의 종말을 기다려야 한다. 그러나 예수님의 사역을 통해서 악에 대한 승리는 이미 성취되고 있음을 선포하신 것이다.

(2) 70인의 사역에서 제자들에게도 "뱀과 전갈[3]을 밟으며 원수의 모든 능력을 제어할 권능을 주셨다"(19절). 그러므로 제자들이 복음을 증거하는 과정에서 어려움을 겪을 수는 있으나 "이들을 해칠 자가 결코 없으리라"고 약속하신다. 선교를 이끄는 것은 성령이시기 때문이다(행 8:29, 39, 13:2, 4, 16:6-10).

2. 그러나 예수님의 이름으로 귀신이 쫓겨나가는 일보다 더 기뻐해야 할 일이 있다고 말씀하신다.

> 눅 10:20 그러나 (Nevertheless, 플렌, πλήν) - 그럼에도 불구하고
> [너희는] — 기뻐하지 말고
> /귀신들이 너희에게 항복하는 것으로
> — 기뻐하라
> /너희 이름이 하늘에 기록된 것으로(are written)[4]

그리스도께 속한 자들 자들은 이미 영원한 시민권을 가진 시민들로 등록되었다(완료형)는 사상을 전한다. 귀신을 쫓아내는 기적을 일으켰다고 해서 구원이 보장되는 것은 아니다(마 7:22, 23 참조). 그러므로 주님을 영접한 자는 자신의 이름이 하늘에 기록된 것, 즉 구원 받았다는 사실을 더 기뻐해야 한다는 것이다. 악한 자를 이기시고, 하나님의 영을 소유하신 예수님을 믿을 것인가, 아니면 대적할 것인가? 하나님의 나라가 분명히 임했는데도 여전히 대적할 것인가? 따라서 이적 그 자체는 가장 중요한 것이 아니다. 이적을 보고 소리치는 사람들에게(눅 4:41), 이보다 중요한 복음 증거에 더 전념하셨음을 본다(눅 4:43; 막 1:38 참조).

1) 데오레오(θεωρέω) - 응시하다, 눈여겨보다, 주의 깊게 관찰하다. 지켜보다(watch)

2) 번개(아스트라페, ἀστραπή) - 사탄이 떨어지는 갑작스러운 사건을 묘사했다.

3) 뱀과 전갈은 사탄의 세력을 나타낸다(계 9:3, 5, 10). 전갈의 힘과 사악함을 지닌 초자연적인 존재들이 성도들을 괴롭힌다. 그러나 주님은 이들의 사악함으로으로부터 선교 파송 받은 사람들을 지키실 것을 약속하신다.

4) ἐγγέγραπται (are written) 직설법 완료 수동태 / 천국에 들어가는 것이 미래 종말론적인 의미를 지니고 있지만 주님을 받아들인 자들에게는 그 나라에 이름이 이미 기록되었다는 것이다(완료시제임을 주의하자).

210

예수님의 감사기도(눅 10:21-24)

같이 읽을 곳(마 11:25-27, 13:16-17)

복음은 스스로 지혜롭다고 생각하는 사람에게는 감추어져 있다. 그러나 어린 아이들처럼 복음을 받아들이는 자는 구원을 얻을 것이다.

1. 이 말씀을 언제하셨을까? "그 때에"란 언제를 가리킬까?

"그 때에"(At that very time, Ἐν αὐτῇ τῇ ὥρᾳ) : 아마 칠십 인이 전도여행에서 돌아오던 때일 것이다. 그렇다면, 이 말씀이 가버나움의 심판을 언급하셨던(마 11:20-25) 말씀과 무슨 연관이 있을까? '지혜롭고 슬기 있는 자'들이란 누구를 말함일까? 또 '어린 아이들'은 누구를 가리킬까? (동교재, 마 11:25의 설명을 가져왔다.)

눅 10:21 그 때에 예수께서 성령으로 **기뻐하시며 이르시되**
/천지의 주재이신 아버지여!
[내가] — 감사하나이다
/[당신이] — 숨기시고
/이것을
/지혜롭고 슬기 있는 자들에게는
└나타내심을
/어린 아이들에게는

"이것을"(these things, ταῦτα) : 어떤 것을? 즉, 예수님이 가르치신 말씀과 명령에 들어 있는 '구원의 복음'을 말한다.

이것을 누구에게는 숨겼을까? 지혜 있는 자들에게는 이런 복음이 감추어져 있다는 것이다. 왜냐하면 그들은 자기들의 지혜로 복음을 이해하려 하기 때문이다. 이 구원의 복음은 인간의 지혜나 학식으로 깨달아질 수 있는 방법이 아니라는 말이다.

(1) 당시 바리새인들이나 서기관들은 자기 자신들의 지혜를 자랑했다. 종교문제에 대해서는 전문가요, 권위자라는 것이다. 이런 그들이 주님이 전하는 '은혜의 복음'을 이해할 수 없었다. 그들이 볼 때에는 예수님과 그의 제자들은 율법에 대해서는 문외한이요(요 7:49 참조), 아니 율법을 전혀 인정치 않는 자들이라고 생각했다. 모세의 율법과는 너무 동떨어진(?) 행동을 하고 다니기 때문이었다.[1)]

1) 그들에게는 예수님의 일행은 당시 혐오의 대상이었던 세리나, 죄인들의 친구들로 보였다. 이렇게 자기들 스스로 지혜롭다고 생각하는 자들에게는 복음은 숨기어져 있을 수 밖에 없다.

(2) 그렇다면, '어린 아이들'은 누구를 가리킬까?
한마디로 예수님의 제자들을 가리킨다. 이들은 율법에 대해서는 어린 아이들과 같았다. 바리새인들은 제자들을 가리켜 율법을 알지 못하는 무리들이라고 했다(요 7:49). 물론, 여기서는 지혜로운 사람이 천국에서 배제된다는 이야기가 아니다. 복음은 스스로 지혜롭다고 생각하는 사람에게는 감추어져 있다. 그러나 어린 아이들처럼(childlike) 복음을 받아들이는 자는 구원을 얻을 것이라는 말이다.

2. 주님은 이런 하나님의 자기 계시 방법을 어떻게 표현하고 계신가?

눅 10:21 "옳소이다 이렇게 된 것이 (아버지의 뜻)이니이다."

(1) 인간은 하나님의 경륜을 다 이해할 수 없다. 분명한 것은 하나님이 계획하시고 집행하시는 모든 것이 선하고 은혜롭다는 것이다. 그러나 인간들은, 특히 그들 자신의 지혜를 자랑했던 서기관과 바리새인들, 그들은 주님이 전하시는 복음을 이해하지 못하고 아주 유치한 반응을 보였다(마 11:16-19을 보라). 하나님의 위대한 경륜은 당시의 지도자들에게는 숨기시고(그들의 지혜 때문에), 주님의 제자들에게는 나타내셨다.[1]

(2) 하나님과 예수님의 관계를 보라. 주님은 영원 전부터 아버지와 함께 계신다. "내 아버지께서 모든 것을 내게 주셨으니 아버지 외에는 아들이 누구인지 아는 자가 없고 아들과 또 아들의 소원대로 계시를 받는 자 외에는 아버지가 누구인지 아는 자가 없나이다"(눅 10:22). "나의 아버지"(πατρός μου) 라는 말 속에서 그의 아들됨의 절대성을 천명하고 있음을 본다(마 3:17, 17:5* 참조).

3. 예수님은 제자들을 돌아보시면서 '너희가 얼마나 복된 자들인가'를 설명하여 주셨다.

눅 10:23 제자들을 돌아 보시며 조용히 **이르시되**
/너희가 보는 것을 보는 눈은 ― 복이 있도다

24 /내가 ―― 너희에게 말하노니
/많은 선지자와 임금이 ―― 보고자 하였으되, 보지 못하였으며
/너희가 보는 바를
/[그들이] ―――― 듣고자 하였으되, 듣지 못하였느니라[2]
/너희가 듣는 바를

(1) 예수님께서 행하신 이적과 능력은 하나님 나라가 이미 도래했고, 그 나라가 현존한다는 증거가 된다. 예수님은 제자들에게 너희가 그것을 지금 **보고**(seeing), 그리고 **듣고**(hearing) 있다는 것이다. 즉 이적들을 보고 또 복음의 설교를 들었다는 것이다. 그러나 선지자들과 많은 의인들이 보고 듣기를 갈망하였으나 그들은 이루지 못했다(24절 "... 많은 선지자와 임금이 너희가 보는 바를 보고자 하였으되 보지 못하였으며 너희가 듣는 바를 듣고자 하였으되 듣지 못하였느니라." 히 11:13* 참조). 따라서 예수님께서 행하신 이적들과 복음 전파는 하나님 나라의 도래를 계시하신 것이다.

(2) 결국, 누구에게만 구원이 있는가? "수고하고 무거운 짐 진 자들아 [너희는] 다 내게로 오라." 이들은 주님 앞에 와서 주님이 주시는 멍에만 지면 된다. 그렇다면 예수님이 주시는 '멍에'는 무엇일까?[3]

1) 예수님은 지금 하나님의 자기 계시 방법을 찬양하고 계신다. 더욱이 예수님은 삼위(三位) 하나님의 밀접한 관계 속에서 피차 완벽하게 아시기 때문에 가능했다. 따라서 주님의 오심과 함께 이미 시작된 그 나라는 주님의 사역 속에서 아버지에 대한 지식이 전파되고 있었다.

• 마 17:5 "말할 때에 홀연히 빛난 구름이 그들을 덮으며 구름 속에서 소리가 나서 이르시되 **이는 내 사랑하는 아들이요 내 기뻐하는 자니** 너희는 그의 말을 들으라 하시는지라."

• 히 11:13 "**이 사람들은 다 믿음을 따라 죽었으며 약속을 받지 못하였으되** 그것들을 멀리서 보고 환영하며 또 땅에서는 외국인과 나그네로라 증거하였으니"

2) 메시야의 도래와 그 나라의 도래는 이적들에서 뿐만 아니라 예수님의 설교 가운데서도 성취되었다. 따라서 복음 전파도 천국이 임하였다는 증거이다.

3) 그에게 와서 배운다는 것은 그의 제자가 됨을 의미한다. 그에게 나오면 쉽고 가벼운 그 분의 멍에와 짐만 지면 된다. 그 분을 섬기는 것은 전혀 무거운 일이 아니다. 예수님은 온유하고 겸손하시기 때문이다.

어떤 율법 교사의 질문(눅 10:25-28)

1. **어떤 율법교사가 일어나 예수를 시험하려고 주님께 '무엇을 하여야 영생을 얻을 수 있겠는가?' 라고 질문했다.**

1) ἐκπειράζων -현재분사 ἐκπειράζω(에크페라이조) - 철저히 시험하다. 율법교사는 예수님의 마음과 판단을 시험하려(to the test) 했다.

눅 10:25 어떤 율법교사가 **일어나** 예수를 시험하여[1] **이르되**
/선생님!
내가 — 영생(eternal life)을 얻으리이까
/무엇을 하여야(what shall I do, τί ποιήσας)

(1) 미래의 축복에 관한 모든 가르침은 '생명'이라는 말로 요약할 수 있다(마 7:14, 18:8이하; 막 9:43, 45). 영원한 생명(마 19:16; 눅 10:25), 그것은 확실하고 멸망하지 않는 생명을 의미한다. 그런데 영생을 얻는 것이 이 지상생활과 밀접하게 연관되어 있음이 분명하다. 현재 살고 있는 인간들 사이에서 '산 자'와 '죽은 자'가 구별된다는 것이다. 인간이 하나님의 뜻에 따라 어떻게 살아갈 것인가에 달려 있다. 따라서 계명들을 성취하는 것이 "생명에 이르는 길"이라고 하셨다(마 7:14, "생명으로 인도하는 문은 좁고 길이 협착하여 찾는 이가 적음이니라."). 물론 이런 질문을 한 율법교사는 자신의 행위로 구원을 얻을 수 있다고 생각했을 것이다.

(2) 예수님은 율법교사에게 어떻게 질문하셨나? "예수께서 이르시되 율법에 무엇이라 기록되었으며 네가 그것을 어떻게 읽느냐?"(26절)

신 6:5은 하나님을 사랑하되 **온**(with al) '마음'(레바브)을 다하여, **온** '영혼'(네페쉬)을 다하고, 또 **온** '힘'을 다하여 사랑하라는 것이다.

"네 마음을 다하며 목숨을 다하며, 힘을 다하며, 뜻을 다하여
주 너의 하나님을 사랑하고
또한 네 이웃을 네 자신 같이 사랑하라 하였나이다"(신 6:5; 레 19:18).

(3) 유대인들은 이 말씀을 날마다 되새기며 종교적 훈련을 해 왔다. 물론 이들이 원하는 교육의 목표는 무엇일까? 그것은 무조건 율법을 암송만 하는 지식 위주의 교육이 아니라, 하나님을 경외하는 경건한 개인을 양육하는 데 주 목적이 있었다. 암기 위주만의 교육의 잘못된 점은 무엇일까? 전인격의 변화가 없는 암기 위주의 교육은 이 사회를 더욱 어두운 면으로 끌고 갈 뿐이다.

2. **예수님은 바리새인들의 어떤 점을 잘못했다고 지적하셨는가?**

마 23:5 "그들의 모든 (행위)를 사람에게 보이고자 하나니 곧 경문띠

(phylactery)를 넓게 하며 옷술을 길게 하고."

(1) 마태복음 23장을 읽어보면 예수님은 서기관과 바리새인들의 유별나게 세세하고, 정밀한 종교가 갖는 허황됨과 가식을 폭로하고 있다. 이들의 가르침은 모세의 율법을 존중하려 했고, 그러한 면에서는 그들의 가르침에 어느 정도 복종할만 했다(마 23:1-3). 그러나, 그들의 삶 자체는 결코 본 받을 수 없다고 하셨다.

(2) 어쨌든 예수님을 시험하려고 질문한 율법교사는 아주 정확한 대답을 했다. 그래서 예수님께서 율법교사에게 이렇게 말씀하셨다.

"네 대답이 옳도다(You have answered correctly, ὀρθῶς[1] ἀπεκρίθης)
이를 행하라(포이에이, ποίει 현재 명령)[2]
그러면 살리라(καὶ ζήσῃ and you *will* live)" -- 자오(ζάω)의 미래 중간태

(3) 우리가 이 율례와 법도를 지키면 의롭게 된다는 말인가? 물론 우리는 이미 알고 있는 대로 율법의 의(義)로는 구원을 받을 수 없다. 설혹 우리가 율법을 100% 다 지켰다고 해서, 그 사실이 곧 구원의 근거가 되지 아니한다. 인간은 누구나 하나님의 은혜가 아니면 결코 구원을 받을 수 없다. 더욱이 로마서에서는 타락으로 인해 그 율법을 지킬 수 있는 사람이 하나도 없다고 말하고 있지 아니한가!(롬 3:10-18) 율법은 죄를 깨닫게 하고, 그리스도에게로 인도하는 몽학선생으로, 그리고 하나님의 뜻을 분별하는 역할만을 할뿐이다.

(4) 이 율법교사에게 "**네 마음을 다하며 목숨을 다하며, 힘을 다하며, 뜻을 다하여 주 너의 하나님을 사랑하라**"는 말씀은 너무 잘 알고 있는 내용이었다. 이 사랑의 계명은 모든 세대를 걸쳐 지켜져야 할 인생의 커다란 계명으로 하나님의 뜻의 요지요 내용이기 때문이다.

(5) 따라서 그의 대답은 옳다는 칭찬을 받았다. 그러나 문제는 이 율례를 온전히 다 지킬 수 있는 사람이 한 사람도 없다는 데에 있다. 율법교사는 아마도 자신도 이 계명을 온전히 지키지 못했다는 것을 잘 알고 있었을 것이다. 구원은 오직 믿음으로만 가능하다고 성경은 선포하고 있다(로마서, 갈라디아서, 에베소서 등). 예수님은 이 땅에서 우리의 죄를 사하는 권세가 있음을 선포하셨다(마 9:6). 그래도 이 율법 교사는 이웃에 대해서라면 자신감이 있었을 것이다. 나름대로 그는 주위 사람들에게 존경을 받는 위치에 있었기 때문이다.

1) 오르도스 - 올바르게, 정확하게.

2) 플라톤은 윤리적 관점에서 이 동사를 '갖은 노력을 다하다'라는 의미로 사용했다.

유대교의 기본적인 신앙고백이 되는 말씀 (신 6:4-9)

4 **이스라엘아 들으라** 우리 하나님 여호와는 오직 유일한 여호와이시니
5 너는 마음을 다하고 뜻을 다하고 힘을 다하여 네 하나님 여호와를 사랑하라
6 오늘 내가 네게 명하는 이 말씀을 너는 마음에 새기고
7 네 자녀에게 부지런히 가르치며 집에 앉았을 때에든지 길을 갈 때에든지 누워 있을 때에든지 일어날 때에든지 이 말씀을 강론할 것이며
8 너는 또 그것을 **네 손목에 매어 기호를 삼으며 네 미간에 붙여** 표로 삼고
9 또 네 집 문설주와 바깥 문에 기록할지니라

☞ 미간(眉間)이 어디냐고?
양미간(兩眉間) = 두 눈썹 사이(middle of the forehead)

그러면 누가 내 이웃입니까? (눅 10:29–37)

1. 율법 교사는 한발짝 더 나아간다. 그는 자신의 의로움을 옳게 보이고 싶어했다. "그러면 누가 내 이웃입니까?"

• 레 19:17 "너는 네 형제를 마음으로 미워하지 말며 네 이웃을 반드시 견책하라 그러면 네가 그에 대하여 죄를 담당하지 아니하리라 18 원수를 갚지 말며 동포를 원망하지 말며 **네 이웃 사랑하기를 네 자신과 같이 사랑하라** 나는 여호와이니라."

(1) 앞에서 보았듯이 하나님을 사랑한다는 것은 "자신의 존재의 근거를 하나님께 두고 온전히 그를 신뢰하는 것이다. 나의 모든 염려와 궁극적인 책임을 맡기는 것이다." 그렇다면 우리가 하나님을 사랑한다는 증거는 어디서 나타나야 할까? 그것은 이웃 사랑에서 드러나야 한다.

(2) 유대인 역시 이웃 사랑을 가르쳤다. 레 19:17-18을 읽어보자. "너는 네 형제를 마음으로 미워하지 말며 이웃을 인하여 죄를 당치 않도록 그를 반드시 견책하라(=타일러주라)." 즉 이웃이 잘못하면 반드시 그를 타일러야 한다는 것이다.

• 견책하다(야카흐, יָכַח) : "책망하다, 꾸짖다(왕하 19:4, 대상 16:21), 경책하다(잠 28:23), 바로잡다" 등의 의미로 쓰였다. 그러니까 이웃에 대해 증오심을 품지 말라는 말이다. 그렇다고 형제의 잘못을 못 본체 해서는 안 된다. 따라서 형제에게서 죄가 발견되면 이를 온 교회 내에 다 공개하여 물의를 일으키지 말고 "솔직하게 꾸짖으라"는 말이다.

(3) 그러나 이들의 사랑은 대부분 하나님의 백성이라는 울타리를 뛰어넘지 못한다. 그러니까 이웃 사랑의 범위가 여호와의 언약에 참여하는 자들에게 적용되는 것이지 모든 사람들에게 적용되지는 않았다. 예수님 당시에도 유대인들은 사마리아인이나 이방인은 결코 이웃이 될 수 없다고 생각했다.

2. 이런 생각을 깨우치기 위해서 주님은 한 가지 비유를 드셨다. 비유의 내용을 설명해 보라. 주님은 이 비유에서 누가 이웃인지 재정의하신다.

이 사람들은 왜 그냥 지나갔을까?

너무 바빠서 그랬겠지. 오늘 아침 예배 인도가 있어서 그렇다. 왜? / 나는 찬양대 연습에 빨리 가야되기 때문에 그렇다. 왜? / 야, 너는 왜 그냥 왔니? - 다른 사람이 알아서 하겠지. 뭐! 시간도 없는데...

▶ [상황] 어떤 사람이 예루살렘에서 여리고로 내려가다가 강도를 만나매 강도들이 그 옷을 벗기고 때려 거의 죽은 것을 버리고 갔더라

• **제사장**이 그를 보고 (반대쪽으로) 피하여 지나가고(31절)

• **레위인**도 그 곳에 이르러 그를 보고 피하여 지나갔다(32절)

• 그런데 **어떤 사마리아 사람**은 여행하는 중 거기 이르러 그를 보고 불쌍히 여겨 가까이 가서 기름과 포도주를 그 상처에 붓고 싸매고 자기 짐승에 태워 주막으로 데리고 가서 돌보아 주었다.

이 사람은 누굴까? 제사장이라고?
그러면 오늘날, 교회 다니는 사람이겠네…

어떤 사람이 예루살렘에서 여리고로 내려가다가
강도를 만나매
강도들이 그 옷을 벗기고 때려 거의 죽은 것을 버리고 갔더라

그런데, 모두들 그 강도 만난 사람을 못본 체하고 지나갔단다. 여러 가지 핑계를 대고. 사마리아인만 빼놓고. 시간이 없어서 그랬다나 뭐.
'휴 다행이다. 나는 그때 그곳을 안 지나갔거든.'

- 그 이튿날 사마리아인이 다시 찾아왔다. 그가 주막 주인에게 데나리온 둘을 내어 주며 이르되 이 사람을 돌보아 주라 비용이 더 들면 내가 돌아올 때에 갚으리라 하고 부탁하며 떠났다(35절).

(1) 주님은 질문한 율법 학자에게 물으셨다. "네 생각에는 이 세 사람 중에 누가 강도 만난 자의 이웃이 되겠느냐"(36절). "자비를 베푼 자입니다." "예수께서 이르시되 '가서 너도 이와 같이 하라.'(Go and do the same.)"

(2) 신약시대에는 '동포' (brother)의 의미가 확대된다. 예수님의 이웃 사랑에 대한 가르치심은 유대인 자기 동족에게만 한정되지 않는다(눅 10:29-37). 야고보서에서는 이 법을 어떻게 설명하고 있나? 야고보도 이웃 사랑의 정의를 내린다(약 2:8*).

- 약 2:8 "너희가 만일 성경에 기록한 대로 네 이웃 사랑하기를 <네 몸과 같이> 하라 하신 "(**최고의 법**)"(royal law)을 지키면 잘하는 것이거니와."
- 신약에서는 주님이 이를 잘 설명해 주셨다(마 18:15-17). 공동체 내에 죄악을 묵인해서는 안되나 이를 처리하는 과정에서 사랑이 곁들여야 한다는 말이다. 성령님의 도움으로 해결하지 않으면 공동체 내에 적지 않은 잡음이 일어나게 되고 잘못하면 교회를 떠나는 일이 발생할 수도 있다.

3. 이렇게 이웃 사랑의 표준이 "네 몸과 같이"라고 했다. 이 표준은 신구약이 다를 바 없으나 주님의 말씀에 의해 좀더 강한 표준으로 바뀐다. (동교재, 요한복음)

(1) 요한복음에서는 <서로 사랑하라>는 표준을 재정의하신다. "새 계명을 너희에게 주노니 서로 사랑하라 **<내가 너희를 사랑한 것같이>** 너희도 서로 사랑하라"(요 13:34). 신약의 성도들은 "주님이 우리를 사랑한 것 같은" 기준으로 강화된다. 주님이 우리를 사랑하신 사랑은 높은 보좌를 버리시고 이 땅에 오신 아가페의 사랑이다.[1] 즉 이웃에 대해 희생적인 사랑이 필요하다는 것이다. 사도 바울은 "온 율법(the whole Law, πᾶς νόμος)은 네 이웃 사랑하기를 네 자신 같이 하라 하신 한 말씀에서 이루어졌나니"(갈 5:14)라고 했다.

(2) 예수님은 원수까지도 사랑하라고 말씀하셨다(마 5:43-44). 더 나아가 예수님의 사랑은 자신의 목숨까지도 내놓으신 사랑이다. **그렇다면, "서로 사랑하라"는 명령은 무엇이 새로운가?** 사랑의 계명은 그리스도 안에서 완전히 이루어졌기 때문에 이 계명은 '새 계명'이 되어 계속 금생과 내세에서 지켜져야할 생활의 원리가 되었다. 즉 옛 계명이면서도(구약시대에서부터 내려오는 진리라는 의미에서) 새 계명으로서(그리스도 안에서 완전히 실현된 의미에서) 언제나 지켜져야 할 행동 원리라는 말이다.

(3) 이 새로운 동기는 '예수님처럼' 사랑하라는 것이다. "내가 너희를 사랑한 것 같이"(καθὼς ἠγάπησα과거 ὑμᾶς) 서로 사랑하라는 것이다. 그러므로 그리스도인의 사랑은 예수님의 사랑을 본받는 것이며, 마찬가지로 예수님의 사랑은 하나님의 사랑을 반영한 것이다.[2]

1) 그는 "세상에 있는 자기 사람들을 사랑하되 끝까지 사랑하셨다"(요 13:1). 여기서 '끝까지'는 '죽기까지'를 뜻할 수도 있다. 이 극치의 사랑은 십자가에서 나타났다.

2) 서로 사랑하라(ἀγαπᾶτε ἀλλήλους)는 명령은 현재형이다. 계속해서 사랑하라는 말이다.

마르다와 마리아(눅 10:38-42)

1. 예수님이 일행이 길을 가시다가 한 마을에 들어가셨는데, '마르다' 라고 부르는 여자가 자기 집으로 예수님을 모셔들였다.

(1) 마르다(Martha)[1)]와 마리아(Mary)[2)]는 자매이다. 예수님은 마르다의 가족을 사랑하셨다(요 11:5). 그래서 이들은 예수님을 자주 초대했던 것 같다. 이 마을은 예루살렘 근처에 있는 베다니였다. 주님은 이 집에 들어가시자 바로 말씀을 전하셨다. 마르다는 언니로서 이들을 대접하기 위해 바빴다. 그 바쁜 와중에 동생 마리아는 주님의 말씀에 빠져들고 있었다(39절).

1) 마르다 - '숙녀'를 의미한다. 요 11:1-39에서는 마르다의 믿음과 행위에 있어서 칭찬할만한 여인으로 소개된다.

2) 마리아 - 미리암(모세의 누이)의 헬라식 이름 - '가장 사랑 받는'이란 뜻이다. / 마리아는 예수님께 향유를 부었다(요 12:1-3, 7)

(2) 마르다는 몹시 분주했다. 정성을 다해 일행을 대접해야 했기 때문이다. 그러나 동생은 꼼작도 하지 않고 말씀에만 열중했다. 그래서 주님께 "주님~ 제 동생이 저 혼자 일하게 하는데도 그냥 보고만 계신니까?" "혼좀 내주세요~"

(3) 그러나 이런 간청에도 불구하고 주님은 전혀 다른 대답을 하신다.

눅 10:41 주께서 — **대답하여 이르시되**(...하시니라)
/마르다야 마르다야
네가 — 많은 일로 염려하고 근심하나
42 [그러나]
몇 가지만 하든지 혹은 한 가지만이라도 족하니라
//(이유: for, γάρ)
마리아는 — 이 좋은 편을 택하였으니
[그것은] — 빼앗기지 아니하리라

마리아는 더 좋은 편을 택하였다. 좋은 편을 선택하는 것은 우리들 각자의 지혜요 의무이다. 마리아는 영적인 것, 영원한 것을 더 사모했다.

네가 많은 일로 염려하고 걱정하는구나. 42절 - 그러나 실상 필요한 것은 한 가지뿐이란다. (really only one) (ἑνὸς δέ but ἐστιν χρεία 크레이아, are necessary) / but only one thing is needed.

마리아는 이 좋은 편을 택하였으니(Mary has chosen the good part)
좋은(ἀγαθός) 편(μερίς) - 물론 마리아의 봉사가 잘못이라는 말이 아니다. 그녀의 봉사는 칭찬 받을만한 일이다. 그녀는 순수한 마음을 가지고 대접하려 했다. 그러나 동생의 태도에 화가 나 있었다. 예수님은 오히려 언니의 분주함을 책망(?)하셨다(41절). 언니의 분주함보다 그리스도의 발 앞에 앉아 그의 말씀을 경청하는 동생이 더 좋은 편을 택한 것이라고 칭찬하신다. 지금 이 시간은 대접이 좀 늦어지더라도 주님의 말씀에 경청하는 것이 더 좋은 시간이다. 마리아는 예수님께 와서 말씀을 듣는 편을 택했다. 어떤 결정을 하든 문제시 될 것이 없으나 이 시간만큼은 더 좋은 것을 선택한 마리아가 칭찬 받을만한 행동을 했다는 것이다.

적용을 위한 묵상

지상에서의 마지막 사역, 주님은 지금 몹시 바쁘시다.
그런데 제자들은 딴 생각으로 바쁘다. '누가 더 크냐?'

• 영광스러운 모습으로 변화되신 예수님, 얼굴이 해처럼 빛나고 옷이 빛처럼 희어졌다. 이때 구름이 와서 저희를 덮고 그 속에서 "이는 나의 사랑하는 아들이니 너희는 저의 말을 들으라."

• 모세와 엘리야, 그들은 예수님께서 별세(別世)하실 것을 언급했다. 단순히 예수님께서 이 세상을 떠나는 것을 언급한 것이 아니라 예수님의 육신의 삶과 사역의 종결을 의미했다. 이제 예수님에게는 이 세상에서의 마지막 시련의 과정이 남아 있다. 십자가의 고난과 영광의 부활의 절차만 남아 있다.

• '에이, 그래도 여기에 다 초막을 세우면 좋겠는데~'

• 열두 제자를 부르신다.
복음을 세상에 전하기 위해서였다.
이들에게 마귀를 제어하는 권세와 병을 고치는 능력도 주셨다.
그러나, 이들에게는 집중적인 훈련이 필요하다.
훈련받지 않은 제자들이란 생각할 수 없다.
복음이 바로 증거될 때에야 진정한 구원의 역사가 일어나기 때문이다.
훈련을 잘 받지 않고, 사역 현장에 뛰어들어가는 사역자들이 많다.
우리의 열정만으로는 사역을 그르칠 수 있다.

• 큰 무리가 예수님을 따른다.
병자들에게 행하시는 표적을 보았기 때문이다.
큰 군중들이 몰려오고 있는데, 저녁이 되어가고 있다.
보리떡 다섯 개와 작은 물고기 두 마리
그것이 이 많은 사람에게 무슨 소용이 있겠습니까?
....
거기 모인 사람들이 다 '배불리' 먹고
그 남은 조각이 열두 바구니나 되었다(눅 9:17).
너희가 나를 찾아온 것은 표적을 본 까닭이 아니요
떡을 먹고 배부른 까닭이라.
내가, 우리가, 주님을 찾는 까닭은?

• 주는 그리스도시요 살아계신 하나님의 아들이시니이다.
베드로를 위시한 모든 제자들의 고백이다.
제자들은 어떤 마음을 갖고 이런 고백을 했을까?
주님을 따라가면 희망찬 앞날이 펼쳐지겠지,
아직은 고난과 역경, 십자가의 길은 다른 사람의 이야기일뿐이다.
믿음의 길은 인간적인 방법을 포기하며,
적극적으로는 나의 목숨까지 맡기는 것이라는데~
나는, 지금 어떤 모습으로 주님을 따르고 있는가?

• 훗날 주님을 따르던 제자들은 십자가에 처형되시는 모습을 보고,
어떤 생각들을 했을까?
그 동안의 삶을 후회하고 낙심했을까?
믿음의 생활이 꽃잎 뿌려진 오솔길은 아니지만
그래도 깊은 계곡에는 맑은 물이 흐른다.

• 누가 더 크냐? (눅 9:46-48)
제자들은 주님의 이 세상에서의 남은 과정이 어떻게 진행될 것인가에는 관심이 없다.
이제 주님이 통치하는 새로운 시대가 오리라는 환상에 젖어 있다. 지금까지 고생이 끝이 나고 새로운 정부가 탄생한다.
그래서 모두들 자신들이 차지하게 될 자리를 미리 점치고 있었다.

• 이 환상이 깨어지기까지는 그리 오랜 시간이 지나지 않았다.
주님은 십자가에 달리시고 제자들은 모두 도망하기에 바빴다.
부활하신 주님이 다시 나타나기까지는 어둡고 긴 터널을 지나야만 했다.
지금도 높은 자리(?)에 누가 올라가느냐 때문에 어떤 지도자들은 자리 다툼에 세월을 보낸다.

• 유대인 역시 이웃 사랑을 가르쳤다.
"네 이웃을 네 자신 같이 사랑하라."
그러나 이들의 사랑은 대부분 하나님의 백성이라는 울타리를 뛰어넘지 못했다.
사마리아인이나 이방인은 결코 이웃이 될 수 없었다.

• "네 생각에는 이 세 사람 중에 누가 강도 만난 자의 이웃이 되겠느냐"(36절).
"자비를 베푼 자입니다."
예수께서 이르시되 "가서 너도 이와 같이 하라."
예수님의 이웃 사랑에 대한 가르침은 유대인 자기 동족에게만 한정되지 않는다.
(아주 작은 소리로 나 자신에게 한번 물어보자.)
"그러면, 누가 진짜 내 이웃일까?"(눅 10:29-37)

• 좀처럼 말씀을 배우는 일에 전념하지 않는 교인이 많다.
머리만 커진다는 착각 때문이다.
교회 역시, 훌륭한 인격자로 키우기보다는 열심 있는 봉사자가 되라고 강조한다.
나는, 우리는, 지금 정상적으로 성장하고 있는가?
아니라고? 그러면, 마르다와 마리아의 경우를 살펴보자.

예수님! 한번 더, 예수니이임!
애좀 혼내주세요. 이게, 일도 않하고...

• 지금, 마르다는 몹씨 바쁘다.
모처럼 오신 예수님의 일행을 잘 모시기 위해서 음식을 준비해야 했기 때문이다.

• 그런데, 마리아,
그녀는 주님 곁을 떠나지 않는다.
꼼짝도 않고 말씀 듣기에 정신이 팔렸다.

• 마르다가 화가 났나보다. '저어~~녀니'
음식 준비하는데 돕지는 않고
그래서 쪼르르 예수님께로 다가왔다.
예수님! 한번 더, 예수니이임!
애좀 혼내주세요. 이게, 일도 않하고...

• 예수님 - "마리아는 좋은 편을 택하였단다."
(Mary has chosen the good part.)
좋은 편이 뭐예요?

▶ 언니의 분주함보다 그리스도의 발 앞에 앉아 그의 말씀을 경청하는 동생이 더 좋은 편을 택한 것이라고 칭찬하신다.

(마르다, 동생 마리아에게 "너 이따가 주님 가신 뒤에 한번 보자!! //씩씩) 설마, 그랬을라구.

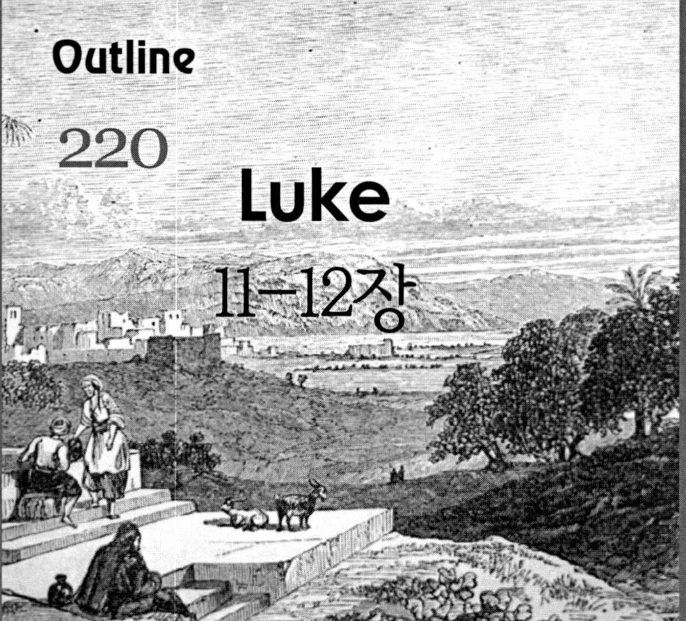

베레아에서 베다니까지의 사역

제자들에게 기도를 가르치시기 전에(눅 11:1)
모범적인 기도(마 6:9-13)를 반복해 보이시면서
기도라는 문제에 관하여 설명하셨다(눅 11:1).
유대교는 마치 기도의 훈련장처럼
철저하게 형식화된 기도 유형이 풍부했지만
문제는 그것이 형식화된 기도였다는 것이다.

주님은 귀신들려 눈 멀고 말 못하게 된 사람을 고치셨다.
그러나 바리새인들은 예수께서
바알세불을 힘 입어 그런 기적을 행한다고 비난했다.
주님은 이들에게
용서 받지 못할 죄에 대하여 경고하신다.

"누구든지 말로 인자를 거역하면 사하심을 얻되,
누구든지 말로 **성령을 거역하면**
이 세상과 오는 세상에도 사함을 얻지 못하리라"

심판 때에 니느웨 사람들이 일어나
이 세대를 정죄할 것이다.
그들은 요나의 설교를 듣고 회개하였기 때문이다.
스바 여왕이 일어나 이 세대를 정죄할 것이다.

바리새인과 율법사들의 여러 악랄한 행위에 대해
정죄하셨다.

주님은 여러 사람들에게 강한 반격을 받으시면서
사역의 정점을 향하신다

기도에 관한 교훈(눅 11:1-13)

(1) 유대인들, 특히 바리새인들은 종교행위에 열심이었다. 그것이 하나님 앞에서 신원(伸寃)받는 일이라고 생각했기 때문이다. 그 가운데 기도 역시 남에게 과시하기 위해, 또 영광을 얻을 목적으로 했다. 주님은 이런 사람은 이미 자기 상을 받았다고 말씀하신다(마 6:5하). 그렇다면 어떻게 기도해야 할까? (6:6)

(2) 주님께서는 기도를 가르쳐 주셨다. 지금까지 유대인들이 해 오던 기도와 어떤 차이점이 있을까? 하늘에서는 하나님의 통치가 이루어지고 있지만, 이 세상은 사탄 때문에 여전히 하나님의 뜻이 거스려진다. 주님의 기도는 땅의 거스르는 모든 세력과 불의에 대해 하나님의 선하시고 온전하신 뜻이 완전하게 지배하게 해달라는 기도이다. 그래서 주님은 "먼저(=무엇보다 중요한 것은) 그의 나라와 그의 의를 구하라"고 말씀하신다. "그리하면 이 모든 것을 더하여 주시리라."(마 6:33).

바알세불을 힘입어 귀신을 쫓아내는 것 아니냐? (눅 11:14-26)

(1) 예수님께서 벙어리 귀신 하나를 쫓아내셨다. 그러자 벙어리가 말을 하게 되었다. 당연히 이들은 놀랐다. "이는 다윗의 자손이 아니냐?" 즉, 이런 일은 다윗의 자손, 즉 "메시야가 아니면 이런 이적을 행할 자가 누구이겠는가?"라는 생각을 하게 했다.

(2) 무리들이 놀랍게 여겼으나 그 중에 더러는 말하기를 "그가 귀신의 왕 바알세불의 힘을 빌려 귀신을 쫓아낸 것"이라고 떠들어댔다(눅 11:15). 그러나 귀신들이 내어쫓김을 받았다는 것은 예수님께서 귀신에게 승리했고, 천국이 침입해 왔다는 증거가 되는 것이다.

그 집이 비고 청소되고 수리되었거늘(눅 11:24-26)

(1) 주님께서 말씀을 선포하고 계신 "이 악한 세대가 또한 이렇게 되리라"는 것이다. 예수님은 바리새인과 서기관들이 더 악한 세력에게 사로잡힌 자와 유사하다고 말씀하신다.

(2) 그들은 처음에 세례 요한의 설교를 듣고 나름대로 깨우침을 받고 회개했었다(더러운 귀신이 사람에게서 나갔을 때처럼). 그러나 이들의 회개는 부분적이요, 불완전한 것이었다. 주님께서 그들에게 말씀을 전파하실 때, 그들은 그 전보다 더욱 완고하고 고집이 세졌다. 유대인들은 말씀과의 만남이 개방되었는데도 메시야의 표적만을 구하는 악한 세대였다(마 12:39).

악한 세대가 표적을 구하다(눅 11:29-36)

(1) 무리들은 예수님의 병 고침은 성령에 의한 것이 아니고 귀신의 왕, 바알세불을 힘입어 치료했다고 주장했다. 그들은 예수님의 주장들이 확증될만한 더 큰 표적을 요구하고 나섰다.

(2) 예수님은 계속해서 바리새인들의 완악함을 또 다른 증거를 들어 책망하신다. 최후 심판 날 남방 여왕(스바 여왕)이 이 사악한 세대를 정죄할 것이라고 말씀하신다(마 12:42).

바리새인과 율법학자들을 책망하심(눅 11:37-54)

(1) 주님은 바리새인들에게 특히 식사하기 전에 반드시 손을 씻었는데, 이는 이들의 정결 예식 때문이었다(막 7:3-4). 물론 잔과 대접도 깨끗하게 보존되어야 한다(마 23:25-26; 눅 11:39-40). 이런 그들의 눈에 예수님이 손도 씻지 않고 식사하는 모습에 놀라는 것이 당연했다.

(2) 바리새인들은 "평토장한 무덤 같다" 고 하셨다. 마태복음에서는 '회칠한 무덤" 과 같다고 표현했다. 바리새인과 서기관들, 이들은 어떤 수단을 동원해서라도 앞에 계신 주님을 제거하려고 애를 쓰고 있다.

(3) 율법교사들은 백성을 하나님께로 바르게 인도할 책임이 있었다. 그러나 이들은 오히려 자신도 천국에 들어가지 못하고 들어가고자 하는 자도 막고 있었다.

바리새인들의 외식을 주의하라(눅 12:1-3)

성령을 모독하는 죄(눅 12:10-12)

누구든지 말로 인자를 거역하면 사하심을 받으려니와 성령을 모독하는 자는 사하심을 받지 못하리라

한 어리석은 부자에 대한 비유(눅 12:13-21)

사람들은 행복이 "소유의 넉넉함"에 있다고 생각한다. 물질 문제만 해결된다면 행복은 저절로 찾아오는 것 같겠지만, 영혼의 양식은 말씀뿐이며, 영혼의 참된 안식처는 하늘에 있음을 보여주신다.

무엇을 먹을까, 무엇을 입을까? (눅 12:22-32)

(1) 우리가 생존에 필요한 것에 대해 걱정하지 않을 수 없으나 이런 생각을 가지고 있다면 "믿음이 작은 자들"이다. '작은 믿음' 이란 보다 큰 구원의 문제는 맡기면서 그보다 작은 일상생활의 문제는 맡기지 못하는 불합리, 부조리한 믿음을 가리킨다.

(2) 무엇을 먹을까 무엇을 마실까 근심하는 것은(29절) 세상 백성들이 구하는 것이라고 하셨다. "너희 아버지께서는 이런 것이 너희에게 있어야 할 것을 아시느니라"(30절).

보물 있는 곳에는 마음도 있다(눅 12:33-34)

(1) 보물 있는 곳에 마음도 있게 마련이기에(34절 "너희 보물 있는 곳에는 너희 마음도 있으리라.") 미련스러울 정도로 지나치게 많은 재물을 소유하는 것은 영원한 재앙으로 떨어질 수 있다는 점에서 주의해야 한다.

(2) 예수님이 제자들에게 부를 모으는 것을 금지하신 이유는 무엇인가? 우리가 하나님과 재산(보물), 양쪽 모두에게 관심을 쏟는다면 분명한 방향도 목적도 없는 삶을 살게 될 것이다.

깨어 준비하고 있어라! (눅 12:35-48)

불을 던지러 왔다(눅 12:49-53)

복음 증거에는 고난이 반드시 따라온다. 그래서 세상 사람들과 불화가 나타나기도 한다.

때를 분별하라(눅 12:54-56)

주님은 당시 육체의 일에 대해서는 민감하면서도 영적인 면에 무지한 무리들에게 경고하셨다. 이들은 아침 저녁 징후를 보고 정확한 일기 예보를 할 수 있었다. 그러나 예수 그리스도의 인격에 대한 영적 징후를 파악하는 데는 무뎠다.

기도에 관한 교훈(눅 11:1-13)

같이 읽을 곳 (마 6:9-15, 7:7-11)

유대인들, 특히 바리새인들은 종교행위에 열심이었다. 그것이 하나님 앞에서 신원(伸寃)받는 일이라고 생각했기 때문이다. 그 가운데 기도 역시 남에게 과시하기 위해, 또 영광을 얻을 목적으로 했다. 주님은 이런 사람은 이미 자기 상을 받았다고 말씀하신다(마 6:5하). 그렇다면 어떻게 기도해야 할까?

1. 예수님께서 어떤 곳에서 기도를 마치고 돌아오셨을 때, 제자 중 하나가 저희에게도 기도를 가르쳐 달라고 했다. (이하 설명: 동교재, 마태복음 6장에서 가져옴)

(1) 세례 요한의 제자들은 이미 자신들의 기도문이 있었다고 했다. 그러면 유대인들에게 "주님이 가르쳐주신 기도문" 이전에는 이런 류의 기도문이 없었을까? 물론 있었다. 이스라엘 백성의 남자는 노소를 막론하고 아침 저녁에 쉐마를 암송했다(신 6:4-9, 11:13-21; 민 15:41).[1)]

(2) 이들은 하루에 세 차례 고정된 기도 이외에 매 식사 전후에 감사기도가 있었다. 이런 개인적 기도 외에도 공적 예배의 기도가 있었다. 회당 예배는 개회 기도로 시작해서 신앙고백으로 이어진다. 축복문 형식으로 짜여져 있고 서로 교송(交誦)한다. 그 다음 제사장의 축복(민 6:24-26)과 함께 T^e^philla가 나온다. 그 다음 성경 두 구절을 낭독한다(찬양 내용). 그리고 선지서 본문을 해석하는 설교가 카디쉬 기도문(the Kaddish)으로 이어진다. 카디쉬는 유대교의 몇 안되는 아람어 기도 가운데 하나이다. 아람어로 설교한 후에 바로 이어 나온다. 카디쉬는 종말론적인 기도이다.

(3) 그러면 무엇이 문제였을까? 유대교는 마치 기도의 훈련장처럼 철저한 기도 유형이 풍부했지만 문제는 그것이 너무 형식화된 기도였다는 것이다.[2)] 결국 사회적 관습이 세력을 장악해 갔다. 즉 어떤 자세로, 어떤 경우에 기도해야 하는지, 기도할 수 있는지 없는지 등 아주 세부적인 내용들에 얽매여 갔다는 말이다. 무엇보다 기도가 공로의 맥락에서 자리를 잡았다. (눅 18:11, 12을 보라. 이런 기도는 전혀 이상하지 않았다. 당시에는 이런 기도가 많이 있었다.)

2. 그래서 주님께서는 기도를 가르쳐 주셨다. 지금까지 유대인들이 해 오던 기도와 어떤 차이점이 있을까?

1) 그 뒤에는 Tephilla라는 기도(내용이 축복으로 된) 같은 찬송이 따라 온다. 당시 바리새인은 오후에 있는 세 번째 기도 시간을(단 6:10) 지켰다. 오후 3시에는 성전에서 저녁 희생을 드리고 전국적으로 Tephilla로 기도했다.

2) 공동의 기도는 다른 사람들이 듣는 것이 좋다고 배웠기 때문에 사람들은 회중들 사이에서 기도하고 싶어했다. 이때 형식화된 기도가 널리 사용되었다. 그래서 기도가 습관화될 위기에 처해 있었다.

(*from* 동교재, 마태복음 6장)

마태복음 6장	누가복음 11장
하늘에 계신 우리 아버지여	아버지여
① (당신의) 이름이 거룩히 여김을 받으시오며(9절)	① (당신의) 이름이 거룩히 여김을 받으시오며
② (당신의) 나라가 임하시오며	② (당신의) 나라가 임하시오며(2절)
③ (당신의) 뜻이 하늘에서 이루어진 것 같이 땅에서도 이루어지이다(10절)	
④ 오늘 우리에게 일용할(내일의) 양식을 주시옵고(11절)	③ 우리에게 날마다 일용할 양식을 주시옵고(3절)
⑤ 우리가 우리에게 죄 지은 자를 사하여 준 것 같이 우리 죄를 사하여 주시옵고(12절)	④ 우리가 우리에게 죄 지은 모든 사람을 용서하오니 우리 죄도 사하여 주시옵고
⑥ 우리를 시험에 들지 하지 마시옵고	⑤ 우리를 시험에 들게 하지 마시옵소서(4절)
⑦ 악에서 구하시옵소서(13절)	

- 두 본문이 서로 다른데, 그렇다면 어느 본문이 원전일까? 길이로 보면 누가복음이 더 오래 되었다는 것으로 볼 수 있으나, 확실하게 알 수는 없다. 전체적인 단어를 연구해 볼 때 마태 본문이 원전이라고 볼 수 있기 때문이다.
- 어쨌든, 마태와 누가는 서로 다른 상황에서 기록한 것이다. 마태의 본문은 그 대상자가 기도하는 법은 알고 있었지만, 그들의 기도가 위험에 빠진 사람들에게 한 이야기이며, 누가 본문은 아직 기도하는 법을 정확하게 배워야 하는 이방 사람들에게 주어진 것이다.

마태 - 3개의 당신 청원
4개의 우리 청원

누가 - 2개의 당신 청원
3개의 우리 청원

- 마태는 두개의 청원을 첨가했다(③, ⑦번)
- 그렇다면, 어느 것이 원본인가? 누가복음 원문은 세 곳에서 마태 본문보다 짧다. 또한 호칭에 수식어가 전혀 없다(단순히 πατήρ). 그러니까 마태복음에 누가복음 전체가 그대로 포함되어 있다.

눅 11:2 2 예수께서 — **이르시되**
/너희는 기도할 때에 — 원문에는 '이렇게'라는 말이 없다.
/[너희는] — (이렇게) [기도]하라(λέγετε 명령법)

마 6:9 그러드로(then, οὖν)
너희는 — **기도하라(προσεύχεσθε)** - 명령법, 현재 중간태/수동태
/이렇게(οὕτως)[1]

주기도문은 '기도의 표본(sample)'으로 가르쳐 주신 것이다. 이렇게(οὕτως)라는 말을 보아(마 6:9) 우리들의 기도의 표본이 된다. '주기도'라는 말은 "주님이 가르쳐주신 기도"라는 말이 더 정확한 표현이다.

1) Thus,
in this matter,
in this way,
After this manner

1) 마태복음에서는 "하늘에 계신 우리 아버지여"라고 했다. (Our Father who art in heaven) - NASB (Πάτερ ἡμῶν ὁ ἐν τοῖς οὐρανοῖς)

▶제자들의 기도가 **하나님 중심적**이어야 함을 밝히셨다. 아무것도 하나님의 이름과 영광 앞에 올 수는 없다.

주님이 가르쳐주신 기도(눅 11:2)

▶ 아버지여(Father)[1]

예수님께서 '아버지'라는 말을 호칭으로 사용하신 곳은 복음서의 다음 구절에서 나온다. 마가(1회, 14:36), 마태와 누가 공동 자료(3회, 마 6:9<눅 11:2>); 마 11:25-26<눅 10:21>), 누가(2회, 23:34, 46), 마태(1회, 26:42), 요한(9회, 11:41, 12:27-28; 17:1, 5, 11, 21, 24-25)

(1) "아버지여" : 아이와 같은 신뢰성이다.
먼저, 하나님(아버지)을 부르면서 시작한다. 하나님을 '아버지' 로 부른다. 하나님을 아버지로 부를 수 있는 사람들은 누구인가? 그것은 오직 예수님의 제자들만이 누리는 특권이다. 마태복음에서는 "하늘에 계신 우리 아버지여"라고 했다.

(2) 마가복음에서는 '아빠 아버지'(ἀββα ὁ πατήρ파테르)라고 했다(막 14:36 참조).
- 아빠 - 제일 먼저 강조(하나님에 대한 우리의 의존과 순종을 표현, 고백하는 것이다) 하나님은 아빠이지만 동시에 '하늘에 계시는' 분이시다(마태복음). 아빠의 친근감과 하늘에 계시는 초월성에 대한 경외심이 함께 나타난다.

2) 구약성경에서 하나님을 아버지로 묘사한 것은 오직 **하나님과 이스라엘 백성**(신 32:6; 사 63:16; 2회 ; 사 64:8; 렘 31:9; 말 1:6; 말 2:10), 혹은 **이스라엘 왕**과의 관계를 나타내는 것이다 (삼하 7:14; 시 89:26; 시 2:7 참조).

(3) 그러나 구약성경에서 하나님을 '아버지'라고 부른 곳은 한 군데도 없다. 이사야 63:16, 64:7에서 … אַתָּה אָבִינוּ(you are our Father) / … יְהוָה אָבִינוּ (O LORD, are our Father)라는 말이 나오지만 이는 절망의 부르짖음이다. 이는 '아버지'라는 명칭을 하나님께 사용한 것이 아니다.

(4) 예수님께서 하나님을 '내 아버지'라고 불렀다면 이것은 아주 특이한 일이다. 더욱이 아람어 형태인 ἀββά를 사용하셨다(그대로 전수된 곳은 막 14:36뿐이다). 신약에서는 이 단어의 헬라어 호격이 있다(마 11:25, πάτερ; 마 26:39, πάτερ μου; 막 14:36, ὁ πατήρ).

3) 복음 안에서 역사하는 그의 성령의 권능에 의해 거룩한 생명에로 새로이 낳은 자이다 (롬 8:15; 갈 4:6 - 아빠 아버지, ἀββα ὁ πατήρ) /

"하나님…곧 만유의 아버지", 모든 '그리스도인들의' 아버지(엡 4:6), "자비의 아버지"(고후 1:3). 이 구절들을 보면, 기도의 호칭으로 이 단어가 널리 사용되었음을 알 수 있다.

(5) 예수님은 하나님을 '**내 아버지**'라고 부르셨다. 그렇다면 유대인들은 하나님을 '아버지'(아빠, ἀββά)라고 부르지 않았다는 말인가?[2] 이렇게 유대주의에서 하나님을 ἀββά라고 부른 예가 단 하나도 없는 반면 예수님은 그의 기도에서 하나님을 ***언제나*** 이렇게 부르셨다는 것이다. 여기 '아빠'라는 말에는 언약의 의미가 있다. 인간이 하나님에 대해 의존하고 순종해야 한다는 것이다. 아버지와 아들의 관계가 언약의 특징이다. 그런 아버지만이 우리의 필요를 이미 아신다(마 6:32).

(6) '신자들은 그리스도를 통하여 하나님과의 특별히 가깝고 친밀한 관계에로 높여졌다. 따라서 이제는 더 이상 죄인들의 준엄한 심판자로서 아버지를 두려워하지 않고 그들과 화목한 사랑하는 아버지로서 존경한다.[3]

⑴ 첫 번째 기원(祈願) :

전적으로 초점이 하나님께 맞추어져 있다.

① 11:2 (당신의)이름이 거룩히 여김을 받으시오며

② 11:2 - (당신의) 나라가 임하시오며

③ 마태복음 6:10절하에서는 "(당신의) 뜻이 하늘에서 이루어진 것 같이 땅에서도 이루어지이다."라는 말이 추가로 있다.

① ▶ 이름이 거룩히 여김을 받으시오며(눅 11:2)

Hallowed be Thy name / ἁγιασθήτω[1] τὸ ὄνομά σου

1) 하기아조(ἁγιάζω - 거룩하게 하다, 성별하다)의 과거 수동태, 명령형이다. 그의 이름은 그의 인격이며, 그 자체로 거룩하시다. 과거 수동태로, 과거형이 사용된 것은 완전한 실현을 요구하는 것이다. 하나님의 이름을 거룩하게 하거나 여김을 받으시는 것은 하나님을 공경하고 높인다는 것을 의미할 뿐만 아니라 **하나님의 계명에 복종함으로** 말미암아 하나님을 영광되게 할 수 있다. 하나님은 우리의 삶을 통해서 영광을 받으시기 때문이다.

(1) 하기아조(ἁγιάζω)는 '카다쉬'(거룩하다)의 역어로 사용되었다. 거룩하신 하나님과 가까이 접근하려면 자신을 성결하게 해야 한다(출 19:14; 삼상 16:5 참조). 그러므로 하나님의 거룩하심을 욕되게 하면 안 된다(레 22:32, "너희는 내 성호를 속되게 하지 말라 나는 이스라엘 자손 중에서 거룩하게 함을 받을 것이니라 나는 너희를 거룩하게 하는 여호와요."). 하나님의 이름은 그의 인격이며 그 자체로 거룩하고, 그 거룩으로 계시되는 것이다(겔 20:41, 38:16). 하나님의 신성(神性)은 예배 행위에서 인간에게 계시되고(사 6:3), 그 다음에 하나님은 인간에게 거룩이 여김을 받으시게 된다(즉 신성시 된다).[2]

2) 하나님은 그의 백성에게 끊임없이 성결(聖潔)을 요구하신다(레 19:2). 그의 거룩성 때문이다.

(2) 레위기에서 자주 등장하는 용어는 '거룩'이라는 말이다(레 11:44-45). 이 말은 특별히 종교적 목적을 위해서 구별되어 사용되고 있다. 성소 안에 있는 것은 땅이나 건물이나 기구를 막론하고 '거룩' 할 수 있었다. 즉 종교적이고 제의적인 용도에 의하여 구별되었다.[3]

3) '거룩한' 의 반대는 '속된' (unholy, profane)이라는 말이다. 레 10:10 "그리하여야 너희가 거룩하고(코데쉬, holy) 속된(unholy) 것을 분별하여 부정하고 정한 것을 분별하고..."

② ▶ (당신의) 나라가 임하시오며(눅 11:2)

Thy kingdom come. / ἐλθέτω[4] ἡ βασιλεία σου·

4) ἐλθέτω - ἔρχομαι(엘코마이)의 명령법 과거 능동태 / 여기서 엘코마이는 하나님의 나라의 도래를 나타낸다. 이 나라는 권능으로 임한다(막 9:1).

하나님께서
원하시는 방식으로
(이스라엘이 원하는 방식과 반대되는)
하나님의 나라가
임하게 해달라고 기도해야 한다.

당신의 나라는 하나님 아버지의 나라를 가리킨다. 공관복음서의 핵심적인 주제는 '하나님 나라의 임함'이라고 할 수 있다. 예수님의 공적 선언의 중심 주제가 '하나님의 왕적인 통치'(the kingly reign)였다.

(1) 하늘에서는 하나님의 통치가 이루어지고 있지만, 이 세상은 사탄 때문에 여전히 하나님의 뜻이 거스려진다. 그러므로 땅의 거스르는 모든 세력과 불의에 대해 하나님의 선하시고 온전하신 뜻이 완전하게 지배하게 해달라는 기도이다. 그래서 주님은 "먼저(=무엇보다 중요한 것은) 그의 나라와 그의 의를 구하라"고 말씀하신다. "그리하면 이 모든 것을 더하여 주시리라"(마 6:33).

(2) 하나님이 통치하시는 그 나라는 예수님의 사역 속에서 이미 그 모습을 드러냈다. 그러면 "하나님의 나라"가 임하기를 구한다는 의미는 무엇인가? 그것은 하나님의 영광이 현시(顯示)되며, 이 땅 위에서 하나님의 권능이 아주 충만하게 재천명 유지되는 것을 의미한다.[1)]

(3) 마태복음 6:10에는 이 말이 첨가되었다.

③ ▶ (당신의) 뜻이[2)] 하늘에서 이루어진 것 같이
땅에서도 이루어지이다(마 6:10)

Thy will be done, On earth as it is in heaven.
γενηθήτω명령법, 과거 수동태 τὸ θέλημά σου,
ὡς ἐν οὐρανῷ καὶ ἐπὶ γῆς·

(1) 유대인 공동체나 예수님의 제자들은 동일한 말로 하나님의 영광의 현현을 기도했다. 그러나 두 공동체는 기도의 내용에 차이가 있다. 카디쉬(유대인의 아람어 기도 중 하나)에서 공동체가 기도하는 것은 *완전히 기다리는 상태의 기도였다.* 즉 하나님의 영광이 가시화 되고 하나님이 보좌에 앉으시는 그 때가 오기를 기도했다. 현 세상은 사탄의 지배, 악한 자의 승리하에 있다고 보고 있기 때문이었다. 반면에 예수님의 제자들은 하나님의 은혜로운 역사, *즉 위대한 전환점이 이미 시작되었다는 사실을 알고 있다.*

(2) 이렇게, 이 세 기원은 기본적으로 동일한 것을 간구하고 있다. 즉 하나님께서 적대적인 모든 것에 대하여 하나님의 전적인 승리를 간구한다. 그 때문에 이 세 기원은 뚜렷한 종말론적인 특성이 있다. 즉, 세 기원은 천국이 영광에 도달하고 세상의 현 시대가 종국에 이르기 전에는 충분히 응답을 받지 못할

1) 하나님의 나라는 어떤 상태나 조건, 혹은 인간이 창조하고 진척시켜서 이루어지는 사회(사회복음주의)가 아니다. 내적인 지상의 진전이나, 인간의 도덕적 행동을 통하여 이루어지는 것이 아니다. 그 나라의 임함이 절대적으로 하나님 자신의 행동으로 이루어진다.

2) 김희성, 입체적으로 본 산상보훈(영성, 2005), 147.

여기서 '당신의 뜻'은 하나님 아버지의 뜻이다. 이 하나님 아버지의 뜻은 구약에 나타나 있지만 예수님께서 새롭게 해석해 주셨다. 그것은 마음 깊은 곳에서 우러나오는 인간애와 사랑과 자비의 실천이 있어야 한다는 것이다. 그러므로 하나님의 뜻이 땅에서도 이루어지기 위해서는 하나님의 뜻의 실현에 매진해야한다. 결국 하나님의 뜻을 행동으로 나타내야 하나님의 이름이 거룩히 여김을 받으신다.

것이라는 사실이다. 주님이 이 땅에 초림하심으로써 천국은 원리상 이미 도래(到來)하였다(마 4:17 참조). 따라서 이 세 기원은 최종적이고 궁극적인 천국 도래에만 해당되는 것이 아니라 그리스도의 오심과 더불어 시작된 시대 동안에 있을 구속사의 과정과도 관계한다.[1]

1) 리델보스, [마태복음 강해]

(2) 두 번째 기원(祈願) :

세 가지 간구 : 기도하는 자의 신체적, 영적 필요들

① 11:3 - 우리에게 날마다 일용할 양식을 주시옵고

② 11:4상 우리가 우리에게 죄 지은 모든 사람을 용서하오니 우리 죄도 사하여 주시옵고

③ 11:4하 우리를 시험에 들게 하지 마시옵소서

① ▶ [당신은] — 주시옵고(δίδου) (눅 11:3)
/우리에게 (ἡμῖν)
/날마다 (τὸ καθ' ἡμέραν)
/일용할 양식을(τὸν ἄρτον ἡμῶν τὸν ἐπιούσιον)

마태복음 6:11 - **오늘[2] 우리에게 일용할 양식을 주시옵고**
Give us this day our daily bread

2) '오늘'이라고 번역된 세메론(σήμερον)이라는 단어는 '오늘, 이 날에'라는 의미로 사용되었다. 눅 11:3에서는 τὸ καθ' ἡμέραν(날마다)이라고 했다.

(1) '일용할'이라고 번역된 에피우시오스(ἐπιούσιος)는 신약성경에서 여기와 눅 11:3에서만 나오는 단어로 이 단어의 번역과 해석이 초기부터 논쟁점이 되어 왔다. 그래서 '정규적인 매일의'이라는 의미로 보기도 하고, '다음 날을 위한' 또는 '다가오는 날을 위한'이라는 의미로 보기도 한다(잠 30:7-8*). 출 16:4을 보면 이스라엘 백성은 그 날에 필요한 분량만큼의 만나만을 거둘 수 있었다(출 16:4 "...백성이 나가서 **일용할 것을 날마다**[a day's portion every day] 거둘 것이라...").

• 인간이 육체를 가지고 있는 동안에는 반드시 기본적인 양식과 쉴 곳과 옷이 필요하다. 즉 우리에게 육체적 필요를 인정하시는 것이다. 물론 우리는 항상 식탁이 풍성하다. 냉장고가 있으니 말이다. 그러나 당시에는 정말로 하루하루를 살아가기가 힘든 때였다.

• 잠 30:7-8 "내가 두 가지 일을 주께 구하였사오니 내가 죽기 전에 내게 거절하지 마시옵소서 [8]곧 헛된 것과 거짓말을 내게서 멀리 하옵시며 나를 가난하게도 마옵시고 부하게도 마옵시고 **오직 필요한 양식으로**(with the food that is my portion) 나를 먹이시옵소서"

(2) 제롬은 '알토스 에피우시오스'(ἄρτος ἐπιούσιος)를 '미래의 양식'으로 해석했다. 따라서 '내일의 양식'이란 말을 지상의 양식, 생존을 위한 최소한의 필요로 이해하지 않고 생명의 양식으로 이해했다. 예수님께서는 지상의 양식과 생명의 양식 사이에 대립을 두지 않으셨다. 바실레이아 영역에서는 지상의 모든 것들이 다 거룩하게 되었다(예, 예수님의 최후의 만찬). 초대 공동체는 이런 생각을 갖고 있었기에 그들이 함께 하는 식사를 '주의 만찬'이라고 했다(고전 11:20).[3]

3) 여기에 양식을 위한 기도에 종말론적인 특성을 바라보게 된다. "우리의 슬픈 현실 속에서 우리에게 생명의 양식을 주옵소서"라고 기도할 수 있다.

② ▶ 4절 [당신은] ——— 사하여 주시옵고
/우리 죄도
//(이유: for, γάρ)
우리가 — 용서하오니
/우리에게 죄 지은 모든 사람을
③ [당신은] ——— 시험에 들게 하지 마시옵소서
/우리를

• 아피에미(ἀφίημι) - 용서하다, / 법적인 용법으로는 '법적 속박에서 벗어나다, 방면하다, 면제하다, 용서하다(죄, 의무, 처벌로부터).

• 같은 내용인 마태복음의 설명을 들어보자. (동교재, 마태복음의 설명을 가져왔다.)

마 6:12 **우리가 우리에게 죄 지은 자를 사하여 준 것 같이 우리의 죄를 사하여 주시옵고**

And forgive us our debts, as we also have forgiven our debtors.

καὶ ἄφες[forgive] ἡμῖν τὰ **ὀφειλήματα**[debts] ἡμῶν[our]
ὡς καὶ ἡμεῖς ἀφήκαμεν[have forgiven] τοῖς ὀφειλέταις ἡμῶν·

ἀφήκαμεν은 압히에미(ἀφίημι- 용서하다, 버려두다)의 과거 능동태로 죄 사함이나 용서에 대해서 쓰였다.

• ὀφειλήμα(옵헤일레마)의 복수형 / 영어 성경은 빚(debts)으로 번역했다. 아람어에서는 물질적인 채무와 관계적인 채무 모두 같은 단어로 표현하고 있다. 물질적일 때에는 어떤 보상도 기대하지 말고 빌려주어야 한다(마 5:42). 예수님 당시에는 채무는 가장 억압적인 경제 문제 중 하나였다.

[설명] 여기 마태복음은 조금 주의깊게 살펴보아야 한다. "우리가 우리에게 죄 지은 자를 **사하여 준 것 같이**"(과거형)라는 말이 우리의 용서가 하나님 용서의 선행조건인가 하는 문제이다. 즉 우리의 용서가 하나님 용서의 모범(~같이, ὡς καί)이란 말인가? 그러나 이 말의 기원은 본래 '동시적 완료형'의 아람어이다. 예레미야스는 이렇게 해석한다:

(1) 이 말은 "**이것과 함께**(herewith, ὡς καί) 우리가 우리에게 빚진 자를 용서하는 것처럼"으로 번역해야 한다고 주장한다.[1] .... 즉 우리가 용서한 사실은 하나님의 용서로 넘어갈 준비가 되었다는 것을 보여준다. 그러니까 이 간구는 이런 뜻이다. "우리는 바실레이아에 속한 자들이니 오늘 우리에게 구원의 은사를 나누어 주옵소서. 우리는 그것을 널리 전할 마음이 준비가 되어 있나이다."(예레미야스, 신약신학, 285-86)

(2) 그러니까, 이 기도 내용은 "우리 죄를 용서해 주시옵소서. **그와 동시에**(ὡς καί) 우리도 우리에게 빚진 자를 용서하겠나이다."라는 의미이다.

1) ἀφήκαμεν(아ㅎ페카멘)이라는 단어가 과거형으로 우리의 용서가 마치 하나님 용서의 선행조건인 것처럼 해석해서는 안 된다는 것이다.

(이 말은 동시적 완료형이라는 것이다.)
= with this 이와 더불어

• 우리는 우리에게 죄지은 자(빚진 자)를 용서할 때에만 하나님의 용서를 받는다. 즉 우리의 기도의 능력은 용서의 실천에 달려 있다는 말이다. 우리가 용서하면 우리도 용서받을 것이다. 우리는 하나님에게 엄청난 빚을 탕감받았다.

그러니 이번에는 우리 차례라는 것이다. 우리는 끊임없이 도저히 용서해주지 못할 이웃들과 함께 살아간다. 한 번 용서해준다고 모든 문제가 전부 해결되지는 않겠지만 용서는 예수 그리스도의 자녀들이 반드시 취해야 할 근본적인 문제이다. 하나님 앞에 엎드려 진지하게 이 문제를 가지고 나아가야 한다. 그렇지 않으면 결코 구렁에서 헤어나오지 못하고 계속 좌절 속에서 허우적 거리게 된다.

③ ▶ "우리를 시험에 들게 하지 마시옵소서" - 여기 주기도문 마지막에 나오는 간구는 제자들이 시험을 면제해 달라는 기도가 아니다. 오히려 이 간구는 종말론적 시험에 굴복하지 않게 보존하시기를 바란다는 의미이다. 따라서 예수님의 제자들의 기도는 배교(背教)에서 보존받기 위해 기도하고 있는 것이다. 특별히 박해와 고난의 때에 말이다.

- 고전16:22 "만일 누구든지 주를 사랑하지 아니하면 저주를 받을지어다 **우리 주여 오시옵소서**(또는 우리 주께서 임하셨도다)
- 막 14:38 "시험에 들지 않게 **깨어 있어 기도하라** 마음에는 원이로되 육신이 약하도다 하시고"
- 눅21:36 "이러므로 너희는 장차 올 이 모든 일을 능히 피하고 인자 앞에 서도록 **항상 기도하며 깨어 있으라** 하시니라."

∴그러므로

주기도문은 마라나타(μαράνα θά, 고전 16:22*)처럼, 막 14:38*; 눅 21:36*처럼 종말론적인 기도이다. 그리고 그 통치가 바로 지금 실현되기를 바라는 간구가 이 기도의 핵심이다. **이제 주기도문에 따라 기도하는 일만 남았다. 듣는 기도는 축구와 같아서 규칙적으로 연습할수록 익숙해질 것이다.**

[위의 설명은 동교재, 마태복음에서 가져왔다. 바리새인들보다 더 넘치는 의(마 6:1-18)를 설명하는 가운데서 주기도문을 다뤘다. 주님은 바리새인들의 행실이 어떤 면에서 잘못된 것인가를 설명해 가시는 중에 기도 문제까지 말씀하셨다. 더 깊은 내용은 마태복음을 참고해 보자.]

기도에 대한 가르침(눅 11:5-13)

참조할 곳(마 7:7-11)

누가복음은 특별히

기도를 많이 강조했다

1. 이 기록은 누가복음에만 나온다. 누가복음이 특별히 강조하고 있는 여러 주제들 중에 예배와 기도가 있다. 누가복음에서는 예수님이 기도하시는 장면을 다른 복음서보다 더 많이 언급한다(특히 세례[3:21]나 변화산 사건[9:28]과 관련해서).[1] 바로 앞에서 살펴본 대로 주기도문을 가르쳐 주셨다. 그리고 항상 기도할 것을 말씀하셨다(눅 18:1, 21:36, 22:40). 다른 복음서에는 없는 기도에 관한 비유가 세 곳 나온다(11:5-8, 18:1-8, 9:14). 오늘 본문이 그 첫 번째 기도에 대한 비유이다.

1) 제자 선택하기 전에(6:12)

무리가 자신을 누구라고 생각하는냐고 묻기전에(9:18)

베드로가 부인할 것을 예언하기 전에(22:32)

(1) 누가복음 11:5-8을 읽어보고 무슨 내용의 비유인가 살펴보자.

- 너희 중 한 사람에게 어떤 친구가 있다고 가정해 보자.
한 밤중에 그 친구가 찾아와서 떡(빵) 세 덩이를 빌려달라고 했다. 왜 세 덩이냐고? 하나는 손님에게 주고, 주인도 하나 먹고, 또 하나는? "손님이 더 먹고 싶어하면 더 줘야 하나까. 내 친구 하나가 먼 길을 가다가 우리 집에 들렸는데, 내놓을 것이 없어서."라고 사정을 한다면?

- 아무리 친구라도 귀찮아서("나를 괴롭게 하지 말라 문이 이미 닫혔고 아이들이 나와 함께 침실에 누웠으니") 안들어 줄 수도 있다. 그러나 '계속해서 귀찮게 졸라대면 그의 청을 들어주지 않겠느냐?'라는 내용의 비유이다.

1) 아나이데이아(ἀναίδεια) - 부끄러움이나 뻔뻔스러움을 의미한다. 부끄럼이나 염치를 불구하고 간곡히 간구하는 것을 나타낸다. 신약에서 이곳에서 단 한 번 나온다.

(2) 식구들이 다 깰 수도 있고 해서 귀찮기도 하겠지만, '그 간청함(persistence)을 인하여'(διά γε τὴν ἀναίδειαν[1] αὐτοῦ) 일어나 필요대로 주지 않겠느냐? 이렇게 하나님은 끝까지 구하는 자에게 주실 것이다. 끈질기게 기도하라는 말씀이다(살전 5:17*). 성경의 인물 중 이런 끈질긴 기도를 한 사람이 누구일까? (아브라함, 창 18:23-33; 수로보니게 여인의 간청, 마 15:22-28 등)

- 살전 5:17 "쉬지 말고 기도하라."

2. 이렇게 **인내를 가지고 끈기 있게 기도하라**는 것을 비유하여 설명한 것이다. 이렇게 끊임없이 구하고, 찾고, 두드리는 사람에게는 그 응답이 있을 것이다(Ask, seek, knock and the door will be opened to you). 물론 하나님의 뜻은 아랑곳하지 않고 무조건 자기 뜻만 관철시켜 달라고 졸라댄다고 무조건 다 들어주신다는 것은 아니다(마 7:7; 눅 11:9).

- 구하라(αἰτέω, ask) : 심중(心中)의 소원. 정열과 집요한 관심을 기울이는 욕망을 표현하고 있다.
- 찾으라(ζητέω, seek) : 그것이 행동으로 옮겨지기 위해 탐구하라. 욕망이 쉽게 충족될 수 없는 것이라도 발견될 때까지 더 많은 수고를 기울여라.
- 두드리라(κρούω, knock) : 기도로써 하나님과 담판하듯이 집요하게 강청해야 한다. 참고로 눅 11:58을 읽어보라.

7:7 [너희는] ——— **구하라(Αἰτεῖτε)** - 명령문
//그리하면(결과, καί)
[그것이] — 주실 것이요(주어질 것이요, δοθήσεται)
/너희에게(ὑμῖν)
[너희는] ——— **찾으라(ζητεῖτε)**
//그리하면
[너희가] — 찾아낼 것이요
[너희는] ——— **문을 두드리라(κρούετε)**
//그리하면
[그것이] — 열릴 것이니
/너희에게

이 세 가지 표현은 같은 것을 다르게 표현한 것으로 하나님께 기도하라는 말이다. 하나님께서는 우리가 구하는 것을 들으신다. 그것이 하나님 나라의 기본 원칙이라고 말씀하신다. "구하는 이마다 얻을 것이다."(7:8) 올바른 기도를 드렸다면 반드시 주어질 것이다.

▲ 마태복음에서는 산상설교와 연관해서 명령하신다. 산상설교의 교훈을 누구도 지킬 수 없다면 산상설교는 축복의 말씀일 수가 없지 않은가? 그래서 구하고, 찾고, 두드리라고 요구(명령)하신다.

3. 기도 응답의 확실성을 설명하기 위해 어떤 예를 들어 설명하고 있는가? (눅 11:13; 마 7:9-10)

눅 11:13 [만일, If, then, εἰ οὖν]
너희가 ── 악할지라도(If)
/좋은 것을 자식에게 줄 줄 알거든
너희 하늘 아버지께서 ─ 하물며[1] 주시지 않겠느냐.
/ (πνεῦμα ἅγιον)[2]을
/구하는 자에게

마 7:11 너희가 악한 자라도 좋은 것으로 자식에게 줄 줄 알거든
하물며[1] 하늘에 계신 너희 아버지께서
'좋은 것으로'(good things, ἀγαθα아가다) 주시지 않겠느냐
/구하는 자에게

1) πόσῳ - 의문사
하물며 ~ 않겠느냐
πόσος - how much
μᾶλλον - more

2) πνεῦμα ἅγιον
다른 고대 사본 - '아버지께서야 구하는 사람에게 하늘에서부터 성령을 주시지 않겠느냐?"

누구에게? - 구하는(아이테오, αἰτέω) **자에게** / 기도에는 끝없는 확신이 요구된다. 이런 확신이 있을 때, 모든 기도는 계속 살아있게 된다. 확신이 의심으로 약해지거나 없어지게 되면 기도는 죽게 된다. 물론 우리가 구하기 전에 우리에게 있어야 할 것을 하나님은 아신다(마 6:8). 그러나 계속해서 확신을 갖고 기도하라고 요구하신다(마 21:22; 요 15:7, 15:16, 16:23; 골 1:9). 당연히 우리의 간구가 하나님의 뜻과 일치해야 한다("그의 뜻대로 구하면", 요일 5:14-16). 그러므로 하나님께 구하는 것은 그로부터 옳고 좋은 것을 구한다는 뜻이다. 누가는 **'더 좋은 것'**(마 7:11)을 곧 **'성령'**으로 해석하였다(눅 11:13). 요 15:7에서는 이렇게 말씀하신다. "너희가 내 안에 거하고 **내 말이 너희 안에 거하면** 무엇이든지 원하는 대로 구하라 그리하면 이루리라." 요일 3:22은 윤리적인 면을 더 강조하고 있다. "무엇이든지 구하는 바를 그에게서 받나니 이는(이유, because, ὅτι) **우리가 그의 계명을 지키고 그 앞에서 기뻐하시는 것을 행함이라**." 이는 ***우리의 요구가 하나님에 대한 올바른 태도에서 나옴***을 알 수 있다.

(1) 누가복음 11:11-12에는 무엇을 대조하여 설명하고 있는가?

"**구하는 이마다 받을 것이요**"(눅 11:10). 물론, 우리가 기도하는 대상은 우리의 모든 것을 아시는 하나님이시다. 그러나 하나님은 그렇게 간절히 기도하는 것을 들어주시지 않을 경우도 있다. 그의 지식은 절대적이기 때문이다. 하나님은 우리의 이해를 초월하시는 분이시다. 그러함에도 우리가 간절히 기도해야 할 이유는 우리가 그것을 갖기를 열망하지 않으면 구할 수 없다는 것에 있다.

(2) 그렇다면, 하나님은 기도를 길게 할수록 잘 들어주실까? 간절함과 기도의 시간과는 상관이 없다. 대체로 우리는 기도로 하나님을 설득하려(?) 하지 않는가?[3]

3) 문제는 '무엇이든지' 구하면 무조건 들어주신다는 생각을 갖는다는 것이다. 그러나 그것은 "너희가 내 안에 거하고 내 말이 너희 안에 거할 때" 그렇다는 말이다(요 15:7). 하나님의 뜻과는 상관없이 떼만 쓰면 된다는 말이 아니다.

232

바알세불을 힘입어 귀신을 쫓아내는 것 아니냐? (눅 11:14-26)

같이 읽을 곳(마 12:22-30; 막 3:20-27)

예수님이 하나님의 아들이라는 사실에 종교지도자들은 이를 못마땅해 했다. 만약 그가 그렇게 기다렸던 진짜 메시야라면 어딘가 석연치 않은 점들이 있었기 때문이었다. 예수님은 이스라엘 백성들이 고대했던 메시야와 전혀 맞지 않는 행동을 하고 있는 것처럼 보였다. 그런데, 예수님이 많은 기적을 베풀고 있지 아니한가! 평범한 사람이 아닌 것은 분명했다. 그러나 그를 메시야라 부르기에는 무엇인가 부족했다고 보았다. 그래서 그들은 더 큰 표적을 보이라고 요구했다.

1. 예수님께서 벙어리 귀신 하나를 쫓아내셨다. 그러자 벙어리가 말을 하게 되었다. 당연히 이들은 놀랐다. 여기서 '놀랐다'는 말은 정신이 나갔다는 말이다. "이는 다윗의 자손이 아니냐?" 즉, 이런 일은 다윗의 자손, 즉 "메시야가 아니면 이런 이적을 행할 자가 누구이겠는가?"라는 생각을 하게 했다.

1) ἐξίστημι의 미완료 중간태 / were amazed 혼란하게 하다, 의식을 잃게 하다, 놀라게 하다, 정신나가다

마 12:23 무리가 다 놀라(ἐξίσταντο)[1] **이르되**
/이는 다윗의 자손(ὁ υἱὸς Δαυίδ)이 아니냐 하니

이 세상 임금
ὁ ἄρχων τοῦ κόσμου τούτου

세상 임금의 정체
옛 뱀, 마귀,
사탄(계 20:2),
공중 권세 잡은 자(엡 2:2)
하늘에 있는 악의 영(엡6:12)

(1) 무리들이 놀랍게 여겼으나 그 중에 더러는 말하기를 "그가 귀신의 왕 바알세불의 힘을 빌려 귀신을 쫓아낸 것"이라고 떠들어댔다(눅 11:15). 바리새인들의 태도를 보라. 이들은 예수님의 능력에 입을 다물지 못하고 놀라워하면서도 예수님의 메시야되심은 인정치 아니했다. 그들은 예수님이 "귀신의 왕, 바알세불을 힘입어" 귀신을 쫓아냈다고 주장했다. 또 그들 중 더러는 예수를 시험하여 '하늘로부터 오는 표적'을 구했다(16절).

(2) 물론, 예수님은 그들의 악한 생각을 아셨다(17절).

- 바리새인들의 생각대로 한 귀신이 다른 귀신을 쫓아내야 한다면, 귀신들의 왕국이 어떻게 서겠는가?
- 결국, 예수님이 귀신을 쫓아내신 사건은 오직 성령으로 가능한 것이었음을 말씀하신다.

눅 11:17 예수께서 – 그들의 생각을 **아시고 이르시되**
/스스로 분쟁하는 나라마다 – 황폐하여지며
/스스로 분쟁하는 집은 —— 무너지느니라

18 만일
사탄이 —— 스스로 분쟁하면(if) (ἐφ' ἑαυτὸν διεμερίσθη)
그의 나라가 – 어떻게 서겠느냐
//(이유: ὅτι)
너희 말이 내가 바알세불을 힘입어 귀신을 쫓아낸다 하니

디아메리조(διαμερίζω) - 나뉘어지다, 분열하다 /수동태

바리새인들이 이 말을 사용한 것을 보면 귀신의 왕을 나타내는 이름이다(막 3:22; 마 12:27; 눅 11:18).

(3) "만약 내가(=예수님이) 바알세불(Βεελζεβούλ 베엘제불)을 힘입어 귀신을 쫓아낸 것이라면, 너희의 아들들(추종자들, 귀신 축출자들)[1]은 누구의 힘을 빌려 쫓아낸단 말이냐?" "그러므로 그들이 너희 재판관(κριτής 크리테스)이 되리라" (19절). 바로 그들(귀신 축출자들)이 너희의 말이 그르다는 것을 지적할 것이다. 이들 바리새인들은 만약 다른 사람이 이런 기적을 베풀었다면 박수갈채를 보내고 찬미했을 것이다.

1) 여기서 '너희의 아들들'은 귀신 축출자(귀신을 내쫓는 사람)를 가리킨다(행 19:13 참조). 즉 "내가 사탄의 도움으로 귀신을 쫓아낸다면 너희를 따르는 사람들은 누구의 도움으로 귀신을 쫓아내느냐?"라는 말이다(현대인의 성경)

2. 따라서, 귀신들이 내어쫓김을 당하는 일은 무엇을 증거하는 것인가?

(1) 마치 강한 자의 집을 강탈(强奪)하기 위하여는 먼저 강한 자를 결박해야 된다는 것이다(눅 11:21-22). 예수님은 하나님 나라의 왕으로 오셔서 사탄을 먼저 묶어 놓으셨다. 사탄은 강하게 무장하고 있으나 주님은 그들보다 훨씬 강하시다. 귀신을 내어쫓으셨다는 것은 예수님이 귀신보다 강했다는 것을 의미한다. 그래서 귀신과 그들의 힘을 파괴하신 것이다.

(2) 결국 예수님이 귀신을 쫓아내신 사건은 오직 성령으로 가능한 것이었다. 이는 사탄과 그의 왕국을 파괴할 하나님의 나라가 임하였다는 것을 말해준다.

마 12:28 그러나
[만일, εἰ, if]
내가 ———— 쫓아내는 것이면(ἐγὼ ἐκβάλλω)
/귀신을(τὰ δαιμόνια)
/하나님의 성령을 힘입어(ἐν πνεύματι θεοῦ)
하나님의 나라가 — 임하였느니라(ἔφθασεν)
/너희에게(ἐφ᾽ ὑμᾶς)
/이미(ἄρα)

마 12:28에서는 '하나님의 손을 힘입어'를 '하나님의 성령을' 힘입어라고 했다.

• 눅 11:20 그러나 내가 만일 **하나님의 손을 힘입어** 귀신을 쫓아낸다면 하나님의 나라가 이미 너희에게 임하였느니라 (ἐν δακτύλῳ θεοῦ)

닥튈로스(δάκτυλος) - 손가락 / 시편 8:3에서는 하늘은 하나님의 손가락으로 만드신 것이라고 했다(**손가락, 에쯔바, אצבע**)

돌비에 새긴 율법도 하나님께서 '친히'(에쯔바, אצבע) 쓰신 것이다(출 31:18).

(3) 자, 그렇다면, 귀신을 축출한 예수의 권능의 원천을 따져보자. 예수님이 사탄의 왕국을 지배할 능력을 가진 것이 분명하다면 "하나님의 나라가 '이미'(already) 임하였다"는 것이다. 귀신들이 내어쫓김을 받았다는 것은 예수께서 귀신에게 승리했고, 천국이 침입해 왔다는 증거가 되는 것이다.

(4) 사탄은 누구인가? 성경은 그를 이 "세상의 통치자"로 말하고 있다(이 세상 임금 - 요 12: 31, 14:30, 16:11). 물론, 하나님의 나라를 대적하는 자이다. 그는 예수님이 이 땅에 메시야로 오신다면 그가 가지고 있던 세상 권세를 빼앗길

1) 사탄은 메시야가 이 땅에 탄생하는 것을, 또한 그가 십자가에 달려 피흘려 구속을 완성하려 하는 모든 길을 차단하려고 발버둥친다. 만약, 그것을 막지 못한다면 그것은 곧 사탄 왕국의 파멸을 의미하는 것이기 때문이었다(막 1:24; 눅 4:34). 그래서 귀신들린 사람이 예수의 면전에서 소리를 지르며 두려워 떨었던 것이다(마 8:29; 막 1:24; 눅 8:28).

• 눅 10:18 "예수께서 이르시되 사탄이 하늘로부터 번개 같이 떨어지는 것을 내가 보았노라." - 사탄의 능력과 권위가 결정적으로 붕괴된 것을 가리킨다.

것을 잘 알고 있었다.[1]

3. 주님께서 이 땅에 오신 목적 중 하나는 잃어버린 자를 찾아 구원하려 하심이라고 했다(눅 19:10).

(1) 그 잃은 자들을 찾아 모으는 일이 추수의 시작이다. 그래서 주님은 하나님의 말씀을 선포하시고 기적을 베푸셨다. 따라서 이런 주님의 사역을 거역하는 사람, 즉 주님과 함께 하지 아니하는 자는 주님을 반대하는 자라고 하셨다. "나와 함께 하지 아니하는 자는 나를 반대하는 자요 나와 함께 모으지 아니하는 자는 헤치는 자니라"(눅 11:23).

(2) 주님은 사탄의 요새를 깨뜨리시고, 그 사탄을 결박하셨다. 이렇게 하나님의 나라가 확실히 왔음에도 불구하고, "나와 함께 아니하는 자"가 있다고 하셨다. 그렇다면 우리가 사탄에게 대항할 방법이 있는가? 그것은 사탄을 결박하신 주님 편에 서는 것이다. 따라서 예수님과 상관없이 살아가는 사람이 있다면, 그는 사탄 편에 서 있는 것이다. 특히 당시의 바리새인들은 자기도 모르는 사이에 사탄의 나라에 동조하고 있었다. 하나님의 나라가 임하면서 사탄은 결박당하고, 이제 인류들은 그 나라를 받아들인 것인가, 거부할 것인가 매우 중대한 결단을 내려야만 한다.

그 집이 비고 청소되고 수리되었거늘(눅 11:24-26)

1. 왜 갑자기 이 말이 나왔을까? 귀신론에 대해 설명하려고 하셨을까?

11:24 더러운 귀신이 사람에게서 나갔을 때에(when)
[더러운 귀신이] ── 물 없는 곳으로 **다니며**
/쉬기를 구하되
└ 쉴 곳을 **얻지 못하고**

(1) 지금 예수님은 바리새인과 서기관들을 향해 비유를 드셨다. 더러운 귀신(악령)이 어떤 사람 안에 들어 있다가 그에게서 나오면 광야에서 쉴 곳을 찾아 헤맨다. 그러나 찾지 못하자 다시 나왔던 집(몸)으로 들어가 보려니까 (24절 "이에 이르되 내가 나온 내 집으로 돌아가리라 하고") "그 집이 비고 청소되고 수리되었다"는 것이다. 그래서 그 악령은 자기보다 더 악한 다른 귀신 일곱을 데리고 와서 그 집에 들어가 자리를 잡고 산다는 것이다. 이렇

게 되면 "그 사람의 나중 형편이 전보다 더욱 비참"해지지 않겠는가?

(2) 주님께서 말씀을 선포하고 계신 "이 악한 세대가 또한 이렇게 되리라"는 것이다. 물론 이 부분이 귀신에 대해서 설명하고자 하는 근본 의도는 아니다. 주님은 지금 귀신론을 말하기보다는 "이 악한 세대"(this evil generation)에 대해서 언급하고 계신다(마 12:45*). 예수님은 바리새인과 서기관들이 더 악한 세력에게 사로잡힌 자와 유사하다고 말씀하시는 것이다.

(3) 그들은 처음에 세례 요한의 설교를 듣고 나름대로 깨우침을 받고, 회개했었다(더러운 귀신이 사람에게서 나갔을 때처럼). 그러나 이들의 회개는 부분적이요, 불완전한 것이었다. 주님께서 그들에게 말씀을 전파하실 때, 그들은 그 전보다 더욱 완고하고 고집이 세졌다. 마치 마 12:43-45; 눅 11:26과 같은 상태가 되었다는 것이다. 그들은 마음에 예수님을 모셔들이지 아니했다. 그 심하기가 더 악한 귀신 일곱을 데리고 들어온 형편처럼 사악해졌다는 것이다. 바리새인들은 마음이 완악하다는 의미에서 악했다(마 12:34*). 유대인들은 말씀과의 만남이 개방되었는데도 메시야의 표적만을 구하는 악한 세대였다(마 12:39*).

(4) 주님께서 이 말씀을 하고 계실 때에 무리 중에 한 여자가 큰 소리로 외쳤다. : "당신을 낳아 기른 분은 참 복이 있는 분입니다." 그러나 주님은 "**오히려 하나님의 말씀을 듣고 지키는 자가 복이 있다**"고 하셨다(눅 11:28). 예수님은 그의 제자들에게 그들의 이름이 하늘에 기록되었음으로 인하여 기뻐하라고 하셨다(눅 10:20).

• 마 12:45 "이에 가서 저보다 **더 악한 귀신 일곱을 데리고 들어가서 거하니** 그 사람의 나중 형편이 전보다 더욱 심하게 되느니라 **이 악한 세대가 또한 이렇게 되리라.**"

• 마 12:34 "**독사의 자식들아** 너희는 악하니 어떻게 선한 말을 할 수 있느냐 이는 마음에 가득한 것을 입으로 말함이라."

• 마 12:39 "예수께서 대답하여 이르시되 **악하고 음란한 세대가 표적을 구하나** 선지자 요나의 표적 밖에는 보일 표적이 없느니라."

누가 진정 복 있는 자인가?

무리 중의 한 여인은 예수님의 말씀을 듣고, "아, 저런 분을 낳은 분은 얼마나 복된 여자일까?" 하고 생각했다. 그래서 예수님을 향하여 큰 소리로 외쳤다. "당신을 낳아 기른 분은 참 복이 있는 분입니다." 그러나 주님은 "오히려 하나님의 말씀을 듣고 지키는 자가 복이 있다"고 하셨다(눅 11:28). - 이 구절은 다른 복음서에는 없는 말씀이다. 물론 예수님은 마리아가 복이 있다는 것을 부인하신 것이 아니다.

주님은 자기를 낳고 길러 준 자보다 하나님의 말씀을 듣고 지키는, 그의 신실하고 순종적인 제자들이 더 복된 자들이라고 하셨다. 예수님께서 전파하신 윤리는 '좋은 것들'에 관한 교리나 금욕주의에 있는 것이 아니다. 그의 윤리는 완전한 의미에서 **순종**의 윤리이다. 주님이 선포하신 계명(하나님의 계명, 하나님의 말씀)은 하나님의 뜻으로서 인간이 성취하여야 할 것이며, **행하고 지켜져야 할** 것이다. 하나님의 뜻을 정확이 아는 데에 힘을 써야 하고, 또한 그 아는 것을 지키는 자들이 진정 복된 자인 것이다.

악한 세대가 표적을 구하다(눅 11:29–36)

같이 읽을 곳(마 12:38–42; 막 8:11–12)

1. 무리들은 예수님의 병 고침은 성령에 의한 것이 아니고 귀신의 왕, 바알세불을 힘입어 치료했다고 주장했다. 무리들은 지금까지 행한 예수님의 이적들은 별 것이 아니었다는 듯이 예수님의 주장들이 확증될만한 더 큰 표적을 요구했다(29절).[1)]

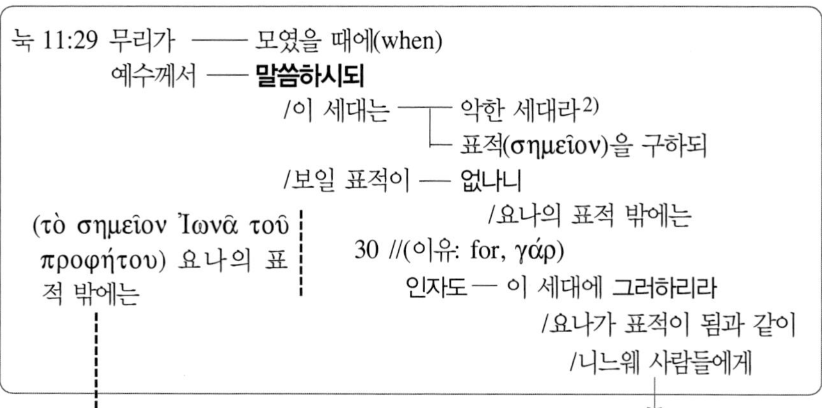

표적(세메이온, σημεῖον)이란 무엇인가? 여기서 이 단어는 예수님이 참으로 신적 능력과 메시야적 권능을 가지고 행동했음을 확실하게 증명－"하늘로부터 온 자"－하기 위해 사용되었음이 분명하다. 그러나 예수님의 대적자들은 이것 가지고는 불충분하다고 생각했다. 이런 사람들에게 예수님은 무엇이라고 외치셨는가? (막 8:12) 예수님은 이들에게 '시대의 표적'을 분별할 눈이 없다고 책망하셨다(눅 12:54-56).

"니느웨 사람이 요나의 기적을 본 것처럼 나도 이 세대에게 그와 같은 기적을 보일 것이다"(현대인의 성경)

"**선지자 요나의 표적**(σημεῖον) **밖에는** 보일 표적이 없느니라." 마태복음 12:40에서 보다 자세히 설명하고 있다. 누가는 아래 내용을 설명하지 않았다.

> 40 왜냐하면(for, γάρ) - 그 이유를 설명한다.
> 요나가 밤낮 사흘을 큰 물고기 뱃속에 있었던 '것같이'(as, ὥσπερ)
> 인자(ὁ υἱὸς τοῦ ἀνθρώπου)도 밤낮 사흘을 땅 속에 있으리라."

여기서 '밤낮 사흘'(τρεῖς ἡμέρας καὶ τρεῖς νύκτας)이란 말은 삼일 간을 뜻한다. 유대인들은 하루 중 어떤 부분이라도 하루로 환산했던 점을 고려해야만 한다. 즉 이 말은 통상적으로 이틀 밤을 포함한 삼 일의 기간을 가리키는 유대적 표현이다. 따라서 예수님도 요나서 1:17에서 유추하여 '밤낮 사흘'을 말씀하셨다.

---

1) 마태복음에서는 서기관과 바리새인 중 몇 사람이 표적 보여주기를 원했다고 했다. (마 12:38, "그 때에 **서기관과 바리새인 중 몇 사람이** 말하되 선생님이여 우리에게 표적 보여주시기를 원하나이다").

악한 세대

2) 여기서 예수님께서 '세대'(게네아, γενεά, generation)라고 말씀하심을 보아 단순히 바리새인과 서기관들만을 대상으로 말씀하시지 않았을 것이다. **이스라엘 대중의 영적인 상태**가 그러하다고 보신 것이다(마 11:16-17 참조).

"인자도 밤낮 사흘을 땅 속에 있으리라."

1) 예수님은 자신이 죽으실 것과 삼 일 동안 땅 속에 묻히심, 그리고 부활로 이어지는 일련의 사건이 적대자들에게 보여줄 표적이 될 것을 선포하셨다. 물론 이런 선언은 당시 바리새인이나 서기관들, 심지어는 제자들까지도 이해하지 못했다. 예수님이 땅에 묻히실 때에야 바리새인들은 예수님의 말씀을 어렴풋이 깨달은 것 같다(마 27:63). 제자들은 예수님의 부활 이후 이 말씀의 의미를 깨달았다.

2. 예수님은 계속해서 바리새인들의 완악함을 또 다른 증거를 들어 책망하신다.

눅 11:31 남방 여왕[1]이 — 일어나 정죄하리니
/심판 때에
/이 세대 사람을(사람들에게)
//이는(이유: because, ὅτι)
그가 — 땅 끝에서 왔음이거니와[2]
/솔로몬의 지혜로운 말을 들으려고

[보라!] 솔로몬보다 더 큰 이가 — 여기 있으며

1) 남방 여왕은 스바 여왕을 가리킨다. 그녀는 솔로몬의 지혜를 들어보려고 험한 지역을 지나서, 장기간 여행을 하면서까지 솔로몬 왕을 찾아왔다(왕상 10:1 이하 참조).

2) 그녀는 솔로몬에 대해 소문만 들었을 뿐이었다. 그녀는 그의 지혜에 탄복하고 엄청난 보화와 선물을 바쳤다(왕상 10:1-10).

(1) **최후 심판 날 남방 여왕(스바 여왕)이 이 사악한 세대를 정죄할 것이라**고 말씀하신다(마 12:42).

- 솔로몬의 지혜가 사실임을 확인한 스바 여왕은 그 지혜에 탄복한다. 그녀는 금 일백 이십 달란트나 되는 엄청난 예물을 바친다. 스바 여왕이 드린 예물이 얼마나 많은 것인지 이후에 이렇게 많이 드린 사람이 없다고 할 정도였다. 스바 여왕은 솔로몬의 지혜를 확인하고 오히려 솔로몬 자신을 찬양한 것이 아니라 솔로몬에게 지혜를 주신 여호와 하나님을 찬양하고 있다(왕상 10:9). 따라서 그녀는 "복되도다 당신의 사람들이여 복되도다 당신의 이 신복들이여 항상 당신 앞에 서서 당신의 지혜를 들음이로다"라고 고백한다. 즉 지혜의 원천이 솔로몬 개인에게 있는 것이 아니라 여호와께 있음을 깨달았다.

① 여호와께서는 당신(솔로몬)을 기뻐하셔서 이스라엘의 왕좌에 앉히셨습니다. ② 여호와께서는 영영히 이스라엘을 사랑하십니다. ③ 그래서 당신을 세워 왕을 삼았고 공과 의로 다스리게 하셨습니다.

(2) 스바 여왕은 다음과 같은 찬사를 했다(왕상 10:6-9).

- "내 나라에서 들은 왕의 업적과 지혜에 대한 소문이 사실이군요." 스바 여왕은 직접 와서 보니 자신이 기대했던 것보다 훨씬 뛰어났다고 고백한다(왕상 10:7). 그녀는 감탄과 부러움을 표시했다(8절). 그녀는 "정신이 현황했다"고 했다. 한마디로 넋이 나갔다는 말이다. 그녀는 솔로몬의 하나님을 찬양한다(9절). 그녀는 예물을 드리지 않을 수 없을만큼 여호와의 위대하심을 보았다.

(3) 스바에서 예루살렘까지의 거리는 약 1,200마일이라고 한다. 그 먼 거리에서 솔로몬에 대한 소문을 듣고 수행원들과 함께 찾아왔는데, 지금 솔로몬 보다 더 크신 이가 여기 있는데, 유대인들은 예수님의 말씀을 들으려 하지 않았다. 스바 여왕은 이방인이었음에도 불구하고 솔로몬의 지혜에 반응을 보였음에 비해 지혜의 근본이신 예수님이 직접 증거하셨는데 오히려 또 다른 표적만을 구하는 믿음 없는 세대였다. 또한 요나의 설교를 들은 니느웨 사람들은 어떠했는가?

1) 심판 때에 이 두 그룹이 재판장 앞에 나란히 서게 될 것이다. 그런데,
- 니느웨 사람들은 회개했고,
- 하나님의 계시와 약속을 받아왔던 이스라엘 백성들은 믿지 않았다.

그래서 니느웨 백성이 이스라엘 백성을 정죄할 것이라는 것이다. '정죄하다'(카타크리너, κατακρίνω)는 '~에 불리한 판결을 내리다, 유죄 선고하다'를 의미한다.

눅 11:32 심판 때에 니느웨 사람들이 ┬ 일어나
└ 정죄하리니(κατακρινοῦσιν)[1]
/이 세대 사람을
//이는(이유: because, ὅτι)
그들이 ── 회개하였음이거니와
/요나의 전도를 듣고
[보라!(ἰδού)]
요나보다 더 큰 이가 ──── 여기 있느니라

그 이유는 무엇인가?

"그들이(=니느웨 사람들이) 요나의 전도를 듣고 회개하였기 때문에"

자, 니느웨 백성들이 하나님의 경고를 듣고 진정으로 회개했다면, 이스라엘 사람들도 마땅히 회개해야 하지 않겠는가? 니느웨 백성이 훨씬 분명하지 못한 요나의 설교를 듣고도 회개한 반면, 이들은 "세상의 빛" 되신, 요나보다 더 큰 이, 곧 예수님의 말씀을 듣고, 또 예수님께서 그 동안 베푸신 능력을 명명백백하게 보고도 그를 거절했다. 이 명백한 사실에 대해 고의적인 거절을 성령모독죄라고 하셨다. 마지막 날, 니느웨 사람들이 이들을 정죄할 것이라고 예고하신다.

"어이쿠, 나 죽는다. 하나님의 말씀에 진작 순종할 껄"

(4) **결국 구원을 받을 수 있는 것은 하나님의 백성에 속했다는 데 있지 않고, 그들이 회개했다는 데 있음을 알 수 있다.** 예수님은 당신의 행동을 유대 땅 경계 내로 한정하셨을지라도(마 10:5, 6), 그 나라의 본 자손들은 쫓겨나게 될 것이고, 동서로부터 많은 사람들이 와서 아브라함과 이삭과 야곱과 함께 천국에 앉을 것이라고 하셨다(마 8:10-12; 눅 4:25-27).

3. 예수님과 요나 간에 원형과 모형으로서의 연관이 있음을 보여준다.[2]

(1) 둘 다 '음란한' 이스라엘에 대한 표적이었다. 또한 다른 표적들이 있은 후에 주어진 표적들이었다.

(2) 또 둘 다 다른 표적은 보여줄 수 없으리만큼 '악하고 음란한 세대'에게 주는 표적들이었다. 두 인물 다 그들의 표적 체험에 있어서 이스라엘의 대표자(혹은 거울)로서의 기능을 했다. 그러나 예수님은 참된 대표자였다. 예수님의 죽음과 부활은 상징적이라기보다 실제적이었다. **예수님의 죽으심과 부활은 (신약적 의미에 있어서) 요나의 표적을 성취시키는 표적이다.**

2) J. H. Steck, 요나서의 메시지, 구약신학논문집(2), 윤영탁 역편, 성광문화사, 1981, 144면 이하.

눈은 몸의 등불(눅 11:33-36)

같이 읽을 곳(마 5:15, 6:22-23)

1. 주님은 이 땅에 오셔서 하나님 나라를 증거하시기 위해 계속 사역하고 계신다. 예수님은 복음의 빛을 완전하게 비추고 계셨으나 문제는 유대 청중들은 그 진의를 깨닫지 못하는 데 있었다.

(1) "누구든지 등불을 켜서 움 속에나 말 아래에 두지 아니하고 등경 위에 둔다." 그래야 방 안에 들어오는 사람들이 그 빛을 보게 되기 때문이다. 등경 위에 등불을 둔다 하여도 눈이 성치 못하면 그 빛을 볼 수 없다.

눅 11:34 네 몸의 등불은 —— 눈이라 네 눈이 성하면, —— 온 몸이 밝을 것이요 만일 나쁘면, —— 네 몸도 어두우리라 35 그러므로 [너는] —— 보라 /네 속에 있는 빛이 어둡지 아니한가	만약 우리가 성한 눈, 즉 영적인 눈을 가졌다면 세상을 바르게 볼 것이며 올바른 가치판단을 내릴 것이다. 그런데 우리가 하나님과 재산(보물), 양쪽 모두에게 관심을 쏟는다면 분명한 방향도 목적도 없는 삶을 살게 될 것이다.

(2) 지금까지 예수님이 전하신 말씀과 기적의 내용을 듣고 보았다면, 그가 바로 약속하신 메시야임을 분명하게 믿을 수 있었을 것이다. 예수님은 등불을 켜서 등경 위에 두는 것처럼 구석에서 전파하지 않으셨다. 모든 사람들이 볼 수 있게 공개적으로 전파하셨다. 그러나 바리새인들을 포함한 종교 지도자들과 대다수의 청중들은 그를 메시야로 받아들이지 않았다.

(3) 그들은 한결같이 보다 더 큰 표적을 보이라고 요구했다. 그래서 주님은 네 안에 있는 빛이 어둠이 아닌지 잘 살펴보라고 말씀하신다. 결국, 예수님께서 빛을 비추지 못하심에 있는 것이 아니라 유대인들이 그것을 보지 못함에 있다는 것이다. "눈은 (몸의 등불)이니 그러므로 네 눈이 성하면 온 몸이 밝을 것이요." 영혼의 눈이 어둡다면 온 몸, 온 영혼이 어둠으로 가득찰 것이다. 이들은 고의적으로 주님이 전하는 말씀을 듣고도 하나님의 뜻을 알려고도 하지 않았다.

"네 온 몸이 밝아 조금도 어두운 데가 없으면
등불의 빛이 너를 비출 때와 같이 온전히 밝으리라 하시니라"(36절)

• 막 4:21 "또 그들에게 이르시되 사람이 등불을 가져오는 것은

① 말 아래(under a peck-measure)에나 평상(bed) 아래에 두려 함이냐

② 등경(lampstand, 등잔대) 위에 두려 함이 아니냐?"

등경(lampstand, 등잔대) **위에 두려 함이 아니냐**

비추임을 받은 사람은 다른 사람을 비추는 자가 되어야 한다. 등불을 켠다면 등경(등잔대, λυχνία, 뤼크니아) 위에 두는 것이 당연하다. 누가 그것을 말(a peck-measure, μόδιος, 모디오스) 아래에 두겠는가? 유대인들은 등불을 켜지 않을 때에는 그릇들로 덮거나 침상 아래에 넣어 두었다.

백성들은 물론 제자들까지도 아직은 천국의 특성을 잘 이해하지 못하고 있다. 등불을 밝히는 목적은 무엇인가? 그것은 언제든지 빛을 비추이는 데 있다. 즉 등불은 비추기 위한 것이지 숨기기 위한 것이 아니다(21절).

바리새인과 율법학자들을 책망하심(눅 11:37-54)

같이 읽을 곳(마 23:1-36; 막 12:38-40)

서기관과 바리새인들은 유별나게 세세하게 율법을 재단했다. 물론 이들의 가르침은 모세의 율법을 존중하려 했고, 그러한 면에서는 그들의 가르침에 어느 정도 복종해야 한다고 말씀하신다(마 23:3). 그러나, 그들의 삶 자체는 결코 본받을 수 없었다. 왜냐하면 그 수많은 세세한 규례들 때문에 자신들도 지킬 수 없는 모순에 빠졌기 때문이다. 자연히 그들은 외식과 가식으로 나타났다. 오히려, 이것이 자신들에게 올무가 되어버렸다. 예수님은 정밀한 종교가 갖는 허황됨과 가식을 폭로하고 계신다.

1. 한 바리새인이 자기와 함께 점심 잡수시기를 청해서 그 집에 들어가 앉으셨다(37절). 그런데 잡수시기 전에 손 씻지 않고 식사를 하셨다. 이를 보고 있던 그 바리새인이 이상히 여겼다.

(1) 바리새파 회원들이 지켜야 하는 규칙들은 아주 엄격했다. 이들은 주로 제의적인 정결 규례, 십일조, 금요일 저녁 공동식사와 금식 등의 규율을 엄격히 지켰다. 특히 정결에 대한 계명들은 제사장과 레위인들에서 뿐만 아니라 평일에는 모든 바리새파 사람들이 엄수해야 했다. 불결한 것(어떤 시체나 짐승 같은 것)을 접촉한 사람은 누구나 혹은 몸이 부정한 사람은 예배의 정결을 상실하였다. 이를 회복하기 위해서는 정결 목욕탕에 내려가야 했다.[1)]

(2) 바리새인들은 특히 식사하기 전에 반드시 손을 씻었는데, 이는 이들의 정결 예식 때문이었다(막 7:3-4). 물론 잔과 대접도 깨끗하게 보존되어야 했다(마 23:25-26; 눅 11:39-40). 이런 그들의 눈에 예수님이 손도 씻지 않고 식사하는 모습에 놀라는 것이 당연했다(이상히 여기다, 놀라다, 깜짝놀라다, 다우마조, θαυμάζω).

2. 이런 바리새인의 태도에 주님은 어떻게 책망하시는가?

> 눅 11:39 주께서 **이르시되**
> /너희 바리새인은 —— 깨끗이 하나
> /지금 잔과 대접의 겉은
> /너희 속에는(은) — 탐욕[2)]과 악독[3)]이 가득하도다

1) 무엇보다 이들의 십일조 생활은 철저했다. 당시 유대교에서는 특별히 정확하게 준수되지 않았다. 비유대인 역시 그러했다. 그러나 바리새인들은 율법의 문자에 순종하기 위해 그 땅의 수확에서 뿐만 아니라 그들이 구입한 것에서도 십일조를 드렸다. 물론 양념과 채소도 십일조를 드렸다(마 23:23; 눅 11:42). 이것들 외에도 경건 행위, 즉 회개하고 구원을 위해서 일주일에 두 번(화요일과 목요일)씩 기도와 금식이 지켜졌다(눅 18:12).

2) 하르파게(ἁρπαγή) - 탐욕, 욕심

3) 포네리아(πονηρία) - 악, 사악, 나쁨 / 이 단어는 탐욕의 결과로서 도덕적 비행이나 부정을 의미한다(롬 1:29을 보라).

누 11:40 어리석은 자들아
겉을 만드신 이가 ── 속(the inside)도 만들지 아니하셨느냐[1])

(1) 모든 나쁜 것들은 속에서 나온다(막 7:21-23, "속에서(ἔσωθεν에소뗀 ἐκ) 곧 사람의 마음에서 나오는 것은 악한 생각 곧 음란과 도둑질과 살인과 22간음과 탐욕과 악독과 속임과 음탕과 질투와 비방과 교만과 우매함이니 23이 모든 악한 것이 다 속에서 나와서 사람을 더럽게 하느니라."

(2) 이들은 주로 겉으로 드러나는 데만 힘을 썼다. 이는 회칠한 무덤 같아서 겉으로는 아름답게 보이나 마음속에는 각종 더러운 것들이 가득할 뿐이다. 주님을 따르는 많은 백성과는 대조적으로 돌 같이 굳어버린 종교지도자들이 되어 버렸다. 그들은 성전에 계신 하나님보다 그 예물에 더 큰 관심을 가졌다고 했다(마 23:18). 주님은 이들에게 "그 안에 있는 것으로 구제하라"고 명하신다. 마음속에 들어있는 각종 탐욕과 교만함을 버리고 그동안 축적된 부를 가난한 사람들을 위해 사용하라. 그리하면 너희가 깨끗해 질 것이라고 하셨다.

1) 마 23:25, 27
27 "화 있을진저 외식하는 서기관들과 바리새인들이여 회칠한 무덤 같으니 겉으로는 아름답게 보이나 그 안에는 죽은 사람의 뼈와 모든 더러운 것이 가득하도다
28 이와 같이 너희도 겉으로는 사람에게 옳게 보이되 **안으로는 외식과 불법이 가득하도다.**"

화 있을진저 너희 바리새인이여

1. 예수님은 바리새인들과 율법학자들을 향해 탄식하면서 꾸중하셨다(마 23:13-28). "화(禍) 있을진저", 물론 이 화는 감정적인 저주가 아니라 죄에 대한 예수님의 고통스러운 슬픔의 표현을 말한다(義憤의분). 백성의 지도자급에 속하는 서기관과 바리새인들은 오히려 천국문을 막고 다른 사람도 들어가지 못하게 하는 걸림돌이 되었다. 주님은 이들에게 화(禍)[2])를 선포하신다.

2) 화 있을진저(우아이, οὐαί) - 오호!, 슬프다 화가 있으리로다. 슬픔과 혹은 비난을 표현했다.

> 누 11:42 [그러나] 화 있을진저(But woe to you, ἀλλὰ οὐαί)
> 너희 바리새인이여
> //이유(for, ὅτι)
> 너희가 박하와 운향과 모든 채소의 십일조는 드리되
> 공의와 하나님께 대한 사랑은 버리는도다

외식하는 자들
특별히 주님 앞에서 이들이 비난 받아야 했던 점은 그들의 언사(言辭)와 행위가 일치하지 않았다는 것이다. 이들은 율법의 외적인 면에 지나칠 정도로 관심을 가졌다. 그러나 더 중요한 율법의 핵심은 놓쳐버렸다. 따라서 이들은 외식으로 빠졌다(사 29:13; 막 7:6이하; 마 23:25).

(1) 이들은 십일조를 드리되 어느 정도까지 철저했나? 그들은 정원에서 자라나고 있는 작은 향료의 십일조까지 드렸다. 모세의 율법에는 이러한 명령까지 구체화 되어 있을까? (레 27:30-33; 신 14:22-29) 무엇보다 이들의 십일조 생활은 철저했다. 당시 유대교에서는 특별히 정확하게 준수되지 않았다. 비유대인 역시 그러했다. 그러나 바리새인들은 율법의 문자에 순종하기 위해 그 땅의 수

확에서 뿐만 아니라 그들이 구입한 것에서도 십일조를 드렸다. 물론 양념과 채소도 십일조를 드렸다(마 23:23; 눅 11:42).

(2) 그러나, 율법이 요구하고 있는 훨씬 더 중요한 것은 무엇인가? (눅 11:42)

너희가 박하와 운향과 모든 채소의 십일조는 드리되
① 공의와 ② 하나님께 대한 사랑은 버리는도다

(3) "그러나 이것도 행하고 저것도 버리지 말아야 할지니라."

율법의 더 중한 바 ① 정의와 ② 긍휼과 ③ 믿음은 버렸도다 (마 23:23)

- 정의(正義, Justice : doing the right things) - 하나님과의 바른 관계의 개념이다(신 6:34-25). 하나님이 기뻐하시는 삶을 살아가는 것. 삶 자체가 정의이다.
- 긍휼(Mercy : showing kindness and forgiveness, 마 5:7, 7:12) : 남에게 받고자 하는 대로 남을 대접하라. 사람과의 관계에서 핵심적 요소이다.
- 믿음 (Good faith; honesty) not cheating (히 11:6)

- 신 14:22 "너는 마땅히 매년 **토지 소산의 십일조를 드릴 것이며** 23네 하나님 여호와 앞 곧 여호와께서 그의 이름을 두시려고 택하신 곳에서 네 곡식과 포도주와 기름의 **십일조를 먹으며** 또 네 소와 양의 처음 난 것을 먹고 네 하나님 여호와 경외하기를 항상 배울 것이니라... 28매 삼 년 끝에 **그 해 소산의 십분의 일을 다 내어** 네 성읍에 저축하여"

이들은 박하와 회향과 근채까지도 십분의 일을 바치는 열정을 보였다(신 14:22* 이하를 읽어보자). 문제는 이런 사소한 것의 십일조를 철저히 바치면서도 정작 중요한 것은 지키지 않았다는 것이다. 그러니까, 실제로 율법의 중심이 되는 것은 '① 정의와 ② 긍휼과 ③ 믿음'이다. 그런데 바리새인이나 서기관은 별로 중요하지 않은 것에는 목숨을 걸고, 실제로 꼭 지켜야 할 것은 비켜갔다. 이들은 율법의 문자에는 심혈을 기울였지만, 하나님의 율법을 완성하지 못하고 도리어 파괴해 버리는 경향에 빠지게 되었다(요 7:22-24 참조).

(4) 결국 십일조가 중요하지 않은 것이 아니라, 그들은 한 가지 일을 위해 다른 일을 철저히 무시했다는 데 문제가 있다. 그들은 둘 다 행해야 했었다(마 23:23절하; 눅 11:42). 결국, 물질뿐만 아니라 삶 자체를 드려야 한다는 말이다.

2. 주님은 바리새인들의 또 한 가지 문제를 지적하셨다. 그들은 "회당의 높은 자리와 시장에서 문안 받는 것을 기뻐했다."

▶ 마 23:6 "잔치의 윗자리와 회당의 높은 자리와 7 시장에서 문안 받는 것과 사람에게 **랍비(ῥαββί)라 칭함을 받는 것을 좋아하느니라.**" (랍비, Rabbi - 나의 주'를 뜻하는 히브리어 랍비의 음역(音譯))

눅 11:43 화 있을진저 (Οὐαὶ)
너희 바리새인이여(ὑμῖν τοῖς Φαρισαίοις)
//이유(for, ὅτι)
너희가 회당의 높은 자리와
시장에서 문안 받는 것을 기뻐하는도다

이런 종교 지도자들 밑에서 백성들은 가중한 요구에 억눌려 살고 있었다. 그들은 안식이 무엇인지, 또 구원이 어떤 것인지도 전혀 모르고 불확실과 공포 속에서 살아가고 있었다(행 15:10 참조).

아스파스모스(ἀσπασμοός) - 말로 하는 인사 / 또는 글로 하는 인사에도 쓰였다.

3. 주님은 바리새인들을 향해 "평토장한 무덤 같다"고 하셨다.

(1) '평토장한 무덤'(concealed tombs)이란 보이지 않게 만든, 그래서 드러나지 않는 무덤을 말한다. 그래서 그 위를 밟는 사람들이 그곳이 무덤인지 알지 못한다. 마태복음에서는 '**회칠한 무덤**" (whitewashed tombs)[1]과 같다고 표현했다.

(2) 그래서 "겉으로는 아름답게 보이나 그 안에는 죽은 사람의 뼈와 모든 더러운 것이 가득"했다(마 23:27)는 것이다. 바리새인들과 서기관들은 "겉으로는 사람에게 옳게 보이되 안으로는 외식과 불법이 가득했다"고 했다.

1) 유대인들은 매년 유월절 전에 [아달월 15일(지금의 3, 4월)] 순례자들이 부지중에 무덤을 밟거나 닿아 부정하여지지 않도록 무덤에 회칠하는 관습이 있었다(마 23:27; 눅 11:44). 바리새인들과 서기관들은 겉보기와는 다르며, 그들이 깨끗하다고 주장할지 모르나 실제로는 불결한 것으로 피해야 할 자들이었다.

화 있을진저 또 너희 율법교사여(눅 11:45-54)

1. 예수님의 말씀을 듣고 있던 한 율법교사가 열을 받았다.

45 한 율법교사가 예수께 대답하여 이르되 선생님(이)
이렇게 말씀하시니 우리까지 모욕하심이니이다[3]
46 [예수께서] ㅡ **이르시되**
/화 있을진저
/또 너희 율법교사(νομικός노미코스)[4]여
//이유(for, ὅτι)
지기 어려운 짐을(마 23:4, 무거운 짐) 사람에게 지우고
너희는 한 손가락도 이 짐에 대지 않는도다

(1) 이들이 화를 받아야 하는 이유는 자신들은 손가락 하나 까딱하지 않았다는 것이다. 율법이 백성을 자유케 한 것이 아니라 오히려 옥죄이는 일이 되었다. 여기서 '무거운 짐[5]'이란 모세의 율법 자체를 말하는 것이 아니라 율법 외에 첨가해서 잡다한 세세한 규정들(장로들의 유전)을 말한다. 주님은 "수고하고 무거운 짐 진 자들아 다 내게로 오라"(마 11:28)고 말씀하셨다("29 나는 마음이 온유하고 겸손하니 나의 멍에를 메고 내게 배우라 그러면 너희 마음이 쉼을 얻으리니 30 이는 **내 멍에는 쉽고 내 짐은 가벼움이라** 하시니라.").

(2) 이들은 무덤을 쌓고 장식하는데 많은 시간을 소비했다. 그러고나서 자신들은 자기들의 조상보다 더 낫다고 자랑했다. 이들은 선지자들이 묻혀 있는 곳에 새 무덤을 만들어 놓고 스스로 자랑했다. 그러나, 이들은 하나님의 아들까지도 죽일 자들이었다(마 21:33-44).

3) 모욕하다(ὑβρίζω) - 거만하게 굴다, 학대하다. / 이 율법교사는 예수님의 말씀을 듣고 자신들까지 싸잡아 비난하는 것은 자신들에게도 모욕이 된다고 투덜거렸다.

4) 마태복음과 누가복음에서 '노미코스'는 유대 백성들의 지도자를 가리키는 용어로 자주 사용되었다(마 22:35; 눅 7:30, 10:25, 11:45, 52). 율법 전문가를 말한다.

5) 짐: 포르티온(φορτίον) - 주님을 따르는 자들에게 지우는 의무들에 대해 사용되었다(마11:30). 그러나 바리새인들의 계율은 지기 어려운 짐과 같았기에 이와 대조하면서 '무거운 짐'이라고 하셨다. 율법사들은 지기 어려운 짐을 사람에게 지우고 자신들은 한 손가락도 이 짐에 대지 않았다(눅 11:46).

244 Close-up [율법학자들의 기원]

(1) 율법학자들의 활동은 언제부터 시작되었을까? 원래 하나님의 말씀을 전달하고 가르치는 일은 제사장의 임무 중 하나였다. 에스라는 포로 시대 이후에 유대교를 율법 위에 확고하게 세워놓았다. 그는 제사장이자 서기관이었다(스 7:11, "여호와의 계명의 말씀과 이스라엘에게 주신 율례 학자요 학자 겸 제사장인 에스라에게...") 에스라는 율법에 익숙한 학자였다(스 7:6 "...그는 이스라엘의 하나님 여호와께서 주신 모세의 율법에 익숙한 학자로서...") / 모세의 율법을 해석하는 본질적인 직무가 제사장들(에스라)과 레위인들(느 8:6-9)에게 주어졌다.

(2) 에스라 이후, 전승에 따르면 에스라와 에스라가 세웠다고 하는 대회당의 남자들로부터 율법학자의 계열이 이어졌다고 한다. 그 뒤로 그리스 이름을 가진 안티고누스 폰 소크호(A. Von Sokcho)가 첫 번째 율법학자였다. 그리고 마카비 시대, 알렉산더 얀네우스와 살로메 알렉산드라의 통치 하에서 시몬 벤 사타하(S. ben Schatach)가 활동하였다(이 때에 서기관들이 산헤드린 회원이 되었다).

(3) 율법학자들의 지위가 발전된 것은 언제부터였을까? 헬라주의가 팽배했던 환경에서 독자적인 교훈을 율법 속에서 찾으려 했을 때 옛 제사장의 가르침만으로는 충분하지 않았다. 그래서 율법을 연구하고 객관적이며 올바르게 해석하기 위해서는 그리스인들의 추구하는 방법을 사용해야만 했다.

(4) 유대사회에서는 율법이 모든 생활 영역을 규제하고 있었기 때문에 신학적인 질문은 물론 법률적인 문제에도 결정을 내려야 했다. (예 - 안식일 노동의 금지가 어느 정도까지인가, 혼인 서약, 이혼 문제, 토지나 가옥 매매 등)

(5) 율법학자 중에는 고귀한 가문의 제사장 출신도 있었지만 서민 출신도, 상인이나 수공업자, 심지어는 이방인 개종자도 있었다. 이들은 스스로 노동을 하며 생계를 유지해야 했다(사도 바울의 경우처럼; 살전2:9; 살후3:8; 고전 4:12, 9:6-23).

필사자(쿰란)

율법학자와 제자

(1) 율법학자가 되고 싶은 사람은 오랜, 그리고 철저한 공부를 했다. 물론 유명한 선생에게는 많은 제자들이 몰려들었다. 공부는 문답식 공부였다. 제자가 되기를 원할 때 선생은 그 학생을 시험하여 가부를 결정했다.

(2) 신약 성경에 다음과 구절을 통해 그 방법론을 알아볼 수 있다. 선생은 학설을 강의하고(마 5:1 참조), 학생은 그의 발 앞에 앉아서(행 22:3 참조), 많은 전승 자료들을 익숙하게 숙달해야 한다. 공부는 질문과 대답 방식으로 했다(눅 10:25; 26, 27, 37을 읽어보자). 물론 예수님과 그의 제자들과의 관계는 율법학자의 방법과 달랐다. 예수님은 먼저 제자들을 부르셨고, 권위를 가지고 가르치셨다(막 1:22; 마 7:28, 29 참조. "예수께서 이 말씀을 마치시매 무리들이 그의 가르치심에 놀라니 이는 그 가르치시는 것이 권위 있는 자와 같고 그들의 서기관들과 같지 아니함일러라").

(3) 학생이 공부를 성공적으로 끝내면, 그의 선생은 그에게 손을 얹어 안수함으로써 학자가 되었음을 선포한다. 스승으로서 그들은 '**랍비**'로 일컬어졌으며(마 23:7-8), 학자의 긴 옷을 입을 수 있었고, 회당에서는 상석(上席)에 앉는다(막12:38, 39). 백성은 그에게 공손히 인사했으며 그의 말에 언제나 순종했다.

[*from* 동교재, 마태복음]

누 11:47 화 있을진저

이들은 선지자들이 묻혀 있는 곳에 새 무덤을 만들어 놓고 스스로 자랑했다. 이들은 지금 조상들이 죽인 선지자의 무덤을 꾸미고 있다.

//이유(for, ὅτι)
너희는 ——— 선지자들의 무덤을 만드는도다
그들을 죽인 자도 – 너희 조상들이로다

• 그런데 그 선지자들을 죽인 자는 누구인가? 그것은 바로 너희 조상들이라는 것이다.

48 이와 같이
너희가 ——너희 조상의 행한 일에 증인이 되어
└옳게 여기는도다

• 결국 너희는 너희 조상들이 행한 일을 인정하는 꼴이 되었다는 것이다.

//이유(for, ὅτι)
그들은 — 죽이고
너희는 — 무덤을 만드니

• 너희 조상들은 선지자를 죽이고
너희는 선지자들이 묻혀 있는 무덤을 아름답게 꾸미고 있지 않느냐? 마치 자기들이 선지자들의 자손인 양, 선지자들을 찬양하고 비문까지 세우는 등.

49 그러므로(For this reason also)
하나님의 지혜(ἡ σοφία τοῦ θεοῦ)[1]가 일렀으되
/내가 ——— 그들에게 보내리니
/선지자와 사도들을
/[그들이] —— 그 중에서 더러는 죽이며
또 박해하리라 하였느니라

1) "하나님은 그의 지혜로" 말씀하셨다. 누가만이 이런 표현으로 썼다. 즉, "하나님께서 지혜로 말씀하셨다"는 뜻이다.

(3) 그런데도 이들은 무엇이라고 변명하고 있는가? 만일 자기들이 선지자들 때에 살았다면, 그 의로운 자들의 피를 흘리는 데 결코 참여하지 아니하였으리라고 주장한다(마 23:30*). 이 말은 결국 이들이 "선지자를 죽인 자의 자손임을 스스로 증명한" 꼴이 되었다(마 23:31). 이들은 사실상 지금도 자신들의 조상과 같이 '선지자'를 죽이는 일을 하고 있음을 알지 못했다(34절). 이들은 동일한 죄를 짓고 있었다.

• 마 23:30 "만일 우리가 조상 때에 있었더라면 우리는 그들이 선지자의 피를 흘리는 데 참여하지 아니하였으리라."

마 23:32 너희가 너희 조상의 분량[2]을 **채우라**(πληρώσατε)

2) the measure of the guilt of your fathers (ὁ μέτρον τῶν πατέρων ὑμῶν)

(4) 이들은 지금 하나님께서 보내신 메시야까지 거부하고 죽이려고 함으로써 조상들의 죄의 분량을 채우고 있다. 물론 이들에게 심판은 필연적이다(마 23:34). 바리새인과 서기관들, 이들은 어떤 수단을 동원해서라도 앞에 계신 주님을 제거하려고 애를 쓰고 있다. 예수님은 이들을 향해 이 백성의 타락을 완성시키라고 요구하신다. 주님의 분노를 보라(마 23:32-33).

마 23:33 뱀들아 독사의 새끼들아
너희가 어떻게 '지옥의 판결'(the sentence of hell)을 피하겠느냐
(πῶς φύγητε ἀπὸ τῆς κρίσεως[sentence] τῆς[of] γεέννης[hell])

(5) 예수님은 이들 무리에게 그 어떤 희망을 찾을 수 없으셨다. 이들에게 더 이상 심판을 피할 수 없음을 선언하셨다. 이들은 뱀이요, 독사의 새끼들이었다. 이 표현은 일종의 독설이요, 욕이다. 여기서는 예수님의 한탄이 담겨 있다. 물론 그렇다고 유대인 모두가 지옥의 형벌을 받는다는 뜻은 아니다.

2. "그러므로 창세 이후로 흘린 모든 선지자의 피를 이 세대가 담당"해야만 한다. 곧 "아벨의 피로부터 제단과 성전 사이에서 죽임을 당한 사가랴의 피까지"

(1) 마태복음의 설명이 더 자세하다(마 23:35).

마 23:35 그러므로(ὅπως) - 그리하여(결과: that...may)

의로운 피가 ——— 너희에게 돌아가리라(ἔλθῃ)–가정법 과거 능동태

/의인 아벨의 피로부터(from)

바라갸의 아들 사가랴[1]의 피까지(unto)

/성전과 제단 사이에서 너희가 죽인

히브리 성경에서는 역대하가 맨 마지막에 있으므로 아벨의 죽음은 첫 순교요(창 4:8), 스가랴의 죽음은 마지막 순교다(대하 24:20, 21, 22).

1) 사가랴(Ζαχαρίας)는 구약의 마지막 선지자 가운데 한 사람인 스가랴의 다른 이름일 것이다. 바가랴(Βαραχίας)의 아들이 아니라 요아스에게 처형된 여호야다의 아들을 말하는 것이라고 보기도 하지만 확실치 않다.

• 대하 24:20 "이에 하나님의 영이 제사장 여호야다의 아들 **스가랴**를 감동시키시매 그가 백성 앞에 높이 서서 그들에게 이르되 하나님이 이같이 말씀하시기를 너희가 어찌하여 여호와의 명령을 거역하여 스스로 형통하지 못하게 하느냐 하셨나니 너희가 여호와를 버렸으므로 여호와께서도 너희를 버리셨느니라 하나 21무리가 함께 꾀하고 **왕의 명령을 따라 그를 여호와의 전 뜰 안에서 돌로 쳐죽였더라**

(2) 이제 주님은 이들의 가면을 벗기신다. 땅 위에 흘린 의로운 피는 아벨로부터 시작된다. 예수님과 그의 제자들도 그 고난을 피할 수 없다. 예수님께서 이들을 향하여 퍼붓는 진노를 보라. 하나님의 인내하심 때문에 아직은 최후가 아니다.

3. 율법교사들은 백성을 하나님께로 바르게 인도할 책임이 있었다.

(1) 율법교사는 지식의 열쇠를 가지고 있다고 했다. 열쇠를 가졌다는 말은 하나님의 말씀의 올바른 해석을 의미한다. 이들의 책임은 율법을 잘 풀어 백성의 마음을 하나님께로 인도해야 할 책임이 있는데, 오히려 자신도 들어가지 못하고 들어가고자 하는 자도 막고 있다는 것이다. 이들은 성경에 대한 잘못된 해석으로 많은 사람들을 혼란에 빠뜨렸다. 말씀 사역자들이 갖는 책임감이 얼마나 큰가를 알 수 있다. 올바른 신학(성경해석)이 반드시 필요하다.

(2) 서기관과 바리새인들은 신경질적인 반응을 드러냈다. 그래서 바리새인의 집에서 나오실 때에 거세게 달려들으며(앙심을 품으며) 여러 가지 질문을 던졌다(53절). 아마 수없는 질문을 퍼부었을 것이다. 물론 트집을 잡으려고 한 질문이었다(54절 "그 입에서 나오는 말을 책잡고자 하여 노리고 있더라.").

바리새인들의 외식을 주의하라(눅 12:1-3)

같이 읽을 곳(마 10:26-27)

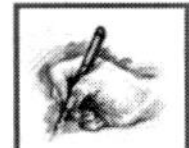

바리새인들과 율법교사들과의 끈질긴 논쟁이 계속되는 가운데, 무리들 수만명이 모여들었다. 그래서 서로 밟힐 만큼 되었다. 그런데 지금 바리새인들의 위선(외식)이 누룩을 넣은 가루반죽처럼 퍼져나가고 있었다. 주님은 제자들에게 바리새인의 누룩, 곧 외식을 주의하라고 하셨다.

1. 처음에는 제자들은 "바리새인들의 누룩을 주의하라"(마 16:5-12)고 하셨을 때 그 의미를 잘 알지 못했다. 바리새인이나 사두개인들의 교훈이나 사상이 당시 그 사회에 아주 깊숙이 스며들어 있었다. 이는 믿음을 부패케 하는 교훈들이었다.

눅 12:2 감추인 것이 — 드러나지 않을 것이 없고
숨긴 것이 —— 알려지지 않을 것이 없나니

3 이러므로
너희가 어두운 데서 말한 모든 것이 — 광명한 데서 들리고
너희가 골방에서 귀에 대고 말한 것이 – 지붕 위에서 전파되리라

4 내가 내 친구 너희에게 말하노니
/[너희는] — 두려워하지 말라
/몸을 죽이고
그 후에는 능히 더 못하는 자들을

• 위선으로 감추어졌던 것은 결국은 밝게 드러나지 않을 수 없다는 뜻이다. 진실은 조만간 드러나기 때문이다.

• 골방에서 속삭이듯 말한 것은 지붕 위에서 큰 소리로 전파될 것이다.

(1) 주님은 그리스도의 제자들을 그의 친구라고 부르셨다. 친구의 우정으로서 충고하고 계신 것이다. '몸은 죽여도 영혼은 능히 죽이지 못하는 자들을 두려워해서는 안 된다.'(마 10:28) 비록 박해를 받는다해도 골방에서 귀에 대고 말하는 것처럼 하지 말고 지붕 위에서 큰 소리로 외치는 것처럼, 담대함을 갖고 두려워하지 말고 복음을 전파하라는 것이다.

(2) 그러면 누구를 무서워해야 할까?

5 마땅히 두려워할 자를 내가 너희에게 보이리니
곧 **죽인 후에 또한 지옥에 던져 넣는 권세 있는 그**를 두려워하라
(오직 **몸과 영혼을 능히 지옥에 멸하시는 자**를 두려워 해라, 마 10:28)

내가 참으로 너희에게 이르노니 그를 두려워하라

• 여기서 영과 육의 대조를 말하고 있는 것이 아니다. 이 구절은 그의 생명과 관련하여 하나님의 뜻을 저버리는 사람은 몸과 영혼이 함께 멸망될 것이라는 하나님의 심판에 대한 경고를 말씀하시는 것이다.

2. 그리스도의 사역자들은 하나님의 특별한 관심 속에 일하는 것이다.

1) "참새 다섯 마리가 두 앗사리온에 팔리는 것이 아니냐?"(눅 12:6)

<마태복음>에서는 "참새 두 마리가 한 앗사리온에 팔리는 것이 아니냐?"고 했다.

(1) 참새 한 마리는[1] 다른 물건에 비해 보잘것없는 것이지만 "너희 아버지께서 **허락하지 아니하시면** 그 하나도 땅에 떨어지지 아니"한다고 하셨다(마 10:29).

• 앗사리온(ἀσσαρίων) - 로마의 소액 동전 화폐로 드라크마의 10분에 1에 해당한다. / 로마의 데나리온(노동자의 하루 품삯)의 1/16에 해당한다.

(2) 또 심지어 제자들의 머리털까지도 세신 바 되었다고 했다(눅 11:7). 이 세상의 모든 일이, 나의 모든 일생이 하나님의 장중에 있다는 것이다. 따라서 복음을 증거하는 과정에서 세상이나 박해자를 두려워해서는 안 된다는 말씀이다. (다섯 마리가 두 앗사리온에 팔리는) 참새도 하나님의 허락 없이는 땅에 떨어지지 않는다면 우리(전도자들)의 가치는 어찌 참새에 비할 수 있겠는가! (7절).

2) 그리스도 앞에서 그리스도인임을 인정받으려면 사람들앞에서 그리스도를 공개적으로 시인해야 한다. 기독교인의 핍박이 심한 나라에서는 쉽지 않은 일이다.

3. 예수님이 이 땅에 오신 목적이 무엇이라고 했나?

눅 12:8 내가 또한 너희에게 **말하노니**
/누구든지 —— 사람 앞에서 나를 시인하면(if)
인자도 ——— 그를 시인할 것이요
/하나님의 사자들 앞에서
9 나를 부인하는 자는– **부인을 당하리라**
/사람 앞에서[2] /하나님의 사자들 앞에서

"시인하다"(호몰로게오, ὁμολογέω) - 인정하다, 공언하다, 증거하다

(1) 예수님은 이 세상 나라를 '하나님의 나라'로 바꾸려고 오셨다. 따라서 당연히 대적(對敵)이 일어나며, 투쟁이 일어나게 되어 있다. 어떤 대적, 어떤 일이 벌어지는가? 그리스도가 이 세상에 오심으로 두 파로 갈라지게 되었다. 하나는 그리스도를 좇는 쪽이고, 다른 하나는 그리스도를 대적해서 반대하는 쪽이다. 그 대적하는 세력은 가정에도 있고, 직장에도, 사회에도, 국가에도 있다.

• 요 5:24 "내가 진실로 진실로 너희에게 이르노니 내 말을 듣고 또 나 보내신 이를 믿는 자는 영생을 얻었고 심판에 이르지 아니하나니 사망에서 생명으로 옮겼느니라."

(2) 영생은 우리에게 선물로 주어지는 것이지만 예수님께서 우리에게 요구하시는 것이 있다. 그 한 가지 요구는 믿음, 즉 신앙이다. 예수님께서 전하시는 말씀과 행위들을 믿고 행하여야 한다. 이것은 곧 예수님 자신을 믿는 것을 의미하기 때문이다. 특별히 요한복음에서는 이 믿음과 관련한 동사가 많이 등장한다(요 5:38, 46, 6:30, 8:31, 45, 46, 10:37, 38 참조). 예수님과 그의 말씀을 믿는다는 것은 하나님을 믿는 것을 의미한다(요 5:24*).

성령을 모독하는 죄(눅 12:10-12; 마 12:31)

1. 예수님께서 하시는 일을 사탄의 일이라고 비난하는 무리들이 많이 있었다. 그의 사역의 모습이 아주 분명하게 드러나고 있는데도 고의적인 반역을 계속하고 있는 것이다.

어떤 죄는 용서를 받을 수 있는가?

눅 12:10 인자를 거역하면(거역하는 자는) - 사하심을 받으려니와
/누구든지 말로
성령을 모독하는 자는 —— 사하심을 받지 못하리라

그러나 **성령을 모독하는 죄**는 사함을 받지 못한다고 했다. 본문에서 보는대로 귀신 들린 자가 고침을 받는 일에 성령님의 역사가 있었음을 명백히 보고도 고의로 성령님의 사역으로 보지 않고 사악한 말로 부인하는 사람은 용서받을 수 없다는 것이다.

마태복음에는(마 12:31)
"사람에 대한 모든 죄와 모독은 사하심을 얻되"라고 했다.
여기서 '죄'(sin, ἁμαρτία하말티아)란 일반적인 죄를 가리키지만 '모독'(blasphemy, βλασφημία블라습헤미아)이란 예수님을 대항하던 바리새인들의 비난을 가리킨다(성령 하나님에 대한 불경).

이는 하나님의 권위와 엄위에 대한 명예훼손이다. 그럼에도 이런 모독들은 다 '사함을 받는다'고 했다. 누구든지 이 죄들을 계속해서 짓지 아니하고 용서를 구하면 사죄함을 받을 수 있다.

(1) 예수님이 귀신을 쫓아내신 일을 바알세불에게 돌렸던 바리새인들의 행동은 분명히 의도적인 고집이었다. 사람이 인자이신 예수님을 의심한 일에 대해서는 용서를 받을 수 있다. 그러나 예수님께서 귀신을 쫓아내신 행동이 명명백백히 하나님의 일로 드러났는데도 그것을 부인하는 것과 같은 행동은 결코 용서 받을 수 없다는 것이다. 이런 행동을 성령을 모독하는 죄라고 하셨다.

(2) 예수님은 그 비방자들을 향해 "(독사)의 자식들"이라고 하셨다(마 12:34*, 마 3:7 참조). 만약, 예수님이 하신 일이 분명히 좋은 열매로 나타났다면, 그의 나무도 당연히 좋은 나무임이 틀림없을 것이다. 예수님의 사역이 선한 것이라면, 어찌 그의 사역을 바알세불에게 돌리려 하는가?

• 바리새인들은 속에 악한 생각을 품고 있었고, 이제 그것이 음성으로 표출된 것이다. 사람의 본성과 생각이 악하면, 그의 입술의 말도 악할 수 밖에 없다(마 12:35). 입술 밖으로 나타난 말이, 그의 본 성품을 드러낸 것이라면, 심판날에 행위 못지 않게 그의 말에 의해서도 심판을 받을 것은 당연한 일이라는 것이다.

(3) 복음을 증거하는 자에게는 반드시 고난과 박해가 따라온다. 만약 이런 과정에서 회당이나 권력자 앞에 끌려갈 경우 어떤 태도를 가져야 할까?이럴 경우 무슨 말로 어떻게 대답할까 걱정하지 말라고 하신다. 왜냐하면 마땅히 할 말을 성령님께서 그 자리에서 일러주실 것이다. '지혜의 영이신' 성령의 하나님께서 하나님의 영광을 위하여 이끄실 것이기 때문이다(11-12절).

• 마 12:34 "**독사의 자식들아** 너희는 악하니 어떻게 선한 말을 할 수 있느냐 이는 마음에 가득한 것을 입으로 말함이라."

이 비유는 누가복음에서만 나온다.

한 어리석은 부자에 대한 비유(눅 12:13-21)

▶ 이스라엘 백성에게 있어서 유산 상속은 장자가 차남보다 두 몫을 더 받게 되어 있다(신 21:17). 장자는 두 몫을 받는 권리가 있었지만, 그러나 가장으로서 그가 할 책임이 있다. 부동산을 두배 받는다는 것은 곧 계승권을 잇는 것과 동일한 의미였다.

1. 그때(And, δέ) 군중 가운데 한 사람이 예수님께 와서 특별한 요청을 한다. 유산(遺産) 상속에 대한 문제를 해결해 달라는 것이었다.

> 12:13 선생님!(διδάσκαλε)
> [당신은] —내 형을(=에게) 명하(여 하)소서(εἰπὲ)
> /유산을 나와 나누게(=나누라고)

형제간에 유산 상속에 대해 다툼이 있었던 것으로 보인다. 그래서 자신과 형 사이를 중재해 달라는 것이다.

(1) 이런 문제에 대한 논란은 원래 랍비에 의해 해결되었다. 예수님을 '선생님'이라고 부른 것을 보아 아마 랍비로 본 것 같다. 주님은 어떻게 반응하셨을까? "이 사람아 누가 나를 너희의 재판장이나 물건 나누는 자로 세웠느냐?" 유산 상속 과정에서 형이 부당하게 재산을 나누려했거나, 아니면 다른 욕심이 있었던 것으로 보인다. 어쨌든 이 사람이 요구한 것은 구원이나 영생 문제가 아니라 다분히 물질에 대한 욕심 때문이었음을 아셨다. 주님이 이 땅에 오신 목적은 세속 문제에 일일이 간섭하러 오신 것이 아니다. 이미 언약 공동체 안에 정해진 법이 있었기에 그에 따르면 되는 것이다. 그러나 이 사람에게는 탐심이 있었던 것으로 보인다.

> 12:15 [예수께서] — 그들에게 **이르시되**
> /삼가[1] 모든 탐심[2]을 물리치라
> //(이유, for, ὅτι)
> 사람의 생명이 — 그 소유의 넉넉한 데 있지 아니하니라

그러나 이 세상은 부(富)를 축적하려고 혈안이 되어 있다. 물질이 그들의 하나님이기 때문이다.

(2) 탐심(πλεονεξία, 플레오넥시아)이라는 말은 더 많이 가지기를 원하는 사람에서 유래했다(탐욕스러운 욕망, 탐욕, 貪慾, greed). 고전 헬라어 문헌에서는 '부도덕한 권력, 야망, 남을 속이다'라는 의미로 사용되었다. 구약에서는 주로 부정한 소득과 정치적 권력의 남용으로 이룬 축재에 대한 선지자의 비난과 경고에서 나타난다(렘 22:17; 겔 22:17; 합 2:9). 그래서 시편 기자는 "탐욕(베짜, בֶּצַע)으로 향하지 말게 하소서"라고 기도했다(시 119:36).

(3) 교회 안에 이런 부류의 사람들과는 상종해서는 안 된다고 경고하고 있다(고전 5:11). 이런 사람들은 교회에서 추방되었고, 결국은 하나님 나라에서도 추방되었다(고전 6:10; 엡 5:5; 골 3:5; 벧후 2:3, 14 등을 찾아보자).

1) 삼가하라 그리고 물리쳐라: 삼가하라(ὁρᾶτε 호라테) - 명령법 / 호라오(ὁράω)라는 동사는 주로 '보다'(see), '주목하다'라는 뜻으로 쓰인다. 그러나 여기서는 '주의하다, 조심하다, 삼가다'라는 뜻으로 쓰였다(마 8:15, 16:6, 살전 5:15).

2) 탐심(πλεονεξία, 플레오넥시아) : 하나님에 관한 지식(롬 1:29; 고전 6:10이하), 믿음과 순종(엡 5:3)이 없는 부도덕한 삶(막 7:22)을 가리킨다. 골 3:5에서는 탐욕을 우상숭배와 동일시 하고 있다. 모든 면에서 항상 자기 몫보다 더 많이 차지하려는 욕망이다(엡 4:19 참조).

2. 그래서 주님은 그 비유를 들어 자기를 위하여 재물을 쌓아 두고 하나님께 대하여 부요하지 못한 자에 대하여 경고하셨다.

(1) 비유의 내용을 설명해 보자. 어떤 부자가 있었다. 그는 열심히 일해서 밭에서 많은 소출을 얻게 되었다. 그는 '이걸 다 어떻게 할까?'하고 혼자 궁리했다. '옳지, 좋은 수가 있다. 창고를 헐고 더 크게 짓고 그곳에 보관하자.' 그리고 영혼에게 이렇게 말했다. '아, 이렇게 여러 해 쓸 물건을 쌓아 두었으니 평안히 쉬고 먹고 마시고 즐거워하자(향락).' 여기까지는 좋았는데;

12:20 하나님은 **이르시되**
/어리석은 자여(ἄφρων 아프론[1])
네 영혼을 도로 찾으리니
/오늘 밤에
/그러면
네 준비한 것이 누구의 것이 되겠느냐

• 세상에 이런 놈들이 얼마나 많은데! 그치?
• 내 영혼을 도로 찾는다고~ 오잉, 언제? 오늘 밤에 찾을꺼다. 이 놈아!!
• 네가 쌓아둔 것이 누구의 차지가 되겠느냐? '자녀에게 주면 된다고?'

(2) "네 영혼을 '도로 찾으리니'(ἀπαιτοῦσιν 아파이투신[2])" - '도로 구하다'(ask back)를 의미한다. '영혼은 한동안 하나님에 의해 너에게 위탁되었는데, 이제 되돌려지게 되리라'는 의미이다. '영혼'은 프쉬케(ψυχή)로서 지상의 외적 육체적 생명을 의미한다. 목숨(프쉬케)과 육체(소마)는 하나님이 만드신 것이다. 그러므로 음식과 옷보다 중요하다. 본문에서는 부자가 자신의 프쉬케, 즉 자기 자신에게 말하고 있는 것이다. 물론 이 부자는 자신의 생명이 순식간에 그의 육체로부터 빼앗김을 당한다는 사실을 간과하고 있다.[3]

12:21 쌓아 두고
/자기를 위하여 재물을
부요하지 못한 자가 ―― 이와 같으니라
/하나님께 대하여

• (하나님께 대하여) 부요하다(rich, πλουτέω 플루테오) : 세속적 재물에 대한 언급에서도 나타나지만(눅 1:53; 딤전 6:9), 이 땅의 재물이라는 표현의 부를 말한다, 영적 소유에 대해서도 사용된다(고전 4:8; 고후 8:9). 이 단어가 하나님께 대하여 가치있는 일을 행하는 것을 나타낸다(딤전 6:18). 하나님에 대한 풍성함(엡 2:4), 그리스도인의 풍성함(약 2:5)을 표현한다. 영적 소유에서 부요한 자를 의미하기도 한다(고후 8:9; 계 2:9).

(3) 사람들은 행복이 "소유의 넉넉함"에 있다고 생각한다. 그래서 재물에 대한 욕심이 많다. 전도서에서 재물에 대한 언급을 읽어보자(전 5:10-11 "은을 사랑하는 자는 은으로 만족하지 못하고 풍요를 사랑하는 자는 소득으로 만족하지 아니하나니 이것도 헛되도다 **재산이 많아지면** 먹는 자들도 많아지나니 그 소유주들은 눈으로 보는 것 외에 무엇이 유익하랴."). 물질 문제만 해결된다면 행복은 저절로 찾아오는 것 같겠지만, 영혼의 양식은 말씀뿐이며, 영혼의 참된 안식처는 하늘에 있다.

1) 형용사 아프론은 접두사와 프렌(φρήν- 마음, 정신, 생각)에서 나왔다. '이성 없는, 지각 없는, 숙고하지 않는, 무분별한, 어리석은'을 의미한다. 히브리어 '크실'(바보, 멍청이, 어리석은 자)의 역어이다(잠 10:18, 14:17, 24, 17:16; 전 2:14).

2) 아파이테오(ἀπαιτέω)는 (불유쾌한 어떤 것을) '구하다'라는 뜻이 있다.

3) 하나님께서는 영혼을 살릴 수도 있고 또한 멸할 수도 있으시다. 하나님은 "몸과 영혼을 능히 지옥에 멸하시는" 하나님이시다(마 10:28; 눅 12:5). 하나님께서 홀로 영혼에 대한 지배력을 갖고 계신다는 말이다.

무엇을 먹을까, 무엇을 입을까? (눅 12:22-32)

같이 읽을 곳(마 6:25-34)

같은 내용이 마태복음 6:25-34에서도 언급되었지만 같은 사건을 말하지 않는다. 마태복음은 갈릴리 사역 중 산상설교 가운데 주어졌지만, 누가복음의 기록은 예수님께서 마지막 6주간 베레아 사역에서 주어진 말씀이다. 물론 같은 내용을 다시 반복하여 가르쳐 주신 것이다.

염려하지 말라
(μὴ μεριμνᾶτε)
do not be anxious for your life

1. 당시 유대사회는 가난한 사람들이 많았다. 물론 그 이유는 다양했다. 특별히 공동체 안에서 사회적 지위를 갖지 못해 취약하게 노출된 사람도 있었고, 왕족의 사치와 부패와 권력 남용도 가난한 사람을 많게 하는 요인이 되었다. 더욱이 이스라엘 백성은 로마의 통치 속에서 오는 여러 제약을 받고 살아가고 있었다. 따라서 삶은 늘 근심 걱정으로 가득했다.

1) 메림나오(μεριμνάω) - 염려하다, 걱정하다 / 염려는 어리석은 일이다. 왜냐하면 걱정은 사람에 대한 하나님의 돌보심에 대한 의심을 표명하는 일이기 때문이다. 하나님은 자기 자녀에게 무엇이 필요하신가를 아신다(마 6:32).

(1) 지금 제자들은 모든 것을 버리고 주님을 따라 나선 상태였다. '만약 주님께서 우리 곁을 떠나는 일이 생긴다면, 우리는 어떻게 하지?' 앞에서 재물에 대한 탐욕으로 인한 어리석음을 전해 들었지만 제자들은 지금 세상적으로 가진 것이 전혀 없다. 따라서 생존에 필요한 것에 대해 걱정하지 않을 수 없었을 것이다. 그런 제자들에게 주님은 경고성 위로를 주신다.

12:22 또 제자들에게 **이르시되**
/그러므로
내가 ——— 너희에게 이르노니
[너희는] ——— 염려하지 말라[1)]
/너희 목숨을 위하여 무엇을 먹을까
/몸을 위하여 무엇을 입을까
23 //(이유: for, γάρ)
목숨이 — 음식보다 중하고
몸이 —— 의복보다 중하니라(=때문에)

인간은 미래에 대한 불확실성으로 늘 '자기 염려' 가운데 살아 간다. 주로 의식주에 대한 염려가 가장 크다. 그러나 근심한다는 것은 어리석은 일이라고 말씀하신다. 왜?

왜 염려하지 않아도 되는가? (이유)
미래는 우리 손에 있지 않기 때문이다. 내일의 염려를 오늘에 보태는 것은 제자들에게 어리석은 일이라는 것이다. 이것은 하나님이 없는 자의 행동이다. 그러면서 무엇을 예로 드시는가?

무엇을 예증으로 설명하셨나?

24 **까마귀**(ravens, κόραξ코락스)를 생각하라 - 얘네들은 골방도, 창고도 없다. 왜? 하나님이 기르시니까? 이 새들은 내일을 걱정하지 않는다. "너희는 새보다 얼마나 귀하냐?"(how much more ***valuable*** you are than the birds!) 마태복음에는 "두려워하지 말라" 왜? "너희는 많은 **참새**보다 귀하니까."(마 10:31)

25 또 너희 중에 누가 *염려함으로*(메림나오, μεριμνάω) 그 **키를** 한 자라도 더할 수 있느냐 혹 **목숨**을 한 시간이라도 연장할 수 있느냐? (없습니다)

27 **백합화**(lilies, κρίνα크리나)를 생각하여 보라(κατανοήσατε카타노에사테).1)
실도 만들지 않고 짜지도 아니하느니라
그러나 내가 너희에게 말하노니 솔로몬의 모든 영광으로도 입은 것이 이 꽃 하나
만큼 훌륭하지 못하였느니라

28 오늘 있다가 내일 아궁이에 던져지는 **들풀**도 하나님이 이렇게 입히시거든
하물며(how much more) 너희일까보냐 **믿음이 작은 자들아** 2)

2) **믿음이 작은 자들아**(마 6:30; 눅 12:28)

예수님은 사람을 동물 세계와 비교할 수 없는 가치를 지닌 존재로 보았다. 인간은 하나님의 피조물이지만 그는 공중의 새들이나 들에 백합화들보다 월등한 가치를 지닌 존재들이다(마 10:31). 하나님은 인간들을 돌보시며 그들의 머리털까지도 세신 바 되었다고 말씀하신다(마 10:30).

1) κατανοέω(카타노에오) - 주의깊게 관찰하다, 숙고하다. / 이 단어는 감각적인 활동에 대해서 사용되기도 했지만 비판적인 검사를 나타내기도 한다. 헬라문학에서는 숙고, 또는 연구를 통해 이해한다는 개념을 지닌다. 사실이나 과정을 관찰하는 것이나 고찰하는 것을 나타낸다(눅 12:24, 27; 롬 4:19; 행7:31).

(2) 그렇다면 "작은 믿음"이란 어떤 믿음을 말하는가? (*from* 동교재, 마태복음)

작은 믿음이란 믿음이 없는 불신자들을 가리키지 아니한다. '작은 믿음'이란 보다 큰 구원의 문제는 맡기면서 그보다 작은 일상생활의 문제는 맡기지 못하는 불합리, 부조리한 믿음을 가리킨다. 이 땅의 먹고 마시고 입는 문제에만 사로잡혀 사는 천박하고 속된 믿음을 갖지 말라는 것이다. 습관적인 염려를 피할 뿐만 아니라 또한 염려하지 말라고 하신다(또는 염려를 키우지 말라). 이런 작은 믿음은 우리로 하여금 염려와 근심 속에 빠지게 하고, 이방인과 같이 헛된 것을 추구하게 되고(마 6:31; 눅 12:30 "이 모든 것은 세상 백성들이 구하는 것이라"), 또한 하나님의 현재적인 축복을 상실하게 만든다.

눅 12:26 그런즉 (οὖν, then)
[만일, εἰ, If]
[네가] ——— **가장 작은 일**도 하지 못하면서(=못하겠거든)
[너희는] —— 어찌 염려하느냐
/다른 일들을

엘라키스토스(ἐλάχιστος) - 가장 작은, 가장 적은, 매우 작은(크기, 지위, 양, 중요성에 대해 사용되었다) / "하찮은 일에도 힘이 미치지 못하면서..."

(3) 주님은 우리의 연약성을 너무나 잘 아셨기에 3번씩이나(마 6:25, 31, 34 참조) 이 말씀을 강조하여 말씀하셨다. 그렇다고 우리가 먹고 마시고 입는 것을 준비해서는 안 된다고 가르치신 것이 아니다. 오히려 우리는 장래를 위해 계획을 세우고, 열심히 일하고 준비하라는 것이 성경의 교훈이다(살후 3:10*, 살전 4:11*을 잘 읽어보라).

- 살후 3:10 "우리가 너희와 함께 있을 때에도 너희에게 명하기를 **누구든지 일하기 싫어하거든** 먹지도 말게 하라 하였더니."
- 살전 4:11 "또 너희에게 명한 것 같이 조용히 자기 일을 하고 **너희 손으로 일하기를 힘쓰라**."

(4) 무엇을 먹을까 무엇을 마실까 하여 구하면서 근심하는 것은(29절) 세상 백성

들이 구하는 것이라"고 하셨다. "너희 아버지께서는 이런 것이 너희에게 있어야 할 것을 아시느니라"(30절).

눅 12:31 "다만 **너희는 그의 나라를 구하라** 그리하면 이런 것들을 너희에게 더하시리라."

2. 그렇다면, 이제 우리는 어떻게 해야 할까? "다만 너희는 그의 나라를 구하라."

(1) 마태복음의 설명을 들어보자(마 6:33; 눅 12:31).

마 6:33 그런즉(But, δὲ)
너희는 ——— **구하라**(ζητεῖτε) - 동사 현재, 명령법
/(①)와 그의 (②)를
/먼저(πρῶτον)
//그리하면(and, καί)
이 모든 것을 — 더하시리라
/너희에게

'먼저'(πρῶτον)라는 말은 '무엇보다 중요한 것'이라는 뜻이다. 무엇보다 먼저 '하나님의 나라'를 찾으라는 것이다. 하나님의 나라는 자기의 소유를 다 팔아 살 만한 보화나 값진 진주와 같다(마 13:44-46).

① '**하나님의 나라**'를 찾는 것은 예수 그리스도를 믿음으로 받아들이고 하나님 나라의 백성이 되는 것이다. 따라서 그의 통치에 순응하는 것이다. 자신을 하나님의 통치에 복종시키는 것은 그 나라의 선물을 받고, 그 축복의 즐거움에 동참하는 것을 의미한다.

② 또 '**하나님의 의**'를 구하라는 것은 하나님께서 의롭다고 여기시는 것을 구하는 것, 즉 예수님이 새로운 형태로 주신 가르침을 지키는 것을 말한다. 주님은 우리에게 먼저 구할 것이 있고 나중 구할 것이 있다고 말씀하신다.

φοβέω(포베오) - 무서워하다, 놀라다/ 이 말은 사람과 세상에 대해 자주 쓰였다(마 10:26, 28)

눅 12:32 적은 무리여!
[너희는] ——— 무서워 말라(Do not be afraid, Μὴ φοβοῦ)
//(이유: for, γάρ)
너희 아버지께서 — 기뻐하시느니라
/주시기를
/그 나라를 너희에게

정말, 그러면 어떻게 해야 할까?

마 6:34 *그러므로* 내일 일을 위하여 **염려하지 말라**
내일 일은 내일이 염려할 것이요
한 날의 **괴로움**(κακία, the evil - KJV)은 그 날로 족하니라

우리가 이 세상을 살아가는데 필요한 육신의 것은 덤으로 주시는 것임을 믿고 염려하지 않고 사는 삶을 말한다. 여기 한 날의 '괴로움'이라는 단어 **카키아**(κακία, 악, 고통, 불행, 파멸)는 '괴로움', '고생'을 이미한다. KJV는 한 날의 '**악**'(evil)이라고 번역했다("한 날의 **악**은 그 날에 족하니라"). 자연적인 욕구들을 채우는 모든 일은 우리에게 무거운 짐이 된다. 이러한 짐은 아버지를 믿는 자들에게는 크게 압박이 되지 못한다. 하루의 괴로움도 넘치는데, 내일 일까지 미리 끌어들여 걱정할 필요가 없다는 말이다.

내일에 대한 염려와 두려움은 하나님의 보호 아래 있으면 사라진다는 것이다(마 10:30이하; 히 11:23, 13:6).

보물 있는 곳에는 마음도 있다(눅 12:33-34)

같이 읽을 곳(마 6:19-21)

재물이나 세상의 것들을 얻고 소유하는 것은 잘못된 일인까? 주님은 어떻게 보셨을까? 물론 정죄하시지 않으셨다(마 27:57, 눅 8:3, 19:2, 9 참조). 그러므로 누구든지 열심히 일해서 정당한 이익을 얻는 것은 마땅히 해야 할 일이다(잠 6:6-8, 딤전 5:8*을 찾아보자). 따라서 신자들이 정당한 방법으로 부(富)를 모으는 것, 또 장래를 위해 저축하는 것, 또 주신 물질을 즐기는 것(딤전 4:3, 4) 등은 잘못된 것이 아니다.

• 딤전 5:8 "누구든지 자기 친족 특히 자기 가족을 돌보지 아니하면 믿음을 배반한 자요 불신자보다 더 악한 자니라."

1. 그렇다면 무엇이 우리에게 문제가 될까?

(1) 그러나 사람은 보물 있는 곳에 마음도 있게 마련이기에(34절 "너희 보물 있는 곳에는 너희 마음도 있으리라.") 미련스러울 정도로 지나치게 많은 재물을 소유하는 것은 영원한 재앙으로 떨어질 수 있다는 점에서 주의해야 한다. 딤전 6:10에서 이렇게 설명한다.

> 돈을 사랑함이(φιλαργυρία 휠날귀리아) 일만 악(κακία)의 뿌리가 되나니 1)
> 이것을 탐내는(사모하는) 자들은 미혹을 받아 믿음에서 떠나
> 많은 근심으로써 자기를 찔렀도다(전체로 꿰뚫다, 즉 '관통하다')

"...돈을 따라다니다가 길을 잃고 **신앙을 떠나서 결국 격심한 고통을 겪는** 사람들도 있습니다"(공동)

1) 부와 행복에 대한 동경이 마귀로 하여금 사람이나 국가를 지배하게 하는 사태를 초래할 수도 있다. 돈을 사랑하면 결국 자기 혼자만을 위하여 하나님과 이웃에 담을 쌓게 된다. 돈에 대한 욕심에 사로잡힌 사람은 심한 고립 상태에 떨어지기 쉽다.

(2) 이 땅에서 살아갈 때 우리는 세상을 사랑하기 쉽고(마 6:19-24), 염려하기(마 6:25-34) 쉽다. 우리가 어떠한 가치관을 갖느냐에 따라 거기에 따르는 행동과 열매도 다르게 된다. 만약 성도들이 물질의 이기적인 축적이나 호화생활, 또 가난한 사람들의 비난의 대상이 될만큼 허황된 생활을 하는 것은 잘못된 가치관에서 오는 것이다. 그래서 마태복음에서는 이렇게 말씀하신다(마 6:19).

> 마 6:19 너희를 위하여 보물을 땅에 쌓아 두지 말라
> 거기는 좀과 동록(rust)이 해하며(좀먹거나 녹이 슬어 못쓰게 되며)
> 도둑이 구멍을 뚫고 도둑질하느니라

◀ 이 말은 잠시 후에 없어질 것에 관심을 갖지 말고 하늘에 속한 것에 관심을 두라는 뜻이다. **복음 전파를 위해 바쳐지는 물질, 시간, 재능 등과 이웃을 사랑하여 행하는 모든 헌신, 친절, 자비** 등이 하늘에 보물을 쌓는 일이다(마 25:35-36).

(3) 그렇다면 그리스도인에게 부, 명예, 지식 등은 쓸데 없는 것이며, 전혀 무의미한 것인가? 이런 모든 것이 전혀 무가치한 것은 아닐 것이나 우리는 이런 것들을 하나님의 선물로 생각해야 한다. 따라서 하나님의 영광을 위해 살아야 한다.

2. 이와 병행 구절을 누가복음에서 이렇게 말씀하신다.

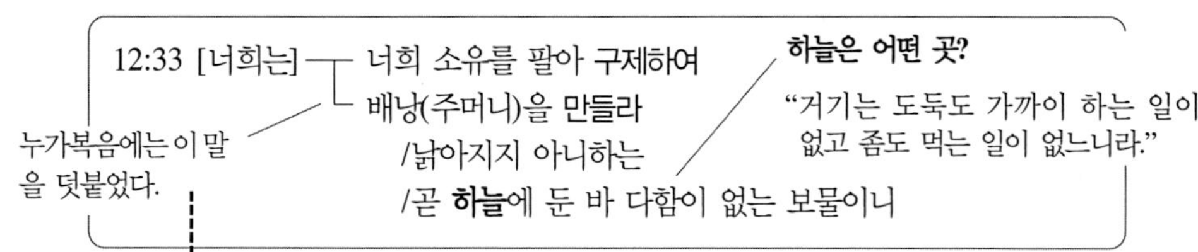

다함이 없는(없어지지 않는) - (ἀνέκλειπτος, 아네클레이프토스) - 이 형용사는 신약성경에서는 이곳에만 나온다. '끝없는'이라는 의미이다. 하늘에 쌓여진 보물은 없어지지 않는다. 주님을 따라 나선 제자들에게 요구하시는 것은 목돈을 만들기 위해 팔라는 것이 아니라 그리스도를 섬기는 데 방해가 되거나 불필요한 것을, 오직 구제하기 위해 팔라는 것이다. 옳은 방법으로 구제하는 것이야말로 최선의 저축을 하는 것이다. 하늘에다 저축하는 일이기 때문이다.

하늘에 둔 바 다함이 없는(=없어지지 않는) 보물

- '소유를 다 팔아 구제하라고? 나, 가진 것도 얼마 없는데?' - 부자의 위험성과 구제의 필요성을 강조한 누가복음만의 특징적인 주제이다(다음 구절들도 찾아 읽어보자. 눅 3:11, 6:30, 11:41, 14:13, 14, 16:19, 18:22, 19:8). 특히 주님을 따르는 자들에게 주어진 말씀이다.

- 마음까지도 저 세상에 두라. 그곳에만 낡아지지 않는 배낭(주머니)이 있기 때문이다. 우리의 선행, 그것은 하늘나라의 보화로 저축된다. 그런데 우리 마음이 세상과 세상의 재물에에만 있다면, 혹 잠시 세상의 영화를 맛보겠지만, 이 세상을 떠날 때 우리 영혼은 파멸로 곤혹을 당할 것이다.

(1) 예수님이 제자들에게 부를 모으는 것을 금지하신 이유는 무엇인가?
만약, 우리가 하나님과 재산(보물), 양쪽 모두에게 관심을 쏟는다면 분명한 방향도 목적도 없는 삶을 살게 될 것이다. 더욱이 제자의 삶을 살아가야 한다면 말이다. 따라서 마태복음은 이렇게 요약 설명해 준다(마 6:24).

6:24 한 사람이 두 주인을 섬기지 못할 것이니 혹 이를 미워하고 저를 사랑하거나 혹 이를 중히 여기고 저를 경히 여김이라 너희가 하나님과 (재물)을 (겸하여 섬기지) 못하느니라

(2) 하나님을 영화롭게 하는 일과 물질적 재산 두 가지에 똑같이 충성할 수 있다는 생각은 잘못이라는 것이다. 누구든지 세상 보화를 추구한다면 그의 마음을 하늘의 보화에 둘 수 없을 것이다.

결국, '하나님을 사랑한다는 것'은 감정적인 것 뿐이 아니라 마음과 목숨과 힘을 다하는 것이다(마 22:37). 주님을 따르는 제자의 삶은 물론 물질이 필요한 것이지만 그렇다고 우선 순위를 혼동해서는 안 된다는 것이다. 그러나 누구나 물질적인 유혹에서 자유롭지 못하다는 데 문제가 있다.

깨어 준비하고 있어라! (눅 12:35-48)

같이 읽을 곳(마 24:42-44; 막 13:33-37)

충성되고
지혜 있는 종의 모습

1. 주님께서는 제자들에게 부활하셨다가 다시 오실 것을 말씀하시면서, 그때 깨어 준비할 것을 가르치셨다.

(1) 마태복음에서는 제자들에게 감람산 강화의 결론으로 "그러므로(Therefore, οὖν) 깨어 있으라(γρηγορεῖτε - 명령법 현재)"고 명령하신다. 주님이 언제 다시 올지에 관심을 둘 것이 아니라 어느 때든지 준비되어 있어야 한다는 점을 강조하신 것이다.

> 12:35 [그들이] —서 있으라(=서 있게 하라)
> /허리에 띠를 띠고(περιεζωσμέναι 분사, 완료, 수동)[1]
> /등불을 켜고

(2) 교회는 세상에 억매이지 않은 채 주님의 재림을 기대하며, 언제든지 이 세상에서 떠날 수 있는 준비를 갖추면서 살아갈 것을 말씀하신다. 그 준비성으로 "허리에 띠를 띠고" 있으라고 하셨다. 에베소서에서는 **"서서 진리로 너희 허리 띠를 띠고"**라고 했다(엡 6:14). 아무리 밤이 늦었다 할지라도 자지 않고 주인을 맞기 위해 기다리는 사람과 같이 되라는 것이다(눅 12:36 "너희는 마치 그 주인이 혼인 집에서 돌아와 문을 두드리면 곧 열어 주려고 기다리는 사람과 같이 되라"). 늘 깨어 있는 신앙생활을 하라는 말씀의 비유로 이렇게 말씀하셨다(37-39절까지 읽고 설명해 보자).[2]

1) Be dressed in readiness περιεζώννυμι(페리존뉘미) 어떤 것으로 자기 자신이나 다른사람을 '묶어조이다'라는 의미이다. 즉 '준비된 채로 대기하라'는 말이다.

2) "만일 집 주인이 도둑이 어느 시각에 올 줄을 알았더라면" 어떻게 했을까? "이러므로 너희도 준비하고 있으라 생각하지 않은 때에 인자가 오리라" 인자의 오심도 생각하지 않은 때에 임하실 것이다.

이 비유에서 '집 주인'은 예수님에 대한 비유어이다. 집안 사람들은 천국의 백성들이다. **그러면 종은 누구일까?** 종은 제자들이나 교회 지도자들이다.

누가 충성된 종이고, 누가 악한 종인가? (마 24:45-51 참조)

1. 재림의 징조들은 주님이 오시기 전에 반드시 있을 것이다. 그러나 그 임하심이 정확히 언제일지는 모른다.

(1) 그래서 우리는 항상 깨어서 부지런히 소망을 가지고 준비하고 있어야 한다. 예수님의 말씀은 역사 속에서 정확히 이루어졌다. 예루살렘도, 성전도 무너졌다. 돌 하나도 돌 위에 남지 않는 엄청난 환난을 당했다. 그러나 우리에게는 아직도 주님의 재림이 남아 있지 않은가!

> 눅 12:40 그러므로 너희도 준비하고 있으라
> 생각하지 않은 때에 인자가 오리라 하시니라

(2) 주인이 더디 오기 때문에, 맡겨준 일은 하지 않고 허랑방탕한다면 주인이 와서 그 종을 처벌하지 않겠는가? 주님이 다시 오신다는 약속이 이천 년이 넘어가고 있다. 그리스도의 재림은 갑작스럽게 일어난다. 이는 주의 제자들 · 교회 지도자들에게 주시는 약속이다.

2. 이 비유를 듣고 있던 베드로가 주님께 여쭙는다. "그러면 이 비유가 우리에게 하심이니이까 모든 사람에게 하심이니이까?"(눅 12:41)[1)]

12:42 주께서 **이르시되**
/양식을 나누어 줄 자가 — **누구냐?**
/지혜 있고 진실한 청지기가 되어
주인에게 그 집 종들을 맡아 때를 따라

43 주인이 이를 때에 그 종이 그렇게 하는 것을 보면 그 종은 복이 있으리로다

(1) 주인이 한 관리인에게 다른 종들을 잘 관리하는 책임을 맡기고 떠난다. 물론 이 관리인은 다른 종들에게 제때에 양식을 공급할 책임도 있다. 나중에 주인이 돌아올 때, 그동안 주어진 책임을 다하고 있었다는 것을 안다면 그 종이 행복하지 않겠는가! 그런 관리인(청지기)에게 그 주인은 그 모든 소유를 맡길 것이다(44절; 마 24:46-47).

- 그런데 만일, 주인이 더디 올 것이라 생각하여
  남녀 종들을 때리며 먹고 마시고 술에 취해 세월을 보낸다면?
  ⇨ 주인이 이르러 (엄히 때리고 신실하지 아니한 자의 받는) 벌에 처하게 될 것이다. "주인의 뜻을 알고도 준비하지 아니하고 그 뜻대로 행하지 아니한 종은 많이 맞을 것이요"(47절).

(2) 여기서 인자가 언제 올지 우리가 알 수 없다는 사실을 아주 강하게 선언해 준다.[2)] 인자 자신도 그 마지막 날을 모른다는 바로 그 사실은 재림이 얼마나 비밀스러운 사항인지를 보여준다. 여기서 '그 날'이란 주님의 날, 심판의 날을 가리킨다. "때와 시기(χρόνους ἢ καιροὺς)는 아버지께서 **자기의 권한에**(by His own authorit) 두셨으니"(행 1:7) 우리가 알 바 아니다.[3)]

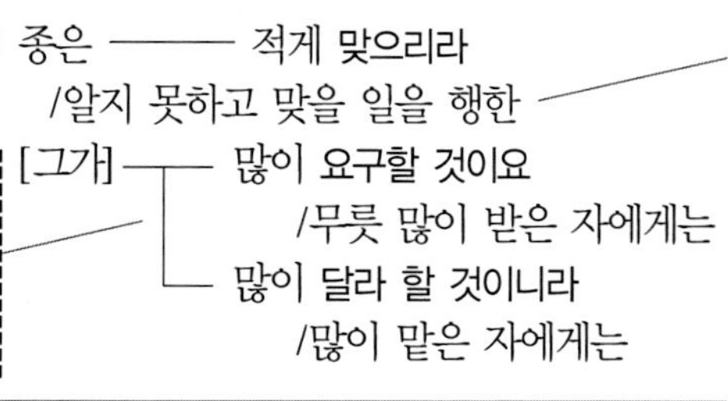

- 할 일이 무엇인지도 모르고 세월만 보냈다면 오히려 적게 맞을 것이다. 그러나 아무리 알지 못했다고 해도 벌을 받을 수밖에 없다. 할 일이 무엇인지 몰랐지만, 그는 주인의 뜻을 알려고 노력하지 않았기 때문이다.

- 그러나 주인은 많이 맡은 자에게는 많이 달라고 요구하신다. 다른 사람들보다 큰 정신적인 능력을 가진 자들, 특히 많은 지식과 학식을 가진 자들, 성경 말씀에 친숙한 사람들의 책임이 얼마나 큰 것인가를 알 수 있다. 이들은 할 일이 무엇인지 알고 있기에, 고의적인 불순종은 더 큰 죄가 됨을 알 수 있다.

1) 주님은 앞에서 비유를 무리들에게 하셨기 때문에(13-21절) 이렇게 물은 것 같다. 그러나 주님은 충성된 종이 누구인가를 구체적으로 설명하신다. 그러니까 모든 사람들에게 하는 말씀이지만, 특별히 제자들에게 집중해서 말씀하시는 것이다.

그때는 아무도 모른다(마 24:36; 막 13:32)

2) 재림의 날, 그 날은 천사들까지도 심지어 주님까지도 모른다고 하셨다. 그러므로 재림의 날짜를 확정 짓는 것은 잘못된 일이다. 따라서 예수님은 지금 종말의 시기를 언급하고 있는 것이 아니라 단지 앞에서 예언하신 일들의 확실성을 언급하고 계신 것으로 보아야 한다.

3) 제자들은 어려운 상황에서 주의 재림을 간절히 구할 것이나 그들은 그것을 보지 못할 것이다(눅 17:22). 난리와 난리 소문을 듣겠으나 "끝은 아직 아니니라"(막 13:7)고 하셨다. 당시 사람들은 하나님의 나라가 당장에 나타날 줄로 생각했다(눅19:11). 그렇다고 주인이 더디 올 것이라고 맡겨진 일을 등한히 하고 술로 세월만 보낸다면....

Close-up 왜 재림의 임박성과 지연성이 동시에 강조되고 있을까?

1. 주님의 재림은 언제 이루어질까?

(1) **재림의 임박성** : 다음 구절들을 읽어보자(마 10:23, 24:34; 막 9:1[마 16:28]; 눅 9:27, 21:29-33; 막 13:28-31 - 무화과나무의 비유). / 이 구절들을 읽어보면, 주님의 재림의 임박성이 강조된다. 주님께서 예언하신 이런 일들은 언제 일어날 것인가? 무엇보다 제자들에게는 그것이 중요했다. 이때 주님은 '무화과나무의 비유'를 배우라고 말씀하신다.

(2) 사람들은 무화과나무가 잎사귀를 내기 시작한다면 누구든 곧 여름이 가까운 줄을 안다. 구태여 정확한 날짜나 달력이 필요없다. 이와 같이 주님의 재림도 시간의 계산을 필요로 하지 않는다는 것이다. "너희도 이 모든 일을 보거든 인자가 가까이 곧 문 앞에 이른 줄 알라"(마 24:33).

(3) 마 24:34에서는 "내가 진실로 너희에게 말하노니 이 **세대가 지나가기 전에** 이 일이 다 일어나리라" (막 13:30). 그렇다면 '이 세대'(this generation)란 언제를 가리킬까?

2. 재림의 지연성 : 그러나 다른 곳에서는 재림의 지연(遲延)에 대해서도 언급하고 있다.

(1) 감람산 담화에서 주님은 예루살렘의 파멸을 예언하셨다. 그때 제자들은 그 사건이 곧 세상의 종말이라고 이해했다(마 24장; 막 13장; 눅 19:11). 그러나 주님은 그때가 "끝은 아직 아니라"고 하셨다(막 13:7).

(2) 그보다 먼저 복음이 만국에 전파되어야 하기 때문이다(막 13:10). 혼인집 비유에서도 신랑이 더디옴으로 손님들은 다 자러 갔다(마 25:5). 부자는 돈을 그 종들에게 맡겼으나 오랜 후가 될 때까지 회계하기 위해 돌아오지 않았다(마 25:19).

3. 하나님 나라의 도래, 그 시기는 불확실성에 있다.

(1) 주님은 자신도 언제 하나님의 나라(재림)가 임할는지 모른다고 하셨다(막 13:32). "그러므로 너희는 깨어 있으라"(마 24:42-51; 막 13:33-37; 눅 21:36)고 하셨다.

(2) 따라서 주님이 언제 다시 올지에 관심을 둘 것이 아니라 어느 때든지 준비되어 있어야 한다는 점을 강조하신 것이다. 이렇게 재림의 임박성과 지연성이 동시에 나타나 있다.

(3) 그렇다면 우리는 무엇을 강조해야 할까? 그것은 시기에 대한 불확실성에 때문에 사람들은 **그때를 항상 준비해야 한다**는 점이다.

3. 그렇다면 구약의 선지자들은 이런 사건(종말)에 대해 어떻게 말씀을 선포했을까?

(1) 선지자들은 계속해서 주의 날이 '가까이 왔다'고 선언했다. 다음 구절들을 읽어보자.

- 사 56:1 "여호와께서 이와 같이 말씀하시기를 너희는 정의를 지키며 의를 행하라 **이는 나의 구원이 가까이 왔고** 나의 공의가 나타날 것임이라 하셨도다."
- 습 1:14 "**여호와의 큰 날이 가깝도다 가깝고도 빠르도다** 여호와의 날의 소리로다 용사가 거기서 심히 슬피 우는도다."
- 욜 3:14 "사람이 많음이여, 심판의 골짜기에 사람이 많음이여, 심판의 골짜기에 여**호와의 날이 가까움이로다**."
- 옵 15절 "여호와께서 **만국을 벌할 날이 가까웠나니** 네가 행한 대로 너도 받을 것인즉 네가 행한 것이 네 머리로 돌아갈 것이라."

(2) 구약의 선지자들도 위의 구절과 같이 임박한 주의 날을 곧 다가올 것이라고 예언했지만, 여전히 미래적인 전망도 함께 전하고 있다.

(3) 복음서의 종말에 대한 전체적인 관점은 종말의 시기를 측정할 수 없는 상황에 갖다 놓는다. "그런즉 깨어 있으라 너희는 그 날과 그때를 알지 못하느니라"(마 25:13). 이미와 아직 사이에 긴장(tension)이 있을 뿐이다. (*)

불을 던지러 왔다(눅 12:49–53)

같이 읽을 곳(마 10:34–36)

• 눅 12:51 "내가 세상에 화평을 주려고 온 줄로 아느냐 내가 너희에게 이르노니 아니라 도리어 **분쟁하게 하려 함이로라** 52 이후부터 한 집에 다섯 사람이 있어 분쟁하되 셋이 둘과, 둘이 셋과 하리니 53 아버지가 아들과, 아들이 아버지와, 어머니가 딸과, 딸이 어머니와, 시어머니가 며느리와, 며느리가 시어머니와 **분쟁하리라** 하시니라."

1. 복음 증거에는 고난이 반드시 따라온다. 그래서 세상 사람들과 불화가 나타나기도 한다. 어느 화평한 가정에 복음이 들어갈 때, 불화가 일어날 수 있다. 복음이 처음 들어가는 지역에는 어디든지 나타나는 현상이다.

12:49 내가 —— 불(퀴르, πῦρ)을 땅에 던지러 왔노니
[만일, if, εἰ] (조건절)
이 불이 이미(already, ἤδη) 붙었으면((ἀνήφθη 과거 수동태)
내가 —— 무엇을 원하리요(how I wish it were)

(1) 여기서 불(퀴르, πῦρ)은 무엇을 가리킬까? 어떤 학자들은 '성령, 또는 성령의 능력', '심판' 등으로 해석하기도 하나, 대부분의 학자들은 본문에서는 복음의 전파 과정에서 일어나는 **'불화나 분쟁'**[1]으로 해석한다. 병행구절인 마태복음을 보자(마 10:34, "내가 세상에 화평을 주러 온 줄로 생각하지 말라 화평이 아니요 검을 주러 왔노라."). 불화나 분쟁의 구체적인 내용이 다음 절에 자세히 언급되었다(눅 12:51-53).

1) 분쟁하다 : '디아메리조'(διαμερίζω)는 '나누어지거나, 분열되는 것'을 의미한다("한 집에 다섯 사람이 있어 분쟁하되 셋이 둘과, 둘이 셋과 하리니")

(2) 마태복음에서는(마 10:36) "사람의 원수가 자기 (집안 식구)리라." 주님은 미가서 7:6을 인용하셨다("...아들이 아버지를 멸시하며 딸이 어머니를 대적하며 며느리가 시어머니를 대적하리니 사람의 원수가 곧 자기의 집안 사람이리로다".)

1) 미가 선지자는 상황이 너무 악해지면 한 집안 식구라도 믿을 수 없는 날이 올 것이다. 그래서 이웃(레아, רֵעַ), 즉 가까운 사이든, 우연히 만난 사이든 친구나 동료 등을 믿지 못할 날이 올 것이다. '네 품에 누운 여인에게라도', 즉 심지어 자기 아내까지도 믿을 수 없는 세상이 되어버릴 것이다. 믿음과 신뢰가 깨어진 사회, 곧 너희의 원수는 다름 아닌 너희의 식구가 될 것이다.[2]

2) 이런 일은 예루살렘이 멸망할 때 실제적으로 일어났다(애가2:20, 4:10; 왕하 6:28).

2) 그러나 미가서의 이러한 예언은 그리스도의 복음이 세상에 증거될 때 악의 권세가 어떻게 반항할 것인가도 포함하는 폭넓은 예언일 것이다(마 10:21, "장차 형제가 형제를, 아버지가 자식을 죽는 데에 내주며 자식들이 부모를 대적하여 죽게 하리라"). 주님은 복음이 세상에 증거될 때, 이런 일이 실제로 일어날 것을 말씀하신 것이다(눅 12:49-53). 초대교회 때, 그리스도인들이 회당에서 추방되었고, 가족으로부터 거리낌을 당했다. 그리스도인으로 살아가는 일은 힘겨운 일이다.

자녀가 또 부모가 아무리 소중할지라도 예수님을 따르기 위해서는 가족까지도 뿌리쳐야 한다. 또 자기 자신을 포기해야 한다(38절). 이 길이 가족을 위하는 길이기 때문이다. 하나님을 섬기는 것과 가족을 사랑하는 것, 모두 중요하다. 그러나 이것이 충돌을 가져올 경우가 있다. 이때 어느 편을 선택해야 할까?

2. 복음서에는 예수님에게 가공할 만한 마지막이 기다리고 있다는 내용이 많이 언급되었다. 주님은 자신이 고난과 죽음에 처해질 것이라는 사실을 이미 잘 알고 계셨다. 그는 고난 당하는 종이었기 때문이다(사 53:11; 42:1 참조).

눅 12:50 나는 ——— 받을 세례가 있으니
나의(=내가) —— 답답함이 어떠하겠느냐
/그것이 이루어지기까지
(이 일을 다 겪어낼 때까지는)
마가복음에서는(막 10:38)

• 나의 답답함(쉬네코, συνέχω) - 포위하다, 억압하다 / how distressed I am. 대속적 죽음을 앞에 놓고 억압된 감정을 표현하는 예수님의 태도를 볼 수 있다. 이 대속적 죽음은 오직 예수님만이 감당하실 수 있는 것이다.

1) 야고보와 요한이 예수님께 나아와 장차 임할 그의 나라에서 자기들에게 영광의 자리를 줄 것을 요구하였다. 그때 주님은 "너희 구하는 것을 너희가 알지 못하는도다. 너희가 **나의 마시는 잔**을 마시며, 나의 받는 세례를 받을 수 있느냐"(막 10:38)고 하셨다. 여기서 '잔'이란 분명히 고난과 죽음의 잔을 말한다. 물론 예수님은 이를 분명히 죄로 인한 하나님의 진노의 잔을 생각하고 계셨다.

2) 오늘 본문 누가복음에서도 이와 동일한 개념이다. 이 구절은 주님께서 자신의 죽음을 알고 계셨을 뿐 아니라 그 이상의 의미를 시사한다. 잔과 세례에 대해서 답변하신 후의 일을 추가하여 마가는 다음과 같은 구절을 덧붙여 설명한다(막 10:45, "인자가 온 것은 '섬김을 받으려 함이 아니라' 도리어 섬기려 하고 자기 목숨을(ψυχήν) 많은 사람의 대속물로(λύτρον) 주려 함이니라."

때를 분별하라(눅 12:54–56)

같이 읽을 곳(마 16:2–3)

1. 주님은 당시 육체의 일에 대해서는 민감하면서도 영적인 면에 무지한 무리들에게 경고하셨다.

12:54 또 무리에게 **이르시되**
/너희가 —구름이 서쪽에서 이는 것을 보면 곧 말하기를
/소나기가 오리라 하나니 — 과연 그러하고
55 남풍이 부는 것을 보면 말하기를
/심히 더우리라 하나니 — 과연 그러하니라

• 서쪽에서 불어오는 바람은 지중해에서, 남쪽에서 불어오는 바람은 사막에서 불어왔다. 따라서 이들은 바람의 방향을 보면서도 날씨를 예측했다. 이렇게 천지의 기상은 분간할 줄 알면서도 정작 시대는 분간하지 못했다. 메시야가 이미 도래했다는 사실, 또 로마군의 침공이 있을 것이라는 징조에는 무지했다는 것이다.

(1) "왜 너희들은 무엇이 옳은 일인지 스스로 판단하지 아니하느냐?"(57절)
주님은 예수님의 말씀은 받아들이지 않으면서 오직 표적만을 요구하는 위

• 막 8:11 "바리새인들이 나와서 예수를 힐난하며 그를 시험하여 하늘로부터 오는 표적을 구하거늘 12 예수께서 마음속으로 깊이 탄식하시며 이르시되 **어찌하여 이 세대가 표적을 구하느냐** 내가 진실로 너희에게 이르노니 ***이 세대에 표적을 주지 아니하리라*** 하시고"

선자들(외식하는 자들)에게 엄한 말로 꾸짖으셨다(막 8:11-12*).

(2) 이들은 날씨 변화에는 민감했지만 정작 시대의 표적에는 둔감했다. 지금은 그렇게 기다렸던 메시야가 오셔서 구속 사역의 정점을 향해 치닫고 있는 중이다. 역사의 거대한 전환점이다. 이런 그들에게는 요나의 표적 밖에는 주지 않으실 것이다(마 12:40 참조, 요나가 밤낮 3일을 큰 고기 뱃속에서 있었던 것과 마찬가지로 인자도 땅 속에서 그렇게 머물러 있을 것이라고 하셨다). 이것이 '이 세대'에게 주신 표적이다. 오직 믿음이 있는 자만이 이 시대를 분별할 수 있다. 주님은 이들을 향하여 "(악)하고 (음란한) 세대"라고 하셨다(마 12:39).

(3) 그들은 아침 저녁 징후를 보고 정확한 일기 예보를 할 수 있었다. 그러나 예수 그리스도의 인격에 대한 영적 징후를 파악하는 데는 무뎠다. 수많은 징후들이 있었는데도 그들은 고의적인 반역을 하고 있다. 이들은 그 어떤 표적을 베푼다 해도 또 다른 트집을 잡을 것이 분명하다.

(4) 주님은 어떤 예를 드셨는가? (58-59절)[1] 즉 너무 늦기 전에, 아직도 시간이 조금 있으니까, 빨리 하나님과 화해하기를 서둘러야 한다는 말씀이다. 하나님께로 돌아가는 길은 지금, 곧 하나님과 화해하는 길뿐이다. 예수님은 이들에게 그 길을 분명하게 제시하고 계신다. 그런데도 영적 천기를 구별하지 못한 인간들은 주님께 고의적인 적대 행위를 계속하고 있을 뿐이다.

1) 만약, "네가 너를 고소하려는 사람과 함께 법정에 가는 일이 생겼다고 하자. 그렇다면, 법정으로 가는 길에 그와 함께 재빨리 타협해라. 그렇지 않고 재판을 받게 된다면 너는 유치장 신세를 져야 할 것 아니냐?" "그렇게 되면 마지막 한 푼까지 다 갚기 전에는 절대로 거기서 벗어나지 못할꺼 아니냐." "그게 현명한 처사가 아니냐?"

2. 예수님은 여러 가지 방법으로 자신이 "하늘로부터 온 자"임을 분명하게 알리셨다.

(1) 예수님은 참으로 신적 능력과 메시야적 권능을 가지고 많은 이적을 행하셨다. 그러나 예수님을 대적하는 무리들은 그런 이적 가지고는 그가 메시야라는 사실을 증명하기에는 부족하다고 생각했다. 이런 생각은 노골적인 대적자들 뿐만 아니라 일반 백성들에게는 널리 퍼져 있었다. 예수님이 귀신 들려 눈 멀고 말 못하는 사람을 눈 앞에서 고쳐주었음에도, 무리들은 그 일을 놀라워하면서도 예수님이 귀신의 왕 바알세불의 힘을 빌려 치료했다고 비방했다(마 12:22이하).

(2) 이런 대중들의 요구는 예수님을 처음부터 끝까지 집요하게 대들었던 마귀가 갖고 있는 것과 같은 행동이다. 오직 이적만을 바라는 자들에게는 복음의 비밀을 온전히 이해될 수 없다. 그것은 복음 선포를 믿는 믿음과 예수님을 그리스도라고 신앙하는 데에 있는 것이다(눅 10:21이하).

- 종교행위에 열심이었던 바리새인들
  왜 그렇게 열심 위에 열심을 냈을까?
  그것이 하나님 앞에서 신원(伸寃)받는 일이라고 생각했기 때문이다.
  기도 역시 남에게 과시하기 위해, 또 영광을 얻을 목적으로 했단다.
  그러면, 우리는;
  먼저(=무엇보다 중요한 것은) 그의 나라와 그의 의를 구하라. 그리하면...
  그의 나라와 그의 의? 아니, 좀더 구체적으로~ 무엇을?
  바른 기도의 방법부터 배우자.

- 예수님께서 귀신을 쫓아내셨다.
  "이는 다윗의 자손이 아니냐?"
  "아마, 귀신의 왕 바알세불의 힘을 빌려 귀신을 쫓아낸 것일꺼야."
  '나는, 우리는, 귀신을 쫓아낼 능력이 있을까?' '.......' '왜?'

- 주님의 말씀은 받아들이지 않으면서 오직 표적만을 구하는 자들...
  바리새인들은 왜 그렇게 완악해졌을까?
  열심히, 오직 하나님만을 섬겼다는데...
  '회칠한 무덤'과 같다고? '누구?' '우리?, 교회?'

- 누가 어리석은 부자일까?
  사람들은 행복이 '소유의 넉넉함'에 있다고 생각한다.
  돈만 많이 생기면 행복은 저절로 찾아오겠지.
  이런 생각이 잘못되었다는 것을 느끼기 시작했다면
  그는 이미 나이가 많이 들었다는 이야기다. '아니라고?'

- 보물 있는 곳에는 마음도 있다고 했다(눅 12:33-34)
  미련스러울 정도로 지나치게 많은 재물,
  잘못하면 영원한 재앙으로 떨어질 수 있단다.
  그래도 많은 군상(群像)들은 지금도 재물에 목숨을 건다.
  '에이~~그래도 돈 좀 많으면 좋겠네...'
  당신도 같은 생각이면서 뭘. '나?, 나는, 아니라고?'

- 깨어 준비하고 있어라! 그리고 때를 분별하라. (눅 12:35~)
  우리는 육체의 일에 대해서는 모두 민감하다.
  반면에, 영적인 면에는 너무 무지하고 무관심하다.
  좀체로 말씀에 귀를 기울이지 않는다.
  어떻게 하면 하나님의 말씀을 나의 삶에서 떠나지 않게 할 수 있을까?
  교회는 이 일부터 최선을 다해야 하지 않을까?!

- 어떻게 남은 여생을 살아갈까? 모은 재산도 없고, 건강도 자신 없는데... '누구 얘기야?' '모르겠는데.'

- 이런 생각을 가진 사람은 "믿음이 작은 자들"이래. 무엇을 먹을까 무엇을 마실까 근심하는 것은 세상 사람들이 구하는 것이래. - '그으래~, 나는 아무래도 세상 사람같아. ^^'

- 왜, 주님은 부를 모으는 것을 금지하셨을까? 하나님과 재산(보물), 양쪽 모두에게 관심을 쏟는다면 분명한 방향도 목적도 없는 삶을 살게 될 것이기 때문이다.

Outline

264

Luke 13-14장

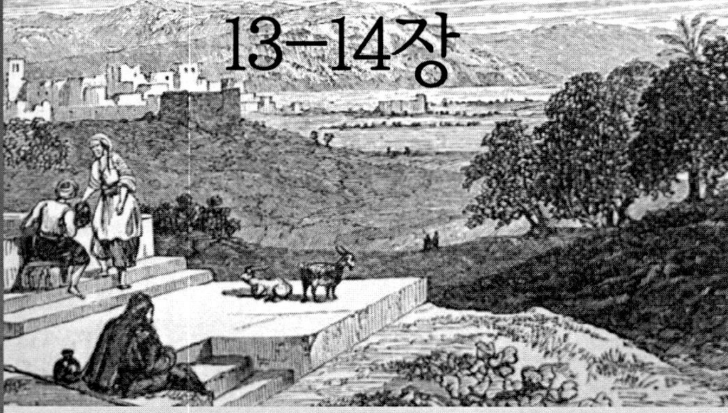

베레아에서 베다니까지의 사역

누가는 예루살렘으로 마지막 사역을 위해 올라가시는
주님의 중요한 여정들을 다른 복음서보다
자세하게 소개한다(눅 9:51-19:46).
마태복음의 산상설교에 나와 있는 자료들이
이 부분에 많이 기록되어 있다.

제자의 길을 걸어가려는 사람들에게
주님께서 요구하시는 내용은 아주 충격적이다.
핍박은 물론, 가족까지
때로는 자신의 목숨까지도 버려야 하는 길이다.
그러나, 지금 주님을 따르려는 사람들은
앞으로 펼쳐질 영광과 영화를
꿈꾸고 있었는지도 모른다.
그러나 주님을 따르는 길은
날마다 자기 십자가를 져야 하는 길이다.

망대(자신이 살 집)를 세우기 전에
그 비용을 계산해 보아야 하는 것처럼,
신앙의 길을 가는 것도 철저한 각오가 필요하다.
주님의 길을 따르는 사람들에게 그 희생과 고난에 대한
보상, 즉 사랑과 긍휼도 약속받지만
핍박을 겸하여 받는다는 사실을 인지해야 한다.
그 길은 자신의 노력으로만 갈 수 있는 길이 아니다.
그러나 염려하지 말라.
성령님께서 우리와 동행하실 것이다.

회개하지 않으면 망한다(눅 13:1-5)

(1) 정확한 기록이 없지만, 아마도 갈릴리에서 온 사람들이 성전에서 제물을 드리던 중에 로마 총독부에서 금지한 일과 부딪친 것같다. 그래서 빌라도의 군사들이 들이닥쳐 그들을 죽이고, 그들의 피를 제물의 섞는 일이 벌어졌다는 것이다.

(2) '실로암 망대'가 무너져 치어 죽은 열여덟 사람에 대한 사건. 사람들은 이때 깔려 죽은 사람들이 예루살렘에 사는 사람들보다 더 죄가 많다고 생각했다. 주님은 이런 잘못된 생각에 쐐기를 박으신다. "아니다"(no, οὐχί) 예수님은 모든 사람들이 죄를 범한 것으로 보셨다. 따라서 사람들에게 회개할 것을 촉구하셨다. 인간이 죄를 지은 정도에 비례해서 비극이 일어나는 것이 아니라 모든 인간은 회개해야 한다. 그렇지 않으면 모두 멸망한다는 것이다.

열매 맺지 못하는 무화과나무 비유(눅 13:6-9)

(1) 앞에 언급한 사건에 연이은 내용이다. "너희도 만일 회개치 않으면 다 이와 같이 망하리라"는 말씀을 다시 강조하려고 비유를 드셨다.

(2) 이스라엘 백성들의 열매 없는 삶의 모습, 그것은 열매 맺지 못한 무화과나무였다. 이들은 천국이 임하여 진행되고 있었으나 좀체로 이를 받아들이려 하지도 않고 회개도 하지 않았다.

안식일에 등이 굽은 여자를 고치심(눅 13:10-17)

(1) 주님은 그 여자에게 안수하시니 즉시 허리를 펴고 고침을 받았다.

(2) 그 광경을 지켜보던 회당장이 분을 내면서 한 마디 했다. 왜냐하면 예수님이 안식일에 병을 고치셨기 때문이다(14절). 안식일에 병을 고쳤다는 이유 때문에, 울분을 드러냈던 회당장의 반응에 주님은 어떻게 말씀하셨는가?

하나님의 나라는 무엇과 같은가? (눅 13:18-21)

유대인들은 메시야가 오실 것을 기대하고 있었고, 그 나라는 굉장한 나라로 올 것이며, 불시에 완성될 것으로 믿고 있었다. 그러나 주님은 그들과의 기대와는 아주 다르게 임하게 될 것이라고 설명하신다(18절). 이 비유들은 천국 계시의 복합된 성격을 보여주고 있다(즉, 현재성과 미래성).

좁은 문으로 들어가기를 힘쓰라(눅 13:22-30)

(1) 좁은(폭이 좁은, στενός스테노스) 길을 가기 위해서는 우리들의 탐욕과 고집들을 버려야 하며 때로는 가족도 버려야 한다고 말씀하셨다(눅 12:51-53). 좁은 문, 좁은 길은 산상설교에서 가르친 대로 예수님을 믿고 그의 교훈을 지키며 살아가는 생활이다. 즉 하나님의 뜻을 행하는 것이다.

(2) 물론 이 삶의 마지막은 생명이요, 영생이요, 천국이다. 따라서 주님의 제자라면 누구나 이 길을 걸어가지 않으면 안 된다. 이 생명으로 인도하는 좁은 문 곁에는 누가 있다고 했는가? (마 7:15). 누구나 열심히 일했다고 해서 천국에 들어가는 것이 아니라고 하셨다. 항악하는 자들은 그 문으로 들어가지 못한다. 경건의 탈을 썼던 자들 말이다.

헤롯이 주님을 해하려한다는 제보(눅 13:31-33)

(1) 헤롯이 정말로 예수님을 죽이려 했는지, 아니면 바리새인들을 통해 이런 정보를 흘려 이 지역에서 주님 일행을 쫓아내려고 했는지 확실히 알 수 없다.

(2) 주님은 자신이 곧 죽어야 한다는 사실을 알고 계셨다. 그때가 오기 전까지는 인간의 모략에 의해 죽임을 당하지 않으실 것이다. 그래서 그런 제보를 받았다해도 놀라지 않으신다.

(3) 주님은 자신의 죽음이 그를 보내신 하나님의 뜻을 이루는 일임을 잘 알고 계셨다. 그가 죽으실 곳이 예루살렘이었다. 그래서 오늘도 내일도, 그리고 모래도 병을 치료하고, 말씀을 증거하는 사역을 계속하실 것임을 분명히 하셨다.

너희의 자녀를 모으려 한 일이 몇 번이냐? (13:33-35)

(1) 지금 예루살렘의 파멸이 눈앞에 와 있다. 예루살렘을 내려다보시면서 눈물 지으시는 주님의 모습, 이제 "너희 집이 황폐되어 버려진 바 되리라." 멸망은 필연적이다. 왜?

(2) 하나님은 자신의 백성을 구원하기 위해 많은 선지자들을 파송하셨다(눅 19:41-44). 그러나 예루살렘은 그런 선지자들의 무덤터가 되어버렸다. 수많은 (하나님으로부터 파송 받은) 사자들이 폭력에 의해 죽임을 당했다.

수종병 든 사람을 고치시다(눅 14:1-6)

(1) 수종병 든 사람이 있었다. 거기에 모인 사람들은 오늘은 안식일인데, 예수님이 과연 병을 고칠 것이냐, 아니냐에 관심이 있었다. 예수님을 고발할 좋은 증거가 되기 때문이다.

(2) 주님은 그 병든 자를 치료해 주시고, 그들에게 이렇게 물으셨다. "너희 중에 누가 그 아들이나 소가 우물에 빠졌으면 안식일에라도 곧 끌어내지 않겠느냐?" 그들이 이에 대하여 '대답하지 못하니라'

무릇 자기를 높이는 자는...(눅 14:7-14)

(1) 식사 자리에 '누가 높은 자리에 앉아야 하는가'라는 문제가 일어났던 것 같다. 당연히 "청함을 받은 사람들이 높은 자리"에 앉게 되었다(눅 14:7, 8). 바리새인들 중에 서로 상석(上席)에 앉으려고 보이지 않는 경쟁이 있었을 것이다.

(2) 주님은 높은 곳(자리)에 마음을 두지 말라고 하신다. 바리새인은 상좌(上座)에 앉아서 섬김을 받기를 좋아했다. 이들은 거짓과 외식으로 백성들로부터 존경받으려고 했다.

큰 잔치 비유(눅 14:15-24)

(1) 하나님은 자신의 백성을 부지런히 청하셨다(6절). 하나님께서는 자신의 백성을 구원하기 위해 진수성찬을 차려놓고 청한 사람들이 오기만을 간절히 기다리는 주인이었다.

(2) 결국 처음 초청받은 사람들, 즉 이스라엘은 실격을 당한다(마 22:8). 비유 속의 종들은 하나님의 선지자들이다. 세례 요한도 죽임을 당했다. 이제는 하나님의 아들, 예수님을 죽이려고 혈안이 되어 있다. 이제 그 자리는 새로운 하나님의 백성에 의해 대체될 것이다.

266

이 내용은 누가복음에서만 나온다.

회개하지 않으면 망한다(눅 13:1-5)

"그 때 마침"(천지의 기상은 분간할 줄 알면서도 정작 시대는 분간하지 못하는 세대에게 하신 말씀 이후에) 어떤 사람들이 예수님께 다가 와서, 빌라도 총독이 갈릴리에서 벌인 사건의 전말을 전했다. 이 사건에 대해 예수님의 의견을 듣고 싶어 했을 것이다. 이에 대한 주님의 대답은 무엇이었을까? 주님은 이에 대한 직접적인 설명보다는 인간의 근원적인 문제를 지적하셨다.

1. 최근 빌라도가 어떤 갈릴리 사람들을 죽이고 그들의 피를 제물에 섞었다는 것이다. 아마 빌라도의 군사들의 무자비한 폭동 진압 과정에서 생겨진 일인 것 같다.

(1) 주님이 태어나시기 얼마 전의 상황을 잠깐 살펴보자. B.C. 6년 유대 지역을 통치했던 아켈라오스 왕은 그의 악정으로 인해 해임되고 로마 직할 통치가 시작되었다.[1] 헤롯 왕이 죽은 후에(2:19 "헤롯이 죽은 후에 주의 사자가 애굽에서 요셉에게 현몽하여 이르되") 그 영토는 세 아들에게 분할되었다. 팔레스틴 남쪽은 '아켈라오'에게, 팔레스틴 북동쪽은 '빌립'에게, 그리고 갈릴리와 베레아 지방은 '안디바'에게 분할되었다.

아켈라오(=Archelaus)는 유대와 사마리아와 이두매의 통치자가 되었는데, 이 아켈라오 역시 그의 부친 헤롯처럼 포악한 왕이었다. 아켈라오는 기원후 6년에 실각하게 되고, 그 영지는 로마 총독의 직할지가 된다. 예수님이 십자가에 죽으실 때에는 본디오 **빌라도가 총독으로** 있었다(A.D. 26-36년).

(2) 로마는 세금을 징수하기 위한 목적으로 주민들에게 등록을 하라고 지시했다. 이러한 조치는 몇몇 유대인 집단을 격분케 했다. 이들은 율법에 대한 열정 때문에 로마에 복종하기를 거부했다. 로마 황제의 지배에 복종하기를 거부하고, 그를 주(퀴리오스)라고 부르기를 거절했다.[2]

로마 대항세력([혁명당원들], 젤롯파, 열심당)은 적극적인 행동을 통해서 역사의 진행을 결정하려고 하였다. 그러나 로마인들의 눈에는 이들은 도둑과 노상 강도에 지나지 않았다. 이들은 로마의 정규군에 저항할 수 없었으므로 유대 산악 지역에 로마군들이 접근하기 힘든 곳을 은신처로 삼고 게릴라전을 벌였다. 결국에는 폭동을 일으켰고, 점차 유대전쟁의 추진력이 되었다.

(3) 정확한 기록이 없지만, 아마도 갈릴리에서 온 사람들이 성전에서 제물을 드

1) 헤롯 대왕이 죽자 로마 황제 아우구스투스(Augustus)는 심사숙고 끝에 B.C. 4년에, 세 아들에게 분할하여 주기로 결정한다. 아켈라오를 유대와 이두매, 그리고 사마리아를 통치하게 될 분봉왕으로 임명했다.

2) 로마군을 대항하여 갈릴리의 유다가 폭동을 일으켰다. 물론 이 폭동은 곧 진압되었지만(행 5:37), 새로운 사람들이 일어나 항쟁을 계속했다. 갈릴리 사람들은 위의 지도에서 볼 수 있는 것처럼 헤롯 안디바의 관할 아래 있었기에 헤롯과 빌라도 사이는 좋지 않았다. 물론 예수님을 죽이려는 일에는 협력했다(눅 23:12 참조).

리던 중에 로마 총독부에서 금지한 일과 부딪친 것같다. 그래서 빌라도의 군사들이 들이닥쳐 그들을 죽이고, 그들의 피를 제물의 섞는 일이 벌어졌다는 것이다. 따라서 이 일을 예수님께 고한 사람들의 생각에는, 이들은 다른 갈릴리인들보다 덕 악한 죄인들이 아니겠는가 생각했을 것이다.

13:2 [예수께서] – **대답하여 이르시되**
/너희는 – 아느냐
/이 갈릴리 사람들이 – 죄가 더 있는 줄
/다른 모든 갈릴리 사람보다
//(이유: ὅτι, because)
이같이 해 받으므로

이 사실을 고한 사람들은 어떤 생각으로 예수님께 왔을까? 분명히 죽임을 당한 사람들은 다른 모든 갈릴리 사람들보다 더 죄가 많아서 이런 변을 당했다고 생각했을 것이다.

어떤 유대인들은, 아니 다른 사람들도 대체로 이런 불행은 죄를 지었기에 형벌을 당한 것으로 이해했다. 특히 기독교인들도 갖기 쉬운 잘못된 개념이다.

2. 주님은 이런 잘못된 생각에 쐐기를 박으신다. "아니다"(no, οὐχί)

13:3 [내가] —— 너희에게 **이르노니**
/아니라 (no, οὐχί우키)
/만일 —— 회개하지 아니하면
/너희도 —— 다 이와 같이 망하리라

'우키'라는 이 단어는 단순한 '~아니'라는 의미보다 그 의미가 훨씬 강하다. '결코~아니, 전혀 ~아니'를 의미한다.

but unless you repent
ἀλλ' ἐὰν μὴ μετανοῆτε

(1) 예수님은 이와 관련하여 한 가지 사건을 추가로 설명하신다. '실로암 망대'가 무너져 치어 죽은 열여덟 사람에 대한 사건이다. 부실 공사로 인해 망대가 무너져 졸지에 죽임을 당한 것 같다. 아마도 최근에 일어났던 일이었을 것이다. "그렇다면, 깔려 죽은 사람들이 예루살렘에 사는 다른 사람들보다 더 죄가 많다고 생각하느냐?" '결코 아니라'(οὐχί)는 것이다.

(2) 예수님은 모든 사람들이 죄를 범한 것으로 보셨다. 따라서 사람들에게 회개할 것을 촉구하셨다. 인간이 죄를 지은 정도에 비례해서 비극이 일어나는 것이 아니라 모든 인간은 회개해야 한다. 그렇지 않으면 모두 멸망한다는 것이다. '회개할 것 없는 의인'이 있다는 생각은 잘못된 생각이다(눅 15:7 참조). 스스로 의롭다고 생각하고 예수님의 회개 촉구에 귀를 기울이지 않는 종교적인 유대인을 향해 죄의 개념을 정리하여 말씀하신 것이다.

(3) 하나님의 심판은 이런 악한 생각을 가지고 있으면서, 좀처럼 돌아오지 않는 사람들에게 임할 것이다. 하나님의 나라는 이런 악한 이스라엘은 빼앗기고 다른 백성에게 주어질 것이다.

예수님께서 원하시는 회개의 의미는 하나님을 향하여 돌아서는 것을 말한다. 노골적인 악뿐만 아니라 주어진 상황에서 완전히, 즉 하나님께로 향하는 모든 방해로부터 돌아서라는 것이다(마 5:29이하 참조). 그것은 하나님의 뜻에 대한 완전한 항복과 헌신을 요구한다. 그 회심은 의인보다는 죄인을 찾으시는 하나님께로의 회심이다(눅 5:32, 15:10).

초기 기독교에서도 사도들의 선포의 핵심은 회심이었다(막 6:12, "죄사함을 얻게 하는 회개가...")

열매 맺지 못하는 무화과나무 비유(눅 13:6-9)

1. 앞에 언급한 사건에 연이은 내용이다. "너희도 만일 회개치 않으면 다 이와 같이 망하리라"는 말씀을 다시 강조하려고 비유를 드셨다.

(1) "이에"(δὲ, also, Then) 비유로 말씀하시되

13:6 한 사람이 ┬ 포도원에 무화과나무[1])를 심은 것이 있더니
└ 와서 그 열매를 구하였으나 얻지 못한지라

(2) 이사야 5:1-7에서 포도원 노래가 나온다. 유사한 내용이다. 하나님께서는 자신이 재배하신 포도원(=이스라엘 백성)이 기대에 부응하지 못함을 탄식하신다. 그 노래는 이렇게 시작한다. 이사야 5:1-7을 읽어보자.

사 5:1 나는 내가 사랑하는 자를 위하여 **노래하되**
내가 사랑하는 자의 포도원을 노래하리라
내가 사랑하는 자에게 포도원이 **있음이여** 심히 기름진 산에로다

5:2 땅을 **파서**(땅을 개간해서) 돌을 **제하고**
'극상품 포도나무'(쏘레크, שֹׂרֵק)[2])를 **심었도다**(시 80:8 참조)
그 중에 망대를 **세웠고** 또 그 안에 술틀을 **팠도다**
'좋은 포도'(에나브, עֵנָב) 맺기를 **바랐더니** 들포도(베우심, בְּאֻשִׁים)[3])를 **맺었도다**

하나님은 이스라엘을 택하시고, 젖과 꿀이 흐르는 땅을 주셨다. 그리고 거룩한 백성이 지켜야 할 율법도 주셨다. **이 백성에게 원하신 것은 공평과 의로움이었다**(사 16:5). 그러나 기대치는 무너져내렸고, 무서운 심판을 받아야 할 입장이 되었다(5-7절).

5:3 이제 나와 내 포도원 사이에서 사리를 판단하라
4내가 내 포도원을 위하여 행한 것 외에 무엇을 더할 것이 있으랴
내가 좋은 포도 맺기를 기다렸거늘(קִוִּיתִי)[4]) 들포도를 맺음은 어찌 됨인고(마두아, מַדּוּעַ - 왜, 무엇 때문에)"

"자, 예루살렘 백성아, 유다 사람들아, 나와 내 포도밭 사이에서 '판단하라' (שָׁפַט의 칼 동사 명령)" "내가 내 포도밭을 위해 무슨 일을 더 할 수 있겠느냐? 내가 할 수 있는 일은 다 했다."(쉬운성경)

(3) 따라서 이스라엘에 대한 하나님의 심판은 구원역사를 원점으로 되돌려 놓는

1) 무화과나무는 무엇을 상징하는가? (사 5:1, 2, 5; 눅 13:6-9; 렘 8:13; 호 9:10, 16)

2) 유다의 사회 경제적 타락은 하나님을 분노케 했다. 포도나무를 심은 농부와 같이 하나님은 그 땅에 자기 백성을 세우기 위해 많은 노력을 기울이셨다. 본 비유는 자신들의 죄를 깨닫게 하려고 당사자인 이스라엘을 제3자로 놓고 말하고 있다.

3) 들포도(악취가 나거나 무가치한 것)를 맺었다고 탄식하신다(겔 16장을 읽어보자).

4) "내가~기다렸거늘" (카바, קוה)의 피엘 동사 완료/ 이 단어는 하나님께서 자기 백성의 구원을 위하여 끈기를 가지고 끝까지 기다렸다는 의미이다(창 49:18 참조).

것 같이 그들을 약속의 땅 밖으로 내어쫓고 다시 포로가 되게 하는 것이다. 비윤리적이요 비도덕적인 삶이 하나님의 인내를 넘어서벼렸다. 이 백성을 치유하는 유일한 길은 이들을 심판(징계)하시는 길 뿐이다. (계속 사 5:5-6을 찾아 읽어보자.

(4) 하나님이 자기 백성에게 원하신 것은 무엇이었는가? (사 5:7) 정의(미쉬파트, מִשְׁפָּט)였다. 그러나 도리어(힌네, הִנֵּה, 보라!) 포학(미스파흐, מִשְׂפָּח)이요, 오히려 부르짖음(쯔아카, צְעָקָה)이었다고 탄식하신다.[1]

1) '미스파흐'(포학)는 구약 성경에서는 여기서 단 한 번 사용되었으며 유혈, 살해를 의미한다. '쯔아카'는 '비명, 부르짖음'이라는 뜻이다.

2. 오늘 본문(눅 13:6-9)을 다시 보자.

(1) 이스라엘은 포도원으로 비유되었다. 주인이 포도원지기에게 열매를 맺히지 못했다고 책망하신다. "내가 삼 년을 와서 이 무화과나무에서 열매를 구하되 얻지 못하니 찍어버리라 어찌 땅만 버리게 하겠느냐?" 주인은(=하나님은) 포도원지기에게(여기서는 예수님) 이 포도원을 포기하는 것이 낫지 않겠느냐고 했다. 포도원지기는 주인에게 유예 기간을 신청한다.

(2) 마태복음 21:18-22(막 11:12-14, 20-24)에서도 열매 매지 않은 무화과나무를 마르게 한 사건이 나온다. 무화과나무의 잎은 무성해져 있었다. 주님은 시장기를 느끼시고 혹 열매가 있을까 해서 무화과나무 밑에 가서 열매를 구하였으나 얻지 못하셨다. 주님은 무화과나무를 저주하셨다. 그러자 무화과나무는 곧 말라버렸다.[2]

(3) 이스라엘 백성들의 열매 없는 삶의 모습, 그것은 열매 맺지 못한 무화과나무였다. 이들은 천국이 임하여 진행되고 있었으나 좀체로 이를 받아들이려 하지도 않고 회개도 하지 않았다.

2) 열매 없는 무화과나무를 보시자, 주님은 그 열매 없는 무화과나무와 이스라엘의 모습이 서로 교차되어 나타나셨을 것이다. 하나님을 잘 섬긴다는 이 백성이 지금 무엇인가? 이들은 종교적인 껍데기만을 가지고 있었다.

하나님 앞에 회개하고 죄를 고백하기보다는 고집만 세우고 있지 아니한가? 하나님께 기도하고 회개해야 하는 성전은 지금 어떤 모양을 하고 있는가? 그렇다면 이 백성에게 임할 것은 하나님의 무서운 진노뿐이지 않겠는가!

안식일에 등이 굽은 여자를 고치심(눅 13:10-17)

1. 예수님은 안식일에 어떤 회당에서 가르치고 계셨다. 그때에…

열여덟 해 동안이나
귀신 들려 앓으며 꼬부라져
조금도 펴지 못하는 한 여자가 있더라

병은 죄로 인한 형벌로도 오지만(요 11:4), 귀신의 역사로도 온다(눅 13:11). 이 여자는 귀신이 들려 18년 동안이나 병마에 시달려 왔다. "꼬부라져"(쉉큅토, συγκύπτω)라는 말은 앞으로 완전히 구부러졌다는 말이다. 허리가 꼬부라져 전혀 펴지 못했다. 그런데 주님은 이 여인을 치료하셨다. 문제는 예수님이 그 일을 **안식일에 행했다**는 데에 있었다.

1) ἀπολύω(아폴뤼오) - 질병으로부터 놓임을 받았다. / 완료 수동태

2) 아스테네이아 - 연약, 질병

(1) 주님은 그 여자에게 안수하시니 즉시(immediately) 허리를 펴고 고침을 받았다. "여자여! 네가 네 병에서 놓였다." (~ are freed from your sickness) (γύναι, ἀπολέλυσαι[1] τῆς ἀσθενείας[2] σου)

(2) 이렇게 이 여인은 불편한 몸을 가지고도 안식일이면 회당에 참석했다. 물론 이 여인은 치료받고자 이곳에 온 것은 아니었다. 고침을 받은 그 여인은 얼마나 기뻤을까? 그녀는 하나님께 영광을 돌렸다고 했다(13절). 안수하심으로 귀신이 쫓겨났기에 즉시 회복되었다. 그 광경을 지켜보던 회당장이 분을 내면서(indignant) 한마디 했다. 왜냐하면(because, ὅτι) 예수님이 안식일에 병을 고치셨기 때문이다(14절). 회당장은 예수님께서 안식일에 병을 고쳤다는 이유 때문에 그곳에 모였던 사람들에게 "일할 날이 엿새나 있는데... 그때 와서 병을 고쳐달라고 하시오. 안식일에는 하지 마시오."라고 화를 냈다.

왜, 안식일에 병고쳤다는 사실에 신경질적인 반응을 나타냈는가?

▶ **안식일 논쟁은 바리새인들에게 예수님은 메시야일 수 없다는 강한 인상을 심어주었다.** 이 일로 인해 바리새인들은 어떻게 예수님을 죽일까 의논하기 시작했다(마 12:14). 바리새인들은 예수님을 고소할 아무런 증거도 찾을 수 없었기에 안식일 논쟁을 끌어들여 예수님을 제거하려고 했다.

▶ 예수님은 안식일에 밀이삭을 비빈 행동을 용인하셨다(막 2:23). 또한 안식일에 병 고치는 일도 행하셨다(막 3:1-6; 눅 13:10-17, 14:1-6).

2. 안식일에 병을 고쳤다는 이유 때문에, 울분을 드러냈던 회당장의 반응에 주님은 어떻게 말씀하셨는가?

유대인들은 안식일이라도 가축을 마구에서 풀어내어 이끌고 나가 물을 먹이곤 했다. 안식일이라고 가축을 굶긴다는 것은 너무 잔인한 일이기 때문이다. 소나 나귀 같은 짐승에게도 이렇게 하거늘, 이 여인은 18년 동안이나 사탄에게 매였었는데···, '이 외식하는 자들아!'

13:15 주께서 **대답하여 이르시되**
/외식하는 자들아!
너희가 각각 ── 풀어내어
/안식일에
/자기의 소나 나귀를 외양간에서
└ 이끌고 가서 물을 먹이지 아니하느냐?

- 눅 13:16 "그러면 열여덟 해 동안 사탄에게 매인 바 된 이 아브라함의 딸을 안식일에 이 매임에서 푸는 것이 합당하지 아니하냐?"
- 막 3:4 "그들에게 이르시되 안식일에 선을 행하는 것과 악을 행하는 것, 생명을 구하는 것과 죽이는 것, 어느 것이 옳으냐 하시니 그들이 잠잠하거늘"

마가복음 7:6-8을 읽어보자.
"이르시되 이사야가 너희 **외식하는 자**에 대하여 잘 예언하였도다 기록하였으되 이 백성이 입술로는 나를 공경하되 마음은 내게서 멀도다 7 사람의 계명으로 교훈을 삼아 가르치니 나를 헛되이 경배하는도다 하였느니라 8 너희가 **하나님의 계명**은 버리고 **사람의 전통**을 지키느니라."

▶ 초기 유대교에 **안식일 계명**은 이방 세계와 이스라엘을 구별하는 하나의 특징이었다. 예수님은 이 계명을 사람에게 주신 하나님의 선물로 보았다. 그런데 문제는 사람이 안식일의 노예가 되었다는 것이다.

▶ 이와 같이 옛 하나님의 백성들의 기초를 뒤흔든 사람은 바로 예수님 자신이었다. 토라에 대한 그의 비판과 의식의 종결 선언, **할라카** 반대, 하나님의 마지막 뜻을 선포하는 그의 주장은 그 백성의 지도자들로 하여금 그를 대항하게 하는 결정적 요인이 되었다. **그들은 예수님을 거짓 선지자로 간주했다.** ('할라카'가 뭐야?)

'가다, 걷다'를 뜻하는 단어의 명사형 / 할라카는 성경법(613 계명)과 탈무드, 랍비법, 관습과 전통을 포함한 종교법이다.

할라카(Halacha) : 유대교 관례 법규(집)

(1) 구전(口傳) 율법에는 인간이 이해 가능한 모든 행동 영역에 대한 율법주의적 설명 조목이 나와 있는데, 읽는 사람으로 하여금 그 세세함에 압도 당한다. 이렇게 종교적, 사회적, 시민적인 모든 유대인의 생활 방식을 규정해 놓은 랍비들의 율법과 규례와 그 법적인 결정 사항들을 할라카라고 한다.

(2) 이 할라카는 모든 개인의 생활과 가족 생활 및 공공생활 영역에까지 깊숙히 파고 들어갔다. 그러니까 할라카는 성문(成文) 율법을 발전, 확대시켜 놓은 것이다. 그런데 나중에는 성경 자체를 뒷전으로 밀어버리고 대신 자리를 차지하게 되고 말았다. 예수님께서는 이를 신랄하게 비난, 책망하셨다(마 7:6-13).

(3) **공관복음에서는 예수님이 여러 가지 방법으로 안식일 위반을 정당화 하셨다.** 다윗이 성소에 들어가 진설병을 먹은 사건(막 2:25, 26), 안식일에 제사장들이 안식일을 범하는 일(마 12:5), 안식일에 할례 행하는 일(요 7:22), 안식일 규정에 대한 개선 내용(마 12:11) 등 이 모든 사례의 요점은 할라카의 경직성이 하나님의 뜻에 상치(相馳)된다는 사실을 보여준다. 마가복음 3:4에 나오는 할라카는 사랑하라는 계명을 지키는데 방해가 되었다.

하나님의 나라는 무엇과 같은가? (눅 13:18-21)

같이 읽을 곳 (마 13:31-33; 막 4:30-32)

유대인들은 메시야가 오실 것을 기대하고 있었고, 그 나라는 굉장한 나라로 올 것이며, 불시에 완성될 것으로 믿고 있었다. 그러나 주님은 하나님의 나라는 그들과의 기대와는 아주 다르게 임하게 될 것이라고 설명하신다(18절). 이 비유들은 천국 계시의 복합된 성격을 보여주고 있다(즉, 현재성과 미래성).

(1) 그래서 비유로 그 나라의 성격 및 양태(樣態)를 설명하셨다. 자세한 비유는 마태복음 13장에 언급되어 있다. 여기서는 그 중에 두 가지 비유를 들었다. 첫 번째 비유는 겨자씨 비유이다(19절, "마치 사람이 자기 채소밭에 갖다 심은 겨자씨 한 알 같으니..."). 겨자씨는 아주 작은 것으로 보잘 것 없고 거의 기대할 만한 것이 없으나 나중에 아주 큰 나무와 같이 자라 새들이 깃들일 정도가 된다.[1)]

(2) 두 번째, 누룩 비유는 겨자씨의 비유와 동일한 진리를 나타내 준다(내적 성장). 그 강조점은 가루 반죽 전체를 부풀게 한 누룩의 성질에 두고 있다. 겨자씨 비유가 천국의 초점을 맞추어 천국의 성장과정을 설명하는 데 비해, 누룩 비유는 천국이 외부세계에 미치는 역할과 그 변화 과정을 설명하고 있다. 이 비유는 누룩 자체의 특성을 둔 것이 아니라 이 누룩이 어떻게 변화하는가, 혹은 이 누룩으로 말미암아 가루 전체에 어떠한 변화가 일어나는가에 초점을 맞추어야 한다. 천국의 일은 은밀히 진행됨을 말하고 있다.

1) 이 겨자씨는 큰 씨와 대조하기 위하여 채택된 개념이다. 천국의 시작도 이 겨자씨와 같이 미세(微細)하게 시작된다는 것이다(단 4:20, 21을 읽어보자). 그러므로, 이 비유의 강조점은 어디에 있는가?

씨의 작음(미미한 시작) ⇨ 큰 나무로 성장 (성장한 결과)

이 유대인들이 가지고 있던 천국의 개념은 어떤 것이었을까? 하늘의 천군천사와 함께 강림하시는 화염과 우레의 하나님, 감히 인간의 머리 속에는 담을 수 없는 어마어마한 단어였다. 그러나 예수님이 소개하는 천국의 비밀은 어떤 것이었나? 정반대가 아닌가? 오직 믿음이 없이는 아무도 인식할 수 없었던 천국의 시작이었다.

좁은 문으로 들어가기를 힘쓰라(눅 13:22-30)

같이 읽을 곳 (마 7:13-14, 21-23)

1. 예수님과 제자들은 지금 예루살렘을 향하여 가시는 중이다. 가시면서 각 성과 마을로 다니사 가르치셨다.[1] 그중에 어떤 사람이 "구원 받을 자가 얼마 되지 않겠지요?"라고 물었다. 예수님께서 가르치신 교훈을 그대로 지킨다는 것은 (산상설교를 보면) 거의 불가능(?) 정도로 어렵고 좁은 길이었기 때문이리라. 주님은 어떻게 대답하셨는가?

1) 예수님은 예루살렘으로 가시다가(눅 13:22-19:27) 베레아 사역 후반에 갈릴리 북쪽으로 가셨다가 다시 남쪽으로 내려오셨다(요 10:40-42).

13:24 [너희는] —— 힘쓰라(ἀγωνίζεσθε[명령법])
/좁은 문으로 들어가기를
내가 ——— 너희에게 이르노니
못하는 자가 — 많으리라
/들어가기를 구하여도

힘쓰다(아고니조마이, ἀγωνίζομαι) - 분투적으로 열심히 힘쓰다, 노력하다, 어떤 것을 얻기 위해 그렇게 하는 것을 나타낸다.

좁은 문으로 들어가라

마 7:13절부터 산상설교의 결론이 시작된다. 주님은 우리에게 두 가지 길을 제시하시고(마 7:13-14절), 산상(山上)에서 말한 것을 다 들었다면 너희는 이런 삶을 살아가라고 말씀하신다.

(1) 좁은(폭이 좁은, στενός[스테노스]) 길을 가기 위해서는 우리들의 탐욕과 고집들을 버려야 하며 때로는 가족도 버려야 한다(눅 12:51-53). 좁은 문, 좁은 길은 산상설교에서 가르친대로 예수님을 믿고 그의 교훈을 지키며 살아가는 생활이다. 즉 하나님의 뜻을 행하는 것이다. 물론 지키기가 어렵다.

(2) 우리는 주님의 말씀 선포에 대한 반응을 보여야 한다. 말씀을 들었으므로 그 말씀대로 살아가야 한다. 그러나 (바리새인의 가르침을 뛰어넘어야 하는) 예수님의 말씀을 지킨다는 것은 좁은 길을 가는 것처럼 어렵다는 말이다. 물론 이 삶의 마지막은 생명이요, 영생이요, 천국이다. 따라서 주님의 제자라면 누구나 이 길을 걸어가지 않으면 안 된다.[2]

2) 좁고 협착하고, 비록 힘이 들지만, 하나님의 자녀된 특권을 누리며(요 1:12), 또한 영생을 얻었고 심판에 이르지 아니한다. 이미 사망에서 생명으로 옮겼기 때문이다(요 5:24). 그래서 하나님의 상속자, 그리스도와 함께 한 상속자가 되었다(롬 8:17).

(3) 이 생명으로 인도하는 좁은 문 곁에는 누가 있다고 했는가? (마 7:15)
"노략질 하는 이리"가 있다고 했다. 양의 옷을 입었지만 속은 다르다. 이들은 누구를 말하는가? 또 마 24:11-12*을 찾아보라. 거짓 선지자들은 어떻게 행동하는가 말해보라.

• 마 24:11 "거짓 선지자가 많이 일어나 **많은 사람을 미혹하겠으며** 12불법이 성하므로 많은 사람의 사랑이 식어지리라."

2. 누가복음 본문에서 다른 예를 들어 설명하신다. 25-27절을 읽고 어떤 내용인가 설명해 보자.

(1) 좁은 문으로 들어가기를 힘쓰라. 명령문이다. 상을 바라고 뛰는 사람들처럼 끝까지 최선을 다하라는 것이다. 그러나 들어가기를 구하여도 못하는 자가 있다고 말씀하신다. 이 사람은 왜 못들어갈까? 주님께서 말씀하신 비유의 내용을 깊이 생각해 보자.

(2) 눅 13:25 "집 주인이 일어나 문을 한 번 닫은 후에" : 문은 항상 열려 있었다. 누구나 힘쓰면 들어갈 수 있다. 주인은 자비와 은혜로써 오랫동안 기다리고 있었다. 지금은 아주 시간이 많은 듯 보이나 문이 닫힐 날이 있다. 문이 닫히는 날은 심판의 날이다. 얼마나 많은 사람들이 '나야 당연히 구원을 받을 수 있지!'라고 생각한다. 그런데 문제가 심각해 졌다. 문이 닫혀 있는 것이다. 그래서 "밖에 서서 문을 두드리며 주여, 열어 주소서"라고 외쳤지만(25절), 그러나 들려 오는 대답은 싸늘했다. "나는 너희가 어디에서 온 자인지 알지 못하노라."[1]

1) 이 사람은 너무 놀라, 자신이 그 문안으로 들어갈 자격이 충분히 있음을 열거한다. "우리는 주 앞에서 먹고 마셨으며, 주는 또한 우리를 길거리에서 가르치셨나이다." 즉 이들은 그리스도의 말씀을 들은 자들이었다. "당신이 우리를 길거리에서 가르치기까지 했으면서 우리를 구하지 않을 수가 있습니까?" 그러나, 역시 대답은 마찬가지였다. "나는 너희가 어디에서 왔는지 알지 못하노라 행악하는 모든 자들아 나를 떠나가라"(27절).

2. 누구나 열심히 일했다고 해서 천국에 들어가는 것이 아니라고 하셨다. 행악하는 자들은 그 문으로 들어가지 못한다. 경건의 탈을 썼던 자들 말이다.

(1) 마태복음에서는 어떻게 언급하고 있을까? (마 7:21)

7:21 [말]하는 자마다 ——— 들어갈 것이 아니요
/다 /천국에
/나더러
/주여 주여

행하는 자라야 ——— 다만(들어가리라)
/내 아버지의 뜻대로
/하늘에 계신

누가, 예수님을 향하여 '주여, 주여!'라고 부르는가? 물론 불신자는 아니다. 그렇다면 교회 안에 있는 자들이다. 그렇다고 이들이 다 천국에 들어갈 자들이 아니라고 하신다. 원문에는 **'아니요'**(Not, Οὐ)가 문두에 있어 강하게 부정하고 있다. 결코 아니라는 말이다.

그렇다면 과연 누가 천국에 들어갈 수 있는가? '다만'(ἀλλ') **아버지의 뜻대로 행하는 자라야** 들어갈 수 있다.

(2) '주님, 주님'을 부르지만 예수님이 보시기에는 결코 진정한 그리스도의 제자들일 수 없다는 사람들이다. 예수님을 '주님, 주니이임'(κύριε κύριε)이라고 부르면서(21, 22절), 또 신앙고백도 하지만 이들은 단순히 고백으로만 끝난다. 그들은 마지막 날 하나님 앞에서까지 자기가 한 일을 자랑하고 있는 사람들이다. 천국을 상속받을 수 있다고 주장하는 그들의 조건은 무엇인가? (마 7: 22*)

• 마 7:22 "그 날에 많은 사람이 나더러 이르되 주여 주여 **우리가 주의 이름으로 선지자 노릇 하며 주의 이름으로 귀신을 쫓아 내며 주의 이름으로 많은 권능을 행하지 아니하였나이까** 하리니."

3. 이런 자들에게 대한 주님의 책망은 무엇인가? 그들이 주님으로부터 거부당하는 이유는 무엇인가? (마 7:23)

1) 불법(아노미아, ἀνομία)은 율법을 어기는 것, 그러니까 하나님의 뜻을 행하지 않는 것이 불법이다. 물론 22절(**주의 이름으로 선지자 노릇 하며 주의 이름으로 귀신을 쫓아 내며 주의 이름으로 많은 권능을 행한 일**)과 같은 일이 잘못되었다는 것이 아니다. 다만 그런 일들이 구원의 근거가 될 수 없다는 것이다.

마 7:23 그 때에 내가 그들에게 밝히 **말하되**
내가 너희를 도무지 (알지) 못하니 (불법)[1]을 행하는 자들아
내게서 떠나가라 하리라

(1) 그러니까 하나님의 뜻을 따라 행하지 않는 사람은 불법을 행하는 자이다. 만약 주의 이름으로 귀신을 쫓아내며 주의 이름으로 많은 권능을 행하였다면, 이런 것에 일치하도록 하나님의 뜻을 따라 의롭게 살라는 것이다. 그런 자들에게는 천국이 허락된다고 하신다. 주님은 이제 하나님의 뜻대로 행하는 것을 천국의 백성 여부를 따지는 근거로 삼겠다고 선언하신다(마 7:24).

눅 13:28 너희가 – 아브라함과 이삭과 야곱과 모든 선지자는 하나님 나라에 있고 오직 너희는 밖에 쫓겨난 것을 볼 때에
거기서 슬피 울며 이를 갈리라

(2) 유대인들은 메시야 왕국에서 그들의 선조들과 함께 영광의 자리에 앉는 꿈을 꾸었는데(사 25:6-9, 65:13-14), 악을 행하는 자들은 그곳에서 쫓겨남을 당할 것이다. 그 자리에 이방인들이 세계 곳곳에서 와서 (믿음으로) 들어가게 될 것이다. 그러면, 누가 구원 얻을만한 믿음을 소유한 자인가? 그것을 판결하기란 제삼자로서 쉽지 않다. 자기 자신도 믿음의 회의를 느끼기도 하니까 말이다. 그러나, 주님은 이를 판단할 기준이 있다고 말씀하신다.

2) 좁은 문은 그리스도 자신을 가리킨다. 그가 아니고서는 하늘나라에 들어가는 길은 없기 때문이다(요 14:6). 결국 주님을 믿는다는 것은 말씀을 듣고 그 말씀대로 행하는 삶이 있어야 한다는 것이다.

(3) 좁은 길로 가는 것이 생명의 길이지만, 이들이 진짜 생명을 소유한 것을 알 수 있는 길은 그들의 열매로 알 수 있다고 말씀하신다. 좋은 열매를 맺는 나무가 좋은 나무이다. '좋은 나무'가 나쁜 열매를 맺을 수 없다(마 7:16). 물론 예수님을 영접하지 않으면서 좋은 열매를 기다릴 수는 없다.[2] 여기서 열매는 사람의 '행실'을 가리킨다. 천국의 사람들을 판별할 수 있는 가장 좋은 방법, 그것은 그들이 살아가는 삶의 열매뿐이다. "보라 나중 된 자로서 먼저 될 자도 있고 먼저 된 자로서 나중 될 자도 있느니라"(눅 13:30). 막상 우리가 천국에 들어가서는 생각지 못한 많은 반전(反轉)을 보게 될 것이다

3) 바울서신에서도 '믿음'과 '순종'은 함께 속하며, 서로 바꾸어 쓸 수 있는 개념으로 사용될 수 있다고 언급한다(롬 1:8, 16:19; 살전 1:8; 롬 15:18).

(4) 마태복음에서는 산상설교를 정리하면서 어떻게 결론을 맺는가? (마 7:24-27) 주님의 말씀을 듣고 **행하는 자**와 **행하지 않는 자**를 비교하여 설명하고 있다. 참 신자와 거짓 신자는 외형상으로 구분하기가 쉽지 않다. 아니 어쩌면 거짓 신자가 더욱 열심일 수 있다. 그러나 시험이 오면 그 진위가 판가름난다. 또 이들의 차이점은 무엇인가? 말씀을 듣고도 행하지 않는 사람은 집의 기초를 위해 노력하지 않는 사람과 같다고 했다. 먼저, 주님의 뜻을 정확히 아는 것이 필요하고, 이에 목숨을 거는 실천이 뒤따라야 한다는 것이다.[3]

헤롯이 주님을 해하려한다는 제보(눅 13:31-33)

1. 주님은 지금 베레아 지역에서 사역하는 중이시다. 이 지역은 헤롯 안디바가 통치하는 곳이다. 로마 당국의 눈치를 봐야 하는 입장에서 예수님이 벌이시는 사역의 소동(?)을 달가워할 리가 없었다. 이 지역에 몰려드는 인파로 시끄러웠을 것이기 때문이다.

• 눅 9:9 "헤롯이 이르되 요한은 내가 목을 베었거늘 이제 이런 일이 들리니 이 사람이 누군가 하며 그를 보고자 하더라."

(1) 헤롯이 정말로 예수님을 죽이려 했는지, 아니면 바리새인들을 통해 이런 정보를 흘려 이 지역에서 주님 일행을 쫓아내려고 했는지 확실히 알 수 없다. 그러나 헤롯 안디바는 실제로 죽이려 하지는 않았을 것이다(마 14:9; 눅 9:9* 참조).

눅 13:32 너희는 ── 가서 이르되
/저 여우에게(that fox)
/내가 ── 귀신을 쫓아내며
├ 오늘과 내일은 병을 고치다가
└ 제삼일에는 완전하여지리라

33 그러나 (Nevertheless, πλήν)
내가 ── 갈 길을 가야 하리니
/오늘과 내일과 모레는(=모래도)
//(이유: ὅτι, for)
선지자가 ── 죽는 법이 없느니라
/예루살렘 밖에서는

여우(알로펙스, ἀλώπηξ) - 문자적으로는 '여우'를 말한다(마 8:20; 눅 9:58). 여기서는 (상징적으로) 교활한 사람을 가리킨다. 헤롯 안디바는 정말로 여우 같이 교활하고 비열한 인물이었다.

예수님은 인간의 어떤 계략에 의해 생명이 좌우지 되지 않는다고 말씀하신다. 다만 하나님의 때가 오기 전까지는 자신에게 맡겨진 사명을 충실히 감당하실 뿐이다. "그러나 오늘도, 내일도, 모래도 내가 갈 길을 가야 하리니(=가야 하겠다)" 그 이유를 무엇이라고 설명하시는가?

예수님의 구속 사역은 하나님의 계획에 의해 진행될 뿐이다.

누가복음은 처음 두 장을 예루살렘을 중심으로 펼쳐간다. 예루살렘은 예수님이 유아기 때에도, 그리고 소년 시절에도 '아버지의 집'으로 방문했던 곳이다. 누가는 예루살렘으로의 선교 여행기를 다른 복음서보다 아주 길게 다룬다(눅 9:51-19:44). 이제 이 예루살렘은 예수님이 죽으셔야 할 곳이다(눅 13:33-35). 그가 '예루살렘 밖에서는'(outside of Jerusalem) 죽을 수 없기 때문이다. '밖에서는'(outside, ἔξω 엑소), 그때가 오기 전까지는, 주님은 그의 남은 사역을 충실하게 진행해 가신다. 하나님 나라의 일은 인간의 방해 때문에 중단되지 않는다.

(2) 주님은 자신이 곧 죽어야 한다는 사실을 알고 계셨다. 그때가 오기 전까지는 인간의 모략에 의해 죽임을 당하지 않으실 것이다. 그래서 그런 제보를 받았다해도 놀라지 않으신다. 주님은 자신의 죽음으로 (자신을 보내신) 하나님의 뜻을 이루는 일임을 잘 알고 계셨다. 그가 죽으실 곳은 예루살렘이었다. 그래서 오늘도 내일도, 그리고 모래도 병을 치료하고, 말씀을 증거하는 사역을 계속하실 것임을 분명히 하셨다.

276

너희의 자녀를 모으려 한 일이 몇 번이냐? (눅 13:33-35)

같이 읽을 곳 (마 23:37-39)

1) 예수님은 이스라엘의 구원을 간절히 소망했지만, 그러나 이제는 이스라엘에 심판을 선언할 수밖에 없다. "보라 너희 집이 황폐하여 버려진 바 되리라."(마23:38) 이는 성전의 파괴뿐만 이스라엘의 종말을 의미한다. 이스라엘은 메시야를 간절하게 기다렸지만, 메시야에 의해 버림을 당하게 될 것이다.

예수님께서 사역하시는 동안 끊임없이 대적한 자들은 누구였을까? 그들은 백성의 종교 지도자들이었다. 서기관들, 바리새인들, 사두개인들, 대제사장들 그리고 백성의 장로들이었다. 그 반대가 어느 정도였을까? 그들은 예수님을 반대하되 간헐적으로, 점차적으로 반대한 것이 아니었다. 이들은 끊임없이 사역 내내 반대했다.

1. 지금 예루살렘의 파멸이 눈앞에 와 있다. 예루살렘을 내려다보시면서 눈물지으시는 주님의 모습, 이제 "너희 집이 황폐되어 버려진 바 되리라." 멸망은 필연적이다. 왜?

복음서에서 가장 주목을 끄는 말씀들 중 한 구절이다. 그러나 예루살렘은 선지자들의 무덤의 장소가 되었다(마 23:29).

예수님의 탄식이 유대 지도자들에게서 예루살렘의 멸망으로 확대된다. 물론 **예루살렘은 유대인 전체를 상징한다.** 예루살렘은 결국 "선지자들을 죽인 성"이 되어버렸다. 이들은 극히 일부를 제외하곤 집단적으로 복음을 거부했다.

13:34 예루살렘아 예루살렘아[1]
선지자들을 죽이고 네게 파송된 자들을 돌로 치는 자여
/내가 — 모으려 한 일이 몇 번이냐
/너희의 자녀를
/암탉이 — 모음 같이
/제 새끼를 날개 아래에
그러나
너희가 — 원하지 아니하였도다 (병행구 : 마 23:37-39 참조)

35 보라 너희 집이 황폐하여 버린 바 되리라[2]
내가 너희에게 이르노니
나를 보지 못하리라 하시니라(마 26:37-39)
/너희가 주의 이름으로 오시는 이를 찬송하리로다 할 때까지는

2) 예수님 당시까지도 공사가 끝나지 않은 헤롯 성전은 실로 웅장했고 화려했다(눅 21:5). 그러나 예수님의 충격적인 선언을 보라(눅 21:6)

"돌 하나도 돌 위에 남지 않고" 완전히 파괴될 것을 말씀하신다. (비교 : 마 24:2; 막 13:2; 눅 21:6)

2. 주님의 비통한 애가(哀歌)를 읽어보라. (마 23:37-39; 눅 13:34, 35 참조) "…그러나 너희가 원하지 아니하였도다." 눅 19:41-44도 찾아보자. 하나님은 자신의 백성을 구원하기 위해 많은 선지자들을 파송하셨다. 그러나 예루살렘은 그런 선지자들의 무덤터가 되어버렸다. 수많은 (하나님으로부터 파송 받은) 사자들이 폭력에 의해 죽임을 당했다.

이제, 죽임을 당하고 공격이 집중되는 증인은 바로 하나님의 아들이다(살전 2:15, "**유대인은 주 예수와 선지자들을 죽이고** 우리를 쫓아내고 하나님을 기쁘시게 하지 아니하고 모든 사람에게 대적이 되어"). 그리스도께서 떠난 예루살렘 성전은 황폐하여지고 말 것이다.

몸이 잔뜩 붓는 병 : 근육과 혈액 속에 나쁜 물이 고여서 얼굴과 몸이 크게 부어 올라 살갗이 물러지게 되는데, 심장이나 신장이 좋지 않아 생기는 병이다.

수종병 든 사람을 고치시다(눅 14:1-6)

1. 안식일이었다. 예수님은 어떤 바리새인 지도자의 집에 들어가 음식을 잡수시게 되었다. 그곳에는 율법교사도 있었고, 바리새인들도 있었다. 그때 마침 수종병 든 사람이 있었다. 사람들이 모두 예수님을 유심히 지켜보고[1] 있다. 왜 아주 가까이서 주님을 지켜보고 있을까?

1) '유심히 지켜보다'라는 말, 파라테레오(παρατηρεω)는 '가까이서 지켜보다(watch), 관찰하다, 엿보다'라는 의미이다(눅6:7 참조, they were watching Him closely).

(1) 그 날은 안식일이었다. 그리고 수종병 든 한 사람이 있다. '틀림없이 저 병든 사람을 고쳐줄거야!' '거룩한 안식일인데~~, 설마' 거기 모여든 사람들의 마음을 꿰뚫어 아시는 주님은 그들에게 이렇게 물으셨다. "안식일에 병 고쳐 주는 것이 합당하냐 아니하냐? (율법에 어긋나는 일이냐, 아니냐?)"

(2) 순간 모두 조용했다("그들이 잠잠하거늘").[2] 이들은 수종병 든 자의 치료에는 관심이 없다. 다만, 오늘은 안식일인데, 예수님이 과연 병을 고칠 것이냐, 아니냐에 관심이 있었다. 예수님을 고발할 좋은 증거가 되기 때문이다. 앞에서 고찰한 바와 같이 바리새인들은 안식일에 일반적인 의료행위는 금지된 것으로 생각했다(눅 13:14을 다시 읽어보자). 그러나 다른 곳에서도 볼 수 있듯이 주님은 안식일에 병자를 치료하셨다(요 5:9이하, 9:14이하). 물론 이 수종병 든 자도 데려다가 고쳐 보내셨다.

2) 훼쉬카조(ἡσυχάζω) - 여기서의 뜻은 '비등하던 반대의 소리가 잠잠하는' 것을 나타낸다. '침묵하다, 잠자코 있다'

2. 주님은 그 병든 자를 치료해 주시고, 그들에게 이렇게 물으셨다. "너희 중에 누가 그 아들[3]이나 소가 우물에 빠졌으면 안식일에라도 곧 끌어내지 않겠느냐?" "그들이 이에 대하여 '대답하지 못하니라."[4]

3) 어떤 사본에는 '나귀'로 되어 있다.

4) ἀνταποκρίνμαι(안타포크리노마이) - 반대하여 대답하다.

(1) 안식일에 병을 치유한 사건으로 인해 종교 지도자들은 예수님을 더욱 박해하기 시작했다. 38년된 병자를 치유하신 사건도 다른 날이 아닌 안식일에 병을 고친 이가 예수라는 사실을 확인하고 이 일을 빌미로 예수님을 박해하기 시작한다(요 5:16*).

• 요 5:16 "그러므로 안식일에 이러한 일을 행하신다 하여 유대인들이 예수를 박해하게 된지라."

(2) 예수님에 대한 박해 계획은 이미 세워져 있었을 것이다. 다만 증인의 증거가 필요했을 뿐이다. 그러나 무엇보다 유대인들을 화나게 했던 것은, 그래서 예수님을 죽이려고 했던 것은 그가; ① 안식일을 범할 뿐만 아니라 ② 하나님을 자기 친 아버지라고 불러 자신을 하나님과 동등하게 여겼다(신성모독)는 것이었다(요 5:18).

278

무릇 자기를 높이는 자는...(눅 14:7-14)

1. 수종병 들었던 사람은 고침을 받고 돌아갔고, 주인은 정식으로 식사 자리를 마련했을 것이다. 그런데 이 식사 자리에 '누가 높은 자리에 앉아야 하는가' 라는 문제가 일어났던 것 같다.

(1) 당연히 "청함을 받은 사람들이 높은 자리(πρωτοκλισία프로토클리시아[1])"에 앉게 되었다(마 23:6; 막 12:39; 눅 14:7, 8, 20:46). 바리새인들 중에 서로 상석에 앉으려고 보이지 않는 경쟁이 있었을 것이다. 주님은 이런 비유를 드신다.

1) 첫 자리, 상석(上席)을 말한다. 당시 유대인들이 어떤 배열에 따라 앉게 되었는지 확실히 알 수 없으나 ㄷ자 자리에 중앙이 윗자리였고, 왼쪽이 두 번째 자리, 오른 편이 세 번째 자리였다. 아마도 이들은 은근히 서로 상석에 앉으려 했을 것이다.

이 말씀 배후에는 구약성경의 유대적인 사상이 있다. 에스겔서 21:26을 찾아보자. "너 극악하여 중상을 당할 이스라엘 왕아!" 즉, 유다의 마지막 왕 시드기야를 가리키면서 주어지는 말씀이다. 인간편에서의 모든 높아짐은 거부된다. 참으로 높아지는 것은 하나님만이 하시는 것이다.

14:8 네가 —— 누구에게나 혼인 잔치에 청함을 받았을 때에
[너는] —— 높은 자리에 앉지 말라
//그렇지 않으면(의미상 이유)
너보다 더 높은 사람이 청함을 받은 경우에
9 너와 그를 청한 자가 ┬ 와서
└ [말]하리니
/너더러 이 사람에게 자리를 내주라
그 때에 네가 ———— 부끄러워 끝자리로 가게 되리라

그럼, 어떻게 하지?
'뭘, 어떻게 해? 10절처럼 하면 되지~'
"청함을 받았을 때에 차라리 가서 **끝자리(말석, 末席)에** 앉으라."
그러면 너를 청한 자가 와서 너더러 벗이여 올라 앉으라 하리니
그 때에야 함께 앉은 모든 사람 앞에서 영광이 있으리라

(2) 나이가 들어가면 없던 명예심도 생긴다고 한다. 따라서 우리 누구나 예외 없이(=누구든지) 어떤 모임이나 조직에서 상석에 앉기를 내심 원한다. 주님은 우리에게 높은 곳(자리)에 마음을 두지 말라고 하신다. "무릇(왜냐하면, for, ὅτι), 자기를 높이는 자는 낮아지고 자기를 낮추는 자는 높아질 것이기" 때문이다(11절). 바리새인은 상좌에 앉아서 섬김 받기를 좋아했다. 이들은 거짓과 외식으로 백성들로부터 존경받으려 했다.

야고보서는 이렇게 이야기 한다(약 4:10) "주 앞에서 낮추라 그리하면 주께서 너희를 높이시리라." (벧전 5:6도 찾아보자)

2. 예수님은 자기를 초대한 사람에게도 한 말씀하셨다.

(1) 이 잔치를 베푼 주인은 특별히 부자를 많이 청했던 것 같다.

14:12 또 자기를 청한 자에게 **이르시되**
/네가 ┬ 점심이나 저녁이나 베풀거든
└ 벗이나 형제나 친척이나 부한 이웃을 청하지 말라
//두렵건대(목적: μήποτε메포테, lest) / (만약 그렇게 하면)
그 사람들이 ┬ 너를 도로 청하여
└ 네게 갚음이 될까 하노라

그렇다면, 부자는 아예 청하지 말라는 말인가? 물론 그런 말이 아니다. 친척과 이웃간의 친목을 위한 대접을 금하라는 것이 아니다. 부자들을 위한 어떤 잔치는 가난한 자들에게는 많은 식량이 될 수 있다. 다만 자신의 풍족함을 자랑하는 초대가 되어서는 안 된다.

사람들은 대접해 준 자들에게 다시 초청받을 기대를 가지고 남을 대접한다. 그러므로 그들이 너희를 도로 초대하여 네게 되갚아줄지도 모른다는 것이다.

그러면, 어떻게 하지?

13절 - 잔치를 베풀거든 오히려 (끼니 걱정을 해야 하는) 가난하고, 몸이 불편한 자들과 같은 사람들을 초청해라. 그렇게 하면, 그 가난한 사람들은 갚지 못할 형편이므로 네게 복이 될 것이다. 왜냐하면(for, ὅτι) 의인들이 부활할 때에 하나님이 대신 갚아주실 것이기 때문이다(14절). 자선 행위는 이 세상에서 보상받지 못할 수도 있다. 그러나 이런 자선 행위는 반드시 하나님의 기억하신 바 된다는 것이다.

큰 잔치 비유(눅 14:15-24)

같이 읽을 곳 (마 22:1-14)

▶ **마 22장**: 유대 지도자들은 예수님을 죽이려고 집단적 공격을 시도했다. 이들은 예수님이 전하시는 천국의 개념을 이해하지 못했다. 예수님은 유대 지도자들에게 천국이 무엇인지를 좀 더 구체적으로 설명을 해 줄 필요가 있었다. 천국 혼인잔치 비유는 하나님의 나라를 거부해온 유대인에게 경고의 의미를 갖고 있다. 이스라엘 민족은 메시야를 애타게 기다려왔음에도 불 구하고 정작 메시야가 왔을 때 이를 인정하지 않았다. 하나님은 이스라엘을 하나님의 백성의 자리에서 쫓아내시고 새로운 백성으로 천국을 채우신다는 것이다.

1. 주님과 함께 식사 자리에 있던 사람 중의 하나가 "이 말을 듣고", 즉 앞에서 살펴본 것처럼, 부한 사람보다 가난한 자들을 더 사랑하는 마음으로 대접해야 한다는 말씀을 듣고, 이런 말을 했다.

(1) "무릇(everyone) 하나님의 나라에서 떡을 먹는 자는 복이 있습니다(=있겠습니다)" 이 사람이 왜 불쑥 이런 말을 했는지 확실하지 않으나 어쨌든 예수님의 말씀에 크게 감명을 받은 것 같다. 이 사람은 메시야의 시대가 도래하면 큰 잔치로 시작될 것이라고 생각했던 것 같다.

(2) 마태복음에서도 이와 비슷한 비유가 나온다. 그러나 그 비유의 핵심 내용은 조금 다르다. 마태복음의 혼인잔치 비유(마 22:1-14)는 천국은 아들을 위해 결혼 잔치를 베푼 임금, 즉 하나님에 비유되었다. 미리 초대해 놓은 손님들을 모시러 갔지만 이들은 오기를 싫어했다. 여기서 오기로 한 손님들은 물론 이스라엘에 대한 비유어이다. 그러니까, 세례 요한으로부터 시작된 천국을 이들은 거절했다. 마태복음에 나타난 이 비유는 예루살렘에서 하신 것이고, 누가복음의 이 비유는 베레아에서 하신 비유이다.

2. 16-24절까지 읽어보고 어떤 내용인가 설명해 보자.

(1) 이스라엘은 계속 메시야가 올 때를 소망했지만 막상 눈 앞에 나타난 메시야를 인정하지 않았다. 대제사장이나 서기관들과 같은 유대 지도부는 대부분 예수님의 천국 선포에 냉담으로 일관했다. 하나님은 자신의 백성을 부지런히 청하셨다(6절 "어떤 사람이 큰 잔치를 베풀고 많은 사람을 청한 것처럼"). 하나님께서는 자신의 백성을 구원하기 위해 진수성찬을 차려놓고 청한 사람들이 오기만을 간절히 기다리는 주인이었다.[1)]

(2) 많은 종들을 부지런히 보냈으나 사람들은 응답하지 않았다. 그 잔치에 갈 수 없다는 이유도 각각 달랐다(18-20절). 결국 전갈을 들은 모든 사람이 한결같이 그 잔치에 갈 수 없다는 것이었다. 종이 돌아와 주인에게 그 사실을 보고한다. '모두 다 바빠서 못온대요.' 이 말을 듣고 집 주인이 대단히 노했다 (became angry, ὀργισθείς 오르기스데이스)[2)]. 그래서 집 주인은 그 종에게 "너, 지금 빨리 시내로 나가서 (어떤 류의 사람? 21절) 사람들을 데려오너라." 그래서 종은 주인의 분부대로 했다. 그런데도 "아직도 자리가 있나이다." "그으래, 그러면 지금 빨리 나가서 길거리나 울타리 곁에 서 있는 사람들을 억지로라도 데려다가 내 집을 가득 채워라."(23절)

(3) 마태복음의 비유에서는 임금이(=하나님께서) 보낸 종들도 잡아 죽였다. 비유 속의 임금은, 즉 하나님은 결국 노하여 군대를 보내신다. 그리고 초대했던 손님들(=이스라엘)을 죽이고 성을 불태워버렸다(마 22:6-7). 결국 처음 초청받은 사람들, 즉 이스라엘은 실격을 당한다(마 22:8 "이에 종들에게 이르되 혼인 잔치는 준비되었으나 **청한 사람들**[3)]은 **합당하지 아니하니**"). 비유 속의 종들은 하나님의 선지자들이다. 세례 요한도 죽임을 당했다. 이제는 하나님의 아들, 예수님을 죽이려고 혈안이 되어 있다.

(4) 이제 그 자리는 새로운 하나님의 백성으로 대체될 것이다. 이스라엘은 제사장 나라로 부름을 받았다(출 19장). 이스라엘을 통해 모든 민족에게 축복이 연결된다. 그 책임을 맡은, 청함을 받은 이스라엘은 이제 그 자리에서 쫓겨나게 된다.

눅 14:24 내가 너희에게 **말하노니**
/전에 청하였던 그 사람들은
하나도 내 잔치를 맛보지 못하리라

1) 잔치를 준비한 주인은 초대한 사실을 전달하기 위해 종들을 모든 사람에게 보냈다(17절. "잔치할 시각에 그 청하였던 자들에게 종을 보내어 이르되 오소서 모든 것이 준비되었나이다 하매").

2) 오르기조(ὀργίζω) : 노하게 하다, 노하게 되다. 여기서는 하나님의 분노를 나타낸다(마18:34, 22:7; 눅 14:21).

3) 결국 처음 초청받은 사람들, 즉 이스라엘은 실격을 당한다(마 22:8). 이제 그 자리는 새로운 하나님의 백성에 의해 대체될 것이다. 그렇다면 새로운 백성으로 대체될 사람은 누구인가? (9절) 새로운 대상의 기준은 없다. 종들은 임금의 명령에 따라 길에 나가서 악한 자나 선한 자나 만나는 대로 데려왔다.

이 내용은 로마 장군 티투스가 A.D 70년 예루살렘성을 파괴하는 사건을 예언하신 것으로 보인다(마 23:37-38, 24:2 참조).

주님의 제자가 되는 길은? (눅 14:25-35)

같이 읽을 곳(마 10:37-38; 막 8:34)

1. 주님을 따라오는 사람들이 많았다고 했다. 이들은 나름대로 열정을 가진 사람들이었다. 그러나 주님을 따르려는 최종 목적은 무엇이었을까? 그 중에는 예루살렘에 입성해 곧 주님이 이루실 나라, 거기서 어떤 부와 명예를 꿈꾸는 자들도 있었을 것이다. 주님은 가던 길을 멈추시고 뒤돌아서서 이렇게 말씀하신다.

14:26 무릇(anyone)
내게 오는 자가 — 미워하지[1] 아니하면(if)
/자기 부모와 처자와 형제와 자매와
더욱이 자기 목숨까지
[그는] ——— 능히 내 **제자가 되지 못하고**

1) 예수님의 제자가 되는 조건이 너무 충격적이다. 더욱이 자기 목숨까지 버려야 할 각오가 되어 있어야 한다. 이 세상에 집착하기 쉬운 모든 것들을 포기, 거절, 부인해야 한다는 말이다. 그리고 전적인 헌신이 있어야 한다.

(1) 예수님은 이 세상 나라를 '하나님의 나라'로 바꾸려고 오셨다. 당연히 대적(對敵)이 일어나며, 투쟁이 일어나게 되어 있다. 따라서 복음 전파 시 각오를 단단히 해야 한다(마 10:24-33). 예수님의 사역하실 때 대적했던 어둠의 권세가 이 제자들에게도 있을 것이기 때문이다. 어떤 사람들은 제자들을 영접하여 동조할 것이지만, 양을 해치려는 악한 이리와 같은 사람들도 있을 것이다(마 10:17, 18). 그러나 염려하지 말라. 걱정할 바 없는 것은 왕께서는 그의 충실한 종들을 보호할 것이기 때문이다.

(2) 여기 본문에서 '미워하다'(μισέω 미세오)라는 말의 의미는 예수님의 제자가 되는 사람은 전적인 헌신이 필요하며, 다른 무엇이나 누구에게나 얽매여서는 안 된다는 말이다. 따라서 '미워하다'라는 말은 제자들의 '분리'를 요구하는 것이다. 누구든지 주님의 제자가 되면 이 세상의 부귀와 영광을 누릴 것이라는 기대와는 정반대의 길을 가야 한다. 만일 주님의 길을 가려는 자들이 세상의 있는 그 어떤 것보다 더 그리스도를 사랑함이 없다면, 그는 신실한 제자가 될 수 없다.

(3) "누구든지 **자기 십자가를 지고**((βαστάζω 바스타조)[2] 나를 따르지 않는 자도 능히 내 제자가 되지 못하리라"(27절). 자기 십자가를 진다는 것은 제자의 신분으로서 수고를 아끼지 않는다는 것을 의미한다. 물론 그리스도의 제자들이 모두 십자가 형을 받는 것은 아니지만, 모두 자기들의 십자가를 져야한다는 것이다.

2) 바스타조(βαστάζω)라는 말은 여기서 '지다, 부담하다'라는 뜻이다.

2. 주님은 그를 따르는 자들에게 왜 그러한 길을 걸어야만 하는가에 대한 이유로 두 가지 비유를 드신다.

(1) 어떤 사람이 망대[1]를 세운다고 가정해 보자.
먼저, 필요한 것은 공사 비용을 산출하는 일이다. 예산도 없는데, 공사를 무리하게 착공하는 사람은 없을 것이다. 아예 망대를 완성할 능력도 없는데, 무조건 공사를 시작하면 중도에 완공을 포기해야만 한다. 주님의 길을 따르려는 사람들도 이와 같다. 세상의 모든 가치 있는 것들을 포기할 수 있어야 하며, 어쩌면 자기의 생명까지도 지불해야만 하는 어려운 길이다.

(2) 두 번째 비유는 전쟁하러 가는 사람과 같다는 것이다. 적군은 지금 2만 명의 군인을 거느리고 공격한다. 그런데 아군은 1만명밖에 안 된다. 그렇다면 먼저, 과연 우리가 1만명의 군인으로 적군을 이길 수 있을까 곰곰히 생각해 보지 않겠는가? 만일 이길 자신이 없다면, 그가 아직 멀리 있을 때에 사신을 보내어 화친을 청하는 것이 현명한 임금이 아니겠는가?

(3) 주님의 길을 따른다는 것은 일종의 전투라고 할 수 있다. 만일 이런 (영적) 전투에서 승리할 자신이 없다면, 처음부터 시작하지 않는 것이 더 낫다는 말이다. "이와 같이 너희 중의 누구든지 자기의 모든 소유를 버리지 아니하면 능히 내 제자가 되지 못하리라"(33절). 주님이 이 세상에서 대적으로부터 갖은 고난과 핍박을 당하셨다면, 제자들 역시 같은 고난을 각오해야만 한다.

1) 망대(퓌르고스, πύργος) - 망대, 탑을 말한다. 파피루스에서는 '헛간' 같은 것을 의미했다. 아마도 높은 개인 집을 가리키는 듯 하다. 만약 자기 집을 짓는다고 가정한다면, 먼저 건축 비용부터 생각하지 않겠는가? 제자의 길을 간다는 것은 자칫 감정에 치우쳐 무작정 따라나서는 것이서는 안 된다는 말씀이다.

당시 주님을 따른다는 것은 엄청난 경제적 손실과 핍박과 유대 공동체(회당)에서의 축출, 심지어는 죽음에 처해지는 길이었기 때문이다. 그러나 지금 주님을 따라 나선 사람들은 무지개 같은 꿈을 꾸는 자들도 많았을 것이다. 이들 중 상당 부분은 예수님을 십자가에 처행해야 한다는 외침에 동조하는 사람도 있었을 것이다.

3. 그리스도인들은 세상의 소금이다(마 5:13). 소금은 우리 생활에 없어서는 안 될 귀중한 물질이다. 그런데 소금이 그 맛을 잃어버린다면 아무짝에도 소용 가치가 없다. 거름으로도 쓸 수 없다. 다만 사람들에게 짓밟힐 뿐이다.

(1) 세상의 있는 것들을 버리지 못한 채 끝까지 그것에 얽매여 있다면, 즉 주님을 따르는 생활을 하다가 중도에 포기한다면, 그들은 마치 맛 잃은 소금과 같은 존재들이다. 주님을 따르는 길은 자신에게 부여된 십자가를 지기 위해 장차 환난에 넘겨져(마 24:9) 법정과 회당에서 매 맞고 추방당하며, 심지어는 죽임까지 당해야 하는 길이다(마 24:9).

(2) "들을 귀가 있는 자는 들을지어다."[2] 이 말은 비유적으로 '마음이 인지하는 능력(기능), 이해하고 아는 능력을 가지고 있는 사람을 말한다. 조금만 더 깊이 생각한다면 주님이 말씀하시는 진정한 의미를 깨닫을 수 있다는 말이다.

2) 들음과 깨달음, 이것은 하나님의 은사이지만, 결코 인간의 행위가 배제되는 것은 아니다. 그래서 갖가지 주의하라는 경고가 주어졌다(마 13:9; 막 4:9; 눅 8:8). 주님의 말씀을 듣고 깨달으라(마 15:10).

좁은 문으로 들어가기를 힘쓰라(눅 13:24)

- 좁은 문으로 들어가기를 힘쓰라고? (눅 13:22-30) 좁은 문, 좁은 길은 주님을 믿고 그의 교훈을 지키며 살아가는 생활이다. 그 길만이 생명이요, 영생이요, 천국이다. 주님의 제자라면 누구나 이 길을 걸어가지 않으면 안 된다.

- 오랫 동안 교회에 잘 다녔으니 인격도 함께 성장했겠지? 그러나 예루살렘의 지도자들은 서로 상석에 앉으려고 보이지 않는 경쟁을 했단다. 그리고 백성들에게 존경받기를 원했단다. 회칠한 무덤과 같은 신앙생활 하는 사람은 오늘도 우리 주변에 얼마든지 있다.

- 갈릴리에서 온 사람들, 성전에서 제물을 드리고 있다.
  그런데 빌라도의 군사들과 충돌이 일어났다.
  군사들이 그들을 죽이고, 그들의 피를 제물에 섞는 일이 벌어졌다.

- '실로암 망대'가 무너져 열여덟 사람이나 죽는 사건도 있었다.
  사람들은 이렇게 생각했다.
  '얼마나 죄를 많이 지었길래'
  죄를 지은 정도에 비례해서 비극의 정도가 다르다고 생각했다.
  고난을 당하는 사람은,
  틀림없이 죄를 많이 지었기 때문일까?
  주님은 이들에게 무엇이라고 설명하셨는가? (눅 13:1-5)
  "너희도 만일 회개치 않으면 다 이와 같이 망하리라."

- 무화과나무가 열매를 맺지 못했다.
  그래서 주인이 와서 찍어 버렸다.
  우리도 회개하지 않고, 신앙의 열매를 맺지 않는다면
  찍힘(심판)을 당할 것이다.
  바쁜 신앙생활이 꼭 열매 맺는 삶이 아닐 수도 있다.
  주님은 나(우리에게) 무엇을 원하고 계실까?
  주님이 원하시는 일에 열심을 내지 않으면, 열매가 맺히지 않을 수 있다.

- 종교지도자들이 안식일에 등이 굽은 여자를 고쳤다고
  예수님을 물고 늘어졌다.
  18년이나 병으로 고생한 환자가 고침을 받았다는 것에는 관심이 없다.
  왜, 안식일에 고쳤느냐는 것이었다.
  우리는 본질에는 관심이 없고,
  비본질적인 것에 더 비중을 두기 쉽다.

- 예루살렘을 내려다보시면서 눈물 지으시는 주님의 모습,
  이제 "너희 집이 황폐되어 버려진 바 되리라."
  예루살렘은 선지자들의 무덤터가 되어버렸다.
  종교지도자들로 가득찬 예루살렘
  그런데, 예루살렘은 그 지도자들 때문에 망한다.

- 우리는 세상에서의 상급보다 하늘의 상급을 더 사모해야 한다.
  하늘의 상급은 지상의 상급과 결코 비교할 수 없기 때문이다.
  엄청나게 바쁜 신앙생활, 틀림없이 상급도 클꺼야? 그치?
  '그런데 나는 너를 도무지 알지 못하노라'라는
  말씀을 들을 수도 있다는데...

Outline

284

Luke

15–16장

베레아에서 베다니까지의 사역

아직까지 베레아에서의 사역이 진행된다.
극단적인 부와 그리고 극단적인 가난
이는 모든 시대가 겪고 있는 해결하지 못하는 문제다.
부의 축적에 대한 문제가 죄는 아니지만
너무 과도한 부는 항상 사회불화를 가져왔다.

재물의 편중을 막기 위해
성경(율법)에서는 안전 정치를 설정했지만
하나님의 백성 이스라엘 안에서도
지나친 부를 축적한 사람,
그래서 사치에 빠진 사람들이 점차 많아져 갔다.

최상위 계층과 최하위 계층 그 사이는 극과 극이다.
주님이 떠나신 후, 주님을 따르려는 사람들은
물질에 대해 어떤 가치관을 갖고 살아야 할까?
그래서 부자와 거지 나사로의 이야기를 소개하신다.
특별히 교회 공동체 안에 있는 우리는
하나님께서 주신 재화를 잘 관리해야 한다.
그리스도인들은 하나님과 재물을
동시에 섬겨서는 안 된다는 교훈을 받았다(눅 16:13).

재물의 올바른 사용,
그것이 얼마나 지키기 어려운가는
돈이 모인 곳에서는 어김없이 벌어지는 추한
진흙탕 싸움에서 볼 수 있지 않는가!
물론, 교회 내에 유명하다는 인물도 이 문제에서
자유롭지 못하다.
무너진 사람이 너무 많기 때문이다.

잃은 양의 비유(눅 15:1-7)

(1) 마태복음 18장에서도 잃은 양의 비유가 나온다. 여기서는 교회 내의 작은 자에게 깊은 관심을 기울이는 것에 관한 비유이다. 그러나 누가복음에서는 이스라엘 백성들 중 길 잃은 양에 대해서 강조하고 있다.

(2) 바리새인들과 서기관들은 자신들도 잘 지킬 수 없는 세세한 율법 조항들을 만들어 그것을 지키려고 노력했다. 바리새인들은 율법의 문자에 순종하기 위해 초인적인 노력을 했다. 이런 바리새인들과 서기관들의 눈에, 지금 예수님 앞에 모여든 사람들은 죄인들이었다.

(3) 성경에는 '세리와 죄인들'(마 9:10)이란 표현이 자주 나온다. 극악한 비도덕적인 삶을 사는 자들(예; 살인자들, 강도들, 사기꾼들 등)과 부분적으로는 불명예스러운 직업을 가진 자들도 포함한다(세리, 목자, 행상인, 피혁공 등). 이런 자들을 예수님은 '잃은 자(양)'라고 하셨다. 주님은 이런 잃은 자를 찾아 구원하려 오셨다고 하셨다(요 6:39, 18:9; 마 9:13; 눅 5:32).

(4) 이스라엘은 "목자 없는 양"과 같다고 표현했다(민 27:17). 이스라엘의 멸망은 잘못된 지도자들(목자들) 때문에 일어난 일이다. 이 문제를 해결할 수 있는 방법으로, 즉 양 떼를 구원하는 분으로 한 목자로 세우시겠다고 선언하신다(겔 34:17-24). 에스겔 34장에 언급된 '한 목자'는 누구를 가리킬까? 본문의 설명을 들어보자.

잃은 드라크마를 찾은 여인 비유(눅 15:8-10)

(1) 눅 15장 나오는 세 비유 가운데 세 번째 비유이다. ① 잃은 양(눅 15:4이하) ② 잃은 드라크마(눅 15:8이하) ③ 탕자(눅 15:12).

(2) 한 여자가 잃어버린 은전 하나 때문에 등불을 켜고, 집을 쓸며 찾아내기까지 부지런히 찾는다. 잃어버린 은전은 그것이 결혼한 여인에게 주어진 혼수품이기 때문이다. 이 비유도 길을 잃은 한 마리의 양과 같다. 하나님은 잊혀진 바 된 한 영혼을 아주 귀하게 보신다는 것이다.

잃었던 아들의 비유(눅 15:11-32)

(1) 이 비유의 내용은 아들에 관한 비유라기보다 아버지에 관한 비유라고 할 수 있다. 이 비유의 주인공은 아버지이며 그 주제도 용서와 사랑이기 때문이다.

(2) '잃은 자들', 즉 '세리와 죄인들'(눅 15:1)로 불리는 이들은 자아를 상실한 자들이며, 그들을 돌아볼 목자가 없어 하나님의 참된 백성 속에 들어오지 못하는 자들이다. 예수님은 이런 부류의 사람들을 찾아 구원하시려는 데에 인자의 오신 목적이 있다고 말씀하셨다.

(3) 구약성경에서도 그들의 지도자나 목자에 의해 버림을 받아 도울 자가 없고 나중에 흩어지게 된 양에 비유하고 있다(겔 34장과 렘 23:1-6을 읽어보자). 예수님은 메시야요, 찾는 자요, 하나님의 백성의 구원자로서 활동하고 계신 것이다(마 9:13, 15:24; 눅 19:10).

(4) 그러므로 여기 '잃어버린 자들'이란 바리새인들이 경멸하고, 또 그 사회에서 그 존재 가치를 상실하였던 사람들을 가리킨다. 복음서에서는 '세리와 죄인들'이라고 표현했다.

(5) 아버지를 떠난 아들은 마치 하나님을 떠난 인생과 같다. 오늘 본문에서 '잃어버린 자들'이다. 잃어버린 자들이 되었기에 영원한 멸망의 위기 아래 놓이게 된 것이다. 이 아들이 다시 아버지의 집으로 돌아왔다는 것은 생명의 회복을 뜻한다. 작은 아들이 그의 아버지에게서 떠난 것을 잃어버림과 죽음으로 묘사하고, 그가 다시 아버지께로 돌아온 것을 다시 살아난 것으로 묘사하고 있다.

(6) 아버지를 떠난 인생(탕자)은 내용이 없는 텅 빈 삶을 사는 것과 같다. 그가 살 수 있는 유일한 길은 아버지 품으로 다시 돌아오는 길뿐이다. 지금도 하나님은 타락한 인생들이 자신에게로 돌아오기를 기다리신다.

불의한 청지기 비유(눅 16:1-13)

(1) 누구든지 재물의 유혹에서 자유로운 사람은 없다. 예수님의 제자들이라고해서 다르지 않다. 불의한 청지기에 대한 비유를 들어 제자들이 걸어갈 길, 특히 재물을 어떻게 관리해야 할 것을 말씀하셨다.

(2) 여기 등장하는 불의한 청지기의 어떤 점을 본받으라고 말씀하시는가? 가장 작은 일에 충성해야 할 것을 강조하신다. 하나님께서 주신 재물을 지혜롭게 관리하지 못한다면, 즉 불성실하다면 큰 것에도 불의할 것이 틀림없다는 것이다.

(3) 이 세상의 재물(맘몬)을 잘 관리하는 사람, 즉 우리에게 주어진 이 세상의 재물을 하나님 나라를 위하여 잘 쓰는 사람에게 하나님은 더 큰 영적인 축복을 주실 것이다.

(4) 한 종이 두 주인을 섬길 수 없듯이 하나님과 재물을 동시에 섬길 수 없다. 만약 우리가 하나님과 재물, 양쪽 모두에 관심을 쏟는다면 분명한 방향도 목적도 없는 삶을 살게 될 것이다(마 6:24). 하나님을 영화롭게 하는 일과 재물 두 가지에 똑같이 충성할 수 있다는 생각은 잘못이라는 것이다.

부자와 나사로(눅 16:19-31)

(1) "자색 옷과 고운 베옷을 입고 날마다 호화롭게 즐기는" 부자의 모습을 묘사하고 있다. 그리고 '나사로'라고 하는 거지가 등장한다. 거지 나사로는 가진 것이 아무것도 없다. 그래서 부잣집 주인의 음식상에서 떨어진 음식조차 얻어 먹지 못한다. 문제는 이런 상황이 영원히 지속되지 않는다는 것이다. 누구에게나 죽음은 다가오기 때문이다.

(2) 죽음 이후, 둘 사이에는 상황이 역전된다. 부자는 지옥으로 떨어졌고 나사로는 아브라함의 품에 안겼다. 그렇다고 부자는 하나님께서 무조건 미워하시나? 물론 그럴 리가 없으다! 여기서는 부자가 영생에 들어갈 수 없다는 말이 아니다.

(3) 열락에 빠져 있는 부자, 그는 가난한 이웃을 도울 힘이 있었지만 고통 받는 이웃에게 무관심했다는 것이다. 그는 자신이 소유한 부 때문에 영혼과 영원에 대해 무관심 했다. 부자는 이런 이유들 때문에 영원한 멸망으로 떨어질 확률이 크다는 것이다.

잃은 양의 비유(눅 15:1-7)

같이 읽을 곳(마 18:12-14)

마태복음 18장에서도 잃은 양의 비유가 나온다. 그러나 누가복음의 내용과는 그 핵심 내용이 조금 다르다.[1] 교회 내의 작은 자에게 깊은 관심을 기울이는 것, 그것이 당시 소홀히 하기 쉬운 부분이었다. 그래서 잃은 양의 비유를 들어 다시 설명하신 것이다. 즉 공동체의 회원들은 한 사람도 관심 밖의 대상이 되어서는 안 된다는 것을 강조하셨다. 그러나 여기 누가복음에서는 이스라엘 백성들 중 길 잃은 양에 대해서 강조하고 있다.

1. 모든 세리와 죄인들이 말씀을 들으려고 주님께 나아왔다. 바리새인들과 서기관들은 자신들도 잘 지킬 수 없는 세세한 율법 조항들을 만들어 그것을 지키려고 노력했다.

(1) 이들은 주로 제의적인 정결 규례, 십일조, 금요일 저녁 공동식사와 금식 등의 규율을 엄격히 지켰다. 특히 정결에 대한 계명들은 제사장과 레위인들에서 뿐만 아니라 모든 바리새파 사람들이 엄수해야 했다.[2]

무엇보다 이들의 십일조 생활은 철저했다. 당시 유대교에서는 특별히 정확하게 준수되지 않았다. 비유대인 역시 그러했다. 그러나 바리새인들은 율법의 문자에 순종하기 위해 그 땅의 수확에서 뿐만 아니라 그들이 구입한 것에서도 십일조를 드렸다. 물론 양념과 채소도 십일조를 드렸다(마 23:23; 눅 11:42). 이것들 외에도 경건 행위, 즉 회개하고 구원을 위해서 일주일에 두 번(화요일과 목요일)씩 기도와 금식이 지켜졌다(눅 18:12).

(2) 이런 공동체에 가입하기 위해서는 우선 바리새파 전통에 있는 모든 규례들을 그대로 지키겠다는 서약을 해야만 했다. 그런 후에는 수습 기간에 들어가는데 이 기간 동안 자기가 맹세한 서약의 준수 여부에 대한 면밀한 심사를 받았다. 그 기간이 확실치 않으나 1개월에서 1년 정도의 기간이라고 한다. 이런 엄격한 심사과정을 통과해야 비로소 바리새인의 일원이 될 수 있었다. 바리새인의 각 공동체는 서기관의 지도 아래 조직이 되었다.[3]

2. 이런 바리새인들과 서기관들의 눈에, 지금 예수님 앞에 모여든 사람들은 죄인들이었다. 바리새인들은 이런 죄인들과 함께 식사하는 것까지도 당연히 죄악시 했다.

1) 마태복음의 강조점은 제자들이 믿는 자들 가운데 '작은 자들'에게 쏟아야 할 목자로서의 관심에 있다고 보아야 한다. 왜냐하면 계속되는 마 18:15 이하에서 "네 형제"란 표현에서도 볼 수 있는 것처럼, 마태복음 18장은 주님이 지금 일반적인 신자들 사이의 상호 관계에 대한 것을 설명하고 계시기 때문이다. 즉, 교회에 하시는 말씀으로 보아야 한다.

2) 불결한 것(어떤 시체나 짐승 같은 것)을 접촉한 사람은 누구나 혹은 몸이 부정한 사람은 예배의 정결을 상실하였다. 이를 회복하기 위해서는 정결 목욕탕에 내려가야 했다. 바리새인들은 식사하기 전에 반드시 손을 씻었는데, 이는 이들의 정결 예식 때문이었다(막 7:3-4). 물론 잔과 대접도 깨끗하게 보존되어야 한다(마 23:25-26; 눅 11:39-40).

3) 요세푸스에 의하면 헤롯 대왕 시절 바리새파의 숫자는 약 6,000명이었다고 한다. 전체 유대인 숫자에 비하면 적은 편이지만 이들의 영향력은 상당했다.

(1) 이런 그들에게 비유를 드신다. 우리가 잘 아는 '잃은 양'에 대한 비유이다.[1]

> 눅 15:4 너희 중에 어떤 사람이 양 백 마리가 있는데
> [그가] ─ 그 중의 하나를 잃으면(if) ── "잃으면" - 아폴뤼미(ἀπόλλυι)
> ─ 아흔아홉 마리를 들에 두고 - 멸망시키다. 죽이다 /
> ─ 찾아다니지 아니하겠느냐
> /그 잃은 것을
> /찾아내기까지

누가복음 15장에서 세 가지 비유가 나온다. ① **잃은 양**(눅 15:4이하) ② **잃은 드라크마**(눅 15:8이하) ③ **탕자**(눅 15:12) - 이 세 비유의 공통점은 인간의 상실된 상태가 생생하게 묘사되어 있다는 것이다. 하나님이 없는 사람은 목자에 의해 구조되지 않는다면 죽을 수밖에 없는 잃은 양과 같다(시 119:176, "**잃은 양 같이** 내가 방황하오니 주의 종을 찾으소서 내가 주의 계명들을 잊지 아니함이니이다."). 예수님은 자신을 잃은 양들을 위하여 목숨을 버리는 자로 묘사하셨다(요 10:11).

(2) 당시 죄인(ἁμαρτωλός하마르톨로스)으로 취급받은 부류는 어떤 사람들이었을까? 유대인 사회에서 '죄인'(하마르톨로스)이라는 개념은 율법을 지키지 않으며 죄에 대한 바리새적인 해석을 따르지 않는 사람들이다.[2] 따라서 세리와 같은 수준에 놓인 자들을 가리킨다(마 10:19; 막 2:15이하).

(3) 또 이방인 혹은 불경건한 자들을 가리킨다. 성경에는 세리와 죄인들(마 9:10)이란 표현이 자주 나온다. 극악한 비도덕적인 삶을 사는 자들(예; 살인자들, 강도들, 사기꾼들 등)과 부분적으로는 불명예스러운 직업을 가진 자들도 포함한다(세리, 목자, 행상인, 피혁공 등). 이런 자들을 예수님은 **잃은 자(양)**라고 하셨다. 주님은 이런 잃은 자를 찾아 구원하려 오셨다고 하셨다(요 6:39, 18:9; 마 9:13; 눅 5:32). 주님은 이런 부류들과 교제하셨다(눅 15:2). 그런데 바리새인들은 자신들의 교령(敎領)이나 유전에 복종하지 않았기에 죄인으로 취급했다(마 15:2; 막 7:5; 눅 11:37이하).

> 바리새인들과 서기관들이 함께 있기를 꺼리는 부류들, 주님은 이런 부류의 사람들과 교제하셨다. 이들을 '잃은 양'이라고 부르셨다. 바리새인들을 비롯한 종교지도자들에게 회개의 의미는 이런 부류들에게서 더욱 멀어져(분리) 가는 것이었다.
>
> (마 18:10 "두 사람이 기도하러 성전에 올라가니 하나는 바리새인이요 하나는 세리라 11 **바리새인은 서서 따로 기도하여 가로되 하나님이여 나는 다른 사람들 곧 토색, 불의, 간음을 하는 자들과 같지 아니하고 이 세리와도 같지 아니함을 감사하나이다** 12 나는 이레에 두 번씩 금식하고 또 소득의 십일조를 드리나이다 하고 13 세리는 멀리 서서 감히 눈을 들어 하늘을 우러러 보지도 못하고 다만 가슴을 치며 가로되 하나님이여 불쌍히 여기옵소서 나는 죄인이로소이다 하였느니라."

1) **마태복음**에서는 작은 자 중에 하나도 업신여기지 말라, 즉 **소자에게 관심을 가져야 할 것을 길을 잃은 양을 찾지 않겠느냐는 비유를 들어 설명하신다**(마 18:12-13).

작은 자에게 깊은 관심을 기울이는 것, 그것이 당시 소홀히 하기 쉬운 부분이었다. 그래서 잃은 양의 비유를 들어 다시 설명하신 것이다. 즉 공동체의 회원들은 한 사람도 관심 밖의 대상이 되어서는 안 된다. 그렇기 때문에 그의 형제가 죄를 범하는 것을 보거든 이를 회복하기 위해 노력해야 한다는 것이다.

2) 죄의 개념은 단 하나의 계명을 어기는 것으로부터 인간 전 존재의 파멸에 이르는 모든 영역의 인간적인 실패를 다 포함한다. 이에 해당하는 단어가 '하마르티아'이다. 이 단어는 신약성경에서 인간의 죄에 대하여 항상 사용된 것으로 궁극적으로는 하나님께 대한 죄이다.

에스겔 34장

에스겔서 34장은 타락한 지도자로 말미암아 약속의 땅이 몰수되고 백성들이 포로가 되었다고 비평한다. 왜 목자를 세우셨는가? 그것은 하나님의 양떼를 기르시기 위해서이다. 그러나 이들 지도자들은 양 떼를 몰아내고 돌보지 않았다. 여호와께서 그 태만함 때문에 벌하실 것이다(1-11절).

3. **목자 없는 양** : 예수님은 비유에서 양을 들어 교훈하셨는데, 양은 절대적으로 목자의 돌봄이 필요하다는 것이다. 목자의 돌봄 없이 홀로 내버려 두면 길을 잃게 된다(눅 15:4). 목자 없는 양은 고생하고 유리하며(마 9:35), 결국 길을 잃고(벧전 2:25) 잃어버린 바 된다(마 10:6, 15:24).

(1) 주님은 지금 자기 백성을 목자 없는 양떼로 비유하셨다(막 6:34; 민 27:17; 왕상 22:17 참조). 주님은 잃은 양을 찾은 목자의 기쁨을 이렇게 표현하셨다. "또 찾아낸즉 즐거워 어깨에 메고 [6]집에 와서 그 벗과 이웃을 불러 모으고 말하되 나와 함께 즐기자 나의 잃은 양을 찾아내었노라 하리라"(마 18:12, 18:13). 여기서 아흔 아홉은 회개할 것 없는 의인으로 묘사하고 있다.

- 우유와 양털은 취하고, 양들은 굶겼다. 일부 양들은 잡아먹기까지 했다.
- 약한 자들, 병들고 불구된 자들, 길을 잃고 헤매는 양들을 돌보지 않았다. 이들은 목회적 책임을 버리고 자신들의 사사로운 이익과 영화를 누리는데 온 정신을 쏟았다. 길 잃은 양을 찾아나서지도 않았다.
- 겔 34:6 "내 양 떼가 모든 산과 높은 멧부리에마다 **유리되었고 내 양 떼가 온 지면에 흩어졌으되** 찾고 찾는 자가 없었도다."

▶ 이런 직무유기자들을 벌하실 것이다. 그리고 여호와께서 양들을 직접 찾아나서실 것이다.

어디 있는 이야기야? 에스겔서 34장에 있는 내용이다. 이스라엘의 목자들의 타락상을 고발하고 있다. 읽어보자!!

화면갭쳐

에스겔서 34장

눅 15:7 내가 너희에게 **이르노니**
/이와 같이(οὕτως, likewise)
죄인 한 사람이 회개하면
하늘에서는(ἐν τῷ οὐρανῷ)
의인 아흔아홉으로 말미암아
/회개할 것 없는
기뻐하는 것보다 더하리라

하늘에 계신 하나님께서 길을 잃고 방황하는 죄인들에 대해서 얼마나 극진한 관심을 갖고 계신가를 비유에서 보여주신다. 비록 회개할 것 없는 의인 99명이 있더라도, 방황하는 불쌍한 한 사람도 잃지 않기를 원하신다. 눅 19:10을 읽어보자.

4. 예수님은 구약의 용례를 들어(겔 34장) 자기 백성을 목자 없는 양떼로 비유하셨다(막 6:34을 읽어보자). 예수님은 많은 사람들을 보고 불쌍히 여기셨다고 했다. 왜? 그들은 '목자 없는 양' 같았기 때문이다.

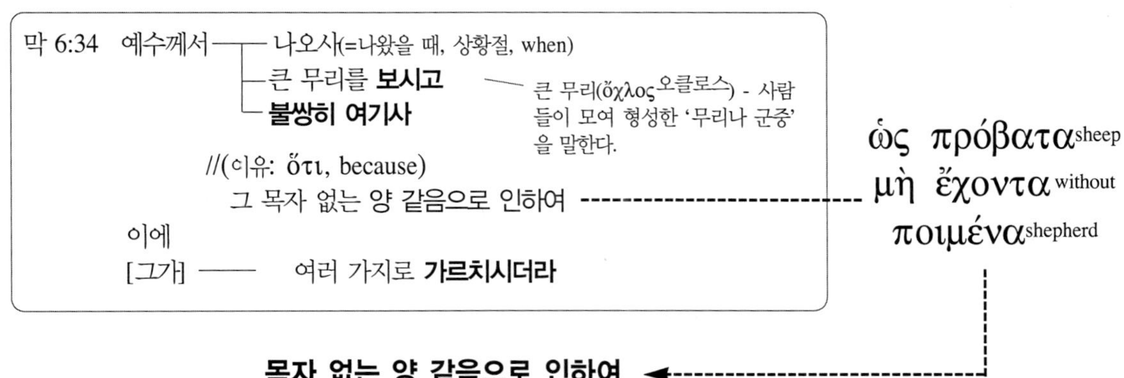

목자 없는 양 같음으로 인하여
they were like sheep without a shepherd

(1) 여기서 목자들은 누구인가? 목자들은 선지자들과 제사장들이 포함된다(호 4:4, 6; 암 7:12-17; 사 24:2, 28:7). 겔 34장에서는 특별히 유다 말기에 통치하였던 왕들을 가리킨다. (아래 설명은 동교재, 에스겔서에서)

구약에서 '프로바톤'(πρόβατον)은 떼지어 사는 동물인 양(sheep)을 의미한다(창 30:38; 사 7:21; 암 7:15).[1)]

(2) 양들은 목자에 의해 올바른 초장으로 인도되어야 한다(시 23편). 광야에서 지도자가 없던 이스라엘은 "목자 없는 양"과 같다고 표현했다(민 27:17*). 물론 개인도 하나님의 인도하심이 없다면 "잃은 양 같이 유리"한다(시 119:76, "구하오니 주의 종에게 하신 말씀대로 주의 인자하심이 나의 위안이 되게 하시며"). 요한복음에서 '양'은 그리스도께서 택하신, 즉 그의 백성을 뜻한다(요 10:14). 양들은 그들 목자의 음성을 알고, 그 부르는 소리를 듣고 그를 따른다.

1) 이 단어는 은유적으로 '백성'(삼하 24:17), 특히 '하나님의 백성'(시 74:1), '회중'(시 77:20, 78:52)에 대해 사용되었다. 여기서 중요한 점은 양에게는 반드시 보호가 필요하다는 것이다.

• 민 27:17 "그로 그들 앞에 출입하며 그들을 인도하여 출입하게 하사 **여호와의 회중이 목자 없는 양과 같이 되지 않게 하옵소서**"

- 시 74:1 "하나님이여 주께서 어찌하여 우리를 영원히 버리시나이까 어찌하여 **주께서 기르시는 양(צֹאן)**을 향하여 진노의 연기를 뿜으시나이까"

(3) 이스라엘 백성은 자신들을 하나님의 양(쩨온, צֹאן, 시 74:1)이라고 부름으로써 자신들의 힘만으로는 설 수 없음을 인정하였다. 따라서 선한 목자이신 여호와의 인도하심을 신뢰하고 있었다는 것을 인정하였다(시 23편, 95:7, 100:3).[1)]

1) 예수님은 새로운 양무리들을 형성시켰고, 자신을 그 양의 문이라고 하셨다(요 10:9). "내가 문이니(ἐγώ εἰμι ἡ θύρα·) 누구든지 나로 말미암아 들어가면 구원을 받고 또는 들어가며 나오며 꼴을 얻으리라." 또한 예수님은 선한 목자(포이멘, ὁ ποιμήν)이시다(요 10:14).

5. 에스겔 당시 목자들은 선지자들과 제사장들이 포함된다. 그런데 거짓 지도자들 때문에 하나님의 양인 백성들은 들짐승의 밥이 되는 지경에 이르렀다. 이스라엘의 멸망은 결국 이런 지도자들 때문에 일어난 일이었다.

(1) 이 문제를 해결할 수 있는 방법으로, 즉 양 떼를 구원하는 분으로(겔 34:22) 한 목자로 세우시겠다고 선언하신다(겔 34:17-24). 여기서 '내 종'은 하나님의 종을 가리킨다. 이 목자는 하나님인 동시에 인간이어야 한다. 이 한 목자를 통해서만 하나님과의 언약관계가 회복될 것이기 때문이다.

이 문제를 해결할 수 있는 방법으로 **다윗을 목자로 세우시겠다고** 선언하신다(겔 34:17-24).

양 떼를 구원하는 분으로(22절), 한 목자를 세우실 것이다. 여기서 '내 종 다윗'은 하나님의 종을 가리킨다. **이 목자는 하나님인 동시에 인간인 그리스도를 지칭한다.**

(2) 그렇다면, 에스겔 34장에 언급된 '한 목자'는 누구를 가리킬까?

34:23 내가 —— 그들의 위에 세워
/**한 목자**(one shepherd, רֹעֶה אֶחָד로에 에하드)를
그는 내 종 다윗이라(עַבְדִּי דָוִיד הוּא My servant David)
그가 ┬ 그들을 먹이고
└ 그들의 목자가 될지라

여기 '내 종 다윗'은 죽은 왕 다윗이 부활한다는 말이 아니라 **다윗의 가장 위대한 후손이신 메시야, 즉 예수 그리스도를 가리킨다**(사 53:3에서 그를 여호와의 종[2)]이라고 언급한다). 왕이 된 다윗은 하나님의 백성을 이끄는 이상적인 목자였다(시 78:70-72; 삼하 7:7-8). 그의 몸에서 날 약속된 메시야는 흠이 없는 목자로서, 흩어진 양떼를 다시 모으고 먹이신다. 이 메시야가 바로 예수 그리스도이시다.

2) '종'이라는 용어는 메시야를 지칭하는 것인데, 메시야에 대하여 중심적인 가르침을 주는 구절들은 이사야의 마지막 장들(즉 사 39-66장)에서 발견된다. 거기에서 이 단어는 단수로 20회(사 39-53장), 복수로 11회(사 54-66장) 나타난다. 이 종은 폭력과 자의적인 권력행사를 자행하지 않고 공의를 행할 성령 받은 인물로 소개된다.

(3) 만약 시간이 있다면 동교재, 에스겔서 34장을 자세히 읽어보자.

잃은 드라크마를 찾은 여인 비유(눅 15:8-10)

눅 15장 나오는 세 비유 가운데 두 번째 비유이다. ① 잃은 양(눅 15:4이하) **② 잃은 드라크마**(눅 15:8이하) ③ 탕자(눅 15:12). 이 비유들은 모두 죄인을 찾으시는 하나님의 사랑을 그리고 있다. 어떤 여자가 열 드라크마가 있었는데 그 중에 하나를 잃어버렸다고 치자. '그까짓거, 은전 하나' 때문에...

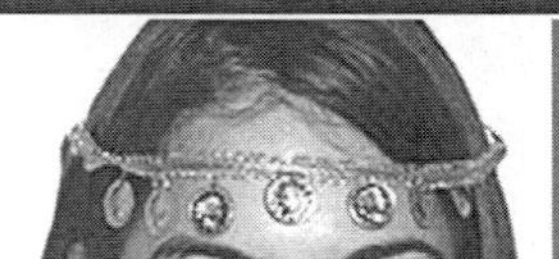

열 개의 드라크마를 꿰어 장식을 만들어 그것을 머리 장식으로 쓴다. (화면갭처)

1. 이 비유도 앞에 비유와 같은 개념이다. 한 여자가 잃어버린 은전 하나 때문에 등불을 켜고, 집을 쓸며 찾아내기까지 부지런히 찾는다는 것이다. 왜 이 여자는 끝까지 은전을 찾으려 할까?

(1) 드라크마(silver coin, δραχμή드라크메) : 헬라의 화폐로서, 신약성경에서 이곳에서만 나온다(8, 9절). 로마의 데나리온(노동자의 하루 품삯)과 동일한 가치를 지닌 은전(銀錢)이다.

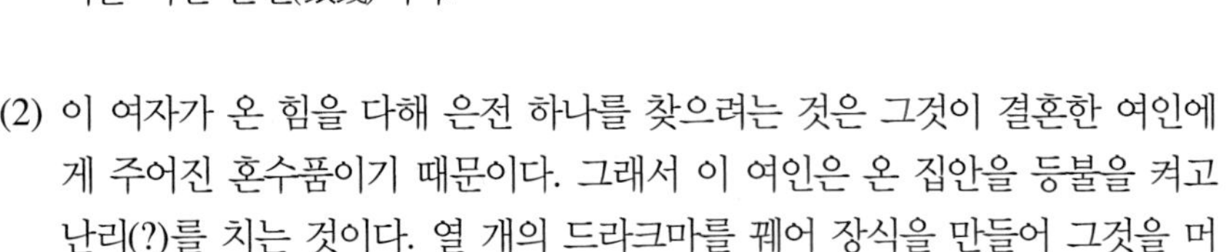

(2) 이 여자가 온 힘을 다해 은전 하나를 찾으려는 것은 그것이 결혼한 여인에게 주어진 혼수품이기 때문이다. 그래서 이 여인은 온 집안을 등불을 켜고 난리(?)를 치는 것이다. 열 개의 드라크마를 꿰어 장식을 만들어 그것을 머리 장식으로 쓴다고 한다. 물론 급할 때는 비상금으로 쓸 수도 있다.

9 "또 찾아낸즉 벗(친구들)과 이웃을 불러 모으고 말하되 나와 함께 즐기자 잃은 드라크마를 **찾아내었노라**"(for I *have found* the coin, ὅτι εὗρον[1]).

2. 여기 잃어버린 드라크마는 앞의 비유에서 길을 잃은 한 마리의 양과 같다. 하나님은 잊혀진 바 된 한 영혼을 아주 귀하게 보신다는 것이다.

세상에 던져진 한 영혼, 그것은 흙 속에 섞여 있는 은전과 같다고 할 수 있다. 그 은전 하나를 찾기 위에 하나님은 자신의 아들까지 이 땅에 보내셨다. 잃어버린 은전 하나를 찾기 위해 등불을 켜고 온 집 안을 쓸며 온갖 노력을 기울이는 한 여자의 모습에서, 한 영혼을 귀중히 여기시는 하나님의 사랑을 볼 수 있다. 그 기쁨을 이렇게 표현하고 있다(9-10절).

15:10 내가 너희에게 **이르노니**
/이와 같이 죄인 한 사람이 회개하면
기쁨이 – 되느니라
/하나님의 사자들 앞에

이 땅 위에서 한 사람의 회개로 하늘에서는 잔치가 벌어진다. 아무리 흉악한 사람이라도 회개에 이를 수 있다. 하나님은 그들에게 자비를 베푸신다. 죄인 하나(one sinner), 한 개인의 구원이 온 우주의 기쁨이 되는 것이다.

1) 휴리스코(εὑρίσκω) - '찾다, 발견하다'의 과거 / 하나님에 의한 기적적인 부름 받음과 구원에 사용되었다(마 18:13, 22:9; 눅 15:5, 8).

잃었던 아들의 비유(눅 15:11-32)

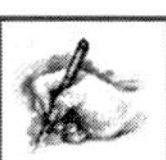

누 15장 나오는 세 비유 가운데 세 번째 비유이다. ① 잃은 양(눅 15:4이하) ② 잃은 드라크마(눅 15:8이하) ③ **탕자**(눅 15:12). 너무 유명한 내용이다. 이 비유의 내용은 앞의 비유보다 훨씬 더 크고 풍성하다. 이 비유는 아들에 관한 비유라기보다 아버지에 관한 비유라고 할 수 있다. 이 비유의 주인공은 아버지이며 그 주제도 용서와 사랑이기 때문이다. 어쨌든 세 비유 모두가 나타내는 중심 진리는 '**기다리시는 하나님**'이란 점이다.

1) '메로스'라는 말은 '부분, 일부'[share, 몫(=portion)]는 의미를 나타낸다(눅 15:12).

1. 이 비유에서 두 아들이 등장한다. "어떤 사람에게 두 아들이 있었는데..." 둘째 아들이 아버지께 요구하는 것은 무엇인가?

(1) 둘째 아들이 아버지에게 요구한 것은 아버지의 재산 중에서 자신에게 돌아올 분깃(μέρος 메로스)[1]을 미리 달라는 것이었다(12절). 둘째는 그의 형과는 성격이 달랐던 것 같다. 아버지는 처음에는 안 된다고 했을 것이고, 그러나 둘째는 참지 못하고 길길이 뛰었을 것이다. 결국 아버지는 "그 살림을 각각 나눠 주었다"는 것이다. 그런데 둘째 아들은 며칠 뒤에 자기에게 주어진 재산을 다 정리하여 먼 나라로 갔단다. '왜?' '장사하려고?' '아니다.'

2) 아소토스(ἀσώτως) - 무절제하게, 방탕하게 / 신약성경에서 이곳에만 나온다.

(2) 둘째 아들은 "먼 나라에 가 거기서 허랑방탕하여(with loose living)[2] 그 재산을 모두 날려버렸다"는 것이다. 있던 돈 다 탕진하고 났는데, 마침 그 나라에 심한 흉년까지 들었단다. 그래서 알거지가 되었다. '그렇다고, 쪽팔리게 바로 귀국할 수도 없고.' 그래서 할 수 없이 어떤 집에 가서 더부살이를 하게 되었는데, 그런데 그 주인은 그를 들로 보내어 돼지(χοῖρς 코이로스)를 치게 했단다.

• 눅 15:18 "내가 일어나 아버지께 가서 이르기를 아버지 내가 하늘과 아버지께 죄를 지었사오니 19 지금부터는 아버지의 아들이라 일컬음을 감당하지 못하겠나이다 나를 품꾼의 하나로 보소서 하리라 하고"

(3) 그동안 고생이야 말로 다 할 수 없고('옆의 그림을 보세요. 얼마나 힘들었나'), 결국 그는 아버지께로 돌아가기로 결심한다(18-19절*). "**이에 일어나서 아버지께로 돌아가니라** 아직도 거리가 먼데 아버지가 그를 보고 측은히 여겨 달려가 목을 안고 입을 맞추니."(20절)

21절 - (둘째) 아들이 **이르되** (21절은 아버지가 읽어보세요. 나는 너무 창피해서...)

• 인테넷에서 탕자의 비유에 대한 그림과 해설을 찾아볼 수 있다. 여기서 더이상 자세한 묘사는 할 필요가 없겠다.

(4) 아버지가 어떻게 나왔을까? (네, 이놈의 자식!, 어디 두고 보자! 그러셨을까?) 아니다. 오히려 아버지는 22-23절처럼 말씀하신다. 읽어보자.

"제일 좋은 옷을 내어다가 입히고 손에 가락지를 끼우고, 그리고 또~~"

"그를 들로 보내어 돼지(χοῖρος코이로스)를 치게 하였는데
그가 돼지가 먹는 쥐엄 열매로 배를 채우고자 하되 주는 자가 없는지라."

쥐엄나무 열매: 이 열매는 모양이 뿔 같으며 달콤한 맛을 가지고 있다. 가축의 사료나 하층 계급의 식량으로 쓰였다. 유대인들은 돼지를 치는 것을 대단히 혐오스러운 직업으로 여겼다.

(1) 눅 15장에 나타나는 세 가지 비유는 모두 잃어버린 죄인들을 되찾은 기쁨을 강조하고 있다(눅 15:7). "이와 같이 죄인 한 사람이 회개하면..."

(2) 하나님은 우리의 아버지이시다. 우리에게 생명을 주셨기 때문이다. 그런 아버지를(하나님을) 떠난 인생은 내용이 없는 텅 빈 삶을 사는 것과 같다. 마치 탕자와 같은 삶을 살아간다. 아버지를 떠난 탕자는 세상에서 화려하게 보이는 것을 탐닉하며 살아간다. 그러나 그것이 얼마나 허황된 삶인가를 깨닫기 전까지는 아버지를 찾지 않는다. 손에 잡힐듯한 환상이 물거품처럼 사라질 때에야 자신의 비참을 깨닫고 아버지를 찾는다.

(3) 그가 살 수 있는 유일한 길은 아버지 품으로(하나님께로) 다시 돌아오는 길뿐이다(회개). 지금도 하나님은 타락한 인생들이 자신에게로 돌아오기를 기다리신다.

(4) 하나님으로부터 멀리 떨어진 상태가 죄이다. 인생은 죄악으로부터의 완전히 돌아섬, 그리고 절대적인 복종심으로, 하나님께로 회항(回航)하는 길만이 살 길이다(눅 15:7, 10).

(5) 성경 본문에 언급된 맏아들의 반응에 대해 아주 리얼하게 설명해 보자.

25 맏아들은 밭에 있다가 돌아와 집에 가까이 왔을 때에
풍악과 춤추는 소리를 듣고 26한 종을 불러 이 무슨 일인가 물었다.

• 종의 대답 - '자세한 것은 본문 27절을 직접 읽어보세요. 저도 바빠요!'

• 27절 "대답하되 당신의 동생이 돌아왔으매 당신의 아버지가 건강한 그를 다시 맞아들이게 됨으로 인하여 살진 (　　)를 잡았나이다."

2. 맏아들의 항의(?)에 아버지는 어떤 대답을 하셨을까?

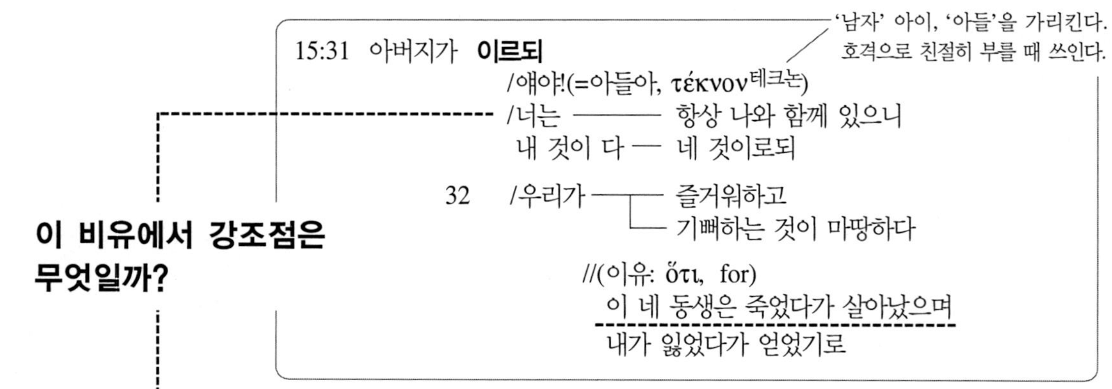

1. 예수님의 메시야 사역의 주 목적은 복음 전파를 통하여 다가올 심판에서 많은 사람들을 구원코자 함에 있었다. 예수님은 "저희가 목자 없는 양과 같이 고생하며 유리(遊離)함이라"고 하셨다. 그래서 예수님은 "모든 도시와 마을에 두루 다니사 그들의 회당에서 가르치시며 천국 복음을 전파하시며 모든 병과 모든 약한 것을 고치셨다"(마 9:35-38).

(1) 지금은 그 사역의 정점에 와 있다. 얼마 후에 주님은 예루살렘에 올라가 십자가에 달리실 것이다. 앞의 세 비유에서 볼 수 있듯이 주님은 계속 "이스라엘 집의 어린 양"에 대해서 언급하고 계신다. "인자의 온 것은 **잃어버린 자**를 찾아 구원하려 하심이라"고 하셨다(눅 19:10).

(2) 오늘 읽은 누가복음에서 특별히 '잃어버린 것'이란 개념이 여러 번 나온다(눅 15:4, 6, 8, 9, 24, 32을 찾아 읽어보자). 여기서 '아폴뤼미'(ἀπόλλυμι)라는 말이 인간의 상실된 상태를 잘 드러내고 있다.

2. 지금 예수님 주변에는 "모든 세리와 죄인들이 (예수님의) 말씀을 들으려고 모여들고" 있었다(눅 15:1). 이것을 바라보고 있던 바리새인들과 서기관(율법학자)들은 이를 못마땅해 했다. 죄인들을 받아들이고 식사까지 같이 했다는 이유에서였다(2절).

(1) 당시 유대인들이 생각하는 진정한 국가란 바리새파나 율법(특히 레위기의 정결법과 제사장들에게 부과된 의무들)을 엄격히 지키는 자들에게나 해당된다고 생각했다. 따라서 율법을 철저하게 지키지 않는 군중들과 자신들을 분리시켰다.

(2) 그러므로 여기 '잃어버린 자들'이란 바리새인들이 경멸하고, 또 그 사회에서 그 존재 가치를 상실하였던 사람들의 부류를 가리킨다고 보아야 한다. 이를 복음서에서 '세리와 죄인들'이라고 표현했다. 대체적으로 바리새인의 제도에 순응하지 않는 사람들을 가리켰다[요 7:49 "율법을 알지 못하는 이 **무리**(오클로스, ὄχλος, 군중, 대중, 무지렁이들)는 저주를 받은 자로다"].

(3) '잃은 자들', 즉 '세리와 죄인들'(눅 15:1)로 불리는 이들이란 자아를 상실한 자들이며, 그들을 돌아볼 목자가 없어 하나님의 참된 백성 속에 들어오지 못

하는 자들이다. 예수님은 이런 부류의 사람들을 찾아 구원하시려는 데에 인자의 오신 목적이 있다고 말씀하셨다.

3. 앞에서 살펴보았듯이 구약성경에서도 백성들을 그들의 지도자나 목자에 의해 버림을 받아 도울 자가 없고 나중에 흩어지게 된 양에 비유하고 있다(겔 34장과 렘 23:1-6을 읽어보자).

예수님은 지금 메시야요, 찾는 자요, 하나님의 백성의 구원자로서 활동하고 계신다(마 9:13, 15: 24; 눅 19:10). "수고하고 무거운 짐 진 자들아 다 내게로 오라 내가 너희를 쉬게 하리라"(마 11:28) - '근심 걱정'이나 그들의 '죄'로 수고하는 자들, 특별히 바리새인들의 규율의 '무거운 짐을 진' 자들은 '목자 없는 양들'이었다.

"네 동생은 죽었다가 살아났으며"

1. 여기서 아버지의 관심은 죽었다가 살아난 동생에게 있다. 아버지 품을 떠난 아들이 다시 살아돌아왔다. **그는 이미 죽었던 자식이었다.** 그가 다시 살아왔으니 "우리가 즐거워하고 기뻐하는 것이 마땅하지 않겠느냐?"

(1) 죽었다: '네크로스'(νεκρος)라는 형용사는 은유적으로 사용되었다(24, 32절). 즉 그는 죄 가운데 빠졌다기 보다는 **잃어버린 바 되었다가** 아버지께로 ***다시 돌아왔다***는 것이다. 예수님의 부름을 들을 때까지는 모든 사람은 죽은 자들이다(요 5:25). 그리스도인들은 죽은 자 가운데서 다시 산 자들이다(롬 6:13).

(2) 여기 '즐거워하다'(εὐφραίνω유프라이노)라는 말은 축제적 교제에서의 기쁨을 표현하는 말로서 죽었던 아들이 돌아온 것을 보고 느낀 아버지의 기쁨을 잘 보여준다. 이 기쁨은 즐거운 복음의 메시지와 완전한 조화를 이룬다. 계시록에서는 종말론적인 기쁨을 표현하면서 이 단어를 사용했다(계 18:20을 보라). 이사야에서도 하나님의 구원을 노래하면서 이 개념을 사용했다(사 44:23, 49:13).

2. 아버지를 떠난 아들은 마치 하나님을 떠난 인생과 같다. 그들은 오늘 본문에서 '잃어버린 자들'이다. 잃어버린 자들이 되었기에 영원한 멸망의 위기 아래 놓이게 된 것이다.

(1) 아버지를 떠난 아들이 다시 아버지의 집으로 돌아왔다는 것은 생명의 회복을 뜻한다['다시 살다'(아나자오, ἀναζα'ω)].

(2) 작은 아들이 그의 아버지에게서 떠난 것을 잃어버림과 죽음으로 묘사하고, 그가 다시 아버지께로 돌아온 것을 다시 살아난 것으로 묘사하고 있다.

"이와 같이 죄인 한 사람이 회개하면..."

1. 눅 15장에 나타나는 세 가지 비유는 모두 잃어버린 죄인들을 되찾은 기쁨을 강조하고 있다. 그 중심된 진리는 회개한 죄인에 대한 하늘에서의 기쁨이다(눅 15:7). "이와 같이 죄인 한 사람이 회개하면..."

(1) 주님은 사람들에게 회개할 것을 요청하셨으나 실은 죄인들을 하나님 나라의 큰 잔치에 초청하시는 것이다. 유대교에서 회개의 교리 역시 가장 중요한 위치를 차지한다. 왜냐하면 회개가 구원을 얻는 수단들 가운데 하나였기 때문이다.

(2) 그러나 이들은 회개를 율법과 관련해서 이해했다. 율법을 어긴 악한 행실과 범죄를 중지하는 것, 또 율법에의 순종을 강조했다. 그러나 유대교에서 죄의 용서는 중재자가 없기 때문에 죄인 자신에게 달려 있다고 보았다.

2. 아버지를 떠난 인생(탕자)은 내용이 없는 텅 빈 삶을 사는 것과 같다. 그가 살 수 있는 유일한 길은 아버지 품으로 다시 돌아오는 길뿐이다. 지금도 하나님은 타락한 인생들이 돌아오기를 기다리신다.

▶ 인류에 대한 하나님의 최종적인 계시는 인간 편에서 최후의, 그리고 무조건적인 결단을 요구한다. 그것은 죄악으로부터의 완전히 돌아섬, 곧 절대적인 복종으로, 하나님께로의 회항(回航)을 가리킨다(눅 15:7, 10). (*)

불의한 청지기 비유(눅 16:1-13)

이 비유는 누가복음에서만 나온다. 청지기에게 가장 요구되는 것은 아마도 충성일 것이다. 앞에서 이미 이 주제에 대해 살펴보았다(눅 12:42, 지혜 있고 선한 청지기). 누가 충성된 종이고, 누가 악한 종일까? 다시 한번 살펴보자. 오늘 본문에서는 재산관리인 청지기에 대한 비유이다. 왜 주님은 이런 비유를 드셨을까? 우선 본문의 내용을 정리해 보자.

1) 청지기(οἰκονόμος,오이코노모스) - 오이코스(οἶκος, 집, 거처)와 네모(νέμω, 경영하다, 관리하다)에서 왔다. '집안일의 관리자, 청지기, 감독자'를 가리킨다. (짐꾼, 토지관리인, 주방장, 금전 회계인) 자유인 중에서, 또는 노예에서 해방된 자, 노예 출신으로 가정의 일꾼들이었다.

1. 누구든지 재물의 유혹에서 자유로운 사람은 없다. 예수님의 제자들이라고해서 다르지 않다. 이제, 주님은 십자가에 달리시고, 승천하셔서 이 땅에 계시지 않으실 것이다. 이후 교회 공동체 안에서 재산의 올바른 사용이 매우 중요할 것이다. 주님은 이전에도 제자들이 가야할 정도(正道)를 가르치곤 하셨다.

(1) 무엇보다 제자들은 자기의 목숨을 위하여 염려하지 말 것을 권고(명령?)하셨다(눅 12:22-34). "먼저 하나님 나라를 구하라"(눅 12:31). 자기의 소유를 팔아 구제해야 한다고 하셨다. 보물이 있는 곳에 그 마음이 있기 때문이다. 주인이 바라는 청지기는 '지혜 있고 선한 청지기'이다. 더욱이 재산을 관리하는 일꾼이라면 정직하고, 신실한 인물이어야 할 것이다. 그러나 본문에 나오는 청지기는 부정직했다. 그러면, 왜 이 청지기를 비유로 드셨을까?

(2) 비유의 내용을 살펴보자. "어떤 부자에게 청지기가 있었는데 그가 주인의 소유(재산)를 낭비한다는 말이 그 주인에게 들린지라(=고발되었다는 의미)" 그래서 주인이 그 청지기를 불러다가 이 일이 어찌 된 것인가를 따져물었다(2절).

주인: "내가 듣자 하니 네가 어찌 이럴 수가 있느냐?" "더 이상 자네에게 내 재산을 맡길 수 없으니 지금까지 맡아 하던 일을 다 정리하게!!" (청지기 직무를 계속하지 못하리라)

청지기 : (속으로, within himself, ἐν ἑαυτῷ)
'아이, 씨~, 큰 일 났네. 이제 쫓겨나게 생겼으니 어떻게 하지? 나가서 농사나 지을까. 그러자니 나이가 들어 땅을 팔 힘도 없고, 구걸하면서 생활하자니 쪽팔리고.' '독자 여러분 같으면 어떻게 하시겠어요!'

(3) 순간 영리한 청지기의 기지가 번뜩인다. "내가 할 일을 알았도다"(옳지, 이렇게 하면 되겠구나!!) - 아마 속으로 웃었을 것이다. 상황을 보니 내가 쫓겨날 것이 분명한데, 아직은 맡아 하던 일을 정리할 시간이 있다. 그는 자기가

이용할 수 있는 재산을 분별 있게 정리하려고 한다. '어떻게 하느냐 하면, ㅎㅎ, 5-7절처럼 하면 되겠다. 이렇게 하면 나한테 덕을 본 놈들이 나를 무시하지 못하겠지. 그치?'

(4) "이렇게 하면 직분을 빼앗긴 후에 사람들이 나를 자기 집으로 영접하리라." 그래서 그 영리한(여기서는 불의한) 청지기는 주인에게 빚진 자를 일일이 체크 했다. 그래서 한 사람씩 불렀단다.

- **청지기와 빚진 자(1)과의 대화 내용**

(제일 먼저 온 자에게 이르되) "당신은 우리 주인에게 얼마나 빚을 졌오?" "기름 백 말(βάτος바토스)이요." '많이도 졌지요?'(1바토스는 22.71리터) "아, 그래요. 그러면 여기 증서가 있으니, 빨리 오십이라고 쓰시오." "오잉, 그래도 되요?" '(속으로) 이 양반이 지금 제 정신인가?' '아마, 작은 표시 변경만으로 가능했을 터이다'

- **청지기와 빚진 자(2)과의 대화 내용**

(또 다른 이에게) "당신은 얼마나 빚을 졌오?" "밀 백 석(κόρος코로스 393리터) 입니다." '당신도 많이 졌네' "그러면, 당신도 이 증서에다 팔십이라고 쓰시오?'

기름 50말, 밀 20석은 각기 500데니리온이나 된다고 한다. 1데나리온이 노동자 하루 품삯이라고 한다. 그렇다면, 약 16개월을 일해야 갚을 수 있는 큰 금액이다. 그렇게 큰 금액을 탕감해 주었으니, 이 청지기가 쫓겨난 후에 탕감받은 자들에게 도움을 받을 수 있었겠다.

(5) 얼마나 많은 사람에게 이렇게 삭감해 주었을까? 그런데 나중에 "주인이 이 (옳지 않은) 청지기의 일을 칭찬하였단다"(8절). 왜 칭찬했을까? "(왜냐하면) 지혜 있게(약삭빠르게) 하였으므로"라고 했다. 예수님은 이 부정직한 청지기의 행동을 지지하기 위해 이런 비유를 드셨을까? 주님의 설명을 들어보자.

눅 16:8 이 세대의 아들들이 — 더 지혜로움이니라
/빛의 아들들보다
/자기 시대에 있어서는

이 세상의 자녀들, 즉 세속의 자녀들 / 세상 사람들은 자기들끼리 거래하는 데는 빛의 자녀(신자들)보다는 더 약다. 세상 사람들은 영혼과 영원에 대해서는 관심이 없다. 그렇지만 이익을 따지는 일에는 훨씬 약싹빠르다는 것이다.

빛의 아들들 - 성도들을 가리킨다. 성도들은 하나님께서 주신 물질을 어떻게 관리해야 할까? 당연히 재물을 사용하기 위해 신중해야 한다. 하늘에 보물을 쌓아두기 위한 구체적인 생활은 어떻게 사는 것을 말하는가?

2. 예수님은 이 비유에서 두 가지 교훈을 더 이끌어 내신다. 주님은 어떤 사람들에게 참된 보화를 맡기실까?

모세의 율법에는 동료 이스라엘 사람에게 빌려 준 돈의 변리(邊利)를 받는 것을 금하고 있다(출 22:5; 레 25:36; 신 23:19~). 이 비유에서도 변리에 대한 언급이 없다. 단지 빌려간 상품대로 상환할 양을 언급하고 있다. 여기서 청지기는 주인의 이름으로 행동할 자격이 있었기에 그의 주인의 채무자의 비위를 맞춤으로써 쫓겨났을 경우에 훗날을 미리 대비했다는 것이다. 청지기의 이런 행동은 그렇다고 율법의 원리에 어긋나지 않았다는 것이다.

이 비유는 이 청지기의 불의한 행동을 본받자는 내용이 아니다. 주인을 섬김에 있어 재물에 대한 지혜롭고 부지런한 청지기의 직무가 중요하다는 점을 강조하고 있다. 재물을 사용하는 분별 있는 행동의 예를 제자들에게 보여주기 위해 비유를 드신 것이다.

주님의 제자들에게도 세속의 자녀들 같이 재물을 어떻게 사용해야 될 지 가르쳐 주신다. 주님은 제자들에게 하늘에 보화를 쌓아두기 위해 자기의 소유를 나누어주어야 한다고 강조하셨다(눅 12:31-34). 하나님의 백성들은 하나님께서 그들에게 맡기신 물질을 사용하는 데 기민해야 한다.

여기 불의한 청지기가 기가막힌 기지를 발휘해서 **훗날을 준비한 것이 지혜로운 점이라면,** 우리는 내세를 위해 어떻게 살아야 할까? 특히 재물에 대해서.

298

누 16:9 내가 너희에게 **말하노니**
/[너희는] —— 친구를 사귀라
/불의의 재물로
//그리하면(so, ἵνα)
그들이 —너희를 영접하리라
/영주할 처소로
/그 재물이 없어질 때에

the mammon of unrighteousness
ἐκ τοῦ μαμωνᾶ τῆς ἀδικίας
세상 사람들은 재화를 불리는 데는 귀재(鬼才)이다. 왜 그렇게 물불을 가리지 않을까? 훗날 더 나은 삶을 위한 욕망 때문이다. 그렇다면 우리는 그들에게서 어떤 점을 배울 것인가?

▶만일, 상당한 부를 소유한 성도라면 이런 실천을 통해서 삶을 보여주어야 한다. 그렇게하면, 하늘나라에서 그들이(재물로 은혜를 입은 사람) 증거할 것이다.

▶우리가 우리의 영혼(靈魂)과 영원(永遠)에 대해 준비없는 삶을살아간다면, 그래서 미래를 위한 삶을 준비하지 않고 (모든 면에서) 세상 사람처럼 살아간다면 그들과 무엇이 다른가? 세상 사람들은 미래는 없다. 그들은 오직 "자기 시대에만" 참으로 지혜롭다.

불의의 재물로 친구를 사귀라고?

(1) 만일 제자들이 이 세상에서 재물을 다루는 데, 이 세대의 아들들처럼 지혜롭게 관리하지 못한다면, 하나님은 우리들에게 어떻게 보화를 맡기실 것인가? (11-12절) 인간의 탐욕은 끝이 없다. 신자라고 예외는 아니다. 탐욕이란 돈과 그 돈으로 살 수 있는 것들에 대한 지나친 욕망을 가리킨다. 우리에게 주어진 소유의 가치를 잘못 인식하면 탐욕적 성격의 도덕적 결정을 내리게 된다. 우리는 하나님을 사랑하는 것과 돈을 사랑하는 것 사이에서 늘 갈등한다(마 6:24).

(2) 주님은 제자들이 부자가 되는 것은 그들의 사명과는 거리가 먼 것이라고 말씀하신다. 예수님이 제자들을 부르신 것은 사람을 낚는 어부가 되게 하시기 위해서이지 재물을 모으기 위해서가 아니기 때문이다. 마태복음 6:19을 보자. "너희를 위하여 보물을 땅에 쌓아 두지 말라 (왜냐하면) 거기는 좀과 동록(rust)이 해하며 도둑이 구멍을 뚫고 도둑질하느니라." 물론 예수님은 재물이나 세상의 것들을 얻고 소유하는 것을 정죄하지 않으셨다(마 27:57, 눅 8:3, 19:2, 9). 그러므로 누구든지 열심히 일해서 정당한 이익을 얻는 것은 마땅히 해야 할 일이다(잠 6:6-8).[1)]

(3) 돈이나 물질은 악한 것이 아니다. 그러나 그것을 어떻게 쓰느냐에 따라 상황은 달라진다. 많은 재물을 쌓아둘 곳이 마땅치 않았던 부자의 비유에서처럼(눅 12:18), 자비를 베풀지 않고 탐욕에 사로잡혀 사는 것은 하나님과 그분의 뜻을 거역하는 행위이다. 하나님께서 우리에게 넘치는 복을 부어주셨다면, 그 은총에 반응하는 삶을 살아야 한다. 자신보다 가난한 사람들에게 나누는 삶을 살아야 한다. 어떤 사람에게 영생이 열리는가? 마태복음 25:31-46을 읽어 보자.

▶ 그러므로 "불의한 재물로 친구를 사귀라."

물론 여기서의 친구들은 우리가 구제하여야 할 가난한 사람들을 말한다. 우리가 가진 재물로 이런 사람들을 돕는 것은 '보물을 하늘에 쌓는 행위'라고 하셨다(눅 12:33; 마 6:20 참조). 불의한 청지기가 (현재의 자신의 기회를 이용하여) 미래를 준비했던 것처럼, 그리스도를 따르는 자들도 이 세상에서 얻은 재물을 하늘나라에 들어가기 위해 사용해야 하지 않겠는가! 누가복음 14:33에서는 자기를 따르는 제자들에게 이렇게 말씀하셨다. "이와 같이 너희 중의 누구든지 자기의 모든 소유를 버리지 아니하면 능히 내 제자가 되지 못하리라."

1) 따라서 신자들이 정당한 방법으로 부(富)를 모으는 것, 또 장래를 위해 저축하는 것, 또 주신 물질을 즐기는 것(딤전 4:3, 4) 등은 잘못된 것이 아니다. 그러나 사람은 보물 있는 곳에 마음도 있게 마련이기에 미련스러울 정도로 지나치게 많은 재물을 소유하는 것은 영원한 재앙으로 떨어질 수 있다는 점에서 주의해야 한다.

3. 이 비유에 대한 주님의 설명을 더 들어보자.

눅 16:10 지극히 작은 것에 충성된 자는 – 큰 것에도 충성되고
지극히 작은 것에 불의한 자는 – 큰 것에도 불의하니라

(1) 지극히 작은 것(ἐλάχιστος엘라키스토스): '가장 적은(the least), 매우 작은(very small)'이라는 의미이다. 위의 비유에서 계속되는 교훈이다. 교훈의 강도를 높이기 위하여 우리가 가장 작은 일에 충성해야 할 것을 강조하신다. 하나님께서 주신 재물을 지혜롭게 관리하지 못한다면, 즉 불성실하다면 큰 것에도 불의할 것이 틀림없다. "너희가 만일 '불의한 재물'[1]에도 충성하지 아니하면 누가 참된 것(τὸ ἀληθινόν, 참된 재물)[2]으로 너희에게 맡기겠느냐?"(11절)

(2) 이 세상의 재물(맘몬, mammon, μαμωνᾶς맘모나스)을 잘 관리하는 사람, 즉 우리에게 주어진 이 세상의 재물을 하나님 나라를 위하여 잘 쓰는 사람에게 하나님은 더 큰 영적인 축복을 주실 것이다. "너희가 만일 남의 것에 충성하지 아니하면 누가 너희에게 너희의 몫을 내어 주겠느냐?"(12절) 이 세상의 부는 다른 사람의 것이다. 그런데 그것을 우리에게 주신 것이니, 그러므로 다른 사람을 위하여 사용해야 한다는 것이다.

1) 여기서 '불의한 재물'이란 에 세상에서의 돈과 재산을 가리킨다. 주님을 따르는 제자로서의 물질관이 정확하지 않다면, 어떻게 비교할 수도 없는 영적 축복에 대한 것들을 위탁할 수 있겠는가?

2) 참된 것(ἀληθινος, 알레디노스) - '진짜의' '실제의'라는 의미이다. 여기서는 진정한 부를 말한다. (하나님 나라에서의 영적인 청지지 직분이나 더 큰 영적인 은혜)

4. 결국, 주님을 따르는 자들은 하나님과 재물을 동시에 섬길 수는 없다는 것이다.

눅 16:13 집 하인이 —— 두 주인을 섬길 수 없나니
//혹 (이유: for, γάρ)
[너희가] — 이를 미워하고 저를 사랑하거나
혹 [너희가] — 이를 중히 여기고 저를 경히 여길 것임이니라
너희는 —— (겸하여) 섬길 수 없느니라
/하나님과 재물을

—— 한 종이 두 주인을 섬길 수 없는 이유는?

아무래도 한 편을 존중하면 다른 편은 업신여기기 마련이다. '안 그런 종도 있다고?' '그렇다면 그는 로봇일 것이다.'

(1) 한 종이 두 주인을 섬길 수 없듯이 하나님과 재물을 동시에 섬길 수 없다. 만약 우리가 하나님과 재물(맘몬), 양쪽 모두에 관심을 쏟는다면 분명한 방향도 목적도 없는 삶을 살게 될 것이다(마 6:24). 하나님을 영화롭게 하는 일과 물질적 재물 두 가지에 똑같이 충성할 수 있다는 생각은 잘못이라는 것이다. 누구든지 세상 보화를 추구한다면 그의 마음을 하늘의 보화에 둘 수 없을 것이다.

(2) 결국, '하나님을 사랑한다는 것' 은 감정적인 것 뿐이 아니라 마음과 목숨과 힘을 다하는 것이다(마 22:37). 적어도 주님을 따르는 제자의 삶은 물질이 필요한

• 마 13:22 "**가시떨기에 뿌려졌다는 것**은 말씀을 들으나 세상의 염려와 **재물의 유혹**에 말씀이 막혀 결실하지 못하는 자요."

것이지만 우선 순위를 혼동해서는 안 된다. 그러나 우리는 누구나 물질적인 유혹에서 자유롭지 못하다는데 문제가 있다. 특히 훌륭한 주의 종이라고 추앙받던 사람이 '재물의 유혹'(마 13:22*)에서 벗어나지 못해 평생을 이룬 삶의 결실을 무너뜨린 모습을 주위에서 많이 본다. 우리는 언제나 '재물의 유혹'(the deceitfulness of riches, ἡ ἀπάτη τοῦ πλούτου)에서 자유로워야 한다.

5. 유난히 돈을 좋아했던 바리새인들은 예수님의 비유에 대한 설명을 듣고나서 비웃었다(14절).

1) φιλάργυρος(필라르귀로스) - 필로스(φίλος, 가장 사랑하는) + 아르귀로스(ἀργυρος, 은)

(1) "바리새인들은 '돈을 좋아하는 자들'[1]이라"고 했다. 이들은 스스로 의롭게 살아간다고 자부했는데, 그들의 삶은 매우 탐욕적이었다는 것이다. 말세의 현상에 대해 딤후 3:2에서 '돈을 사랑하는 것'을 언급했다. 예수님께서 비유를 들어 재물에 대해 설명하신 것이다. 자신들의 가치관과 너무 달랐다고 생각했기 때문이다. 그래서 예수님을 비웃었다. 이런 자들에게 무엇이라고 대답하셨나?

바리새인들은 율법을 철저히 지키는 자들로서 백성들에게 존경을 받았다. 일반 평민들은 그들의 경건(?)을 도저히 좇아갈 수 없었다. 그들은 스스로 무슨 행동을 하든지 의롭다고 생각했다.

눅 16:15 예수께서 **이르시되**
/너희는 —— 옳다 하는 자들이나
/사람 앞에서 스스로
/하나님께서 — 아시나니
/너희 마음을
/높임을 받는 그것은 — 하나님 앞에 미움을 받는 것이니라
/사람 중에

2) 그래서 일반적인 백성들은 공적 종교로부터 소외되었다. 일반 백성들에게 바리새인들이 추구하는 삶을 살아간다는 것은 무거운 멍에를 메는 것이었다(행 15:10). 그러나 이들이 아무리 고결한(?) 삶을 살아간다해도 하나님 앞에서는 외식주의자들에 불과하다(마 23:13이하). 백성의 지도자급에 속하는 서기관과 바리새인들은 오히려 천국문을 막고 다른 사람도 들어가지 못하게 하는 걸림돌이 되어버렸다.

(2) 바리새인과 서기관들, 당시 죄인으로 취급받은 부류들에게는 추앙의 대상들이었다. 팔레스타인의 대부분의 민중들은(종교적 당파에 속하지 않은 95%) 십일조와 의식적 정결 규례를 준수하지 않는다는 이유로 바리새인들로부터 '땅의 백성'(암 하아레쯔)이라는 이름으로 멸시를 당했다(요 7:49; 눅 18:9-14).[2]

(3) "하나님께서 너희의 마음을 아시나니"(15절). 우리는 사람들 앞에 존경을 받는 자가 하나님 앞에서도 칭찬을 받을 것이라고 생각하기 쉽다. 그러나 사람들의 세속적인 평가에 너무 부응하는 것도 어리석은 일이다. 우리 인간의 눈에 드러나지 않는 악한 일들이 하나님 앞에서는 밝히 드러나기 때문이다. 사람들 앞에서 멸시받고 정죄받는 사람들이 오히려 하나님 앞에 옳다고 인정받을 수 있다는 말이다(고후 10:18). 하나님께서 우리의 마음 중심을 아신다는 사실을 늘 명심하지 않으면, 인간의 박수갈채 속에 무너질 수 있다. 누가 하나님의 나라에서 복을 받는 자인가?

율법과 선지자는 요한의 때까지(눅 16:16–17)

같이 읽을 곳(마 11:12–13)

1. 왜 갑자기(?) 이런 말씀을 하셨을까?

(1) 앞에서 살펴본 것 같이 바리새인들은 예수님께서 재물의 유혹에 관한 비유를 설명하시자 비웃었다. 돈에 욕심이 많은 바리새인들은 율법과 선지자들이 부와 현세적인 축복에 대한 많은 약속을 했었는데, 이런 사실을 무시하고 부를 경멸했다는 생각에 이의를 제기했을 것이다.

(2) 주님은 "그렇다"고 인정하신다. 과거에는 그랬다는 것이다. 그러나 율법과 선지자는 요한의 때까지라는 것이다. 세례 요한은 "회개하라 <왜냐하면> 천국이 가까이 왔기 때문"이라고 선포했다(마 3:2).[1] 그러나 그와 더불어 율법과 예언자의 시대는 종말을 고했다. 요한이 온 때 이후로 이미 하나님의 나라는 세상 가운데서 역사하고 있다. 주님을 믿는 자들은 이미 메시야이신 그리스도와 인격적 교제를 나누며, 그가 가져다 주는 축복을 누리고 있기 때문이다. 세례 요한, 그는 구시대(舊時代)가 종말을 고하고 새로운 시대가 동이 터옴을 알리는 선구자였다. "하나님 나라의 복음이 전파되어 사람마다 그리로 '**침입하느니라**'(βιάζεται).[2]

(3) '하나님의 나라'는 '예수님의 사역을 통하여 활동하는 하나님의 왕적 통치'이다. 하나님의 통치는 큰 세력으로 다가왔고, 하나님의 능력은 이제, 사람들 가운데서 강력하게 활동하고 있다(각종 이적과 병 고침과 죄 사함, 귀신 축출 등). 이제 천국을 "침노하는 자는(βιασταί) (그것을) 빼앗느니라"(마 11:12). 그러므로 천국에 들어가는 자들은 결코 게을러서는 안 된다. 하나님의 나라를 상속받기 위해서는 노력과 투쟁이 요구된다(눅 13:24, 16:16). 사도 바울은 그것을 경주하는 것으로 비유했다.

(4) 예수님께서 오심으로 하나님의 나라가 이미 시작되었다. 그렇다면 어떻게 하늘나라에 들어갈 수 있을까? 그 나라는 오직 은혜의 나라, 그리스도를 받아들이는 자에게만 주어지는 나라였다. 그 나라는 회개와 믿음으로만 들어갈 수 있다. 물론 회개에 합당한 삶을 살아가야 한다. 즉, 그들의 완전한 변화가 자신들의 삶속에서 일어나야 한다. 그 나라의 삶은 우리의 "생각과 마음"을 근본적으로 개혁함으로써 가능한 곳이다.[3]

1) 요한은 선구자로서의 역할을 충분히 수행했다. 그는 다른 선지자들이 예언만을 하였음에 비해, 직접 예수님을 만나보고 군중들에게 소개했다. 세례 요한은 선지자들 중에서는 최후의 인물이었다.

2) 이 단어는
① 수동태 동사로 쓰일 때 ; '무력이나 폭력을 당하다'의 뜻이고, ② 중간태 동사로 쓰일 때 ; '무력을 행사하다'라는 뜻이다. 누가복음에서는 중간태로 번역되었다. (suffereth violence - KJV) 그러나 NIV는 수동태로 번역했다(has been forcefully advancing).

3) 그러므로, 이러한 역동적(力動的)인 능력이 세상 한가운데 들어왔기에 사람들은 결정적인 반응을 보여야 한다. 따라서 하나님의 나라는 예수님의 말씀을 받아들이는 자들이 들어가게 되는 현재적 축복의 영역이라고 할 수 있다. 그 하나님의 주권과 통치를 받아들이는 자는 천국을 소유하는 특권을 얻게 되는 것이다.

2. 바리새인들은 아직도 율법과 선지자의 시대에 살고 있다. 그러나 그 시대는 요한의 때까지이다.

(1) 따라서 부에 대한 가치관도 변해야 한다. 하나님 나라에서는 누가 진정한 복있는 사람인가? 주님의 뜻대로 살아갈려 할 때 그런 인해 고통을 당하며, 박해받는 자들이 복이 있다고 말씀하신다(마태복음 5장, 산상설교).[1]

(2) 산상설교에서 무엇보다 먼저 '가난한 자' 혹은 '심령이 가난한 자'에게 천국의 구원을 말씀하셨다(마 5:1-12). '지금 우는' '가난한 자들'이란 이제까지 계속 시달려온 억압과 불의에서 그의 백성들에게 베푸시는 하나님의 은혜를 간절히 바라는 자들이다. 팔복(八福)은 제자의 일반적인 상태와 자격을 언급한다. 그러므로 팔복의 대상이 된 사람들은 바로 하나님의 참된 백성들이다.

3. 그렇다고해서 주님은 율법을 폐하시는 것인가? 주님은 이런 생각을 차단하신다.

"그러나 율법의 한 획이 떨어짐보다 천지가 없어짐이 쉬우리라"(눅 16:17).

(1) 이스라엘 백성들은 거룩한 삶을 살도록 가르치는 구약성경을 가지고 있었다. 이를 '율법과 선지자'[2]라고 했다. 그러나 그들은 예수님이 오셔서 세워 가시는 하나님 나라의 윤리는 구약의 말씀과 너무나 다르다고 생각했다.

(2) 그러나 예수님은 자신의 가르침이 구약의 교훈과 절대적으로 일치하는 것이며, 당시 바리새인들과 서기관들의 교훈과는 전적으로 다르다고 말씀하신다. 예수님의 말씀을 듣고 있던 사람들은 율법을 폐지하는(to abolish) 것이 아닌가 하는 오해를 불러일으켰을 것이다. 예수님은 율법에 반대하신 것이 아니라 율법에 대한 피상적 관념, 그 요구에 대한 평가 절하 등에 반대하셨다. 따라서 율법은 하나님의 뜻이기에 계속 지켜져야 할 하나님의 명령임을 주지시키신다. 물론 율법의 형식(제사, 음식법, 정결법, 성전 제도 등)은 폐기되었지만 그 본질은 완성되었다는 말이다. 그래서 18절에서 이혼의 예를 들어 설명하신다(마 19:1-12).[3]

(3) 또한 예수님은 율법을 종식시키지 않으셨을 뿐만 아니라 완성된 율법이라는 새로운 시작을 가져오셨다. 서기관과 바리새인들보다 더 나은 의를 소유하지 못한 사람은 천국에 들어갈 자격이 없다고 했다. 그렇다면, 누가 천국에 들어갈 수 있는가? 하나님의 뜻대로 행하는 자가 들어갈 수 있다. "나의 이 말을 듣고 행하는 자"(마 7:24)는 '의'를 얻은 자라고 했다. 의를 소유하는 자는 천국에서 크다 불린다. 즉 의를 가진 자만이 하늘 나라에 들어간다.

1) 마태복음의 많은 부분이 하늘나라에서의 새로운 삶이라는 윤리적 요구에 대해 말하고 있다. 특히 산상설교라고 부르는 것은 제자직에 대한 예수님의 가르침에 대한 위대한 모음집이다. 제자들이 지켜야 할 삶의 지침이다. 이제 주님의 부르심을 받은 제자들은 예수님의 가르침을 행하여 하나님의 영광을 위하여 살아야만 한다.

2) 율법과 선지자 : 구약성경

① 모세의 율법과 선지자의 글과 시편(눅 24:44)

② 모세와 선지자들(눅 16:29, 31, 24:27)

③ 율법(마 5:18; 요 12:34)

3) 이혼에 관한 교훈(19:1-12)

• 물론 바리새인들의 질문의 근본적인 의도는 문제의 해답보다는 예수님에게서 결정적인 고소거리를 찾아내기 위한 것이었다. 예수님은 창조 원리를 들어 이들의 잘못된 결혼과 이혼 문제를 정리하여 답변하셨다. 사람들은 자기합리화의 명수이다. 자신에게 불리할 때 얼마든지 하나님의 법을 피해갈 길을 생각하기 때문이다.

부자와 나사로(눅 16:19-31)

한 부자와 '나사로'라고 하는 거지가 등장한다. 이 비유에서 거지의 이름까지 밝히고 있어, 이는 비유가 아니라 실제 이야기라고 주장하는 사람도 있다. 어쨌든 여기서 부자와 거지 나사로를 극적으로 비교하고 있다. 부자는 가장 호화로운 옷(채색옷)과 산해진미로 인생을 즐기고 있다. 이에 비해 거지 나사로는 가진 것이 아무것도 없다. 그래서 부잣집 주인의 음식상에서 떨어진 음식조차 얻어 먹지 못한다. 문제는 이런 상황이 영원히 지속되지 않는다는 것이다. 누구에게나 죽음은 다가오기 때문이다. 이 이야기가 던지려는 핵심 내용은 무엇일까?

1. 상위 계층과 하위 계층

(1) 로마 제국 내에서 상위 계층은 얼마나 되었을까? 물론 그 계층은 다양한데, 그들이 누리는 생활은 하층민과 비교해서 상상을 초월하는 안정감을 누렸다. 로마 제국 내의 다른 곳은 제외하고, 이스라엘로 국한해서 생각해 보자. 특히 예루살렘, 이곳에서는 니코데몬 벤 구리온(Nicodemon ben Gurion)이라는 사람이 큰 부자로 통했다. 그는 딸의 결혼 선물로 금화 1백만 데나리온을 주었다고 한다(금화 1데나리온은 500그램 나가는 빵, 300개를 살 수 있는 금액이란다).[1)]

(2) 이스라엘의 부자들도 도시(특히 예루살렘)에 살았는데, 그들은 대부분 제사장 귀족이었다. 랍비 중에도 부유한 사람이 있었다. 부자들은 도시에서는 궁전과도 같은 집(헤롯 가문의 궁전 같은 곳), 시골에서는 별장을 지어 놓고 살았다. 이런 부자들의 만찬은 그 당시 부유함의 전형적인 표지였다. 음식 역시 풍족했을 것이다. 이들의 호사스러운 식사 습관 외에도 그들의 화려한 옷 때문에도 일반인들과 확연하게 구별되었다.

(3) 오늘 성경 본문에서도 부자의 모습을 묘사하고 있다. "자색 옷[2)]과 고운 베옷을 입고 날마다 호화롭게 즐기더라." 이런 옷을 입는다는 것은 부유함과 지위를 나타낸다. 이에 비해 나사로는 어떤가? "**헌데 투성이로 그의 대문 앞에 버려진 채** 그 부자의 상에서 떨어지는 것으로 배불리려 하매 **심지어 개들이 와서 그 헌데를 핥더라**"고 했다.

1) 에케하르트 슈테게만 · 볼프강 슈테게만, 『초기 그리스도교의 사회사』 (서울: 도서출판 동연, 2009), 139이하.

그 딸의 침대 값이 1만2,000 데나리온이었는데, 이 돈은 1,500명의 노동자가 1년 내내 일해서 모은 돈을 합한 액수란다.

2) 자주빛 염료로 채색된 의복(포르퓌라, πορφύρα)과 고운 베옷(βύσσος)을 입고 날마다 즐겁고 호화로운 생활을 했다. 예수님도 세례 요한을 언급하실 때 '부드러운 옷을 입고 사치하게 지내는 자는 왕궁에 있지 않느냐'고 말씀하셨다(눅 7:25).

◀ 개는 엄청나게 대우(?)하면서, 가난한 거지에게는 눈길조차 안 주었던 부자, 지옥에 가서 어떤 핑계를 댈 수 있었을까? 혹시 우리가 그러고 있는 것은 아닐까? 개 좋아하는 사람 아주 많던데!

1) 아브라함의 품
Abraham's bosom
(κόλπον 'Αβραάμ)
품(콜포스, κόλπος) - 가슴

2. 이야기의 내용이 죽음 이후의 문제를 자세하게 언급하고 있다.

22 이에(Now, δέ)
그 거지가 ─┬ 죽어
├ 천사들에게 받들려 (=인도를 받아)
└ 아브라함의 품[1])에 들어가고
부자도 ──── 죽어 장사되매

죽음과 함께 상황이 역전되었다. 거지 나사로는 천사들에게 이끌려서 아브라함의 품에 안겼다. 부자는? 부자는 죽어서 음부(하데스, 지옥)에 떨어졌다.

2) **하데스**(ᾅδης) - 70인역에서는 약 100회 등장하는데 대부분의 경우 히브리어의 스올(Sheol)의 역어로 사용되었다. 구약에서 하데스나 스올은 돌아오지 못할 어둡고 암울한 곳으로, 적막한 곳으로 나타난다(욥 10:21-22; 시 143:3, 115:7). 이 음부가 사람이 사후에 가는 곳이긴 하나 아래로 내려가는 곳으로 언급되었다. 점차 하데스는 불신앙인들의 영혼을 처벌 장소로 인식되었다.

신약에서 하데스는 10회 정도 나오며, 마태, 누가, 사도행전, 요한계시록에서만 나온다. 하데스를 무덤으로 번역하기도 했지만(고전 15:55 -KJ) 대체로 지옥(hell)으로 번역했다. 한글 번역은 '음부'(陰府)로 번역했다. 눅 16:23을 제외하고는 음부는 죽은 자들이 단지 한정된 기간 동안 머무르는 장소로 생각된다(행 2:27, 31).

(1) 부자는 하나님께서 무조건 미워하시나? 물론 그럴 리가 없으시다! 여기서는 부자가 영생에 들어갈 수 없다는 말이 아니다. 그는 엄청난 부자이기에 "자색 옷과 고운 베옷을 입고 날마다 호화롭게 즐겼다." 그렇다고 이것 자체가 죄가 되지 않는다. 그가 사기나 압제나 착취를 통해 부를 축적했다는 말도 없기 때문이다. 그러나 또한 그가 가난하고 힘든 처지에 있는 사람들에게 자비를 베풀었다는 말도 없다. 그는 대문 앞에 버려진 채 그 부자의 상에서 떨어지는 것으로 배를 채우려는 거지들에 대해서도 신경 쓰지 않았다.

(2) 만약 그 부자가 지옥(하데스, hell)[2])이 있다는 것을 알았다면, 이 세상에서의 삶의 모습은 크게 달라졌을 것이다. 부자는 지금 음부에서 고통 중에 있다. 그러나 나사로는 천사들의 인도를 받아 아브라함의 품(콜포스, κόλπος, 가슴)에 안겨 있다. 창조 이전에 하나님과 함께 계셨던 로고스를 말할 때 "아버지 **품** 속에 있었던"(εἰς τὸν **κόλπον** τοῦ πατρὸς)이라고 표현했다(요 1:18).

3. 본문은 불꽃 가운데서 괴로워하는, 그래서 아브라함 품에 안겨 있는 나사로를 바라보며 애원하는 부자의 모습을 리얼하게 그린다.

눅 16:23 그가 음부에서 고통(βασάνος바사노스) 중에 눈을 들어
멀리 아브라함과 그의 품에 있는 나사로를 보고

24 [그가] ─ 불러 이르되
/아버지 아브라함이여
[당신은] ─ 나를 긍휼히 여기사 나사로를 보내어
//(목적: ἵνα, so that...may)
그 손가락 끝에 물을 찍어
내 혀를 서늘하게 하소서
//(이유: ὅτι, for)
내가 이 불꽃 가운데서 괴로워하나이다

그들은 모두 죽었다. 호화로운 삶을 영위한 부자도, 아주 처절하도록 가난했던 거지 나사로도 죽었다. 그 길은 누구나 가야 하는 길이다. 문제는 죽음 이후이다.

4. 불꽃(화염) 가운데서 울부짖는 부자에게 아브라함의 대답은 이러했다.

16:25 아브라함이 **이르되**
/얘 [너는] – 이것을 기억하라
/너는 —— 살았을 때에 좋은 것을 받았고
/나사로는— 고난을 받았으니
그래서
→ 이제 나사로는 여기서 위로를 받고 / 너는 괴로움을 받는거야!

"너는, 살아 있을 동안 온갖 호사를 다 누렸잖아! 너, 나사로 기억 안나? 네가 배터지게 먹던 상(床)에서 떨어진 것을 주어먹던 그 나사로말이야!'

최하위 계층들

지배층의 권력과 특권도 갖지 못하고, 지배층을 위해 봉사하는 사람들 축에도 끼지 못한 사람들 ; 예를 들어,

농부들(어부들), 농업 노동자나 소작인, 날품팔이, 품삯 노동자, 채무 때문에 종이 된 사람, 노예들, 소규모 장삿꾼, 거지, 창녀, 목자, 노상강도 - 이들은 하위계층 중에서도 가장 밑바닥, 즉 최저생계 수준 이하의 삶을 살고 있었다. [초기 그리스도교의 사회사],

(1) 죽음, 많은 사람들이 이를 외면하려 한다. 이 세상의 재미에서 거추장스러운 주제이기 때문이다. 누구나 이 세상에서의 안락한 삶을 원한다. 일단 물질적 안정권에 올라선 사람은 그 부를 잃지 않기 위해 몸부림 친다. 그래서 죽음 이후의 문제에 둔감하게 된다. 그러나 죽음은 누구에게나 찾아온다. 부자나 가난자 모두에게...

(2) 아브라함의 품과 음부(hell), 그 갈림길은 이 세상에서 결정된다. 죽음 이후에는 음부에 떨어진 자가 다시 나사로가 있는 곳으로 결코 올라올 수 없다.

16:26 그뿐 아니라(And besides all this)
너희와 우리 사이에 큰 구렁텅이(χάσμα카스마)가 (가로)놓여 있어서
//여기서 너희에게 건너가고자 하되 갈 수 없고
거기서 우리에게 건너올 수도 없기 때문이다

에스테릭타이(ἐστήρικται완료수동태) - 스테리조(στηρίζω)라는 동사는 고정되어 있어서 움직일 수 없는 상태를 가리킨다. ['끼어 있어']
음부(지옥), 부자는 지금 극한 상황에서 극도의 고통 중에 있다. 육체의 쾌락이 끝나고, 이 세상을 끝나는 날, 끝없고 치료가 불가능한 고통이 있을 뿐이다. 이 부자는 감각 세계에서 쾌락에 몰두하였기 때문에 죽음 이후의 생에 무관심했다. 지금은 극도의 고통을 경감해 달라는 요청도 거절되었다. 그리고 그 어떤 방법으로도 영원히 이곳을 벗어날 수 없다. 그 사이에는 건너가고 건너올 수 없는 큰 구렁텅이가 있기 때문이다.

(3) 그 부자는 갑자기 자신의 형제들을 생각해 냈다. 다섯 명이나 되는데, 그들은 아직 살아 있다. 자신이 있는 이곳으로 오지 않을 수 있는 기회가 있다. 그래서 최후의 간청을 하고 있다.

이 부자는 이제서야 처음으로 타인에게 관심을 돌린다.

16:27 [부자가] – **이르되**
/그러면 아버지여!
[내가] — 구하노니 (여기서는 '간청하다'라는 뜻)
/나사로를 내 아버지의 집에 보내소서

책 소개

에케하르트 슈테게만 · 볼프강 슈테게만, 『초기 그리스도교의 사회사』(서울: 도서출판 동연, 2009)

"내 형제 다섯이 있으니
그들에게 증언하게 하여 그들로 이 고통 받는 곳에 오지 않게 하소서"

모세와 선지자들

이 말은 모든 구약성경을 지칭하는 말이다. 아브라함은 이번에도 거절한다. 지옥에서는 어느 요청도 수락되지 않는다. 그 형제들이 이곳에 오지 않을 수 있는 유일한 방업은 '모세와 선지자들'의 말을 듣고, 믿는 길뿐이다.

(4) 특별히 나사로를 내 아버지의 집에 보내달라는 것이다. 나사로는 우리 집도 잘 알고, 또 우리 형제들도 그를 잘 알고 았을 터이니 마지막 기회를 달라는 것이다. "내가 구하오니(ἐρωτάω 에로타오)", 그는 아브라함과 대화할 기회를 놓칠까봐 최후의 간청을 한다. 아브라함의 대답을 들어보자.

16:29 아브라함이 **이르되**
/그들에게
모세와 선지자들(Μωϋσέα καὶ τοὺς προφήτας)이 있으니
그들에게 들을지니라(=경청하라)

(5) 이 고통의 장소에 오지 않는 길은 "그들에게(Moses and the Prophets) 듣는" 방법 밖에 없다. 'ἀκούω 아쿠오'라는 말은 '경청하다, 들어서 깨닫다'라는 말이다(마 15:10). 그러니까 '들음'은 청각 작용 뿐만 아니라 들려온 내용을 정신적으로 이해하고 수용하는 것까지 포함한다. 따라서 말씀을 듣고 열매를 맺으려면 듣고 깨달아야 한다(마 13:23, 15:10). 물론 이 단어는 점차 '듣다, 이해하다'와 '복종하다'라는 의미가 포함되었다.

(6) 그래도 이 부자는 다시 한번 강청한다. "(부자가) 이르되 그렇지 아니하니이다 아버지 아브라함이여 만일 죽은 자에게서 그들에게 가는 자가 있으면 회개하리이다." '모세와 선지자들' 보다는 죽었다가 살아난 나사로가 찾아가야만 회개할 것이라는 것이다(30절). 그러나 아브라함은 "비록 모세와 선지자들에게 듣지 아니하면" 죽었던 사람이 살아나 찾아간다해도 믿지 않을 것이라고 대답했다(31절).

• 신 8:11 "내가 오늘 네게 명하는 여호와의 명령과 법도와 규례를 지키지 아니하고 네 하나님 여호와를 잊어버리지 않도록 삼갈지어다 12 **네가 먹어서 배부르고 아름다운 집을 짓고 거주하게 되며** 13 **또 네 소와 양이 번성하며 네 은금이 증식되며 네 소유가 다 풍부하게 될 때에** 14 네 마음이 교만하여 네 하나님 여호와를 잊어버릴까 염려하노라 여호와는 너를 애굽 땅 종 되었던 집에서 이끌어 내시고"

5. 이 본문이 부자가 하나님 나라에 들어가는 것이 전혀 불가능하다는 말을 하려는 것이 아니다. 그러나 성경은 우리에게 물질의 풍요가 가져올 위험성을 경고하고 있다.

(1) 인간은 어느때 죄를 짓기 쉬운가? 그때 주의할 점이 무엇인가? 신명기 8:11-14*을 읽어보자. 우리 인생들에게는 언제가 생의 위기일까? "네 소유가 풍부하게 될 때에..." 생의 위기는 우리가 고난 중에 있을 때가 아니다. 솔로몬 시대의 아굴(Agur)은 그의 생의 마지막에 이렇게 하나님께 간구한다.

(2) 잠언 30:7-9*을 보라. 인생의 갖은 고난을 다 겪은 후에 그가 하나님 앞에 간구하는 소박한 인생 고백이다. 그는 욕심 때문에 하나님도 버렸던 사람들을 주위에서 많이 보았을 것이다. 가까이서는 솔로몬의 행적을 지켜보았을 것이다. 솔로몬, 그는 생전에 부족한 것이 없었다. 바로 그런 사실이 결국 엄청난 비극을 가져왔다.

• 잠 30:7-9 "[7]내가 두 가지 일을 주께 구하였사오니 내가 죽기 전에 내게 거절하지 마시옵소서 [8]곧 ① 헛된 것과 거짓말을 내게서 멀리 하옵시며 ② 나를 가난하게도 마옵시고 부하게도 마옵시고 오직 필요한 양식으로 나를 먹이시옵소서 [9]**혹 내가 배불러서 하나님을 모른다 여호와가 누구냐 할까 하오며** 혹 내가 가난하여 도둑질하고 내 하나님의 이름을 욕되게 할까 두려워함이니이다."

(3) 이스라엘에게 문제가 터진 것은 그들의 부한 것 때문이었다. 그들이 부강하고 평강할 때에는 선지자의 경고가 귀에 들어오지 않았다. "우양이 번성하고 은금이 증식되며 소유가 풍부하게 될 때"(신 8:13), 그 때가 바로 멸망으로 들어가는 입구에 서 있던 때였다. 사람은 부하게 될 때 타락하기 쉽다.

6. 그렇다면 본문에서 주님이 제자들에게 말씀하시려는 내용은 무엇일까?

(1) 앞에서 언급했듯이 부자는 천국에 들어가는 것이 불가능하다는 이야기를 하려는 것이 아니다. 열락에 빠져 있는 부자, 그는 가난한 이웃을 도울 힘이 있었지만 고통 받는 이웃에게 무관심했다는 것이다. 그는 자신이 소유한 부 때문에 영혼과 영원에 대해 무관심 했다는 말이다. 부자는 이런 이유들 때문에 영원한 멸망으로 떨어질 확률이 크다는 것이다.

(2) 그러므로, 이 본문을 통해서, 주님은 장차 우리에게 있을 심판을 준비케 한다는 것과 너무 과도한 소유의 축적은 하나님 나라에 들어가는 것을 더 여렵게 만들 수 있다는 점을 깨우쳐 주시고 있다. 그러므로 상당한 부를 소유한 사람은 사랑의 실천을 통해서 미래를 준비해야 한다. 따라서 주님을 따르려는 사람은 하나님과 재물을 동시에 섬길 수 없다는 것이다(눅 16:13). 이 비유의 부자와는 다르게 예수님의 제자들은 그를 따르기 위해 모든 것을 버렸다(눅 5:11, 28, 18:28). 눅 18장에 나온 '무엇을 해야 영생을 얻을 수 있는가'를 묻는 부자 청년에게 주님은 "네게 있는 것을 다 팔아 가난한 자에게 나눠주고 나를 좇으라"고 말씀하셨다(눅 18:22).

7. 이 세상에서는 부자와 가난한 자가 항상 있어왔다. 왜 가난한 사람들이 생겨날까? 물론 그 이유는 다양하다.

(1) 가난한 사람들은 어떻게 생기는 것일까? 물론 오늘 본문이 '가난'문제를 다루고 있는 것이 아니다. 그래도 한번 정리해 보는 것이 어떨까?[1)]

1) **가난하게 되는 여러 이유**

• 게으르기 때문에 : 이런 사람에게 가난은 "게으름에 대한 형벌"이다.

• 재난의 결과로 : 소경으로 태어난 자, 홍수나 가뭄 때문에 수확을 못하는 경우 등 자신의 힘으로는 어떻게 할 수 없는 상황으로.

• 착취의 결과로 : "빈익빈 부익부" 밑에 살아가는 수많은 사람들. – 이 일에 교회가 앞장 서서 사회적 행동을 취해야 한다.

• 의를 위하여 핍박받는 자: 복음 때문에 어려움을 당하는 자.

1) 공평한 분배를 위해서 부자의 것을 빼앗아 게으른 자에게 준다면 이는 성경의 가르침을 오해한 것이다. 물론 부의 평준화를 위해 정치를 잘 해야 할 것이나 근본적인 문제는 치유될 수 없다. 이 세상은 부한 자와 가난한 자가 언제나 있기 마련이다. 그러면 부자가 해야 할 일은 무엇일까?

(2) 하나님은 인간의 가난과 그에 따르는 고통에 대해 깊은 관심을 가지고 계신다. 우리는 가난한 자들에게 자비를 베풀뿐만 아니라 이들이 가난하게 될 수밖에 없는 제반 조건들을 개선하는 노력을 해야 한다.

(3) 그렇다면 기독교인은 어떤 물질관을 갖고 있어야 하는가? 물론 그것은 청지기 원리이다. 우리가 받은 것을 어떻게 관리할 것인가에 대해 책임을 져야 한다. 기독교적 삶의 특징은 공산주의가 아니라 자비이다. 이 세상은 어떤 제도로든 모든 사람이 평등하게 부의 분배를 받을 수 없다. 이 세상은 타락한 곳이기 때문이다.[1]

Close-up 가난하고, 고통 받는 이웃

가난하게 되는 그 경우가 매우 다양하다. 따라서 우리는 가난한 자들을 한 통속으로 취급해서는 안 된다. 물론 부자도 한 통속으로 몰아부쳐서도 안 된다. 그렇다고 가난을 신학적으로 미화시켜서도 안 된다. 성경에서는 가난한 자들을 위한 어떤 제도들이 있었을까?

1. 모세의 율법에는 가난한 자들을 보호하기 위해 어떤 제도들이 있었을까?

(1) 면제년 설정(출 21:2이하) :
- 전당 잡은 옷은 해지기 전에 돌려주어야 한다(출 22:26, 27).
- 임금은 매일 그 날에 지불해야 한다(레 19:13).
- 생활에 꼭 필요한 것은 빼앗아서는 안 된다(신 24:6, 12).

(2) 부자나 가난한 자의 평등함을 언급했다(잠 22:2).

(3) 가난한 사람이라고 해서 공의(재판)를 굽게 해서는 안 된다(출 23:3-6).

(4) 가난 그 자체는 미덕이 아니다. 잠언에는 가난하게 되는 좋지 않은 원인들에 대해 많이 언급하고 있다(잠6:10,11; 10:4; 12:24; 13:4,18; 14:23; 20:13 등).

(5) 선지자들은 가난한 자들에 대한 부당한 대우에 격렬하게 외쳤다(사 3:13-15; 10:1,2; 겔 18:12; 암 8:4 등).

(6) 시편에는 가난한 자와 궁핍한 자를 종종 경건한 자로 나타내주고 있다(시 35:10; 37:14; 68:10; 사 24:19 등).

2. 신약성경에는 어떤 언급이 있는가?

- 가난은 이 세상에서 언제나 없어질 날이 없다(막 14:7).
- 가난한 자에게 복음이 전파된다고 증거한다(눅 4:18; 7:22).
- 신령한 생활의 생명력은 가난한 가운데 존재한다(막 12:42이하; 약 2:2-5).
- 그리스도인도 가난을 면치 못하는 자들이 있다(롬 15:26; 갈 2:10).
- 그리스도인은 가난한 자들을 도와야 한다(마 19:21; 고후 8:2이하; 요일 3:17, 18).
- 가난이 사회적 차별의 이유가 되어서는 안 된다(약 2:5-9).

- 자신들도 잘 지킬 수 없는 세세한 율법 조항들 때문에
  백성들은 지쳐 있었다.
  도저히 바리새인들과 서기관들의 규율을 좇아갈 수 없었기 때문이다.
  그들은 율법의 문자에 순종하기 위해 초인적인 노력을 했다.
  그러나 온전히 지킬 수 없었기에
  자연히 외식(外飾)으로 흘렀다. 회칠한 무덤처럼.

- 대다수의 백성들은 방황했다.
  바리새인들과 서기관들(즉 지도자들)의 눈에,
  지금 예수님 앞에 모여든 사람들은 모두 죄인들이었다.
  그러나 주님은 이런 사람들을 잃은 양이라고 하셨다.
  주님은 이런 잃은 자를 찾아 구원하려 오셨다(눅 5:32).
  이스라엘은 "목자 없는 양"과 같이 되었다.
  이스라엘의 멸망은 이런 잘못된 지도자들(목자들) 때문에 일어났다.
  복음이 잘못 이해되어 증거될 때
  우리도 같은 잘못에 빠질 수 있다.

- 한 여자가 잃어버린 은전 하나 때문에
  등불을 켜고, 집을 쓸며 찾아내기까지 부지런히 찾는다.
  잃은 양(눅 15:4이하), 잃은 드라크마(눅 15:8이하), 탕자(눅 15:12)
  이 모든 비유는 잊혀진 바 된 한 영혼을
  아주 귀하게 보신다는 것이다.
  바리새인들(지도자들)이 경멸하고,
  또 그 사회에서 그 존재 가치를 상실하였던 사람들,
  나(우리)의 주위에 누가 잊혀진 사람들일까?

- 하나님을 떠난 인생, '잃어버린 자들'(탕자)이다.
  내용이 없는 텅 빈 삶을 사는 것이다.
  그가 살 수 있는 유일한 길은
  아버지 품으로 다시 돌아오는 길뿐이다.

- "자색 옷과 고운 베옷을 입고 날마다 호화롭게 즐기는" 부자들의 모습
  이런 상황이 영원히 지속되지 않는다.
  누구에게나 죽음은 다가오기 때문이다.
  그런데 세상은 끝없이 물질적인 풍요함만을 좇는다.
  죽음 후의 다가올 새상이 없다고 믿기 때문이다.
  하나님의 복을 받고 부자가 되면
  가지고 있던 신앙도 잃고 자기 중심적이 되어가기 쉽다는데...
  [그래두요~~ 부자 되게 해주세요!]

- 어떤 부자가 청지기에게 소유를 맡기고 떠났는데, 훗날에 다시 오겠다고 하고. 그런데 이 청지기가 주인의 소유를 허비한다는 소문을 들려 왔단다. 주인이 화가 났다. '이 놈을 당장 잘라버려야지.' '이크큰일났네. 어떻게 하지?' 순간 영리한 청지기의 기지가 번뜩인다. 어떻게 했길래? 잘 모르겠어 16장을 자세히 읽어봐야겠네.

- 불의의 재물로 친구를 사귀라고? (눅 16:9) '무슨 뜻이야.' '나도 잘 모르겠는데...' 설명을 다시 읽어보자. 눅 16:9이하.

베다니에서 예루살렘까지

(마 20:29-34; 막 10:46-52; **눅 18:35-19:28**)

예수님의 사역이 막바지에 이르렀다.
따라서 청중들을 위한 사역이 중단되고
제자들을 가르치기에 전념하신다(17-18장).
주님은 머지않아 십자가에 달리실 것이다.
이런 사실을 여러 차례 알려주셨지만
제자들의 생각은 전혀 다른 곳에 있었다.
그런 일은 일어나지 않을 것이라고 애써 외면했다.

바리새인들도 하나님의 나라가
언제 임할 것인가에 관심이 많았다.
제자들 역시 곧 주님이 통치하게 될
영광의 나라를 기대했을 것이다.
"주님, 하나님의 나라가 언제 임하게 됩니까?"

앞으로 벌어질 수난과 죽음 그리고 이어질 부활....
주님은, 아직도 딴 생각을 하고 있는 제자들 때문에
마음이 심란하시다.
제자들은 그 말씀의 진정한 의미를
이해하지 못하고 있기 때문이다.

주님은 열두 제자들에게 이렇게 말씀하신다.
우리가 예루살렘으로 올라가노니
인자가 이방인들에게 넘겨져 희롱을 당하고
침 뱉음을 당할 것이다. 그리고 채찍질 당하고...
아니, 왜요?
제자들은 이 말을 하나도 깨닫지 못했다고 했다.

차라리 자기 목에 연자 맷돌을(눅 17:1-3)

(1) 마태복음 18장에 같은 내용이 언급되었다. 물론 여기서 '작은 자'란 어린 아이가 아니라 영적 태도가 어린 아이를 닮은 평범한 신자들을 가리킨다. 제자들 간에는 약점들이 있고, 서로에게 책임이 있다(마 18:6-9). 그래서 주님은 거침돌들(stumbling blocks, 실족하게 하는 일)을 피하는 것이 중요함을 강조하고 있다. 이 공동체 안에서는 그 누구도 경시(輕視)될 수도 없고, 있어서는 안 된다고 강조하고 있다(마 18:10-14).

- 소극적인 형태 : 무시하는 태도, 목회적 관심과 돌봄의 부족
- 적극적인 형태 : 비방, 유혹, 용서의 거절

(2) 그러므로 공동체 안에서는 신분 의식이 있어서는 안 된다. 교회 공동체 안의 전 회원 모두는 자신들을 단지 '작은 자들'로 여겨야만 한다. 하나님의 나라는 결국 이런 것이다.

만일, 네 형제가 죄를 범하거든(눅 17:3-4)

(1) 같은 내용을 마태복음에서는 교회의 치리 문제까지 확대하여 서술했다. 특별히 하나님의 교회가 어떤 성격의 공동체이어야 할 것인가, 즉 교회 공동체가 어떻게 거룩해야 할 것인가를 보여주고 있다.

(2) 만약, 교회 내에 죄를 범하는 형제가 있을 때는 어떻게 처리해야 될까? 그대로 방관해도 되는가? 주님은 제자들에게 율법의 잣대로 남을 판단하지 말 것을 말씀하셨지만(마 7:1-6) 그러나, 거짓 교사들이나 속이는 자들을 분별할 줄 알아야 한다고 말씀하신다. "교회의 권징"이 바로 수행되었을 때 교회가 건강하고 행복이 증진된다.

(3) 몇 번이나 용서해 주어야 하나? (눅 17:4) 마태복음에서는 '7번씩 70번'이라는 횟수를 언급했지만, 이는 용서의 무제한을 말씀하신 것이다. 그렇다고 교회의 순수성까지 무시해서는 안 된다. 교회의 순수성과 형제의 용서 관계는 서로를 강화시키기 때문이다.

(3) 하나님의 은총과 죄의 용서를 아는 사람이라면 우리 형제의 잘못에 대해 그렇게 무자비할 수 있겠는가?

겨자씨 한 알만한 믿음(눅 17:5-6)

겨자씨만한 믿음(faith as a mustard seed)이란? 이런 믿음을 가지고 그것이 질적으로 순수할 때 이것은 놀라운 성장과 능력을 나타낼 수 있다. 아주 작은 믿음이라 할지라도 참으로 하나님에 대한 신뢰가 있다면 "이 뽕나무더러 뿌리가 뽑혀 바다에 심기어라"라고 하더라도 그대로 될 것이라는 말이다.

우리는 무익한 종이라(눅 17:7-10)

(1) 종은 어떤 태도를 갖고 일하는가? 그 예증을 들어 설명하신다. 어떤 예증?

(2) "이와 같이 너희도"(So you too, οὕτως καὶ ὑμεῖς) - 후토스(οὕτως)라는 말은 '이렇게(thus)' 또는 '이런 방식으로'라는 의미이다. 따라서 제자들도 "명령 받은 것을 다 행한 후에 이르기를 우**리는 무익한 종**이라 우리가 하여야 할 일을 한 것뿐입니다"라고 해야 한다는 것이다.

나병 환자 10명이 깨끗함을 받았으나(눅 17:11-19)

(1) 왜, 주님은 제사장들에게 가서 몸을 보이라고 하셨을까? 당시 명령이 주어졌던 환경을 본다면, 보통은 악성 피부병이 나병의 시발인지 아닌지 알 수 없었고 제사장만이 그 진위 여부를 판단했다.

(2) 이들은 제사장에게로 가는 도중에 몸이 깨끗하게 되었다. 물론 이렇게하지 않아도 치료함을 받을 수 있었으나 예수님은 이들의 믿음을 보려 하셨다. "그 중의 한 사람이"(one of them) 자신의 병이 나은 것을 보고 큰 소리로 하나님께 영광을 돌렸다. 그는 되돌아와 예수님의 발 아래 엎드려 감사를 드렸다. 그런데, 그 사람은 사마리아 사람이었다. 그 한 사람이 사마리아 사람인 것을 강조한 것을 보면, 나머지 아홉은 유대인이었던 것같다.

하나님의 나라는 너희 안에 있느니라(눅 17:20-22)

(1) 하나님의 나라는 유대인들이 생각하는 것처럼 천지개벽의 방법으로 임하는 것이 아니라 예수님의 오심과 사역으로 이미 시작되었기 때문이다. 인자의 임함은 주님의 재림을 말한다.

(2) 주님이 재림하시기 이전에 먼저 어떤 일들이 벌어질 것인가?

과부와 재판장 비유(눅 18:1-8)

(1) 이 비유의 핵심은 무엇을 말씀하신 것인가?

(2) 성도들에게는 고난이 필수적으로 따라온다. 그가 주님의 말씀대로 살아가려고 노력하면 할 수록 더 큰 역경이 올 수도 있다. 그럴 때 열정을 가지고 하나님께 부르짖으라는 것이다. "내가 너희에게 이르노니 속히 그 원한을 풀어 주시리라"(8절). 이렇게 주님께서는 항상 기도하고 낙망하지 말아야 할 것을 강조하셨다.

바리새인과 세리의 비유(눅 18:9-14)

(1) 유대인들의 기도 관습은 어떠했을까?

(2) 이에 비해 세리의 기도는 어떠했는가?

어린 아이들을 금하지 말라(눅 18:15-17)

하나님 나라에서는 이런 '어린아이 같은 영'(childlike spirit)을 가진 사람들에 의해 이해되고 또 그들에게 제시된다. 어린아이들은 하나님 나라를 단순함과 감사 그리고 신뢰성과 함께 받아들인다. 하나님 나라는 어떠한 경쟁 상대를 이기고 들어가는 곳이 아니다.

죽음과 부활 예언(눅 18:31-34)

(1) 주님은 제자들에게 앞으로 벌어질 수난과 죽음과 부활에 대해서 몇 차례 말씀하셨지만, 제자들은 그 말씀에 진정한 의미를 이해하지 못했다.

(2) 제자들은 예수님의 말씀을 하나도(=조금도) 깨닫지 못했다. 주님께서 이와 같이 고난에 대하여 반복적인 예언을 하였음에도 불구하고 제자들은 무슨 생각을 하고 있었을까? (막 10:35-40)

맹인을 고치심(눅 18:35-43)

차라리 자기 목에 연자 맷돌을(눅 17:1-3)

같이 읽을 곳(마 18:6-7; 막 9:42)

• 마 18:5 "또 누구든지 내 이름으로 이런 **어린 아이**(παιδίον) 하나를 영접하면 곧 나를 영접함이니"

"이런 어린 아이 하나"를 영접하는 것이 곧 나(주님)를 영접하는 것이라 했다. 문자적인 어린 아이(παιδίον, 파이디온, 7세까지의 어린 아이, 갓난 아이)는 마 18:6, 10, 14절에서 누구로 바뀌는가? (작은 자, 소자, μικρός, 미크로스)

마태복음에서는 제자들을 '작은 자'라고 부르고 있기도하다(마 18:10, 14, 10:42 참조/ 11:25, 25:40, 45).

마태복음 18장에 같은 내용이 언급되었다. 물론 여기서 '작은 자'란 어린 아이가 아니라 영적 태도가 어린 아이를 닮은 평범한 신자들을 가리킨다. 주님을 믿는 작은 자 중의 하나를 실족시킨다면, 즉 한 나약한 사람의 신앙을 좌절케 하고, 죄를 짓게 한다면 그것은 곧 주님을 우습게 여기는 것으로 간주하시겠다는 것이다.

1. 같은 내용이기에 마태복음의 설명을 가져왔다(마 18:6).

18:6 누구든지 ┬ 나를 믿는 이 작은 자 중 하나를 실족하게 하면(if)
└ 차라리... 나으니라(it is better for him)
/연자 맷돌이 — 그 목에 달려서
/[그가] ——— 깊은 바다에 '빠뜨려지는 것이'

(1) 마태복음에서 어린아이(παιδίον파이디온)는 '작은 자들'로서 그의 동료 제자들 전체에 초점이 맞추어지고 있음을 본다. 이 제자들 간에는 약점들이 있고, 서로에게 책임이 있다(마 18:6-9). 그래서 주님은 거침돌들(stumbling blocks, 실족하게 하는 일)을 피하는 것이 중요함을 강조하고 있다. 주님은 이 공동체 안에서는 그 누구도 경시(輕視)될 수도 없고, 있어서는 안 된다고 강조하고 있으시다(마 18:10-14).

눅 17:1 예수께서 제자들에게 **이르시되**
/실족하게 하는 것이 ——— 없을 수는 없으나
그렇게 하게 하는 자에게는 — 화로다

• 눅 17:22 "그가 이 작은 자 중의 하나를 실족하게 할진대 차라리 연자맷돌이 그 목에 매여 바다에 던져지는 것이 나으리라."

(2) '실족하게 하다' (범죄케 하다, σκανδαλίζω스칸달리조) : '죄로 끌어들이다, 실족(범죄)하게 하다'라는 의미로, '~를 믿음으로부터 떨어져 가게(혹은 믿음을 거부하게) 만들다'라는 뜻이다. 만약, 그렇게 되었다면 그렇게 한 장본인은 연자맷돌(millstone, 당나귀가 돌리던 아주 무거운 맷돌)을 메고 바다에 던져서 죽는 것이 더 낫다는 말이다. 그걸 매고 바다에 빠지면 어떻게 될까? 그런데, 문제는 '실족케 하는' 일이 있을 수 있다는 것이다. 자, 어떤 일들이 이들로 하여금 실족케 할 수 있는 경우일까? 그 예를 들어보자.

• 소극적인 형태 : 무시하는 태도(교만한 자들), 목회적 관심과 돌봄의 부족

• 적극적인 형태 : 비방, 유혹, 용서의 거절 등.

2. 그러므로 공동체 안에서는 신분 의식이 있어서는 안 된다. 교회 공동체 안의 전 회원 모두는 자신들을 단지 '작은 자들'로 여겨야만 한다. 하나님의 나라는 결국 이런 것이다.

(1) 주님을 따르는 자들은 '산상설교'에서도 이미 살펴본 것처럼, 오직 하나님께만 소망을 두는 사람들이다. 이런 자들이 복된 자들이라고 했다(마 5장).[1)]

(2) 공동체의 구성원, 그들 각 개체간에는 오직 수평적 질서만이 있을 뿐이다. 이 공동체의 어느 작은 구성원이라고 해서 소홀히 여겨질 수 없다. 물론 하나님은 이 공동체 안에 영적인 수직 질서를 세우셔서 통치하시지만, 이 공동체는 서로 경쟁 체제를 갖춘 사회제도가 아니다. 그러므로 그 구성원의 관계를 사도 바울은 몸을 비유로 했다(고전 12장). 몸의 어느 작은 부분이라고 무시할 수 없는 것과 같다.

(3) 실족케 하는 일이 있을 수 있다고 했다. 예수님 당시에는 더욱이 그러한 자들이 있었던 것이 분명하다. 그러한 사람들에게는 화가 있을 것이라고 했다. 어떤 화(woe)가? 이들은 작은 자들에게 죄에로의 요인에 올바로 대처하지 못했기 때문에 하나님의 심판을 받을 것이다(마 18:7절 : 화 / 8절 : 영원한 불에 / 9절 : 지옥불에). 그렇다면 문자적으로 정말 손이나 발을 잘라야 한다는 말인가? (마 18:9) 물론 아니다. 만약 손, 발을 잘랐다고 해도 근본적인 마음의 변화가 없다면 소용이 없는 일이다.

1) 그렇다면 당시 주님을 따르던 제자들은 어떤 자들이었을까? 그들은 주님을 위해 그물을 버렸던 자들이다(마4:18-22). 그러나 제자들은 어느 사이에 기득권 문제로 소란을 피우고 있지 않은가! '천국에서 누가 큰가' 하는 문제로 시끄럽다면 이런 자들은 주님의 나라에 합당치 않다는 것이다.

오직 하나님께만 소망을 두지 않는다면, 이런 자들은 현재 이루어지고 있는 하나님 나라와는 무관한 자들이다. 그러한 면에서 이들 제자들은 세상적 가치관에서 벗어나지 못하고 있었음을 볼 수 있다.

만일, 네 형제가 죄를 범하거든(눅 17:3-4)

같이 읽을 곳(마 18:15, 21-22)

1. 같은 내용을 마태복음에서는 교회의 치리 문제까지 확대하여 서술했다. 특별히 하나님의 교회가 어떤 성격의 공동체이어야 할 것인가, 즉 교회 공동체가 어떻게 거룩해야 할 것인가를 보여주고 있다.

(1) 앞에서 지극히 작은 자들 하나라도 소홀히 여겨서는 안 된다는 사실을 살펴보았다. 이들 작은 자들은 하나님의 지극한 관심의 대상이니 그에게 지대한 관심을 가지라는 것이다(18:1-14). 그렇다면 어디까지 관심을 가져야 할까?

(2) 만약, 교회 내에 죄를 범하는 형제가 있을 때는 어떻게 처리해야 될까? 그대로 방관해도 되는가? 주님은 제자들에게 율법의 잣대로 남을 판단하지 말 것을 말씀하셨지만(마 7:1-6) 그러나, 거짓 교사들이나 속이는 자들을 분별할 줄 알아야 한다. "교회의 권징"이 바로 수행되었을 때 교회가 건강하고 행복이 증진된다. 물론, 이 세상에서 온전한 교회는 없으나, '성결'(聖潔)은 우리 교회 공동체가 지향하여야 할 가장 큰 목표 중 하나이다.[1)]

1) 마태복음에서는 공동체 내의 거룩을 위해서, 죄를 지은 형제가 회개할 수 있도록 권면하라고 말씀하신다. 권면의 세 단계를 아주 자세하게 기록하고 있다.

눅 17:3 너희는 ——— 스스로 조심하라
만일 네 형제가 —— 죄를 범하거든 경고하라(ἐπιτίμησον 에피티메손)
만일 [그가] ——— 회개하거든 용서하라(ἄφες 아페스)

2. 공동체 내에 죄악이 발생하면, 우리는 어떤 태도를 가져야 할까? 본문에서는 '경고하라'(rebuke, 견책하다, 허물이나 잘못을 꾸짖고 나무라다)고 했다.

• 잠 25:15 "오래 참으면 관원도 설득할 수 있나니 부드러운 (　　)는 뼈를 꺾느니라."(잠 25:15)

(1) 그러나 문제가 단순하지 않다. 마태복음에는 몇 가지 단계를 갖고 접근하라고 했다. 아직 전 교회내에 소문이 나지 않았다면, 무엇보다 은밀하게, 인격적이고, 감싸주는 자세로 다가가야 한다. 온 교회에 무슨 큰 난리가 난 것처럼 소문부터 내지말고. 그러니까 그 죄를 지은 사람이 창피를 당하지 않게, 그가 혼자 있을 때 찾아가라는 말이다. 그런데 개인적으로 권고하는 것은 진리에 기초한 그리스도의 사랑이 없이는 하기 힘든 일이다. 참고로 잠언 25:15*을 읽어보라.

• 마 18:15 "네 형제가 죄를 범하거든 가서 너와 그 사람과만 상대하여 권고하라 **만일 들으면 네가 네 형제를 얻은 것이요**"

(2) 자, 그래서 다행히 죄를 지은 사람이 "그 권고(勸告)를 받아들이면?"
(마 18:15절하 　　　　　　　　　　　　　　　　　　)

(3) 자, 만약 그런데도 듣지 않거든(ἐὰν μὴ ἀκούσῃ) - 마태복음 18:16을 읽어보자.[2)] 물론, 그런데도 그들의 말을 듣지 않는다면, 교회 앞에 문제를 제기하라고 하신다(마 18:17). 이 문제는 그가 속한 전 교회의 문제로 확대되어야 한다는 말이다. 한 형제를 구하기 위해 온 교회가 연합된 노력을 기울여야 한다. 이 사람에게는 교회의 권징이 필요하다. 영적인 책벌은 주님이 교회에 허락하신 것이다. 물론 공정하게 해야 할 것이다(참고: 고전 5-6장; 딤후 2:23-26; 딛 3:10).

2) 물론 이 단계는 정죄하기 위해서가 아니라 한 형제를 구하기 위해서라는 것을 잊지 말아야 한다. 예수님께서 권고를 듣지 않는 사람에게는 분명한 증언을 위해 두세 사람의 증인을 대동하여 확증하게(증참, 證參) 하라고 하신다(신 19:15 참조).

3. 그래도 "듣지 않거든" 최후의 단계로서 출교(出敎)를 결정해야 한다.

• **듣지 않거든** : 무시하다, 경시하다, 주의를 기울이지 않고 듣다, 잘못 듣다, 귓전으로 듣다의 의미가 있다. 사 65:12을 읽어보자.

그런데 이 사람이 교회의 말도 듣지 않는다면 어떻게 할까? 그렇다면, 이 사람은 이방인으로 취급될 수밖에 없다. 교회의 권면까지도 받아들이지 않는 사람은 더 이상 공동체의 일원이 아니라는 말이다. 이제, 죄를 지은 이 사람이 선택한 길은 자기 자신이 져야 한다.[1]

1) 교회는 그리스도의 이름으로 그의 출교를 결정할 것이다. 그 결정은 곧 하늘에 도착한다. 왜냐하면 땅에서 매인 것은 하늘에서도 매일 것이기 때문이다(18절). 하나님은 교회에 그런 권세를 주셨기 때문이다(마 16:19).

몇 번이나 용서해 주어야 하나? (눅 17:4)

1. 하나님의 공동체인 교회는 또한 용서해 주는 공동체여야 한다. 성도들 사이에 무엇보다도 서로 용서해 주는 것이 필요하다. 성도들간의 사랑의 결속이 얼마나 중요한가를 가르쳐주기 위해 '용서'의 중요성을 말씀하고 계신다.

> 눅 17:4 만일 [그가] ── 네게 죄를 짓고
> /하루에 일곱 번이라도
> ├ 일곱 번 네게 돌아와
> └ 내가 회개하노라 하거든(if)
> 너는 ── 용서하라

(1) 마태복음에서도 교회의 권위(마 18:15-20)에 연이어 형제 용서의 문제(마 18:21-35)를 연결시키고 있다. 물론 마태복음에서는 '7번씩 70번'이라는 횟수를 언급했지만,[2] 이는 용서의 무제한을 말씀하신 것이다. 그렇다고 교회의 순수성까지 무시해서는 안 된다. 교회의 순수성과 형제의 용서 관계는 서로를 강화시키기 때문이다.

2) 베드로가 질문한 내용(마 18:21)과 그 의도하는 바가 무엇인가? 유대 랍비들은 "세번 용서하라"고 가르쳤다고 한다. 베드로는 아마 크게 생각하고 일곱 번이면 족하지 않겠는가 하고 질문을 했을 것이다.

(2) 누가복음 본문에서는 하루에 일곱 번씩이나 죄를 짓고, 그때마다 와서 용서를 빌면 용서해 주라는 말씀이다. 제자들로서는 도저히 이해가 안 되는 말씀이기에 의아해 했다. 그래서 주님은 비유를 드신다. 어떤 비유? (마 18:23-35을 읽어보자.)

> 극단적인 대조(만 달란트와 백데나라온)를 통해 엄청난 빚을 진 사람과 그에 비해 아주 조금 빚을 진 사람을 대조함으로써 하나님의 용서와 인간의 용서를 비교하여 가르치셨다. (한 달란트는 노동자의 15년 품삯 // 한 데나리온은 노동자의 하루 품삯 - 새번역)

(3) 교회 안에서 형제를 용서해 주지 않는 일은 바로 이와 같다는 것이다. 하나님

의 은총과 죄의 용서를 아는 사람이라면 우리 형제의 잘못에 대해 그렇게 무자비할 수 있겠는가? 물론 여기서 말하는 의도는 이 세상 법률과 사회질서를 어지럽히고 죄를 짓는 것을 간과할 수 있다고 말하는 것이 결코 아니다. 절도, 폭행 등의 죄를 저지르고 들키지만 아니하면 되는가?

2. 그렇다고 지금 이 본문이 "진정으로 회개도 하지 않았는데" 용서를 베풀라는 말인가?

물론 아니다. 만약 형제가 용서를 받으려면 자기가 지은 죄에 대한 진정한 회개가 선행되어야 한다. 교회가 죄를 지은 사람들에게 늘 용서를 해야 하지만 이는 진정으로 회개한 자에게만 해당된다는 것이다.[1)]

1) '죄를 짓지만 언제든지 용서를 빌면 되겠지'라고 생각하는 사람은 진정으로 회개한자라고 볼 수 없다. 죄를 짓지 아니하려는 처절한 노력은 하지 않고, 습관적 죄를 짓는 자에게 용서는 다시 한 번 고려의 대상이다. 죄의 심각성을 망각하고 신중을 기하지 않고 경솔하게 용서를 한다는 것은 교회의 성도들로 하여금 더욱 쉽게 죄를 짓게 하는 결과를 가져올 수 있다.

겨자씨 한 알만한 믿음(눅 17:5-6)

같이 읽을 곳(마 17:20, 21:21; 막 11:22-23)

1. 사도들(제자들의) 믿음은 자신들이 생각하기에 너무나 연약하다고 생각했다. 그래서 주님께 믿음을 더해달라고 했다. "사도들이 주께 여짜오되 우리에게 믿음을 더하소서 하니"

(1) 지금까지 주님께서 강론하신 내용들을 지켜나갈 수가 있을까? 형제가 죄를 짓더라도 용서를 구하면 그것이 몇 번이건 용서해 주라는 말씀, 이해는 하겠는데, 과연 우리가 그를 지킬 수 있는 믿음이 있을까? 그래서 주님께 더 큰 믿음을 구했다.

• 뽕나무 뿌리는 아주 길게 땅속 깊이 뻗어가기 때문에 뽑기가 거의 불가능하다.

주께서 **이르시되**
너희에게 **겨자씨 한 알만한 믿음**이 있었더라면
이 뽕나무더러 뿌리가 뽑혀 바다에 심기어라 하였을 것이요
그것이 너희에게 순종하였으리라(6절)

겨자씨(mustard seed)

시나피(σίναπι) - 겨자씨는 아주 작다는 데 그 강조점이 있다.

(2) 겨자씨만한 믿음(faith as a mustard seed)이란? 이런 믿음을 가지고 그것이 **질적으로 순수할 때** 이것은 놀라운 성장과 능력을 나타낼 수 있다. 아주 작은 믿음이라 할지라도 참으로 하나님에 대한 신뢰가 있다면 "이 뽕나무더러 뿌리가 뽑혀 바다에 심기어라"라고 하더라도 그대로 될 것이라는 말이다. 마태복음에서는 "이 산을 명하여 여기서 저기로 옮겨지라 하면 옮겨질 것"이라 했다.[2)]

2) 결국, **믿음은 그 근거를 인간의 능력 안에 있는 것에서 구하지 않고, 오직 주님을 바라보고, 그리스도 안에서 능력과 자비를 구해야 한다는 것이다.** 그러나, 우리는 주님을 바라보기보다는 자기 자신의 확신을 믿음이라고 착각할 수 있다. 주님은 이 점을 책망하고 계신 것이다.

우리는 무익한 종이라(눅 17:7-10)

1. 종은 어떤 태도를 갖고 일하는가? 그 예증을 들어 설명하신다.

(1) "밭을 갈거나 양을 치거나 하는 종(둘로스, δοῦλος)이 있어 밭에서 돌아오면 그더러 곧 와 앉아서 먹으라 말할 자가 있느냐?"(7절) 여기서 종은 노예(slave)를 가리킨다.

(2) 당시 노예는 사고 팔 수 있는 존재였다. 그런 종을 향해 일터에서 돌아오자마자 '어서 밥부터 먹어라'하고 말할 사람이 있겠느냐는 것이다. "오히려 주인들이 먹을 저녁을 준비하고나서 음식을 먹고 마시라고 할 것 아니냐?" 그렇다고 종이 주인이 시킨대로 했다고 해서 주인이 그 종에게 감사하다고 하겠느냐는 것이다(9절).

2. "이와 같이 너희도"(So you too, οὕτως καὶ ὑμεῖς) - 후토스(οὕτως)라는 말은 '이렇게(thus)' 또는 '이런 방식으로'라는 의미이다. 따라서 제자들도 "명령 받은 것을 다 행한 후에 이르기를 우리는 **무익한 종**이라 우리가 하여야 할 일을 한 것뿐입니다"라고 해야 한다는 것이다.

무익한 종들
(δοῦλοι ἀχρεῖοί)
아크레이오스(ἀχρεῖος) - '무용한, 쓸모 없는, 가치 없는'이라는 뜻이다. 마 25:30에서는 게을리한 종에게 이 말을 쓰고 있다.

우리는 모두(?) 이런 명령에서 자유롭지 못하다. 사람은 누구나 자기 공적을 드러내려 하기 때문이다. 그래서 하나님이 시키지도 않는 일을 거창하게 진행, 성취시켜 놓고 그 일을 자랑하기에 바쁘다. 때로는 매스컴에 너무 지나친 자랑을 해서 눈쌀을 찌뿌리게 하기도 한다. '나는 절대 안그렇다고 큰 소리 치던 사람도, 나이가 들면, 자연히 없던 명예심이 생간 더던데 뭘.' '그래도 나는 아냐.' '?'

나병 환자 10명이 깨끗함을 받았으나(눅 17:11-19)

1. 이 기록은 누가복음에만 나와 있다. 예수님께서 "예루살렘으로 가실 때에 사마리아와 갈릴리 사이로 지나가시다가"(11절) 한 마을에 들어가시게 되었다. 주님은 예루살렘으로 가시는 중이었다. 아마도 사마리아와 갈릴리 사이에 놓여 있는 경계, 즉 국경 지방에 계셨던 것 같다.

(1) 그 마을에서 열 명의 나병 환자가 예수님 일행을 보고 멀리서 소리쳤다. 열 명이 무리지어 이동했던 것 같다. 이들은 "소리를 높여"(13절)[1] 예수님을 불렀다. 예수님에 대한 소문은 이미 들어서 잘 알고 있었으리라.

13절 예수 선생님이여(Jesus, Master, Ἰησοῦ ἐπιστάτα)
우리를 불쌍히 여기소서(have mercy on us!) 하거늘
(엘레에오, ἐλεέω) - 비참한 현실에서 하나님의 자비를 베풀다.

1) 소리를 높여(they raised their voices) - 이들의 간절함을 보여준다. 이들은 먼저, 자신의 병을 고쳐달라고 소리치지 않았다. 다만 불쌍히(궁휼히) 여겨달라는 것이었다.

318

1) 구약성경에 나병으로 언급된 사람은 누구인가? 모세는 제외하고(출 4:6, 왕하 7:3 참조) ① 미리암(민 12:10) ② 웃시야(왕하 15:5), 게하시(왕하 5:27), 앗수르 사람 나아만(왕하 5:1). 이들 중에는 죄의 형벌로 병을 얻은 사람도 있지만 모든 질병이 반드시 죄에서 비롯된 것이라고 할 수 없다(예 : 욥 / 눅 13:1-5, 요 9:1-7 참조).

눅 17:14 [예수께서] **보시고 이르시되**
/[너희는] ┬ 가서
└ 보이라
/제사장들에게 너희 몸을
• 왜 제사장에게 가서 몸을 보여야 했는가?
• 언제 깨끗함을 받았는가? ＼
그들이 — **깨끗함을 받은지라**
/가다가(=가는 동안에)

(2) '나병'(λεπρός 레프로스)은 구약에서 צָרַעַת 차라아트라는 말을 번역한 말이다.

• 구약에서 이 단어는 광범위한 피부질환을 가리켰다. 미쉬나는 주장하길 72 종류의 차라아트가 있었다고 한다. '차라아트'는 전염성이 있는 병이므로 옷이나(레 13:47-52) 집(레 14:34-53)에 생긴 곰팡이나 검은 점을 의미하기도 했다.

2) 완치된 사람은 자기 옷을 씻고 목욕을 해야 한다. 그리고 이 새롭게 된 신분을 입증하기 위해 속건제, 속죄제, 번제 등을 드려야 한다(레 14:11). 어쨌든 나병은 죄의 속성과 유사함으로 인해 죄의 심각성을 드러내는데 영적 의미로 해석하고 있다.

(3) 왜, 주님은 제사장들에게 가서 몸을 보이라고 하셨을까? 당시 명령이 주어졌던 환경을 본다면, 보통은 악성 피부병이 나병의 시발인지 아닌지 알 수 없었고 제사장만이 그 진위 여부를 판단했다. 전염성 때문이었을까, 이런 환자들은 일반 회중과 격리시켜야 했다(고대에는 격리만이 최선의 치료책이었다). 그러나 무엇보다 여호와의 종교의식이 더러워지는 것을 방지하려는 목적 때문이었다.[2)]

(4) 제사장으로부터 부정하다는 진단을 받으면 성전 예배에 참석할 수 없었고 격리되어야 했다. 만약 어떤 사람이 '차라아트'에 걸렸다면 그 당사자에게는 사망선고나 다름없었다. 따라서 제사장은 그 진위 여부에 정확한 판단을 내려야 했다. 이 병에서 완전히 낳은 사람은 제사장의 판단을 받아야 한다.

3) 예수님은 이 기막힌 반응에 놀라셨다. 정작 감사해야 할 (선교의 직접 대상이었던) 유대인들은 멀리 가버렸고, 이 이방인(행 10:28 참조) 사마리아 사람만이 감사함을 표하다니! 공생애가 끝나가는 시기에 아직도 유대인들의 완악함을 보시고 통탄해 하셨을 것이다. '아니, 다른 놈들은 다 어디 갔느냐?'

2. 이들은 제사장에게로 가는 도중에 몸이 깨끗하게 되었다. 물론 이렇게하지 않아도 치료함을 받을 수 있었으나 예수님은 이들의 믿음을 보려 하셨다.

(1) "그 중의 한 사람이"(one of them) 자신의 병이 나은 것을 보고 큰 소리로 하나님께 영광을 돌렸다. 그는 되돌아와 예수님의 발 아래 엎드려 감사를 드렸다. 그런데, 그 사람은 사마리아 사람이었다. 그 한 사람이 사마리아 사람인 것을 강조한 것을 보면, 나머지 아홉은 유대인이었을 것이다.

눅 17:17 예수께서 **대답하여 이르시되**
/열 사람이 다 깨끗함을 받지 아니하였느냐
/그 아홉은 어디 있느냐
18 /**이 이방인 외에는**[3)] 하나님께 영광을 돌리러 돌아온 자가 없느냐

> 눅 17:19 [예수께서] — 그에게 **이르시되**
> /일어나 가라
> /네 믿음이 너를 구원하였느니라

(2) 지금 이 상황에서 주님은 착잡해 하셨을 것이다. 아니, 이방인으로 취급받던 사마리아인도 감사했는데, 이럴 수가!! "열 사람이 다 깨끗함을 받지 아니하였느냐 그 아홉은 어디 있느냐?" 감사는 얼마나 잊기 쉬운가!

(3) 우리는 하나님께로부터 얼마나 큰 긍휼을 입었는가? 그러나 적은 사람들만이 하나님께 감사를 드릴 뿐이다. '물론, 우리는 입으로는 감사 찬양을 드린다.' 그러나 주님은 이 사마리아인과 같은 감사를 원하고 계실 것이다. 유대인에게 많은 멸시를 받았을 사마리아인, 그는 지금 육신의 치료뿐만 아니라 영혼까지 구원 받는 축복을 받았다.[1)]

1) 누가복음 저자는 선한 사마리아인의 비유에서처럼 이방인들에게 따듯한 시선을 돌린다. 특히 누가복음에서는 사회적 약자에 대한 예수님의 사역을 강조하고 있음을 볼 수 있다(4:18; 6:20-21). 누가는 주님이 비천한 사람들과 여자들과 어린이들을 사랑하셨다는 것을 특히 강조했다. 그래서 약한자, 가난한 자, 소외당한 자에 대한 예수님의 교훈이 많이 등장한다.

하나님의 나라는 너희 안에 있느니라(눅 17:20-22)

같이 읽을 곳(마 24:23-28, 37-41)

1. 예수님은 말씀과 많은 이적을 통해서 이 지상 사역에서 하나님 나라의 본질과 특성을 설명하셨지만, 바리새인들이 보기에는 그를 묵시적인 역전을 일으킬 메시야로 인정하기에는 역부족으로 보았다. 그가 지금까지 기다리던 메시야로 인정할 수 없다는 것이었다. 따라서 이번 질문도 다분히 의도적인 질문이었다.

(1) 바리새인들은 예수님께 그 "하나님의 나라가 어느 때에 임하느냐?"고 물었다. 물론 이들은 하나님의 나라는 눈으로 볼 수 있는 형태로 임한다고 생각했다(눅 19:11 "그들이 이 말씀을 듣고 있을 때에 비유를 더하여 말씀하시니 이는 자기가 예루살렘에 가까이 오셨고 그들은 **하나님의 나라가 당장에 나타날 줄로** 생각함이더라"). 주님은 "하나님의 나라는 볼 수 있게 임하는 것이 아니"라고 대답하셨다.[2)]

2) 유대인들이 기대했던 메시야는 자신들의 처지를 반전시킬 역전(逆轉)의 인물이었다. 그래서 예루살렘에 하나님의 나라를 세우고, 자신들을 억누르고 있는 외세(특히 로마)의 세력을 물리치고 평화와 번영, 정의와 의의 시대가 도래하는 것으로 생각했다. 눅 3:15과 행 1:6을 보면 이런 기대가 가득했던 것을 볼 수 있다.

눅 17:20 예수께서 **대답하여 이르시되**
/하나님의 나라는 볼 수 있게 임하는 것이 아니요
21 /또 여기 있다 저기 있다고도 못하리니
하나님의 나라는 **너희 안에** 있느니라

너희 안에(ἐντὸς ὑμῶν)
in your midst - NASB
in the midst of you - RSV
within you - NIV, KJV

1) 파라테라시스 (παρατήρησις) - 관찰 (observation) - 하나님의 나라가 임하는 지점은 어떤 표적이나 외적 형상을 통해서 알아낼 수 없다. 그러나 유대인들이 일반적으로 생각한 하나님의 나라는 메시야가 오셔서, 예루살렘에 그 나라를 세우고 적들을 쳐부수고 평화의 시대가 오는 것으로 이해했다.

(2) '너희 안에'(ἐντὸς엔토스 ὑμῶν휘몬) - ἐντός엔토스라는 전치사는 성경마다 다르게 번역되었다. 본문은 지금 바리새인들과의 답변 중에 나온 말씀이므로 '너희 안에'라는 의미는 '너희의 한 가운데에'(in the midst of you) 또는 '너희들 중에'(among you)라는 의미는 아닐 것이다. 하나님의 나라는 눈으로 볼[1] 수 있는 형태로 임하는 것이 아니기 때문에(20절), 여기 ἐντός엔토스의 의미는 하나님의 왕국의 세력과 권위와 효력의 범위를 나타내는 것으로 보아야 한다. 즉 눈으로 관찰할 수 있는 나라가 아니라 그들 안에 있는 영적이며 내적인 것이다. 어쨌든 바리새인들의 질문에는 예수님을 시험하려는 사악함이 들어 있었다.

2. 이어서 이번에는 제자들에게 말씀하신다.

> 눅 17:22 또 제자들에게 **이르시되**
> 때가 이르리니
> 너희가 — 인자의 날 하루를 보고자 하되(when)
> — 보지 못하리라
>
> (메시야의 통치가 시작되는 영광스로운 날을 단 하루라도 보고 싶어 할 때가 있겠지만...)

2) 하나님의 나라의 임박성을 말하기도 하지만(마 10:23; 막 9:1), 그 나라의 임함의 지연을 말하고 있기 때문이다(막 13:7; 눅 17:22; 마 25:5 참조). 또한 하나님의 나라의 도래 시기에 대한 불확실성도 언급하고 있다(막 13:32, 33, 36, 37).

(1) 앞의 설명을 들은 제자들은 앞으로 일어나게 될 일에 더욱 궁금증을 갖게 되었다. 특히 하나님의 나라가 언제 임할 것인가 하는 문제였다. 그러나 공관복음서에는 서로 다른 관점에 말하고 있기 때문에 이해하기가 복잡하다.[2] 그 중 하나는 아주 가까운 장래에 종말론적인 왕국이 도래할 것이라는 생각이다. 여기서 '인자의 날 하루'는 주님께서 재림하시는 날, 메사야적 통치가 시작되는 날을 가리킨다.

(2) 마태복음을 보면, 주님께서 감람산 위에서 예루살렘 성을 내려다 보시면서 이 성의 파멸을 예고하셨다(마 24장). 제자들은 모든 것이 근심스럽다. 왜냐하면 예수님이 십자가 위에서 죽으실 것이라는 말씀도 두렵고 떨리는데, 예루살렘 성이 완전 파멸될 것이라는 것은 도저히 이해할 수 없었다. 그래서 만약 이 일이 사실이라면, 언제 일어날 것인가? 그리고 주의 임하심과 세상 끝날에는 어떤 징조들이 있을 것인가를 주님께 여쭈었다(마 24:3).

3) A.D. 70년, 예루살렘은 파괴되었다. 물론 성전도 다 무너져 내렸다.

(3) 예수님은 두려워하고 있는 제자들에게 난리와 재난의 소문을 듣겠지만, 그것이 곧 세상의 종말이 아님을 분명히 하셨다. 종말이란 하늘나라의 복음이 온 세상, 온 민족들에게 전파된 후에 온다는 것이다. 제자들은 이 사건이 일어나는 때가 바로 세상의 종말이라고 생각했다. 제자들은 예루살렘 성 파멸, 그 때가 주께서 영광 가운데 오시는 날로, 곧 세계 역사의 완성으로 이해하고 있었다.[3]

4. 마태복음에서는 어떻게 설명하고 있나? 이 일은 역사상 언제 성취될 것인가?

(1) 제자들은 성전 파괴 ⇒ 세상 끝 ⇒ 예수님의 재림을 연속적인 사건으로 이해하고 있었다. 이런 제자들의 생각을 어떻게 교정해 주시는가? (마 24:7-14) 언제 멸망할 것인가를 물었을 때 주님의 대답은 무엇이었나?

① 거짓 선지자의 출현 ② 난리와 난리 소문 ③ 큰 환난들이 일어난다. 그러나, 끝은 아직 아니다. 이 모든 것이 재난(災難)의 시작이다(마 24:8).

(2) 주님께서 힘써 강조하고 계신 사실은 자신의 재림이 예루살렘 멸망과 동시에 이루어지지 않을 것이라는 사실이다. 주님은 이 때를 심혈을 기울여 구분하셨다. 그 이유는, ① 제자들이 거짓 정보와 그 시대에 나타나게 될 거짓 메시야에게 잘못 인도되지 않도록 하기 위하여 ② 그리고 기적적인 구원을 대망하는 망령된 일에 빠지지 않도록 보호하고자 함이었다(당시 수만명의 유대인들이 그렇게 대망하고 있었다).

• 마 24:7 "민족이 민족을, 나라가 나라를 대적하여 일어나겠고 곳곳에 **기근과 지진**이 있으리니 8 이 모든 것은 재난의 시작이니라 9 그 때에 사람들이 너희를 환난에 넘겨주겠으며 너희를 죽이리니 너희가 내 이름 때문에 모든 민족에게 미움을 받으리라 10 그 때에 많은 사람이 실족하게 되어 서로 잡아 주고 서로 미워하겠으며 11 **거짓 선지자**가 많이 일어나 많은 사람을 미혹하겠으며 12 불법이 성하므로 많은 사람의 사랑이 식어지리라 13 그러나 끝까지 견디는 자는 구원을 얻으리라 14 이 **천국 복음이 모든 민족에게 증언되기 위하여 온 세상에 전파되리니** 그제야 끝이 오리라."

5. 누가복음의 설명을 직접 들어보자. (눅 17:23이하)

23 사람이 너희에게 **말하되**
/보라 저기 있다 보라 여기 있다 하리라
그러나 너희는 **가지도 말고 따르지도 말라**

24 번개가 하늘 아래 이쪽에서 번쩍이어 하늘 아래 저쪽까지 비침같이
인자도 자기 날에 **그러하리라**

(1) 주님은 예루살렘의 멸망과 자신의 재림을 연결시키는 제자들의 그릇된 견해를 의도적으로 수정하려 하셨다. 따라서 자신의 재림에 대한 분명한 징조들을 언급하시기 보다 그 시대의 믿는 자들에게 예루살렘의 임박한 대재난에 대해 경성시키고자 하셨다. 예루살렘의 멸망이 예언되었으나, 그러나 그것은 곧 세상의 종말은 아니다. 예루살렘의 멸망은 큰 형벌의 날이요, 큰 환난의 날이다. 그러나 그것은 재난의 시작일 뿐이다.

(2) 그러니까 "그리스도가 여기 있다 혹은 저기 있다 하여도 믿지 말라"는 것이다(23절). 하나님 나라와 메시야의 도래는 "볼 수 있게 임하는 것이 아니요"라고 말씀하셨다. "하나님 나라는 너희 안에 있느니라." 그러니까 하나님 나라는 "여기 있다 저기 있다고도 못하리니(οὐδὲ ἐροῦσιν) 하나님의 나라는 너희 안에(또는 너희 '가운데', ἐντὸς ὑμῶν) 있느니라"(눅 17:21)고 하셨다. 하나님

의 나라는 유대인들이 생각하는 것처럼 천지개벽의 방법으로 임하는 것이 아니라 예수님의 오심과 사역으로 이미 시작되었기 때문이다. 인자의 임함은 주님의 재림을 말한다. 주님이 재림하실 때에는 택함 받은 무리에게 은밀히 와서 사람들이 보지 못하게 숨어 지내지 않으실 것이다. 그의 재림은 **번개가 번쩍이는 것처럼** 모든 사람이 분명하게 인식할 수 있게 나타나실 것이다.[1)]

1) 오랜 기간 동안 주님이 보이지 않을 때라도, 또 가까운 시일 내에 재림하지 않을 것 같은 상황이 오더라도 제자들은 두려워해서는 안 된다. 사람들은 번개가 나타나기 전까지는 그곳을 보지 못한다. 독수리는 오라고 하지 않아도 주검이 있으면 나타난다. 예수님도 예기하지 않은 시기에 반드시 다시 오실 것임을 약속하신다.

6. 주님이 재림하시기 이전에 먼저 어떤 일들이 벌어질 것인가?

눅 17:25 그러나
그가 — 먼저 많은 고난을 받으며
버린 바 되어야 할지니라
/이 세대에게

메시야 통치의 날이 이르기 전에 메시야는 먼저 많은 고난을 받아야 한다. 이 세대에게 버림을 받아야 한다.

그렇다면, 제자들은 어떨까? 물론 제자들까지 고난을 각오해야 한다. 특히 믿지 않는 유대인들에게 버림을 당할 것이다.

(1) 오순절의 역사처럼, 하루에 3천명씩 주님을 영접하는 사건이 계속되지는 않을 것이다. 처음에는 놀라운 일이 벌어졌지만, 사람들은 점차 복음에 냉담해지기 시작할 것이다. 얼마 지나지 않아 주님을 따르는 자들에게 박해가 노골화 되기 시작할 것이다. 제자들은 고난을 받을 것과 버림받을 것을 각오해야 한다. 특히 주님을 믿지 않는 유대인들부터 박해가 시작될 것이다.

(2) 그 상황은 마치 노아의 때와 같다. 당시 사람들은 계속되는 노아의 경고에도 귀를 기울이지 않았다. "노아가 방주에 들어가던 날까지 사람들이 먹고 마시고 장가 들고 시집 가더니"(27절). 결국 홍수가 나서 그들을 다 멸망시켰다.[2)]

31 **그 날에** 만일 사람이 지붕 위에 있고 그의 세간이 그 집 안에 있으면 그것을 가지러 내려가지 말 것이요 밭에 있는 자도 그와 같이 뒤로 돌이키지 말 것이니라 32 롯의 처를 기억하라 33 무릇 자기 목숨을 보전하고자 하는 자는 잃을 것이요 잃는 자는 살리리라 34 내가 너희에게 이르노니 그 밤에 둘이 한 자리에 누워 있으매 하나는 데려감을 얻고 하나는 버려둠을 당할 것이요 35 두 여자가 함께 맷돌을 갈고 있으매 하나는 데려감을 얻고 하나는 버려둠을 당할 것이니라

2) 또 롯의 때는 어떠했을까? 역시 마찬가지였다. "사람들이 먹고 마시고 사고 팔고 심고 집을 짓더니"(28절), 결국 "롯이 소돔에서 나가던 날에 하늘로부터 불과 유황이 비오듯 하여 그들을 멸망시켰다"는 것이다. "인자가 나타나는 날에도 '**이러하리라**'(It will be **just the same**)" 지금도 역시 세상은 노아와 때와 같이, 롯의 때와 같이 경고에 귀를 기울이지 않는다.

(3) 어쨌든 '그 날'은 '형벌의 날'이요, '큰 환난(diseess)'의 날이다. 눅 21장에서 예루살렘의 멸망(A.D. 70년의 사건)과 세상 종말의 날에 자세히 언급된다. 21장에서 조금 자세하게 정리해 보자.

과부와 재판장 비유(눅 18:1-8)

앞 장의 내용에 이어지는 말씀이다. 원문에는 And(Now, δέ)로 연결되고 있다. 제자들은 주님의 다시오심에 대한 설명을 들었지만 심란하기는 마찬가지였다. 그래서 주님은 또다른 비유를 드신다. 항상 기도하고(at all times they ought to pray) 낙심하지 말라는 것이었다. 기도를 하되 아주 '반드시 해야 한다(데이, δεῖ)'고 말씀하신다. 기도는 결코 쉬어서는 안 되는 일이다. '반드시' 기도하되 항상(πάντοτε, 판도테, at all times) 기도하라는 것이다.

1. 비유의 내용을 살펴보자. 특별히 본문에서 강조하고자 하는 것은 무엇인가?

(1) 한 재판장이 있었다. 그런데 그는 "하나님을 두려워하지 않고 사람을 무시하는" 재판장이었다. 그런데 그 도시에 한 과부가 있었는데, 그녀는 자주 그 재판장에게 가서 '저에게 억울한 일을 한 사람이 있는데 나의 '원한을 풀어 주소서'(ἐκδίκησόν, Give me legal protection - NASB)'[1] 하며 졸라댔다. 아마도 금전적인 문제인 것 같은데, 사법적 판결없이는 그 악한 사람을 당해낼 수가 없었기 때문이었다. 처음에는 박대를 받았겠지만 그녀는 계속 재판장을 '자주 찾아갔다'(kept coming to, ἤρχετο[미완료])는 것이다(3절).

(2) 한 동안 그 여자의 청을 들어주지 않던 재판장이 곰곰히 생각했다. '나는 하나님을 두려워하지도 않고 사람도 무시하는 사람이지만(4절), 만약 이 문제를 해결해 주지 않으면, 이 여자가 계속 찾아와 나를 못 견디게 할 것이 아닌가!, 그것 참!' 그래서 그 재판장은 그녀의 간청을 들어주기로 했단다(5절).

1) 에크디케오(ἐκδικέω) - 복수하다, 처벌하다. 이 단어는 법률용어인데 누가만이 사용했다. 이 단어는 어떤 사람에게 공의를 베풀다는 의미로 쓰였다(행 7:24). 본문에서는 '벌하다, 원수를 갚다'라는 의미로 쓰였다.

2. 이제 주님은 이 비유의 핵심을 말씀하신다.

눅 18:6 주께서 또 **이르시되**
/[너희는] ── 들으라(Hear, ἀκούσατε[명령법])
/불의한 재판장이 말한 것을
7 하물며
하나님께서 ┬ 풀어 주지 아니하시겠느냐
/그 밤낮 부르짖는 택하신 자들의 원한을
└ 오래 참으시겠느냐
/그들에게

- **새겨 들으라** - 주의하다, 들어서 깨닫다 / 듣고 정신적으로 이해하고 수용하는 것까지 포함한다.
- 하나님의 백성된 자들에게 고난과 역경이 반드시 뒤따른다. 즉 많은 대적들이 있겠으나 하나님께서 지키시고 보호하실 것이다. 이 과정에서 하나님께 기도하라는 것이다.

(1) 성도들에게는 고난이 필수적으로 따라온다. 그가 주님의 말씀대로 살아가려

고 노력하면 할 수록 더 큰 역경이 올 수도 있다. 그럴 때 열정을 가지고 하나님께 부르짖으라는 것이다. "내가 너희에게 이르노니 속히 그 원한을 풀어 주시리라"(8절).

(2) 이렇게 주님께서는 **항상 기도하고 낙망하지 말아야 할 것**을 강조하셨다. 우리는 기도할 때 응답을 기다리고 기도한다. 만일 하나님의 뜻에 일치하는 기도내용이라면, 가장 좋은 시기에 응답해 주신다. 그러나 기도 응답이 늦어지면 낙망하기 쉽다. 그래서 중도에 포기하기도 한다. 비유 속의 여인과 같이 끈질김을 갖고 기도해야 할 것을 말씀하신다. "그러나 인자가 올 때에 세상에서 믿음을 보겠느냐?" 주님이 오실 때쯤에는 올바른 믿음을 갖고 끈질긴 기도 속에 사는 사람이 많지 않겠음을 보여주시는 것 같다.

(3) 주님의 재림이 늦어질 때, 우리는 경각심을 잃어버리게 된다. 신랑이 더디 올 때, 혼인집 손님들은 다 자러 갔다(마 25:5, 25:19 참조). 하나님의 나라의 도래 시기에 대한 특징은 '불확실성'이다. 예수님 자신도 하나님의 나라가 언제 임할는지 모른다고 하셨다(막 13:32). 그래서 "주의하라 깨어 있으라"고 경고하신다. 그때가 언제인지 알지 못하기 때문이다(막 13:33; 마 25:13).[1] 재림이 지체되면 불신자들은 더욱 악해질 것이고, 신자들까지도 낙심할 수 있다는 말이다.

1) "그러므로 너희도 예비하고 있으라 생각지 않은 때에 인자가 오리라"(마24:44; 눅 12:40). 이런 재림의 불확실성 때문에 오히려 우리는 항상 준비하고 있어야 한다는 말이다. 재림의 지연 때문에, 주님은 과연 "인자가 올 때에 세상에서 믿음을 보겠느냐?"고 말씀하신다. 이마 경건한 모양과 형태를 가진 자는 많겠지만 신실한 믿음의 소유자를 거의 보지 못하게 될 것이라는 암시를 하신 것이다.

바리새인과 세리의 비유(눅 18:9–14)

1. 바리새인과 서기관들은 자신의 의를 자랑하는 마음을 버리지 못하고 있었다(막 2:17; 눅 18:9). 따라서 다른 사람들을 멸시했다. 주님은 이런 자들에게 비유를 드셨다. 주님은 바리새인과 세리를 비교하시면서 구원은 인간의 공적으로 되는 것이 아님을 설명하신다.

10 두 사람이 기도하러 성전에 올라가니
하나는 바리새인이요[2] 하나는 세리라

(1) 당시 율법을 철저하게 지키며 그것을 자랑으로 여기며 거만했던 자들(특히 바리새인)은 남을 정죄하는 일에만 급급했다. 그들은 남의 죄를 드러내며 재판관의 역할만을 하려 했다. 우선 기도하는 자세와 내용부터 교만함이 드러나 있었다.

2) **바리새파 운동의 시작**은 헬라주의적 외세(外勢)의 현저한 증대에 대항하여 유대인의 신앙을 지키려 했던 마카비 시대로 거슬러 올라간다(마카비 1서 2:42에 '경건한 유대인들, 이스라엘의 용감한 남자들의 모임'이라는 말이 나온다). 이 경건한 사람들의 단체에서 바리새파 사람들이 생겨났다. 물론 정치적인 목표에는 안중에 없었고, (오직 이스라엘이 그의 생활을 영위해 나가야 할) 율법에 대한 열심으로만 가득 채워졌다(마카비 1서 7:13).

(2) 바리새인들의 기도 모습

11절 바리새인은 서서 따로 **기도하여 이르되**
하나님이여!
나는 — 감사하나이다
/다른 사람들 곧 토색, 불의,
간음을 하는 자들과 같지 아니하고
이 세리와도 같지 아니함을

서기관과 바리새인

- 서기관과 바리새인들은 의에 대해서 지대한 관심을 가지고 있었다. 서기관들은 종교를 연구하는 전문적인 학자들이었다. 그들의 주요 목표는 무엇이었을까? 그것은 의(義)를 정의하는 데 있었다. **바리새인들**은 이런 서기관들의 가르침을 받아들인 사람들이었고, 또한 가르침을 실천에 옮기는 그들의 제자들이었다.
- 서기관들은 무엇이 올바르고 무엇이 그릇된 것인지를 정의하기 위해서 방대한 율법 체계를 발전시켰다. '의'에 대한 정의를 연구하는데 더 큰 관심을 쏟았다. 그들은 가능한 모든 상황 속에서 무엇이 옳고 무엇이 그른가를 정의하기를 원했다. 예를 들어 안식일에 닭 한 마리가 알을 낳았다. 이럴 경우 먹는 것이 올바른가 아니면 그른가? 등.

(3) 유대인들의 기도 관습은 어떠했을까?
유대인들은 오래 전부터 기도의 관습이 있었다. 하루에 세번씩 기도했다. 오전, 오후, 밤 (시 55:7, 단 6:10, 행 3:1 참조)

(4) 성경은 공적(公的)인 기도를 정죄하고 있는가?
성경은 공적(公的)인 기도를 금하신 것은 아니었다. 오늘 본문 내용처럼 공개적인 장소에서 드리는 개인적 기도도 마찬가지였다(눅 18:9, 10). 그렇다면 여기서의 문제점은 무엇일까? 그것은 남에게 과시하기 위한 기도였다는 것이다. 사람에게 보이려고, 영광을 얻을 목적으로 기도하는 사람은 이미 자기 상을 받았다고 말씀하신다(마 6:5하). 이들은 사람들이 많이 다니는 시장 어귀나 큰 길거리에서 큰 소리로 기도하곤 했다. 위의 구절에서 본 것처럼(11절), 그들의 내용은 이런 기도였다.

(5) 무엇보다 이들의 십일조 생활은 철저했다. 당시 유대교에서는 특별히 정확하게 준수되지 않았다. 비유대인 역시 그러했다. 그러나 **바리새인들**은 율법의 문자에 순종하기 위해 그 땅의 수확에서 뿐만 아니라 그들이 구입한 것에서도 십일조를 드렸다. 물론 양념과 채소도 십일조를 드렸다(마 23:23; 눅 11:42). 이것들 외에도 경건 행위, 즉 회개하고 구원을 위해서 일주일에 두 번(화요일과 목요일)씩 기도와 금식이 지켜졌다(눅 18:12, "나는 이레에 두 번씩 금식하고 또 소득의 십일조를 드리나이다").

요세푸스에 의하면 헤롯 대왕 시절 바리새파의 숫자는 약 6,000명이었다고 한다. 전체 유대인 숫자에 비하면 적은 편이지만 이들의 영향력은 상당했다. 그리고 이러한 영향력은 율법학자에 의해 규정되었다. 율법학자(서기관)는 바리새파 공동체의 주도권을 가졌다. 이들은 모세 율법을 토론하고, 구전으로 확대된 전승을 기록된 율법과의 올바른 관계 안으로 가져올 수 있었다. 따라서 이들은 백성 가운데서 높은 존망을 얻었다.

2. 이에 비해 세리의 기도는 어떠했는가?

13 세리는 멀리 서서 감히 눈을 들어 하늘을 쳐다보지도 못하고
다만 가슴을 치며 이르되
/하나님이여 불쌍히 여기소서
나는 죄인이로소이다

3. 주님은 이 비유를 통해서 무엇을 말씀하려 하셨을까?

• 유대 사상에서 의(義)는 인간적인 행위였다. 그래서 유대인 랍비들은 의를 율법에 순종하고 자비를 행하는 인간의 행위로 가르쳤다. 이런 완벽한 의를 획득하는 것이 인간적인 노력을 통해서 가능하다면 아무도 그것을 얻을 수 없다.

눅 11:14 내가 너희에게 **이르노니**
/이에 저 바리새인이 아니고
이 사람(세리)이 – 그의 집으로 내려갔느니라
/의롭다 하심을 받고

무릇 자기를 높이는 자는 — 낮아지고
자기를 낮추는 자는 ——— 높아지리라

• 누가 의롭다함을 받았는가? 저 바리새인들이 아니고 가슴을 치며 감히 하늘을 쳐다보지도 못했던 바로 그 세리가 의롭다함을 받았다는 것이다. 무엇이 문제였을까?

의롭게 되는 것은 자신의 불의함을 깨닫고 하나님과의 올바른 관계를 맺으려고 하는 자들에 대한 약속이다

• 의는 죄 용서와 밀접한 관계가 있는데, 그 의는 윤리적으로 어떤 실천에 있는 것보다 하나님과의 올바른 관계에서 출발한다. 하나님과의 올바른 관계가 설정될 때, 그는 죄책으로부터 면죄를 받을 수 있다. 따라서 주님은 의가 하나님의 요구이며 그의 선물이라고 말씀하신다.

• 여기에 예수님이 가르치시고자는 윤리적 교훈의 핵심이 있다. 바리새인들은 자신의 의를 자랑했다. 결국 그들은 교만했다. 그들은 하나님의 선물의 필요성을 알지 못했다. 그러나 스스로 의롭다고 생각하는 바리새인들과는 달리 세리는 전적으로 하나님의 긍휼에 의존하였다.

• 의롭게 되는 것은 자신의 불의함을 깨닫고 하나님과의 올바른 관계를 맺으려고 하는 자들에 대한 약속이다(마 5:6, 의에 굶주리고 목마른 자들). 그러므로 의로움은 그 자신의 것이 아니라(눅 18:9) 전적으로 하나님께로부터 오는 것이다(롬 1:17).

어린 아이들을 금하지 말라(눅 18:15–17)

같이 읽을 곳(마 19:13–15; 막 10:13–16)

1) 어린 아기(βρέφος , 브레포스) - 갓난 아이(baby), 유아(infant)

1. 예수님의 사역은 지금 최정점에 와 있다. 따라서 주님의 사역은 늘 바쁘셨을 것이다. 그런데 어린 아기[1]를 주님께 데려와서 만져주심(안수하고 기도해 주심)을 바라는 여인들이 있었다. 당시 사회는 여자와 어린 아이들은 관심 대상에서 제외되었다.

(1) 당연히, 제자들이 이를 가로막고 나섰다. 그러지 않아도 너무 바쁘신데 아이들까지 돌볼 여유가 없으셨기 때문이다. 그러나 예수님은 이런 편견들을 정리하셨다. 하나님의 나라는 오히려 가난하여 천대받는 자들이, 그리고 여자와 아이들도 인간으로 대우받는 곳이다.

눅 18:16 예수께서 ┬ 불러 가까이 하시고
/그 어린 아이들을
└ 이르시되
/[너희는 ┬ 용납하고
/어린 아이들이 내게 오는 것을
└ 금하지 말라
//(이유: for, γάρ)
하나님의 나라가 이런 자의 것이니라

용납하고 - 허락하고, 막지 말고

• 마태복음에서는 아이를 παιδίον(파이디온)라고 표기했다(마 18:2). 누가복음 18:15에서는 βρέφος(브레포스), 16절에서는 파이디온으로 언급했다. 파이디온은 7세까지의 어린 아이를 가리키킨다.

2. 우선 마 18:1-4을 다시 읽어보자. 또 막 10:10을 보면, 이혼에 관한 말씀을 마치시고 바리새인들이 없는 데서 행해진 것 같다. 여기 나오는 아이들(παιδία)은 안겨다니는 영아들인 것 같다(눅 18:15, βρέφος브레포스). 우리는 대체로 어린 아이들에 무관심하기 쉽다. 제자들도 그러했다. 이에 대한 예수님의 태도는 어떠하셨나?

(1) 막 10:14을 읽어보면, 주님은 제자들에게 '노하셨다'[1]고 했다. "어린 아이들이 내게 오는 것을 용납하고(permit) 금하지 말라(do not hinder them) 하나님의 나라가 '이런 자'(τοιούτος토이우토스)의 것이니라." '토이우토스'라는 말은 '이와 같은, 이러한, 이러한 종류'를 의미한다. 주님은 천국이 오직 어린아이들에게만 속했다고 말씀하지 않으셨다. 천국은 "이런 자의 것"(such as these), 즉 어린 아이와 같은 종류의 태도(어린아이의 기질)를 취하는 모든 사람들의 것이라고 말씀하신다(막 10:14* 참조).

1) 노하셨다(ἠγανάκτησεν, was indignant)고 했다.

아가나크테오 (ἀγανακτέω)의 과거 - 분개하다, 화를 내다, 격분하다.

• 막 10:14 "예수께서 보시고 노하시어 이르시되 어린 아이들이 내게 오는 것을 용납하고 금하지 말라 하나님의 나라가 이런 자의 것이니라."

(2) 하나님 나라에서는 이런 '어린아이 같은 영'(childlike spirit)을 가진 사람들에 의해 이해되고 또 그들에게 제시된다. 어린아이들은 하나님 나라를 단순함과 감사 그리고 신뢰성과 함께 받아들인다. 하나님 나라는 어떠한 경쟁 상대를 이기고 들어가는 곳이 아니다.

부자 청년의 고민
영생의 문제가
아직 해결되지 않았다.
나름대로 최선을
다한 삶을 살았는데
속에는 아직도 갈등이
남아 있다

무엇을 하여야 영생을 얻으리이까? (눅 18:18–27)

같이 읽을 곳(마 19:16–26; 막 10:17–27)

1. 어떤 관리가 예수님께 다가 왔다. 그는 어떤 문제를 가지고 질문했나? (18절)

(1) 마태복음에서는 그 관리를 '부자 청년'이라고 소개했다. 여기서는 '관리'(ruler, ἄρχων아르콘)라고 했다. 통치자, 군주라는 뜻이 있다. 어쨌든 공관복음서에서 그를 '돈 많은 부자'라고 소개하고 있다. 마가복음의 설명이 좀더 리얼하다.

막 10:17 예수께서 —— 길에 나가실새(=나갔을 때, 상황절, when)
한 사람이 — [그에게] **묻자오되**
/달려와서
/[그에게] 꿇어 앉아
/선한 선생님이여
/내가 — 무엇을 하여야(=행하리이까?)
//(목적: that...may-NKJV)
[내가] —— 얻으리이까(=얻도록)
/영생(eternal life)을

그는 아직까지 영생을 얻지 못했다는 것을 깨닫고 있었다. 그 원리까지도 알고 있었다.

이 사람은(청년은) 이전의 예수님의 가르침(마 5:17, 18 참조)을 보아 바리새인들과 서기관들의 의는 하나님 나라에 들어가는 데에 합당치 못하다는 사실을 알았을 것이다. 그렇다면, 어떤 선한 일을 해야 영생에 들어갈 수 있단 말인가? 눅 18:18에서는 이 사람을 '관리(관원)'라고 했다.

하나님 한 분 외에는

하나님만이 오직 선하신 분이라는 사실은 구약성경에서 그가 선택한 백성을 구원하여 율법을 주신 것(신 30:15), 출애굽과 가나안 정복과 같은 역사적 사건들 속에서 맹백해졌다. 백성에게 주어진 율법을 통해 선이 무엇인지 알 수 있다. 선을 행하는 자는 선하지만, 하나님의 도움 없이는 불가능하다(전 7:20).

하나님의 선하심은 그리스도를 통하여 인간에게 전달된다. 인간은 오직 그리스도를 통해서만 새로운 삶의 기회를 받을 수 있다.

(2) 그는 급히 달려와 예수님께 꿇어 앉았다. 그리고 주님을 향하여 '선한 선생님'(διδάσκαλε ἀγαθέ, Good Teacher)이라고 불렀다. 이 청년에게 예수님은 어떤 분이었을까? 그는 예수님을 하나님의 아들이 아니라 바리새인과 서기관들보다는 더 나은 '선생'이라고 생각했다.

눅 18:19 예수께서 **이르시되**
/네가 —— 어찌하여 나를 선하다 일컫느냐
/선한 이가 — 없느니라
/하나님 한 분 외에는

막 10:17이하; 눅 18:18이하 마 19:17 / 여기서 선함이란 도덕적 완전을 의미한다. - 선함(goodness), 친절(kindness), 이는 하나님의 본질적 선함을 표현한다.

2. 이 청년(관리)은 자기가 지금까지 살아온 과정을 살펴볼 때 영생을 얻는 데는 아직도 부족한 면이 있다고 여긴 것 같다. 그는 마치, 바리새인들의 생각과도 같이 "선생님이여 내가 **<무슨 선한 일을 하여야>** 영생을 얻으리이까?(마 19:16)"라고 물었다.

(1) "무엇을 하여야" (what shall I do, τί ποιήσας과거분사) : 포이에오(ποιέω)라는 동사는 '만들다, 창조하다, 행하다'라는 뜻으로 철학자 플라톤은 이 동사를 '갖은 노력을 다하다'라는 의미로 사용했다. 관리(ruler) 중에서 그리스도를 존경했던 사람은 많지 않았다. 그래도 본문에 나오는 이 관라는 바리새인들과 달리 예수님을 존경했던 것 같다.[1])

(2) 이 청년은 **영생**을 선한 일(善, 아가도스, ἀγαθός)이라는 인간의 기준에서 측정하는 것이라고 생각하고 있었다. 따라서 주님은 영생을 얻는 길이 인간의 능력에 있지 아니함을 보여주려 하신다.

(3) "너는 영생을 얻기를 원하느냐? 그러면 계명을 잘 지켜라." "어떤 계명 말입니까? 네가 계명을 아나니 간음하지 말라, 살인하지 말라, 도둑질하지 말라, 거짓 증언 하지 말라, 네 부모를 공경하라 하였느니라."(출 20:12-16; 신 5:16-20). "아, 그 계명이요? 이것은 내가 어려서부터[2]) 다 지키었는데요."

(4) 그러나 주님께서 이 청년에게 이런 철저한 요구를 하신 것은 실제로 유대인 중에서 이 율법을 완전히 지킨 사람은 없다(행 7:53 참조)는 것을 은연 중 드러내신 것이다. 어쨌든 (마 19:3에서의 바리새인들과 비교해 볼 때), 어떤 점에서 그를 칭찬할 수 있을까? 예수님은 그를 어떻게 생각하셨나? (막 10:21, 예수께서 그를 보시고 **사랑하사**...") 사랑하사,[3]) 즉 그를 대견해 하셨다는 것이다. 주님은 그의 미덕(美德)과 선행(善行)에 대한 관심을 인정하시고 그를 동정하셨다.

(5) 이런 계명들은 다 지켰지만 그에게는 그래도 구원을 위해 무엇인가 해야 한다는 생각을 갖고 있었던 것 같다. 물론 구원을 위해서는 믿음에 따르는 실천적인 복종(참조: 히 11:8)이 포함되고, 오래 참는 것이 요구된다(히 6:12). 그것이 없이는 하나님의 나라를 기업으로 받을 수 없다고 했다(갈 5:21 고전 15:50하반절).

1) 어떻게 하여야 영생(=영원한 생명)을 얻겠습니까 (κληρονομήσω가정법과거)

여기서 '얻다'(클레로노메오, κληρονομέω)라는 말은 '상속하다, 상속자가 되다'(inherit), 또 '획득하다, 얻다, 소유하다'라는 의미이다. 그러니까 '어떻게 하여야 하나님 나라의 상속자가 될 수 있겠습니까' 라는 의미이기도 하다.

2) 어려서부터(ἐκ νεότητος) 네오테스(νεότης)라는 말은 '젊음, 젊은 연령, 연소'를 뜻한다. 그러니까 소년, 또는 청년기를 가리킨다(막 10:20).

3) 예수님은 이 청년을 보시고 '사랑하셨다'(ἠγάπησεν) 고 했다. "그를 유심히 바라보시고 대견해 하시며"(공동번역)

4. 그러나 주님은 그 청년에게 한 가지 부족한 것이 있다고 말씀하신다.

눅 18:22 예수께서 이 말을 **들으시고 이르시되**
/한 가지 — 부족한 것이 있으니
/네게 아직도
/[너는] ┬ 네게 있는 것을 다 팔아
└ 가난한 자들에게 나눠 주라
//그리하면(결과)
하늘에서 네게 보화가 있으리라
/그리고 와서 나를 따르라

'부족한 것'이란 무엇일까? 그것은 "가서 네게 있는 것을 다 팔아 가난한 자들에게 주라"는 것이었다.

그것은 예수님의 참된 제자가 되려면 자기 희생적인 헌신을 필요하다는 것이었다. 예수님의 제자가 된다는 것은 결국 율법에 대한 참된 순종이라는 것이다.

1) 스튀그나조 (στυγνάζω) - 고통스로울 정도로 걱정 또는 슬퍼함을 가리킨다. 부자가 아주 침울해 했다는 것이다.

(1) 그 청년은 재물이 많으므로 이 말씀을 듣고 심히 근심하며(στυγνάσας과거분사)[1] 갔다고 했다(눅 18:22; 막 10:22). 그 청년은 모든 계명을 다 지킨 것 같았으나 네 이웃을 네 자신 같이 사랑하라는 말씀은 수용할 수 없었던 모양이다. 그의 가장 아픈 곳을 찔렀을 것이다. 그가 그렇게 침울해 했던 것은 재물이 많았기 때문이었다. 그는 "슬픈 기색을 띠고 근심하며" 갔다고 했다(막 10:22). 말씀대로 못한 것을 보니(22절), 이 청년은 재물을 더 사랑한 것 같다.

2) 그것은 낙타가 바늘귀로 들어가는 것만큼 어렵다는 것이다. 그러니까 불가능하다는 표현이다. 어떤 사람은 여기 나오는 낙타(camel)라는 단어는 사실은 밧줄(케이블)이라는 말이라고 주장하기도 하지만, 낙타든, 밧줄이든 그것이 작은 바늘 구멍으로 들어갈 수 없기는 마찬가지가 아닌가.

(2) 영생의 약속으로 가는 길을 열어 놓으신 분은 예수님이시다(참조: 히 6:20). 그 분은 아들이자 후사이시다(히 1:4). 예수님 자신이 상속자인 동시에 또한 우리를 위하여 자신을 내어주신 분인 까닭에, 우리는 그분과 관계를 맺지 않고는 이 기업을 상속할 수 없다. 이 청년(관리)에게는 부(富)가 비극적인 걸림돌이 되었다. 물론 부(富) 자체가 악하기 때문이 아니다. 그에게는 부가 하나님 한 분만이 차지하여야 할 자리를 차지하고 있었다. 그는 재물(크테마, κτῆμα)이 많았다고 했다.

5. 이렇게 주님은 앞에 여러 비유를 통해 그를 따르려는 제자들은 하나님과 재물을 동시에 섬길 수 없다는 점을 계속 주지시키셨다(눅 16:13). 또한 제자들은 주어진 재물을 올바로 사용해야 한다는 점도 강조하셨다.

3) 외적인 행동은 내적 변화의 증거일 뿐이다. 이 변화는 죄를 뉘우치는 슬픔이어야 한다. 그러나, 지금까지 그는 이 세상 부귀에 집착해 있었다. 재물이 그의 신(神)이었다(마 6:19-24). 이 청년은 하늘나라에 들어가는 것이 결코 인간의 노력으로 들어가는 것이 아님을 알지 못했다.

(1) 이어서 주님은 "재물이 있는 자는 하나님의 나라에 들어가기가 얼마나 어려운지" "낙타[2]가 바늘귀로 들어가는 것이 부자가 하나님의 나라에 들어가는 것보다 쉬우니라"고 하셨다(24-25절; 마 19:24). 이 사실을 강조하기 위해 당시 그 지역에서 유행하는 비유를 드셨다. 예루살렘 성벽에 있는 아주 작은 문은 '바늘귀문'으로 불리며 주로 밤에 몸을 구부리고 들어갔다고 한다.

(2) 물론 주님의 제자들은 그를 따르기 위해 모든 것을 버렸다(눅 5:11, 28; 18:28). "듣는 자들이 이르되 그런즉 누가 구원을 얻을 수 있나이까?"(26절). 물론 부자가 하나님 나라에 들어가는 것이 불가능하다는 말은 아니다. "사람이 할 수 없는 것을 하나님은 하실 수 있기 때문이다"(27절).[3]

(3) 청년은 부자였다. 그리고 영생의 조건이라 생각한 율법도 어려서부터 철저히 지켰다. 당시 사람들은 부는 하나님의 축복의 상징이요 덕으로 여겼다. 그러나 주님의 이런 교훈은 실로 충격적인 말씀이었다. 도대체 그럼, 누가 구원을 받을 수 있단 말인가! 돈이나 재물이면 모든 것을 다 해결할 수 있다는 생각이 팽배해 있는 현대를 사는 크리스천들에게도 불편한 말씀일 것이다.

죽음과 부활 (세 번째) 예언(눅 18:31–34)

같이 읽을 곳(마 20:17–19; 막 10:32–34)

1. 예수님은 이제 때가 가까이 옴을 알고 열두 제자를 데리고 예루살렘으로 올라가신다. 그리고 수난과 부활에 대해 예언하신다.[1)]

눅 18:31 우리가 —— 예루살렘으로 올라가노니 — • 마 20:17 "열두 제자를 따로 데리시고[그들에게] 길에서 이르시되"
모든 것이 — 인자에게 응하리라.
/선지자들을 통하여 기록된

32 //(이유: for, γάρ)
인자가 —— 이방인들에게 넘겨져 희롱을 당하고
능욕을 당하고 침 뱉음을 당하겠으며
33 그들은 —— 채찍질하고 그를 죽일 것이나
그는 —— 삼 일 만에 살아나리라

• 예수님은 자신의 죽음이 그의 메시야적 사명의 본분임을 아시고 그 길을 걸어가실 것을 공개적으로 선언하신 것이다.

• 예수님은 자신을 죄인들과 동일시하심으로써 죄를 싫어하시는 하나님의 진노의 대상이 되었다. 이제 그 고난의 시간이 임박해지자 여러 차례 고난과 십자가 위에서 죽으실 것을 예언하신 것이다. 그 일이 얼마나 힘든 과정인가는 "될 수 있는 대로 이 잔을 내개서 옮겨 달라는" 기도 속에 잘 나타나 있다(막 14:35, 36).

구약에서 메시야의 고난과 죽음이 예언된 곳은 어디일까?

▶ 하나님의 구속 사역은 성부의 뜻에 완전히 순종함으로써 가능하다. 이때 성자는 여호와의 종이다. 예수님은 여호와의 종으로서 자기 백성의 질고를 친히 담당하시게 된다.

(1) 예루살렘의 최후의 입성은 시편 118:25과 스가랴 9:9 (요 12:13-15)

(2) 예수님께서 배반당할 것을 예언 : 시 41:9 (요 13:18 "내가 너희 모두를 가리켜 말하는 것이 아니니라 나는 내가 택한 자들이 누구인지 앎이라 그러나 내 떡을 먹는 자가 내게 발꿈치를 들었다 한 성경을 응하게 하려는 것이니라")

(3) 예수님의 죽음에 대한 예언: 시 22편; 사 52:13-53:12(네 번째 여호와의 종의 노래); 슥 13:7 등

• 무엇보다 메시야는 그의 외모 때문에 멸시를 받는다. 사람들의 기대에 어긋나는 모양으로 나타나셨기 때문이다. 그 종은 슬픔의 사람이었다(사 53:2-3). 그가 슬픔을 당하는 목적은 실상은 우리의 죄악 때문인데도 말이다(4-6절). 그는 "도수장으로 끌려가는 어린 양처럼" 보였다(7-8절). 그는 불명예스럽게 죄수로서 처형되나 실제로 무죄한 자이므로 부자와 함께 명예스럽게 매장된다(9절).

2. 주님은 제자들에게 앞으로 벌어질 수난과 죽음과 부활에 대해서 몇 차례 말씀하셨지만, 제자들은 그 말씀의 진정한 의미를 이해하지 못했다.

눅 18:34 제자들이 — 이것을 하나도 **깨닫지 못하였으니**
그 말씀이 — **감취었으므로**
그들이 —— 그 이르신 바를 **알지 못하였더라**

제자들은 예수님의 말씀을 알지 못했다. 왜? 유대인들의 메시야관과는 너무나 정반대되는 개념이기 때문이었다.

제자들은 예수님의 말씀을 하나도(=조금도) 깨닫지 못했다. 주님께서 이와 같이 고난에 대하여 반복적인 예언을 하였음에도 불구하고 제자들은 무슨 생각

1) 수난과 부활 예언
• 첫 번째 -- 마 16:21; 눅 9:22
• 두 번째 -- 마 17:22, 23; 눅 9:44
• 세 번째 예언은 앞의 예언보다 더 구체적이다. 십자가에 못 박히리라고 공공연히 말씀하신다. 핵심은 '제삼일에 살아나리라'는 것이다.

• 마 20:21 "예수께서 이르시되 무엇을 원하느냐 이르되 **나의 이 두 아들을 주의 나라에서 하나는 주의 우편에, 하나는 주의 좌편에 앉게 명하소서.**"

을 하고 있었나? (막 10:35-40) 특히 세베대의 아들 야고보와 요한이 예수님께 아주 특별한 요구를 해왔다. 마태복음에서는 이들의 "어머니가 그 아들들을 데리고 예수님께 와서 절하며 구했다"(마 20:20-23*)고 기록하고 있다.

(2) 복음 선포는 예수님의 죽으심과 부활 이후에야 비로소 완전히 진작(振作 - 떨쳐 일어남)될 수 있었다. 따라서 복음의 진정한 그리고 가장 심오한 기초는 그의 고난, 죽으심, 부활에 있다. 예수님은 자신의 죽음과 고난에 관련하여 "많은 사람들"에 관하여 말씀하셨다(막 9:9, 10). 하나님은 부활이 그 나라에 관해 이 땅 위에 계시하신 모든 것의 마지막 국면이라고 하신다. 인자는 많은 고난을 받고 "이 세대 사람들에게" 배척을 당하기 전에는(눅 17:25) 승천하실 수 없으셨다.

맹인을 고치심(눅 18:35-43)

같이 읽을 곳(마 20:29-34; 막 10:46-52)

1) 마태 : 맹인 두 사람 (마가: 맹인의 이름 - 바디매오)
• 마태 : 마가 : 여리고를 떠날 때 // 누가 : 여리고에 가까이 가실 때

(두 개의 여리고 성이 있었다. 오래된 성과 새 성읍) 예수님은 구(舊)여리고를 떠나 신(新)여리고로 가고 계셨다.

1. 이제 주님의 지상 생애 중, 마지막 주간의 시작을 보게 된다. 주님은 베레아에서 요단을 건너 여리고를 지나 예루살렘으로 나아가고 계시는 중이다. 이 사역은 어디에서 일어난 일인가? 다른 복음서와 기록의 차이가 보인다.[1)]

(1) 두 맹인은 갈릴리 지방에서 살았던 두 맹인에게서 이야기를 들었을 것이다(9:27이하). 이제 이들에게는 절호의 기회였다. 얼마나 큰 소리를 쳤을까?

(2) 두 맹인의 태도에서 우리는 무엇을 배울 수 있을까? 그들의 기도가 어떠했기에 예수님의 걸음을 멈추게 하였을까? 마가복음의 내용을 보자. (막 10:47)

1) 크라조(κράζω) - (크게) 소리 지르다(cry aloud) 예수님을 메시야로 알아보고 발하는 외침이다. 주로 궁핍과 두려움에서 도움을 요청하는 울부짖음에 쓰였다(마 9:27, 14:26).

> 47 [그가] —— 나사렛 예수시란 말을 듣고(상황절, when)
> **소리 질러**[1)] **이르되** (...하거늘)
> /다윗의 자손 예수여
> /[당신은] — 나를 불쌍히 여기소서 (ἐλέησόν με)[2)]
> (have mercy on me!)

2) 엘레에오(ἐλεέω) - 인간의 비참한 현실에 하나님의 자비를 부여하는 것을 의미한다. 자비를 베풀다, 동정하다.

(3) 얼마나 소리를 질렀을까? "많은 사람이 맹인 바비매오를 꾸짖어 잠잠하라"(48절)고 했다. 그러나 '그는 더욱 크게 소리 질렀다'(he kept crying out all the more)고 했다. 예수님은 이 맹인의 태도에 어떤 반응을 보이셨을까?

적용을 위한 **묵상** **무엇을 하여야 영생을 얻을 수 있습니까?**

• 차라리 네 목에 연자 맷돌을? '오잉?'
교회 공동체에는 다양한 성도가 모인다.
물론 각자의 영적 성숙도가 다르다.
생각보다 많은 사람들이 교회 내에서 외로울 수 있다.
여전히 시기하고, 여전히 비방이 오간다.
그래서 목회적 관심이 필요하다.
우리 모두는 자신들을 단지 '작은 자들'로 여겨야만 한다.

• 왜 교회 공동체는 거룩해야 하는가?
교회 내에 죄를 범하는 형제가 있을 때는
어떻게 처리해야 될까? 그대로 방관해도 되는가?
형제의 용서만을 강조하다보면
교회의 순수성까지 무너질 수 있다.
아주 꼴도 보기 싫은 사람이 옆에 있는데... 어떻게 할까?

• 겨자씨만한 믿음(faith as a mustard seed)이란?
이런 믿음을 가지고 그것이 질적으로 순수할 때
놀라운 성장과 능력을 나타낼 수 있다.
하나님은 큰 믿음보다는 진정한 믿음을 원하신다.
주위를 찬찬히 둘러보자. 누가 진정한 믿음을 가졌는가?

• 신앙생활하면서, 고난이 없으면 얼마나 좋을까?
그러나, 성도들에게는 고난이 필수적으로 따라온다.
성숙을 위한 필수 과정일까?
큰 역경이 파도처럼 밀려올 때
열정을 가지고 하나님께 부르짖으라고 하신다. 누구처럼?
누가복음 18:1-8을 다시 읽어보자.
그렇다고 하나님의 뜻을 알려고 하지 않고 무조건 떼만 쓰면 될까?

• 무엇을 하여야 (what shall I do, τί ποιήσας) 영생을 얻을 수 있을까?
갖은 노력을 다하여 영생을 얻을 수 있다고 믿었던 청년에게
주님은 영생을 얻는 길이
인간의 능력에 있지 아니함을 보여주려 하신다.
'네게 아직도 한 가지 부족한 것이 있구나.'
'뭔대요?'
'네게 있는 것을 다 팔아 가난한 자들에게 나눠 주어라.'
'뭐라구요?, 다시 한 번 말해 주실래요?
'네게 있는 것을 다 팔아 가난한 자들에게 나눠 주라구.'
'어이쿠' '이것만 빼놓고 다 할께요. 제발이요~'

• 어린 아이들을 금하지 말라(눅 18:15-17). 단순히 아이들을 사랑해야 된다는 말씀일까?

• '어린아이 같은 영'(childlike spirit)을 가진 사람들이 많은 교회가 진짜 좋은 교회이다.

• 하나님 나라는 어떠한 경쟁 상대를 이기고 들어가는 곳이 아니다.

• 한 청년(관리)이 재물이 많으므로 심히 근심하며 돌아간다(눅 18:22). 무엇 때문에 사람들은 주님 앞으로 다가오지 못하는 걸까?

베다니에서 예루살렘까지

베다니에서 벳바게까지 사역이 소개된다.
(마 21:1-7; 막 11:1-7; 눅 19:29-35)
나귀 새끼를 데려오라.

그리고, 화요일
주님은 나귀 새끼를 타고 예루살렘에 입성하신다.
주님이 나귀를 타고 입성하신 사건은
이사야 62: 11과 스가랴 9:9의 성취이다.
군중들의 열렬한 환영(눅 19:38; 요 12:12-15)
"찬송하리로다 주의 이름으로 오시는 왕이여"
"호산나 다윗의 자손이여 가장 높은 곳에서 호산나"

예루살렘을 내려다보시고 우시는 주님(눅 19:41-42)
예루살렘 도성이 원수들에게 포위되어
자녀들이 죽임을 당하고
성전은 완전히 피괴될 것이다.

주님이 십자가 위에서 달리실 때가 얼마 남지 않았다.
예루살렘에서의 한 주간
주님은 많은 가르침과 기적을 통해
마지막 지상에서의 삶을 정리하고 계신다.
성전 청결 사건, 부할 논쟁, 예수님의 권위에 대한 문제
그리고
많은 비유를 들어 종교지도자들과 토론하신다.
19-20장은 화요일에 벌어진 사건들이다.
주님은 금요일에 십자가에 달리신다.

예수님과 삭개오(눅 19:1-10)

(1) 삭개오에 관한 이야기는 누가만이 기록하고 있다. 예수님께서 여리고를 지나 가신다는 소문을 듣고 많은 사람들이 그를 만나기 위해 길가로 나갔다. 삭개오도 그 소문을 듣고 현장에 도착했으나 예수님에게 다가가기가 어려웠다.

(2) 삭개오의 (주님을 뵙고자 하는) 열망을 아신 주님은 삭개오에게 즉시 나무에서 내려오라고 하셨다. 여리고에서 가장 미움을 받는 사람 중 하나였을 삭개오, 그는 이 시간이 얼마나 기쁘고 가슴 떨리는 순간이었을까?

(3) 주님은 삭개오의 진정한 회개를 인정하고 받아주신다. 유대인들에게 죄인 취급받던 세리 삭개오가 주님을 만난 후, 그의 삶에 어떤 변화가 있었을까? 소유의 올바른 가르침은 예수님의 가르침 중에서 중심 주제였다. 삭개오의 결단, 이것은 참 회개에 따른 것이다. 주님의 제자가 되겠다고 따라나선 자들은 세상에 대한 무엇까지 포기해야 될까?

열 므나 비유(눅 19:11-27)

(1) 본문에 나오는 은화 열 므나 비유는 하나님 나라가 당장에 나타날 줄 알고 있는 자들에게 그들의 잘못된 기대를 바로 잡아주시려고 설명하신 것이다. 예수님은 자신의 떠남 이후에 제자들이 "지극히 작은 것에 충성할 것"(17절)을 말씀하신다.

(2) 마태복음의 달란트 비유도 같은 개념으로 설명하고 있다(마 25:24). 특별히 비유 중에서 세 번째 종은 주인을 오해하고, 주어진 달란트를 가지고 어떤 경제적 활동을 하지 않았다. 이 세 번째 종은 봉사를 거부하는 제자를 묘사하고 있다.

(3) 누가복음의 세 번째 종도 악한 종이라 불림을 받은 이유는 무엇인가? 마태복음의 세 번째 종의 태도와 같이 누가복음의 비유의 세 번째 종도 그의 능력이 무능력했다는 데에 있지 아니하다. 이 종은 주인의 의도를 알지 못했다. 오히려 자신이 받은 능력과 권한이 아무리 미미한 것이라 해도(한 므나처럼) 전혀 활용치 않

은 게으름에 문제가 있었다는 것이다.

예루살렘에 들어가시다(눅 19:28-44)

(1) 주님은 나귀 새끼를 타고 예루살렘에 입성하신다. 예수님은 겸손하여 나귀를 타셨다고 했다. 여기서 겸손이란 '고난을 당하는'이라는 뜻으로 해석할 수 있다. 이사야서의 네 번째 여호와의 종의 노래에서(사 52:13-53:12) 고난 받는 종에 대해서 언급하고 있다.

(2) 주님이 나귀를 타고 입성하신 사건은 이사야 62:11과 스가랴 9:9을 해석적으로 합친 것이다.

예루살렘 성을 내려다보시고 우심(눅 19:41-44)

(1) 예루살렘 멸망에 대한 말씀을 듣는 제자들의 마음은 착잡했다.

(2) 그렇다면 메시야께서 통치하실 백성이 어떻게 존재할 것인가? 또 이 사건이 언제 일어날 것인가에 관심이 있었다(마 24:3). 주님께서 말씀하신 예루살렘이 멸망할 것이라는 폭탄적인 선언에 제자들은 ① 언제 그 일이 일어나며, ② 또 어떤 징조가 있을 것인가를 물었다.

성전에 들어가심(눅 19:45-48)

(1) 성전에서의 진정한 예배 행위는 없어진 지 오래였다. 성전은 무엇하는 곳인가? 그곳은 만민이 기도하는 집이 아닌가? 그들의 죄를 회개하고, 기도함으로써 다시금 생의 추진력을 얻는 곳, 그곳이 지금 **강도의 소굴**이 되어 있다.

(2) 예수님은 이 성전이 결국 파괴될 것임을 선언하신다(마 24장). 이제 이 성소는 쓸모없어졌을 뿐만 아니라 잘못 사용되고 있었기 때문이다. 물론 희생제사는 훗날 그리스도의 십자가의 희생을 상징하는 모형이었다.

네가 무슨 권위로? (눅 20:1-8)

(1) 지금, 예수님이 성전에 들어가 백성들에게 하나님 나라의 진리를 가르치고 계시는데, 종교 지도자들이 대거 등장했다. 대제사장들과 서기관 그리고 백성의 장로들이라고 했다(눅 20:1). 이들은 예수님께 다가와 그 권위의 출저를 확인하려 했다.

(2) 예수님은 끈질기게 예수님의 권위를 묻는 그들에게 요한의 세례에 대해 질문하는 것으로 제사장과 서기관들에게 답변하셨다.

포도원 농부의 비유(눅 20:9-19)

비유의 내용을 설명해 보라. 이 비유에서 바리새인들과 서기관들이 결국, 악한 농부라는 것을 알아듣고 분노한다.

가이사의 것은 가이사에게(눅 20:20-26)

사두개인들은 세금 문제를 갖고 예수님을 곤경에 빠뜨리려고 했다.

부활 논쟁(눅 20:27-40)

(1) 사두개인들은 부활이 없다고 믿었다. 이번에는 사두개인들이 난해한 문제를 가지고 와서 예수님으로 하여금 곤경에 빠뜨리게 하려 했다.

(2) 예수님은 사두개인들도 인정하는 출 3:6, 15의 말씀을 부활에 대한 증거로 인용하셨다. "하나님은 죽은 자의 하나님이 아니요 살아 있는 자의 하나님이시니라."

그리스도와 다윗의 자손(눅 20:41-44)

(1) 서기관들은 예수님과의 대화에서 예수님의 말씀이 옳다는 것을 인정했다(눅 20:39). 이들은 감히 더 이상 묻는 사람이 없었다고 했다(40절).

(2) "그러면 다윗이 성령에 감동되어 그리스도를 주님이라고 부른 것은 어떻게 된 일이냐?"고 물으셨다. 유대인들이 대망했던 메시야는 진정 다윗의 자손이었다. 그러나 이들은 예수님이 "다윗의 자손"이라고 불리는 것을 아주 싫어했다. 이 관계를 시편 110:1을 인용하시면서 자세히 설명하셨다.

서기관들을 삼가라(눅 20:45-47)

백성의 지도자급에 속하는 서기관과 바리새인들은 오히려 천국문을 막고 다른 사람도 들어가지 못하게 하는 걸림돌이 되어버렸다. 주님을 따르는 많은 백성들과 이와는 대조적으로 돌 같이 굳어버린 종교지도자에게 화를 선포하셨다.

336

예수님과 삭개오(눅 19:1–10)

삭개오에 관한 이야기는 누가만이 기록하고 있다. 예수님은 그의 제자들, 그리고 그들을 따르는 많은 무리들과 함께 유월절을 지키려 예루살렘으로 가시는 중이다. 가시는 중에 여리고를 지나가시게 되었다. 예수님께서 여리고를 지나 가신다는 소문을 듣고 많은 사람들이 그를 만나기 위해 길가로 나갔다. 삭개오도 그 소문을 듣고 현장에 도착했으나 예수님에게 다가가기가 어려웠다. "그가 예수께서 어떠한 사람인가 하여 보고자 하되 키가 작고 사람이 많아 할 수 없어 앞으로 달려가서 보기 위하여 돌무화과나무에 올라갔다."

삭개오는 "세리장이면서 또한 부자였다"

he was a chief tax-gatherer and he was rich.

- 삭개오(Ζακχαῖος 작카이오스) - '순전한' 또는 '의로운'을 뜻한다.

- 삭개오는 세리장(a chief tax-gatherer)이었다. 그는 로마 정부나 또는 지방 정부로부터 여리고 지역의 세금 징수권을 사들였던 지방의 브로커였을 것이다. (하지만 예수님 당시 갈릴리에서 세금은 로마를 위해서가 아니라 헤롯을 위해 거두어졌다.) 어쨌든 그는 세금 징수 대행업자들에게 세금을 징수하도록 하였을 것이고 이로 인해 그는 부자가 되었을 것이다. 이런 이유로 삭개오는 여리고에서 미움을 받는 위치에 있었다.

- 여리고는 여리고는 종려나무 숲과 발삼으로 유명하였고(Jos. *Antiq*., xv, 4. 2.) 또한 욥바와 예루살렘 및 요단 동부 지역 사이의 무역이 행해지던 곳이다. 따라서 세금이 많이 걷히던 곳이다.

1) 급히(스퓨도, σπεύδω) - 서둘다, 노력하다 / 그는 서둘러 급하게 내려왔다.

1. 이스라엘 집의 잃어버린 양을 구원하시려는 예수님의 사역은 계속된다.

(1) 구역성경에서 여리고(יְרֵחוֹ 예레호)는 종려나무의 성읍으로 알려졌다(신 34:3; 삿 1:16, 3:13; 대하 28:15). 사해 북쪽에서 멀지 않은 곳으로 예루살렘과 요단강 사이에 위치해 있다.

눅 19:4 [그는] —— 앞으로 **달려가서** 돌무화과나무에 **올라가니**
- 앞질러 달려가서(he ran on ahead). προτέχω 프로트레코)

//(이유: ὅτι, for)
보기 위하여
- 삭개오는 호기심이 발동했다. 예수님이 어떠한 사람인가 하여 예수님이 지나가시는 길목에서... 나무 위로 올라갔다.

//이는(ἵνα, in order to)
예수께서 —— 그리로 지날 것이기 때문에

5 예수께서 —그 곳에 이르사(when) **쳐다 보시고 이르시되**
/삭개오야 — 속히 내려오라
- 예수님은 삭개오의 특이한 행동 때문에 그를 주목하여 보시고 나무에서 빨리 내려오라고 하셨다.

//(이유: γάρ, for)
내가 오늘 네 집에 유하여야 *하겠다(δεῖ, must)*

(1) 삭개오의 (주님을 뵙고자 하는) 열망을 아신 주님은 삭개오에게 즉시 나무에서 내려오라고 하셨다. 그 이유는 삭개오의 집에 잠시 머물기로 작정하셨기 때문이다. 전혀 기대밖이었던 예수님의 부르심에 그는 "급히[1] 내려왔다"고 했다. 부르심에 주저없이 서둘러 내려왔다는 말이다. 그는 즐거움으로(기쁜 마음으로) 예수님을 영접했다.

(2) 여리고에서 가장 미움을 받는 사람 중 하나였을 삭개오, 그는 이 시간이 얼마나 기쁘고 가슴 떨리는 순간이었을까? 전혀 예상하지 못한 일로 인해 그

예수님은 세리와 죄인의 친구라는데...
그렇다면, 나같은 사람도 소망이 있겠구나!!
꼭 한번 뵈어야겠다. 빨라 뛰어가자...

부자는 천국에 들어가기가 쉽지 않은가?! (눅 18장에서 부자 청년의 경우처럼) 그러나 그것이 불가능하지 않다는 것이 삭개오의 사건에서 증명된다. 재산을 많이 가진 사람은 자기 소유를 가난한 자들과 함께 나누어야 한다고 말씀하신다. 그런 사람은 운명의 역전을 경험할 것이다. 삭개오처럼. 신앙생활은 한편으로는 결국 소유의 올바른 사용이란 점을 주님은 가르쳐 주신다.

는 주님을 기쁨으로(즐거워 하며, gladly, joyfully)[1] 모셔들였다. 그러나 그 사건을 목격한 사람들은 전혀 다른 반응을 나타냈다. "저가 죄인의 집에 유하러 들어갔도다"라고 수군거렸다. 유대인들에게 세리는 죄인 중에서도 죄인으로 취급받았다(눅 5:30, 15:2 참조).

1) 카이로(χαίρω) - 기뻐하다, 즐거워하다. 이 단어의 명사형 카라(χαρά)는 특히 그리스도 안에 소망을 언급한 곳에서 많이 등장한다. 그리스도를 통한 하나님의 구원 사역의 선포인 신약성경 전체가 기쁨의 메시지(=복음)임을 기억한다면, 지금 예수님을 영접하는 삭개오는 복음을 받아들인 것이다.

(3) 급히 나무에서 내려와 (믿음으로 크게 기뻐하며) 예수님을 영접한 삭개오, 그는 예수님 앞에 서서 곧바로 자신의 믿음과 회개의 실제적인 증거를 보여주기 시작했다. 주님은 부자가 천국에 들어가기가 얼마나 어려운가를 "낙타가 바늘귀로 들어가는 것이 부자가 하나님의 나라에 들어가는 것보다 쉬우니라"고 하셨던 비유에서(눅 18:24-25; 마 19:24) 드러내셨다. 세리장이요 또한 부자인 삭개오, 그는 주님으로부터 말씀을 듣고 즉시 엄청난 결단을 한다.

- 삭개오의 결단은 억지가 아니라 어디까지나 자발적인 결단이었다. 이것이 진정한 회개이다. 삭개오는 주님 앞에서 일어서서 말했다. 그는 결연한 마음을 가지고 자신의 결단을 선언한다. 후에 그는 진정한 예수님의 제자가 된다. 제자들은 하늘에 보물을 쌓아두기 위해 자기의 소유를 나누어야 한다. 주님은 부자 청년을 만났을 때 자기 소유를 팔아 가난한 자들에게 나눠주라고 권고하셨다(눅 18:22).

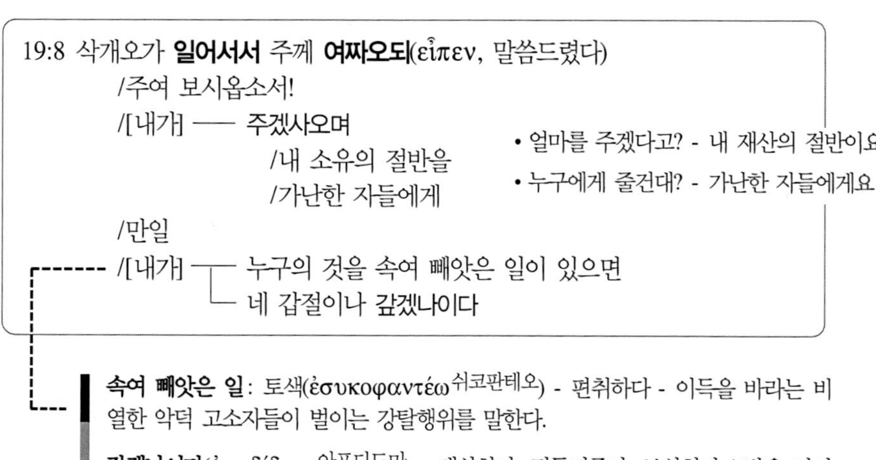

2. 주님은 삭개오의 진정한 회개를 인정하고 받아주신다.

19:9 예수께서 **이르시되**
/구원이 — 이르렀으니
/오늘 이 집에
//이유: ὅτι, for)
이 사람도 — 아브라함의 자손임이로다

삭개오는 부자로서, 자신의 선행으로서가 아니라 하나님의 긍휼하심으로 구원이 이른 것임을 보여준다.

삭개오는 유대인으로, 즉 아브라함의 자손으로 태어났지만 세리였기에 이방인 취급을 받았었다.

예수님은 정확히 삭개오를 아브라함의 자손이라고 부르셨다. 그가 다른 사람과 자기 소유를 나누었기 때문이다. 부자가 하나님 나라에 들어가는 것이 불가능한 일이 아니다. 하나님은 모든 것이 가능하시기 때문이다(눅 18:27).

(1) 서기관들과 바리새인들이 예수님을 비평한 주된 이유들 가운데 하나는 죄인들을 영접하고 그들과 더불어 식탁 교제에 참여했다는 사실에 있었다(눅

15:1-2). 이들은 예수님을 먹기를 탐하고 포도주를 즐기는 자라고 비난했다(마 11:19).[1] 이들에게 '죄인들'이란 (분명하고도 의도적으로) 토라를 업신여겼던 무리들이었다. 바리새인들은 비록 유대인이지만 랍비들의 토라 준수를 따르지 않았던 자들을 가리켜 '진정한 유대인이 아니다'라는 의미로 죄인으로 취급했다. 이들은 "율법 없는 열등한 족속들" 즉 이방인을 죄인으로 취급했는데, 어떤 유대인에게 죄인이라고 불렀다면 그는 "이교도와 다름없는 자"로 여겼다는 것이다.

(2) 그러나 예수님은 바리새파에 속하지 않았던 통상적인 유대인들 및 죄인들과 교제를 나누셨다. 이 중에 특정한 부류가 세리(τελώνης텔레네스, 세금징수청부인, 세금 징수원, tax-collector)였다.[2]

> 로마 통치기간 동안 과세는 가혹하다고 할 만한 수준이었다. 오직 유대지방에서만 600달란트를 마련해 내야했다고 한다(*Ant*. 17, 320; *War* 2, 97). 타키투스(Tacitus)는 '주후 17년에 시리아와 유대 지방의 주민들이 세금을 감해달라고 애걸했다'라고 기록하고 있다. 총독 비텔리우스(Vitellius)가 곡물에 대한 시장세를 감면해준 주후 37년경부터 약간 경감되었다(*Ant*. 18, 9). 주후 70년 예루살렘이 포위 공격을 당하는 동안 납세 거부가 반역의 유일한 이유였다고 한다(*War*. 5, 405). 따라서 세리들에 대한 감정이 좋았을 리 없었다. (바이블렉스)

3. 이렇게 유대인들에게 죄인 취급받던 세리 삭개오가 주님을 만난 후, 어떤 변화가 있었을까?

(1) 삭개오 개인만의 변화가 아니다. 그의 권속이 다 주님을 믿었을 것이다. "오늘 구원(σωτηρία소테리아)[3]이 이 집(가족)에 이르렀으니(Today salvation has come to this house)" 한 집안의 가장의 변화로 가족 전부가 믿게 되었을 것이다(행 16:31, 34, 18:8 참조). 그가 비록 백성들로부터 혐오의 인물로 취급받는 세리였지만(대다수의 세리는 악한 자들이었을 것이나), 그는 상당한 재산을 하나님을 위하여, 그리고 다른 사람에게 선행을 하겠다고 결심했다. 세리 생활을 통해 남을 토색하는 일도 있었을 것이나, 이제 그는 사배나 갚겠다고 약속했다. 주님은 그를 **아브라함의 자손**이라고 하셨다(요 8:39* 이하).

(2) 소유의 올바른 가르침은 예수님의 가르침 중에서 중심 주제였다. 삭개오의 결단, 이것은 참 회개에 따른 것이다. 주님의 제자가 되겠다고 따라나선 자들은 세상에 대한 무엇까지 포기해야 될까?

1) 바리새인들은 "저가 죄인의 집에 유하러 들어갔도다"라고 예수님을 비방했지만 주님은 "내가 의인을 부르러 온 것이 아니요 죄인을 부르러 왔노라"(막 2:17) 하신 것처럼, 죄인들을 불러 모아 자기와 교제를 나누게 하심으로써 자신의 메시야적 사역을 성취하셨다.

2) 유대인이 세무에 종사하게 되면 그는 고위층 사회와는 단절되었다. 그는 재판관이 될 자격을 박탈당하며 심지어 법정에서의 증인의 자격까지 박탈당하고 회당에서 출교 당했다. 그의 가족들도 그와 동일하게 취급 받았다. 그들의 강제 징수와 착취 때문에 세관원들은 살인자와 강도, 도둑, 돈 바꾸는 자와 법적으로 동일한 범주에 속하는 자들로 취급받았다.

3) 이 단어가 마태복음이나 마가복음에서는 한 번도 나오지 않고, 요한복음에는 꼭 한 번(요 4:22) 나오지만 누가-행전에는 10번이나 나온다(눅 1:69, 71, 77, 19:9; 행 4:12, 7:25, 13:26, 47; 16:17, 27: 34)

• 요 8:39 "대답하여 이르되 우리 아버지는 아브라함이라 하니 예수께서 이르시되 **너희가 아브라함의 자손이면 아브라함이 행한 일들을 할 것이거늘**." / 그리스도를 믿는 자들은 그들이 아브라함이 행했던 대로 행하여야 한다. 그런 사람이 진정한 자녀이다. 삭개오는 지금 그런 믿음을 갖게 되었다는 것이다.

열 므나 비유(눅 19:11-27)

같이 읽을 곳(마 25:14-30)

이 비유는 마태복음의 달란트 비유(마 25:14-30)와 유사하지만 차이점이 있다. 달란트 비유는 "어떤 사람이 타국에 갈 때 그 종들을 불러 자기 소유를 맡김과 같으니"라고 했는데, 그 주인이 오랜 후에 왔다는 것이다. 이 비유의 핵심은 '어떻게 충성할 것인가?'에 대한 비유였다.[1] 누가복음 본문에 나오는 은화 열 므나 비유는 하나님 나라가 당장에 나타날 줄 알고 있는 자들에게 그들의 잘못된 기대를 바로 잡아주시려고 설명하신 것이다.

1. 주님과 함께 예루살렘으로 올라가는 사람들, 제자들도 있었고, 다른 무리들도 있었다. 이들은 지금 어떤 생각을 하고 있었을까?

> 눅 19:11 그들이 이 말씀을 듣고 있을 때에(when)
> [예수께서] — 비유를 더하여 **말씀하시니**
> //이는(διά + 목적격, because)
> 자기가 — 예루살렘에 가까이 오셨고
> 그들은 — 생각함이더라
> /하나님의 나라가 당장에 나타날 줄로

• 주님께서 이 비유를 드신 목적은 무엇일까? 예루살렘이 그리 멀지 않았다(여리고에서 27km). 이들은 하나님의 나라가 당장에 올 것으로 오해하고 있었다.

(1) 제자들까지도 하나님의 나라가 '당장에'(immediately, παραχρῆμα파라크레마) 나타날 줄로 생각을 하고 있었다. 제자들은 예수님이 지금까지 유대인들이 기다렸던 메시야 곧 기름부음을 받은 자로서, 다윗의 후손으로서, 선봉에 서서 자신들의 영토를 침공해 다스리고 있는 로마인들을 물리치고, 성전 질서를 이전의 영광스러운 수준으로 회복할 인물로 기대했다. 곧 예루살렘이 그의 나라의 보좌가 될 것이 틀림없다고 생각했다. 그래서 지금 예루살렘을 향하여 가시는 것이라 여겼다. 이들은 예수님께서 그 보좌에 앉은 것을 보게 되리라는 것을 추호도 의심하지 않았다.

(2) 바리새인들도 하나님의 나라의 때를 기다리고 있었으므로(눅 17:20) 제자들과 비슷한 생각을 가지고 동행했을 것이다. 이런 잘못된 견해를 바로 잡아주시기 위해 열 므나 비유를 드신 것이다.

> 눅 19:12 [예수께서] **이르시되**
> /어떤 귀인[2]이 — 갈 때에
> /왕위를 받아가지고 오려고 먼 나라로

• 로마의 황제의 허락을 받아내려고 먼 길을 간 헤롯 왕처럼

마태복음의 달란트 비유

1) 천국은 마치 어떤 사람이 먼 길을 가면서 자기 종들을 불러 자기의 재산을 그들에게 맡기는 것과 같다. 달란트 비유는 천국에 대한 비유이다. 주인은 각자의 능력에 따라 5달란트, 2달란트, 1달란트를 위탁하였다. 주인은 모든 사람에게 똑같은 과제를 준 것은 아니다. '각각 재능대로' 여러 가지 형태의 의무를 정하였다.

이제 이 종들은 자립하여 주어진 돈으로 주인의 이익을 위해서 일해야 한다. 예수님은 제자들과 함께 있지 않는 동안 제자들에게 과제를 주셨다. 예수님은 이들에게 똑같은 결과를 원하시지 않는다. 그렇지만 모든 사람에게 은사에 의한 봉사가 명해지고 있다. 주어진 달란트대로 충성을 해야 한다는 것이다.

2) 귀인(貴人, nobleman) : 헤롯이 (주전 약 40년에) 이스라엘을 다스릴 수 있는 권한을 받으려 로마에 갔다온 사실이 있었다. 따라서 이 비유에서 귀인이 먼길을 갔다는 개념을 쉽게 이해할 수 있었을 것이다.

• 므나(mina, μνᾶ) : 노동자의 하루 일당이 한 데나리온 이다(마 20:2). 100데나리온이 한 므나이다.

13 [그가] ┬ 그 종 열(사람)을 불러 은화 열 므나를 주며
└ 이르되 (...하니라)
/내가 돌아올 때까지 장사하라

• 마태복음에서는 각 사람의 재능에 따라 달란트를 다르게 주었다. 그러나 누가복음에서는 누구에게나 똑같이 한 므나씩 나누어 주었다.

마태복음 25장에서는(달란트 비유)

1) 천국은 마치 어떤 사람이 먼 길을 가면서 자기 종들을 불러 자기의 재산을 그들에게 맡기는 것과 같다. 달란트 비유도 천국에 대한 비유이다.

• 한 사람에게는 금 다섯 달란트를,
• 한 사람에게는 두 달란트를,
• 한 사람에게는 한 달란트를 주고 떠났더니

2) 주인은 각자의 능력에 따라 5달란트, 2달란트 1달란트를 위탁하였다. 주인은 모든 사람에게 똑같은 과제를 준 것은 아니다. '**각각 재능대로**' 여러 가지 형태의 의무를 정하였다(each according to **his own ability**, κατὰ τὴν ἰδίαν δύναμιν). 이제 이 종들은 자립하여 주어진 돈으로 주인의 이익을 위해서 일해야 한다. 예수님은 제자들과 함께 있지 않으신다. 함께 있지 않는 동안 제자들에게 과제를 주셨다. 예수님은 이들에게 똑같은 결과를 원하시지 않는다. 그렇지만 모든 사람에게 은사에 의한 봉사가 명해지고 있다.

마 25장을 보자 :

• 마태복음 24:45을 다시 읽어보자. 이 비유는 청지기가 경성해야함을 가르친 내용이다.

여기서 **선한 청지기와 악한 종의 차이점이 무엇인가?** 악한 종은 어떤 형벌을 받았나? (마 24:51) 이 비유의 요점은 무엇인가?

• 예수님은 그의 제자들에게 ① 인자의 재림 시기를 알지 못하니 깨어 준비하고 있으라는 것과 ② 예수님께서 부탁하신 일을 충성스럽게 수행하고 있을 것을 당부하셨다는 것이다.

(3) 본문 14절을 보자. "그런데 그 백성이 그를 미워하여 사자를 뒤로 보내어 이르되 우리는 이 사람이 우리의 왕 됨을 원하지 아니하나이다 하였더라." 이 구절은 열 므나를 받은 자들이 제자들이라면, '귀인을 미워하며 이 사람이 우리의 왕이 되기를 원하지 않은 사람들'은 (메시야이신 예수님을 깨닫지 못하고 핍박하는) 바리새인들과 종교 지도자를 가리킨 것으로 보인다.

(4) 마침내 "귀인이 왕위를 받아가지고 돌아와서 은화를 준 종들이 각각 어떻게 장사하였는지를 알고자 하여 그들을 불렀다"(15절).

• 첫 번째 종의 대답 : 한 므나로 열 므나를 벌었습니다. - "잘 했다. 착한 종이구나. **네가 지극히 작은 일에 충성했으니** 열 고을 권세를 차지해라."
• 두 번째 종의 대답 : 한 므나로 다섯 므나를 벌었습니다. - "잘 했다. 너도 다섯 고을 권세를 차지해라."
• 세 번째 종의 대답 : "주인님이 주신 한 므나가 여기 있습니다. 제가 수건으로 잘 싸서 보관했습니다." - "이 악한 종아!" - '너, 22절을 자세히 읽어봐!'

• 첫 번째 종과 두 번째 종은 주인의 의도를 알아차리고 즉시 실행에 옮겨 주인에게 충성을 보였다. 이들은 종말에 임박해서 최선을 다한 것이 아니라 주님이 떠나신 직후부터 최선을 다해 순종했다. 그리고 이득을 남겼다.

• 눅 19:21 "이는 당신이 엄한 사람인 것을 내가 무서워함이라 당신은 두지 않은 것을 취하고 심지 않은 것을 거두나이다."

(5) 한 므나를 수건에 싸두었다가, 자신의 불충성을 합리화시키고 있는 종에게 주인은 어떤 형벌을 내렸는가? 이 종은 주인이 지독한 분이라 생각했고, 그래서 두려워 그렇게 했다는 것이다(21절*). 주인이 악한 종에게 "이 악한 종아!, 너는 내가 맡기지 않은 것을 가져가고, 심지도 않은 것을 거둬들이는 엄한 사람으로 알았느냐?(쉬운성경)" 그러니까, 이 악한 종은 주인을 고리대금업자로 생각했던 것이다. "그러면 어찌하여 내 돈을 은행에 맡기지 아니하였느냐 그리하였으면 내가 와서 그 이자와 함께 그 돈을 찾았으리라"(23절).

2. 마태복음의 달란트 비유를 가져와 설명해 보자(마 25:24). (동교재, 마태복음의 설명을 그대로 가져왔다.)

"주인님, 저는 주인님이 심지 않은 데서 거두고, 뿌리지 않은 데서 모으시는 완고하고 무서운 분일 줄 알았습니다." 이 종은 자기 주인이 노력도 하지 않고 거두려고 하는 인정머리 없는 사람이라고 생각했다는 것이다.

25:24 한 달란트 받았던 자는 **와서 이르되**
/주인이여
/내가 —— <u>알았으므로</u>
/당신은 굳은 사람이라
심지 않은 데서 거두고
헤치지 않은 데서 모으는 줄을

σκληρὸς εἶ ἄνθρωπος
σκληρός(스클레로스) - 굳은, 거치른, 완고한 / 인정이라고는 전혀 없는 엄격한 사람

(1) 세 번째 종은 주인을 오해하고, 주어진 달란트를 가지고 어떤 경제적 활동을 하지 않았다. '주인이 그렇게 인정머리 없는 사람이라면 내가 구태여 힘들여 노력할 필요가 있겠는가?' 그래서 "두려워하여 나가서 달란트를 땅에 감추어 두었다는" 것이다. "자, 여기 그 돈이 있으니 받으십시오." 이런 태도를 본 주인은 그 종에게 호통을 쳤다.[2)]

(2) 그렇다면 왜 한 달란트 맡은 종은 이렇게 행동했을까? 이 세 번째 종은 봉사를 거부하는 제자를 묘사하고 있다. 주인의 뜻을 오해하여 주인이 원하는 대로 노력도 하지 않고, 주인에게 이익을 안겨다 줄 필요가 없다고 생각했다. 그래서 그는 고의적으로 불순종했다는 데 초점이 있다.

앞의 두 종은 주인의 의도를 깨달은 반면에 한 달란트 맡은 종은 주인과 주인의 의도를 오해했다(마 25:24).[3)] 그래서 두려움이 생겼다(25절). 거기다가 책임회피까지 했다(="여기에 그 돈이 있으니 받으십시오.") 이 종은 주인이 인정한 재능을 썩히고 있었다. 이에 대한 주인의 책망을 보라(마 25:27). 이 본문의 핵심은 주인의 의도는 이윤을 남기는 것이었는데 이 종은 이윤을 남기지 못했고, 그의 변명도 정당하지 못했다는 것이다.

2) "이 악하고 게으른 종아, 내가 그렇게 나쁜 놈이라고 생각했냐? 아, 네가 그렇게 나를 두려워했다면 그 돈을 은행에 맡겨 이자라도 붙여서 주어야 할 것 아니냐?"

3) **땅에 묻어 두었다는 것은 마치 등불을 켜서 말 아래 둔 것과 같다.** 주인을 사랑하며 섬기려는 마음보다는 두려워함으로 기쁨의 교제를 나눌 수 없었다. 하나님 나라를 위해 일할 수 있는 기회를 얻었으나 아무 일도 하지 않음으로써 결국은 무익한 종이 되고 말았다.

(3) **마태복음의 이 비유는 예수님에게 속하기를 바라고, 또한 은사도 받았으며, 재능도 가지고 있는 제자들을 향하여 말씀하시는 것이다.** 예수님은 (비록 달란트는 축내지 않았지만 그렇다고 불어나게 하지도 않고) 받았던 상태 그대로 되돌려준 제자에게는 악하고 게으른 종이라는 책망을 내리신다.[1)]

4. 누가복음의 세 번째 종도 악한 종이라 불림을 받은 이유는 무엇인가?

(1) 마태복음의 세 번째 종의 태도와 같이 누가복음의 비유의 세 번째 종도 그의 능력이 무능력했다는 데에 있지 아니하다. **이 종은 주인의 의도를 알지 못했다.** 오히려 자신이 받은 능력과 권한이 아무리 미미한 것이라 해도(한 므나처럼) 전혀 활용치 않은 게으름에 문제가 있었다는 것이다.[2)]

눅 19:26 주인이 ─ **이르되**
/내가 너희에게 말하노니
무릇 있는 자는─ 받겠고
없는 자는 ─── 그 있는 것도 빼앗기리라

이 비유는 유대인들을 날카롭게 꼬집는 경고의 말씀이었다. 그들은 하나님께서 특별히 주신 영적인 특권들과 유산을 활용하지 못하고 묻어둠으로써 악한 종과 같은 역할을 하였다. (고영민, 원어성경)

(2) 이제, 주님은 그의 사역을 끝내시고 승천하실 것이다. 주님이 떠난 후, 제자들은 주님께서 맡겨주신 사명을 감당해야 한다. 주님께서 종들에게 요구하시는 것은 얼마나 크고 많은 결과를 남겼느냐가 아니다. **하나님이 주신 재능과 능력, 사명에 얼마나 충실하게 하였느냐에 있다.** 고의적으로 불순종하는 자는 주인의 즐거움에 참여하지 못한다.

(3) 예수님은 제자들이 기대하는 것과는 다른 모습으로 이 지상에서의 마지막을 끝내실 것이다. 잘못된 개념으로 예루살렘을 올라가는 제자들에게, 자신의 떠난 이후에 제자들이 "지극히 작은 것에 충성하여"(17절) 각각 어떻게 살아야 할 것을 비유로 설명하신 것이다. 이 비유는 그리스도의 재림과 관련된 종말적 심판이라는 점도 고려해야 한다. "그리고 내가 왕 됨을 원하지 아니하던 저 원수들"(27절)은 장차 받게 될 진노의 심판을 받을 것을 강하게 경고하고 있다.[3)]

1) 이 무익한 종을 바깥 어두운 데로 내쫓으라고 말씀하신다. 종에게 맡긴 달란트를 땅에 묻는 일을 해서는 안 된다는 것이다. 예수님은 종들에게 무리한 요구를 하지 않으셨다.

2) 그는 주인을 전적으로 신뢰하지 않았다. 이제 이 악한 종은 열 고을 권세를 차지하는 종과는 비교할 수 없는 비극을 맞게 된다. "곁에 섰는 자들에게 이르되 그 한 므나를 빼앗아 열 므나 있는 자에게 주라"(24절).

① 주님의 칭찬 = 주님의 칭찬은 상급의 일부이다. 주님의 칭찬은 말로만의 칭찬이 아니라, 영원한 운명을 결정하는 가치를 지닌 것이다.

② 다른 것을 더 맡기심 = 천국에서의 맡기실 것에 비하면 우리의 충성은 작은 것이다. 그리고 ③ 주님의 즐거움에 참여한다.

3) 당시 유대인들은 하나님께서 모세에게 주신 율법의 전통을 신성하게 지키는 것을 사명으로 알았다. 이 율법의 전통을 안전하게 보존하기만 하면 천국이 임할 때 그들을 선민으로 다시 시온산에 우뚝 세우실 것으로 이해했다. 하나님의 주권을 굳게 지키는데 심혈을 기울였기 때문에 하나님이 주신 달란트를 적극적으로 사용하는 일에 등한시하였다고 볼 수 있다.

예루살렘에 들어가시다(눅 19:28-44)

같이 읽을 곳(마 21:1-11; 막 11:1-11; 요 12:12-19)

호산나 다윗의 자손이여(마 21:9)

예수님은 베레아의 사역을 끝마치시고, 예루살렘 입성을 준비하고 계셨다. 예수님이 예루살렘에 입성하시는 목적은 제자들을 비롯, 그를 따라 나섰던 무리들과의 기대와는 전혀 다른 것이었다. "감람원이라 불리는 산쪽에 있는 벳바게와 베다니에 가까이 가셨을 때에 제자 중 둘을 보내시며"(29절)

• 사 53:2 "그는 주 앞에서 자라나기를 연한 순 같고 마른 땅에서 나온 뿌리 같아서 **고운 모양도 없고 풍채도 없은즉** 우리가 보기에 흠모할 만한 아름다운 것이 없도다 3 그는 멸시를 받아 사람들에게 버림 받았으며 간고를 많이 겪었으며 질고를 아는 자라 마치 사람들이 그에게서 얼굴을 가리는 것 같이 멸시를 당하였고 우리도 그를 귀히 여기지 아니하였도다."

1. 주님은 나귀 새끼를 타고 예루살렘에 입성하신다. 예수님은 겸손하여 나귀를 타셨다고 했다.

(1) 여기서 겸손이란 '고난을 당하는'이라는 뜻으로 해석할 수 있다. 이사야서의 네 번째 여호와의 종의 노래에서(사 52:13-53:12) 고난 받는 종에 대해서 언급하고 있다. 오실 메시야는 그 외모 때문에 멸시를 당한다(사 53:2-3*).

19:35 그것을 예수께로 **끌고 와서**
자기들의 겉옷을 나귀 새끼 위에 **걸쳐 놓고** 예수를 **태우니**
36 가실 때에 그들이 자기의 겉옷을 길에 **펴더라**

• **마 21:5에서는**
"시온 딸에게 이르기를 네 왕이 네게 임하나니 그는 **겸손하여** 나귀, 곧 멍에 메는 짐승의 새끼를 탔도다."

(2) 주님이 나귀를 타고 입성하신 사건은 이사야 62:11*과 스가랴 9:9*을 해석적으로 합친 것이다.

• 사 62:11 "여호와께서 땅 끝까지 선포하시되 너희는 **딸 시온에게 이르라** 보라 네 구원이 이르렀느니라 보라 상급이 그에게 있고 보응이 그 앞에 있느니라 하셨느니라."

• 슥 9:9 "**시온의 딸아** 크게 기뻐할지어다 **예루살렘의 딸아** 즐거이 부를지어다 보라 네 왕이 네게 임하시나니 그는 공의로우시며 구원을 베푸시며 겸손하여서 나귀를 타시나니 **나귀의 작은 것 곧 나귀 새끼니라.**"

(3) 겸손하여(πραΰς프라우스) : '아니'(עָנִי)는 '가난한, 겸손한, 약한, 비천한, 낮은, 억압을 받는'이라는 뜻을 가지고 있다. 대체로 '겸손한'이라는 뜻으로 번역되었다. 스가랴 9:9의 내용을 살펴보자. 스가랴 선지자는 그 당시 백성들에

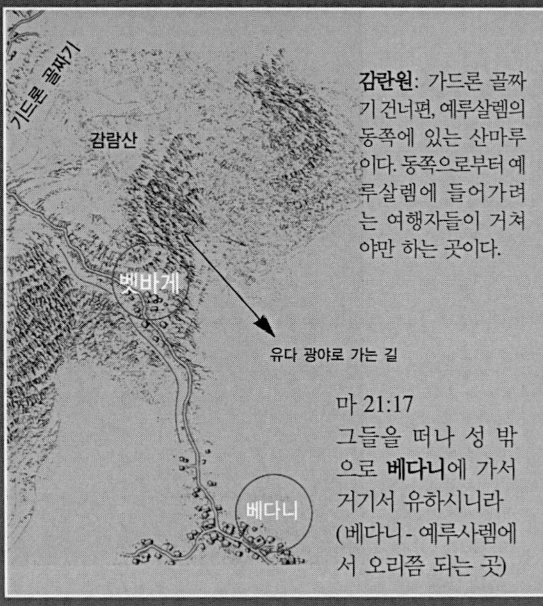

• 눅 19:30 "이르시되 너희는 맞은편 마을로 가라 그리로 들어가면 **아직 아무도 타 보지 않은 나귀 새끼**가 매여 있는 것을 보리니 풀어 끌고 오라 31 만일 누가 너희에게 어찌하여 푸느냐 묻거든 말하기를 주가 쓰시겠다 하라 하시매 32 보내심을 받은 자들이 가서 그 말씀하신 대로 만난지라 33 나귀 새끼를 풀 때에 그 임자들이 이르되 어찌하여 나귀 새끼를 푸느냐 34 대답하되 **주께서 쓰시겠다** 하고"

게 왜 이런 말씀을 예언했는가? 조금은 복잡하니까 동교재, 스가랴 9장이나 마태복음 21장의 설명을 참고해 보기로 하자.

2. 예루살렘은 소동과 흥분의 도가니가 되었다. 백성들의 호산나 하고 부르는 환호성 때문이다.

이미 감람 산 내리막길에 가까이 오시매
제자의 온 무리가 자기들이 본 바
모든 능한 일로 인하여 기뻐하며 큰 소리로 하나님을 찬양하여(37절)

38 이르되 찬송하리로다
주의 이름으로 오시는 왕이여(시 118:26; 마 21:9 참조)
하늘에는 평화요
가장 높은 곳에는 영광이로다 하니

• 시 118:26 "여호와의 이름으로 오는 자가 복이 있음이여 우리가 여호와의 집에서 너희를 축복하였도다." - 이 말씀이 주님께서 예루살렘에 입성하심으로써 부분적으로 성취되었지만 이 찬양의 미래적 성취는 재림을 통해서 이루어질 것이다(눅 13:35; 마 23:39).

(1) 예수님을 환호하던 백성들이 부른 찬양과 천사들의 찬양을 비교해 보자(눅 2:15).

• 그러나 며칠 뒤에 예수님을 환호하던 백성들이 폭도로 변했다.

1) 스가랴의 예언은 9-11장과 12-14장으로 크게 두 부분으로 나뉜다. 물론 이 중심 메시지는 그리스도의 강림에 관한 것이다. 그리스도의 왕국이 어떻게 시작될 것이며(9:9-10), 어떻게 완성될 것인가를 보여준다 (12:1-14:21).

(2) 신약의 복음서 기자들은 그리스도의 고난을 기록하면서 스가랴서를 많이 인용했다. 오늘 본문에 나오는 나귀를 타고 입성하시는 것(슥 9:9 ⇨ 마 21:4-5, 요 12:14-16), 은 30냥에 팔리는 것(슥 11:12,13 ⇨ 마 27:9), 그의 손과 발이 십자가에 찔림을 당하시는 것(슥 12:10 ⇨ 요 19:37), 십자가의 피로 우리의 죄를 씻음의 대한 예언(슥 13:1 ⇨ 요 1:29, 딛 3:5) 등이 그대로 인용되었다.[1]

3. 마태복음의 설명이 더 자세하다. 슥 9:9을 인용하면서, 예수님이 나귀를 타고 예루살렘에 입성하는 것은 스가랴 선지의 예언이 성취되었음을 말하고 있다.

(1) 무리들은 주님을 향하여 어떻게 외쳤나? (마 21:8-9을 읽어보자)

(2) '호산나'라는 뜻은? (시 118:25; 삼하 14:4, 2; 눅 2:14) 호산나는 히브리 말로서 "이제 구원하소서"(הוֹשִׁיעָה־נָּא, 호쉬아-나, Save Now!) 혹은 "주여 구원하소서"라는 뜻으로 후에는 찬미라는 말로서 사용하게 되었다. "주의 이름으로 오시는 이여"

21:8 무리의 대다수는 그들의 겉옷을 길에 **펴고**
다른 이들은 나뭇가지를 **베어** 길에 **펴고**
9 앞에서 가고 뒤에서 따르는 무리가 **소리 높여 이르되**
/호산나 다윗의 자손이여 찬송하리로다
/주의 이름으로 오시는 이여
가장 높은 곳에서 호산나(ὡσαννά)[2] 하더라

(2) 예수님의 예루살렘 입성에 어떤 반응이 일어났는가? (마 21:10-11)

예루살렘은 소동과 흥분의 도가니가 되었다. 백성들의 호산나 하고 부르는 환호성, 이 환호를 주시하고 있는 종교 당국자들.

the prophet of Nazareth of Galilee

ὁ προφήτης Ἰησοῦς ὁ ἀπὸ Ναζαρὲθ τῆς Γαλιλαίας.

도대체 "이는 누구냐?"
무리들은 무엇이라고 답변하고 있는가?
"이 갈릴리 나사렛 사람 예수가 바로 **'그'(the, ὁ)** 선지자입니다."(마 21:11)

11절 "무리가 이르되 갈릴리 나사렛에서 나온 선지자 예수라 하니라."

• 마 27:22 "빌라도가 이르되 그러면 그리스도라 하는 예수를 내가 어떻게 하랴 그들이 다 이르되 십자가에 못 박혀야 하겠나이다 23 빌라도가 이르되 어찜이냐 무슨 악한 일을 하였느냐 그들이 더욱 소리 질러 이르되 십자가에 못 박혀야 하겠나이다 하는지라."

(3) 그런데, 그렇게 예수님을 그들의 왕으로 찬양했던 무리들의 변절을 보라(마 27:22, 23*). 며칠 뒤, 무리들은 예수님을 십자가에 못박으라고 소리치는 자들이 되었다. 나흘 후, 무리들은 폭도들로 변한 것이다. 대중의 인기와 영광은 얼마나 변덕스러운 것인가! 이제 더 이상은 예수가 메시야도 선지자도 아니라는 것이다. 그들이 기대했던 메시야의 모습이 아니었기 때문이었다. 이들 대부분은 유월절을 지키기 위해 갈릴리에서 예루살렘으로 향하던 순례자들이었을 것이다.

4. 무리 중 어떤 바리새인들이 '찬양하는 무리들'을 못 마땅히 여겼다. 예수님의 제자들이 이를 방관했다는 것이다.

(1) 바리새인들은 예수님께서 이들의 환호를 허락하지 않을 것이라고 생각했다. 따라서 제자들을 책망하기를[1] 청했다(39절). 그러나 예수님은 이들의 요구를 옳지 않다고 하셨다.

1) 책망하다(ἐπιτιμάω, 에피티마오) - 꾸짖다, 견책하다, 비난하다.

19:40 [예수께서] **대답하여 이르시되**
/내가 —너희에게 말하노니
/만일
이 사람들이 — 침묵하면(=잠자코 있으면)
돌들이 ——— 소리 지르리라

만일 제자들이 찬양하기를 멈춘다면 돌들이 그들을 고발할 것이라는 말이다. 따라서 이 사람들이 잠잠한다고 해서 찬양을 못받으시는 것이 아니다. 창조 세계는 왕되신 예수님께 찬양을 드려야 한다. 바리새인들은 주님을 바로 이해하지 못했다.

이렇게 확실하게 예수님의 메시야되심을 분명하게 보여주었지만 종교지도자들은 아직도 그 구속역사를 이해하지 못하고 있었다. 영적 맹인이기 때문이다.

예루살렘 성을 내려다보시고 우심(눅 19:41-44)

[이 기사는 누가복음에서만 나타난다.]

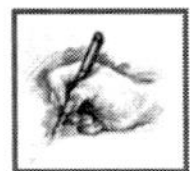

예수님은 예루살렘 성읍이 한 눈에 내려다 보이는 감람산 위에 앉으셨다. 그리고, 예루살렘 성을 바라보시면서 눈물을 흘리셨다. 마가복음에서는 (13:3) 베드로와 야고보와 요한과 안드레가 조용히 물었다고 했다. 아주 근심스러운 눈으로... 제자들은 너무 생소한 내용이었기에 마음이 불안하다. 이 엄청난 예루살렘 성전이 "돌 하나도 돌 위에 남기지 않게" 될 것이라니!

(1) 예루살렘 멸망에 대한 말씀을 듣는 제자들의 마음은 착잡했다. 게다가 우리 주님이 십자가에 달려 죽으신다니, 그리고 예루살렘 성전도 완전히 파괴된다니! 그러면 이제 세상 끝이 왔단 말인가?

(2) 그렇다면 메시야께서 통치하실 백성이 어떻게 존재할 것인가? 또 이 사건이 언제 일어날 것인가에 관심이 있었다(마 24:3). 주님께서 말씀하신 예루살렘이 멸망할 것이라는 폭탄적인 선언에 제자들은 ① 언제 그 일이 일어나며, ② 또 어떤 징조가 있을 것인가를 물었다.

- **마태복음 24장:** 예루살렘이 멸망한다는 것은 유대인에게 이해할 수 없는 사건이다. 제자들은 주님의 사역으로 이스라엘의 회복을 기다리고 있었다. 이스라엘, 특히 유대 지도자들은 지금 자신들이 기다렸던 메시야를 죽이기 위해 갖은 방법을 다 동원하고 있다.

- 예수님은 두려워하고 있는 제자들에게 난리와 재난의 소문을 듣겠지만, 그것이 곧 세상의 종말이 아님을 분명하게 하셨다. 종말이란 하늘나라의 복음이 온 세상, 온 민족들에게 전파된 후에 온다는 것이다. 그러나 예루살렘의 멸망은 필연적이라는 것이다.

눅 19:41 [예수께서] 가까이 오사 성을 **보시고 우시며 이르시되**
42/[만일]
너도 오늘 평화에 관한 일을 알았더라면 좋을 뻔하였거니와
지금 네 눈에 숨겨졌도다

예루살렘은 평화에 관한 일을 보았음에도 불구하고 평화에 대한 일에 눈을 감아버렸다. 이제 이들에게 남은 것은 파멸뿐이다.

1) 크립토(κρύπτω) - 비밀로 하다, 숨기다.

(3) 예루살렘은 그들에게 평화를 가질 수 기회를 스스로 저버리고 있다. 그들은 메시아이신 예수님을 죽이기 위한 발빠른 계획을 세우고, 그 실행을 위해서 동분서주하고 있다. 이들이 진정 평화를 가져다 주는 일이 무엇인지를 알았더라면, 극단적인 파멸을 당하지 않았을 것이다. 그러나 그 길을 보지 못하고 있다(42절하). 하나님께서는 구원을 진심으로 찾지않는 자들에게는 구원의 지식을 숨기시기[1] 때문이다.

(4) 예루살렘에 구원을 주시기를 원하셨지만 예루살렘은 깨닫는 데 실패했다. 이제 예루살렘은 이방인의 군대에 의해 공략을 당할 것이다.

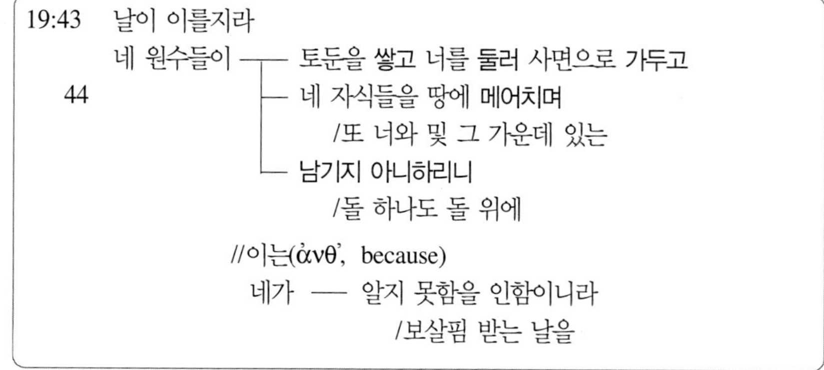

19:43 날이 이를지라
네 원수들이 —— 토둔을 쌓고 너를 둘러 사면으로 가두고
44 — 네 자식들을 땅에 메어치며
/또 너와 및 그 가운데 있는
— 남기지 아니하리니
/돌 하나도 돌 위에
//이는(ἀνθ', because)
네가 —— 알지 못함을 인함이니라
/보살핌 받는 날을

로마군의 예루살렘 포위작전 : 티투스(Titus)는 6만 명의 군대를 이끌고 예루살렘으로 향했다. 예루살렘은 70년 4월, 유월절 기간 동안에 수많은 축제 순례자들이 모여들었는데, 티투스(Titus)의 군대에 의하여 포위되었다. 그동안 내란으로 혼란했지만 이를 중지하고 로마에 공동으로 대항했으나 로마의 공격에 용감성만으로는 해결할 수 없었다. 두 지도자 요한과 시몬은 포로가 되어 승리의 축제를 위하여 로마로 압송되었다.

누가복음에는 이런 사실을 이렇게 예언하고 있다. 21:20-24을 미리 읽어보자.

예루살렘이 어떻게 최후를 맞는가는 21장 20-28에 자세히 언급된다.

"**너희가 예루살렘이 군대들에게 에워싸이는 것을 보거든** 그 멸망이 가까운 줄을 알라 그 때에 유대에 있는 자들은 산으로 도망갈 것이며 성내에 있는 자들은 나갈 것이며 촌에 있는 자들은 그리로 들어가지 말지어다 이 날들은 기록된 모든 것을 이루는 징벌의 날이니라 그 날에는 아이 밴 자들과 젖먹이는 자들에게 화가 있으리니 이는 땅에 큰 환난과 이 백성에게 진노가 있겠음이로다 그들이 칼날에 죽임을 당하며 모든 이방에 사로잡혀 가겠고 예루살렘은 이방인의 때가 차기까지 이방인들에게 밟히리라."

◀ 예루살렘을 향한 여정에서의 사역을 끝내시고(눅 9:51-19:44), 여기서부터는 예루살렘(성전)에서의 사역이 소개된다.

성전에 들어가심(눅 19:45–48)

같이 읽을 곳(마 21:12–17; 막 11:15–19; 요 2:13–22)

"**성전에 들어가사 장사하는 자들을 내쫓으시며**" - 아버지의 집이 잘못되어 가고 있었다. 이 성전 청결은 초기 사역시에도 수행하셨다(요 2:14-16을 보자). 성전에서의 진정한 예배 행위는 없어진 지 오래였다. 성전은 무엇하는 곳인가? 그곳은 만민이 기도하는 집이 아닌가? 그들의 죄를 회개하고, 기도함으로써 다시금 생의 추진력을 얻는 곳, 그곳이 지금 강도의 소굴이 되어 있었다.

• 예수님은 예루살렘에 입성하시자 바로 성전에 들어가신 것이 아니다. 다른 복음서에는 예루살렘 입성 후 베다니로 들어가셨다고 기록하고 있다(막 11:11-16).

1. 종교를 파는 또 다른 강도들의 소굴. 보나마나 엄청난 폭리를 취했을 것임에 틀림없다. 이들은 지금 하나님이 의도하셨던 것에서 너무나도 이탈되어 있었다.

19:46 [예수께서] 그들에게 **이르시되**
/기록된 바(...하였거늘)
내 집은 — 기도하는 집이 되리라
너희는 — 강도의 소굴을 만들었도다(• 사 56:7*; 렘 7:11*)

• 사 56:7 "내가 곧 그들을 나의 성산으로 인도하여 기도하는 내 집에서 그들을 기쁘게 할 것이며 그들의 번제와 희생을 나의 제단에서 기꺼이 받게 되리니 이는 **내 집은 만민이 기도하는 집이라** 일컬음이 될 것임이라."

• 렘 7:11 "내 이름으로 일컬음을 받는 **이 집이 너희 눈에는 도둑의 소굴로 보이느냐** 보라 나 곧 내가 그것을 보았노라 여호와의 말씀이니라.

(1) 많은 사람들이 성전에서 매매되는 희생제물로 생계수단을 삼고 있었다. 그들은 성전에서는 세상 사람들이 사용하는 화폐를 사용해서는 안 된다고 주장, 성전 화폐로 환전(換錢)시킨 후 그것으로 희생제물을 올려매긴 가격으로 사게 했다. 그러니 먼 곳에 있는 사람들은 소나 양, 비둘기 등을 사느라고 흥정을 하고 난리를 쳤을 것이 아닌가! 또 성전세(반 세겔)를 내기 위해 돈 바꾸는 일을 했다.

(2) 예수님은 이 성전 청결 사건을 통해 그 자신이 "메시야-왕"이라는 사실을 보여주려 하셨다. 주님은 온유하고 겸손하신 왕이지만 그렇다고 이스라엘의 종교적 타락까지도 관용하시는 분은 아니셨다.

이 변질된 (기도하는 집이 강도의 굴혈로 되어버린) 성전의 문제점을 고칠 수 있는 분은 예수님 밖에 없다.

(3) 어쨌든 이 청결 사건은 종교 당국자들을 긴장케 했음이 틀림없다. 예수님의 이러한 행위는 즉각 대제사장과 서기관들에게 보고되었을 것이고, 이들은 이 사건을 철저히 규명하기 위해 친히 현장에 나타났다(마 21:15, "대제사장들과 서기관들이 ① **예수께서 하시는 이상한 일**과 또 ② 성전에서 소리 질러 **호산나 다윗의 자손이여 하는 어린이들을 보고** 노하여").

예수님의 의분(義憤)은 절정에 달하셨다. 하나님의 집이 기도하는 집이 된 것이 아니라 강도의 소굴이 되지 않았는가! 강도는 그의 소굴에서 더 나쁜 짓을 모의하기 위해 모인다. 지금 이들은 하나님의 성전을, 강도들이 그들의 악을 도모하기 위해 소굴에 모이는 것처럼 사용하고 있다.

강도의 소굴

마 21:12 예수께서 ── 성전에 **들어가사**

　　　　　　　　　└ **내쫓으시며**(cast out, ἐξέβαλεν)

　　　　　　　　　　　/성전 안에서 매매하는 모든 사람들을

　　　　　　　　　└ **둘러 엎으시고**(κατέστρεψεν)

　　　　　　　　　　　/돈 바꾸는 사람들의 상과

　　　　　　　　　　　　비둘기 파는 사람들의 의자를

2. 성전은 거룩한 곳이어야 했다. 그러나 당시 유대인들은 성전을 예배의 장소가 아니라 경제적인 이득을 얻기 위한 사업의 장소로 변질시켰다. 따라서 성전 안에서 행한 예수님의 과격한 행동은 성전 심판의 비유에 해당한다.

(1) 예수님은 이 성전이 결국 파괴될 것임을 선언하신다(마 24장). 이제 이 성소는 쓸모없어졌을 뿐만 아니라 잘못 사용되고 있었기 때문이다. 물론 희생 제사는 훗날 그리스도의 십자가의 희생을 상징하는 모형이었다.

- 성경은 이렇게 자랑스럽고 중요하게 여겼던 솔로몬 성전이 파괴된 사실에 대해 언급한다(렘 7:4, 애 2:7). 성전은 왜 파괴당했는가? 훗날 이스라엘 백성들의 우상 숭배(언약의 배반)로 인해 예루살렘이 멸망당했을 때(주전 586년) 성전도 함께 불타 없어져 버렸다. 솔로몬 성전도 영원한 것이 되지 못했다.

(2) 메시야적 실현의 길은 성전으로 이어진다. 예수님은 성전 경내에서 절름발이와 소경을 고치신다(마 21:14). 그리고 마침내 성전 정화를 위하여 채찍을 드신다. 물론 이 최후의 정화(淨化)는 그리스도의 몸에서 이루어져야 한다. 부활하신 예수님 자신이 참 성전이시기에 그는 지상 성전의 파괴를 예언하시지만 아직은 성전이 기도하는 집으로서의 역할을 감당해야 했다. 그런데 지금은 강도의 소굴이 되어버렸다. 주님은 습관적으로 이 성전 뜰에서 가르치셨다(마 26:55; 막 12:35; 눅 20:1).

(3) 주님은 "이 성전을 헐라 그러면 사흘 만에 내가 그것을 일으키리라"(요 2:19)고 선언하신다. 당시 사람들은 성전이야말로 자신들이 하나님의 선민임을 나타내는 상징물이라고 생각했다. 그러나 하나님의 임재는 (그들의 배역과 우상숭배 및 변절로 말미암아) 이미 오래전부터 떠나 있었다. 지금 성전 제도의 부패가 극에 달했다. 만약 메시야가 나타난다면 그는 하나님의 집인 성전부터 손을 댔어야 할 것이었다.[3]

(4) "이 성전을 헐라 내가 사흘 동안에 일으키리라"는 주님의 말씀을 이해한 사람은 한 사람도 없었다. 그러나 이는 "성전된 '자기 육체'를 가리켜 말씀하신 것이라"(요 2:21)고 했다. 요한은 사흘 동안에 일으키겠다고 하신 선언은 "죽은 자 가운데서 살아나신 후에야"(22절) 알게 되었다고 언급하고 있다. 즉 제자들은 이 말씀이 예수님의 부활을 의미하는 것임을 예수님께서 삼 일 만에 부활하신 사건을 통해 알게 되었다는 것이다(눅 24:7-8; 마 26:61, 27:40; 막 14:58, 15:29).

1) 성전 내부는 오늘날의 회당이나 교회처럼 공예배의 장소는 아니었다. 특히 지성소의 거룩함은 언약궤 위에 펼쳐진 그룹을 보아 알 수 있다(왕상 8:6-7; 사 6:2-3; 창 3:24 참조).

2) 누가복음은 다른 복음서와 같이 예수가 그리스도이심을 증거한다. 누가는 예수님이 하나님의 아들로서 고난과 영광, 죽음과 부활 등의 과정을 지켜가고 있음을 증거한다. 주님은 고난을 당하시고, 죽으시고, 부활하시기 위해 예루살렘으로 오신 것이다(눅 9:31, 51). 그가 하나님을 영화롭게 하는 것은 무엇인가? 그것은 십자가의 들림이다(요 12:27-33). 그는 십자가를 지기 위해서 예루살렘으로 오신 것이다.

3) 물론 성전에 대한 경고와 제사장의 타락에 대해서는 구약에서 수없이 경고되었다(사 56:7; 렘 7:11; 슥 14:21; 말 3:1을 읽어보자).

352

네가 무슨 권위로? (눅 20:1-8)

같이 읽을 곳(마 21:23-27; 막 11:27-33)

• 눅 20:1 "하루는 예수께서 성전에서 백성을 가르치시며 복음을 전하실새 대제사장들과 서기관들이 장로들과 함께 가까이 와서 2 말하여 이르되 **당신이 무슨 권위로 이런 일을 하는지 이 권위를 준 이가 누구인지** 우리에게 말하라."

유대 종교 지도자들에게 비상이 걸렸다. 유월절을 앞두고 더욱 많은 인파들이 몰려들고 있었다. 그런데 예수님께서 성전 청결 사건을 벌이고 많은 사람들에게 마지막 수업을 진행하고 계신다. 예루살렘 경내가 갑자기 시끄러워졌을 것이다. 소문으로만 듣던 예수님 일행이 지금 적잖은 소동을 일으키고 있지 아니한가! 성전 청결 사건도 여느 사람 같으면 엄두도 못낼 일이었다. 그렇다면 누가 그에게 그런 권위를 주었단 말인가?

1. 지금, 예수님이 성전에 들어가 백성들에게 하나님 나라의 진리를 가르치고 계시는데, 종교 지도자들이 대거 등장했다. 대제사장들과 서기관 그리고 백성의 장로들이라고 했다(눅 20:1). 이들은 예수님께 다가와 그 권위의 출처를 확인하려 했다.

> 20:2 대제사장들과 서기관이 **말하여 이르되**
> /[당신은] — 우리에게 말하라
> /당신이 — 무슨 권위로 이런 일을 하는지
> /이 권위를 준 이가 — 누구인지

(1) 당시 대제사장들과 장로들, 즉 종교 지도자들의 권위는 대단한 것이었다. 이들은 공의회에서 인정하지 않는 권위는 인정하려 들지 않았다. 물론 예수님의 권위는 지금까지 말씀과 사역에서 분명하게 잘 드러나고 있었다. 그러나 이들은 그의 권위를 받아들이지 아니 했다.[1]

(2) 또한 예수님의 권위는 뭇 사람들을 놀라게 했던 가르침에서도 잘 드러났다(막 1:22, :27; 마 7:29; 눅 4:32). 왜냐하면 그의 가르침은 서기관들의 가르침과 달랐기 때문이다. 서기관들의 가르침은 그들의 전통에 따른 것이었는데 반해(마 7:29), 예수님, 즉 기름 부음을 받으신 분은 모세나 예언자들처럼 하나님의 입으로부터 나오는 말씀으로 가르치셨을 뿐만 아니라 유일하게 아버지를 아시고 그분을 드러내실 수 있는 아들의 유일한 권위를 가지고 말씀하셨다(마 11:27, 28:18; 눅 10:22; 요 3:35, 13:3, 10:15, 17:25).

2. 물론 성전 정화사건에서도(마 21:12이하; 막 11:11-17; 눅 19:45이하; 요 2:13-17) 메시야적 권위에 대한 의식이 전제되어 있다. 예수님의 절대적인 권위는 예수

1) 예수님의 능력(δύναμις)은 기름부음 받은 그의 본질에 기초하고 있으며 그의 엑수시아는 파송받은 그의 본질에 기초하는 것이다. 요한의 사역이나 예수님의 사역들은 모두 천국의 권위에 근거한 것이었다.

님께서 하나님의 아들이시며 보내심을 받은 자라는 사실에 근거하고 있다(요 17:2). 그는 마지막 날의 심판권도 부여받으셨다(요 5:27). 부활 이후 들어 올리우심으로써 예수님은 하나님께로부터 하늘과 땅의 모든 권세를 부여 받으셨다(마 28:18*).

• 마 28:18 "예수께서 나아와 말씀하여 이르시되 하늘과 땅의 모든 권세를 내게 주셨으니."

3. 끈질기게 권위의 출처를 묻자 예수님은 요한의 세례에 대해 질문하는 것으로 제사장과 서기관들에게 답변하셨다. "대답하여 이르시되 나도 한 말을 너희에게 물으리니 내게 말하라."(3절)

20:4 요한의 세례가 ┬ 하늘로부터냐 (from heaven, ἐξ οὐρανοῦ)
　　　　　　　　　└ 사람으로부터냐 (or from men?, ἐξ ἀνθρώπων)

'하나님에게서'라는 뜻이다. 유대인은 하나님의 이름 대신 '아도나이'나 '하늘'이라는 용어를 사용했다.

질문이 너무 어려웠나보다.

5 그들이 서로 의논하여 **이르되**
　/만일 하늘로부터라 하면(if)
　어찌하여 그를 믿지 아니하였느냐 할 것이요

6 /만일 사람으로부터라 하면(if)
　그들이 다 — 우리를 돌로 칠 것이라
　　//(이유: for, γάρ)
　　[그들이] —백성이 요한을 선지자로 **인정하니**

만약, 이들이 그 마음속에 작은 겸손함만 있었더라면 세례 요한도, 주님의 권위도 다 하늘로**부터**(*from* heaven) 온 것임을 깨달을 수 있었다. 그 동안 일어난 일련의 사건들이 이를 증명하고도 남는다. 그런데, 이들은 예수님에 대하여 고의적인 불신앙을 가졌다. 지금 예수님이 자기들의 권위를 위협하는 존재라는 것이다.

그 당시의 이들 대제사장들과 장로들, 즉 종교 지도자들의 권위는 대단한 것이었다. 교만과 독선, 하나님을 그 누구보다도 철저하게 섬기고 있다고 자부하고 있던 이들은 자기들이 한 질문에 스스로 올가미를 씌우게 되었다. 만약, 세례 요한의 권위가 하늘로부터 온 것을 시인한다면, 이들 종교 지도자들은 자신들의 죄를 인정해야 하고, 그렇다면 지금 예수님 앞에서도 무릎을 꿇고 회개의 용서를 빌어야 한다. 그것을 할 수 있겠는가?

물론 이들은 요한의 세례가 하늘로서 온 것임을 알고 있었다. 그러나 이들은 어떻게 하든지 예수님을 메시야로 인정하기를 거부하려 했다. 이들은 예수님이 베푸신 무수한 이적을 아주 명백하게 보면서도, 그들이 기대했던 메시야와는 다른 행동 때문에 예수님을 의도적으로 부인했다.

20:7 [그들이] — **대답하되**
　/[우리가] — **알지 못하노라**
　　/어디로부터인지(where it came from)

자기들에게 돌아와야 하는 이익과 명예, 위치가 손상당하고 있기 때문에 더욱 노골적인 반대를 하고 있었다.

8 예수께서 **이르시되**
　/나도 — 너희에게 이르지 아니하리라
　　/무슨 권위로 이런 일을 하는지

354

포도원 농부의 비유(눅 20:9-19)

같이 읽을 곳(마 21:33-46; 막 12:1-12)

이 비유는 마태복음이나 마가복음서와 거의 같은 내용으로 기록되어 있다. 본문에서는 앞에서 예수님의 권위를 인정하지 않으려는 자들에게 주어진 비유이다. 이 포도원 비유는 이사야 5장을 배경으로 하고 있다. 앞에서도 설명되었기에 먼저 이사야 5:1-7의 내용을 간단하게 읽어보도록 하자.

1. 먼저, 비유의 내용을 설명해 보자. (마태복음과 비교하면서 읽어보자)

누가복음 20장

• 9절 한 사람이 **포도원(vineyard)**[1]을 만들어 농부들에게 세로 주고
타국에 가서 오래 있다가(a long time)

• 10 때가 이르매
포도원 소출 얼마를 바치게 하려고 한 종(slave, δοῦλος)을 농부들에게 보내니
농부들이 종을 몹시 때리고 거저 보내었거늘

• 농부들은 포도원 주인에게 바쳐야 할 소출이 있어야 한다. 여기서 종은 하나님이 보내신 선지자들이다.

• 마 21:35 농부들이 종들을 잡아 하나는 심히 때리고(beat)
하나는 죽이고(killed) 하나는 돌로 쳤거늘(stoned)

• 11 다시 다른 종을 보내니 그도 몹시 때리고(δείραντες 과거분사)[2] - δέρω beat
능욕하고(=모욕하고, ἀτιμάζω 아티마조)
거저(빈손으로, κενός 케노스) 보내었거늘

• 12 다시(proceeded 계속해서, προστίθεμι 프로스티데미)
세 번째 종을 보내니
이 종도 상하게 하고(τραυματίζω 트라우마티조)
내쫓은지라

• 포도원 주인은 타국에 가 있었고, 이제 추수 때가 되자 포도 열매를 얻기 위해 자기의 종들을 포도원에 보냈다. 그런데 농부들은 그 포도원을 세(貰)를 얻고 있었기에 그 소작료를 내주기가 아까웠을 것이고, 따라서 그 주인이 보낸 종들을 때리고, 그리고 죽이고, 또 돌로 쳤다. 주인은 다시 종들을 처음보다 많이 보냈으나 역시 마찬가지 일이 벌어졌다. 악한 농부들이다.

1) 여기 포도원(ἀμπελών, 암펠론)은 지상에 나타난 하나님의 나라, 특별히 유대 교회를 가리킨다. 하나님은 이스라엘에게 율법을 주시고 그들에게 약속된 땅을 소유하도록 하셨을 때부터 세워졌다. 이 비유는 이사야 5:1-7에 기초하고 있다. 동교재, 이사야서 5장을 참고해 보자.

2) 데로(δέρω)는 원래 '껍질을 벗기다'라는 의미를 가졌다. 그러나 점차 '때리다, 매질하다, 치다'라는 상용어가 되었다.

• 여기서 포도원 주인은 누구일까? 그 주인은 누구까지 보냈는가? 주인은 자기의 군대를 보내 그 사악한 농부들을 파멸시킬 수 있었다. 그러나 대신에 그의 아들을 보내시기로 작정하신다.

• 13 포도원 주인이 이르되 '어찌할까?'(What shall I do?)

[내가] — 보내리니(I will send)
/내 사랑하는 아들을(my beloved son)
그들이 —혹 그는 존대하리라(ἐντραπήσονται 미래 수동태)

• 14 농부들이 —— 그를 보고
└ 서로 의논하여 이르되
/이는 —— 상속자(κληρονόμος)니
/[우리가] — 죽이고
//(결과: ἵνα, so that...may)
[우리가] — 만들자 하고
/그 유산을 우리의 것으로

농부들은 이번에 보낸 아들이 상속자라는 것을 알았다. 따라서 이 아들만 죽이면 우리에게 보낼 아들이 더는 없으니 이번에 아예 죽여버리자는 결정을 했다.

• 15 포도원 밖에 내쫓아 죽였느니라(ἀπέκτειναν)

• 그의 아들은 누구인가? 그는 어떻게 죽임을 당했나? (히 13:12, 13)

• 주인의 아들이 자기의 포도원에 와서 느끼신 것은 환영이었던가? 아니었다. "농부들이 그 아들을 보고 서로 말하되 **이는 상속자니 자 죽이고 그의 유산을 차지하자** 하고 이에 잡아 포도원 밖에 내쫓아 죽였느니라"(마 21:38-39)

• 히 13:12 "그러므로 예수도 자기 피로써 백성을 거룩하게 하려고 **성문 밖에서 고난을 받으셨느니라** 13 그런즉 우리도 그의 치욕을 짊어지고 영문 밖으로 그에게 나아가자."

그런즉 포도원 주인이 이 사람들을 어떻게 하겠느냐?

• 눅 20:16 [그가] ┬ 와서 그 농부들을 진멸하고
└ 포도원을 다른 사람들에게 주리라 하시니

"사람들이 — **듣고 이르되**
/그렇게 되지 말아지이다 (μὴ γένοιτο)
(=그런 일이 없기를 바랍니다. "May it never be!")

• 포도원 주인이 돌아와서 농부들을 죽여버리고 그 포도원을 다른 사람에게 맡길 것이 아니냐? "그러한 악한 농부는 진멸해야 된다"(16절)는 대답은 결국, 이들 이스라엘에게 임하게 될 것이었다. **이스라엘은 그 모든 특권을 잃고 방황하게 될 것이다.**

2. 주님은 비유를 다 말씀하시고 '이럴 때 포도원 주인은 어떻게 할 것 같으냐?' 고 물으신다.

(1) 지금까지 비유를 다 듣고난 바리새인들과 서기관들은 결국, 악한 농부가 자기 자신들이라는 것을 스스로 인정하는 셈이 되어 버렸다. 하나님은 이스라엘 역사에 얼마나 많은 선지자들을 보내셨는가? 그들은 와서 부지런히 얼마나 많은 회개를 외쳤던가! 마지막 선지자, 세례 요한은 어떠했나? 그는 주의 길을 예비하면서 얼마나 강력한 회개와 그 열매를 요청했던가?

• 이제, 마침내 하나님은 그의 아들, 예수님을 보내셨다. 하나님이 친히 인간의 몸을 입으시고, 이 땅에 오셔서 하나님의 나라를 전파했지만 백성들의 반응은 냉담했다. 오히려 세리와 창녀들이 회개하고 주께로 돌아오고 있지 아니한가?! 그러나 종교 지도자들은 지금 예수님을 죽이려는 작전 계획을 세우고 있다.

(2) 포도원 주인(=하나님)의 결심은 단호하다. "와서 그 (악한) 농부들을 진멸하겠다"는 것이다. 그리고 그 포도원은 다른 사람들에게 주시겠다는 것이다. 바리새인들의 반응은 어떠했을까? "그렇게 되지 말아지이다: (μὴ γένοιτο) (=그런 일이 없기를 바랍니다. "May it never be!"). 이들은 그러한 심판만은 막아달라는 것이다.

3. 주님은 다시 바리새인과 서기관들을 보신다. 그리고 이렇게 질문하신다. "그렇다면"(οὖν);

• 마 21:42 "예수께서 이르시되 너희가 성경에 **건축자들이 버린 돌이 모퉁이의 머릿돌이 되었나니** 이것은 주로 말미암아 된 것이요 우리 눈에 기이하도다 함을 읽어 본 일이 없느냐"(시 118:22 이하)

그렇다면 시 118:22에 기록된 이 말씀은 무슨 뜻이냐?

눅 20:17 그들을 **보시며 이르시되**
/그러면 기록된 바 ...함이 어찜이냐?
/"건축자들의 버린 돌이 — **모퉁이의 머릿돌**이 되었느니라"

시편 118:22에 나오는 רֹאשׁ פִּנָּה(로쉬 핀나, 모퉁이의 머리)는 여기 본문에 나오는 '모퉁이의 머릿돌'(켑할레 고니아 κεφαλὴ γωνία), 그리고 행 4:11, 벧전 2:7에 나오는 단어들과 똑같은 말이다. '모퉁잇돌'이란 그 안에서 "건물 전체가 연결되어 있는" 중요한 돌이다(엡 2:21).

(1) 주님은 시편(118:22, 23을 참조)의 말씀을 인용하시면서 질문하신다. 그리고 이제, 주님은 이스라엘에게 내려주셨던 특권과 그들의 역할을 영원히 철회하시겠다고 선언하신다(마 21:43 "그러므로 내가 너희에게 이르노니 하나님의 나라를 너희는 빼앗기고 그 나라의 열매 맺는 백성이 받으리라."

눅 20:18 무릇 이 돌 위에 떨어지는 자는 — 깨어지겠고(=산산히 수서지다)
이 돌이 사람 위에 떨어지면(if)
[그것이] —— 그를 가루로 만들어 흩으리라(λικμήσει 미래)[1]

(2) 이들은 하나님의 나라를 빼앗기게 될 것이다. 그리고 그 자리에 손으로 짓지 아니한 다른 새 건축물이 세워질 것이라고 말씀하신다. **이스라엘이 버린 쓸모없는 돌맹이 위에** 하나님의 계획이 계속 이어질 것이라는 것이다. 유대인 '건축가들'이 하나님께서 '모퉁이의 머리'로 정하신 그 돌(=예수 그리스도)을 버렸다.[2] 그 결과 유대인 건축가들 자신들이 버림을 당하고 말았다. 예수님은 이런 문맥 속에서 시편 118:22을 인용하셨다.

(3) 서기관들과 대제사장들은 예수님의 이 비유가 자기들을 가리켜 말씀하심인 줄 알았다. 그래서 즉시 잡고자 했으나 이를 지켜본 백성을 두려워했다.

1) 가루로 만들다 (리크마오, λικμάω) - 불신앙 위에 떨어질 심판의 불가피성을 나타낸다.

2) 참 성전은 그리스도께서 그 건축가이시며(막 14:58; 마 16:18), 또 친히 모퉁잇돌이 되시며, 대제사장이신(히 9:1) 영적인 집이다.

가이사의 것은 가이사에게(눅 20:20-26)

같이 읽을 곳(마 22:15-22; 막 12:13-17)

◀ 이하 설명은 동교재, 마태복음에서 그대로 가져온 것임.

앞에서 이어지는 내용이다. 서기관들과 대제사장들이 예수님의 비유가 자기들을 가리켜 말씀하심인 줄 알고 분함을 참지 못했다. 이들 종교지도자들은 예수님을 올무에 빠뜨리려고 트집을 잡고 있었다. "이에 그들이 엿보다가 예수를 총독의 다스림과 권세 아래에 넘기려 하여 정탐들을 보내어 그들로 스스로 의인인 체하며 예수의 말을 책잡게 하니"(20절)[1)]

1. 대제사장들과 장로들은 예수님께서 비유를 들어 사용한 가르침에 속수무책이었다. 그래서 이번에는 바리새파 사람들이 한 방법을 생각해 냈다.

(1) 이들은 헤롯 파들을 끌어들이기로 한다. 헤롯파는 이방인인 헤롯 왕과 그를 임명한 로마 황제를 지원했다. 가이사의 정치체제를 인정, 지지했기 때문에 상당한 특권을 누렸다. 물론 이들은 가이사에게 세금을 내는 것을 지지했다.

눅 20:21 그들이 **물어 이르되**
/선생님이여
/우리가 – 아노니
/당신은 바로 말씀하시고 가르치시며 사람을 외모로 취하지 아니하시고 오직 진리로써 하나님의 도를 가르치시나이다
22 세를 바치는 것이 —— 옳으니이까, 옳지 않으니이까?
/우리가 가이사에게

이들은 변장해서 스스로 의인인체 하면서 접근을 시도한다. 이들은 예수님의 가르침이 백번 옳다고 인정한다는 것이었다. 이들은 아주 정중하다. 그러나 어떻게 하면 예수님의 대답에서 책잡을 말을 낚아챌까 가장을 하고 다가선다.

헤롯당원들과 바리새인들은 서로 정치적 목적이 달랐지만 예수님을 죽이려는 데는 연합전선을 펼쳤다. 이들은 예수님께 나아와서 공손하게 질문을 던졌지만 분명 이들의 질문은 예수님을 트집 잡아 함정에 빠뜨리려는 것이었다. 어느 쪽을 선택하여 답변한다 해도 걸리게 되어 있다. 예수님과 그의 제자들을 말살해 버릴 수 있는 아주 좋은 기회가 되었다.

(2) 물론 예수님은 이들의 속내를 아셨다. "예수께서 그 간계(trickery, 속임수)를 아시고 이르시되"(23절) "데나리온 하나를 내게 보이라 누구의 형상과 글이 여기 있느냐 대답하되 가이사의 것이니이다."(24절) - 예수님은 직접적인 대답을 피하시고 황제의 초상과 글자가 새겨진 데나리온을 보이라고 하셨다. 예수님은 그들의 악함을 아셨다고 했다(마 22:18 "예수께서 그들의 악함을 아시고").

1) 예수님께서 비유를 들어 가르치심에 종교지도자들은 몹시 화가 나 있었다. 포도원 비유에서 악한 종이 자기 자신들임을 알고, 회개하는 마음이 생긴 것이 아니라 오히려 예수님을 올무에 걸릴 흠을 발견하려고 혈안이 되었다. 이번에는 정탐들을 선발해 잠입시켰다. 그리고 다시는 빠져나가지 못할 질문을 던졌다.

티베리우스 (기원 후 14-37년)

티베리우스 황제의 측면상과 함께 은전 둘레를 따라 '신적 아구스도의 아들 티베리우스'라는 라틴어 문구가 새겨져 있다. 반대면에는 로마의 평화의 여신으로 불리는 '대제사장'이라는 문구와 함께 그려져 있다. 이 돈이 통용되는 곳은 그 어디나 모두 그의 세력권 안에 있다. 따라서 그의 제국의 모든 사람은 황제에게 세금을 내야 했다.

마 22:
19 세금 낼 돈을 내게 보이라 하시니 데나리온 하나를 가져왔거늘

20 예수께서 말씀하시되 이 형상과 이 글이 누구의 것이냐

21 이르되 가이사의 것이니이다 이에 이르시되 그런즉 가이사의 것은 가이사에게, 하나님의 것은 하나님께 바치라 하시니

(3) "옳으니이까"(Is it lawful, ἔξεστιν[1])

만약 옳지 않다고 대답하면, 예수님은 총독에 의해 처형당하게 된다. 왜냐하면 로마 총독은 하나님의 이름을 내걸어 납세를 거부하는 모든 사람을 처형해 버렸기 때문이다. 또한 예수님은 백성에게도 공격을 당할 수 있게 된다. 이미 백성은 바리새인들에게 납세를 거부해야 한다고 경고해 왔기 때문이다. 질문에 함정이 있었다.

(4) 함정에 빠뜨려는 질문에 예수님은 어떻게 답하셨나? "예수께서 말씀하시되 이 형상과 이 글이 누구의 것이냐?"(20절) 여기 질문하러 온 사람들은 데나리온을 가지고 있었다. 이로보아 이들은 로마의 통치를 인정하고 그 안에서 덕을 보고 있는 사람들임을 알 수 있다. 이들은 "가이사의 것"이라고 대답함으로써 자신들도 신념을 철저히 지키지 못했음을 시인한 꼴이 되었다.

1) 엑세스티(ἔξεστι) - 가능하다, 합법적이다, 타당하다. 이 질문은 가이사에게 세금을 바치는 것이 유대인으로서 적법하느냐는 것이다. 하나님의 율법에 저촉되는 것이 아니냐는 것이다. 로마법으로서는 당연히 바쳐야 했다. 그렇지 않으면 형벌을 받는다.

2. 이들에게 주님은 가이사가 요구하는 대가, 곧 세금을 바쳐야 한다고 말씀하신다.

(1) 마태복음의 설명이 더 자세하다(마 22:21).

22:21 그런즉(therefore, οὖν)
[너희는] ——— 바치라(ἀπόδοτε)
/가이사의 것은 ——— 가이사에게
/(그러나) 하나님의 것은 — 하나님께

ἀπόδοτε οὖν τὰ Καίσαρος Καίσαρι
καὶ('그러나') τὰ τοῦ θεοῦ τῷ θεῷ.

여기서 강조점을 어디에 두어야 할까? 후반절에 강조점이 있다. 여기서 **καί**는 '그리고'가 아니고 '그러나'로 번역해야 한다. 따라서 예수님의 답변은 "가이사의 것은 가이사에게, '그러나'(καί) 하나님의 것은 하나님께 바치라"고 읽어야 한다. 영어성경은 'and'로 번역했다.

(2) 유대인은 가이사를 왕으로 인정하지 아니했기에 가이사의 화상(畵像)이 새겨진 로마의 은전을 꺼려했다. 그래서 20세 이상의 유대 남자들이 매년 드려야 하는 성전세는 아무 상(像)도 그려있지 않은 두로의 세겔로 환전하여 바쳤다. 특히 **열혈당원들**은 로마의 돈을 만지기도 거부했다.

(3) 주님은 황제의 상이 새겨진 은전을 사용하는 것 자체를 문제 삼지 않으셨다. 예수님은 황제의 것은 황제에게 돌려주라고 답하심으로써 그들의 흉계를 피해가시면서 황제의 권리를 인정하셨다.

• **열혈당원들** : 이들은 납세 문제에 대해서는 올바른 유대인이라면 당연히 낼 수 없다고 단호하게 주장했다. 이방인의 통치에 복종하는 자는 그 일로 해서 하나님의 지배를 부정하고 있다는 것이다. 따라서 납세를 거부하는 사람의 수가 많았다.

그런 이유로 이들은 집과 토지를 버려야 했고, 광야와 산에 들어가서 거기서 강도로 살았다. 결국 이방인에게 폭행을 가하다가 마침내 로마 군인에게 잡혀서 십자가에 못 박혀 최후를 마쳐야 했다. 이런 사람들의 증가가 성전 붕괴를 초래하게 된 본질적인 원인이 된다(AD. 70년).

3. 그러나 주님은 가이사에게 세금 바치는 것보다 더 중요한 절대적 요구가 있다고 말씀하신다. 곧 하나님께 속한 것은 하나님께 바치라는 것이다.

(1) 가이사의 로마제국에 안주하는 헤롯당원들은 물론 가이사에게 세금을 바쳐야할 것이다. 그러나 바리새인이나 열혈당원들은 가이사에게 세금 바치기를 꺼려할 것이다. 어쨌든 가이사에게 세금을 바치는 자이든 안 바치는 자이든 모두 하나님을 혼신을 다해 섬겨야 한다. 이것이 예수님을 올가미 씌우려는 질문에 대한 답변이었다.

(2) 여기서 우리는, 주님은 가이사의 왕권에 대해 별로 달가워하지 않았다는 것을 알 수 있다(눅 13:32 참조). 그렇다고 주님은 열혈당의 입장을 지지하여 가이사에게 세금을 바치지 말라고 가르치지도 않으셨다. 예수님은 여당격인 헤롯당의 가이사에 대한 충성에도 동조하지 않았고, 야당격인 바리새당 또는 열혈당의 가이사에 대한 저항에도 동조하지 않으셨다.

(3) 주님은 어떤 정치적 체제나 혁명에 소망을 두지 않으셨다. 인간의 근본 죄의 문제를 해결함으로써 인류를 구원하려 하셨다. 주님을 온 세상의 통치자가 되게 하려는 모든 제의를 거절하신다.[1)]

1) 위의 설명은 김세윤, 예수의 하나님 나라의 선포 (신학지남 89-겨울호) p. 6ff. 참조하여 정리한 것임.

360

부활 논쟁(눅 20:27-40)

같이 읽을 곳(마 22:23-33; 막 12:18-27)

• 행 23:7 "그 말을 한즉 바리새인과 사두개인 사이에 다툼이 생겨 무리가 나누어지니 8 이는 **사두개인은 부활도 없고 천사도 없고 영도 없다** 하고 바리새인은 다 있다 함이라."

사두개인들은 부활이 없다고 믿었다. 이번에는 사두개인들이 난해한 문제를 가지고 와서 예수님으로 하여금 곤경에 빠뜨리게 하려 했다. 사두개인은 어떤 자들인가? 이들은 사독 제사장(다윗 왕 때) 계열의 후예들이다. 이들은 정치적인 집단으로 로마나 헤롯에 협력함으로써 기득권을 유지할 수 있었다. 이들은 구약성경의 모든 것을 부정하고 형식적으로 모세오경만을 인정했다. 따라서 부활이 없다고 했다(행 23:8*).

• **계대결혼((繼代結婚)이란?** - 당시에는 기업을 이어가는 것이 중요한 일이었다. 아들 없이 죽은 형이나 동생을 위하여 그 형제 중 누군가 그 미망인을 취하여야 한다. 이 제도는 그 당시 흔한 제도였다. 창세기 38장에서 유다와 다말의 이야기를 보라. 유다의 아들 오난은 이 의무를 거절하다가 죽임을 당했다(창 38:8-10; 신 25:5, 6-10, 嫂婚法). 이것은 족보가 끊어지지 않게 하기 위해서였다. 이 법은 선행 조건이 있다. 두 형제가 함께 살고 대가족의 의무를 갖고 있어야 한다. 그리고 과부는 법적인 재산 상속자인 아들이 없어야 한다. 그래서 "그 여인이 낳은 첫 아들이 그 죽은 형제의 이름을 잇게 하여 그 이름이 이스라엘 중에서 끊어지지 않게" 해야 한다(신 25:6).

1. 모세오경에서는 부활의 근거를 찾을 수 없었기 때문에 사두개인들은 신명기에 언급된 계대결혼 문제를 들고나와 예수님을 시험하려 했다.

20:28 부활이 없다고 주장하는 사두개인 중 어떤 이들이 **와서 물어 이르되**
/선생님이여!
/모세가 — 우리에게 써 주기를(...하였나이다)
/만일 어떤 사람의 형이 아내를 두고 자식이 없이 죽으면 그 동생이 그 아내를 취하여 형을 위하여 상속자를 세울지니라 (신 25:5)

(1) 29-33절까지 본문을 읽어보자.

질문: 일곱이 다 그를 아내로 취하였으니
부활 때에 그 중에 누구의 아내가 되리이까? (33절)

(2) 사두개인들에게 실제로 이런 일이 있었던 것은 아니었을 것이나, '만약 부활이 있다면 이런 경우에는 어떻게 되겠는가'라는 문제를 들어 예수님을 걸고 넘어졌다. '어떻게 대답하실 것인가?' '이들은 어떤 대답을 기대했을까?'

▶ 사두개인들은 이 이야기를 신구약중간기에 지어진 외경 중 『토비트』(Tobit= Tobias)에서 가져온 듯 하다. 이곳에서 경건한 사람의 일곱 남편이 하나씩 차례로 죽는다. 『토비트』(Tobit= Tobias)가 어떤 내용이냐고? 동교재, 마태복음에 간단한 설명을 참조하든가, 인터넷을 이용해 찾아보자.

2. 예수님은 사두개인들의 질문이 어리석음을 질타하신다. 그들은 성경이 말하는 바 일부만을 알고 있었기 때문이다.

(1) 이들은 천국을 단순히 결혼관계와 같이 지상에서 즐기는 일들의 연장이라고 생각했다. 부활을 우습게 만들었다. 더욱이 사두개인들은 부활을 인정하지 아니했다. 이에 대한 주님의 대답은 어떠했나? (34-36절)

20:34 예수께서 이르시되 이 세상의 자녀들은 장가도 가고 시집도 가되
35 저 세상과 및 죽은 자 가운데서 부활함을 얻기에 합당히 여김을 받은 자들은 장가 가고 시집 가는 일이 없으며
36 그들은 — 다시 죽을 수도 없나니
//이는(이유, for, γάρ)
천사와 동등이요 부활의 자녀로서 하나님의 자녀임이라.[1)]

(2) 부활이 없다고 믿는 사두개인들에게 주님은 부활의 모습을 어떻게 설명하셨나? (36절) 주님은 어떤 말씀으로 부활의 확실성을 설명하셨나? (37, 38절)

37 죽은 자가 살아난다는 것은
모세도 가시나무 떨기에 관한 글에서 (이야기 한 것인데)
주님을 가리켜 — 아브라함의 하나님이요
— 이삭의 하나님이요
— 야곱의 하나님이시라 칭하였나니(출 3:6)

ὡς λέγει κύριον τὸν θεὸν **Ἀβραὰμ** καὶ θεὸν **Ἰσαὰκ** καὶ θεὸν **Ἰακώβ**.

"I *am* the God of your father, the God of **Abraham**, the God of **Isaac**, and the God of **Jacob**."(출 3:6)

(3) 37절은 무슨 뜻인가? 모세도 가시나무 떨기에 관한 글에서 이렇게 말했다는 것이다. "나는 아브라함의 하나님이요…(*I am* the God of Abraham)"

그러니까, 만약 아브라함과 이삭과 야곱이 죽어서 더 이상 존재하지 않았다면? "나는 ~의 하나님이시다, I am~"라고 말씀하시지 않고, "나는 ~의 하나님이셨습니다, I was~"라고 말씀하셨을 것이라는 말이다.[2)]

(2) 그러니까 예수님은 사두개인들도 인정하는 출 3:6, 15의 말씀을 부활에 대한 증거로 인용하셨다. "하나님은 죽은 자의 하나님이 아니요 살아 있는 자의 하나님이시니라"(He is not the God of the dead but of the living. οὐκ ἔστιν [ὁ] θεὸς νεκρῶν ἀλλὰ ζώντων.)(38절). 아브라함과 이삭과 야곱은 이미 죽었다고 그들의 존재가 끝난 것이 아니요, 지금도 여전히 살아 있음을 설명하심으로써 부활의 확실성을 보여주셨다.

1) 죽음이 천국에는 전혀 없을 것이므로 인류를 출산하지 않을 것이다. 천사가 결혼하지 않는 것처럼. 이런 면에서는 구원된 자들이 천사와 같다. 물론 위치로 보아서는 천사가 하나님의 자녀들을 흠모하지만.... 사두개인들이 인정하는 모세오경에도 천사들의 존재를 가르치고 있다(창 19:1, 15, 28:12, 32:1). 주님은 이들을 향해 성경도 하나님의 능력도 알지 못하는 자들이라고 통박하셨다.

2) 현재 시제(ἐγώ εἰμι, I am)의 사용은 그들이 여전히 살아서 하나님과 함께 있으며, 장차 의인의 부활시 동참할 것임을 암시한다.

그리스도와 다윗의 자손(눅 20:41-44)

같이 읽을 곳(마 22:41-46; 막 12:35-37)

서기관들은 예수님과의 대화에서 예수님의 말씀이 옳다는 것을 인정했다(20:39). 이들은 감히 더 이상 묻는 사람이 없었다고 했다(40절). 많은 바리새인들이 몰려들었을 것이다. 이들의 무지를 깨우치기 위해 예수님은 어떤 질문을 하셨는가?

1. 유대인들은 그리스도(메시야)는 다윗의 자손이라는 사실을 잘 알고 있었고 그렇게 믿었다. 그러나 이 말씀의 정확한 의미는 잘 알지 못했다. 그래서 주님은 이렇게 질문하신다.

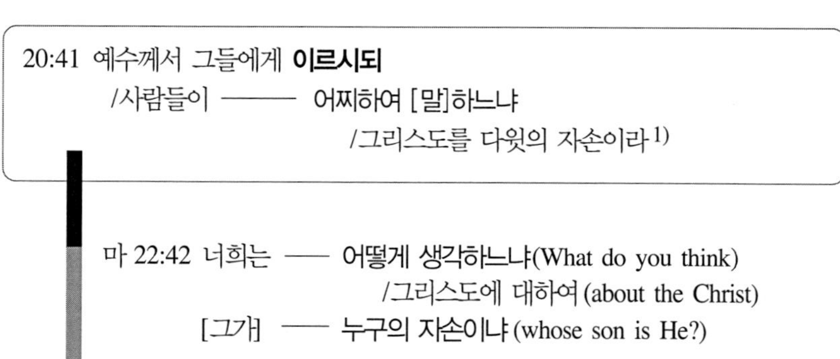

1) "다윗이 그리스도를 '주'라고 불렀다. 너희는 어떻게 생각하느냐?"라고 물으심으로써 다윗이 주라고 부르신 분이 그리스도라고 설명하신다.

(1) 마태복음의 설명이 더 자세하다. 마 22:43을 보자. 주님은 이들에게 되물으신다(43절). "그러면 다윗이 성령에 감동되어 그리스도를 주님이라고 부른 것은 어떻게 된 일이냐?" 예수님은 다윗의 시편(110편)을 성령이 감동하신 결과로 보고 계셨다.

(2) 조금 더 자세히 설명해 보자. 그러니까 시편에서는(시 110:1) '야훼'(יְהוָה)와 '나의 주'(אֲדֹנָי 아도나이)를 구분하셨다(옆 페이지의 도표를 보라). 즉 **야훼**가 다윗의 **아도나이**에게 말씀하고 계신다. 하나님께서는 오직 영원 전부터 계셨고, 지금도 계시며, 영원한 하나님이신 자신의 사람인 그 분에게만 어울리는 탁월한 권능, 권위 그리고 엄위를 중보자에게 약속하고 계신다(엡 1:20-23*; 빌 2:5-11; 히 2:9; 계 5:1-10). 그러나 마 22:44에서는 이 부분을 "**주**께서 **내 주**께 이르시되"(κύριος τῷ κυρίῳ μου)라고 번역함으로써 이해가 쉽지 않다. 다음의 도표를 자세하게 살펴보자.

• 엡 1:20 "그의 능력이 그리스도 안에서 역사하사 죽은 자들 가운데서 다시 살리시고 하늘에서 **자기의 오른편에 앉히사** [21]**모든 통치와 권세와 능력과 주권과 이 세상뿐 아니라 오는 세상에 일컫는 모든 이름 위에 뛰어나게 하시고** [22]또 만물을 **그의 발 아래에 복종하게 하시고** 그를 만물 위에 교회의 머리로 삼으셨느니라 [23]교회는 그의 몸이니 만물 안에서 만물을 충만하게 하시는 이의 충만함이니라."

• 시 110편은 다윗이 자신의 후손이 하나님의 아들이라는 신탁을 나단 선지자에게서 받은 후 묵상하는 가운데 계시를 받은 것이다.

• 다윗의 나라는 근동에서 초강대국은 아니었지만 그렇다고 다윗이 '나의 주'라고 부를 나라의 왕은 없었다. 그러므로 **여기서 다윗이 '주'라고 부른 분은 신적인 존재이다.**

마 22:44 **주께서 내 주께 이르시되**(εἶπεν ① κύριος τῷ ② κυρίῳ μου·)

/내가 네 원수를 네 발 아래에 둘 때까지[1])

내 우편에 앉아 있으라 하셨도다 하였느냐

예수님은 유대 전통을 따라 "주께서 내 주께" 말씀하셨다고 인용하셨다.

• 여기서 원수는 다름 아닌 마귀를 뜻한다. 예수님이 구속사역으로 마귀를 무력화하고 하나님 우편에 앉으신다.

시편 110:1

לַאדֹנִי to my Lord יְהוָה The LORD נְאֻם says (The *LORD* says to *my Lord*:)

(**여호와께서 내 주에게 말씀하시기를** = 야웨께서 아돈에게 말씀하시기를)

예수님은 시 110편을 인용하셨다. 두 구절을 자세히 비교해 보라.

1) 예수님은 앞의 주님은(① κύριος) 여호와 하나님을, 그리고 두 번째 주님은 (② κυρίῳ) 이스라엘에게 약속하셨던 메시야로 해석하신 것이다.

Sit at My right hand, Until I make Thine enemies a footstool for Thy feet.

• '네 발 아래에 둔다'는 말은 원수를 그리스도에게 완전히 패배하고 굴복하게 만든다는 뜻이다.

2. 유대인들이 대망했던 메시야는 진정 다윗의 자손이었다. 이 사실을 그들은 알고 있었으며, 또한 그렇게 가르쳤다(막 12:35; 요 7:42, "성경에 이르기를 그리스도는 다윗의 씨로 또 다윗이 살던 마을 베들레헴에서[삼하 7:12 이하; 미 5:2] 나오리라 하지 아니하였느냐").

(1) 그러나 이들은 예수님이 "다윗의 자손"이라고 불리는 것을 아주 싫어했다. 그리스도는 다윗의 자손임과 동시에 그 뿌리이다(계 22:16*; 사 11:1, 10*). 앗수르는 울창한 수풀 같고(사 10:33, 34), 유다는 쓰러진 나무와 같다(사 11:1). 그러나, "한 싹" "한 가지"가 나서 결실할 것이라고 했다.

사 11:1 이새의 줄기에서 한 싹(호테르, חֹטֶר)이 **나며**
그 뿌리에서 한 가지(네째르, נֵצֶר)가 **나서 결실할 것이요**

(2) 여호와께서 심으신 나무는 버리지 않으실 것이다. 여호와의 언약은 계속될 것이고, 아브라함과 다윗의 후손들이 완전히 끊어지지는 않을 것이라는 것이다. 사 9:6에서 언급된 한 '아기'는 겉으로 보기에는 죽은 것 같은 그루터기로부터 자라는 싹이 난 가지로서 올 것이다. 여기서 예수님이 가르쳐주시고자 하는 바는 무엇인가? 바리새인들의 태도를 보라(마 22:46, "**한 마디도 능히 대답하는 자가 없고** 그 날부터 감히 그에게 묻는 자도 없더라").

• 계 22:16 "나 예수는 교회들을 위하여 내 사자를 보내어 이것들을 너희에게 증언하게 하였노라 **나는 다윗의 뿌리요 자손이니 곧 광명한 새벽 별이라** 하시더라."

• 사 11:1 "이새의 줄기에서 한 싹이 나며 **그 뿌리에서** 한 가지가 나서 결실할 것이요."

• 사 11:10 "그 날에 **이새의 뿌리에서** 한 싹이 나서 만민의 기치로 설 것이요 열방이 그에게로 돌아오리니 그가 거한 곳이 영화로우리라."

364

서기관들을 삼가라(눅 20:45-47)

같이 읽을 곳(마 23:1-36; 막 12:38-40)

1. 백성의 지도자급에 속하는 서기관과 바리새인들은 오히려 천국문을 막고 다른 사람도 들어가지 못하게 하는 걸림돌이 되어버렸다. 주님을 따르는 많은 백성들과는 대조적으로 돌 같이 굳어버린 종교지도자에게 화를 선포하셨다.[1)]

1) "화(禍) 있을진저", 물론 이 화는 감정적인 저주가 아니라 죄에 대한 예수님의 고통스러운 슬픔의 표현을 말한다(義憤). 백성의 지도자급에 속하는 서기관과 바리새인들은 오히려 천국문을 막고 다른 사람도 들어가지 못하게 하는 걸림돌이 되었다.

(1) 특별히 본문에서 서기관들을 언급하고 있다. 어떤 행동들이 이들을 책망의 대상으로 언급하게 하셨을까?

```
눅 20:46  [너희는] ── 서기관들을 삼가라
                        /긴 옷을 입고 다니는 것을 원하며
                        /시장에서 문안 받는 것과
                        /좋아하는
                          /회당의 높은 자리와 잔치의 윗자리를
      47  그들은 ┬── 과부의 가산을 삼키며
                 └── 외식으로 길게 기도하니
          그들이 ── 더 엄중한 심판을 받으리라
```

(2) 이들의 외식에 대하여 마태복음에서 잘 설명하고 있다(마 23:13).

```
23:13 [But, δέ] 외식하는(ὑποκριταί)1) 서기관들과 바리새인들이여
  [너희에게] ── 화 있을진저 (Οὐαὶ)2)
          //이유: ὅτι, for)
          너희는 ── 천국 문을 사람들 앞에서 닫고
          너희도 ┬─ 들어가지 않고
                 └─ 들어가지 못하게 하는도다
                      /들어가려 하는 자도
```

1) 왜, 이들을 외식하는 자(위선자)라고 부르시는가? 이들은 앞절에서 본 바와 같이 명예와 사람들의 존경받기를 좋아하면서도 삶은 없었기 때문이다. 이들은 마치 거룩하고 경건한 사람처럼 위장한다.

2) 여기서 화가 있으리라는 말은 영원한 저주를 내리시는 말씀이 아니다. 서기관들과 바리새인들이 누구보다도 악하고 나쁜 상황에 있음을 탄식하는 말이다.

2. 마태복음에서는 종교지도자들의 외식 7가지(마 23:13-28)를 아주 자세히 언급하고 있다. 동교재, 마태복음을 참고해 보기로 하자.

그들의 열심은 대단했다(마 23:15절, "너희는 교인 한 사람을 얻기 위하여 바다와 육지를 두루 다니다가..."). 왜, 그렇게 열심이었을까? 돈을 얻을 수 있었고, 또는 돈을 벌기 위해서였을 것이다. 더욱이 이들이 화를 받아야 하는 이유는 자신들은 손가락 하나 까닥하지 않았다는 것이다. 율법이 백성을 자유케 한 것이 아니라 오히려 옥죄이는 일이 되었다.

적용을 위한 **묵상** **지극히 작은 것에 충성하라. 그런데 우리는 너무 게으른 것 아냐?**

• 삭개오에 관한 이야기, 누가만이 기록하고 있다.
예수님께서 여리고를 지나가신단다.
만사 제쳐놓고 현장에 도착했으나...
그래서 나무 위로 올라갔다. 체면이고 뭐고 없다.
삭개오의 주님을 뵙고자 하는 열망...
주위에서 숙떡거림이 들려온다.

• '삭개오야, 속히 나무에서 내려오라. 내가 오늘 네 집에 머물러야 하겠다.'
이 가슴 떨리는 순간... 그는 심장이 멎을 뻔 했다.
삭개오의 삶에 변화가 일어났다.
나에게, 삭개오의 기쁨과 변화가 일어났던 적이 있었을까?
새로운 생활로의 전환, 개혁은 현재 진행형이어야 한다.

• 주인되신 주님은 우리 모두에게 한 므나씩 주셨다.
"지극히 작은 것에 충성할 것"을 말씀하시면서...
비유의 세 번째 종, 그는 무능력하지 않았다.
그러나 이 종은 주인의 의도를 알지 못했다.
내가 받은 능력과 권한이 아무리 미미한 것이라 해도(한 므나처럼)
우리는, 최선을 다해야 한다. 주어진 사명에...
주님이 책망하시는 것은 내가(우리가) 너무 게으르다는 것이다.

• 예루살렘 성을 내려다보고 우시는 주님(눅 19:41-44)
그 옆자리에 있던 제자들의 마음도 착잡했다.
언제까지나 영원할 것 같은 도성 예루살렘
그 성이 무너진단다.
진정한 예배 행위는 없어진지 오래 되었다.
죄를 회개하고, 기도함으로써 다시금 생의 추진력을 얻는 곳,
그곳이 지금 **강도의 소굴**이 되어 있다.
한국교회는 지금 건강한가? 아닐 것이다. 아니, 아니다.
그렇다면, 어떻게 해야 할까?

• 대제사장, 바리새인, 서기관과 사두개인...
종교지도자들, 이들은 입에 거품을 물고 예수님을 모함했다.
자신들의 권위가 무너지고 있기 때문이었다.
지금은 예수님 당시처럼, 그런 종교지도자들은 없다(?).
그러나, 지금도 주님은 걱정스러운 모습으로
우리네 공동체를 내려다 보고 계실 것이다.

• 지도자급에 속하는 서기관과 바리새인들은 오히려 천국문을 막고 다른 사람도 들어가지 못하게 하는 걸림돌이 되어버렸다.

• 주님은 돌 같이 굳어버린 종교지도자에게 화를 선포하셨다. 신앙생활이 타성에 젖으면 돌같이 굳어버린 상태가 되기 쉽다. 왜 우리는 기도와 말씀 연구에 집중해야 하는가?

Outline

366

Luke
21–22장

예루살렘에서 마지막 주간

마지막 한주간,
주님은 숨가쁜 일정을 매일 매일 소화하셨다.
아직은 주님께서 고난받으실 것이라는 예언에
실감이 가지 않는 제자들에게
무화과나무의 비유를 언급하신다.

웅장하고 견고한 저 성전이 머지 않아 무너져 내릴 것이다.
그것도 돌 위에 돌 하나도 남김없이....
물론 그 말을 들은 제자들은
그대로 받아들이기가 쉽지 않았다.
만약, 그것이 실제로 일어난다면
종말의 날에는 어떤 징조가 나타날 것인가?
예루살렘 성과 성전이 파괴될 것이지만
그렇다고 세상의 종말은 아니라고 하셨다.
어쨌든 불안한 날들이 지나간다.

"내가 고난을 받기 전에(십자가에 달리기 전에)
너희와 함께 이 유월절 먹기를 **원하고 원하였노라.**"
지상에서의 마지막 유월절 저녁, 그리고 성찬식...
그 시간 예수님을 죽이기 위한 대적자들의 작전이
신속하게 진행되고 있었다.

너희 중에 하나가 나를 팔리라...
베드로를 위시한 제자들의 마음이 불안하고 초조하다.
그러나 아직도 제자들은 곧 있을 마지막 반전을
기대하고 있었다.
"우리 중에 누가 더 높으냐?"

가난한 과부의 헌금(눅 21:1-4)

(1) 바리새인들의 악행 중의 하나는 과부들의 가산을 등쳐먹는 행위였다(막 12: 40). 여기 서기관들과는 대조적으로 과부의 동전 이야기가 등장한다. 주님은 "내가 참으로 너희에게 말하노니 이 가난한 과부가 다른 모든 사람보다 많이 넣었도다"라고 칭찬하셨다.

(2) 이 여인은 비록 두 '렙돈'을 드렸으나 구차한 중에서 자기 모든 소유 곧 생활비 전부를 드렸다(44절). 부자는 물질만을 바쳤지만 그녀는 마음을 바쳤다. 하나님은 얼마를 바쳤는가 이전에 어떤 마음으로 물질을 바쳤는가를 보신다.

성전이 무너질 것이다(눅 21:5-9)

(1) 성전은 유대인들에게 하나님이 임재하시는 곳이었다. 그 성전은 그의 백성과 함께 하시는 하나님의 임재의 "실체"(實體)를 상징한다. 감람산 강화에서(마 24장), 예수님은 예루살렘의 파멸을 언급하신다.

(2) 성전의 파괴는 곧 희생제사 시스템의 종말을 의미한다. 유대인에게는 있을 수 없는 일이다. 그들은 성전 파괴는 곧 세상의 종말로 이해하고 있었다. 그러나 예수님은 충격적인 선언을 하신다(2절). "돌 하나도 돌 위에 남지 않고" 완전히 파괴될 것을 말씀하신다.

(3) 관심은 예루살렘 성의 파멸이 '언제 일어날 것인가?' 였다. ① 첫째, 어느 때에 이 일이 일어납니까? ② 둘째, 주의 임하심과 세상 끝에는 무슨 징조가 있겠습니까? 이들은 이 사건이 일어나는 때가 세상의 종말이라고 생각하고 있었다. 그러나 이런 일이 일어난다고 해서 그때가 곧 세상의 종말은 아니라는 것이다. 환난의 구체적인 징조는 눅 21:10-19을 보라.

무화과나무의 비유(눅 21:29-38)

(1) 그 날이 언제인지는 성부 하나님 외에는 아무도 모른다. 그러므로 예수님은 미래의 종말론적 시점을 가리키기 위해 이 세대를 언급하신 것이 아니다. 아직까지도 자신을 배척하고 있

는 모든 사람들은 그 종말론적 사건을 피할 수 없게 될 것이라고 확언하신 것이다. 결국, 그때는 아무도 모른다(마 24:36; 막 13:32; 눅 21장 : 없음)

(2) 그 날은 노아의 때와 같이 임할 것이다(마 24:37-41; 막 13장; 눅 21:34-35). "그러므로 너희는 깨어 있으라"(눅 21:36).

유월절 준비(눅 22:7-13)

(1) "내가 고난을 받기 전에(십자가에 달리기 전에) 너희와 함께 이 유월절 먹기를 **원하고 원하였노라**." 즉 이번에 지키는 유월절이 예수님께서 지상에서 마지막으로 지키는 유월절이다. 멀지 않아 주님은 대적자들의 손에 넘기워져 고난을 받으실 것이다. 그래서 제자들과 유월절 만찬을 준비케 하신다.

(2) 유월절 양이신 그리스도께서 우리를 대신해 희생제물이 되심으로써 출애굽 때부터 계속 지켜오던 유월절이 완성되었다. 유월절과 출애굽은 오실 그리스도에 대한 모형이며 예표였다.

마지막 만찬(눅 22:14-20)

(1) 예수님께서 마지막 주간에 가신 곳이 바로 유월절 현장이었다. 주님은 최후 만찬 시에 유월절 식사를 제자들과 함께 드셨다. 그 유월절 식사가 끝난 후 성찬식(주의 만찬)으로 넘어갔다(눅 22:19; 마 26:26).

(2) '새 언약' 은 이전에 세운 언약들의 성취 - 신약의 증거에 따르면, 새 언약은 예수님의 희생적인 죽음으로 성취되었다. 예수님은 자신의 죽음을 새 언약의 개시(開始)로 이해하셨다(고전 11:25; 눅 22:20).

(3) 새 언약 안에서 '하나님의 백성' 이란 개념: 하나님의 백성에 대한 정의가 드러난다. "아브라함의 자손"에 대한 정의가 여러 가지로 표현되어 있다. 유대인의 개념 수정과 더불어 하나님의 백성의 본질에 대한 정의를 말하고 있다. 율법에 속한 자뿐 아니라 아브라함의 믿음에 속한 자들도 하나님의 백성이다(롬 4:16). 그리스도께 속한 자는 아브라함의 자손이요, 약속대로 유업을 이을 자(갈 3:29)이다.

너희 중의 하나가 나를 팔리라(눅 22:21-23)

누가 더 크냐(높으냐?) (눅 22:24-27)

(1) "또"(And also, δὲ καί) 그들 사이에 다툼이 있었다고 했다. 식탁에서 말다툼이 있었던 것으로 보인다. 물론 예수님은 이런 제자들을 책망하지 않으신다. 어린아이들에게 설명하듯이 차근차근 그 부당성을 지적해 주신다.

(2) 누가 높은 자리에 앉게 될 것이냐를 놓고 갈등하고 있다. 이방인들은 그렇게 하지만 그러나(But, δέ), 너희는 그래서는 안 된다고 경고하신다. 다스리는 자는 섬기는 사람과 같이 되어야 한다는 말씀이다(26절).

네가 세 번 나를 모른다고 부인하리라(눅 22:31-34)

(1) 사탄은 베드로가 진짜 밀이 아니라 바람에 날려가는 겨라는 것을 증명하고 싶어했다. 물론 하나님께서 허락하지 않으시면 그들을 시험할 수 없다. 사탄은 베드로의 성격을 파악하고 있었을 것이다. 강하고 불같은 성격인듯 싶으나 약점이 있다고 본 것이다.

(2) 베드로가 사탄의 (밀 까부르듯 하는) 시험을 이길 수가 있을까? 이런 사실을 잘 알고 계시는 주님은 베드로가 사탄의 시험을 이길 수 있도록 기도로 도우신다.

겟세마네에서 기도하시다(눅 22:39-46)

그 기도의 시간이 얼마나 힘든 사투(死鬪)의 과정이었는지를 잘 소개하고 있다. 얼마나 힘든 시간이었는지 "천사가 하늘로부터 예수께 나타나 힘을 더하더라"(43절)고 했다. "예수께서 힘쓰고 애써 더욱 간절히 기도하시니 땀이 땅에 떨어지는 핏방울 같이 되더라"(44절).

가룟 유다의 배반(눅 22:47-53)

공회 앞에 서시다(눅 22:66-71)

결국 가야바의 관정에 참석한 모든 공회원들은 예수님을 신성 모독죄로 몰아 "사형에 해당하니라" 하고 동의했다.

가난한 과부의 헌금(눅 21:1-4)

같이 읽을 곳(막 12:41-44)

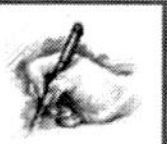

같은 공동체 안에서도 부자와 가난한 자들이 같이 살아간다. 누구나 가난하게 살고 싶은 생각이 없겠지만 여러 가지 이유로 가난한 자들이 생기기 마련이다. 바리새인들의 악행 중의 하나는 과부들의 가산을 등쳐먹는 행위였다(막 12: 40). 여기 서기관들과는 대조적으로 과부의 동전의 이야기가 등장한다.

1. 어느 날 예수님은 성전 입구에 헌금함 옆에 앉으셔서 헌금하는 사람들을 살펴보셨다. 마침 예수님은 눈을 들어 부자들이 헌금함에 헌금 넣는 것을 보셨다.[1] 자랑스러움과 뿌듯함이 함께 했으리라.

막 12:42 "두 렙돈 곧 한 고드란트를 드렸다고 했다.

21:2 또 어떤 가난한 과부가 ―**보시고**
/두 렙돈[1] 넣는 것을

(1) 렙돈(small copper coins, λεπτόν) : 렙돈은 당시 유대 사회에서 통용되던 화폐 중 가장 작은 화폐 단위였다. 로마의 가장 작은 화폐 단위는 '고드란트'(κοδράντης)[2]이다. 따라서 가난한 과부가 드린 헌금 두 렙돈(=한 고드란트)이 얼마나 보잘 것 없고 적은 액수인가를 보여준다.

(2) 그러나 주님은 "내가 참으로 너희에게 말하노니 이 가난한 과부가 다른 모든 사람보다 많이 넣었도다"라고 칭찬하셨다. 그 이유를 4절에서 말씀하신다.

4 //이유(for, γάρ)
저들은 ―― 넣었거니와
/그 풍족한 중에서 헌금을
이 과부는 ― 넣었느니라
/자기가 가지고 있는 생활비 전부를
/그 가난한 중에서

(3) 예수님은 제자들을 불러 과부의 이런 행동을 매우 칭찬하셨다. 부자들은 풍족한 중에 헌금했다. 그러나 이 여인은 비록 두 '렙돈'(λεπτον, small copper coins)을 드렸으나 구차한 중에서 자기 모든 소유 곧 생활비 전부를 드렸기 때문이다(44절 "그들은 다 그 풍족한 중에서 넣었거니와 이 과부는 그 가난한 중에서 자기의 모든 소유 곧 **생활비 전부**를 넣었느니라 하시니라").

1) 예수님은 한 과부가 헌금하시는 것을 유심히 지켜보셨다. 당시 헌금함은 큰 트렘펫 모양으로 만들어졌는데, 13개의 헌금함이 성전에 놓여 있었다. 그 중 9개는 성전세나 제물을 대신한 헌금을 바치는 용도로 사용되었고, 4개는 가난한 자들을 돕기 위해 놓여져 있었다고 한다. 헌금함 앞에는 헌금을 거두는 제사장이 앉아 있어서 헌금 액수를 알 수 있었다(원문성경).

2) "한 가난한 과부는 와서 두 렙돈 곧 한 고드란트를 넣는지라"(막 12:42). 마 5:26에서는 '한 푼'(호리)이라고 번역했다. 마지막 작은 돈이라는 의미이다.

(4) 예수님께서는 부자들이 넣은 모든 헌금보다 이 여인의 헌금이 더 많다고 생각하셨다. 그러나 많은 사람들은 그녀를 비난했을지도 모른다. 그녀는 왜 자기의 생활도 궁핍한데 자신의 분수에 넘치는 헌금을 했을까? 부자는 물질만을 바쳤지만 그녀는 마음을 바쳤다. 하나님은 얼마를 바쳤는가 이전에 어떤 마음으로 바쳤는가를 보신다.[1)]

1) 가인과 아벨의 제사 중, 가인의 제사는 열납되지 않았다. 하나님을 사랑하는 마음에서 제사를 드린 것이 아니었기 때문이다(창 4장). 마게도냐 교회는 극한 가난 가운데 있었지만 풍성한 연보를 했다(고후 8:2, 3).

2. 신약 시대의 연보의 원리는? (동교재, 말라기 3장에서)

(1) 새언약 시대에서는 하나님께서 그 율법을 직접 인간의 마음에 기록하심으로써 이제 그 율법은 삶의 내적 원리가 된다. 고후 8:1-9:15을 읽어보자. 이 곳에서 헌금의 본질이 반영되었다고 볼 수 있다. 마케도니아 교인들은 극심한 환난의 시련과 극한 가운데서 자신들의 능력에 지나치도록 연보를 하였다(고후 8:2-3).

(2) 이 연보는 주님께 대한 그들의 전적인 헌신의 표시였다. 바울은 고린도 교인들에게 주님께서 그들에게 주신 풍성한 축복을 상기시키며, 그러한 주님의 은혜에 대한 반응으로서 그들의 사랑의 신실성을 보이라고 촉구하고 있다(고후 8:7-9*).

• 고후 8:7 "오직 너희는 믿음과 말과 지식과 모든 간절함과 우리를 사랑하는 이 모든 일에 풍성한 것 같이 이 은혜에도 풍성하게 할지니라 8 내가 명령으로 하는 말이 아니요 오직 다른 이들의 간절함을 가지고 너희의 사랑의 진실함을 증명하고자 함이로라 9 우리 주 예수 그리스도의 은혜를 너희가 알거니와 부요하신 이로서 너희를 위하여 가난하게 되심은 그의 가난함으로 말미암아 너희를 부요하게 하려 하심이라."

성전이 무너질 것이다(눅 21:5–9)

같이 읽을 곳(마 24:1–2; 막 13:1–2)

1) 히브리인의 사상에 있어서 성전에 대한 기본 개념은 '하나님의 집'이란 뜻이다. '여호와의 집'이란 사람의 손으로 만든 어떤 물건이 아니라는 말이다. 그렇다면 성전은 하나님의 자기 계획 속에 무엇을 의미하는가?

성전은 유대인들에게 하나님이 임재하시는 곳이었다. 그 성전은 그의 백성과 함께 하시는 하나님의 임재의 "실체"(實體)를 상징한다. 따라서 성전은 유대인의 정체성을 드러내는 가시적인 장소였다. 그러나 앞에서 살펴보았지만, 예수님은 성전이 그 기능을 상실하고 강도의 굴혈이 되었다고 질타하셨다. 감람산 강화에서(마 24장), 예수님은 예루살렘 성의 파멸을 언급하셨다. 성전의 파괴는 곧 희생제사 시스템의 종말을 의미한다. 유대인에게는 있을 수 없는 일이다. 그들은 성전 파괴는 곧 세상의 종말로 이해하고 있었다.

1. 예수님은 그 나라가 황폐하여질 것을 말씀하셨다(마 23:38을 보라, "보라 너희 집이 황폐하여 버려진 바 되리라"). 예수님은 성전을 떠나셨다(마 23:29). "예수께서 성전에서 나와서 가실 때에 제자들이 성전 건물들을 가리켜 보이려고 나아오니"(마 24:1) 제자들은 성전 건물을 가리키며, 성전의 웅장함과 화려함을 보며 설명했다.

2) 예수님은 감람산 위에 앉으셨다. 제자들은 더 자세한 것을 알기를 원하였다. 그렇다면 메시야께서 통치하실 백성이 어떻게 존재할 것인가? 또 이 사건이 언제 일어날 것인가에 관심이 있었다(마 24:3). (막 13장; 눅 21장) "예수께서 감람 산에서 성전을 마주 대하여 앉으셨을 때에 **베드로와 야고보와 요한과 안드레가 조용히 묻되**"(막 13:3).

(1) 눅 21:5을 보라. 그러나 예수님은 충격적인 선언을 하신다(2절). "돌 하나도 돌 위에 남지 않고" 완전히 파괴될 것을 말씀하신다.[2)]

눅 21:5 어떤 사람들이 — 말하매(while)
/성전(ἱερόν히에론)을 가리켜
그 아름다운 돌과 헌물로 꾸민 것을

예수께서 **이르시되**
6 /남지 않고(=는) 날이 — 이르면(when)
/돌 하나도 돌 위에
/너희 보는 이것들이 — 다 무너뜨려지리라

(2) 주님의 비통한 애가(哀歌)를 읽어보라. (마 23:37-39; 눅 13:34, 35 참조)
예루살렘을 향한 예수님의 슬픔을 보라. 주님은 예루살렘을 어떻게 사랑하셨다고 하셨나? (마 23:37)

23:37 예루살렘아 예루살렘아
선지자들을 죽이고 네게 파송된 자들을 돌로 치는 자여
암탉이 그 새끼를 날개 아래에 모음 같이

내가 네 자녀를 모으려 한 일이 몇 번이더냐
그러나 너희가 원하지 아니하였도다

(3) 이스라엘 백성들은 계속해서 하나님을 대적해 왔다. 이제 하루 이틀 후면 그들은 메시야-왕이신 예수님을 살해하려고 하고 있다. 후에 이 사실을 베드로와 스데반은 어떻게 언급하고 있나? (행 2:23*, 36-40*, 4:10, 7장) 이 사건은 사악한 역사의 최절정의 사건이었다.

• 행 2:23 "그가 하나님께서 정하신 뜻과 미리 아신 대로 내준 바 되었거늘 너희가 법 없는 자들의 손을 빌려 못 박아 죽였으나."

• 행 2:36 그런즉 이스라엘 온 집은 확실히 알지니 **너희가 십자가에 못 박은 이 예수**를 하나님이 주와 그리스도가 되게 하셨느니라 하니라...40 또 여러 말로 확증하며 권하여 이르되 너희가 이 패역한 세대에서 구원을 받으라 하니."

2. 문제는 예루살렘 성의 파멸이 '언제 일어날 것인가?' 였다.

눅 21:7 그들이 **물어 이르되**
/선생님이여
/그러면 어느 때에 이런 일이 있겠사오며
이런 일이 일어나려 할 때에 무슨 징조가 있사오리이까?

(1) 제자들은(막 13:3에서는 **베드로와 야고보와 요한과 안드레**가 조용히 묻되"라고 했다) 두 가지를 묻는다. ① 첫째, 어느 때에 이 일이 일어납니까? ② 둘째, 주의 임하심과 세상 끝에는 무슨 징조가 있겠습니까? 이들은 이 사건이 일어나는 때가 세상의 종말이라고 생각하고 있었다. 제자들은 이 예언을 주께서 영광 가운데 나타나시는 것과 세계 역사의 완성으로 이해했다. 그러나 예수님의 대답은 제자들이 생각하는 종말관과는 전혀 다른 것이었다.

눅 21:8 [예수께서] **이르시되**
/[너희는] — 미혹을 받지 않도록 주의하라
//이유(for, γάρ)
많은 사람이 내 이름으로 와서 이르되
/내가 그라 하며 때가 가까이 왔다 하겠으나
/[너희는] —— 그들을 따르지 말라

(2) 21:9-11절까지 자세히 읽어보라.

"9 난리와 소요의 소문을 들을 때에 두려워하지 말라 이 일이 먼저 있어야 하되 끝은 곧 되지 아니하리라 10 또 이르시되 민족이 민족을, 나라가 나라를 대적하여 일어나겠고 11 곳곳에 큰 지진과 기근과 전염병이 있겠고 또 무서운 일과 하늘로부터 큰 징조들이 있으리라."

(3) 자, 이런 일이 일어난다고 해서 그 때가 곧 **세상의 종말은 아니라는** 것이다.

가장 큰 환난(마 24:15-28)

• 예루살렘의 멸망은 엄청난 재난을 동반한다. 그러면, 예루살렘 멸망 이전에 어떤 일들이 일어날 것인가?

• 거짓 그리스도에 대한 경고
• 전쟁과 전쟁의 소문
• 기근 · 전염병 · 지진
• 재난의 시작(마24:8; 막13:8; 눅 21장 - 병행 구절 없음)
• 박해와 거짓 선지자들

• **그러나 이런 일이 일어나겠지만 그렇다고 세상 끝은 아직 아니라는 것이다. 따라서 제자들은 마음이 흔들려서는 안 된다. 제자들은 주님이 승천하신 후 복음을 온 세상에 증언할 증인들이기 때문이다.**

환난의 구체적인 징조(눅 21:10-19)

같이 읽을 곳(마 24:3-14; 막 13:3-13)

동교재, 마태복음 24장에서 설명을 가져와 정리했다. 주님께서 예언하신 후 약 40여년 후, A.D. 70년, 예루살렘은 완전히 파괴되었다. 물론 성전도 다 무너져 내렸다. 그렇다면 감람산 강화는 이 사건을 예언하신 것인가? 그렇다. 예언의 일부는 70년 사건으로 정확히 성취되었다고 보아야 한다. 그러나 예수님의 예언은 아직 다 이루어지지 않았다. 종말의 징조들이 오늘날도 계속 이어지고 있기 때문이다. 우선, 예언의 일부가 어떻게 A.D. 70년에 성취되었는가 살펴보자.

1. 그러면, 예루살렘 멸망 이전에 어떤 일들이 일어날 것인가?

(1) 거짓 그리스도에 대한 경고(마 24:4-5; 막 13:5-6; **눅 21:8**)

눅 21:8 이르시되 미혹을 받지 않도록 주의하라 많은 사람이 내 이름으로 와서 이르되 내가 그라 하며 때가 가까이 왔다 하겠으나 그들을 따르지 말라

- 사도행전이 이 사실을 어떻게 증언하고 있나?[2)]

(2) 전쟁과 전쟁의 소문(마 24:6-7; 막 13:7-8; **눅 21:9-10**)[3)]

눅 21:9 난리와 소요의 소문을 들을 때에 두려워하지 말라 이 일이 먼저 있어야 하되 끝은 곧 되지 아니하리라
10 또 이르시되 민족이 민족을, 나라가 나라를 대적하여 일어나겠고

- 유명한 로마의 역사가 Tacitus는 A.D. 70년 전까지의 로마의 역사를 기록하고 있는 *Annals of Tacitus*에서 그 시대의 소요와 폭동을 언급하고 있다. 영국에서의 전쟁; 아르메니아에서의 전쟁; 게르마니아에서의 전쟁; 파르티안들의 모반; 아프리카에서의 폭동; 트라케에서의 폭동 등.

(3) 기근 · 전염병 · 지진(마 24:7; 막 13:8; **눅 21:11**)

- 갈리굴라 황제 때 엄청난 지진 발생(마 27:1-54; 행 16:26). - 타키투스는 로마의 지진을 언급했다. 네로 황제가 즉위하던 날 지진이 발생했고(54년), 또 네로의 재위시 라오디게아에서 지진이 발생했다(60년). 폼페이 시의 지진도 있었다(63년). 그 밖에도 상당한 지진이 있었다. 특히 타키투스는 아시아의 12개의 대도시가 지진으로 폐허되었다고 기록하고 있다.

(4) 재난의 시작(마 24:8; 막 13:8; **눅 21장**)

---

1) 주님은 어떤 재난이 오더라도 예루살렘의 멸망이 가까이 왔다는 분명한 표라고 쉽사리 결론을 내리지 말도록 주의를 환기시키신다. 거짓 그리스도가 예루살렘이 포위되었을 때 메시야인 체 하며 수 없이 일어나 많은 사람들을 속였던 일이 역사적 사실로 나타나 있다. 또한 가짜 종교도 그랬다.

2)
- 행 8:8-9 = 마술쟁이 시몬
- 행 5:37 = 거짓 선지자 유다
- 행 13:6 = 바예수(Bar-Jesus)
- 행 5:36 = 드다라는 애굽인 거짓 선지자
- 역사가 요세푸스의 증언

3) 감람산 예언 - 예루살렘 멸망 / 가이사랴에서의 봉기로 2만 명의 유대인이 목숨을 잃었다. Scythopolis에서는 1만 3천 명의 유대인이 떼죽음을 당했다. 또 다메섹에서 1만 명의 유대인이 몰살 당했다.

• 마 24:7 **민족이 민족을, 나라가 나라를 대적하여 일어나겠고**
곳곳에 **기근과 지진**이 있으리니

• 눅 21:12-13 이 모든 일 전에 내 이름으로 말미암아 너희에게 손을 대어 박해하며 회당과 옥에 넘겨 주며 임금들과 집권자들 앞에 끌어 가려니와 이 일이 도리어 너희에게 증거가 되리라

• 국가들 간의 전쟁, 기근, 지진의 발생 등이 있을 것이지만, 이러한 사실을 주님의 재림 전야(前夜)로 본다거나 예루살렘의 멸망이 닥쳐왔다는 표시로 삼아서는 안 된다고 가르치신다. 역사적으로 이런 간헐적인 진통(국제 분쟁, 위기, 전쟁, 자연재해)이 있어왔음을 우리는 알고 있다. 그러나, 그때마다 우리는 섣부른 속단을 내려온 부류들이 있음을 보아 왔다. 이에 대한 부작용을 말해보라.

(5) 박해와 거짓 선지자들(마 24:9-14; 막 13:9-13; **눅 21:12-19**)

• 박해의 발생 : 주님은 제자들에게 불가피한 박해가 올 것을 말씀하신다. 제자들은 임금들과 관원들 앞에 서게 될 것이다. 그러나 염려하지 말라고 격려하신다. 왜냐하면 그때마다 효과적으로 변론하도록 신적인 도움을 주실 것이기 때문이다. 물론 이런 박해는 초대교회에 뿐만 아니라 전 교회 시대를 통하여 나타날 것이다. 어떤 박해는 소규모적이었지만, 어떤 박해는 극심하고 광범위한 박해로 나타났다.[1]

• 예수님의 예언대로 성전이 무너지고 난 후, 당시 교회 공동체 안에서는 어떤 문제점들이 있었을까? 이들은 모두 내 · 외적인 곤경에 직면해 있었다. 밖으로는 유대교의 핍박(마 5:11, 10:17, 23, 21:35, 23:34)과 안으로는 이단(마 7:25, 24:11)과 배교(마 13:21-22, 24:12) 및 배반(마 24:10)에 관한 문제였다.

• 초대교회에서 이단들은 무서운 이리(행 20:29), 거짓 예언자(딤전 4:2; 딤후 3:8), 적그리스도(요이 2:18, 4:1), 이단(딛 3:10), 분열과 이단의 음모자(벧후 2:1), 거짓 선생(유 1:18), 다른 교훈으로 남을 분열시키는 자(롬 16:17)로 다양하게 표현되었다.

1) A.D. 70년 이전까지 초대교회에 닥쳤던 박해를 사도행전에서 볼 수 있다. 그러나 이런 일이 복음의 증거의 기회가 되리라고 말씀하신다(눅 21:12-13). 특히 네로 황제의 박해 기간(A.D. 64-68)은 그 예언의 성취가 이루어졌음을 보여준다. 바울도 베드로도 이 박해 기간에 순교했다.

바울의 법정에서의 변론의 말을 들어보라(딤후 4:17). 회당에, 공회 앞에, 로마 관헌 앞에 끌려가 악형을 당하고, 매질을 당하고, 옥에 갇히고, 죽임을 당하는 글자 그대로의 성취를 볼 수 있다. 그 박해 속에 오히려 복음은 증거되었다.

2. 주님께서 제자들에게 말씀하시고자 하는 주 관점은 새로운 재난이 발생할 때마다 동요해서는 안 된다는 것이다.

(1) 교회가 최대로 관심을 기울여야 할 점은 至上命令(the Great Commission)에 있다. 주님은 종말에 대한 지나친 기대와 반응으로 복음사역을 게을리해서는 안 된다는 점을 인식시키셨다.

(2) 본문 눅 21:11-19절을 자세하게 읽어보자. 이런 일들은 예루살렘 성전이 파괴되고, 유대교와 교회 사이에서 실제로 일어났음을 본다. 이와 같이 교회가 성장하기 시작하면서 수많은 이단 사상들이 교회 안에 들어오기 시작했다.

예루살렘에 임할 구체적 징조 예고(눅 21:20–24)

1. 예수님은 이렇게 종말의 징조들을 설명하시고(마 24:4-14),[1] 이제 예루살렘에 임할 큰 재앙을 말씀하신다(마 24:15-28).

1) 특별한 징조 : 이 부분은 주님의 예언적 강화(講話)에 있어서 대단히 중요한 위치를 차지하고 있다. 주님은 지금까지 이스라엘 붕괴 이전에 있을 시기를 특징지울 매우 일반적인 징조들에 대해 언급하셨다.

- 마 24:15 그러므로 너희가 선지자 다니엘이 말한 바 **멸망의 가증한 것**(the abomination of desolation)이 거룩한 곳에 선 것을 보거든 (읽는 자는 깨달을진저) (단 9:27; 11:31; 12: 11) - (마 24:15-16; 막 13:14; 눅 21:20-21 참조)

(1) 주님의 예루살렘이 멸망할 것이라는 폭탄적인 선언에 제자들은 ① 언제 그 일이 일어나며, ② 또 어떤 징조가 있을 것인가를 물었다. 이에 대한 대답이 바로 이 부분이다. "너희가 (이러이러한 징조를) 보거든"이라는 말씀으로 답하고 계신다. 다른 복음서의 기록보다 누가는 이 사실을 구체적으로 언급한다.

그러나 이제 주님은 <그러나, δέ>라는 접속사가 시사하듯이(눅 21:20) 답변의 논지를 돌연 변경하신다. 한글 성경에는 <그러나, δέ>의 번역을 생략했다.
But - NASB, ESV

(**But** when you see Jerusalem surrounded by armies -NASB)

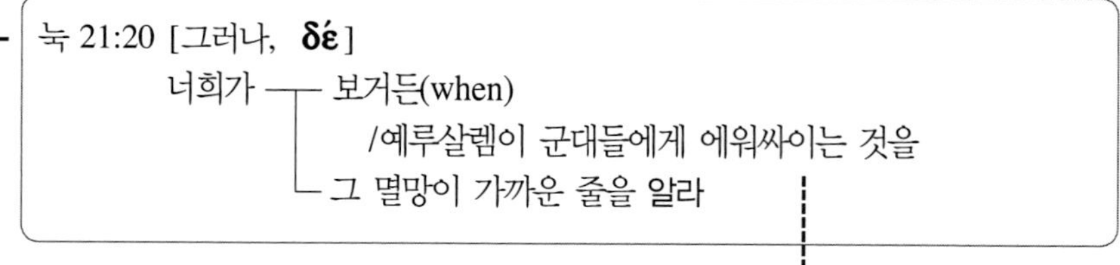

- 마태(마 24:15, 다니엘이 말한 바 **멸망의 가증한 것**이 거룩한 곳에 선 것을 보거든),
- 마가(막 13:14, "**멸망의 가증한 것**이 서지 못할 곳에 선 것을 보거든")

(2) 위의 구절을 비교해 보면 하나의 동일한 역사적 사건을 가리키고 있음이 분명하다. 누가의 기록이 마태, 마가복음의 모호성을 해결하는데 필수적인 역할을 하고 있음을 본다 "선지자 다니엘" 및 "거룩한 곳"에 대한 언급을 생략하고 있지만 누가는 다른 두 복음서의 그 어구의 뜻을 설명해주면서 또한 조화를 이루고 있음을 볼 수 있다.

2. 눅 21:20-21을 주의 깊게 읽어보라. 병행 기사마다 "산으로 도망하라"는 경고를 담고 있다.

- 20 너희가 예루살렘이 군대들에게 에워싸이는 것을 보거든 그 멸망이 가까운 줄을 알라 21 그 때에 유대에 있는 자들은 산으로 도망갈 것이며 성내

에 있는 자들은 나갈 것이며 촌에 있는 자들은 그리로 들어가지 말지어다
22 이 날들은 기록된 모든 것을 이루는 징벌의 날이니라 23 그 날에는 아
이 밴 자들과 젖먹이는 자들에게 화가 있으리니 이는 땅에 큰 환난과 이
백성에게 진노가 있겠음이로다 24 그들이 칼날에 죽임을 당하며 모든 이방
에 사로잡혀 가겠고 예루살렘은 이방인의 때가 차기까지 이방인들에게 밟
히리라

• 단 11:31
"군대는 그의 편에 서서 성소 곧 견고한 곳을 더럽히며 매일 드리는 제사를 폐하며 **멸망하게 하는 가증한 것**(הַשִּׁקּוּץ מְשׁוֹמֵם)을 세울 것이며"

(1) 마가가 쓴 복음서는 주로 팔레스틴 유대인 신자들에게 돌려보도록 쓰인 회람서인 반면에 누가는 주로 유대 국경 밖에 살고 있는 이방인 개종자들을 대상으로 기록하고 있다. 따라서 누가가 구태여 이방인 독자들을 위하여 **<멸망의 가증한 것**(הַשִּׁקּוּץ מְשֹׁמֵם)>(단 11:31*)이라는 독특한 유대적 용어를 사용해서 독자들에게 혼동을 불러일으키게 하지는 아니했을 것이다. 특히 그는 전형적인 유대적 용어를 그의 독자들을 위해 번역하거나 풀이하거나 아예 생략해 버리고 있음을 살펴볼 수 있다.

• 마 24:15, "다니엘이 말한 바 **멸망의 가증한 것**(τὸ βδέλυγμα τῆς ἐρημώσεως)이 거룩한 곳에 선 것을 보거든"

(2) 이렇게 누가는 <멸망의 가증한 것>이 **이방의 침략 군대들**이라고 설명하고 있다(눅 21:20, 24, 너희가 **예루살렘이 군대들에게 에워싸이는 것을 보거든**...).

3. 앞에서 살핀대로 예루살렘의 멸망이 예언되었으나, 그러나 그것은 곧 세상의 종말은 아니다. 예루살렘의 멸망은 큰 형벌의 날이요, 큰 환난의 날이다.

예루살렘의 멸망은 재난의 시작일 뿐이다. 그렇지 않아도 앞에서 살펴본 대로 거짓 메시야 운동들과 소문들이 끝없이 돌고 있었다. 주님은 이런 상황에서 제자들에게 흔들리지 말 것을 말씀하신다. 이런 극적인 상황에서 백성들은 무엇을 찾을 것인가? 약속하신 분에 대한 동경이 있기에 동요를 일으키게 될 것이다. 그들은 완전히 몰락하기 전에 하나님께서 약속하신 메시야를 보내주실 것이라고 믿고 있었다.

5. 그렇다면, 예수님의 재림은 언제 이루어질 것인가? 본문 누가복음에서는 이렇게 계속된다.

(1) 일월성신에는 징조가 있다(마 24:29; 막 13:24-25)

(2) 예수님은 앞에서 예루살렘의 파괴에 대한 여러 가지 상황을 말씀하시고, 이제는 자신의 다시 오심(재림)에 대해서 말씀하신다. 여기 "그 날 환난 후에"(=그런 환난의 날들이 지난 뒤에 - 새번역, 마 24:29) / 이때가 언제를 가리키느냐에 대한 해석이 다양하다. 예수님의 재림을 말하는 것인가, 아니면 예루살렘

• 눅 21:25 "일월 성신에는 징조가 있겠고 땅에서는 민족들이 바다와 파도의 성난 소리로 인하여 혼란한 중에 곤고하리라 26 사람들이 세상에 임할 일을 생각하고 무서워하므로 기절하리니 이는 하늘의 권능들이 흔들리겠음이라." (마 24:29; 막 13:24-25; 눅 21:25-26)

물론 재림 직전의 대환란은 마태복음 24장의 예루살렘의 파멸과는 비교도 안되는 엄청난 환난이 전세계적으로 일어날 것이다.

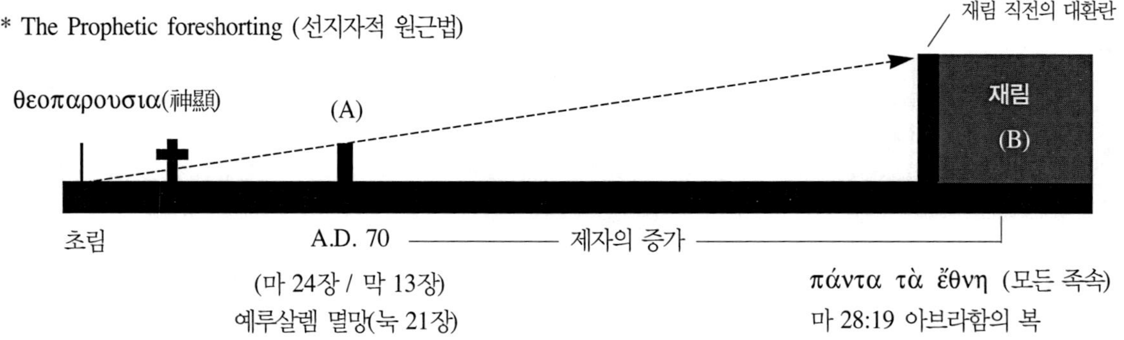

▲ **예수님의 예언 속에서는 수백년, 또는 수천년이나 떨어져 있는 것처럼 보이는 일들도 때로는 현재와 동일한 시간과 공간의 틀로 표현된다**는 것이다. 물론 그렇다고 해서 미래 전체가 무시간적이라든가 어떤 시간적 구조도 갖고 있지 않다는 말은 아니다. 무엇이 먼저 일어나고 무엇이 나중에 일어날지는 분명히 언급되어 있다. 예를 들어서 징조들 안에서, 복음이 먼저 증거되어져야 한다는 사실 등. 그러나 구체적인 시간을 제시하는 미래 조망은 되어지지 않는다.

파괴 후의 어떤 현상을 말하는 것인가?

(3) 그러나 성경의 예언이란 당시 유대인들이 생각한 것처럼 미래의 날짜 계산을 위한 언질을 주지 않는다. **다만 예수님께서는 우리로 하여금 재림이 확실하다는 점을 말해주신다. 그래서 먼 미래의 일도 마치 내일 일어날 일인 것처럼 긴박하게 말씀하신다. 그것이 예언의 특성이다.**

(4) 따라서 예언은 인간이 신적 전지를 부분적으로 전가받는 데서 발생하는 것이 아니다. 예수님께서는 아들 자신도 종말의 시기에 대해서는 신적 전지를 지니지 않는다고 분명하게 말씀하셨다. 결국, 예언의 기능은 미래에 대한 세부 계획을 설정하는 데 있지 않고 오히려 **장차 올 일들의 확실성**을 긴급히 주장하는데 있다(리델보스, 하나님의 나라, 10장).

(5) "즉시 해가 어두워지며 달이 빛을 내지 아니하며 별들이 하늘에서 떨어지며 하늘의 권능들(세력들)이 흔들리리라"(마 24:29; 눅 21:25-26). 이 상황은 주님이 재림하실 때를 가리킨다. 예수님은 분명하게 다시 오신다. 주님은 환난 후에 일어날 우주적 사건을 구약 성경의 예언을 부분적으로 인용하셔서 인자의 재림을 구체적으로 설명하신다(사 13:10*; 욜 2:10* 참조). 여기서 여호와의 날은 하나님께서 자신의 대적들을 심판하시기 위해 세상에 개입하시는 날을 가리킨다.

1) "시간관에 대해서는 헬라인들의 경우 역사는 계속 반복된다는 순환적인 시간관을 가지고 있었다. 그러나 히브리인들의 경우 그들의 광야 유랑생활의 경험으로부터 과거 현재 미래가 분명이 구분되지 않은 시간관을 갖고 있었다. 그러나 예수 그리스도가 이 땅에 오심으로 말미암아 종말적 미래를 향해 직선적으로 진행되는 목적론적 시간관이 분명하게 된 것이다."(장영, 요한계시록강해, 개신대학원대학교출판부), 12.

- 사13:10 - "하늘의 별들이 그 빛을 발하지 못하고 해가 떠도 어둡고 달이 떠도 밝지 않을 것이다" - 우주적인 흑암은 여호와의 날과 관계되어 있다(욜 2:10, 31; 계 6:12, 13).
- 욜 2:10 "그 앞에서 땅이 진동하며 하늘이 떨며 해와 달이 캄캄하며 별들이 빛을 거두도다."

유대인에게 성전 파괴의 의미

1. 성전은 유대인들에게 하나님이 임재하시는 곳이었다. 그런데 그 **성전은 파괴될 것이다. 이는 희생제사 시스템의 종말을 의미한다.**

- 따라서, 이제 산헤드린, 즉 로마의 정치적인 세력과 동맹을 강화함으로 자신들의 종교적인 권위를 유지하고자 했던 엘리트 집단은 더 이상 존속할 수 없었다.
- 로마는 처음에는 이스라엘의 봉기에 대해 심각한 형벌의 조치를 계속하지는 않았다. 이 전쟁을 본질적으로 민족적인 것이 아닌 지역적인 봉기로 여겼기 때문이다.
- 바리새인들의 주장처럼 예루살렘에 닥친 재앙은 도덕적으로 다시 범죄한 이스라엘에 대한 하나님의 심판이었다. 성전이 파괴된다해도 때가 되면, 회개와 개혁을 통해서 성전은 신앙의 심장부로서의 합법적인 장(場)으로 회복될 것이라는 소망이 이들 중에 확산되어 있었다.

2. 성전 없는 유대교

- 훗날 성전 파괴는 모든 유대인들로 하여금 자신들의 정체성에 엄청난 충격을 가져왔다. 그 종교적 혼란은 상상을 초월했다.

- 이때 유대인의 지도적 역할을 한 사람은 랍비 요하난 벤 자카이(Johanan ben Zacchai)였다. 성전이 파괴된 이후에도, 처음에는 즉시 유대인과 기독교인들 사이에 명확한 분리가 일어나지 아니했다. (동교재, 마태복음)

6. 인자가 오는 것을 보리라(마 24:30, 31; 막 13:26, 27; 눅 21:27).

- 눅 21:27 "그 때에 사람들이 **인자가 구름을 타고** 능력과 큰 영광으로 오는 것을 보리라." (마 24:30*)

- 마 24:30 "그 때에 인자의 징조가 하늘에서 보이겠고 그 때에 땅의 모든 족속들이 통곡하며 그들이 **인자가 구름을 타고 능력과 큰 영광으로 오는 것을** 보리라."

(1) 인자의 징조란 예수님이 다시 오실 때 나타나는 신호나 표시로 누구나 알아볼 수 있다. 그때에는 "큰 나팔소리와 함께 천사들을 보내실" 것이기 때문이다. 이 징조가 나타날 때는 땅의 모든 족속이 통곡할 것이다. 이들은 선지자들을 죽이고 예수님을 부인했기 때문이다. "인자가 구름을 타고 능력과 큰 영광으로 오는 것을 볼 때"는 이미 때늦은 후회를 하게 될 것이다.

(2) 그러나 주님을 위하여 갖은 고난과 박해를 믿음으로 이겨낸 성도들에게는 기쁨의 날이 될 것이다. 천사가 택하신 자들을 사방에서 불러모을 것이다.

7. "일어나 머리를 들라"(마 24 없음; 막 13장: 없음; 눅 21:28)

눅 21:28 이런 일이 되기를 시작하거든(when)
[너희는] —— 일어나 머리를 들라
//(이유 :διότι, for)
너희 속량(=구속)이 — 가까웠느니라"

무화과나무의 비유(눅 21:29-38)

같이 읽을 곳(마 24:32-35; 막 13:28-31)

무화과나무(fig tree)
쉬케(συκῆ) - 이 단어는 비유적으로 사용되기도 했다(사 9:10). 또 상징적으로 메시야 시대에 안락과 번영의 상징으로 나타난다(왕상4:254; 미 4:4; 슥 3:10).

1. 이 비유는 공관복음서에 모두 기록되었다. 앞에서 주님께서 예언하신 이런 일들은 언제 일어날 것인가? 무엇보다 이들에게는 그것이 중요했다.

(1) 주님은 '무화과나무의 비유'를 배우라고 말씀하신다. 본문에 나오는 무화과나무는 종말에 나타나는 묵시적인 증표들과 연관되어 비유되었다. 즉 무화과나무의 성장은 다가오는 여름의 표적이라는 것이다. 즉 사람들은 무화과나무가 잎사귀를 내기 시작한다면 누구든 곧 여름이 가까운 줄을 알고 있었다.

(2) 그러니까, 구태여 정확한 날짜나 달력이 필요없어도 무화과나무의 가지가 연하여지고 잎시귀를 내기 시작하면 여름이 가까운 줄을 안다. 이와 같이 주님의 재림도 시간의 계산을 필요로 하지 않는다는 것이다. 말세에 징조를 보면, 곧 종말이 가까왔음을 느낄 수 있다는 것이다. "이와 같이 너희가 이런 일이 일어나는 것을 보거든 하나님의 나라가 가까이 온 줄을 알라"(눅 21:31).[1)]

1) 여름이 가깝다는 것은 알지만아직은여름에 이른것이 아니다. 그러나 인자가 아직은 영광 가운데 나타난 것은 아니지만, 그의 오심은 너무나 확실하다.

재림에 대한 약속이 2,000년이 흘러갔지만 그렇다고 그 약속이 없어진 것은 아니다. 그 약속 이후, 즉 예루살렘이 멸망한 이후, 인자의 오심을 애타게 갈망한다.

어떤 사람은 그 날이 임박했음을 너무 강하게 주장하기에 세계사에서 부작용도 가져왔다. 반면 어떤 사람들은 주님의 재림에 대한 긴장을 늦춘다. 우리 시대에 결코 그 일이 일어나지 않을 것이라는 나태함에 빠지기도 한다. 우리는 여전히 주님의 다시 오심을 기다리며 긴장 속에 살아가야 한다.

2. "이 세대가 지나가기 전에 이 일이 다 일어나리라." - 구체적으로 언제?

눅 21:32 내가 진실로 너희에게 **말하노니**
/이 일이 다 — 일어나리라
/이 세대가 지나가기 전에 (마 24:34)

(1) "이 세대가 지나가기 전에 이 일이 다 일어나리라"(막 13:30; 마 24:34). 그렇다면 '**이 세대**'(this generation, ἡ γενεὰ αὕτη)란 언제를 가리킬까? 과거주의자들은 감람산 강화의 이 단락을 주후 70년 예루살렘 파괴에 대해 언급한 것으로 해석한다. 즉 그 당시 세대가 실제로 목도한 사건에만 국한시킨다.

(2) 그러나 여기서 '이 세대'란 어느 한 시대가 아니라 예수님 당시로 시작해서 종말로 끝날 신약 시대 전체를 가리킨다. 지금 예수님은 세상 종말 때에 인자의 오심 사건의 징조를 말씀하고 계시지 않는가! 전례 없던 환난으로 성전은 파괴될 것이지만 그렇다고 끝이 온 것은 아니다. 그것들은 '세상 끝의 징조'일 뿐이다. 무화과나무가 잎사귀를 내도 아직 완전한 여름이 온 것이 아닌 것처럼 말이다. 누가는 예루살렘의 멸망과 '이방인의 때' 이후 발생할 종

말론적 징조들 사이를 분명하게 구분짓는다(눅 21:24-25, "그들이 칼날에 죽임을 당하며 모든 이방에 사로잡혀 가겠고 예루살렘은 **이방인의 때가 차기까지** 이방인들에게 밟히리라 25일월 성신에는 징조가 있겠고 땅에서는 민족들이 바다와 파도의 성난 소리로 인하여 혼란한 중에 곤고하리라.").[1)]

(3) "천지는 없어질지언정 [그러나, δὲ] 내 말(My words, λόγοι μου)은 [결코] 없어지지 아니하리라(shall not pass away)"(마 24:35)는 말씀은 전능하신, 오직 인간의 육신을 입고 오신 하나님만이 하실 수 있는 말씀이다. 재림은 확실하다. 그러나 그 날이 언제인지는 성부 하나님 외에는 아무도 모른다. 그러므로 예수님은 미래의 종말론적 시점을 가리키기 위해 이 세대를 언급하신 것이 아니다. 아직까지도 자신을 배척하고 있는 모든 사람들은 그 종말론적 사건을 피할 수 없게 될 것이라고 확언하고 계신 것이다.

3. 결국, 그때는 아무도 모른다(마 24:36; 막 13:32; 눅 21장 : 없음)

(1) 여기서 인자가 언제 올지 우리가 알 수 없다는 사실을 아주 강하게 선언해 준다. 인자 자신도 그 마지막 날을 모른다는 바로 그 사실은 재림이 얼마나 비밀스러운 사항인지를 보여준다. 여기서 '그 날'이란 주님의 날, 심판의 날을 가리킨다. "때와 시기(χρόνους ἢ καιροὺς)는 아버지께서 **자기의 권한에**(by His own authorit) 두셨으니"(행 1:7) 우리가 알 바 아니다.

(2) 재림의 날, 그 날은 천사들까지도 심지어 주님까지도 모른다고 하셨다. 그러므로 재림의 날짜를 확정짓는 것은 잘못된 일이다. 따라서 예수님은 지금 종말의 시기를 언급하고 있는 것이 아니라 단지 앞에서 예언하신 일들의 **확실성**을 언급하고 계신 것으로 보아야 한다.[2)]

(3) 그 날은 노아의 때와 같이 임할 것이다(마 24:37-41; 막 13장; 눅 21:34-35). 주님은 자신의 재림에 대한 이해를 위해 노아 홍수에 비교하신다. 노아 때는 사람들이 노아의 외침을 무시했고, 갑자기 홍수가 닥쳐왔다. "홍수가 나기 전까지는 사람들이 먹고 마시고 장가 들고 시집 가고 있으면서 홍수가 나서 그들을 다 멸하기까지 깨닫지 못하였다"고 했다. 노아 당시 하나님의 심판은 순식간에 일어났고, 보편적으로 일어났다. 이렇게 A.D. 70년에 임하게 될 **예루살렘의 멸망과** 이천 년이 지난 **오늘까지도 여전히 기다리고 있는 종말 사이**의 예언이 함께 섞여서 나타난다. 이는 예언의 특성이다.

1) 따라서, '이 세대'란 시간의 지적이라기 보다는 예언의 포괄적 성격으로 보아야 한다. 이 세대가 지나가기 전 '이 모든 일'이란 세세한 시간을 구분함이 없이 예언의 영이 증거하는, 그리고 그 예언대로 틀림없이 실현될 미래에 있을 하나님의 사역의 종합으로 이해하여야 한다(리델보스, 하나님 나라, 제10장).

2) 주님은 이 심판에 대해 더 자세하게 언급하신다. 그 날에는 "한 사람은 데려가고 한 사람은 버려둠을 당할 것이다."

인류는 두 부류로 분리된다. 물론 데려감을 당한 사람은 신자일 것이다. 택하심을 받은 사람들은 인자가 임하실 때 그와 함께 온 천사 군단에 의해 사방에서 모아질 것이다.

그러므로 너희는 깨어 있으라(눅 21:36)

같이 읽을 곳[마 24:42-51; 막 13:33-37]

1. 주님은 이제 제자들에게 감람산 강화의 결론으로 "이러므로(Therefore, δέ) 깨어 있으라(ἀγρυπνεῖτε 명령법 현재)"고 명령하신다(36절). 주님이 언제 다시 올지에 관심을 둘 것이 아니라 어느 때든지 준비되어 있어야 한다는 점을 강조하신 것이다.

(1) 그러면서 간단한 비유를 드신다. "만일 집 주인이 도둑이 어느 시각에 올 줄을 알았더라면"(마 24:43) 어떻게 했을까? 도둑을 당하는 것은 도둑이 언제 올지 알 수 없기 때문이다. "이러므로 너희도 준비하고 있으라 생각하지 않은 때에 인자가 오리라"(44절). 인자의 임함도 생각하지 않은 때에 임하실 것이다.[1)]

(2) 재림의 징조들은 주님이 오시기 전에 반드시 있을 것이다. 그러나 그 임하심이 정확히 언제일지는 모른다. 그래서 우리는 항상 깨어서 부지런히 소망을 가지고 준비하고 있어야 한다. 예수님의 말씀은 역사 속에서 정확히 이루어졌다.

1) 여전히 전쟁과 지진의 소식이 들려오고 있다. 이천 년 동안 사람들은 노아 홍수 때와 같은 삶을 살아왔다. 지금도 그렇게 살아가고 있다. 주님이 다시 오신다는 말은 그들에게 공허한 메아리처럼 들린다.

문제는 성도들이다. 우리도 그들과 크게 다르지 않은 가치관과 삶을 살아가고 있기 때문이다. 따라서 감람산 강화는 오늘도 우리에게 명확하게 들려지는 주님의 음성이다. "그러므로 깨어 있으라."(Therefore keep watch.)

2. 성경 본문을 읽어보자.

33 천지는 없어지겠으나 내 말은 없어지지 아니하리라

34 너희는 스스로 조심하라 그렇지 않으면 방탕함과 술취함과 생활의 염려로 마음이 둔하여지고 **뜻밖에 그 날이 덫과 같이 너희에게 임하리라**

35 이 날은 온 지구상에 거하는 모든 사람에게 임하리라

36 **이러므로** 너희는 장차 올 이 모든 일을 능히 피하고 인자 앞에 서도록 **항상 기도하며 깨어 있으라** 하시니라

37 예수께서 낮에는 성전에서 가르치시고 밤에는 나가 감람원이라 하는 산에서 쉬시니

38 모든 백성이 그 말씀을 들으려고 이른 아침에 성전에 나아가더라

야생 무화과나무

가룟 유다의 배반(눅 22:1–6)

같이 읽을 곳(마 26:1–5; 막 14:1–2; 요 11:45–53)

"유월절이라 하는 무교절이 다가오매" - 유월절은 이스라엘 백성의 애굽에서의 구원을 기념하여 드리는 날이다. 유월절 축제는 니산월(유대력의 첫 달) 14일부터 20일까지 계속된다. 매년 유월절과 무교절 예식 때에는 모든 누룩은 니산월 14일 하루 동안에 전 유대 가정에서 하나도 남김없이 제거되었고 그날 저녁부터 7일 동안 오직 무교병 만을 먹는다(출 12:34, 39). 이 절기를 이용해 "대제사장들과 서기관들이 예수를 무슨 방도로 죽일까" 그 방도를 찾고 있었다. 이들이 가장 무서워 할 사람들은 백성이었다.

1. 당시 종교 지도자들은 예수님을 체포하는 일을 명절에는 피하려 했다(마 26:5 "말하기를 민란(소동)이 날까 하노니 명절에는 하지 말자 하더라")[1)]

1) 그들은 "명절에는 하지 말자" 했으나(마 26:5), 주님은 언제 이루어질 것이라고 단언하시는가? (마 26:2 "너희가 아는 바와 같이 이틀이 지나면 유월절이라 인자가 십자가에 못 박히기 위하여 팔리리라 하시더라.")

(1) 그래서 대제사장들과 백성의 장로들은 가야바(Caiaphas)라 하는 대제사장의 관정(관저, 官邸)에 모여서 체포 과정을 논의하였다(마 26:3). 가룟 유다가 예수님을 파는 과정은 마태복음 26장에 자세히 언급되었다.

(2) 주님은 제자들에게 **"내 때가 가까이 왔으니"**라고 하시면서(마 26:18), 유월절을 준비하고 계셨다. 그러나 제자들은 "(My time, ὁ καιρός μου)가 가까이 왔다(is at hand, ἐγγύς ἐστιν)"라는 예수님의 말씀의 의미를 이해하지 못했다. 그는 십자가 위에서 피 흘려 죽어야 할 유월절 어린양이셨다. 주님은 그들에게 어떻게 하라고 하셨나? (18절 이하)

마 26:2절하 the Son of Man is to be delivered up *for* crucifixion)
"인자(ὁ υἱὸς τοῦ ἀνθρώπου)가 십자가에 못 박히기 위하여 팔리리라."

2. 예수님은 식탁에 앉으셔서 제자들을 바라보셨다. 주님은 어떤 말씀을 제자들에게 하셨나? 만찬식탁에서 주님은 폭탄과 같은 선언을 하셨다.

"너희 중 (한 사람이 나를 팔리라) 하시니" - 마 26:21

눅 22:3 사탄이 — **들어가니 (εἰσῆλθεν과거 능동)[2)]**
/열둘 중의 하나인 가룟인이라 부르는 유다에게

2) 들어오다, 들어가다 (εἰσέρχομαι) - 여기서는 사탄과 귀신의 활동에 대해 언급할 때 쓰였다. 사탄이 유다에게 들어갔다(눅 22:3; 요 13:27). 귀신들이 사람의 몸을 소유하는 것(귀신들림)을 나타낸다(눅 8:30).

가룟 유다라 하는 자가 대제사장들에게 가서…

"내가 예수를 당신들에게 넘겨주리니 얼마나 주시겠소?" (마 26:14-16)

종교지도자들, 그들은 하나님께 영광을 돌리도록 백성들을 지도하는 영적 지도자들이었다.

'여기가 어디냐구?'

'대제사장의 관저(官邸)이다.'

대제사장의 손에 돈 뭉치가 들려 있다. 가룟 유다와 예수님 체포작전을 숙의하고 있다.

눅 21:3 사탄이 —— **들어가니**
/열둘 중의 하나인 가룟인이라 부르는 유다에게
4 이에 유다가 — **가서 의논하매**
/대제사장들과 성전 경비대장들에게
/예수를 넘겨 줄 방도를
5 그들이 —— **기뻐하여** 돈을 주기로 **언약하는지라**
6 유다가 ┬ **허락하고**
└ 기회를 **찾더라**
/예수를 무리가 없을 때에 넘겨 줄

• 동의 및 합의하다. 가룟 유다가 대제자장들과 충분히 합의하고 돈을 받기로 했다. 물론 유다가 자진해서 그들을 찾아간 것이다. 그리고 그들에게 조건을 제시했을 것이다. 대제사장들은 뛸뜻이 기뻐했다. 물론 시간과 장소까지 알려주었다.

유월절 기간 중 예수님의 사역

- 유월절 식사에 대하여 말씀하심(**눅 22:14-18**)
- 제자들의 발을 씻기심(요 13:1-17)1)
- 예언 - 그의 배반자에 관하여(마 26:21-25; 막 14:18-21; **눅 22:21-23**; 요 13:18-33) - 사탄이 유다에게 들어가고 그는 다락방에서 나간다. 제자들은 유다가 예수님의 심부름을 간 줄로 믿는다.
- 성만찬 제정(마 26:26-29; 막 14:22-25; **눅 22:19-20**)
- 제자들의 분쟁 책망(**눅 22:24-27**; 요 13:34-35) - 서로 누가 큰 자인가 다투고 있다. (겸손한 자가 가장 큰 자이다)
- 베드로의 죽음에 관하여 언급(요 13:36)
- 예언 - 다락방에 있을 때 - 베드로가 예수님을 부인할 것을 말씀하심(요 13:38; **눅 22:31-34**)
- 설교 - 그 아버지의 집에 관하여(요 14:1-31)
- 성령에 관하여 말씀하심(요 14:16-21) - 성령이 오셔서 그들과 영원히 함께 거하실 것이다. / 성령이 오셔서 그들에게 모든 것을 가르치실 것이다.
- 예수님께서 평화에 관하여 말씀하심(요 14:26-27)
- 다락방을 떠나 겟세마네로 – "이에 그들이 찬미하고 감람 산으로 나아가니라"(마 26:30; 막 14:26).

유월절 준비(눅 22:7–13)

같이 읽을 곳(마 26:17–19; 막 14:12–16)

1. 주님은 유월절 준비를 위해 제자들을 보내신다. 누구를 보내셨나? (8절)

(1) 베드로와 요한을 보내셨다(8절). "주님, 어디서 준비하기를 원하시나이까?"(9절) "성내로 들어가라. 그러면 물 한 동이를 가지고 가는 사람을 만날 것이다. 그가 들어가는 집으로 따라 들어가라"(10절) ... 그래서 집주인이 마련한 큰 다락방에다 유월절을 준비했다.[1]

눅 22:16 내가 —— 너희에게 이르노니(...하시고)
[내가] —— 다시 먹지 아니하리라
/이 유월절이 하나님의 나라에서 이루기까지

어떤 내용일까?
마가복음 14:25에서는 어떻게 표현하고 있을까?

1) 니산월 14일 아침이었다. 그러니까 목요일이다. 예수님께서 베드로와 요한을 예루살렘에 보내 유월절을 준비하게 하신다(마 26:17-19; 막 14:12-16; 눅 22:7-13).

이 유월절에는 시작하는 그날부터 무교병(無酵餠, 누룩을 넣지 않고 만든 떡)을 먹어야 하므로 그 기간을 무교절(無酵節)이라고도 했다. 무교절 첫날은 니산월 14일로 유월절 양 잡는 날이다.

1) 예수님은 이제 곧 십자가 위에서 죽으실 것이다. 다시 재림하실 때까지, 즉 하나님 나라가 임하여 새 포도주를 제자들 · 신자들과 함께 마실 때까지는 포도나무에서 난 것을 다시 마시지 않으실 것이다.

• 마 26:29 "그러나 너희에게 이르노니 내가 포도나무에서 난 것을 이제부터 내 아버지의 나라에서 새것으로 너희와 함께 마시는 날까지 마시지 아니하리라 하시니라."

(2) 눅 22:15을 읽어보자(누가복음에만 나오는 기록이다). "내가 고난을 받기 전에 (십자가에 달리기 전에) 너희와 함께 이 유월절 먹기를 '원하고 원하였노라' (I have earnestly desired - NASB)." 즉 이번에 지키는 유월절이 예수님께서 지상에서 마지막으로 지키는 유월절이다. 결국 이 일이 주님이 당하실 고난의 서곡임을 강조하신 것이다. 멀지 않아 주님은 대적자들의 손에 넘기워져 고난을 받으실 것이다. 그래서 제자들과 유월절 만찬을 준비케 하신다.

(3) 예수님께서는 다시는 그의 제자들과 이러한 방법으로 식탁을 하지 않을 것이다. 그러면, 언제 다시 주님과 같이 나누게 될까? (마 26:29*)[1)]

막 14:25 진실로 너희에게 **이르노니**
/내가 — 다시 마시지 아니하리라
/포도나무에서 난 것을
/[그] 날까지
/하나님 나라에서 새 것으로 마시는

팔레스틴 유대교에서는 어떤 것을 금하겠다는 맹서를 하는 경우 이런 패턴으로 표현했다. '~할 때까지는 ~하지 않겠다.'

(눅 22:18)에서는 약간 다르게 표현하고 있다. "내가 이제부터 ***하나님의 나라가 임할 때까지*** 포도나무에서 난 것을 다시 마시지 아니하리라." - 하나님의 나라는 이미 임하여 있기에, 여기서 주님은 하나님 나라의 완성을 의식하고 말씀하신 것이다. 주님이 재림하시어 (성도들과 함께) 잔치하실 때까지는...

2. 예수님께서 성찬과 관련하여 하신 말씀, 즉 (제자들과 함께) 하나님 나라에서 '새 포도주'를 마시겠다고 하신 것은(막 14:25; 마 26:29; 눅 22:18) 영광스러운 미래를 언급하신 것이다.

(1) 주님은 이 유월절 만찬이 (자신의 임박한 죽음이 많은 사람들의 죄를 사해 주기 위한) 대속적 제사와 관련있음을 언급하신 것이다. "이 유월절이 하나님의 나라에서 '이루기까지'(ἕως헤오스, until ὅτου πληρωθῇ)"(눅 22:16). πληρωθῇ플레로데는 가정법 과거 수동태로서 미래적 의미를 가지는 상용 구문이다.

(2) 유월절 양이신 그리스도께서 우리를 대신해 희생제물이 되심으로써 출애굽 때부터 계속 지켜오던 유월절이 완성되었다. 유월절과 출애굽은 오실 그리스도에 대한 모형이며 예표였다. 그리스도는 우리를 죄와 사망과 사단의 권세에서 건지시기 위해 유월절 양으로서 십자가에서 죽으신 것이다.

마지막 만찬(눅 22:14-20)

같이 읽을 곳(마 26:26-30; 막 14:22-26; 고전 11:23-25)

◀예수님께서 마지막 주간에 가신 곳이 바로 유월절 현장이었다. 주님은 최후 만찬 시에 유월절 식사를 제자들과 함께 드셨다. 그후 주님은 하나님의 진정한 양(유월절 양)으로서 이스라엘과 모든 인류를 위하여 자신을 속죄 제물(희생)로 드리셨다.

1. 예수님께서 마지막 주간에 가신 곳이 바로 유월절 현장이었다. 주님은 최후 만찬 시에 유월절 식사를 제자들과 함께 드셨다. 그 유월절 식사가 끝난 후 성찬식(주의 만찬)으로 넘어갔다(눅 22:19; 마 26:26).

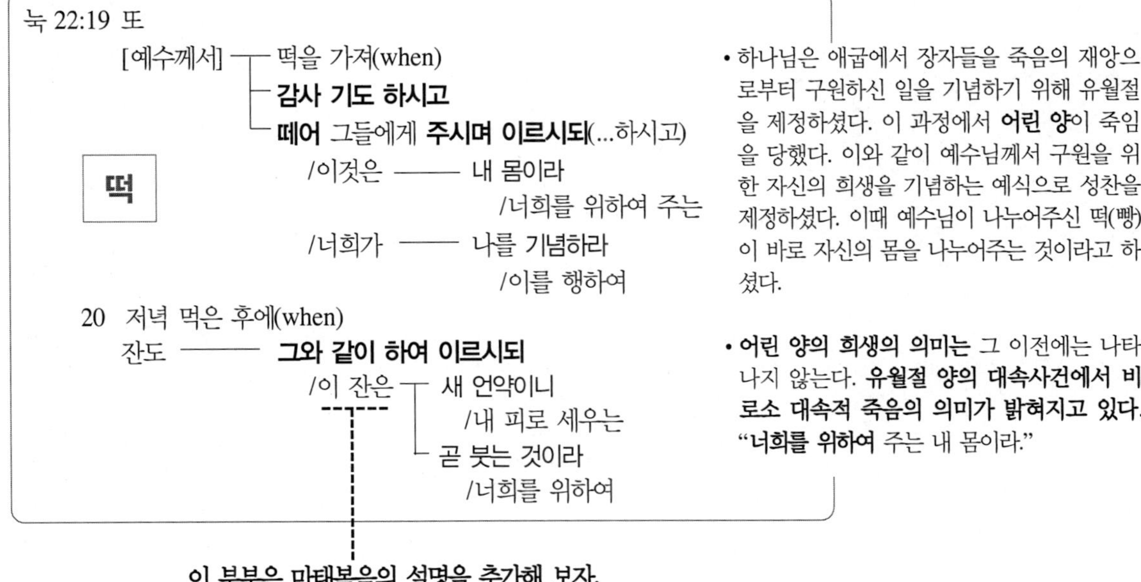

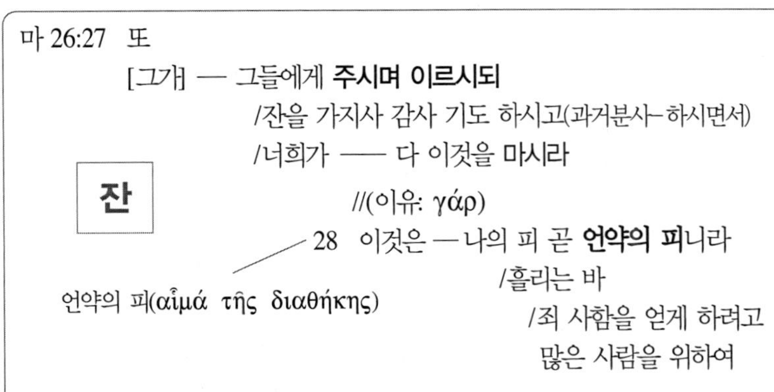

언약(言約)은 지금까지 황소와 염소의 피로 보증되어 왔으나, 이제는 옛 언약 안에 주어진 바 된 모든 약속들을 성취하실 자가 자신의 보혈을 흘려야 할 시각이 막바지에 이른 것이다. 예수님은 제자들에게 떡과 잔을 통해 언약의 피를 가르쳐 주셨다. 그 의미는 무엇인가? (출 24:6-8; 렘 31:31-34 / 새 언약)

언약의 피(αἷμά τῆς διαθήκης) - 제자들이 받아서 마신 포도주는 예수님이 흘리실 피를 상징한다. 주님은 많은 사람이 죄사함을 받게 하기 위하여 피를 흘리실 것이다. 십자가에서 대속의 죽음을 죽으실 것이라는 말이다.

눅 22:20; 고전 11:25; 고후 3:6; 히 8:8 13, 9:15(=예수님은 **새 언약의 중보**니)

눅 22:20 식후에 또한 그와 같이 잔을 **가지시고 이르시되**
이 잔은 내 피로 세운(ἐν τῷ ἐμῷ αἵματι) 새 언약(ἡ καινὴ διαθήκη)이니
이것을 행하여 마실 때마다 나를 기념하라 하셨으니(고전 11:25)

• 막 14:24; 마 26:28; 눅 22:20; 고전11:25을 읽어 보자. 예수님은 만찬 때에 사용한 포도주를 "내 피로 세운 새 언약(디아데케)"이라고 하셨다. - "이것은 많은 사람을 위하여 흘리는 바 나의 피 곧 언약의 피니라." / 이는 예수님의 죽음이(피가) 새 디아데케를 세우며 포도주는 이것을 상징한다는 말씀이다. 이 말씀은 렘 31:31이하(42:6, 49:8)에 의거하고 있다.

새 언약
(ἡ καινὴ카이네 διαθήκη디아데케)
new covenant

예수님은 새 언약의 중보자라고 했다. 왜, 그리고 무엇이 새로운 것인가? 새 언약에서 강조되고 있는 독특한 면은 무엇인가? 새 언약에서는 과거와의 근본적인 불연속성이 있음을 분명하게 보여준다(렘 31:32; 겔 36:26). 새 언약은 옛 언약의 갱신보다는 새로운 차원을 예견한다.

▶ 아래의 내용은 동교재, 예레미야 31장과 에스겔서 36장에서 설명을 가져온 것입니다.

Close-up 　'새 언약' 의 독특한 면은 무엇인가?

1. 카이노스(καινός, new)는 지금까지 존재해 왔던 것과 비교해 볼 때, 질적으로 '새로운 것'(과거의 것보다 더 훌륭한 것)이란 의미가 있다.[1)]

(1) 예레미야가 사역하던 시대로 돌아가 보자. 그가 사역할 당시 상황은 참으로 암담했다. 유다가 바벨론의 무력에 굴복, 모든 희망이 사라져버렸다. 하나님은 언약을 어긴 백성들을 내버려두셨다고 말씀하신다. 언약을 어기고 범죄했기 때문이었다(렘 2:1-3:5). 예레미야는 이렇게 불안한 사람들에게 희망을 가져다 줄 예언을 환상으로 보고 있다(렘 31:31-34). 상당수가 바벨론 포로로 끌려가고 다윗 왕조는 무너지지만 다시 회복시키실 것이라는 내용이다.

1) 구약의 '하다쉬'(חָדָשׁ)의 역어(譯語)로 사용되었다. 미래에 있을 하나님의 새로운 구원활동을 알리는 예언자들의 종말론적인 메시지에서 주로 신학적인 의미를 지닌다.

새(하다솨, חֲדָשָׁה) 언약(베리트, בְּרִית).

(2) 예레미야는 '새 언약'(חֲדָשָׁה[new] בְּרִית[covenant]) 을 선포한다(렘 31:31). 그 내용은 이스라엘이 바벨론 포로에서 다시 돌아올 것이라는 내용이다.[1] 그 근본 목적은 "다윗에게 의로운 가지가 나게" 하기 위해서이다(렘 31:15). '가지'라고 부르는 자손, 곧 메시야가 언급되고 있다.

1) 렘 30-33장이 말하는 핵심적인 내용은 포로생활이 끝난 후 유다와 이스라엘의 운명과 회복에 대한 관심이다. 30-31장은 거의 대부분 흩어진 이스라엘과 유다 백성의 귀환을 다루고 있다.

2. 예레미야 31장 31절을 직접 들여다 보자. (*from* 동교재, 예레미야)

(1) 이스라엘 백성은 자신들의 죄악 때문에 거의 멸절에 가까운 무서운 심판을 받는다. 만약 이들이 회복 이후에도 같은 일을 당한다면 어떻게 될 것인가? 그러나 하나님은 예레미야를 통해 새로운 약속을 하신다(렘 31:31).

31:31 여호와의 **말씀이니라**
보라!(הִנֵּה, Behold)
날이 **이르리니**(days are coming)
내가 — **맺으리라**(וְכָרַתִּי) I *will make* (a new covenant)
/이스라엘 집과 유다 집에
/새 언약(חֲדָשָׁה[1] בְּרִית)을

언약의 주체는 누구인가?
(내가 = 여호와께서)

1) 하다쉬 - 새로운, 신선한. '새로운'이라는 히브리어는 '갱신'(renew), '수정'(repair), 또는 회복(restore)이라는 의미로 쓰인다. 따라서 여호와의 언약은 이전과 같지만 갱신될 것이다. 이 단어는 새로운 명칭(사 62:2), 새로운 노래(시 149:1), 새로운 언약(렘 31:31), 하나님의 자비(애 3:23), 마음과 정신(겔 35:26)처럼 비물질적인 것에도 사용되었다.

(2) 어떤 날이 도래할 것인가? '새 언약을 맺을 날' 그 날은 언제일까? 이 문구는 이때의 시기가 명확치 않음을 보여준다. "보라 날이 이르리니(Behold, days are coming) 내가 이스라엘 집과 유다 집에 새 언약을 맺으리라."

(3) 그런데 누구와 언약을 맺을 것인가? 이스라엘 집(אֶת־בֵּית יִשְׂרָאֵל)과 유다 집(אֶת־בֵּית יְהוּדָה). 언약의 주체는 누구인가? '***내가*** ~ 세우리라'(כָּרַתִּי, 칼 동사 완료, 1인칭 단수). 즉 새 언약이 이스라엘과 여호와 간의 협상에 의해서 이루어지는 것이 아니라 하나님에 의해서 일방적으로 수여될 것임을 선언하신다.

렘 31:32 "이 언약은 내가 그들의 조상들의 손을 잡고 애굽 땅에서 인도하여 내던 날에 맺은 것과 같지 아니할 것은"

새 언약은 시내산 언약과 같지 않다는 것이다. 즉 질적인 차이가 있다는 것이다. 시내산 언약은 이스라엘 백성들로 말미암아 반복해서 깨뜨려졌다. 요시야 왕은 개혁을 위해 몸부림쳤지만, 결국은 실패하고 말았다. 이는 시내산 언약의 불완전함(?)을 드러내는 증거가 된다.

(4) 그런데 이 언약은 '새로운 언약'(בְּרִית חֲדָשָׁה, new covenant)이라고 표현한다. '새로운'(חֲדָשָׁה[하다솨] - 여성 단수)이라는 단어는 '새로운'(new), '신선한'(fresh)이라는 뜻으로 시간적인 뉘앙스뿐만 아니라 질적인 뉘앙스 모두를 반영한다. 즉 이 새 언약은 과거의 언약과 연속성을 지니고 있지만, 시내산 언약과 다윗 언약의 질적인 변화와 발전 그리고 구원 역사 속에 드러날 새 시대의 변화와 발전을 브여줄 것이다.

1) 이스라엘과 유다는 이제 완전히 사라질 것인가? 물론 아니다. 비록 이스라엘이 하나님을 노엽게 했지만, 언약에 신실하신 하나님은 이스라엘을 다시 회복시키실 것임을 선언하신다(렘 30:7). 이스라엘은 다시 한 번 다윗과 같은 한 왕의 공의로운 통치 아래서 자유롭고 번영을 누리며, 영예로운 나라가 될 것임을 확실히 하신다(렘 33:19-26).

3. 시내산 언약과 새 언약, 그 질적(質的)인 차이: 그렇다면, 시내산 언약 자체가 문제가 있었단 말인가?

(1) 물론 아니다. 이와 같은 실패는 언약 자체에 문제가 있는 것이 아니다. 오히려 백성으로 말미암은 실패임을 명백하게 밝히고 있다. 렘 31:32하 - "내가 그들의 남편이 되었어도 그들이 **내 언약을 깨뜨렸음이라** 여호와의 말씀이니라." 그러나, 새 언약은 결코 깨뜨려지지 아니할 것이다. 하나님께서는 새로운 일을 하신다고 묘사하고 있다(사 42:9, 43:19). 또한 새 영을 주실 날을 말한다(겔 11:19, 36:24-28).

(2) 그렇다면 율법의 위치를 어떻게 설명하고 있는가?

예레미야는 옛 언약의 핵심인 율법을 비난하지 않고 그 율법을 지키지 못한 백성들을 꾸짖고 있다. 근본적으로 인간은 하나님의 언약을 지킬 수 없기 때문에 새 언약은 율법을 마음속에 기록하실 것이라는 것이다. **변화된 것은 율법이 아니라 율법이 기록될 인간의 마음이 변하게 된다.**

그러면, 새 언약에서는 어떤 점이 강조되고 있는가?

(1) 하나님에 관한 보편적 지식(렘 31:34)

(2) 죄의 완전한 소거(렘 31:34; 겔 36:29, 33) - 죄의 용서

충만한 사죄가 새 언약과 더불어 임한다. 이러한 용서는 새 언약에 기초한다(렘 31:34). 모든 죄가 용서함을 받기 때문에 언약의 복을 경험할 수 있다.

(3) 마음의 내적 변화(렘 31:33; 겔 36:26)

새 언약은 마음을 새롭게 할 것이다. 새 마음을 주신다는 것과 하나님의 영을 소유하게 된다는 것은 주님께서 이 새 언약의 시대에 성취하고 계시는 영광스러운 약속이다.

(4) 하나님과의 친밀한 관계(렘 31:34상; 겔 36:27 - 하나님의 성령을 세계적으로 소유, 욜 2:32 이하)

(5) 자연의 세계적인 평화와 군사 무기의 부재(사 2:4; 호 2:18; 겔 34:25, 37:26)

(6) 세계적인 물질 번영(사 61:8; 호 2:22; 렘 32:41; 겔 26-27장)

(7) 이스라엘 가운데 지성소의 연속(겔 37:26, 28 - 화평의 언약을 세워서...)

▲ 무엇보다 새 언약이 강조하고 있는 것은 새 언약의 확고불변성이다. 이전의 언약들과는 달리 새 언약은 파기될 수 없다는 것이다. 그러므로 새 언약은 하나님께서 족장들과 이스라엘과 다윗 왕조와 수립하셨던 언약들의 최고조의 성취이다. 새 언약 안에서 그 궁극적인 성취를 이룬다. 또한 영원한 것이다.

Close-up

'새 언약'은 이전에 세운 언약들의 성취

1. 신약의 증거에 따르면, 새 언약은 예수님의 희생적인 죽음으로 성취되었다. 예수님은 자신의 죽음을 새 언약의 개시(開始)로 이해하셨다(고전 11:25; 눅 22:20).[1)]

이 잔은 ┬ **새 언약**(*the* new testament, ἡ καινὴ διαθήκη)이니
/내 피로 세우는(ἐν τῷ αἵματί μου)
└ 곧 붓는 것이라
/너희를 위하여

(1) 복음서에서는 예수님을 구약의 언약적 약속들의 정점(頂點)으로 이해한다. 모세 언약 밑에서 실현되지 못했던 하나님의 율법 순종은 새 언약의 규정 밑에서 완전한 성취를 보게될 것이다(렘 31:33). 다윗은 이스라엘 위에 왕이 될 것이며, 그 나라는 모세 언약의 법에 따라 준행할 것이다(겔 37:24-25). 또한 하나님의 성령은 인간의 마음에서 역사하게 된다.[2)]

(2) 새 언약은 그리스도께서 그의 백성을 대신하여 그 언약의 모든 조항들을 성취시키시고, 이 언약을 파기한 모든 사람들이 당연히 받을 저주를 짊어지신다. 그래서 육신을 입고 강림하셔서 십자가에서 피를 흘려 대속의 죽음을 죽으신 것이다. 예수님의 죽으심과 중보 역사를 통해 "부르심을 입은 자들은" 예수님 안에서 영원한 기업의 약속을 얻게 된다(히 9:15).

(3) "**내 피로 세우는**"(ἐν τῷ αἵματί μου) : 구약에서 희생제를 드릴 때, 피는 속죄하는 능력에 바탕을 둔다. 제물로 사용된 피의 효력은 속죄(출 29:20이하; 레 3:2, 8, 16:6, 15), 정화(레 14장), 성화(출 29:31이하)였다. 피는 깨끗하게 하는 제사에서 죄를 없이 하는 역할을 했다. 특히 속죄일에 모든 죄가 속죄되었다(레 16장). 모세는 시내산에서 언약의 피를 뿌림으로써 하나님과 이스라엘 사이에 피의 언약을 세웠다(출 24:6-8).

2. 따라서 예수님의 피, 곧 예수님의 죽으심은 이 언약(디아데케)의 선물의 하나인 용서의 보증이 되는 것이다. 그래서 예수님의 죽음을 피의 희생제사라고 설명한다. 예수님은 유월절 어린양(요 1:29, 36; 행 8:32; 벧전 1:19)인 동시에 수양(계 5:6, 12, 13:8)이며, 자신을 희생제물로 바친(엡 5:2) 속죄 염소(히 9:12*; 레 16:20-22)이다.

1) 시내산 언약은 아브라함의 언약을 확대시킨 것이다(신 29:13-14). 아브라함의 언약처럼 새 언약도 모두 하나님의 은혜의 언약이다.

2) 새 언약은 영원성을 지닌다. 더 이상 새로운 언약을 필요로 하지 않는다. 아브라함의 언약(창 17:7), 모세 언약(출 40:11, 레 16:34), 다윗 언약(삼하 7:13, 16)도 영원한 것으로 특징지어졌으나, 새 언약의 영원한 성격은 종말론적인 차원을 나타내고 있다. 히브리서에서는 시내산 언약과 새 언약을 대조시킴으로써(히 8:13), 새 언약의 새로움을 강조한다(히 9:15). 그래서 둘째 것(히 8:7), 더 좋은 것(히 8:6), 또는 영원한 언약(히 13:20)으로 칭하고 있다.

• 히 9:12 "염소와 송아지의 피로 하지 아니하고 오직 자기의 피로 영원한 속죄를 이루사 단번에 성소에 들어가셨느니라."

'새 언약'은 그리스도 안에 주어진 의와 성령의 통치이다

1. 이 새 언약은 십자가상의 피흘리심에 기초하며, 그 안에서 회중이 성만찬에 참여하게 된다(고전 11:25*).

• 고전 3:16 "너희는 너희가 하나님의 성전인 것과 하나님의 성령이 너희 안에 계시는 것을 알지 못하느냐."

(1) 구약의 하나님의 백성들이 가지는 특권들이 영적 의미에서 교회로 전수되고 있다(고후 6:16이하). 이스라엘의 특권이었던 하나님께의 예배도(롬 9:4), 이제 영적 예배로 드려진다(롬 12:1).

• 고전 11:25, "식후에 또한 그와 같이 잔을 가지시고 이르시되 이 잔은 내 피로 세운 새 언약이니 이것을 행하여 마실 때마다 나를 기념하라 하셨으니"

• 히 9:15 "이로 말미암아 그는 새 언약의 중보자시니 이는 첫 언약 때에 범한 죄에서 속량하려고 죽으사 부르심을 입은 자로 하여금 영원한 기업의 약속을 얻게 하려 하심이라."

(2) 예수님은 새 언약의 중보이시다(히 9:15*). 그 피는 새 언약의 피로서 많은 사람들의 죄를 용서하기 위하여 흘려 새롭고 영원한 언약을 가능하게 한다. "많은 사람을 위해 피를 흘리신다." "모든"이라는 말이 아니라 렘 31장에 따라 ① 예수 안에서 ② 그로 말미암아 죄사함을 받고 새 언약의 구원에 참여할 수 있게 된 자들을 의미한다(복음을 받아들인 자). 바울은 구원 받은 공동체를 성령이 거하시는 하나님의 성전이라고 했다(고전 3:16, 6:19; 고후 6:16).

(3) 고래로부터 이스라엘의 모든 사람들을 다 포괄하면서 적용되었던 개념들이 이제는 믿음으로 복음을 영접하고, 그리하여 하나님 나라를 상속하게 될 자들의 공동체를 지칭하는 배타적인 의미로 사용되었다. 12제자는 하나님의 새 백성을 대표하고 있음을 본다(마 19:28; 눅 22:30).

2. 새 언약 안에서 '하나님의 백성'이란 개념:

(1) 새 언약이라는 용어 속에서도 하나님의 백성에 대한 정의가 드러난다. "아브라함의 자손"에 대한 정의가 여러 가지로 표현되어 있다. 유대인의 개념 수정과 더불어 하나님의 백성의 본질에 대한 정의를 말하고 있다. 율법에 속한 자뿐 아니라 아브라함의 믿음에 속한 자들도 하나님의 백성이다(롬 4:16). 그리스도께 속한 자는 아브라함의 자손이요, 약속대로 유업을 이을 자(갈 3:29)이다.[1]

그러므로 상속자가 되는 그것이
은혜에 속하기 위하여 '믿음으로 되나니'(ἐκ πίστεως)
이는 그 약속을 그 모든 후손에게 굳게 하려 하심이라
율법에 속한 자에게뿐만 아니라
아브라함의 믿음에 속한 자에게도 그러하니
아브라함은 우리 모든 사람의 조상이라(롬 4:16).

1) 아브라함의 자손의 개념(갈 3:16) - "약속으로 난" 자녀를 의미한다.

아브라함의 참된 후손(The Seed)이 되게 하는 요인이 무엇인가를 설명하고 있다. 어떤 생물학적 후손이거나 인간의 행위가 아니라 바로 하나님의 생기 있는 능력에 의해서 태어난 자가 참된 후손이다.

(2) "표면적 유대인이 유대인이 아니요... 할례는 마음에 할지니"(롬 2:28, 29). 유대주의에서도 이스라엘에 대한 개념 수정이 엿보인다. 바울에게 있어서는 그리스도에 대한 믿음과 그의 은총의 선물을 중요시 하고 있다. 아브라함의 자연적 후손은 더 이상 하나님의 백성이 되는 것에 결정적인 요소가 되지 못한다는 것이다.[1)]

3. 그리스도 안에 있는 사람은 더 이상 구 세대에 순응할 필요가 없다(롬 12:2). 왜냐하면 새 언약이 이미 성취되었기 때문이다(고전 11:25).

(1) 새 피조물을 유대인이든, 이방인이든 "한 새 사람"(one new man)으로 그리스도 안에서 창조하셨다(엡 2:10, 2:14-15*). 그러나 새 사람을 입었기 때문에 올바른 삶을 살라고 권면한다(골 3:9-10) "이는 자기를 창조하신 자의 형상을 좇아 지식에까지 새롭게 하심을 받은 자니라" 즉, 도덕적 행위를 요구한다. 옛사람의 행위(이방인들의 행위에 나타나는)를 벗어버리고 하나님의 형상을 따라 지음을 받은 새 사람을 입으라고 권면한다(엡 4:22-24).

(2) 옛 사람은 이미 그리스도와 함께 골고다에서 십자가에 못박혔다. 옛 사람의 존재 양식에 이별을 고하는 것으로서 세례(洗禮)를 언급했다. 동시에 예수 그리스도가 그 자신 안에서 "하나의 새 사람"으로 만드신 <교회>의 새로운 존재를 언급한다(엡 2:15).

(3) 성령 안에 있다는 것(to be in the Spirit) = 새 사람, 즉, '영적인 사람'을 덧입는 것을 의미한다(고전 2:14ff.*). "성령에 의한 삶"은 믿음과 분리되어 존재하는 삶의 형태로 생각해서는 안 된다. 새로운 생활은 행함뿐 만이 아니고, 거듭난 지성과 계몽된 마음, 즉 거듭난 인간성과도 연속성을 나타낸다. 새로운 생활은 정지된 역할이 아니라, 오히려 전투하는 생활이며, 믿음에 의한 생활이다(이미와 아직 사이).

(4) 우리는 여기서 신자 자신이 그의 활동의 주체가 아니라 하나님 자신임을 알아야 한다(빌 2:12이하). 성령님은 신자가 믿음으로 복음을 처음 받아들일 때뿐만 아니라 그의 계속적인 신앙생활 속에서도 사역하고 계신다. 성령님은 그의 역사하시는 능력을 통해서 직설법과 명령법을 연합시키는 주체이시기 때문이다. 그러므로, ① 믿는 자들은 옛 세대에 속하여 살지만 ② 그리스도 안에 있기 때문에 새로운 피조물과 더불어 새 시대에 속하여 사는 것이다. ③ 따라서 당연히 새로운 존재를 표현하는 삶을 살아야 한다.

1) 바울은 교회를 하나님의 백성이자 새로운 이스라엘로 보는 그의 영적 보편적 교회를 말하고 있다(고전 11:25; 고후 3:6이하 참조). 할례의 유무가 하나님의 백성이 되는 것에 영향을 끼치지 못한다(엡 2:11 참조). 그러나 이 새로운 언약 속에는 하나님의 백성을 언급하고 있지만, 유기에 대한 사상도 언급되고 있다 - "화가 있으리로다"

• 엡 2:14 "그는 우리의 화평이신지라 둘로 하나를 만드사 원수 된 것 곧 중간에 막힌 담을 자기 육체로 허시고 15 법조문으로 된 계명의 율법을 폐하셨으니 이는 이 둘로 자기 안에서 한 새 사람을 지어 화평하게 하시고" (....He might make the two into one new man)

• 고전 2:14 "육에 속한 사람은 하나님의 성령의 일들을 받지 아니하나니 이는 그것들이 그에게는 어리석게 보임이요, 또 그는 그것들을 알 수도 없나니 그러한 일은 영적으로 분별되기 때문이라 15 신령한 자는 모든 것을 판단하나 자기는 아무에게도 판단을 받지 아니하느니라 16 누가 주의 마음을 알아서 주를 가르치겠느냐 그러나 우리가 그리스도의 마음을 가졌느니라."

너희 중의 하나가 나를 팔리라(눅 22:21-23)

같이 읽을 곳(마 26:21-25; 막 14:18-21; 요 13:21-30)

▶ 이 부분은 요한복음 13장에서 상세히 언급되었다. 동교재, 요한복음 13장을 참고해 보자. 이곳의 설명을 가져왔다.

1. 만찬이 끝나갈 무렵 주님은 폭탄적인 선언을 하셨다. 제자들 가운데서 주님을 팔아넘길 자가 있다는 것이었다.

나를 잡아 넘길 자가 지금
나와 함께 식탁 위에 있다.

눅 22:21 그러나 보라!
나를 파는 자의 손이 — 나와 함께 상 위에 있도다

(1) 제자들 중에 배신자가 있다는 것이다. 마태복음과 마가복음에서는 이 사건이 성만찬 훨씬 전에 있었던 것으로 기록되어 있으나 여기서는 성만찬의 엄숙한 의식이 끝난 후에 선언하신 것으로 언급되었다. 최후의 만찬석에는 예수님이 택한 제자들이 모두 모였다. 그렇다면 가룟 유다도 성만찬에 참여했으며 떡과 잔을 받았음을 알 수 있다.

눅 22:22 인자는 — 이미 작정된 대로 가거니와 — 호리조(ὁρίζω) - 결정하다, 정하다. - 하나님께서 정하신 뜻대로
화가 — 있으리로다
/그를 파는 그 사람에게는

1) **예수님은 이 구절을 인용하심으로써** 유다가 예수님께 발꿈치를 든 것은 반역적이고 믿을 수 없는 행위임을 드러내신다. 가룟 유다는 예수님의 무한한 사랑을 거부한다. 예수님은 처음부터 유다의 배신 행위를 알고 계셨다. 그러면서도 그가 회개하여 돌아오기를 기다리셨다.

(2) 예수님께서 배반당할 것을 내다본 구절은 시편 41:9에서 이미 예견되었다. 예수님은 제자들 모두를 가리키는 말이 아니라고 하셨다. 주님은 자신이 택한 사람들을 아신다(요 13:18). 예수님은 모든 것을 아신다. 그러면서도 유다를 택한 이유는 무엇인가? 그것은 성경의 말씀(시 41:9)을 이루기 위해 하나님의 뜻을 따라 하신 것이라는 것이다(요 13:18을 보자).1)

13:18b 나는 내가 택한 자들이 누구인지를 **알고 있다.**
그러나(목적: ἵνα, that...may)
성경을(=이) — 응하게 하려는 것이니라(πληρωθῇ 가정법 과거 수동)
/내 떡을 먹는 자가 — 내게 발꿈치를 들었다 한(=것을)

(3) 그렇다면 예수님께서는 모든 것을 아셨으면서도 유다를 택한 이유가 무엇일까? 물론 여기에 인간의 이해를 초월하는 신비스러운 역설이 있다. 예수님은 성경(시 41:9) 말씀을 이루기 위해 하나님의 뜻을 따라 하신 것이라고 밝히셨다(원문성경).

2. 요한복음의 설명이 더 자세하다. 예수님은 이 일로 심령이 몹시 괴롭다고 하셨다. 예수님을 팔려는 제자 때문이다(요 13:21).

13:21 예수께서 이 말씀을 하시고 심령이 괴로워[1] 증언하여 **이르시되**
내가 진실로 진실로 너희에게 이르노니
/너희 중 하나가 — 나를 팔리라(παραδώσει)[2]

(1) "심령이 괴로워"(ἐταράχθη^became troubled^ τῷ πνεύματι^in spirit^)(21절)

예수님이 이렇게 혼란스러우신 것은 제자들 중 하나가 자신을 팔 것이기 때문이라고 했다. 그러자 제자들은 그 배신자가 누구인지 알고자 소동이 일어났다. "너희 중 한 사람이 나를 팔리라." '팔리라'는 단어 '파라디도미'(παραδίδωμι)는 대부분의 구절이 (예수님의 고난과 수난 그 자체에 대한) 예수님의 선포에 대해 언급하고 있다.[3] 제자들은 서로 불안했다(요 13:22). 누구를 지적하여 말씀하시는지 알지 못했기 때문이다. '의심하다'라는 말, 아포레오(ἀπορέω)는 '당황하다, 어쩔줄 몰라하다'라는 의미이다. 그래서 서로 쳐다보기만 했다.

(2) 이에 대해 예수님은 이름을 말하지 않으신다. "예수께서 대답하시되 내가 떡 한 조각을 적셔다 주는 자가 그니라 하시고 곧 한 조각을 적셔서 가룟(Ἰσκαριώτης^이스카리오테스^)[4] 시몬의 아들 유다에게 주시니"(26절). 가룟 유다는 이미 마음속에서 예수님을 배제했다.

> 요 13:27 조각을 받은 후
> 곧(then, τότε) 사탄이 그 속에 **들어간지라**
> 이에(then, οὖν)
> 예수께서 유다에게 **이르시되(...하시니)**
> /[너는] —— 속히[5] 하라
> /네가 하는 일을[6]

(3) 떡 조각을 받아든 가룟 유다, 그는 지금 어떤 마음이었을까? 그래도 주님에게서 사랑을 기대했을까? 그러나 떡 조각을 받아든 순간 유다의 표정이 굳어졌을 것이다. '그래, 빨리 배반의 길을 걸어가자'라고 생각했을 것이다. 이제 그의 정체가 드러나자 유다는 분개했다. 유다는 떡 조각을 받고 곧(유디스, εὐθύς, immediately) 나갔다(요 13:30). 때는 밤이었다.

1) '괴롭다'라는 말 '타랏소'(ταράσσω)는 수동태로는 '혼란(무질서)에 빠뜨리다'를 의미한다.

2) παραδίδωμι(파라디도미)의 미래 / 전하다, 전달하다. - 신약성경에서 이 동사의 기본적인 의미는 '심판이나 죽음에 넘겨주다'라는 뜻으로 쓰였다. 예수님의 추종자들은 공회에 넘겨질 것이고(마 10:17), 핍박과 박해를 당하게 될 것이다(마 24:9).

3) 예수님은 인간들의 손에(마 17:22), 대제사장들과 서기관에 의해(마 20:8), 이방인들의 손에(마 20:19), 빌라도의 손에(마 27:2), 대제사장과 관원들에 의해 사형 판결에(눅 24:20) 넘겨졌다.

4) 유대지방의 한 마을인 '가리옷' 사람이라는 뜻. 어떤 사람은 시카리오스(=자객, 비적)와 관계 있다고 해석하기도 한다.

5) 속히(타키온, τάχιον) - 비교급 부사로 '더욱 빠르게, 더 신속하게'라는 의미이다.

6) "네가 하는 일" - 유다가 배반하기로 계획했던 일.

394

누가 더 크냐 (높으냐?) (눅 22:24-27)

같이 읽을 곳(마 20:24-28; 막 10:41-45)

1. 본문에서는 "또"(And also, δὲ καί) 그들 사이에 다툼(φιλονεικία필로네이키아)이 있었다고 했다. 이 단어는 누가복음에서 한번만 나온다. 식탁에서 말다툼이 있었던 것으로 보인다. 물론 예수님은 이런 제자들을 책망하지 않으신다. 어린아이들에게 설명하듯이 차근차근 그 부당성을 지적해 주신다.

(1) 주님은 이방인들의 임금들이 통치 행위를 예를 드신다. "이방인의 임금들은 백성들 위에 군림한다.[1] 따라서 악한 통치를 할 수도 있다. 그래도 그 집권자들은 은인(=각하)으로 불린다. 제자들도 이런 생각(이방인의 통치자와 같은 생각)을 갖고 있었던 것 같다. 그래서 누가 높은 자리에 앉게 될 것이냐를 놓고 갈등하고 있다. 이방인들은 그렇게 하지만 그러나(But, δέ), 너희는 그래서는 안 된다고 경고하신다. 다스리는 자는 섬기는 사람과 같이 되어야 한다는 말씀이다(26절).

눅 22:26	너희는 ————	그렇지 않을지니
	너희 중에 큰 자는 —	젊은 자와 같고
	다스리는 자는 ———	섬기는 자와 같을지니라

~지니라(γινέσθω) - γίνομαι의 현재 중간태 명령법으로 '(너희는) 그렇게 행하라'는 의미이다. "섬기는 사람과 같이 되어야 한다."(되라)

(2) 주님께서 고난에 대하여 반복적인 예언을 하였음에도 불구하고 유월절 식탁에서 윗 자리를 차지하기 위한 신경전을 펼치는 제자들에게 "그러나 너희 중의 제일 높은 사람은 제일 낮은 사람처럼 행동해야 하고, 다스리는 사람은 오히려 섬기는 사람처럼 처신하라(the leader as the servant)"고 하셨다. 아니 너희는 그렇게 되라는 명령이다[~(같을)지니라 γινέσθω].

(3) 또 하나의 질문을 하신다. "누가 더 높으냐 밥상에 앉은 사람이냐, 시중드는 사람이냐?"(새번역) 진짜 높은 사람은 밥상에 앉은 사람이 아니냐? (27절) "그러나 나는(ἐγὼ δὲ) 섬기는 자(διακονῶν분사)로 너희 중에 있노라."

(4) 제자들간에 서로 상석을 차지하려는 신경전을 펼치는 모습을 보시고 친히 모범을 보여주신다. 만찬 후에 예수님께서 일어서서 제자들의 발을 씻겨주기 시작하신다(요 13:1-20을 읽어보자).[3] 무엇보다 예수님은 제자들의 발을 씻

1) 퀴리유오(κυριεύω) - 지배자로서 통치권을 갖고 다스린다는 의미이다. 이방인의 왕들은 통치자로서 권력을 사용한다. 잘못된 통치자를 만나면 백성들은 곤경속에 떨어진다.

3) 당시 발을 씻기는 일은 천한 종이 일상적으로 하는 의무였다. 이 일은 너무나 천한 일이었기 때문에 유대의 종에게는 요구되지 않았다고 한다. 그런데 천한 종(노예)이나 하는 일을 예수님이 직접 하겠다고 나서신 것이다. 지금 예수님은 자신을 낮추어 가장 천한 일을 하심으로써 자기 사람들에 대한 사랑을 나타내신 것이다.

물론 이것은 자기 경멸의 행위가 아니었다. 예수님은 하나님께로 돌아갈 때가 가까왔음을 알고 계셨다(요 13:3). 따라서 발을 씻기신 사건은 예수님께서 자신의 사명을 완전히 인식하고 있었음을 표현한 사건이다.

은 사건을 통해 겸손의 본을 보이려 하셨다. 기독교인의 사랑이란 이런 예수님의 본을 따르는 것이어야 한다(요 13:14*).

• 요 13:14 "내가 주와 또는 선생이 되어 너희 발을 씻었으니 너희도 서로 발을 씻어 주는 것이 옳으니라."

2. 제자들은 주님께서 온갖 시련을 겪는 동안 그 고난을 함께 견디어 왔다(28절). 주님께 충성을 다한 것이다. 그리스도는 이들을 위해 무엇을 예비해 주셨을까?

눅 22:29 내 아버지께서 —— 맡기신 것 같이
/나라를 내게
나도 ———— 너희에게 맡겨
30 //(목적: ἵνα, that...may)
너희로 내 나라에 있어 내 상에서 먹고 마시며
또는(and, 그리고, καὶ)
[너희가] ———— 보좌에 앉아
/다스리게(하려 하노라)
/이스라엘 열두 지파를

"내 아버지께서 내게 왕권을 주신 것처럼, 나도 너희에게 주겠다."

맡기다(διατίθημι디아티데미) - 할당(배정)하다. 70인역에서 이 단어는 카라트(언약을 맺다)의 역어로 사용되었다. 언약을 '세우는 것'을 나타낸다.

다스리다(크리노, κρίνω) - '판단하다, 심판하다' 라는 뜻도 있지만 여기서는 '다스리다'를 의미한다(마 19:28, 심판하리라).

(1) 훗날 이스라엘의 12지파를 다스리는(심판하는?) 자리에 있게 된다는 것이다. 여기서 훗날은 '세상이 새롭게 될 때'이지만 정확한 시기는 알 수 없다. 인자가 영광의 자리에 앉을 때라고 했음을 보아 죽음과 부활 이후를 말한 것임을 알 수 있다. 이 세상에서는 아마, 예수님의 부활 이후, 제자들이 교회를 설립하며 영적으로 이스라엘에서 시작하여 세상을 다스릴 것에 대한 상징적 표현일 것이다(정훈택, 쉬운주석).

• 계 3:21 "이기는 그에게는 내가 내 보좌에 함께 앉게 하여 주기를 내가 이기고 아버지 보좌에 함께 앉은 것과 같이 하리라."

(2) 그러나 저 세상에서도 그리스도와 함께 고난 당한 것에 상급을 예비하셨을 것이다. 마지막까지 충성을 다한 자들에 대한 영광의 약속은 확실한 것이다. 최고의 보장은 "내 보좌에 함께 앉게 하여" 주시겠다는 것이다(계 3:21*).

(3) 물론, 이 지상의 교회에서 [예수님과 제자들이 겪었던] 고통과 어려움을 가졌던 성도들에게도 같은 상급이 있을 것이다. "**내 이름을 위하여** 집이나 형제나 자매나 부모나 자식이나 전토를 버린 자마다 여러 배를 받고 또 영생을 상속하리라"). 막 10:29-30*도 보라. '여러 배'라고 번역된 단어, '헤카톤타플라시온'은 '일백배'라는 뜻이 있다(눅 8:8, 좋은 땅에 떨어지매 나서 백배의 결실을...). 물론 꼭 100을 뜻하신 것은 아니다.

• 막 10:29 "예수께서 이르시되 내가 진실로 너희에게 이르노니 나와 복음을 위하여 집이나 형제나 자매나 어머니나 아버지나 자식이나 전토를 버린 자는 30현세에 있어 집과 형제와 자매와 어머니와 자식과 전토를 백 배나 받되 박해를 겸하여 받고 내세에 영생을 받지 못할 자가 없느니라."

396

네가 세 번 나를 모른다고 부인하리라(눅 22:31-34)

같이 읽을 곳(마 26:31-35; 막 14:27-31; 요 13:36-38)

1. 아직도 만찬장에서 말씀이 계속된다. 모든 제자들에게("너희를" - ὑμᾶς) 하신 말씀이지만 특별히 사탄의 공격을 받은 베드로에게 직접 말씀하신 것 같다.

눅 22:31 시몬아, 시몬아, 보라
사탄이 — 요구하였으나(has demanded, ἐξῃτήσατο 과거 중간태)
/너희를 (제자들 모두에게)
/(키로) 밀 까부르듯 하려고(체질하려고)

사탄이 제자들 중 특별히 베드로를 요구(청구)했다. 양도를 요구했다는 말이다. 예수님이 허락하셨으나 예수님은 기도로 떠받치셨다(32절).

1) 체로 친다는 것은 사탄이 욥을 (하나님의 허락하에) 시험한 것처럼(욥 1장) 그의 믿음에 대한 시험이다.

(1) '요구하다'(ἐξαιτέω 엑사이테오)는 '~로부터'(ἐξ) 아이테오(αἰτέω, 구하다, 요구하다, 청구하다)에서 유래했다. 사탄은 특별히 베드로를 시험하게 해달라고 청구했다. 왜, 청구했을까? '체질하려고' 즉 사탄은 베드로가 진짜 밀이 아니라 바람에 날려가는 겨라는 것을 증명하고 싶어했다.[1)] 물론 하나님께서 허락하지 않으시면 그들을 시험할 수 없다. 사탄은 베드로의 성격을 파악하고 있었을 것이다. 강하고 불같은 성격인듯 싶으나 약점이 있다고 본 것이다.

2) 주님은 베드로의 약함을 알고 계셨다. 원래 큰 소리 치는 사람이 실제 상황에서는 반전을 일으키기 쉽다. 여기 떨어지다(애클레이포, ἐκλείπω)라는 말은 믿음이 약해지거나 없어지는 것을 나타낸다.

지금은 사탄이 최악으로 발악하는"어둠의 세력의 때"이다(눅 22:53). 예수님은 사탄의 요구에 맞서서 중보의 기도를 드리셨다. 제자들을 믿음의 시련에서 굳게 세우시기 위해서였다. 예수님이 이 땅에 오셨지만 사탄과의 투쟁은 아직 끝난 것이 아니다.

(2) 베드로가 사탄의 (밀 까부르듯 하는) 시험을 이길 수가 있을까? 이런 사실을 잘 알고 계시는 주님은 베드로가 사탄의 시험을 이길 수 있도록 기도로 도우신다.

눅 22:32 그러나 내가 — 너를 위하여 기도하였노니
//(ἵνα, that...may)
네 믿음이 떨어지지[2)] 않기를
너는 ——— 돌이킨 후에(when)
네 형제를 굳게 하라

과연 베드로가 시험을 이길 수가 있을까? 물론 베드로는 큰 소리 친다. 자기는 절대 주님을 부인하지 않겠다고 장담한다(33절).

"주니이임, 제 믿음이 떨어진다구요?' '그렇다.' 베드로가 힘주어 말한다. "주여 내가 주와 함께 옥에도, 죽는 데에도 가기를 각오하였나이다"(33절). 못믿으시겠다면 마태복음도 읽어보세요. 마 26:33이요"

"그러면, 베드로야~, 먼저 눅 22:54-62을 읽어보고 큰 소리쳐라."

마 26:33 베드로가 **대답하여 이르되**
/[만일]
모두 —— 주를 버릴지라도　　I(ἐγώ) ***will never*** fall away
나는 —— 결코 버리지 않겠나이다
(ἐγὼ οὐδέποτε^never σκανδαλισθήσομαι[1])

1) σκανδαλίζω(스칸달리조) / 미래 수동태 - 걸려 넘어지다, 함정에 빠지다, 배반당하다, 죄에 빠지다.

(3) 분위기는 침통했다. 베드로는 모두 주를 버리고 달아난다 해도 자신은 결코(οὐδέποτε^never 언제든지~않겠나이다) 주님을 버리는 일은 없을 것이라고 장담했다. 그러나 주님은 베드로를 더 잘 알고 계셨다. "예수께서 이르시되 내가 진실로 네게 이르노니 오늘 밤 닭 울기 전에 네가 세 번 나를 부인하리라."(눅 22:34; 마 26:34).[2] 베드로의 확신에 찬 맹세는 54절이하에서 곧 판명이 난다. 주님을 맹세까지 하면서 모른다고 했기 때문이다(눅 22:57).

2) 마태복음에는 예수님의 말씀을 들은 베드로는 더욱 힘주어 이렇게 말했다. "주님, 제가 주와 함께 죽을 지언정 주를 부인하지 않겠나이다"(35절)라고 말했다. 나머지 제자들도 모두 같은 말을 했다고 했다.

(4) 주님은 물론 베드로가 완전히 떠나지 않으실 것을 아셨다. 다시 돌아오거든 형제들을 '굳게 하라'(스테리조, στηρίζω)고 하셨다. 주께서 부활하신 후에 나머지 제자들을 굳게 하는(strengthening) 일을 하라는 것이다. 베드로는 예수님이 체포되는 현장에서 세 번씩이나 주님을 모른다고 했다. 그러나 그는 다시 돌아왔고 주님의 명령을 따른다(요 21:15-19을 꼭 읽어 보자).

2. 주님이 이 땅에 안계신 후, 제자들은 다시 갈릴리로 돌아왔다. 그리고 옛날 고기잡는 어부로 생업을 이어가려 했다. 그런 제자들을 찾아, 유독 베드로에게 새로운 임무를 부여하신다.[3]

3) "스스로 띠 띠고"(ἐζώννυες 미완) - 당시 옷은 띠를 매어야만 했다. 베드로는 젊었을 때 자기가 원하는 곳은 어디든지 다닐 수 있었다. 하고 싶은 것을 마음대로 할 수 있었다는 말이다. 그러나 그가 늙어서는 그가 원치 않는 길을 가야만 할 것이라는 것이다. 주님은 베드로가 앞으로 당할 고난을 미리 아셨다.

21:18 내가 진실로 진실로 네게 이르노니
/[네가] —— 젊어서는(=젊었을 때에는, when)
네가 —— 스스로 띠 띠고
　　　　원하는 곳으로 다녔거니와
/[네가] —— 늙어서는 네 팔을 벌리리니
/남이 —— 네게 띠 띠우고
　　　　데려가리라
/[네가] — 원하지 아니하는 곳으로

주님은 베드로에게 더 훌륭한 순교자로서의 명예를 누리게 될 것이라고 말씀하셨다. 그의 순교의 길이 만만치 않음을 미리 알리셨다. "네 팔을 벌리리니 남이 네게 띠 우고 원하지 아니하는 곳으로 데려가리라"(요 21:18). "남들이 네 팔을 벌릴 것이고, 너를 묶어서 네가 바라지 않는 곳으로 너를 끌고 갈 것이다"(새번역). 특별히 그가 사형 집행인의 손에 죽게 될 것을 예언하고 있다.

21:19 이 말씀을 하심은
베드로가 어떠한 죽음으로 하나님께 영광을 돌릴 것을
가리키심이러라

398

이제는, 전대 있는 자는 가질 것이요(눅 22:35-38)

1. 이미 살펴본 누가복음 9:3, 10:4을 다시 읽어보자. 본문을 가져와 보자.

눅 9:3 [예수께서] **이르시되**
/[너희는] ┬ 아무 것도 가지지 말라
/여행을 위하여
└ 가지지 말며
/지팡이나 배낭이나 양식이나 돈이나
두 벌 옷을

눅 9:3은 열 두 제자를 파송하시면서 제자들에게 하신 말씀이다. 이때는 배방이나 돈주머니를 가지고 갈 필요가 없었다. 주님은 이들에게 육신의 필요한 모든 것을 위해 근심할 필요가 없다는 것을 말씀하셨다. 복음을 받아들이는 사람들이 그들을 환대했기 때문이다.

(1) 그때에는, 전도여행을 보내실 때, 전대와 배낭과 신발도 없이 복음 전파에 임했다. 주님은 그때의 일을 기억해 보라면서 "그때에 부족한 것이 있더냐?" 고 물으셨다. 제자들은 "부족한 것이 전혀 없었어요"라고 대답했다. 이들은 과거의 경험을 돌아보아도 부복함이 없었음을 깨달았다. "없었나이다(No, nothing.)"

(2) 그런데, 지금 주님은 먼저와는 전혀 반대로 명령하신다. 왜?

22:35[예수께서] ─ **이르시되**
/이제는
전대 있는 자는 ── 가질 것이요
/배낭도 ──── 그리하고
/검 없는 자는 ── 겉옷을 팔아 살지어다(buy)

왜, 이번에는 전과는 반대로 명령하실까? 상황이 바뀔 것이기 때문이다. 주님은 곧 고난을 받고 십자가에서 죽으실 것이다. 주님이 떠나신 후, 제자들에게도 주님이 당한 고난이 뒤따라 올 것이기 때문이다.

(3) 제자들은, 주님이 떠난 후에 따라올 고난을 각오해야 한다. 그래서 돈주머니가 있는 사람은 그것을 챙기고, 배낭도 챙기고, 칼이 없는 사람은 옷을 팔아서라도 구비하라는 것이다. 칼을 사서 칼로 대적하라는 것이 아니라 새로운 환경을 만날 때 스스로 방어채비를 하라는 것이다. 사람들이 전과 같이 친절하게 제자들을 대하지 않을 것이기에 고난 받을 각오를 하고, 준비를 하라는 말씀(명령)이다. 검 없는 사람은 겉옷을 팔아 '살지어다'(사라, ἀγορασάτω 명령법 과거)

(4) 지금은 목요일, 아직은 다락방에 계신다. 제자들의 분쟁을 책망하신 후(눅 22:24-27), 베드로의 죽음에 관하여 언급하신다(요 13:36). 그리고 베드로가 세 번 부인할 것임을 말씀하신다(눅 22:34).

2. 주님은 계속 고난 받을 것을 말씀해 오셨다. 이제 그 때가 되었다. 이는 이사야의 말씀이 이루어져 가고 있다는 증거가 된다.

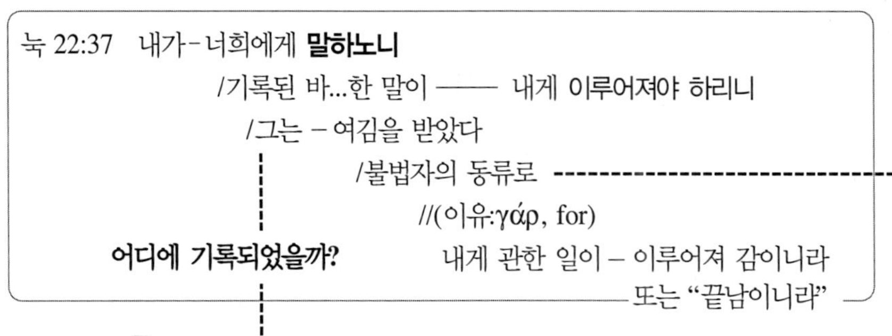

이사야 53:12의 예언의 말씀 즉 "불법자들과 한 패로 몰렸다"고 한 말이 반드시 이루어져야 한다고 하셨다. 오늘은 목요일, 내일(금요일) 그의 예언대로 그는 범죄자(불법자) 중 하나로 여김을 받으시고 악명 높은 범죄자들과 함께 십자가에 달려 처형을 받으셨다.

이사야 53:12절에

불법자의 동류(同類)로 여김을 받았다

이사야 52:13-53:12은 - 여호와의 종의 고난과 승리를 노래한 곳으로 '제 4종의 노래'라고 불린다. 그 내용은 • 이 여호와의 종은 대속적인 고난을 당한다. 버림받고, 매맞고, 백성들로부터 배척을 받는다. • 미래의 어느 날, 종의 사역을 감당할 한 사람이 나타나서 이스라엘을 구속하고 하나님의 계시를 땅끝까지 전할 것이라는 내용이다. 이사야 본문을 가져와 보자. 동교재, 이사야서 53장의 설명을 가져왔다.

이사야 52:13을 먼저 읽어보자. ⟶

53:12 그러므로(Therefore, לָכֵן)
내가 —— 그에게 **몫을 받게 하며**(אֲחַלֶּק־לוֹ[1])
/존귀한 자와 함께
[그가] —— **나누게 하리니**
/강한 자와 함께
/탈취한 것을
//이는(이유, Because)

그가 자기 영혼을 버려 사망에 이르게 하며 범죄자 중 하나로 헤아림을 받았음이니라

그러나[Yet, ו]
그가 —— 많은 사람의 죄(헤트, חֵטְא)를 **담당하며**
범죄자를 위하여 **기도하였느니라**(=기 때문에)

1) 하라크(חָלַק) - 나누다, 고유하다, 약탈하다, 할당하다, 분배하다 / 피엘 동사 미완료. 1인칭 보통 단수

그 이유는 무엇일까? 그 종은 고통과 고난과 슬픔을 겪는 과정에서 기꺼이 자기 목숨을 내놓았으며 남들이 죄인처럼 여기는 것도 마다하지 않았기 때문이다.

주님은 이 부분을 인용 언급하셨다(눅 22:37) 주님은 '불법자의 동류'로 여김을 받았다는 것이다. 주님은 십자가에 달린 행악자들 사이에 끼여 중범죄인으로 취급받았다.

몫을 받게 하겠다 - 전투에서 승리한 후에 전리품을 나누어준다는 개념이다. 전쟁에서 승리하면 그 사령관은 군사들과 함께 전리품을 나눈다. 이와 같이 그 종은 존귀한 자와 함께, 강한 자와 함께 공유될 것이다.

누가? '그가' 즉 여호와의 종이, 즉 미구에 오실 메시야가 많은 사람들의 죄를 대신 담당할 것이다. 사 53:11을 읽어보라. "나의 의로운 종이 ...많은 사람을 의롭게 하며 또 그들의 죄악을 담당하리라"

또한 그는 많은 사람의 죄(헤트, חֵטְא, sin)를 대신 짊어졌다. 또 죄 지은 사람들을 살리려고 용서를 빌었다. '헤트'는 죄, 죄악, 범죄를 의미한다. 이 단어는 많은 실례에서 하나님에 대한 불순종 행위를 가리킨다(민 27:3). 또는 사망에 이르는 죄, 즉 죽음의 형벌을 받아야 하는 죄를 가리킨다(신 21:22, 26).

이 부분은 이사야 52:13-53:12을 처음부터 보는 것이 이해가 빠르다. 동교재, 이사야 53장을 참고해 보자. ▲

3. 아직도 주님께서 말씀하신 내용을 잘 이해하지 못하고 제자들은 실제로 검으로 무장하라는 것으로 이해했다.

1) 마카이라(μάχαιρα) - 예수님을 체포할 때 사용된 검을 말한다(마 26:47; 막 14:43).

눅 22:38 그들이 —— **여짜오되** /주여 보소서 검[1] 둘이 — 여기 있나이다 [예수께서] — **대답하시되** (..하시니라) /족하다(넉넉하다, 히카노스, ἱκανός)

(1) 지금 구속역사의 최정점을 향해 가는 도중에 주님께서 제자들에게 하신 말씀이 "검 없는 자는 겉옷을 팔아서라도 사라."고 하지 않으셨는가! 주님이 고난에 직면했을 때, 우리 제자들도 대단한(?) 각오를 해야 한다고 생각했을 것이다. 물론 제자들은 주님의 명령을 문자적으로 이해했다. 그래서 혹시 어려움에 봉착했을 때 검(호신용 칼)이 필요할 때가 있으리라. "주님, 보세요. 여기 검 둘이 있습니다." 주님이 '그래, 잘 준비했다.'라고 하셨을까?

2) 신명기 3:26을 읽어보고 한 번 비교해 보자. "여호와께서 너희 때문에 내게 진노하사 내 말을 듣지 아니하시고 내게 이르시기를 **그만해도 족하니 이 일로 다시 내게 말하지 말라.**"

Let it suffice you; speak no more to me of this matter.

3) 무기를 든 무리들은 대제사장들과 바래새인들이 보낸 '아랫 사람들(=성전 경비병들)이었다. 로마 군대병정과 함께 체포현장에 도착했다(요 18:3).

(2) 그러나 주님의 대답은 '족하다'(It is enough, ἱκανόν히카논 ἐστιν에스틴)였다. 단어의 뜻은 '충분한'(sufficient, enough, 넉넉한)이라는 의미이다. 그렇다면, 검 두 자루면 충분하다는 의미일까? 물론 아니다(신 3:26; 막 14:41 참조).[2] 정작 (대제사장들과 백성의 장로들이 보낸)[3] 큰 무리가 칼과 몽치를 들고 유다와 함께 나타났을 때(막 14:43), 제자들은 이렇게 반응했다. "주님, 우리가 칼로 쳐 버릴까요?"(눅 22:49)라고 했음을 본다. 아마도, 주님은 검 두 자루를 준비한 제자들의 충성심을 인정하면서도 주님의 의도와는 전혀 다른 반응을 보이는 제자들의 행동을 제어하려 하셨을 것이다. "더 이상 할말이 없으니, 이제 일어서서 나가자." 그리고 주님은 제자들과 함께 감람산으로 향하셨다(39절).

겟세마네에서 기도하시다(눅 22:39-46)

같이 읽을 곳 (마 26:36-46; 막 14:32-42)

1. 니산월 14일, 목요일 밤이다. 만찬 장소 다락방에서 나와 습관을 따라 감람산으로 가셨다. 제자들도 함께 따라갔다(39절).

(1) 주님은 기도하러 가시면서 제자들에게도 기도하라고 당부하셨다. 왜냐하면 유혹에 빠질 수 있었기 때문이다(40절). 마 26:39에서는 그때의 상황을 조금 자세하게 언급한다. 예수님은 앞으로 벌어질 고난의 과정을 너무나 잘 알고

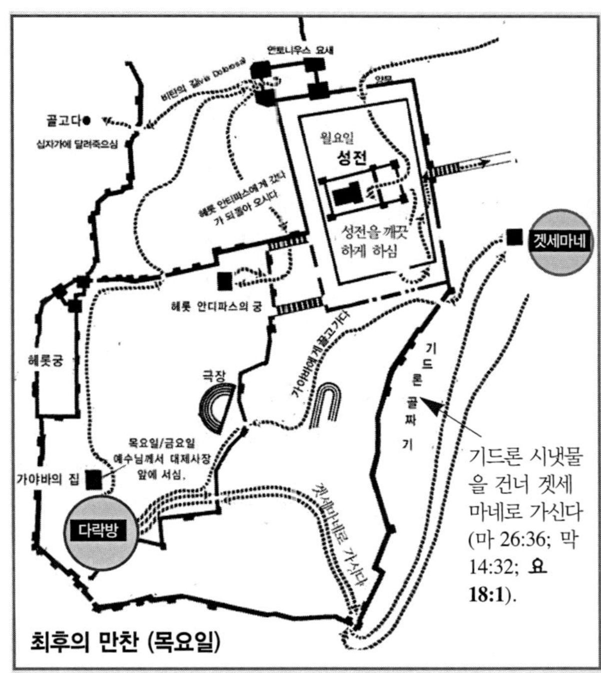

겟세마네 동산

(1) 설교 - 포도나무와 가지에 관하여(요 15:1-16:33)
- 가지가 열매를 맺으려면 ▶ (요 15:1-5)
- 예수님은 세상으로부터 부당한 미움을 받을 것이다. 그의 제자들도 그와 같이 미움을 받을 것이다 (요 15:18-25).

(2) 예수님은 아버지께로 떠나실 것이며, 성령께서 임하실 것이다(요 15:26; 16:7-15).

(3) 기도 - 다락방을 떠나신 후에(요 17:1-26)

(4) 제자들에게 앞날을 계획하게 하신다(**눅 22:35-38**). 그리고 감람산으로 가는 길에서 제자들과 함께 찬송하신다(막 14:26; 마 26:30).

(5) 예언 - 제자들이 예수님을 버릴 것이다(마 26:31).

(6) 예언 - 부활하신 후에 제자들을 갈릴리에서 만나실 것이다(마 26:32; 막 14:28, 16:7).

(7) 예언 - 베드로의 두 번째 세 번 부인할 것을 말씀하심(마 26:33-35; 막 14:29-31)

계셨다. 십자가 위에서 못 박히는 처절한 과정을 겪으셔야 한다. 주님은 제자들과 떨어진 곳으로 기도하러 가셨다. "그들을 떠나 돌 던질[1] 만큼 가서 무릎을 꿇고 기도하여"(41절). 막 14:33에서는 기도 현장에 "베드로와 야고보와 요한을 데리고 가셨다"고 했다.

(2) 그 기도의 시간이 얼마나 힘든 사투(死鬪)의 과정이었는지를 잘 소개하고 있다. 얼마나 힘든 시간이었는지 "천사가 하늘로부터 예수께 나타나 힘을 더하더라"(43절) 그리고 "예수께서 힘쓰고 애써 더욱 간절히 기도하시니 땀이 땅에 떨어지는 핏방울 같이 되더라"(44절)고 했다. 마태복음은 예수님은 (곧 다가올 큰 일을 앞에 놓고) 고뇌하셨다고 했다. "고뇌하고 슬퍼하사"(마 26:37, 괴로워하다, 고민하다) "내 마음이 매우 고민하여 죽게 되었으니"(마 26:38)라는 표현,[2] 여기까지는 예수님의 인성(人性)이다. 예수님은 십자가의 죽음을 생각하며 괴로워 하셨다. 그의 고통은 육체적, 정신적인 것에도 있지만 그보다는 하나님 아버지로부터 버림받는다는 데 있었다(마 27:36, 어찌하여 나를 버리셨나이까). 이제 그는 순전히 인간의 힘으로만 이 고통을 견디셔야 한다.

1) 예수님은 제자들과 조금 떨어진 곳에서(눅 22:41 돌을 던지면 닿을 거리 - 약 30m 정도) 기도하셨다.

2) 예수님이 고뇌하고(to be grieved) 슬퍼하시는 것(distressed)은 그 죽음이 하나님께 버림을 받아야 하는 심판과 저주의 죽음이기 때문이다.

2. 그래서 이 죽음의 잔이 '내게서 지나가게 해달라'고 간구하신다(막 14:35-36). 마태복음에서는 두 번째 기도하실 때 이 기도를 드리셨다고 했다(마 26:42)

마 26:39 만일 할 만하시거든(εἰ δυνατόν ἐστιν if it is possible) 이 잔을 내게서 지나가게 하옵소서

눅 22:42 **이르시되**
/아버지여 만일 아버지의 뜻이거든
[당신은] ── 이 잔을 내게서 옮기시옵소서
/그러나
/[당신은] ── 내 원대로 마시옵고
└ 되기를 원하나이다
/아버지의 원대로

여기서 **잔**(포테리온, ποτήριον)은 십자가 위에서 자기 백성을 대신해서 받는 하나님의 저주의 심판을 가리킨다.

44 "예수께서 힘쓰고 애써 **더욱 간절히 기도하시니** 땀이 땅에 떨어지는 **핏방울 같이** 되더라."

예수님의 기도의 간절함을 이렇게 표현했다. '**더욱 간절히**(에크테네스테론, ἐκτενέστερον) - 기도하되 더욱 강렬하게 기도했다는 말이다. 결연한 정신집중을 말한다. 예수님께서 이렇게 기도하시는 것은 단순한 육체적 죽음의 문제 때문이 아니다. 그의 죽음은 온 세상의 죄를 대신하여 죽는 **대리적 속죄의 죽음**이기 때문이다. 죽음의 사망 권세를 꺾으셔야 했기 때문이다.

그래서 지나가게 해 주셨을까?

1) 눅 22:43을 보라. 기도의 응답이 어떻게 나타났나? 그 잔을 지나가게 하셨나? 그렇지는 않지만, 그 잔을 입에 대고 그것을 다 비우기까지 마실 수 있는 힘을 주셨다. "천사가 하늘로부터 예수께 나타나 힘을 더하더라."

2) 예수님은 만일 가능하다면(=아버지께서는 하시고자만 하시면 다 하실 수 있으시니) 이 고통에서 벗어나고 싶으신 것이지 그 이외의 뜻은 없다. 물론 하나님께서는 지금까지 예수님이 행한 희생을 인정하시고, 또 기쁘게 순종하는 행위를 흡족해 하시고, 그 희생의 완성을 요구하는 일이 없이 바로 예수님을 들어올리시고, 저주의 심판으로부터 떠나게 하는 일도 가능한 일로 나타나게 하실 수 있을 것이다. 그러나, 예수님은 이 모든 것이 하나님의 원대로 되어지기를 간구하셨다.

얼마 동안이나 기도하셨을까?
그 시간에 제자들은 피곤을 이기지 못하고 잠에 떨어졌다. "나와 함께 한 시간도" (마 26:40)라는 말을 보면 주님은 그 이상을 기도하셨다는 것이다. "기도 후에 일어나 제자들에게 가서 슬픔으로(뤼페, λύπη) 인하여 잠든 것을 보시고"(45절). '뤼페(슬픔)'라는 말은 근심이나 고통을 가리킨다. 제자들에게는 이제 불어닥칠 불길한 예감으로 인해 슬픔과 육체적 고통이 함께 엄습해 왔을 것이다. 주님은 제자들에게 기도할 것을 부탁했지만 이내 잠에 떨어졌다.

왜 깨어 기도하라고 하셨을까? "시험(페이라스모스, πειρασμός)에 들지 않게"

시험(유혹, temptation)은 죄악에 떨어질 위험을 초래할 뿐만 아니라 인간으로 하여금 죄에 빠지도록 하는 악한 자의 영향력 아래에 있게 한다.

22:46 [예수께서] – **이르시되**
/[너희는] ── 어찌하여 자느냐
/[너희는] ── 일어나 기도하라
//(ἵνα) 시험에 들지 않게

가룟 유다의 배반(눅 22:47-53)

같이 읽을 곳 (마 26:47-56; 막 14:43-50; 요 18:1-11)

1. 주님이 두 번째의 기도(마 26:42 "내가 마시지 않고는 이 잔이 내게서 지나갈 수 없거든 아버지의 원대로 되기를 원하나이다.")를 끝내고 "다시 오사 보신즉" 그들이 (여전히) 자고 있었다고 했다.[1] 마태는 "그들의 눈이 피곤했기" 때문이라고 설명한다(마 26:43). 그리고 같은 내용으로 세 번째 기도가 끝나신 후, 주님은 다시 제자들에게 돌아오셨다(마 26:44). 그리고 제자들에게 이렇게 말씀하신다.

마 26:45 [너희는] —— 이제는(λοιπὸν) 자고 쉬라
보라(ἰδού)
때가 ——— 가까이 왔으니
인자가 —— 죄인의 손에 팔리느니라

"(그) 때가 가까이 왔으니"(ἤγγικεν ἡ ὥρα) - 이제 주님은 죄인의 손에 팔리게 되실 것이다. 그를 잡으려는 무리가 가까이 와 있음을 아셨다. 막 10:33-34에서는 예수님이 고난을 당하게 될 사실이 아주 자세히 예언되어 있다.

예수님이 어떻게 수난을 당하실 것인가는 막 8:31, 9:31, 그리고 10:33, 34에 예언되어 있다. 막 10장에서 보다 자세히 언급되었다.

마태의 설명을 들어보자. 체포조에 유다가 앞장 섰다.

- 마 26:46 "일어나라 함께 가자 보라 **나를 파는 자가 가까이 왔느니라** 47 말씀하실 때에 열둘 중의 하나인 **유다가 왔는데** 대제사장들과 백성의 장로들에게서 파송된 큰 무리가 **칼과 몽치를 가지고 그와 함께 하였더라.**"

(1) 유다는 예수님이 어디로 가실지 알고 있었다. 겟세마네 동산은 유다에게도 아주 익숙한 곳이다. 그는 만찬 도중에 그곳을 빠져나왔다. 기도를 끝내고 제자들에게 일어나 함께 가자고 하실 때, 그 말이 끝나기도 전에 (대제사장들과 백성의 장로들이 보낸) 큰 무리가 칼과 몽치를 들고 유다와 함께 나타났다.

(2) 체포작전은 신속히 이루어졌다. 예수님께서 저항을 하지 않으셨기 때문이다. 예수님을 잡으러 나온 사람들은 예수님을 알지 못했기 때문에 유다는 미리 그들과 암호를 짜고 "내가 입을 맞추는 그 사람이니, 바로 붙잡으시오." 하고 말해 놓았다. 물론 예수님께서 그 모든 일을 이미 알고 계셨기에 피하지 않으셨다.[2]

(3) 상황이 심각해지자 순간적으로 제자들이 신속한 반응을 나타냈다. 예수님과 함께 있던 제자들은 사태의 추이를 살피면서 "주여 우리가 칼로 쳐버릴가요?"하고는 "그 중의 한 사람이 대제사장의 종을 쳐 그 오른쪽 귀를 떨어뜨렸다"(50절).[3] 요한복음에서는 급하게 칼을 빼든 사람은 바로 베드로였고, 대

1) 두 번째 기도는 얼마나 이어졌을까? 이번 기도는 아버지의 뜻에 순종하기로 결정하셨다. 이 방법 외에 다른 길이 없다면 기꺼이 순종하기로 하신다.

2) 유다는 "곧 예수께 나아와 랍비여 안녕하시옵니까 하고 입을 맞춰고" 예수님은 가룟 유다에게 '친구여'(ἑταῖρε, 이 사람아!)라고 부르셨다. 유다는 이제 예수님과는 아무 상관이 없는 관계였다. 그러나 정중하게 부르셨다. "무엇하러 여기에 왔느냐"(어서 할 일이나 하여라). 그리고 무리가 달려들어 예수님을 붙잡았다.

3) 제자들에게는 두 자루의 검(마카이라, μάχαιρα)이 있었다(눅 22:38). 막 14:47에는 "곁에 서 있는 자 중의 한 사람이 칼을 빼어 대제사장의 종을 쳐 그 귀를 떨어뜨리니라."

1) "이것까지 참으라" - 무슨 뜻일까? 여러 가지 해석이 있다.

새번역과 공동번역은 "그만해 두어라."
현대인의 성경 - "그만두어라. 이만하면 됐다."
원문성경 - "그만 두어라 이 이상은 더하지 말라."

2) 물론 베드로는 아직까지 인류를 구원하기 위한 예수님의 마지막 과정을 완전히 깨닫지 못했다. 그는 칼을 쓰는 것으로 로마 군단을 제어할 것이라고 생각하지는 않았겠으나 예수님의 제자가 해야할 행동은 아니었다. 예수님에 대한 충성과 헌신을 나타냈지만, 예수님께서 걸어가셔야 하는 궁극적 목적과 다른 방법이었다.

3) 구약성경에서 잔은 심판과 응보의 상징으로도 쓰였다(사 51:17이하; 렘 25:15 이하).

제사장의 종의 이름은 '말고'였다고 기록하고 있다(요 18:10, "이에 시몬 베드로가 칼을 가졌는데 그것을 빼어 대제사장의 종을 쳐서 오른편 귀를 베어버리니 그 종의 이름은 말고(Μάλχος Malchus)라." 떨어진 귀는 예수님이 다시 붙여 주셨다(눅 22:51). "예수께서 일러 이르시되 '이것까지 참으라'[1] 하시고 그 귀를 만져 낫게 하시더라"(51절).

2. 이 부분에 대해 요한복음과 마태복음의 설명을 가져왔다.

(1) 베드로는 칼을 휘둘렀을까? 하나님의 뜻을 안다는 것은 실로 중요한 일이다. 아마 베드로는 아직도 메시야가 죽지 않으리라고 믿었을 것이다(마 16:22 참조). 주님은 아직도 흥분이 가시지 않은 베드로에게 칼을 칼집에 꽂으라고 명령하셨다. 요한복음을 보자(요 18:11) (동교재, 요한복음)

18:11 (Then, οὖν) 예수께서 베드로더러 **이르시되**
/[너는] ——— 칼을 칼집에 꽂으라(βάλε 명령법, 과거)[2]
/내가 ——— 마시지 아니하겠느냐(μὴ πίω 가정법 과거)
/아버지께서 주신 잔을[3]

아버지께서 주신 잔(포테리온, ποτήριον) : 여기에서 잔은 고난의 잔으로(마 26:39; 막 14:16), 십자가 위에서 자기 백성을 대신해서 받는 하나님의 저주의 심판을 가리킨다. 예수님은 이 고난의 잔을 지나가게 해달라고 아버지께 요구하시기도 했다(눅 22:42). 예수님은 이 고난의 잔을 앞에 놓고 고뇌하고(to be grieved) 슬퍼하셨는데(distressed), 이는 그 죽음이 하나님께 버림을 받아야 하는 심판과 저주의 죽음이기 때문이다(마 27:36, 어찌하여 나를 버리셨나이까).

(2) '살아계신 하나님의 아들(마 16:16)이신 예수님이 이렇게 무력하게 잡히실 수밖에 없나?' 이렇게 생각할지도 모를 베드로에게 예수님은 자신이 잡히는 것이 힘이 없어서가 아님을 알려주신다. "너는 내가 내 아버지께 구하여 지금 열두 군단(로마 군단은 약 6,000명의 군인으로 구성되어 있다. 천사들을 군대로 비유하신 것이다.) 더 되는 천사를 보내시게 할 수 없는 줄로 아느냐"(마 26:53). 예수님은 자신의 체포당함이나 곧 있을 죽음을 대항할 수 없는 분이 아닌가 하는 오해를 불식시키신다. 베드로는 아직도 예수님이 많은 사람들의 죄를 대속하기 위해 죽으러 오셨다는 사실을 깨닫지 못했으리라. "내가 만일 그렇게 하면 이런 일이 있으리라 한 성경이 어떻게 이루어지겠느냐"(마 26:54).

마 26:48 예수를 파는 자가 그들에게 군호(sign)를 짜 가로되 내가 입맞추는 자가 그이니 그를 잡으라 하였는지라 49 곧 예수께 나아와 랍비여 안녕하시옵니까 하고 입을 맞추니

3. 주님은 자신을 잡으러 온 체포단(대제사장들과 성전의 경비대장들과 장로들) **에게 이렇게 물으셨다.**

눅 22:52 너희가 — 나왔느냐
/강도를 잡는 것 같이 검과 몽치를 가지고

53 내가 — 날마다 너희와 함께 성전에 있을 때에(when)
내게 — 손을 대지 아니하였도다
그러나
이제는 — 너희 때요, 어둠의 권세로다

"너희들은 나를 잡으로 오는데 검과 몽치까지 가지고 왔느냐? 그러면, 내가 강도란 말이냐?" "그러면, 왜 내가 성전에 있을 때에 잡지 않았느냐?" - 주님은 성전에서 공개적으로 활동하셨다(요 18:20). 그러나 그때는 아무도 그를 체포하지 못했다.

(1) 빛이 있는 동안에는, 즉 주님이 이 지상에서의 사역이 끝마칠 때까지는 사탄의 권세 아래 있는 유대 종교지도자들도(요 8:44, "너희는 너희 아버지 마귀에게서 났으니...") 그를 체포할 수 없었다. 그러나 이제는 지상사역의 종점이 왔다. 십자가를 지실 때가 온 것이다. "이제는 너희 때요" (but this is your hour). '어둠의 권세로다'(ἡ ἐξουσία^{power} τοῦ σκότους^{darkness})

(2) 예수님은 자신이 잡히는 것이 힘이 없어서가 아님을 알려주신다. 마태와 마가는 이 모든 과정이 성경에 기록된 예언의 성취로 언급하고 있다(막 14:49 "내가 날마다 너희와 함께 성전에 있으면서 가르쳤으되 너희가 나를 잡지 아니하였도다 그러나 이는 성경을 이루려 함이니라 하시더라").

베드로의 예수님 부인(否認)(눅 22:54-62)

같이 읽을 곳(마 26:57-58; 막 14:53-54, 66-72; 요 18:12-18, 25-27)

1. 제자들은 체포되기 전에 모두 도망가 버렸다(마 26:56; 막 14:50-52). 이는 예언의 성취였다(슥 13:7). 제자들이 흩어질 것이라는 사실도 예언되었다. 마태복음에 그 설명이 나와 있다. 읽어보자.

마 26:31 그 때에 예수께서 제자들에게 **이르시되**
/너희가 —— 오늘 밤에 다 나를 버리리라
//이유(for, γάρ)
기록된 바 (...하였느니라)
/내가 목자를 치리니 양의 떼가 흩어지리라(슥 13:7)[1]

목자는 예수님이다. 목자는 죽음에 넘겨질 것이다. 목자에게 닥친 운명은 양에게도 미친다. 예수님을 충실하게 따랐는데... 우리는 어떻게 될 것인가?

어디에 기록되었을까? (스가랴 13:7에)

주님은 제자들에게 "너희가 나를 버리고 다 떠날 것"이라는 것이라고 예언하셨다. 언제? 오늘 밤에(ἐν τῇ νυκτὶ ταύτῃ).

"오늘 밤에" "다"(πάντες)
"너희가 나를 버리리라"(ὑμεῖς σκανδαλισθήσεσθε[2] ἐν ἐμοὶ)

(1) 스가랴 13:7-9은 '선한 목자의 수난'과 '흩어진 양 떼'에 대한 예언이다.

슥 12장도 슥 9:1처럼 "이스라엘에 관한 여호와의 경고의 말씀"이라는 예언으로 시작한다. **이 부분은 예수님의 초림과 함께 마지막 때에 일어날 일들을 다루고 있다.** 12장에서는 주변 나라들에 의해 포위되었다가 하나님에 의해 구원받는 유다와 예루살렘을 위한 승리의 모습이 그려지고 있다(슥 12:1-9). 스가랴는 예루살렘의 백성들이 '죄와 더러움을 씻게 되는 때'에 있을 거국적인 회심의 날을 그리고 있다(슥 13:1*).

(2) 슥 13:7("양들이 흩어지리니…")의 말씀은 예수님께서 잡히시는 그 날 밤에 친히 제자들에게 인용하신 말씀이다. 이것이 예수님 자신에게 응답될 것임을 말씀하셨다(마 26:31 참조). 예수님의 십자가의 길은 혼자만 가는 길이었다. 예수님은 가룟 유다만이 아니라 제자들 모두가 자신을 버리고 흩어질 것을 슥 13:7을 인용하여 말씀하셨다. 제자들 중 한 명도 굳게 서지 못할 것이다. 제자들 모두가 그 날 밤에 예수님을 버릴 것이다.

1) "내가 목자를 칠 것이며 양 떼가 흩어질 것이다." 슥 13:7에서는 '치라'고 명령형으로 되어 있다. 여기서는 미래형으로 바꾸었다. '치리니'(칠 것이며) I *will* strike down the shepherd

2) σκανδαλίζω(스칸달리조) / 미래 수동태 - 걸려 넘어지다, 함정에 빠지다, 배반당하다, 죄에 빠지다. // 나를 버릴 것이다. 또는 나에게 걸려서 넘어질 것이다.

• 슥 13:1 "그날에 다윗의 자손과 예루살렘 백성을 위해 샘이 터질 것이다. 그 샘이 **그들의 죄와 허물을 씻어 줄 것이다.**"

(3) 스가랴 본문에서는 그 백성의 죄 때문에 여호와께서 메시야를 칠 것이라는 내용을 말씀하고 있다. 그래서 메시야가 모으던 양 떼들(예: 제자들)이 어떤 인도나 감독 없이 사방으로 흩어질 것이다. 결국 이 말씀은 **그리스도의 고난은 하나님께서 내리신 것임을 보여줄 뿐 아니라 그는 백성들의 죄 값을 치루기 위하여 이 고난을 당해야 함**을 보여주고 있다.[1] 조금 어렵고 복잡한 내용이기에 자세한 설명은 동교재, 마태복음 26장이나, 동교재, 스가랴 13장을 참고해 보기로 하자.

2. 어쨌든 예수님은 체포조에 의해 결박당하시고 가야바(가야바가 현직 대제사장이다)의 장인이요 대제사장인 안나스(가야바의 장인으로 실질적인 통치를 했다)에게로 끌려 가셨다. 요한복음 18:12-13을 읽어보자.

(1) 예수님을 체포하는데 얼마나 많은 사람이 동원되었을까? 마 27:27에서는 "총독의 군병들이 예수를 데리고 관정 안으로 들어가서 온(ὅλην, the whole) 군대를 그에게로 모으고"라고 했다. 천부장은 군사 일천명의 지휘관이다(행 21:31-33, 37, 22:14). '아랫사람'(휘페레테스)은 산헤드린의 종들이나 관리들을 의미한다(마 26:58; 막 14:54).

겟세마네에서 안나스의 집까지(요 18:12-14, 19-44)

(마 26:57-58; 막 14:53-54; 눅 22:54)

(2) 요한복음에는(18:12-13) 예수님이 체포단에 의해 결박당해 먼저 가야바의 장인 안나스에게 끌려 갔다고 기록하고 있다. 안나스가 얼마나 능수능란한 외교가였는가는 그의 아들 중 5명과 사위 가야바가 거의 중단되지 않고 대제사장직을 이어갔다는 점에서 볼 수 있다.[2]

(3) 분을 참지 못하고 칼까지 빼어들었던 베드로도 붙잡혀 가시는 예수님을 멀리서 뒤쫓아가고 있었다. "예수를 잡아 끌고 대제사장의 집으로 들어갈새 베드로가 멀찍이 따라가니라(ἠκολούθει미완료과거 - 따라가고 있었다.)"(54절). (요 18:45에는 "시몬 베드로와 **또다른 제자 한 사람**이 예수님을 따라 갔다"고 했다.)

(4) 여기서 베드로와 짝을 이룬 '다른 제자 한 사람'은 누구일까? 이름을 밝히고 있지 않으나 대제사장과 잘 아는 사이라면, 갈릴리 출신 세베대의 아들 요한보다는 예루살렘 출신의 제자가 아닐까 하는 주장도 있으나, "예수께서 사랑하시던 제자"라는 표현도 있는 것을 보면, 이 서신을 쓴 요한 자신을 가리킬 것이다(요 13:24-25, 20:2-7, 21:7-8, 24 참조).

1) 그러나 목자의 재난과 양 떼의 흩어짐은 그 끝이 있을것을 보여주신다. 마26:32 "그러나 내가 살아난 후에 너희보다 먼저 갈릴리로 가리라." 비록 제자들은 아직 깨닫지 못하지만 주님은 고난 너머에 있는 부활에 대해 공개적으로 제자들에게 말씀하셨다(마 17:9; 눅 24:6-8).

2) 안나스는 공직을 박탈당한 후에도 여전히 대제사장으로 불렸다(요 18:19, 22; 행 4:6 참조). 안나스는 사두개파에 속하였으며, 거만하고 야심에 찬 부자였던 것 같다. 어떻게 부를 유지할 수 있었을까? 그 주 수입원은 성전의 희생제사물(양, 비둘기, 포도주 기름 등)을 판매한 이익금이었던 같다. 어쨌든 안나스가 실질적인 제사장 노릇을 했고, 그의 사위 가야바는 명목상의 대제사장이었던 것 같다.

그래서 현직 대제사장인 가야바에게로 끌고가지 않고 장인인 안나스에게로 끌고 간 것 같다. "안나스는 그 해의 대제사장인 가야바의 장인이라"(13절). 두 제사장은 사건처리를 위해서라도 같은 관저(官邸)에서 살았을 것이다. 누가는 안나스 앞에서 심문 내용을 이야기 하지 않는다.

"너도 이 사람의 제자 중 하나가 아니냐?" / "나는 아니다"(οὐκ εἰμί)

요 18:18
그 때가 추운 고로 종과 아랫사람들이 불을 피우고 서서 쬐니 베드로도 함께 서서 쬐더라

눅 22:55 사람들이 뜰 가운데 불을 피우고 함께 앉았는지라 베드로도 그 가운데 앉았더니

56 한 여종이
베드로의 불빛을 향하여
앉은 것을 보고
주목하여 이르되
이 사람도 그와 함께 있었느니라
하니

57 베드로가 부인하여 이르되
이 여자여
내가 그를 알지 못하노라

때는 4월이었기에 밤에는 추웠다. 그래서 불을 피우고 있었다. 불을 피운 것은 종들이었다. 모든 사람들이 불 가운데로 모여들었다("함께 앉았느니라"). 베드로도 그들 가운데(메소스, μέσος - 중간에, 한가운데에 있었다는 의미이다) 앉아 있었다.

그런데 한 여종이 그를 주목하여 보고 있었다. 아테니조(ἀτενίζω)라는 말은 ~를 응시하다, 열중하여 보다, 유심히 응시하다'라는 의미이다. 그 여종이 유심히 응시하더니 "이 사람도 예수와 함께 있었어요" 순간 사람들이 웅성거리기 시작한다. 상황이 여의치 않게 돌아가자 베드로는 적극적으로 예수님을 부인했다.

주님은 베드로가 배반할 것을 미리 아셨다. 네가 세 번 부인하리라(눅 22:34) 하신 말씀 중에서 이미 한 번이 지나갔다. 어쩌다 대답한 말이 아니다. 그는 계속해서 적극적으로 주님을 부인했다. 갈릴리 사람, 억양을 통해서 들통이 났다. 그러나 베드로는 끝까지 부정했다. 지금 닭이 울 준비를 하고 있다.

[비교해 보자]

눅 22:55–62

55 사람들이 뜰 가운데 불을 피우고 함께 앉았는지라
베드로도 그 가운데 앉았더니
56 ① **한 여종이** 베드로의 불빛을 향하여 앉은 것을 보고 주목하여(유
심히 들여다 보며) 이르되 '이 사람도 그와 함께 있었느니라' 하니
57 베드로가 부인하여 이르되
이 여자여 내가 그를 알지 못하노라 하더라
(Woman, I do not know Him., οὐκ οἶδα αὐτόν, γύναι.)

58 조금 후에
② **다른 사람**이 보고 이르되
'너도 그 도당이라(You are one of them too!, σὺ ἐξ αὐτῶν
εἶ.) 하거늘'
베드로가 이르되
'이 사람아 나는 아니로라'(Man, I am not! οὐκ εἰμί.) 하더라

59 한 시간쯤 있다가
③ **또 한 사람이** 장담하여(자신 있게 주장하다) 이르되
'이는 갈릴리 사람이니 참으로 그와 함께 있었느니라'
(Certainly this man also was with Him, for he is a Galilean too.)
60 베드로가 이르되
'이 사람아 나는 네가 하는 말을 알지 못하노라'고
(Man, I do not know what you are talking about.)
아직 말하고 있을 때에 닭이 곧 울더라
(And immediately, while he was still speaking, a cock crowed.)

61 주께서 돌이켜 베드로를 보시니(똑바로 바라보셨다)
베드로가 주의 말씀 곧 오늘 닭 울기 전에
네가 세 번 나를 **부인하리라**[1] 하심이 생각나서

62 밖에 나가서 심히 통곡하니라(피크로스, πικρῶς)[2]

마 26:69–75

• 69 베드로가 바깥 뜰에 앉았더니
① **한 여종**(servant-girl,
παιδίσκη)이 나아와 이르되
너도 **갈릴리 사람 예수**와 함께
있었도다 하거늘

• 70 베드로가 모든 사람 앞에서 부
인하여 이르되 나는 네가 무슨
말을 하는지 알지 못하겠노라
하며

• 71 앞문까지 나아가니 ② **다른 여
종이 그를 보고** 거기 있는 사람
들에게 말하되 이 사람은 나사
렛 예수와 함께 있었도다 하매

• 72 베드로가 맹세하고(with an
oath, μετὰ ὅρκου) 또 부인하
여 이르되 나는 그 사람을 알지
못하노라 하더라

• 73 조금 후에 ③ **곁에 섰던 사람들
이** 나아와 베드로에게 이르되
너도 진실로 그 도당(한 패)이
라 네 말소리가 너를 표명한다
하거늘

• 74 그가 저주하며[3](to curse) 맹
세하여(to swear) 이르되 나는
그 사람을 알지 못하노라 하니
곧 **닭이 울더라**

---

1) ἀπαρνήσῃ - 아파르네오마이(ἀπαρνέομαι)의 미래, 중간태. '부인하다, 포기하다'라는 뜻으로 '자기 자신에 대해 부정하는 말을 하다'라는 뜻과 '완전히 자기 자신을 포기하다'라는 뜻을 지닌다. 주님과의 친분 관계를 내버리는 것을 의미한다.

2) 피크로스, πικρῶς - 쓰게, 통렬히(bitterly)를 의미한다. 너무 격렬하여 억제할 수 없는 것으로 이것은 부인에 대한 완전한 절망을 표현하는 말이다. 베드로는 그 예수님을 세 번이나 부인하고 말았다. 닭이 우는 소리를 듣고서야 '오늘 닭 울기 전에 네가 세 번 나를 부인하리라' 하심이 생각이 났다. 그는 밖에 나가 심히 통곡했다.

3) 마 26:74에서는 '저주하며, 맹세까지' 하며 부인했다고 했다. 저주하다(καταθεματίζω 카타테마티조) - 이 단어는 신약성경에서 여기만 나온다. '맹렬히 저주하다'를 의미한다. 맹세하다(옴뉘오, ὀμνύω) - 맹세까지 하면서 주님을 부정했다. 당시 베드로의 두려움이 얼마나 컸던 가를 볼 수 있다.

410

공의회 앞에 서시다(눅 22:66-71)

같이 읽을 곳 (마 26:59-66; 막 14:55-64; 요 18:19-24)

1. 예수님을 지키는 사람들이 그를 희롱하고(엠파이조, ἐμπαίζω)[1] 때렸다. 그러니까 이들은 예수님을 경시하며 가지고 놀았다는 것이다. 조롱하고, 바웃고, 놀렸다. "그의 눈을 가리고 물어 이르되 선지자 노릇 하라 너를 친 자가 누구냐?"(64절). "이 외에도 많은 말로 욕설을 퍼부었다"(65절)고 했다.

(1) 예수님은 이들에게 한낮 사형수에 불과했다. 조롱이 시작되었다. 그동안 예수님의 존재로 인해 불편했던 모든 분풀이가 시작되었다. "예수의 얼굴에 침 뱉으며 주먹으로 치고 어떤 사람은(막 14:66 =하인들은) 손바닥으로 때렸다." 이제는 예수님이 사람들의 놀림감이 되어버렸다.[2]

> 그러다보니 날이 샜다. "그들이 예수를 가야바에게서 관정으로 끌고 가니 새벽이라"(요 18:28). 날이 새매 백성의 장로들 곧 대제사장들과 서기관들이 모여서 예수님을 공회로 끌어들였다. 이들은 궁금해 하는 것은 "네가 진짜로 그리스도냐?"하는 것이었다. 물론 메시야로 인정하지 못하겠다는 것이다. 대제사장을 중심으로 온 공회가 예수님을 죽이려고 거짓 증거들을 수집했다. 거짓 증인이 많이 왔다고 했다. 그러나 뚜렷한 혐의를 찾지 못했다(마 26:60).

(2) 지금 이들 공회원들이 원하는 핵심 사항은 무엇인가? 그것은 예수님에게서 고소거리를 찾는 것이었다. 그래서 거짓 증인들을 동원시킨 것이다(마 26:59 "대제사장들과 온 공회가 예수를 죽이려고 그를 칠 **거짓 증거**를 찾으매"). 가장 큰 죄목은 신성모독이었다. 대제사장은 자기가 입고 있던 예복을 찢으며, 이는 신성모독(He has blasphemed!)이라고 했다. 안나스는 심문을 마친 후에 예수님을 결박한 그대로 가야바에게로 보냈다. 왜냐하면 예수님에게서 어떤 대답을 듣지 못했고, 또 예루살렘 공의회의 정식재판을 해야 했기 때문이다.

2. 결국 가야바의 관정에 참석한 모든 공회원들은 예수님을 신성 모독죄로 몰아 "사형에 해당하니라" 하고 동의했다(마 26:66). 모든 공회원들이 증인이 되어 예수님에게 사형 확정 판결을 내렸다.[3] 그러나 밤에 공회를 여는 것이 불법이었으므로 새벽을 가다렸다가 다시 한 번 확정 판결을 내렸다. 그리고 예수님을 결박하여 총독 빌라도에게 넘겼다. 산헤드린 공회는 사형 결정권은 있었지만 그 형을 집행하는 권한은 총독에게 있었기 때문이다.

1) 그러나 예수님은 침묵하신다. 그러자 대제사장이 다그친다. "내가 너로 살아 계신 하나님께 '맹세하게 하노니'"(=내가 살아 계신 하나님께 맹세하고 당신에게 명령하니) "네가 하나님의 아들 그리스도인지 우리에게 말하라." (마 26:63)

2) 그들의 비아냥거림을 보라. "이르되 그리스도야 우리에게 선지자 노릇을 하라 너를 친 자가 누구냐 하더라." 이것은 재판이 아니라 하나의 음모였다. 예수님이 대제사장, 서기관, 장로들의 죄악을 통렬히 지적했고, 또 성전청결 사건 등의 일로 이들의 분은 극에 다다랐을 것이다. 대제사장은 벌떡 일어나 소리지르고 있고(마 26:62), 청중은 극단의 흥분상태가 되어버렸다.

3) "우리가 어찌 더 증인을 요구하리요"(막 14:63). 사형을 집행하기 위해서는 반드시 증인이 있어야 한다(행 6:13, 7:58 참조). 그런데 사람을 죽이게 될 경우에는 반드시 두 사람이나 세 사람의 증언이 있어야 죽일 수 있다(신 17:6, 19:15). 지금 이곳에 참석한 모든 공회원들이 증인이 되어 예수님에게 사형 확정 판결을 내린 것이다.

주님의 겟세마네의 기도, 바쁘게 움직이는 가룟 유다의 발길

- 성전이 무너질 것이다(눅 21:5-9)

'에이, 그럴리가요?' '저렇게 웅장하고 튼튼한 건물이...' / 그러나 정말로 성전이 무너졌다.

- 주님이 곧 재림하실 것이다. 이 말을 농담으로 듣는 사람들이 태반일 테고.... 믿는 사람들 중에도 벌써 오시면 어떻게 하지 하는 사람도 있으렸다.

- 지금 나의 삶이 구차한 생활이라면, 주님의 재림을 손꼽아 기다릴 것이다. / 반대로 여유 있는 사람이라면 될 수 있대로 늦게 오시면 좋겠다고 생각하는 사람도 있을 것이다. 나는 전자인가, 후자인가?

'나는 전자(前者)다.'
'에이, 거짓말'
'에이, 진짜다. 뭘'

- 주님의 마지막 사역이 진행된다.
  성전은 옛날과 같이 여전히 북적거린다.
  감람산에서 성전을 내려다 보시면서
  예수님은 예루살렘의 파멸을 언급하신다.
  그것도 "돌 하나도 돌 위에 남지 않고" 완전히 파괴될 것이다.
  그렇다면 세상의 종말이 멀지 않았다는 말씀인가?

- 세상의 종말
  우리는 그 날이 곧 다가올 것처럼 기다리고 준비하지만
  아직도 재림은 오지 않았다.
  환난의 구체적인 징조가 감지되지만
  그 날과 그때는 성부 하나님 외에는 아무도 모른다고 했다(마 24:36)
  우리는 어떤 자세로 종말을 준비하고 있어야 할까?
  임박한 재림, 그래서 세상의 일을 다 접어놓고
  매일 기도생활로만 정진해야 할까?
  너무 무딘 생활도, 그렇다고 너무 불안한 마음으로 나날을 보낸다면?
  내일 주님이 오신다해도,
  오늘 나에게 주신 사명에 최선을 다해야 되지 않을까?
  어쨌든 무화과나무 잎이 무성해지고 있는 것만은 확실하다.

- 얼마나 헌금을 해야 할까?
  기쁨으로 드리는 사람도 있고, 의무적으로 드리는 사람도 있다.
  억지로(?) 드리는 사람도 있으리라.
  주님은 우리의 헌금 액수에 대해 언급하지 않으신다.
  가난한 과부, 그녀는 두 렙돈을 드렸다.
  그러나 주님은 그녀의 마음과 행동을 주의깊게 보셨다.
  두 렙돈은 그녀가 가지고 있는 생활비 전부였기 때문이다.
  우리는 항상 일부만을 드린다. 여러 가지 합당한 이유를 대면서...
  주님, 저에게 더 많은 재물을 주시면 더 많이 드릴께요~.
  모두가 이런 생각을 갖고 있지 않을까?
  아니라면, 그는 가난한 여인이 드린 두 렙돈을 드린 것이다.

- "네가 세 번 나를 모른다고 부인하리라."(눅 22:31-34)
  저는 그런 환경에서도 절대 부인 안할겁니다.
  대체로 큰 소리치는 사람치고 지키는 사람 못 봤다(?).
  사탄은 베드로가 진짜 밀이 아니라
  바람에 날려가는 겨라는 것을 증명하고 싶어했다.
  나도(=수탉) 너를 지켜볼꺼야!! 그리고 꼭 울거야. 새벽에...

십자가에 못박히시다

손과 발을 찔리는 아픔
우리 주님이 당하신 고난의 의미를
무엇으로 표현할 수 있을까?

"다 이루었다"(요 19:30)
십자가 위에서 여섯 번째로 하신 말씀이
"다 이루었다"(τετέλεσται, 테텔레스타이)이다.
이는 "이미 다 끝났고,
그러므로 영원히 반복될 수 없다"라는 뜻이다.
어떤 작품을 손질하고 나서
더 이상 수정하거나 손댈 것이 없다는 의미이다.

토요일이다.
바리새인들이 빌라도를 만난다(마 27:62-65).
"저 유혹하던 자가 살았을 때에 말하되,
내가 사흘 후에 다시 살아나리라" 했다는 것이다.
"그러니 그 무덤을 사흘까지 굳게 지키게 하소서"
"너희에게 파수꾼이 있으니 가서 힘대로 굳게 하라."
그래서 바리새인들은 무덤을 확보하여 인(印)을 찍고
파수꾼을 세웠다(마 27:66).

그가 죽은 자 가운데서 살아날 것이다.
(시 16:10, 참조. 마 28:2-7)
그런데, 그 예언이 그대로 성취되었다.

빌라도 앞에 서신 예수님(눅 23:1-7)

(1) 공의회는 예수님이 사형 당해도 마땅하다는 판결을 내린다. 주 원인은 무엇인가? 무엇보다 성전 청결 사건 때 벌어진 일이다(요 2:17-19). "예수께서 대답하여 이르시되 너희가 이 성전을 헐라 내가 사흘 동안에 일으키리라."

(2) 또다른 고발 내용은 무엇인가?
"자칭 왕 그리스도라 하더이다."

(3) 빌라도는 정치적 수단을 발휘하여 예수님을 석방하려고 했다. 빌라도는 예수님에게서 아무 잘못도 찾지 못했다. 그래서 대제사장들과 무리에게 "내가 보니 이 사람에게 죄가 없다"고 선언했다.

사형 판결을 받으심(눅 23:13-25)

(1) 예수님에게 아무 죄가 없음을 안 빌라도는 어떻게 하든지 예수님을 풀어주려고 했다. 빌라도는 대제사장들과 관리들과 백성을 불러 모으고 다시 최종 판결을 내린다.

(2) "이 사람에게서 죄를 찾지 못하였고, 그가 행한 일에는 사형에 처할 일도 없느니라. 그러므로 매질이나 하고 놓아주겠소." 군중들의 반응이 어떠했을까?

(3) 빌라도가 백성들이 구하는 대로 하기를 언도했다(24절). 빌라도는 결국 폭도들의 함성에 자신의 권한과 정의를 포기했다.

십자가에 못 박히시다(눅 23:26-43)

(1) 성문 밖을 나가다가 시몬(Simon)이란 구레네 사람을 만나자(막 15:21) 그에게 예수님의 십자가를 억지로 지게 했다.

(2) 예수님 외에 또 다른 두 행악자도 사형을 받게 되어 예수와 함께 끌려 가고 있었다(32절). 그리고 골고다 즉 해골의 곳이라는 곳에 이르렀다(33절). 두 행악자 중 한 사람은 끝까지 완악했다.

숨을 거두시다(눅 23:44-49)

(1) 누가복음에는 언급이 안되었지만 마 27:46, 막

15:34에는 "나의 하나님, 나의 하나님, 어찌하여 나를 버리셨나이까?" '엘리 엘리 라마 사박다니'라는 처절한 절규가 나온다. 이 부르짖음의 뜻과 그 의미가 무엇인가?

(2) 주님께서 잔(盞)을 다시겠다는 의미가 무엇인가? (마 20:22이하, 26:39; 막 10:38이하) 예수님이 치르신 그 죽음의 끔찍한 본질이 중요한 의미이지, 단지 그가 죽으셨다는 사실이 중요한 것이 아니다. 하나님의 임재가 사라졌다는 것이 바로 예수님의 죽음이 지닌 공포의 정도를 나타낸다. 이런 사실들이 바로 다른 방도로서는 속죄가 불가능함을 보여주고 있다.

새 무덤에 묻히시다(눅 23:50-56)

주님께서 살아나시다(눅 24:1-12)

(1) 하나님의 구속행위의 중심 요점은 예수 그리스도의 십자가요, 그것은 그 분 자신의 승리적 부활로 절정을 이룬다. 부활이 없는 기독교는 절대 불가능하다.

(2) 안식 후 첫날 새벽에 이 여자들이(갈릴리에서 예수와 함께 온 여자들이) 그 준비한 향품을 가지고 무덤으로 달려갔다.

(3) "들어가니 주 예수의 시체가 보이지 아니하더라."(눅 24:3) 이 여인들의 큰 걱정은 "누가 우리를 위하여 무덤 문에서 돌을 굴려 줄까" 하는 것이었다. 그러나 돌이 이미 굴려져 있었다.

엠마오로 가는 길에서 나타나심(눅 24:13-35)

(1) 두 제자가 주님이 부활하신 그 날 아침에 전해 들은 이야기를 하면서 가고 있었다. 물론 이들은 이 전해들은 이야기를 허탄한 말로 여기고 있었다(14절). 이들이 이야기 하는 내용은 '그리스도의 부활이 과연 가능한 일이겠는가?' 하는 것이었다.

(2) 이때에 부활한 예수님이 그들에게 가까이 이르러 동행하셨다. 물론 이들은 "눈이 가리어져서 그인 줄 알아보지 못했다"고 했다(16절).

(3) 이들에게 주님은 가벼운(?) 책망을 하신다. 미련하고 마음에 더디 믿었기 때문이다. 따라서 몇일 전에 십자가에 못 박하신 예수가 곧 메시야임을 자세히 설명해 주셨다.

(4) 눈이 '밝아져'라는 말 '디아노이고'(διανοίγω)는 눈과 함께 사용되어 '이해한다'는 의미를 지닌다. 그들의 눈이 밝아져 주님인 줄 알아 보았다.

(5) "성경을 풀어 주실 때에 우리 속에서 마음이 뜨겁지 아니하더냐?"

열한 제자에게 나타나심(눅 24:36-43)

(1) 예수님의 부활은 분명히 육체적 부활이었다. 그가 죽기 전에 가졌던 육신보다도 더 새롭고 차원 높은 능력을 소유한 몸이었다. 복음서들은 예수님의 부활이 육신의 부활이었음을 길게 논증한다.

(2) 문들이 닫혔음에도 불구하고 "예수께서 오사 그들 가운데 서신 것이다"(26절). 그래서 제자들은 놀라고 무서워하여 그들이 보는 것을 영으로 생각할 정도였다(눅 24:36-37).

마음을 열어 성경을 깨닫게 하심(눅 24:44-49)

(1) 주님은 부활하신 이후에도 제자들이 모인 자리에서 메시야에 대한 성경의 예언이 어떻게 성취되어졌는가에 대해서 자세히 강론하셨다.

(2) 부활하신 주님께서 제자들에게 나타나 "그리스도가 고난을 받고 제삼일에 죽은 자 가운데서 살아날 것이라는 예언이 이제 어떻게 성취되었는가"에 대해서 자세히 가르쳐 주셨다(눅 24:25-27).

(3) 따라서 복음서 기자들은 "성취하려 하심이라" "기록된 것 과 같이"라는 형식을 통해서 증거했다(막 14:21, 14:27; ; 눅 24:46). 그러므로 예수님의 죽으심은 운명에 의해 결정된 것이 아니다. 그의 죽으심은 하나님의 섭리에 따라 하나님의 뜻을 수행한 것이었다.

승천(눅 24:30-53)

(1) 주님은 제자들을 데리고 베다니로 가셨다. 그리고 그들에게 손을 들어 축복해셨다(50절).

(2) 주님은 거기 모인 제자들에게 손을 들어 축복하시고 승천하셨다. 제자들은 주님께 경배했다.

빌라도 앞에 서신 예수님(눅 23:1-7)

같이 읽을 곳(마 27:1-2, 11-26; 막 15:1-5; 요 18:28-32)

빌라도 앞에 서신 예수님

- 마27:11 예수께서 총독 앞에 섰으매 총독이 물어 이르되 **네가 유대인의 왕이냐** 예수께서 대답하시되 **네 말이 옳도다** 하시고
- 12 대제사장들과 장로들에게 고발을 당하되 **아무 대답도 아니하시는지라**
- 13 이에 빌라도가 이르되 그들이 너를 쳐서 얼마나 많은 것으로 증언하는지 듣지 못하느냐 하되
- 14 **한 마디도 대답하지 아니하시니** 총독이 크게 놀라워하더라

"무리가 다 일어나 예수를 빌라도에게 끌고 가서"(눅 23:1) 이미 공의회가 예수님을 잡아 죽이기로 결정했는데(요 11:47-53), 구태여 빌라도 총독에게 끌고 오려했을까? 이들은 공식적인 결과가 있어야 정당성이 인정된다고 생각했다. 예수님을 죽이려면 반드시 빌라도의 협력을 필요로 했다. 빌라도가 통치하는 구역에서 유대인들에게는 사형권이 없었기 때문이다.

1. 이들 무리가 예수님을 고발한 내용은 무엇인가?

23:2 [무리가 다] ㅡ **고발하여 이르되**
/우리가 — 이 사람을 **보매**
/우리 백성을 **미혹하고**
/가이사에게 세금 바치는 것을 **금하며**
/자칭 왕 그리스도라 **하더이다**

백성들의 고소는 세밀했다.

빌라도 법정에서 유대인과의 논쟁은 요한복음의 설명이 더 자세하다.

빌라도는 정치적 수단을 발휘하여 예수님을 석방하려고 했다. 사형을 내리려면 결정적인 고소의 내용이 있어야만 했기 때문이다(요 18:29-31).

- 원래 유대인에게는 사형권이 있었다. 그러나 분봉왕 아켈라오가 추방을 당하고 유대, 사마리아, 이두메아 지역은 황제가 파송하는 총독에 의해 다스려지고 있었다. 그래서 사형권은 로마 정부가 가지게 되었다. 물론 갈릴리 지역은 해당되지 않았다. 빌라도는 다섯 번째 로마 총독으로 서기 26년에 임명되어 36년경 파면되었는데 그는 로마의 법을 존중하고 이를 위해 유대인의 율법이나 관습을 언제라도 무시하거나 유린하였던, 완고한 인물로 알려져 있다.

요 18:29
그러므로 빌라도가 밖으로 **나가서**
그들에게 **말하되**
/너희가 무슨 일로 이 사람을 고발하느냐
30 대답하여 **이르되**
/이 사람이 행악자가 아니었더라면
우리가 당신에게 넘기지 아니하였겠나이다
31 빌라도가 **이르되**
/너희가 그를 데려다가 너희 법대로(κατὰ τὸν νόμον ὑμῶν) 재판하라
유대인들이 **이르되**
/**우리에게는 사람을 죽이는 권한이 없나이다**

"이 사람이 죄인이 아니라면(=악한 일을 하는 사람이 아니라면) 우리가 왜 여기까지 끌고 왔겠습니까?"

눅 23:5 "무리가 더욱 강하게 말하되 그가 온 유대에서 가르치고 갈릴리에서부터 시작하여 여기까지 와서 백성을 소동하게 하나이다."

빌라도는 예수님에게서 아무 잘못도 찾지 못했다. 그래서 대제사장들과 무리에게 "내가 보니 이 사람에게 죄가 없다"고 했다. 그러나 그들은 다시 예수님이 **갈릴리에서부터 예루살렘에 이르기까지 백성들을 가르침으로써 선동하였다**는 죄목을 뒤집어 씌웠다(눅 23:5*).

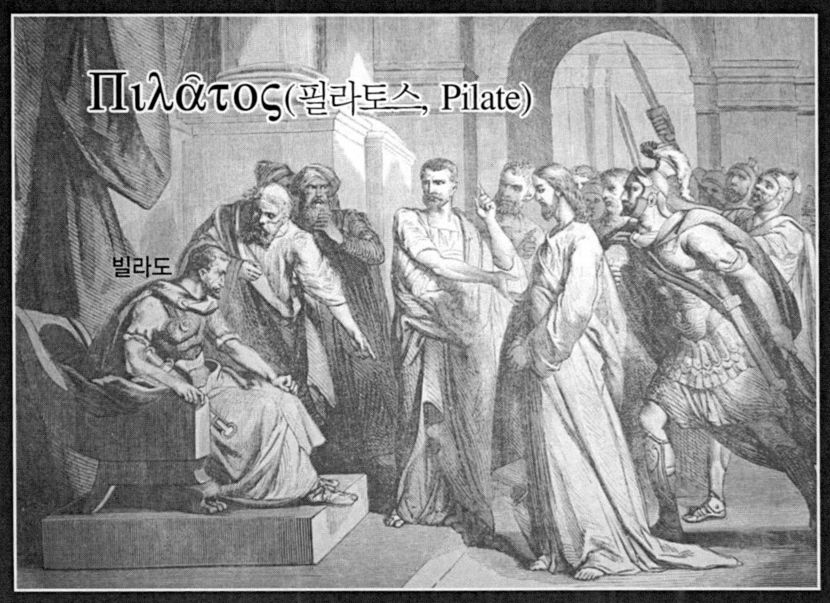

"네가 유대인의 왕이냐?"
"네 말이 옳도다."

가야바의 관정에 참석한 모든 공회원들은 예수님을 신성모독죄로 몰아 "사형에 해당하니라"하고 동의했다 (마 26:66). 모든 공회원들이 증인이 되어 예수님에게 사형 확정 판결을 내렸다.

새벽을 기다렸다가 다시 한 번 확정 판결을 내렸다. 그리고 예수님을 결박하여 총독 빌라도에게 넘겼다. 산헤드린 공의회는 사형 결정권은 있었지만 그 형을 집행하는 권한은 총독에게 있었기 때문이다.

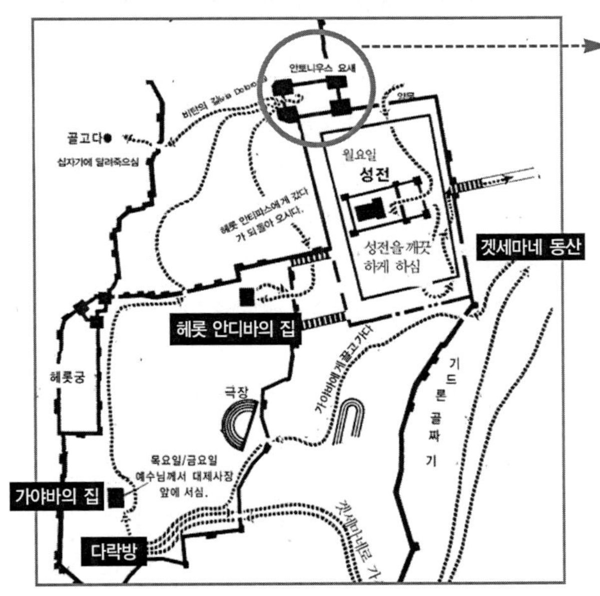

이들은 예수님을 결박하여 **로마의 총독 빌라도**에게 넘겨주기로 했다. 빌라도가 주로 거처한 곳은 가이사랴였지만 수비대에서 아주 가까운 성전 북서쪽 지역, **안토니아 요새** 안에도 있었을 것이다(막 15:16 참조).

1. 본디오 빌라도(폰티우스 필라투스, Pontius Pilatus)는 유대, 사마리아, 이두매를 통치한 다섯 번째 로마 총독(주후 26-36년 혹은 27-37년)이다.

(1) 그의 본부는 가이사랴에 있었으나, 유월절과 같은 주요 절기 동안에는 예루살렘으로 와서 있었다. 무질서를 통제해야 했기 때문이다.

(2) 베들레헴 근처에 있는 솔로몬의 연못으로부터 예루살렘으로 물을 끌어오기 위해 수도관을 건설하는데 성전 기금을 전용하였다. 빌라도는, 모세가 그곳에 숨겨두었다고 전해진 성전 황금 기물을 찾으러 그리심 산으로 모여든 무장하지 않은 사마리아인들을 살해하였다. 이 대실책 때문에 그는 로마로 소환되어 재판에 회부되었다. 그러나 디베료 황제의 죽음으로 간신히 문책은 면하였다. (눅 13:1 이하의 내용은 이 사건을 기록한 것이다).

2. 빌라도가 저지른 최고의 실책은 우리가 사도신경을 암송할 때마다 상기된다("본디오 빌라도에게 고난을 받으시고").

(1) 빌라도는 '갈릴리'라는 말에서 핑계를 잡아 예수님을 헤롯에게 보냈다. 하지만 헤롯은 예수님을 빌라도에게 되돌려 보냈다(눅 23:7). 빌라도는 대제사장들에게 선동받은 무리를 두려워하여(막 15:9-11) 사형을 언도한 다음에 유월절 전례대로 예수님을 놓아주고자 거반 조롱이 섞인 제안을 하였으나 허사였다(마 27:17).

(3) 그는 손을 씻음으로 이 사건 전체에 대해 자신의 책임이 면제됨을 나타내고자 하였다(마 27:24). "빌라도가 ... 예수는 ... 십자가에 못 박히게 넘겨주니라" (막 15:15).

(4) 자기 아내로부터 "저 옳은 사람에게 아무 상관도 하지 말라"(마 27:19)는 경고를 들었다.

<바이블렉스 /원문성경>

2. 예수님이 사형 당해도 마땅하다는 판결을 내리게 된 원인은 또 무엇이 있었을까?

(1) 무엇보다 성전 청결 사건 때 벌어진 일이다(요 2:17-19). "예수께서 대답하여 이르시되 **너희가 이 성전을 헐라 내가 사흘 동안에 일으키리라.**"[1]

(2) 또다른 고발 내용은 무엇인가?

"자칭 왕 그리스도라 하더이다."(λέγοντα ἑαυτὸν χριστὸν βασιλέα εἶναι)

• 빌라도와 주님 – "네가 참으로 유대인의 왕이냐?"(σὺ εἶ ὁ βασιλεὺς τῶν Ἰουδαίων) 예수님은 그렇다고 대답하셨지만 그의 나라는 이 세상에 속한 것이 아니라고 하셨다. 물론 고소인들이 주장하는 내용과 주님께서 말씀하신 내용과는 다르다. 예수님은 그리스도시며 하나님 나라의 왕이심을 말씀하신 것인데, 고소인들은 예수님이 가이사의 적대자로 빌라도가 인식하기를 바랬다. 빌라도는 '그리스도'라는 말의 의미는 이해하지 못했지만, 왕이라는 말에는 신경을 써야만 했다. 만약 예수님이 자신이 이 세상의 왕이라고 했다면, 이는 문제가 커진다. 그렇다면 빌라도는 가이사에게 고소를 당할지도 모르기 때문이다. 그래서 빌라도는 이렇게 묻는다. "네가 (유대인의 말대로) 진짜 유대인의 왕이냐?"

• 예수님은 대답하셨다. "그것은 네 말이다"(σὺ λέγεις).[2]

"네가 말하였느니라"(σὺ εἶπας) - '네가 한 말 그대로이다'라는 의미이다. 강력한 긍정의 뜻이다. 막 14:62에는 어떻게 기록되어 있을까? "예수께서 이르시되 '내가 그니라'(I am, ἐγώ εἰμι)", '내가 그다'라고 자신이 메시야이심을 분명하게 언급하셨다.

(2) 요한복음의 설명을 더 들어보자. (요 18:33-37을 읽어보자.)

빌라도가 "네가 정말 '**그**'(ὁ) 유대인의 왕이냐?"고 묻자, 예수님은 이렇게 반문하신다: "이는 네가 스스로(=당신의 생각에서 나온) 하는 말이냐? 아니면 다른 사람들이 나에 대하여 네게 말하여 준 것이냐?"(34절). 빌라도가 이렇게 대답한다: "내가 유대인이냐(=내가 유대 사람인 줄 아느냐?) 네 나라 사람과 대제사장들이 너를 내게 넘겼으니 (도대체) 네가 무엇을 하였느냐?"

1) 이 성전 청결 사건은 (대제사장의 주도 하에) 열린 공회에서 사형 판결을 받은 결정적 증거 사건이 된다. 두 사람의 거짓 증인이 와서 요 2:18-20의 사건을 들어 고발했다.

2) σὺ εἶπας
You have said it yourself.
(네가 그렇게 스스로 말하였다)
"당신이 그렇게 말하고 있소" - 새번역

• 단 7:13 "내가 또 밤 환상 중에 보니 인자 같은 이가 하늘 구름을 타고 와서 옛적부터 항상 계신 이에게 나아가 그 앞으로 인도되매 14 그에게 권세와 영광과 나라를 주고 모든 백성과 나라들과 다른 언어를 말하는 모든 자들이 그를 섬기게 하였으니 **그의 권세는 소멸되지 아니하는 영원한 권세요 그의 나라는 멸망하지 아니할 것이니라.**"

3. 요한복음에는 조금 더 자세하게 설명했다(요 18:36을 보자).

18:36 예수께서 **대답하시되**
/내 나라는 —— 이 세상에 속한 것이 아니니라
만일 ——— 내 나라가 이 세상에 속한 것이었더라면(if)
내 종들이—— 싸워(=싸웠으리라)
//(목적: ἵνα, that...should)
나로 —— 넘겨지지 않게 하였으리라
/유대인들에게
내 나라는 ——속한 것이 아니니라
/이제(νῦν) 여기에(hence)

세상에 속해 있다면 열두 영(令)이 더 되는 숫자를 보내(마26:56) 예수님을 넘기지 않게 하셨을 것이다.

My kingdom is not of this realm. "내 왕국은 결코 이 세상에 속한 것이 아니오"

예수님은 자신의 왕적인 권위가 이 세상에서 온 것도 아니며, 세상의 무력적인 수단에 의해서 세워질 수 있는 것도 아니라고 대답하셨다.

'네 나라가 세상에 속한 것이 아니라면', "그러면 네가 왕이 아니냐?"("So You are a king?" - 아무튼 네가 왕이냐?)

"당신이 말한 대로 나는 왕이오" (36절)

예수님의 메시야적 왕권은 정치적인 것이 아니라 영적인 것이다. 그러나 그는 단순한 메시야가 아니라 하나님의 아들인 메시야이다(요 20:31). 그는 오실 구원자를 기다리는 구약적인 기대를 성취시켰다는 의미에서 메시야이다.

"나는 진리를 증언하기 위해 태어났으며 세상에 왔소"

진리가 무엇이냐?(τί ἐστιν ἀλήθεια 알레데이아)

지금, 빌라도에게 '진리'(알레데이아)에 자세히 설명한다해도 이를 이해할 수 없었을 것이다. 물론 빌라도가 정말로 '진리'에 대한 철학적인 대답을 원한 것은 아닐 것이기 때문이다. 빌라도가 예수님에게서 아무 잘못도 찾지 못했다. 그래서 대제사장들과 무리에게 "내가 보니 이 사람에게 죄가 없다"고 했다.

4. 어쨌든 빌라도는 정치적 수단을 발휘하여 예수님을 석방하려고 했다. 사형을 내리려면 결정적인 고발의 내용이 있어야만 했기 때문이다(요 18:29-31). 빌라도는 예수님에게서 아무 잘못도 찾지 못했다. 그래서 대제사장들과 무리에게 "내가 보니 이 사람에게 죄가 없다"고 선언했다.

빌라도

▲ 빌라도는 아마도 유럽 태생인 것 같으며, 로마를 위해 본도(흑해 지역)에서 싸웠기 때문에 '본디오'라는 이름을 얻게 되었다. '빌라도'는 필라투스(pilatus, '던지는 창' Javelin) 혹은 필레우스(Pileus, 자유민이나 그 자손들이 쓴 펠트모자)에서 유래한 것 같다.

• **빌라도의 말로**에 대해서는 로마에서 재판을 받고 투옥되었으며, 갈리굴라에게 처형당하지 않기 위해 자살했거나 네로에게 참수당했을 것이라고 한다. 그가 그리스도인이 되어 순교를 당했다는 전설도 있다. 애굽의 콥트 교회와 에디오피아 교회는 빌라도와 그의 아내를, 희랍 정교회에서는 그 아내를 추앙하고 있다.

사형 판결을 받으심(눅 23:13-25)

▶ 요한복음에는 기록이 없지만 눅 23장에는 빌라도가 예수님을 헤롯에게로 보낸 내용이 나온다.

예수님에게 아무 죄가 없음을 안 빌라도는 어떻게 하든지 예수님을 풀어주려고 했다. 그는 예수님이 갈릴리 사람이라는 것을 알았다(δὲ ἀκούσας, 이 말을 듣고, when Pilate heard it, 눅 23:6 "빌라도가 듣고 그가 갈릴리 사람이냐 물어").

1. 빌라도는 예수님이 '갈릴리 사람'[1]이라는 것을 알고, 그 지역이 헤롯의 관할에 속한 곳이기에 헤롯에게 보냈다(7절). 마침 "그 때에 헤롯이 예루살렘에 있었다"고 했다. 그는 유월절을 지키기 위해 예루살렘에 와 있었을 것이다.

(1) 물론 여기에 언급된 헤롯은 '헤롯 안디바'(안티파트로스, BC. 4~AD. 39)이다.[2] "헤롯은 예수님을 보고 매우(심히, λίαν) 기뻐했다"고 했다(눅 23:8). 그 이유는 그의 소문을 들었으므로 보고자 한 지 오래였고 또한 어떤 이적 일으키는 것을 한번 보고 싶어했기 때문이었다(8절). 그래서 예수님에게 여러 말로 물었으나 아무 말도 대답하지 아니하셨다.

(2) 같이 따라갔던 대제사장들과 서기관들이 곁에 서 있다가 힘써(εὐτόνως, 악랄하게, 맹렬하게) 고발했다고 했다(눅 23:10). 헤롯도 경비병과 함께 예수님을 모욕하고 조롱했다. 그런 다음 화려한 옷을 입혀서 빌라도에게 보냈다(11절, ἀναπέμπω아나펨포, ~에게 되돌려보내다). 헤롯과 빌라도는 서로 원수처럼 지냈지만 이날만은 서로 친구가 되었다(12절, "헤롯과 빌라도가 전에는 원수였으나 당일에 서로 친구가 되니라.")

2. 빌라도는 대제사장들과 관리들과 백성을 불러 모으고 다시 최종 판결을 내린다.

(1) "너희가 이 사람이 백성을 미혹하는 자라 하여 내게 끌고 왔도다." 그렇지만 "이 사람에게서 죄를 찾지 못하였고, 그가 행한 일에는 사형에 처할 일도 없느니라. 그러므로 매질이나 하고 놓아주겠소."

눅 23:14

이르되

/너희가 이 사람이 백성을 미혹하는 자라 하여 **내게 끌고 왔도다**

보라 내가 너희 앞에서 심문하였으되(ἀνακρίνας과거분사)[3]

이 사람에게서 죄를 찾지 못하였고(I have found **no guilt** in this man)

/너희가 고발하는 일에 대하여

1) 당시 갈릴리 사람이란 '시골뜨기, 촌놈'이라는 경멸적인 칭호로도 사용되었다.

2) 이 사람은 대헤롯의 세 아들 중 가장 유능했으며, 문화를 장려했고, 건설에도 치중했다. 그는 갈릴리 바다 서해안에 있는 공동묘지 위에 황제 디베료(A.D. 22년)를 축하하기 위하여 [디베료 도성]을 건축하기도 했다. 그는 빌립의 아내였던 '헤로디아'에게 청혼했다. 세례 요한은 이 사실을 옳지 못한 것이라고 책망했고(막 10:11 참고), 이 일로 앙심을 품고 있던 헤로디아에게 미움을 사게 되었고(막 6:14), 마침내 목숨을 잃게 되었다.

• 벧전 2:22 "그는 죄를 범하지 아니하시고 그 입에 거짓도 없으시며"

3) 아나크리노(ἀνακρίνω)의 과거분사 능동태로서, 아나(ἀνα, 아래 위)와 크리노(κρίνω, 재판하다, 체로 걸르다)의 합성어로 주의 깊게 조사하였다는 의미이다. 그것도 바로 너희 눈 앞에서 말이다.

• 이 말씀은 사 53:9의 성취이다.

사 53:9하 /(Because, עַל)
그는 ─┬ 강포(חָמָס)[1]를 행하지 아니하였고
　　　└ 그의 입에 거짓이 없었으나(=기 때문에)

그 종은 강포를 행하지 아니했다. '강포'란 일반적으로 폭력(violence)이라는 말로 번역한다. 그 종이 강포를 행했기 때문에 처형된 것이 아니었다. 그는 입에 거짓을 담은 적도 없었다. 그에게서 그 어떤 죄된 동기나 원인을 찾지 못했다(아니티아, αἰτία).[2] 사 53:12에서는 그의 죽음을 어떻게 예언하고 있는가? 그는 기꺼이 자기 목숨을 죽음에 내놓았으며 죄인 취급을 받았다는 것이다. "그러나[Yet, ו] 그가 많은 사람의 죄를 **담당하며** 범죄자를 위하여 **기도하였느니라**."

1) 강포 - 폭력, 난폭, 불법, 악, 부당행위

2) 아이티아(αἰτία)는 고발의 이유를 의미한다. (근거, 원인, 이유, 책임)

(2) 빌라도는 여러 번 예수님에게서 죄를 찾을 수 없기에 때려서(παιδεύω) 놓아주려 한다고 했다(눅 23:15, 22). 헤롯도 그가 죄 없음을 알고 우리에게 다시 보내지 않았느냐고 했다. "헤롯이 또한 그렇게 하여'(No, nor has Herod, ἀλλ' οὐδὲ Ἡρῴδης) 그를 우리에게 도로 보내었도다." 헤롯 조차도 그렇게 하지 않았느냐는 것이다.

보라 그가 행한 일에는 죽일 일이 없느니라
그러므로 때려서(παιδεύσας, 과거분사 - I *will* therefore punish Him)[3]
놓겠노라(16절)

(3) 17절은 내용이 없다고 나오나 어떤 사본에는, "명절을 당하면 반드시 한 사람을 놓아 주더라"가 있다.

3) '때려서'라는 말 파이듀오(παιδεύω)는 문자적으로 '어린 아이와 함께 있다'라는 뜻으로 '양육하다, 가르치다, 습관을 들이다'라는 의미가 있다. 어린 아이를 벌하듯 때리겠다는 의미이다. 그러나 로마의 매질은 잘못하면 죽기까지 하는 무서운 형벌이다. 여기서는 부드럽게 표현했을 뿐이다. 빌라도는 이 정도라면 백성들도 순순히 물러설 것이라고 생각했을 것이다. 그러나, 오히려 이들을 더욱 자극만했을 뿐이다.

3. 군중들의 반응이 어떠했을까?

(1) 물론 '일제히'(παμπληθεί팜플레데이)[4] 즉, 군중 전체가 소리를 질러댔다(they cried out all together). 이제 군중과 더 이상 논쟁은 불가능하다는 것을 알고 빌라도는 다른 주제로 방향을 돌렸다. 빌라도는 어떻게 하든지 예수님을 풀어주려고 했다. 그는 어느 새 예수님의 변호인이 되어 있었다. 빌라도는 백성들의 시기로 예수님을 넘겨 준 줄 알고 있었기 때문이다(마 27:18).

4) 군중 전체가 동시적으로 (소리를 질러댔다)

(2) 명절이 되면 반드시 한 사람을 놓아주는데...(마 27:15~), 그 말이 끝나기도 전에 "무리가 일제히 소리 질러 이르되 이 사람을 **없이하고(=죽이고)** 바라

Βαραββᾶς(바랍바스) 바라바

1. 바랍바스는 아람어 바르 아바(아버지의 아들)의 음역이다.

(1) 막 15:15; 마 27:20 이하; 눅 23:18; 요 18:40을 읽어보자.

- 마태는 - "유명한 죄수"(마 27:16)
- 마가는 - "민란을 꾸미고 이 민란에 살인하고 포박된 자 중에 한 사람"(막 15:17)
- **누가는 - "성중에서 일어난 민란과 살인으로 말미암아" 옥에 간힌 자(눅 23:19; 참조: 행 3:14).**
- 요한은 - "강도" 또는 "약탈자"(요 18:40)라고 했다.

(2) 그에 대해서나 그가 참여한 민란(民亂)에 대해서 더 이상 알려진 것은 없다. 그가 살인자라는 누가의 진술은, 아마도 그가 민란 중에 살인을 저지른 폭력단 중의 한 명일 뿐이라는 마가의 보다 더 상세한 진술에서 추론한 것이다.

2. 요한이 제시하는 것처럼 약탈이 그의 범죄의 동기였는지, 또는 그가 "로마 정권에 항거하는 반란을 일으킨 사람"인지는 알 수가 없다.

(1) 정치범을 풀어줄 것을 강요하고 빌라도가 그것을 허락하였다는 것은 있을 법하지 않다.

(2) 특히 예수님을 정치적인 죄목으로 처형할 것을 주장하고 있지 않은가.

3. 그 민란은 유명한 약탈 사건이다. 유대인들이 그러한 죄수를 풀어주거나 석방시키는데 관심이 없었을 것이라고 말하는 것은 폭도들의 내력을 망각하는 것이다. 성경 이외의 자료들은 유월절에 죄수를 풀어주는 관례에 대해서 언급하지 않는다.

- 눅 23:19 "이 바라바는 성중에서 일어난 민란과 살인으로 말미암아 옥에 갇힌 자러라."

바(Βαραββᾶς 바랍바스)를 우리에게 놓아 주소서" "빌라도는 예수를 놓고자 하여 **다시**(again, πάλιν 팔린) 그들에게 말했으나(그 뜻을 밝혔지만)"(20절) 무리들은 예수를 못 박게 하고 바라바를 놓아달라고 소리질렀다. 마태복음에는 "그 때에 바라바라 하는 유명한(notorious) 죄수가 있는데"(마 27:16)라고 했는데, 여기서 '유명한'(ἐπίσημος 에피세모스)이라는 단어는 '악명 높은, 주목할 만한'이라는 의미이다.[1] 그가 "로마 정권에 항거하는 반란을 일으킨 열심당원"이라는 말도 있으나 확실치 않다.

1) 좋은 의미로는 '유대인 폭도들 사이에서 존경받는'다는 의미이고 나쁜 의미로는 '그 범죄로 악명이 높은' 의미로 쓰인다.

4. 불안하기는 **빌라도의 아내**도 마찬가지였다. **그녀는 간 밤에 예수님에 대한 꿈을 꿨다**. 그런데 "그 사람으로 인하여 애를 많이 태웠다"는 것이다(마 27:19).

(1) 그래서 "총독이 재판석에 앉았을 때에 그의 아내가 사람을 보냈다"(마 27:19). "저 옳은 사람에게 아무 상관도 하지 마옵소서'" 그녀는 그 사람으로 인하여 꿈에 애를 많이 태웠다(I have suffered)고 했다. 이렇게 빌라도는 그의 아내의 전갈을 통하여 신적(神的) 경고를 받게 되었다. 정의를 위하여 행동할 좋은 기회였다. 그러나 빌라도는 그 자신의 책임을 회피하려 했다(24절; 눅 23:5, 6-12, 13-16 참고).

(2) 그러나 그들은 소리를 질러댔다(ἐπεφώνουν미완료과거 능동태 - 계속 소리를 질렀다는 의미). "그를 십자가에 못 박게 하소서 십자가에 못 박게 하소서(스타우르, σταύρου현재 능동 명령법 - 십자가의 처형을 멈추지 말라는 뜻)" (21절).[1] 그들이 얼마나 "큰 소리로 재촉하여 십자가에 못 박기를 구하는지, 그들의 소리가 이긴지라(강하다, 우세하다)"고 했다.

(3) 이에 빌라도가 그들이 구하는 대로 하기를 언도했다(24절). 그들이 요구하는 자 곧 민란과 살인으로 말미암아 옥에 갇힌 자를 놓아 주고 예수는 넘겨 주어 '그들의 뜻대로'(τῷ θελήματι αὐτῶν) 하게 하니라(25절)" 그들 마음대로 하라는 말이다. 빌라도는 결국 폭도들의 함성에 자신의 권한과 정의를 포기했다.

1) 마가복음 15:13 "십자가에 못 박게 하소서" (σταύρωσον 제1부정과거 능동태로 "지금 해치우라"는 의미가 된다. 막 15:14에서는 **더욱**(περισσῶς, 페릿소스) 소리를 질렀다고 했다(they shouted all the **more**).

십자가에 못 박히시다(눅 23:26-43)

같이 읽을 곳(마 27:32-44; 막 15:21-32; 요 19:17-27)

1. 로마 병사들은 갖은 방법으로 예수님을 희롱하고, 십자가에 못 박으려고 끌고 나갔다. 그러나 예수님은 고초를 당해 이미 지치실 대로 지치셨다. 더 이상 십자가를 지고 갈 수 없었다.

눅 23:26 그들이 ┬ 예수를 끌고 갈 때에(when)
└ **붙들어**(ἐπιλαβόμενοι과거분사 중간태)
/시몬이라는 구레네 사람이
/시골에서 오는 것을
그에게 십자가를 **지워**
/예수를 따르게

병사들은 자신들을 위하여 (중간태) 아무나 붙잡았다. 막 15:21, 마 27:32에는 "억지로 같이 가게 하여 십자가를 지게 했다"고 했다.

(1) 성문 밖을 나가다가 시몬(Simon)이란 구레네 사람(a man from Cyrene)을 만나자(막 15:21) 그에게 예수님의 십자가를 억지로 지게 했다(ἠγγάρευσαν과거 능동태). 막 15:21에서는 "알렉산더와 루포(Ῥούφος)의 아버지인 구레네 사람 시몬"이라고 했다.[2]

(2) 사도행전 6:9에서는 구레네인들의 회당에서 온 유대인들이 스데반과 변론했다는 기록이 있다. 또 구레네 사람들이 안디옥에 가서 복음을 전파하여 큰

2) 마 27:32; 눅 23:26, "그들이 예수를 끌고 갈 때에 시몬이라는 구레네 사람이 시골에서 오는 것을 붙들어 그에게 십자가를 지워 예수를 따르게 하더라.").

1) 롬 16:13에는 "주 안에서 택하심을 입은 **루포**와 그의 어머니에게 문안하라 그의 어머니는 곧 내 어머니니라"라는 기록이 있는데, 여기 루포가 동일인이라면 이 온 가족은 그리스도를 믿는 행복한 가정이었을 것이다.

성공을 했다고 기록했다(행 11:20이하).[1)]

2. 수많은 사람들이 예수님의 뒤를 따랐는데, 그 중에는 가슴을 치며 통곡하는 여자들도 있었다. 주님은 여 여인들을 향하여 어떤 말씀을 하셨는가?

눅 23:28 예수께서 — **돌이켜** 그들을 향하여 **이르시되**
/예루살렘의 딸들아
[너희는] ┬ 나를 위하여 울지 말고
└ 너희와 너희 자녀를 위하여 울라

무거운 십자가 형틀은 시몬이 지고 갔기에 통곡하는 여인들을 돌아볼 수 있으셨다.

주님은 자신을 위해서 울지 말고 자녀들을 위해서는 울라고 하셨다. 왜'?

"나를 위해서는 울지 말라." 왜?

주님의 가시는 길은 이미 작정된 길이다. 주님의 죽으심은 특별한 죽음이다. 주님의 죽음이 곧 우리의 구원을 위한 죽음이기 때문이다. 주님의 죽음만이 사망의 권세를 이길 수 있는 유일한 길이다. 그러니 나를(주님) 위하여 울지 말고 너희들 자신과 너희 자녀를 위해 울어야 한다는 것이다. 머지 않아 예루살렘의 멸망이 다가올 것이기 때문이다. 예루살렘의 멸망이 너무 참혹할 것이기에 그날에는 차라리 자식이 없는 여인이 더 행복할 것이라고 말할 때가 온다는 것이다.

2) 푸른 나무는 불에 탈 때마른 나무보다 잘 타지 않는다. 죄가 없으신 주님이 푸른 나무에 비유한다면, 마른 나무는 종말의 때에 패역한 유대인을 가리킨다. 그때의 불탐은 얼마나 더 바참한 상황이 되겠는가 하는 것이다. 예수님의 피에 대한 책임은 우선 일차적으로 A.D. 70년 예루살렘 멸망이라는 대 환난으로 나타났다. 그후 135년 바르 코크바의 반란을 진압한 하드리아누스의 군대에 의해 또다시 예루살렘은 파괴되고 엄청난 수난을 겪었다. 이후 역사 속에서 가는 곳마다 박해의 대상이 되었다. 사람들은 세계 제2차 대전 중의 수백만이 가스실에서 죽임을 당한 것도 그에 대한 환난으로 보고 있다.

(1) 그때 사람들이 당황하는 모습을 보라. "그 때에 사람이 산들을 대하여 우리 위에 무너지라 하며 작은 산들을 대하여 우리를 덮으라 하리라"(30절). "푸른 나무에도 이같이 하거든 마른 나무에는 어떻게 되리요."(31절). 주님은 한 격언을 통해서 앞으로 예루살렘이 당할 엄청난 환난을 알려주시고자 하셨다. 당시 푸른 나무에 비유되는 (죄가 없으신) 예수님도 처형을 받아 죽는 고난을 당하신다면, 훗날 마른 나무와 같은 유대인들에게 얼마나 큰 혹독한 고난을 받게 될 것인가![2)] A.D. 70년 예루살렘 멸망은 유대인에게 앞으로 닥쳐올 환난의 서곡에 지나지 않는다.

(2) 예수님 외에 또 다른 두 행악자(악을 행하는 자)도 사형을 받게 되어 예수와 함께 끌려 가고 있었다(32절). 그리고 골고다 즉 해골의 곳이라는 곳에 이르렀다(33절). 골고다(Golgotha, Γολγοθᾶ), 곧 '해골의 곳'(The Place of the Skull, Κρανίου Τόπος)이라는 곳에 이르렀다. 이곳은 예루살렘 근처로 이곳에서 십자가에 못 박히셨다. 두 행악자도 하나는 예수님 우편에, 하나는 좌편에 십자가에 못 박혔다.

3. 금요일 오전 9시다. 예수님은 두 강도들 사이에 못 박히셨다. 바라바가 십자가에 매달려야 했던 그 자리였다.

(1) 십자가 주위에는 병사들이 지키고 있었다. 마태복음에서는 이렇게 간단하게 기록되어 있다. "그들이(병사들이) 예수를 십자가에 못 박은 후에 그 옷을 제비 뽑아 나누고 36거기 앉아 지키더라"(마 27:35-36).

눅 23:34 이에 예수께서 **이르시되**(...하시더라)
/아버지!
[당신은] —— 저들을 **사하여 주옵소서** (ἄφες과거 능동태 명령법)[1]
//(이유: for, γὰρ)
자기들이 하는 것을 알지 못함이니이다

(2) 십자가 밑에서는 병사들이 실속 있게 작은 소득물을 챙기려 제비를 뽑아서 예수님의 옷을 나누어 가졌다고 했다. "군인들이 서로 말하되 이것을 찢지 말고[2] 누가 얻나 제비 뽑자"고 했다(요 19:24). 원래 사형수의 물건은 그것을 집행하는 자들의 몫이었다. 이들은 속옷은 통으로 짠 것이라 제비를 뽑아 가지기로 했다. 그런데 이 일은 성경에 "그들이 내 옷을 나누고 내 옷을 제비 뽑나이다"(시 22:18)[3] 한 것을 응하게 하려 함이라고 했다.

시편 22편 : 이 시는 전형적인 메시야 시로서 신약에서 가장 많이 인용된 시편 중 하나이다. 시편 22:1을 읽어보자. 이 구절은 신자들에게 고난에 대한 진정한 이해를 아주 본질적으로 보여준 시이다. 이 시편은 다윗 개인의 고통의 체험을 바탕으로 하여 (택한 백성들의 대속을 위하여) 십자가 형을 당하신 예수 그리스도의 수난을 담고 있다. 이 애절한 절규는 (1절) 겟세마네의 고뇌와 연관지어 숙고하여야 한다. **예수님이 두려워한 것은 죽음 자체가 아니라 그분 자신만 감당해야 했던 특별한 죽음 때문이었다. 그 죽음은 바울이 기록한 바대로 '죄의 삯'이었다.**

다윗은 그의 대적들에게 모욕당하고 에워싸임을 당했다. 그의 대적들은 마치 바산의 힘센 황소에 비유되었다(시 22:12). **시편 22편에 기록된 고난은 다윗이 실제로 당한 일이지만**, 대부분의 특별한 상황들은 심한 굴욕을 당하신 그리스도에게 적용되어져야 한다. 예수님은 벗김을 당하셔서 그 뼈가 드러나 지나가는 구경꾼과 행인들이 놀랐다고 했다. 주님의 옷을 제비 뽑는 사건과(시 22:18), "내가 목마르다"(시 22:15) 하신 내용은 모두 구약의 예언이 성취된 사건이다. (동교재, 요한복음 19장에서)

1) 주님은 단지 명령에 복종하는 로마 병사들을 위해 기도하신 것이지 산헤드린을 위해 하신 것이 아니다.

2) 요 19:23-24에서는 "군인들이...그의 옷을 취하여 네 깃에 나눠 각각 한 깃씩 얻고 속옷도 취하니 이 속옷은 호지 아니하고 위에서부터 통으로 짠 것이라" 고 자세히 묘사했다(요 19:23).

3) 시편 22편은 비탄의 시로서, 다윗은 하나님과(1-2절), 사람들에게(6-8절) 버림을 받은 것 같은 상황에도 불구하고 하나님에 대한 그의 신뢰를 표현한다(3-5, 9, 10절).

병사들이 주님의 머리 위에 죄패를 붙였다. 어떤 죄패? (요 19:22)

요 19:19 빌라도가 패를 써서 십자가 위에 붙이니
"**나사렛 예수 유대인의 왕**"이라 기록되었더라
ESUS OF NAZARETH, THE KING OF THE JEWS
Ἰησοῦς ὁ Ναζωραῖος ὁ βασιλεὺς τῶν Ἰουδαίων

우리는 십자가에 달린 세 사람과 군중들의 서로 다른 모습을 볼 수 있다.

- 인류의 죄 때문에(for) 죽으시는 분, 예수님
- 죄로부터(from) 해방되고 죽는 사람(회개한 강도)
- 죄 가운데(in) 죽는 사람 (회개하지 않은 강도)
- 십자가 주변에 있는 다양한 사람들

① 무관심한 사람들(주위에서 물끄러미 쳐다보던 사람들, 눅 23:35)

② 종교적인 사람들(예수님을 조롱하던 유대지도자들, 눅 23:35)

③ 물질에 정신이 팔린 사람들(병사들은 옷을 제비 뽑았다. 눅 23:34)

④ 열심히 그리스도를 찾는 사람("나를 생각하소서" - 눅 23:34)

▶ 십자가는 온 세상의 심판이다(요 12:31, "이제 이 세상에 대한 심판이 이르렀으니 이 세상의 임금이 쫓겨나리라.")

◀ 요 19:18 그들이 거기서 예수를 십자가에 못 박을새 다른 두 사람도 그와 함께 좌우편에 못 박으니 예수는 가운데 있더라

- 19 빌라도가 패를 써서 십자가 위에 붙이니 나사렛 예수 유대인의 왕이라 기록되었더라
- 20 예수께서 못 박히신 곳이 성에서 가까운 고로 많은 유대인이 이 패를 읽는데 히브리와 로마와 헬라 말로 기록되었더라

행악자 중 한 사람이 예수님을 영접했다.

예수여 당신의 나라에 임하실 때에(when You come in Your kingdom!) [당신은] 나를 기억하소서 (remember me, μνήσθητί μου)

▶ 요 19:21-21 유대인의 대제사장들이 빌라도에게 이르되 유대인의 왕(The King of the Jews, ὁ βασιλεὺς τῶν Ἰουδαίων)이라 쓰지 말고 '자칭 유대인의 왕'(I am King of the Jews, ἐκεῖνος εἶπεν· βασιλεύς εἰμι τῶν Ἰουδαίων)이라 쓰라 하니"(21절) 빌라도가 대답하되 "내가 쓸 것을 썼다" 하니라"(22절).

▶ 빌라도는 무의식적으로 썼지만, 실제적으로 예수님은 온 세상의 왕이심을 선포하게 된 것이다.

from 동교재, 요한복음

(3) 십자가 주변에 있는 사람들의 다양한 모습을 보라. 백성, 관리들(**대제사장들도 서기관들과 장로들**), 지나가는 자들, 병사들... 그리고 사형집행 현장까지 따라온 여인들도 있었다. "예수의 십자가 곁에는 ① 그 어머니와 ② 이모와 (살로매 - 야고보와 요한의 어머니) ③ 글로바의 아내 마리아와 ④ 막달라 마리아가 서 있었다고 했다(요 19:25). 이들 모두가 각기 다른 생각을 갖고 있었다. 그렇다면, 관리들(지도자들)은 어떤 생각을 하고 있었을까?

당시 로마군 병사

눅 23:35 백성은 —— **서서** 구경하는데
관리들은 — **비웃어 이르되** (...하고)
/저가 — 남을 **구원하였으니**
/만일
[저가] ┬ 하나님이 택하신 자 그리스도이면(if)
└ 자신도 **구원할지어다**

에크뮈테리조(ἐκμυκτερίζω) 멸시하다, 조롱하다 / 시편 22:7-8에서 인용하신 말씀이다.

"**지나가는 자들**은 자기 머리를 흔들며 예수를 모욕하여(마 27:39)... 그와 같이 **대제사장들도 서기관들과 장로들과 함께 희롱하여 이르되**(41절) 그가 남은 구원하였으되 자기는 구원할 수 없도다 그가 이스라엘의 왕이로다 지금 십자가에서 내려올지어다 그리하면 우리가 믿겠노라(42절)"

(4) 로마 병사들도 예수님을 희롱했다(눅 23:36-37).

36 군인들도 —— **희롱하면서 이르되** (...하더라)
/나아와 신 포도주를 주며
/만일
37 네가 — 유대인의 왕이면
네가 — 너를 **구원하라**

• 막 15:23에서는 "몰약을 탄 포도주"라고 했다(시 69:21). 주님은 왜 마시지 아니하셨을까? 이것은 마취 성분이 있어 군인들이 죄수를 쉽게 못 박으려고 흔히 사용하던 것이다. 예수님은 마취제로 인해 잠시 고통을 잊기보다는 인류의 죄를 위해 당하는 모든 고통을 온전한 정신으로 체험하려 하셨을 것이다.

(5) 병사들은 예수님을 희롱하면서(ἐμπαίξ 엠파이조 - 조롱하다, 놀리다) 신 포도주(sour wine)[1]를 예수님께 주어 마시게 하려 하였다. 그러나 예수께서 맛보시고 마시고자 하지 아니하셨다.

1) '쓸개즙을 탄 포도주' οἶνον wine μετὰ χολῆς gall μεμιγμένον mixed

(6) 그리고 병사들은 주님의 머리 위에는 죄패를 붙였다. 어떤 죄패? (요 19:22 참조) "빌라도가 패를 써서 십자가 위에 붙이니 나사렛 예수 유대인의 왕"이라 기록되었더라"(요 19:19). "예수께서 못 박히신 곳이 성에서 가까운 고로 많은 유대인이 이 패를 읽는데 히브리와 로마와 헬라 말로(in Aramaic, Latin and Greek) 기록되었더라"(20절). [옆의 그림 참조]

1) 죽어가던 강도 중의 한 사람이 예수님을 구세주로 영접했음을 보여주고 있다. 이사건은 누가복음에만 기록했다. 마태와 마가는 두 강도가 예수님을 모욕하고 비난한 것으로 기록되어 있다(마27:44; 막15:32). 아마, 처음에는 두 사람이 다 모욕했으나, 그 중 하나가 회개하고 용서를 구했을 것이다. 그 회개한 강도가 다른 행악자를 꾸짖었다(눅 23:40). 이 강도는 자기의 죄를 인정했고, 예수님의 무죄를 변호했다(41절).

2) 예수님께서는 강도에게 무엇을 약속하셨나? 그것은 오늘 그가 낙원에서 친교를 나눌 것이라는 것이다. 예수님은 그가 용서와 축복에 참여할 수 있도록 허락하셨다.

- 낙원(=중간 상태)은 본질적으로 그리스도와 함께 친교를 나누는 곳이다. 여기에서 낙원은 당시 유대인의 사상과 같이 현재에 감추어져 있는, 의인의 중간 상태 동안의 거주지, 곧 의인들이 사후에 그 영혼이 가는 장소이다.
- 아브라함의 품에 있는 것(혹은 식탁 친교, 눅 26:23)
- 또는 그리스도와 함께 거하는 것(고후 5:8; 빌 1:23)
- 하늘나라(딤후 4:18)이다.

4. 예수님을 비웃는 자들 중에는 십자가에 달린 행악자도 있었다. 행악자 중 하나가 예수님을 비방한다(막 15:29-32 참조). "네가 그리스도가 아니냐 너와 우리를 구원하라"(39절). 지금 모두가 인류의 죄를 구속하시기 위해 죽으시는 예수님을 모욕하고 조롱하고 있다.

(1) 그런데, 옆에 같이 십자가에 달린 다른 행악자가 그를 꾸짖는다(40절).[1)]

그 사람을 **꾸짖**어 **이르되**
/네가 동일한 정죄를 받고서도(=똑같은 처령을 받고 있는 주제에)
/하나님을 두려워하지 아니하느냐? (=너는 하나님이 두렵지도 않으냐?)

우리는 우리가 행한 일에 '상당한 보응'(we deserve, ἄξια)을 받는 것이니
이에(for) 당연하거니와(μὲν[indeed] δικαίως[justly])
이 사람이 행한 것은 옳지 않은 것이 없느니라
(저분이야 무슨 잘못이 있단 말이냐? - 공동)

(2) 두 행악자 중 한 사람은 끝까지 완악했다. 그는 자신의 죽음에 대한 억울함 때문에 죽어갈 순간까지 자유롭지 못했다. 그는 생의 애착 때문에 그리스도를 알아보지 못했다. 그에게는 구원의 기회가 막 지나가고 있다. 그러나 다른 행악자는 반대로 마음이 녹아내렸다. 예수님에게서 메시야의 모습을 본 것이다. 그는 그의 생애에 칭찬 받을 만한 선행이 하나도 없을 수도 있었겠다. 그러나 짧은 시간이었지만, 십자가 형틀 위에서 그는 예수님이 전혀 죄가 없으신 분임을 보았다. 대제사장들도 보지 못한 하나님의 아들의 참 모습을 본 것이다. 그는 죽음을 바로 눈 앞에 둔 마지막 순간에 간신히(?) 구원을 받았다. 구원은 얼마나 오래 종교생활을 했느냐 보다는 누구를 믿느냐가 더 중요하다.

눅 23:42 **이르되**(...하니)
/예수여(Jesus, Ἰησοῦ)
당신의 나라에 임하실 때에(when)
[당신은] —나를 **기억하소서**(remember me, μνήσθητί μου)

(3) 예수님의 응답은 확실했다. 그에게 구원을 허락하신 것이다.[2)]

내가 진실로 네게 **이르노니**
/오늘 (σήμερον[세메론]) - 언제? 오늘 (지금)
/네가 나와 함께(μετ' ἐμοῦ) 낙원에 있으리라

in Paradise
παράδεισος(파라데이소스)
정원 garden, 공원 park,
낙원 paradise.

숨을 거두시다(눅 23:44-49)

같이 읽을 곳(마 27:45-56; 막 15:33-41; 요 19:28-30)

1. 금요일 정오~오전 3시에 어떤 일들이 일어났는가?

(1) 예수님이 운명하시기 전 어떤 일들이 일어났을까? 정오쯤에 시작해서 오후 3시까지 세 시간 동안 온 땅이 캄캄해졌다(마 27:45-50). 이는 예수님께서 인류의 죄를 지불하시는 순간 하나님께로부터 버림을 받으신 것을 의미한다.

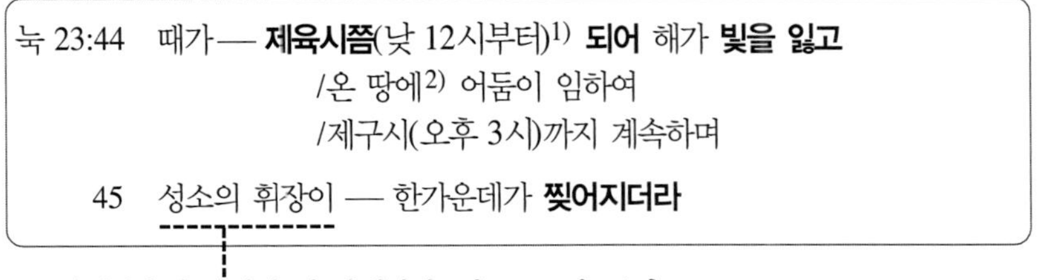

마태복음의 설명이 더 자세하다. 마 27:51을 보자.

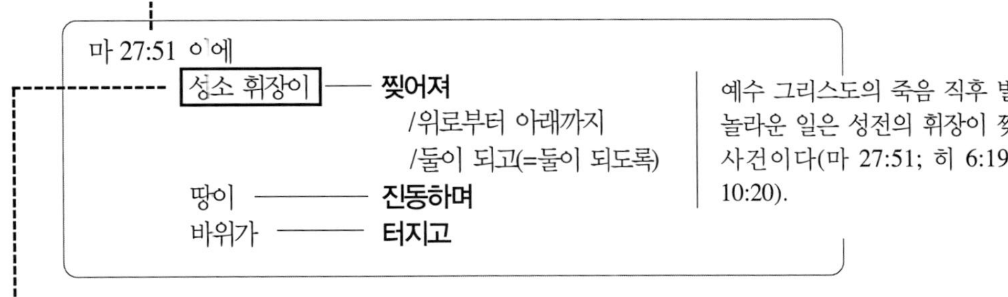

1) 제육시는 유대 시간으로 정오경을 가리킨다. 제9시는 오후 3시경이다.

2) 온 땅에 - 유대 땅이나 팔레스타인 전역을가리킬 것이다. 태음력을사용하는 유대인들은 보름을 유월절로 지켰기에 일식은 될 수 없었다. 따라서 일식 현상은 아니며, 하나님의 진노로 볼 수밖에 없다(출 10:21-23 참조)

이 휘장이 찢어졌다는 것은 무엇을 의미하는가?

(1) '둘째 휘장'은 성소와 지성소 사이에 있는 것을 말한다. 이 휘장은 무엇을 상징하는가? (히 10:20 ...**휘장은 곧 그의 육체니라**) 이 휘장이 언제 찢어졌다고 말하는가? (마 27:50, 51)

(2) 히 9:8을 보라. 히브리서 기자는 지금까지의 성소와 지성소에 대한 성령의 해석을 말한다. "첫 장막이 서 있을 동안에 성소(하늘의 참성소를 가리킴, 히 8:2)에 들어가는 길이 아직 (나타나지 아니한 것이라)."

(3) 그런데, 그리스도께서 오셔서 십자가에 죽으심으로 성소와 지성소를 가로막는 휘장(揮帳)이 찢어졌다. 따라서 누구나 그리스도의 피의 공로로 지성소로 통하는 길이 열려졌다는 것이다. 이 장막은 현재까지의 (비유)라고 했다(히 9:9-10). 구약시대의 제사 및 장막제도는 신약시대의 그것을 예표하는 비유라고 말한다.

(4) 이 사건은 일 년에 한 번씩 대제사장만이 들어갈 수 있었던 지성소에 모든 사람들이 들어갈 수 있게 되었음을 뜻한다. **휘장이 찢어진 사건은 은 인간에 대한 하나님의 진노와 심판이 끝났고 누구든지 예수님을 의지하는 사람을 받아들이심을 상징한다**(히 10:20, "그 길은 우리를 위하여 휘장 가운데로 열어 놓으신 새로운 살 길이요 휘장은 곧 그의 육체(σαρκὸς αὐτοῦ)니라.").

Close-up

나의 하나님, 나의 하나님, 어찌하여 나를 버리셨나이까?'(마 27:46; 막 15:34)

1. 누가복음에는 언급이 안되었지만 마 27:46, 막 15:34에는 "나의 하나님, 나의 하나님, 어찌하여 나를 버리셨나이까?"(엘리 엘리 라마 사박다니, ἠλι ἠλι λεμα σαβαχθανι)라는 처절한 절규가 나온다. 이 부르짖음의 뜻과 그 의미가 무엇인가?[1)]

(1) 이 말씀은 시편 22:1에 나온다. 이 구절은 신자들에게 고난에 대한 진정한 이해를 아주 본질적으로 보여준 시편이다. 예수님은 성경에 대한 종교적 경외심으로 이 구절을 인용, 표현하고 계신 것인가? 즉, 곤고한 시간에 이 말씀을 암송하심으로 스스로를 위로하셨는가?

- 시 22:1 "내 하나님이여 내 하나님이여 어찌 나를 버리셨나이까"
  (My God, my God, why have you forsaken me? - NIV)
  אֵלִי אֵלִי לָמָה עֲזַבְתָּנִי[2)]

(2) 시 22편은 전형적인 메시야시로서 신약에서 가장 많이 인용된 시편 중 하나이다. 다윗은 하나님께서 자신을 버리셨으므로 도움도 받지 못하고 응답도 받지 못하다고 생각한다. 그럼에도 불구하고 그는 ' 내하나님이여'라고 부르면서 밤낮으로 자비로운 응답을 간구하며 부르짖는다. 이런 개인의 고통의 체험을 바탕으로 하여 (택한 백성들의 대속을 위하여) 십자가 형을 당하신 예수 그리스도의 수난을 담고 있다. 그곳에서의 기도하실 때, 예수님의 영혼은 심한 고뇌를 겪고 있었다("심히 놀라시며 슬퍼하사"(막 14:33).

(3) 그렇다면 죽음을 앞에 놓고 예수님은 겁장이가 되신 것인가? 물론 그렇지 않다. 그의 생애의 수많은 사건들을 볼 때, 그가 세상을 떠나기를 두려워했다는 주장은 불가능하다. 예수님이 두려워한 것은 죽음 자체가 아니라 그분 자신만 감당해야 했던 특별한 죽음 때문이었다. 즉 그의 죽음은 바로 "죄의 삯"이었기 때문이다. 그 죽음에서 그분은 죄인들과 하나가 되셔서 그들이 받을 영벌과 죄를 짊어지시고 그들의 죽음을 친히 감당하셨다.

2. 주님께서 잔(盞)을 마시겠다는 의미가 무엇인가? (마 20:22이하, 26:39; 막 10:38이하, 14:36을 읽어보자.)

1) 동교재, 마태복음 27장에서 설명을 가져와 간추렸다. 이는 성경해석상 난제 중 하나라고 한다.

2) 아자브(עָזַב)의 칼동사, 완료 2인칭 - 떠나다, 남기다, 버리다 / 시편 22편에서 다윗은 그의 비참한 상황으로 인해 하나님께서 자신을 버렸다고 확신 한다. 물론 그후 그는 확신에찬 어조로 하나님의 성실을 선포하면서 승리의 찬 어조로 시를 끝맺는다.

(1) **예수님이 치르신 그 즉음의 끔찍한 본질이 중요한 의미이지, 단지 그가 죽으셨다는 사실이 중요한 것이 아니다.** 하나님의 임재가 사라졌다는 것이 바로 예수님의 죽음이 지닌 공포의 정도를 나타낸다. 이런 사실들이 바로 다른 방도로서는 속죄가 불가능함을 보여주고 있다. 세상의 죄는 너무도 끔찍해서 이런 무서운 분리(分離)를 초래한다. 죄(罪)는 인간을 하나님으로부터 분리시킨다(사 59:1-2을 보자).[1)]

사 59:1 여호와의 손이 짧아 구원하지 못하심도 아니요
귀가 둔하여 듣지 못하심도 아니라
2 너희 죄악이 ― **오직 갈라 놓았고(מַבְדִּלִים)** - בָּדַל의 히필 분사
/너희와 너희 하나님 사이를
너희 죄가 ― 그의 얼굴을 **가리어서** ― 하나님과 이스라엘 백성 사이의 깨어진 친교를 의미한다.(죄로 인해)
//(so that, מִן)
너희에게서 듣지 않으시게 함이니라

1) 하나님은 이스라엘을 능히 구원해 내지 못하시는 분이신가? 물론 여호와의 손이(능력이) 짧아서(약해서) 구원하지 못하는 것이 아니다. 또한 하나님의 귀가 어두워서 그들의 울부짖음에 잠잠하시는 것이 아니다. 문제는 백성들의 죄악(아온, עָוֹן - 사악, 타락, 불법)이다.

백성의 사악함이 하나님과의 사이를 갈라 놓았다. 백성들의 죄(하타아, חַטָּאָה) 때문에 하나님이 얼굴을 가리신 것이다. 이스라엘 백성에게는 하나님께서 얼굴을 가리신다는 것보다 더 치명적인 상황은 없다.

(2) 이렇게 해서 세상 죄를 담당하신 주님도 성부와 분리되는 것이리라. 예수님께서 성육신 하신 것은 그분이 죽는 것이 가능해졌다는 것이다. 그 분이 죽는 것이 가능해졌다면, 그분께서 가장 처참한 죽음, 즉 **하나님께 버린 바 되는 죽음을 죽는다는 것이 가능하다**. 하나의 역설(paradox)이다. 이 역설의 양면이 모두 다 중요하다.

한 면 : 완전한 인간이신 예수님 - 우리 죄의 잔을 남김없이 다 마셨다는 진리를 강조한다. **자신과 인간들을 동일시 하심으로 죄인들의 몫인 하나님께 버린 바 되는 상태에 들어가셨다.** 그러니까 **예수님은 죄인들의 죽음을 죽으신 것이다.**

또 다른 면 : 그는 인간의 모든 고뇌를 친히 체휼(인간과 동일한 감정을 가지다)하셨다. 그분은 홀로 멀리 떨어져 편히 계시면서 이 세상으로 하여금 고통을 당하도록 내버려두시지 않으신다. 이 세상의 모든 고통은 그 분의 것이다.

<윤영탁 역편, 구약신학논문집 (2), 성광문화사, 71-85면 (엘리 엘리 라마 사박다니, (Leon Morris).

(*) 이것은 역설이기에 어느 한 면만을 취하는 사람들이 많다. 그러나 복음서 기자들은 이 역설적인 면을 그 역설 그대로 표현하고 있다.[2)]

다 이루었다(It is finished!, 요 19:30)

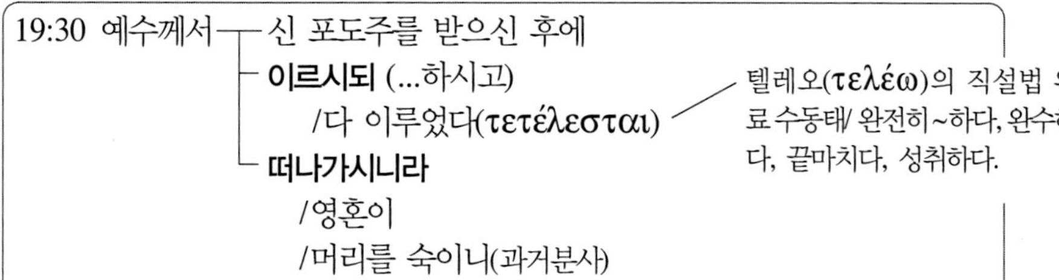

1. 십자가 위에서 여섯 번째로 하신 말씀이 "다 이루었다"(τετέλεσται, 테텔레스타이)[1]이다. 이는 "이미 다 끝났고, 그러므로 영원히 반복될 수 없다"라는 뜻이다. 어떤 작품을 손질하고 나서 더 이상 수정하거나 손댈 것이 없을 때 이 말을 한다. (이하 동교재, 마태복음에서)

(1) 예수님은 성부 하나님께서 자신을 보내셔서 성취하게 하신 모든 일, 즉 이 지상에서 성취하여야 할 모든 일이 완료되었음을 선포하셨다. 특히 죄에 대하여 치러야 할 형벌이 더 이상 남아 있지 않다는 뜻이다. 예수님의 모든 고난이 다 이루어졌기 때문이다(ESV성경).

(2) 십자가 위에서 하신 **"다 이루었다"**("It is finished!", τετέλεσται)는 말씀은 **구속의 사명을 완성하셨다**는 뜻이다. 창 3:15에서 하나님은 여자의 후손에서 사탄의 권세를 멸하게 될 한 사람, 곧 인류를 구원할 메시야(그리스도)가 오실 것을 선포하신다. 이는 성경에 나타난 복음에 대한 최초의 약속을 말한다. 뱀의 후손과 여인의 후손 사이에는 생사를 건 전투가 벌어질 것이라는 선포를 하신 것이다. 여기서 그 여인의 후손(씨)은 그리스도이시다(갈 3:16, 4:4).

(3) 이렇게 예수님은 자신에게 맡겨진 임무를 완성하셨고(요 17:4, "아버지께서 **내게 하라고 주신 일을 내가 이루어**(τελειώσας - 과거능동태) 아버지를 이 세상에서 영화롭게 하였사오니"), 십자가 위에서 "다 이루었다"(요 19:30)고 외치셨다.[2]

(4) 창 3:15에서 '발꿈치를 상하게 한다'는 말은 다시 회복되는 상함을 의미한다. 십자가에서 무덤에 뉘일 때까지도 예수님은 패배한 것처럼 보였지만 사탄이 손상 입힌 것은 그의 인성뿐이었다. 신성(神性)은 추호도 건드리지 못했으므로 3일만에 다시 살아나 지극히 높은 영광에 올림을 받았다. 반면에 '뱀의 머리를 상하게 한다'(파쇄한다)는 말은 사탄이 당하는 상처가 다시는 회복될 수 없는 상처임을 말한다.

1) 예) 창 2:1 창조의 일을 다 마치신 후에 "천지와 만물이 다 이루어지니라" (συνετελέσθησαν - 70인경)

• 히 1:3 - "**죄를 정결하게 하는 일을 하시고** 높은 곳에 계신 지극히 크신 이의 우편에 앉으셨느니라."

• 히 9:11-12 "그리스도께서는 장래 좋은 일의 대제사장으로 오사 손으로 짓지 아니한 것 곧 이 창조에 속하지 아니한 더 크고 온전한 장막으로 말미암아 12 염소와 송아지의 피로 하지 아니하고 **오직 자기의 피로 영원한 속죄를 이루사 단번에 성소에 들어가셨느니라.**"

• 히 9:25 대제사장이 해마다 다른 것의 피로써 성소에 들어가는 것 같이 자주 자기를 드리려고 아니하실지니 26 그리하면 그가 세상을 창조한 때부터 자주 고난을 받았어야 할 것이로되 **이제 자기를 단번에 제물로 드려 죄를 없이 하시려고** 세상 끝에 나타나셨느니라."

2) 학자들은 '다 이루었다'는 말을 여섯째 날에 창조가 모두 끝났다는 사실과 대응관계를 이룬다고 주장한다 (예; 창 2:1-2 "창조의 일을 다 마치신 후에 "천지와 만물이 다 이루어지니라" (συνετελέσθησαν-70인역).

내 영혼을 아버지 손에 부탁하나이다(눅 23:46)

1. 예수님은 시편 31:5의 말씀을 인용하면서 운명하셨다.

시 31:5 내가 —— 주의 손에 **부탁하나이다**(אַפְקִיד 히필 미완료)
/나의 영을(רוּחִי)
진리의 하나님 여호와여!
[당신은] — 나를 **속량(구속)하셨나이다**(פָּדִיתָה 칼 완료)

시 31편은 비탄(悲嘆)의 시로서 다윗은 곤경 속에서 하나님께 도움과 구원을 간구한다. 자기의 영혼을 위해서 할 수 있는 최선의 일은 그의 영혼을 주의 손에 맡기는 일이다. 여기서 손(야드)은 하나님의 전능하심의 상징이다(대상 29:12).

(1) 부탁하다(파카드, פָּקַד)라는 말의 기본 의미는 이랫 사람을 감독한다는 의미가 있다. 다윗은 원수와 핍박하는 자에의 손에서 건져달라면서 간구한다. 주님은 그에게 산성과 반석이 되시기 때문이다(3절). 그는 자기의 영혼을 위해서 할 수 있는 것이 하나님의 손에 부탁하는 일임을 잘 알고 있었다. 예수님도 그의 영을 아버지 손에 부탁하시고 운명하셨다

눅 23:46 아버지여!
[내가] —— **부탁하나이다**(παρατίθεμαι 현재 중간태)
/내 영혼을 아버지 손에
이 말씀을 하신 후
[그가] —— **숨지시니라** (호흡을 그치다)

παρατίθημι(파라티데미) - 위탁하다. 어떤 사람을 어떤 사람의 돌봄이나 보호에 맡기다. 신의 보호에 대해 언급하고 있다(행 14:23; 20:32; 벧전 4:19).

(2) 군인들은 예수님께서 이미 숨지신 것을 보고 다리를 꺾지 아니했다. 이로써 성경 말씀이 이루어졌다. "이 일이 일어난 것은 '그 뼈가 하나도 꺾이지 아니하리라' 한 성경을 응하게 하려 함이라"고 했다(출 12:46; 민 9:12; 시 34:20)

2. 이 처형 과정을 모두 지켜본 백부장은 "그 된 일을 보고 하나님께 영광을 돌려 이르되 이 사람은 정녕 의인이었도다."고 고백했다.

48 이를 구경하러 모인 무리도 그 된 일을 보고 **다 가슴을 치며 돌아가고**
49 예수를 아는 자들과 갈릴리로부터 따라온 여자들도
다 멀리 서서 이 일을 보니라

무관심하게 구경만 하던 무리들, 이들은 모두 예수를 십자가에 못 박아야 한다고 외치던 무리들이었다. 이들은 뉘늦게 후회했을 것이다. 다 가슴을 치고 돌아갔다고 했다. 누가만이 이 사실을 기록하고 있다.

아리마대 요셉이 빌라도에게 가서 예수의 시체를 달라고 함

막 15:43
아리마대 사람 요셉이 와서
당돌히 (용기를 내어, 대담하게, boldly, τολμήσας과거분사)
빌라도에게 들어가
예수의 시체를 달라 하니
이 사람은 존경 받는 공회원이요
하나님의 나라를 기다리는 자라.

눅 23:50
공회 의원으로 선하고
의로운 요셉이라 하는
사람이 있으니
51 (그들의 결의와 행사에 찬성하
지 아니한 자라)
그는 유대인의 동네
아리마대 사람이요
하나님의 나라를 기다리는 자라
52 그가 빌라도에게 가서
예수의 시체를 달라 하여

- 아리마대(Arimathea) - 팔레스타인에는 이 이름으로 나타나는 도시가 여럿 있는데 아마도 이 아리마대는 사무엘의 고향인 라마다임소빔과 동일한 곳일 것이다(삼상 1:1, 19:19). 정확한 위치는 확실치 않으나 예루살렘 북서쪽 32km지점 세벨라 지방 구릉지대에 있는 렌티스(Rentis)를 가리키는 것으로 보인다.

- 무덤에 장사지낸 사람은 그와 계속해서 동행했던 제자가 아니었다. 누가 장사를 지냈나? 아리마대 사람(Ἀριμαθαία) 요셉도 예수님의 제자라고 했다(마 27:57). 그러나 주님과 동행한 제자들은 유대인들이 무서워서 이 사실을 숨기고 있었다. 아리마대 사람 요셉이 와서 빌리도에게 들어가 예수의 시체를 다라하니 이 말을 듣고 빌라도는 (예수가 벌써 죽었을까 하고) 백부장을 불러 그가 죽은 지 오래되었는지를 물어 보았다(막 15:44). 빌라도는 모든 것을 확인한 후에 시신을 요셉에게 내어주었다. "이에 가서 예수의 시체를 가져가니라."

새 무덤에 묻히시다(눅 23:50–56)

같이 읽을 곳(마 27:57–61; 막 15:42–47; 요 19:38–42)

1. 공회 의원(counseller, βουλευτής불류테스)[1]으로 선하고 의로운 사람 아리마대 요셉, 그는 빌라도를 찾아가 예수님의 시체를 가져가기를 청했다(asked).

(1) 그는 공회의 결의(βουλή불레)와 행사에 찬성하지 아니했다고 했다. 그는 "유대인의 동네 아리마대 사람이요 하나님의 나라를 기다리는 자"였다. '기다리다'(προσδέχομαι프로스데코마이)라는 의미로 쓰인 경우는 눅 2:25에 시므온, 눅 2:38에 안나에 대해 사용되었다. 백성들은 오랫 동안 메시야의 도래(到來)에 집중하여 왔는데, 이들은 기다리던 메시야를 보게 되었고, 특히 아리마대 요셉은 그의 장례를 위해 준비된 자였음을 본다.

(2) 마가복음에는 빌라도에게 당돌히(용기를 내어, 대담하게, boldly, τολμήσας 과거분사) 시체를 달라고 했다고 기록하고 있다(막 14:43). 이 부자 요셉의 지위는 시신을 처리하는 권한을 가진 빌라도와 교섭할 수 있었던 것 같다. 그렇지 않아도 이 문제로 골치 아파했던 빌라도는 순순히 시신을 넘겨주었을 것이다(마 27:58-60 "이에 빌라도가 내주라 **명령하거늘** 요셉이 시체를 가져다가 깨끗한 세마포로 싸서 바위 속에 판 자기 새 무덤에 넣어 두고 큰 돌을 굴려 무덤 문에 놓고 가니") 이 요셉은 아리마대에서 왔기에 그 무덤을 최근에야 만들었을 것이다. 그래서 아직 사용하지 않은 무덤이었다. "이를 내려 세마포로 싸고 아직 사람을 장사한 일이 없는 바위에 판 무덤에 넣어 두니"(눅 23:53)

2. 십자가 처형을 집행하던 군인들, 그리고 그 과정을 지켜보던 사람들은 다 가고 "거기 막달라 마리아와 다른 마리아가 무덤을 향하여 앉았더라."고 했다.

(1) 어둠이 짙어지자 여인들도 떠나갔다. 이 여인들은 그 무덤과 그 시체를 어떻게 두었는지 보고 돌아가 향품과 향유를 준비했을 것이다(눅 23:55-56).

(2) "이 날은 준비일이요 안식일이 거의 되었더라"(눅 23:54). 예비일, 즉 유대인들이 안식일이나 절기를 지키는데 필요한 준비를 하는 날이었다(마 27:62; 막 15:42; 요 19:31, 42).

1) 公會議員, 산헤드린 공회원이다. 산헤드린은 예루살렘에 있었던 하나의 회의기관으로 유대인들에게는 최고의 중앙 재판소로서의 권위를 지녔다. 예수님과 초대교회의 일부 지도자들은 이 공회 앞에서 신문을 받았다(마26:57-68; 행4:5-21, 5:21-40, 6:12-15, 22:30-23:10). 주로 제사장 계열의 가문 출신과 서기관들로 이루어졌다. 즉 사두개인들과 바리새인들이 구성원이었으며, 의장을 포함하여 71인으로 이들은 주로 예루살렘의 시정(市政)과 종교적 가르침, 치안의 확립, 성전 내에서의 각종 업무에 관여했다.

신약에서는 중앙의 산헤드린과 함께 지방의 유대인 공회에 대해서도 언급하고 있는데 유대인 남자 120인 이상 살고 있는 마을에는 어떤 곳이나 존재했다(막 5:22; 마10:17). 이곳에서 회당의 사안에 따라 재판을 했는데, 출교나 체형까지도 판결할 수 있었다(요16:2; 마 10:17; 행 22:19). 아리마대 요셉은 이러한 지역 공회원으로 보인다.

特講, 사 53장

from 동교재, 이사야서 53장

신약에서 인용

• 마 27:57-61; 막 15:42-47; 요 19:38-42

그가 죽은 후에 부자와 함께(사 53:9)

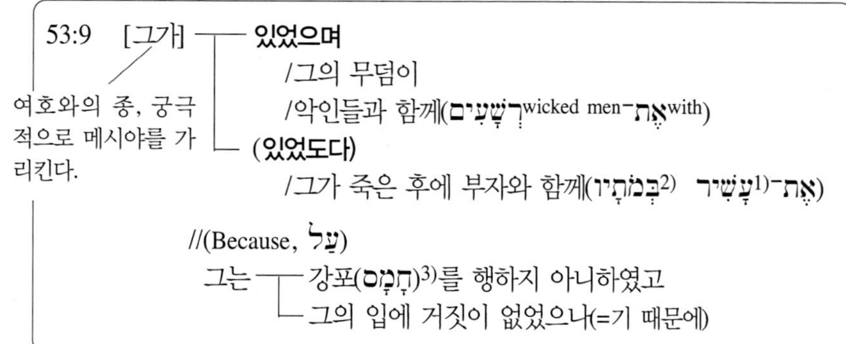

1) 아쉬르(עָשִׁיר) - 돈 많은, 부유한, 부자

2) 마베트(מָוֶת) - 죽음, 사망, 죽은 상태, 죽은 장소 / 전치사(בְּ) + 남성 복수 연계형

3) 강포 - 폭력, 난폭, 불법, 악, 부당행위

1. 이사야 52:13-53:12은 종의 고난과 승리를 예언하고 있다. 그 종은 누구인가? 이 종은 잘못이 없지만 대속적인 고난을 당한다. 그래서 버림받고, 매맞고, 백성들로부터 배척을 받는다.

(1) 그런데 미래의 어느 날, 종의 사역을 감당할 한 사람이 나타나서 이스라엘을 구속하고 하나님의 계시를 땅끝까지 전할 것이라는 내용이다. 원래 이스라엘은 여호와의 종이었다(사 42:8이하). 그러나 이스라엘은 실패한 종이 되어버렸다. 결국 다윗의 후손인 한 왕이 통치하실 것이다(사 9:7, 32:1). 그리고 모든 열방은 예루살렘의 거룩한 산으로 몰려올 것이다(사 2:2-4). 더이상 악한 자들의 압박을 받지 아니할 것이고(사 11:14, 45:14) 예루살렘은 '하나님의 성' 이 될 것이다(사 60:4).

(2) 이사야서의 큰 줄거리가 되는 내용이다. 그러나 이런 구원이 충만하게 되는 것은 '**그 종의 고난을 통해서이다.**'[4]

4) 고레스는 이스라엘을 바벨론에서 구속하게 하는 도구이지만(사 41:2), 그리스도는 온 인류를 감옥에서 구속하시는 분이시다(사 52:13-53:12). 또한 그는 이방의 빛이시다(사42:6). 심판에 직면할 열방들이(사 13-23장) 그를 통해 구원을 얻을 것이다(사 55:4, 5).

2. 조금 더 소급해서 이사야 49:3을 살펴보자. 동교재, 이사야에서 설명을 가져왔다.

49:3 [그가] — 내게 **이르시되**(...하셨느니라)
/너는 ─ 나의 **종이요**(עַבְדִּי־אָתָּה)
이스라엘이라[5]
/내 영광을 네 속에 나타낼

• 여기서 종은 누구를 가리키는가? 이스라엘? 선지자?

• 이 종의 역할은 하나님의 영광을 드러내는 종이다.

5) 여기서 '이스라엘'은 누구를 가리킬까? 표면적으로는 이스라엘이 하나님의 종이다. 그러나 이스라엘은 실패한 종이다(41:8-16, 42:18-25, 43:1-13). 5-6절을 살펴보라. 이 종의 역할은 무엇인가?

(1) 사 49:3에 언급된 '나의 종이요 이스라엘'이라는 말은 마치 이 특별한 종이 '이스라엘'을 가리키는 것으로 보인다. 물론 하나님은 이스라엘을 하나님의 종이라고 말씀하셨다(사 41:8-16, 42:18-25, 43:1-13, 44:1-4, 48:20-21). 그러나 이스라엘에게 주어진 제사장 나라의 역할을(출 19:4-6) 감당치 못했다. 한 마디로 실패한 종이다.[1)]

(2) 그는 "**내**(하나님의) **영광을 네 속에 나타낼 이스라엘**"이라고 했다. **결국 여기서 '종'은 '메시야'라고 볼 수밖에 없다.** 야곱의 개인 이름이 그 전체 민족의 이름이 된 것 같이 여기서도 전 민족의 명칭이 추상화되어 여호와의 종 한 사람의 명칭이 된 것이다(NIV 각주). 여기 언급된 여호와의 종은 하나님께로부터 권능을 받고, 모태로부터 하나님의 영원한 목적을 갖고 태어났지만, 그의 이 땅에서의 사역이 만만치 않음을 알 수 있다(사 49:4).

(3) 이 땅 위에서 주의 종, 메시야가 겪어야 할 고통을 암시하는 것 같다. 세상을 구원하시는 하나님의 구속 사역은 초인적인 사람들 속에서 이루어지는 것이 아니다. 메시야는 이 세상 인간들과 동일시 되어 인간이 받는 모든 고통을 체휼하시는 분이시다. 이 일을 수행하는 일이 결코 쉬운 일이 아니다. 주의 종(메시야)은 자신의 사명을 감당하는 일이 얼마나 어려운 일일 줄 아신다. 그러나 이 종은 그의 사명을 다하실 것이다.

3. 다시 53:9의 본문 분석을 다시 실펴보자.[2)]

(1) 그러나 특별한 종, 메시야는 하나님과 밀접한, 순종하는 관계에서 살려고 하는, 귀감(龜鑑)이 되는 성공한 종이다. 그런데 위의 본문과 겉이 종은 강포(חָמָס하마스)를 행하지 아니했다는 것이다. '강포'란 일반적으로 폭력(violence)이라는 말로 번역한다.

(2) 그런데 그 여호와의 종은 처형 당한 후에 일반 죄수들이 묻히는 곳에 묻으려고 했지만 그는 결국 부자의 무덤에 묻히게 되었다(전통적인 해석). 그러나 공동번역은 이 부분을 이렇게 번역했다. "폭행을 저지른 적도 없었고 입에 거짓을 담은 적도 없었지만 그는 **죄인들과 함께** 처형당하고, **불의한 자들과 함께** 묻혔다."

(3) 마태복음에서는 무덤에 장사지낸 사람은 예수님과 계속해서 동행했던 제자가 아니라 아리마대(예루살렘 북서쪽 32km 떨어진 곳)의 **부자** 요셉이라는 사람이었다고 소개한다. 그도 예수의 제자라고 했다(마 27:57).

1) 그렇다면 특별한 종, '이스라엘'은 누구를 가리킬까? 미리 5-6절을 읽어보자. 이 종이 감당해야 할 역할이 있다. 즉 이스라엘이 감당치 못한 일을 수행하러 왔음을 본다. 하나님은 이 종을 통해 영광을 받으실 것이다. 그렇다면 선지자를 가리킬까? 그러나 그 어떤 선지자도 '이상적인 이스라엘'로 간주될 수 없다.

2) 본문의 직역은 "그는 범죄자들과 함께 자신의 무덤을 배정받았으며, 죽을 때에는 부자들과 함께 묻혔다."이다. 그런데 이 두 부류의 사람들은 일반적으로 동일한 종류의 무덤에 묻히지 않는다. 그래서 어떤 이들은 '부자들'을 '행악자들'로 보려고 하기도 한다. 그러나 여기 본문에서는 반의적인 평행법을 염두에 둔 것 같다. 악인들과 함께 묻으려 했었으나 그러나(Yet, וְ) 그가 죽은 후에 부자와 함께 묻혔다는 것이다. 그 이유는(Because, עַל) 그는 강포를 행치 않았고, 거짓을 입에 담은 적도 없었기 때문이다. 마태복음에서는 이 예언이 어떻게 성취되었다고 말하는가?

주님께서 살아나시다(눅 24:1-12)

같이 읽을 곳(마 28:1-6; 눅 24:1-12; 요 20:1-10]

하나님의 구속행위의 중심 요점은 예수 그리스도의 십자가요, 그것은 그 분 자신의 승리적 부활로 절정을 이룬다. 부활이 없는 기독교는 절대 불가능하다. 부활의 개념은 사도적 신앙의 핵심이다. 바울은 부활이 없는 신앙은 존재하지 않으며 부활이 없으면 기독교인은 모든 사람 중에 가장 불쌍한 사람이라고 했다(고전 15:19). 부활한 몸은 인간의 기본적인 기능, 곧 생각과 의지와 감정을 모두 갖추고 있다. 그러나 새로운 몸은 죽지 않는다는 것이다(고전 15:42-28).

1. 안식 후 첫날 새벽에[1] 이 여자들이(갈릴리에서 예수와 함께 온 여자들이) 그 준비한 향품을 가지고 무덤으로 달려갔다.

(1) 요 20:1-2에서는 막달라 마리아가 시신에 기름을 바르려고 무덤가에 도착했다고 기록했다. 그런데 이미 돌이 굴려져 있는 것을 목격한다(눅 24:2 "돌이 무덤에서 굴려 옮겨진 것을 보고"). 여인들은 놀라서 이 사실을 베드로와 요한에게 알린다(눅 24:12; 요 20:3-10). 다른 복음서에서는 어떻게 표현하고 있을까?

- 마 28:1 "안식일이 다 지나고 **안식 후 첫날**[1]이 되려는 새벽에 막달라[2] 마리아와 다른 마리아가 무덤을 보려고 갔더니"
- 막 16:1 "안식일이 지나매 ① 막달라 마리아와 ② 야고보의 어머니 마리아와 또 ③ 살로메[3]가 가서 예수께 바르기 위하여 향품을 사다 두었다가 2 안식 후 첫날 매우 일찍이 해 돋을 때에 그 무덤으로 가며"

(2) "들어가니 주 예수의 시체가 보이지 아니하더라."(눅 24:3) 이 여인들의 큰 걱정은 "누가 우리를 위하여 무덤 문에서 돌을 굴려 줄까" 하는 것이었다. 그러나 돌이 이미 굴려져 있었다("눈을 들어본즉 벌써 돌이 굴려져 있는데 그 돌이 심히 크더라", 막 16:3). 물론 이들은 예수님이 부활했을 것이라는 생각은 전혀 하지 못했다. 이들은 급하게 안치한 예수님의 시신에 관습을 따라 향유를 바르기 위해서 왔을 뿐이다.

마 28:2 [보라, behold, ἰδοὺ]

큰(μέγας) 지진(earthquake, σεισμός)이 나며

1) 유대인의 하루는 해가 질 때부터 다음 날 해질 때까지이다. 준비일 다음 날은(마 27:62) 안식일(=토요일)을 가리킨다. 안식 후 첫날이란 일요일 아침을 말한다. 곧 토요일 밤이 일요일로 이어지면서 날이 샜을 때 여인들은 다시금 무덤으로 갔다. 이 여인들은 예수님이 십자가에 달리실 때, 끝까지 현장에 있었다.

2) 막달라 - 고대에 염색 공업과 가는 베 직물 공업으로 유명했다고 한다. 무역과 조선, 농경으로 크게 부한 성읍이었다. 도적적으로 부패한 곳이기도 했다.

3) 살로메 - 막 15:40과 마 27:56을 보면, 세베대의 아내일 가능성이 크다.

주의 천사가(ἄγγελος κυρίου) 하늘로부터 내려와
돌을 굴려 내고 그 위에 앉았는데

(2) 베드로와 요한이 무덤에 도착했다. 그런데 요한이 베드로보다 빨리 달려 무덤 안을 들여다보았다. 흰 세마포가 보였다. 그리고 베드로도 와서 무덤 안으로 들어가 본다.

> 눅 24:4 이로 인하여 근심할 때에(when)[1]
> 두 사람이[2] ——— 문득(보라, ἰδού) 곁에 섰는지라
> /찬란한 옷[3]을 입은

1) 아포레오(ἀπορέω) - 어쩔줄 몰라하다, 당황하다라는 의미이다.

2) 여기서 '사람'은 마가복음 16:5에는 '청년'으로 되어 있다. 마태복음 28:5에서는 '천사'로 되어 있다.

3) '찬란한'이라는 단어 '아스트랍포'(ἀστράπω)는 '번쩍이다'라는 의미로 눅 17:24에서 쓰였다.

(3) 구약에서 천사들은 종종 인간처럼 나타났다(수 5:13). 본문에 나타난 사람은 천사의 옷을 입고 있었다(빛나는 옷이나 몸을 입고 나타난다. - 참고. 왕하 6:17; 단 10:5-6). 그러자 여자들은 너무 두려워 얼굴을 땅에 댔다(5절). 물론 이 여자들은 제3일에 부활하시겠다고 말씀하신 사실을 완전히 잊어버리고 있었다.

"두 사람(천사)이 이르되 어찌하여 살아 있는 자를 죽은 자 가운데서 찾느냐? **여기 계시지 않고 살아나셨느니라.**"

"갈릴리에 계실 때에 너희에게 어떻게 말씀하셨는지를 기억하라." (어디에, 어떻게 말씀하셨나?)

7 이르시기를 '인자가 죄인의 손에 넘겨져 십자가에 못 박히고 **제삼일에 다시 살아나야 하리라** 하셨느니라' 한대 (그러나 사람들은 주님께 하신 이 말씀을 크게 개의치 않았다. 그들이 기대했던 것과는 달랐기 때문이었다.)

- 눅 9:22; 18:32, 33을 보라.

• 9:22 "이르시되 인자가 많은 고난을 받고 장로들과 대제사장들과 서기관들에게 버린 바 되어 죽임을 당하고 **제삼일에 살아나야 하리라** 하시고"

• 18:32 "인자가 이방인들에게 넘겨져 희롱을 당하고 능욕을 당하고 침 뱉음을당하겠으며33 그들은 채찍질하고 그를 죽일 것이나 그는 **삼 일 만에 살아나리라** 하시되"

(4) 이 여인들은(=막달라 마리아와 요안나와 야고보의 모친 마리아라 또 그들과 함께 한 다른 여자들) 무덤에서 돌아가 이 모든 것을 열한 사도와 다른 모든 이에게 알렸다(9절). 그러나 사도들은 이들의 말이 '허탄한 듯이'(허튼 말, 잡담) 들렸기 때문에 믿지 아니했다(11절).

(5) 부활 사건에 대해서는 복음서마다 그 기록이 조금씩 다르다. 빈 무덤에 대한 이야기 정도가 같을 뿐이다. 관련된 사람도 다르고, 장소의 다양성도 증인들의 다양성만큼 크다. 이 구조적인 차이를 어떻게 설명할 수 있을까? 이 부분에 대해서는 동교재, 요한복음 20장의 설명을 참고하기로 하자.

438

엠마오로 가는 길에서 나타나심(눅 24:13-35)

• 엠마오: 예루살렘에서 이십오 리 되는 거리에 있다.

헥세콘타(ἑξήκοντα) -- 육십(sixty)을 의미한다. (about seven miles) (11.2km정도) / 확실한 장소는 알지 못한다.

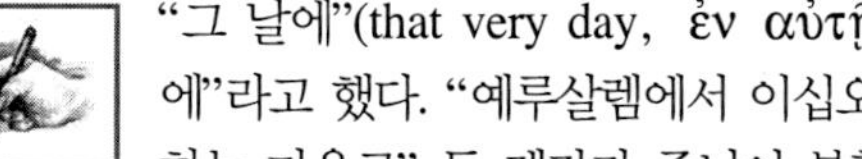

"그 날에"(that very day, ἐν αὐτῇ τῇ ἡμέρᾳ), 마가복음에서는 "그 후에"라고 했다. "예루살렘에서 이십오 리(ἑξήκοντα헥세콘타) 되는 엠마오라 하는 마을로" 두 제자가 주님이 부활하신 그 날 아침에 전해 들은 이야기를 하면서 가고 있었다. 물론 이들은 이 전해들은 이야기를 허탄한 말로 여기고 있었다(14절). 이들이 이야기 하는 내용은 '그리스도의 부활이 과연 가능한 일이겠는가?' 하는 것이었다. 이때에 부활한 예수님이 그들에게 가까이 이르러 동행하셨다. 물론 이들은 "눈이 가리어져서 그인 줄 알아보지 못했다"고 했다(16절).

1. 주님은 두 제자에게 다가와 '너희가 길 가면서 서로 주고받고 하는 이야기가 무엇이냐?' 고 무르셨다.

(1) 우선 두 사람은 지금 같이 동행하고 있는 분이 주님이라는 사실을 알아보지 못했다. 오히려 알아차리지 못했기에 자연스럽게 이야기를 나눌 수 있었다. 이들은 "슬픈 빛을[1] 띠고(=침통한 표정으로) 머물러" 섰다. 그 중에 글로바(Κλεοπᾶς클레오파스)[2]라고 하는 제자가 대답을 했다.

1) 스퀴드로포스, σκυθρωπος looking sad

2) 다른 한 사람의 이름은 전설에 의하면 시몬이며, 이 두 사람은 예수님이 전도하라고 보내셨던 70인 제자 가운데 있었다고 한다(눅 10:1-24)

"당신이 예루살렘에 체류하면서도
요즘 거기서 된 일을 혼자만 알지 못하느냐?"

--거기서 일어난 일을 모르다니, 그런 사람이 당신말고 어디 또 있겠습니까? (공동)

(2) 너무 어이가 없다는 표정이었다. 아마 예루살렘에서는 그리스도의 죽음 사건과 또 그가 다시 살아났다는 소문까지 있어 소란했던 모양이다. 그리고 그 동안 예루살렘에서 일어났던 사건 전모를 설명한다.

"나사렛 예수의 일인데요, 그는 하나님과 모든 백성 앞에서 말과 일에 능하신 선지자입니다. 그런데 대제사장들과 관리들이 사형 판결에 넘겨 주어 십자가에 못 박았습니다. 우리는 이 사람이 이스라엘을 속량할 자라고 바랐습니다. 이 일이 일어난 지 벌써 사흘째입니다. 더욱 놀라운 것은 어떤 여자들이 새벽에 무덤에 갔다가 그의 시체는 보지 못하고 와서 그가 살아나셨다 하는 천사들의 나타남을 보았다는 거에요. 그 말을 전해 듣고 다른 제자들도 무덤으로 달려가 과연 여자들이 말한 바와 같음을 보았으나 예수는 보지 못하였답니다"(19-24절).

눅 24:25 [예수께서] **이르시되** (...하시고)
/미련하고(아노에토스, ἀνόητος) - 어리석은, 현명치 못한
더디 믿는 자들이여!
/선지자들이 말한 모든 것을 마음에
26 /그리스도가 ┬ 이런 고난을 받고
└ 들어가야 할 것이 아니냐?
/자기의 영광에

더디다(브라디스, slow) - 정신적으로나 영적으로 느린 사람을 가리킨다. 마음이 둔하거나, 이해가 더딘, 믿는 것이 더딘 사람들.

(3) 이들에게 주님은 가벼운(?) 책망을 하신다. 미련하고 마음에 더디 믿었기 때문이다. 물론 악한 자라는 뜻은 아니다. 이들은 선지자들의 말을 더디 믿었다는 말이다. "이에 모세와 모든 선지자의 글로 시작하여 모든 성경에 쓴 바

고대 엠마오

자기에 관한 것을 자세히 설명하셨다"(27절). 선지자의 글에 '메시야는 먼저 고난을 받고, 그런 다음에 영광에 들어가야 한다고 말하지 않았느냐?' 따라서 몇일 전에 십자가에 못 박하신 예수가 곧 메시야임을 자세히 설명해 주셨다.

(4) 이런 대화 가운데 마을 가까이 오게 되었고, 예수님께서 더 멀리 가는 척 하시자 두 제자는 "저녁 때가 되고, 날도 이미 저물었으니 우리 집에 묵으십시오."라고 강권했다.

눅 24:30 [예수께서] ── 그들과 함께 음식 잡수실 때에(when)
└ 떡을 가지사 축사하시고 떼어 그들에게 주시니
31 그들의 눈이 ─ 밝아져(διηνοίχθησαν)그인 줄 알아 보더니
예수는 ─── 보이지 아니하시는지라
/그들에게

눈이 '밝아져'(디아노이고, διανοίγω의 과거 수동태) - 그들의 영안이 열려 그가 예수님임을 알아볼 수 있었다(왕하 6:17 참조).

(5) 눈이 '밝아져'라는 말 '디아노이고'(διανοίγω)는 눈과 함께 사용되어 '이해한다'는 의미를 지닌다(눅 24:45). (참조 왕하 6:17 "기도하여 이르되 여호와여 원하건대 그의 눈을 열어서 보게 하옵소서 하니 여호와께서 그 청년(사환)의 눈을 **여시매** (opened)[1]그가 보니 불말과 불병거가 산에 가득하여 엘리사를 둘렀더라"). 그들의 눈이 밝아져 주님인 줄 알아 보았다. 그러나 곧 예수님은 그들에게 보이지 아니하셨다(He vanished from their sight).

1) 파카흐(פָּקַח): (눈을) 열다 / (너희 눈이) 밝아(창 3:7; 사 35:5)

제자들은 처음에 주님을 알아보지 못했다. 다른 모양으로 나타나셨기 때문이다(막 16:12; 요 20:15)

2. "성경을 풀어 주실 때에 우리 속에서 마음이 뜨겁지 아니하더냐?"

눅 24:32 그들이 서로 **말하되**
/마음이 ─ 뜨겁지 아니하더냐
/우리 속에서
/길에서 우리에게 말씀하시고
우리에게 성경을 **풀어 주실 때에**

뜨겁다(카이오 καίω): 불타다, 불태우다 / 여기서는 비유적 의미로 '불타다'란 의미로 사용되었다. 마음이 불타다. 성경을 풀어주실 때에 마음이 뜨거워졌다. 성경을 바로 풀어 전달할 때, 말씀의 능력이 나타난다.

(1) 성경을 '풀어 주실'(διανοίγω 디아노이고 =열다, 설명하다) 때에, 예수님께서 자신이 그리스도라는 성경의 의미를 '설명하실 때'(while He was *explaining* the Scriptures)에 속에서 마음이 뜨꺼워졌다는 것이다. 사도행전에서도 같은 의미로 사용되었다(행 17:3 "**뜻을 풀어** 그리스도가 해를 받고 죽은 자 가운데서 다시 살아야 할 것을 증명하고...").

(2) 이 뜨거움은 이들을 그대로 내버려두지 않았다. 그들은 "곧 그 때로 일어나"(And they arose that very hour), 즉 곧바로(αὐτῇ τῇ ὥρᾳ) 일어나 전속력으로 예루살렘으로 줄달음쳤다(11.2km나 되는 거리를 단숨에). 그곳에 가보니 "열한 제자 및 '그들과 함께 한 자들'(9절)이 모여 있었다." 이 두 사람은 지금 자신들이 본 것을 말함으로써 부활의 증거를 확실히 했다.

> 눅 24:34 [그들이]ㅡ **말하기를** (...하는지라)
> /주께서ㅡ┬과연 살아나시고
> └ 시몬에게[1] 보이셨다

(3) 여기 모인 사람들은 모두들 "주님께서 확실히 살아나시고 시몬(베드로)에게 나타나셨다"하고 말을 하고 있었다는 것이다. 그런데 이 "두 사람도 길에서 된 일과 예수께서 떡을 떼심으로 자기들에게 알려지신 것을 말하였다." 따라서 부활의 증거가 더욱 확실해 졌다.[2]

1) 베드로가 무덤을 찾아간 사실은 누가복음 24:12에 기록이 있지만, 부활하신 주님을 만났다는 기록은 고전 15:5밖에는 없다. "게바에게 보이시고 후에 열두 제자에게와..."

2) 그러니까, 예수님게서 부활하신 첫날에만 다섯 번 나타나셨다.
- 막달라 마리아에게(요 20:14)
- 제자들에게 소식을 전한 여자들에게(마 28:9)
- 베드로에게(눅 24:34)
- 엠마오로 가는 제자들에게(눅 24:13이하)
- 그리고 밤에 열한 사도에게(눅 24:36)

열한 제자에게 나타나심(눅 24:36-43)

(마 28:16-20; 막 16:14-18; 요 20:19-23; 행 1:6-8]

1. 이런 이야기들을 나누고 있을 때 예수님께서 나타나 그들 가운데 서셨다. 그리고 "너희에게 평강이 있을지어다" 하셨다. 아래의 설명은 동교재, 요한복음에서 가져왔다.

(1) 예수님의 부활은 분명히 육체적 부활이었다.[3] 그가 죽기 전에 가졌던 육신보다도 더 새롭고 차원 높은 능력을 소유한 몸이었다. 복음서들은 예수님의 부활이 육신의 부활이었음을 길게 논증한다. 따라서 그가 묻혔던 무덤은 빈무덤이 되었다. 지금 요한이 강조하고 있는 부활의 성격이다. 그것은 바로 예수님의 몸(σῶμα)의 부활이었다. 예수님의 몸이 실제적인 몸이었음을 강조한다(마 28:9; 요 20:17, 27).

3) 누가는 부활한 예수님을 만나기 전까지는 부활을 믿지 않았던 두 제자들에 대해서도 길게 언급한다(눅 24:22 이하). 요한은 마리아가 빈 무덤을 보고 누가 옮겨간 것으로 본 이야기를 언급했다(요 20:2).

(2) 그가 실재의 몸을 가졌으며 몸이 없는 영이 아니라는 것을 확증한다. 부활한 예수님은 잡수실 수 있었다. 누가복음 24:42-43에서는 제자들 앞에서 그의 부활이 신체적임을 보여준다(눅 24:39).

- 눅 24:37 "그들이 놀라고 무서워하여 **그 보는 것을 영으로(πνεῦμα) 생각하는지**

from 동교재, 마태복음 28장

• 막 16:5 "무덤에 들어가서 흰 옷을 입은 한 청년(네아니스코스, νεανίσκος)이 우편에 앉은 것을 보고 놀라매" (마 28:5 - 천사들 / 눅 24:4 두 사람)

1) 공동번역은 "이 광경을 본 경비병들은 겁에 질려 떨다가 까무러쳤다"고 번역했다. 천사는 청년의 모습을 하고 있었지만(막 16:5 참조) 감히 쳐다볼 수 없었을 것이다.

마태 28장

2 큰 지진이 나며 주의 천사가 하늘로부터 내려와 돌을 굴려 내고 그 위에 앉았는데

3 그 형상이 번개 같고 그 옷은 눈 같이 희거늘

4 지키던 자들이 그를 무서워하여 떨며 죽은 사람과 같이 되었더라

5 천사가 여자들에게 말하여 이르되 너희는 무서워하지 말라 십자가에 못 박히신 예수를 너희가 찾는 줄을 내가 아노라

6 그가 여기 계시지 않고 **그가 말씀 하시던 대로 살아나셨느니라** 와서 그가 누우셨던 곳을 보라

마 28:6 그가 — 여기 **계시지 않고**(οὐκ ἔστιν ὧδε, He is not here)
//(for, γάρ)
그가 — 살아나셨느니라(He has risen)
/말씀 하시던 대로(just as He said)
[너희는] — **와서**
— **보라**
/그가 누우셨던 곳을

말씀하시던 대로(καθὼς εἶπεν) - 예수님께서는 제자들에게 자신의 임박한 고난과 죽음 그리고 부활을 분명하게 알리셨다. 그러나 제자들은 그 의미를 이해하지 못했을 뿐 아니라 예수님께 묻기조차 무서워했다(막 9:32; 눅 18:34)고 했다. 주님께서 부활하시기 전에는 제자들이 충분히 이 사건을 이해할 수 없었다(요 16:12; 눅 24:45).

와서 보라(Come, see). - 부활의 확실함을 보라고 말한다. 이 보다 확실한 증거가 있는가? 유대의 지도자들은 빈 무덤을 확인했지만 예수의 제자들이 시신을 훔쳐갔다고 거짓 소문을 퍼뜨렸다(마 28:11-15).

'살아나셨느니라'(ἠγέρθη)고 번역된 말은 부정과거 수동태이다. '일으켜지셨다'는 의미이다(He has risen). 일으키신 분이 하나님이심을 암시한다. 예수님의 부활은 성부 하나님과 성자 예수님의 공동 협력에 의한 영광스러운 승리라고 말할 수 있다(고영민, 원문성경).

훗날 사도들이 가장 강조해서 증거한 메시지는
예수님의 부활이었다(행 4:33). 부활이 한결같은 초대교회의 핵심 메시지였다.
그 뒤로 사도들이 박해를 받았던 것도
끊임없이 부활을 증거했기 때문이었다(행 4:1-2; 5:31-32).

- 요 20:19
  이 날 곧 안식 후 첫날 저녁 때에 제자들이 유대인들을 두려워하여 모인 곳의 문들을 닫았더니 예수께서 오사 가운데 서서 이르시되 너희에게 평강이 있을지어다.

"문들을 닫았음에도 불구하고"(요 20:19, 26) - 예수님께서 열린 문을 통해서 들어오지 않으셨다. 부활한 예수님의 몸은 새롭고 놀라운 능력들을 소유하셨다. 부활하신 예수님의 몸은 신체적인 제약들을 초월하는 능력을 소유하셨다. 그것은 자연적인 질서와 상호작용할 수는 있지만 동시에 그러한 질서를 초월한다. 이 말씀을 하시고 제자들에게 손과 옆구리를 보이셨다. 예수님이 몸이 없는 영으로 임한 것이 아니라 실재의 몸으로 오셨음을 보여주셨다. 따라서 제자들은 주님을 보고 크게 기뻐했다.

라 38 예수께서 이르시되 어찌하여 두려워하며 어찌하여 마음에 의심이 일어나느
냐 39 **내 손과 발을 보고 나인 줄 알라 또 나를 만져 보라 영(πνεῦμα)은 살
(σάρξ)과 뼈(ὀστέον)가 없으되** 너희 보는 바와 같이 나는 있느니라 40 이 말씀
을 하시고 손과 발을 보이시나 41 그들이 너무 기쁘므로 아직도 믿지 못하고 놀랍
게 여길 때에 이르시되 여기 무슨 먹을 것이 있느냐 하시니 42 이에 구운 생선 한
토막을 드리니 43 받으사 그 앞에서 잡수시더라."

(3) 문들이 닫혔음에도 불구하고 "예수께서 오사 그들 가운데 서신 것이다"(26절). 또 예수님은 엠마오에서 두 제자와 떡을 뗀 후에 갑자기 그들 앞에서 사라지기도 하셨다(눅 24:30, 31, "그들과 함께 음식 잡수실 때에 떡을 가지사 축사하시고 떼어 그들에게 주시니 31그들의 눈이 밝아져 그인 줄 알아 보더니 **예수는 그들에게 보이지 아니하시는지라**").

(4) 그래서 제자들은 놀라고 무서워하여 그들이 보는 것을 영으로 생각할 정도였다(눅 24:36-37*). 예수님의 부활은 무덤의 돌이 굴려지기 전에 이미 일어난 것이었다. 마 28:2의 지진이 난 사건은 예수님을 위한 것이 아니라 제자들을 위한 것이었다.

• 눅 24:37 그들이 놀라고 무서워하여 그 보는 것을 영으로 생각하는지라

38 예수께서 이르시되 어찌하여 두려워하며 어찌하여 마음에 의심이 일어나느냐

39 내 손과 발을 보고 나인 줄 알라 또 나를 만져 보라 영은 살과 뼈가 없으되 너희 보는 바와 같이 나는 있느니라

40 이 말씀을 하시고 손과 발을 보이시나

(5) 이 부활에 대한 복음서의 증거는 고린도전서 15장에 실린 부활에 관한 논리에서 강화된다. 부활한 예수님의 몸은 그의 상처를 보일 만큼 신체적이면서도 동시에 닫혀진 문들을 통과할 만큼 비물질적인 것이었다. 예수님의 부활은 종말론적인 부활의 첫 열매이다(고전 15:20, 23). 아담 안에 있는 모든 사람이 아담과 연합되어 있는 것처럼 그리스도 안에 있는 모든 사람들은 그와 연합되어 있다.[1)]

1) 예수님의 부활은 죽은 몸이 육신의 생명을 회복하는 것 이상이다. 그것 자체는 종말론적인 사건이다. 죽은 자의 부활은 이 세대의 종말에 속하며, 죽은 의인들은 오는 세대의 영생으로 인도될 것이다.

2. 그런데 지금 이곳에 모인 제자들 중에는 도마가 없었다고 했다. 요한복음 20:24-29절까지 살펴보자. (동교재, 요한복음)

(1) "열두 제자 중의 하나로서 디두모라 불리는 도마(Thomas, Θωμᾶς)는 예수께서 오셨을 때에 함께 있지 아니한지라"(요 20:24). 다른 제자들이 도마가 오자 그가 없을 때 일어난 일을 자세히 설명했다. "우리가 (육신을 입고 우리들 앞에 오신) 주를 보았소." 물론 도마는 절대 그런 일은 있을 수 없다고 펄쩍 뛰었다. "내가 그의 손의 못 자국을 보며 내 손가락을 그 못 자국에 넣으며 내 손을 그 옆구리에 넣어 보지 않고는 믿지 아니하겠노라"(25절).

(2) 그런데, 여드레를 지나서 제자들이 다시 집 안에 있었다. 물론 이때에는 도마도 함께 있었고 문들도 닫혀 있었다.

요 20:26 예수께서 ┬ **오사** 가운데 **서서**
└ **이르시되** (...하시고)
/평강이 너희에게 (있을지어다)

27 도마에게 **이르시되**
/네 손가락을 이리 내밀어 내 손을 보고 네 손을 내밀어 내 옆구리에 넣어 보라

(3) 도마에게는 헌신과 열정도 있었다(요 11:16, "디두모라고도 하는 도마가 다른 제자들에게 말하되 우리도 주와 함께 죽으러 가자 하니라."). 그러나 그는 예수님을 만나 옆구리에 직접 손을 넣어보지 않고는 믿을 수 없다고 했다. 물론 다른 제자들도 예수님이 부활하셨다는 여인들의 말을 믿지 않았었다(막 16:10, 11; 눅 24:11). 예수님은 의심하는 도마에게 직접 손가락을 확인해 보라고 하셨다. 예수님은 이제 "그리하여(and, καὶ) **믿음 없는 자**(ἄπιστος)[1]가 되지 말고 **믿는 자**(πιστος)가 되라"고 하셨다. 물론 그렇다고 주님은 도마를 꾸짖지 않으셨다.

1) 믿음 없는 자(아피스토스) ἄπιστος 여기서는 불충성한 것이 아니라 아직 믿지 않는 것을 말한다. 이 단어는 복음에 대한 믿음을 거부하는 자들에 대해서도 사용되었다(고전 6:6; 딤전 5:8). 물론 도마가 예수님을 믿지 않았다는 것이 아니라 그의 부활을 믿지 않았다는 말이다. 그러나 그의 부활을 믿지 못한다면, 이는 불신자와 같은 일이다.

(4) 비록 도마는 의심의 과정을 거쳐 인정했지만 놀라운 신앙고백을 한다.
"나의 주님이시요 나의 하나님이시니이다"(My Lord and my God!)
(ὁ κύριός μου καὶ ὁ θεός μου.)

요 20:29 예수께서 — **이르시되**(...하시니라)
/너는 나를 본 고로 믿느냐
ὅτι ἑώρακάς με πεπίστευκας;
보지 못하고 믿는 자들[2]은 복되도다

2) 주님은 표적을 보고도 믿지 않는 사람들이 많음에 놀라셨다(요 6:27, 11:47, 12:37). 주님은 표적이 아니면 도무지 믿지 아니하는 유대인들을 책망하셨다(요 4:48, 6:30). 도마나 제자들은 부활하신 주님을 보고서야 믿었지만 이후로는 제자들의 증거를 듣고 믿어야만 한다. 주님은 보지 못하고 믿는 자들이 복이 있다고 하셨다.

(5) 주님은 표적을 보지 못하고 믿는 자들은 복되다고 하셨다. 믿음은 단순한 신뢰가 아니라 결국 증거에 대한 인간의 반응이다. 그것이 진술된 것이든(요 17:20, 내가 비옵는 것은 이 사람들만 위함이 아니요 또 그들의 말로 말미암아 나를 믿는 사람들도 위함이니), 기록된 것이든(요 20:31, 예수께서 제자들 앞에서 이 책에 기록되지 아니한 다른 표적도 많이 행하셨으나) 상관없이 제자들의 증거의 말을 신앙하는 믿음의 반응일 것이다(G. E Ladd).

눅 24:41 "그들이 너무 기쁘므로 아직도 믿지 못하고 놀랍게 여길 때에 이르시되 여기 무슨 먹을 것이 있느냐 하시니 42 이에 구운 생선 한 토막을 드리니 43 받으사 그 앞에서 잡수시더라."

마음을 열어 성경을 깨닫게 하심(눅 24:44–49)

1. 주님은 부활하신 이후에도 제자들이 모인 자리에서 메시야에 대한 성경의 예언이 어떻게 성취되어졌는가에 대해서 자세히 강론하셨다.

눅 24:44 [예수께서] 또 **이르시되**
/한 말이 ――― 이것이라
/내가 너희와 함께 있을 때에
/모든 것이 ―― 이루어져야 하리라
/너희에게 말한 바
/곧 모세의 율법과 선지자의 글과 시편에 나를 가리켜 기록된 ― 구약 성경을 가리킨다.

내가 전에 너희들과 함께 있을 때에도 했던 말인데... 즉 모세의 율법과 예언서와 시편, 그러니까 구약 성경에 기록된 것이 결국 나를(=예수님을) 두고 한 말이다. 이 예언들이 반드시 다 이루어져야 한다.

(1) "모든 것이 반드시(must, δεῖ) 다 이루어져야 하리라"(be fulfilled). 즉 구약에 기록된 것은 무엇이든지(고난, 죽음, 그리고 부활 등) 다 그리스도에게서 성취되어야만 한다는 것이다. 주님은 하나님께서 다양한 방법으로 예언하셨는데, 이제 그 모든 것의 의미와 참뜻을 자세히 설명해 주셨다. "이에 그들의 마음을 열어 성경을 '깨닫게 하시고'[1](συνιένα부정사 현재)"(45절).

(2) 유대인들은 메시야(그리스도)가 십자가에 못박혀 죽는다는 것은 상상할 수가 없었다. 그런데 부활하신 주님께서 제자들에게 나타나 "그리스도가 **고난을 받고**[2] 제삼일에 죽은 자 가운데서 살아날 것이라는 예언이 이제 어떻게 성취되었는가"에 대해서 자세히 가르쳐 주셨다(눅 24:25-27, 44-49). 예수님께서 그리스도로서 당하셔야만 했던 고난의 당위성은 구약에서 계속적으로 증거하였음을 앞에서 살펴보았다.

(3) 따라서 복음서 기자들은 "성취하려 하심이라" "기록된 것 과 같이"라는 형식을 통해서 증거했다(막 14:21, 14:27; ; 눅 24:46). 그러므로 예수님의 죽으심은 운명에 의해 결정된 것이 아니다. 그의 죽으심은 하나님의 섭리에 따라 하나님의 뜻을 수행한 것이었다.

1) 제자들은 예수님이 받으시는 고난의 의미를 잘 깨닫지 못했다(눅 18:34). 따라서 이들의 아둔함을 깨닫게 하신 분은 부활하신 주님 자신이셨다(눅24:45).

2) 고난을 당하다 (파스코, πάσχω) - 그리스도의 고난은 우연적인 것이 아니라 신적인 필연성에 기인한 것이다(마 16:21; 눅 17:25, 24:26; 행 17:3). 이는 구약성경에서 예언된 것임을 말하고 있다(눅 24:26; 행 3:18).

2. 따라서 이제부터 (47절, "예수의 이름으로 죄 사함을 받게 하는 회개의") 복음이 전파되어야 한다는 것이다.

(1) 예루살렘은 물론 유다, 사마리아(행 8:5*) 그리고 땅끝까지 복음을 증거해야

• 행 8:5 "빌립이 **사마리아 성에** 내려가 그리스도를 백성에게 전파하니"

• 행 1:22 "항상 우리와 함께 다니던 사람 중에 하나를 세워 우리와 더불어 예수께서 부활하심을 증언할 사람이 되게 하여야 하리라."

한다(행 1:8). "너희는 이 모든 일의 증인이라"(행 13:31). 제자들은 회개와 하나님 나라를 선포하고 병자들을 고치도록 보냄을 받았다(막 16:15, 20). 예수님을 대신하여 일할 제자들의 사명은 부활 이후에야 비로소 그들에게 주어졌다(눅 24:48; 행 1:22*). 예수님의 부활은 일반 부활의 첫 멸매이다(행 26:23; 잠자는 자들의 첫 열매이다 - 고전 15:20).

위로부터: ἐξ ὕψους
from on high
휩소스(ὕψος)는 '높음, 높은 곳'을 가리킨다. 즉 하늘의 높은 곳을 말한다. 그 곳으로부터 오는 것은 하나님 자신으로부터 오는 것이다. 즉 '하나님'을 뜻하는 용어이다.

눅 24:49 볼지어다
내가 —— 너희에게 보내리니
/내 아버지께서 약속하신 것을
너희는 — 이 성에 머물라(καθίσατε)
/입혀질 때까지(받을 때까지)
/위로부터
/능력으로

약속하신 것(the promise) - 여기서는 '성령'을 가리킨다(행 1:4, 5). 메시야는 아버지의 약속하신 성령을 받아 제자들에게 나누어주셨다(행 2:33).

(2) 이제 제자들은 온 세상에 복음을 전파해야 한다. 사도들이 전해야 될 곳은 온 세상이다. 그런데 복음을 전파할 때 위로부터 오는 능력을 받아야 한다. 위로부터 오는 능력을 받을 때까지 이 성에 머물러야 한다. 그렇지 않고 열심만으로는 복음을 전하다가는 실패할 것이다. 따라서 이들은 마가의 다락방에서 그 능력을 받을 때까지 기다려야만 했다(행 1:4, "사도와 함께 모이사 그들에게 분부하여 이르시되 **예루살렘을 떠나지 말고** 내게서 들은 바 아버지께서 약속하신 것을 **기다리라**(wait, περιμένω)." 제자들은 며칠 후에 성령으로 세례를 받을 것이다(행 1:5).

(3) 이렇게 구속이 완성되었지만 천국은 또다시 그 목적을 성취하고 그 안에 시사된 많은 사람들을 위한 열매가 맺기 위한 시간이 필요하다. 십자가의 죽음으로부터 승천하실 때까지 40일 동안 이 땅에 계시면서 확실한 많은 증거로 제자들에게 나타나셨다(행 1:3).[1] 예수님께서 부활 승천하신 후에 제자들은 그리스도의 부활과 승리를 복음의 주요 요소로 전파했다.

(4) 예수님은 제자들에게 "모든 족속을 제자로 삼아라(μαθητεύσατε)"는 명령을 주셨다. 제자들은 예수님으로부터 그 무한한 능력으로 부름을 받아 과업을 계속하게 될 것이다(눅 22:29, "내 아버지께서 나라를 내게 맡기신 것 같이 나도 너희에게 맡겨"). 예수님이 세상 끝 날까지 항상 함께 하실 것이기 때문이다.[2]

1) 예수님의 부활 행적은 고전15장에서 가장 포괄적으로 명시되어 있다.

2) 이제 제자들은 이 모든 것들, 곧 그리스도의 고난, 죽으심, 부활의 증인이 되어야 한다(눅 24:46-48).

예수님께서 승천하신 후에
제자들은 그리스도의 부활과 승리를
복음의 주요 요소로 전파했다.

제자들은
아버지께서 약속하신 성령을 받고
하늘의 권능을 받아
복음의 증인의 역할을 해야 한다.
교회론적 역사과정을 거친 후에
하나님 나라는 그 궁극적 성취를
보게 될 것이다.

주님은 그의 메시야적 통치를
수행하기 위해 다시 오실 것이다.

우리는 지금 주의 재림을
기다리고 있다.

승천(눅 24:30–53)

같이 읽을 곳(막 16:19–20; 행 1:9–11)

주님은 제자들을 데리고 감람산과 인접한 베다니로 가셨다. 그리고 그들에게 손을 들어 축복해셨다(50절). 누가복음에서는 '베다니'라고 승천하신 장소까지 밝혀주고 있다. 사도행전에서는 감람산으로 소개하고 있다(행 1:12).

(1) 제자들은 주님이 부활하실 때의 장면을 볼 수 없었지만 승천하실 때에는 모두가 볼 수 있었다. 누가는 승천의 중요성과 그 의미를 사도행전의 첫 서두에서부터 집중하기 시작한다. 이제 복음은 제자들을 통해 이방인에게 신속하게 증거될 것이다. 계속해서 사도행전을 공부해 보자.

(2) 주님은 거기 모인 제자들에게 손을 들어 축복하시고 승천하셨다. 제자들은 [주님께 경배하고] 큰 기쁨으로 예루살렘에 돌아가 늘 성전에서 하나님을 찬송했다.

누가복음 공부는
여기서 끝냅니다.
보다 자세한 공부는
여러분 자신이 하셔야
합니다.

이런 구문 분석을 처음 대하시는 분들을 위하여

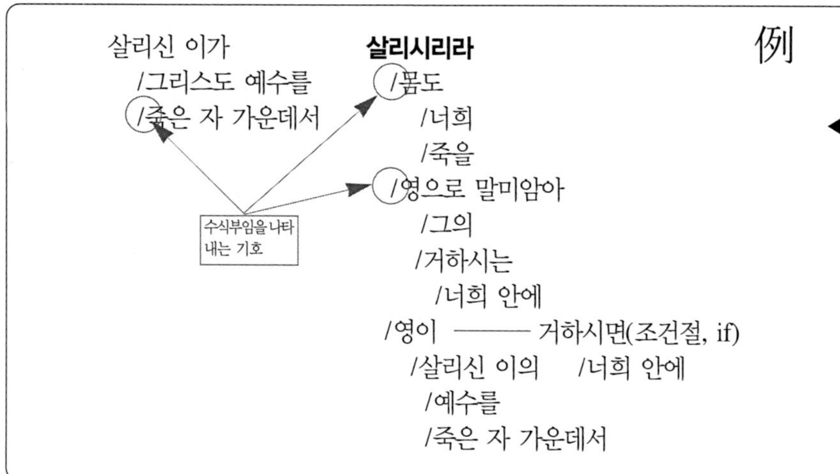

◀ 로마서 8장 11절의 경우 주문장을 제외한 모든 의미단위들은 주어인 '살리신 이'와 동사인 '살리시리라'를 각각 수식합니다.

例

28 우리가 **알거니와**
/모든 것이——합력하여 이루느니라
/선을
/사랑하는 자[에게는]
/하나님을
/곧(동격)
부르심을 입은 자들에게는
/그 뜻대로

▶ 로마서 8장 28-30절은 병렬관계의 종속문장 및 하위 종속관계의 종속문장 예문입니다.

종속문장

29 //(이유: ὅτι, for)
하나님이(=그가) —— 또한 미리 정하셨으니
/미리 아신 자들로(=에게)
/본받게 하기 위하여(=본받도록)
/형상을
/그 아들의

종속문장의 종속문장: 하나님이 미리 정하신 목적

//이는(목적: εἰς + 부정사, so that)
그로——맏아들이 되게 하려 하심이니라
/많은 형제 중에서

30 //또(이유: 계속)
[그가] —— 또한 부르시고
/미리 정하신 그들을
또한 의롭다 하시고
/부르신 그들을
또한 영화롭게 하셨느니라
/의롭다 하신 그들을

구문성경의 장점

1. 본문의 내용을 쉽게 이해할 수 있습니다.
2. 전체적인 본문의 흐름과 각 부분의 상세한 내용을 구조적으로 한 눈에 볼 수 있습니다.
3. 짧은 시간만으로도 본문을 깊이 이해할 수 있습니다.
4. 한글 성경만으로는 오해하거나 잘 알 수 없는 원문의 정확한 의미와 논리의 구조를 확실하게 파악할 수 있습니다.
5. 그러므로 저자의 의도와 감정을 접하는 경험이 가능합니다.
6. 본문 연구시 관찰이 쉽고, 해석시에 세밀한 부분까지 본문을 놓치지 않을 수 있습니다.
7. 간단한 원칙과 원리만 이해하면, 연구자가 자신의 목적에 맞게 자유롭게 활용, 응용할 수 있습니다.
8. 설교를 위한 본문의 주해 개요(대지 및 소지)를 쉽게 작성할 수 있습니다.
9. 성경공부 교재를 만들 때, 본문의 내용을 함축적으로 포함하는 질문과 내용들을 만들 수 있습니다.

본서에 사용된 구문분석은 서울성경연구원(www.sbi66.org)에서 발행된 『문맥성경』(도서출판 그리심)임을 밝힙니다.

- 마태복음~사도행전
- 로마서~요한계시록
- 모세오경
- 여호수아~열왕기하

• 현재(2021. 5) 출간된 『문맥성경』

(1) 옆 면의 설명과 같이 본 교재는 필요에 따라 구문을 인용해 설명했습니다. 그러나 모든 본문을 처음부터 끝까지 다 해설한다면, 교재 내용이 너무 복잡하여 책 부피도 그렇거니와 이 책이 이끌어가고자 하는 목적과도 맞지 않기 때문에 꼭 필요한 부분만 인용 설명했습니다.

(2) 또한 너무 자세한 분석을 피하고자 『문맥성경』을 조금 단순화, 변용시켜 적용하기도 했습니다. 때로는 헬라어 원문도 소개했지만, 꼭 필요한 분이 아니라면 무시하고 그냥 지나치셔도 됩니다.

(3) 앞에서 언급되었지만, ㄷ 교재는 일반 성도들이 성경을 좀더 깊이 있게 보게 하려는 의도에서 집필되었기에 많은 신학자들의 논쟁(?)은 제외되었습니다. 그래도 어떤 분들에게는 너무 어려울 수도 있습니다. 어쨌든 그냥 스쳐지나가는 본문들의 역사적 배경, 신학적 정리, 원어의 의미 등을 적정한 수준에서 소개하려고 했습니다. 그러다보니 반복적인 내용도 자주 등장할 것입니다. 물론 교역자님들도 일반 성도들의 지도를 위해 참고하실 수 있을 것입니다.

• 아래 두 곳은 구문성경을 통해 말씀을 더 깊이 배울 수 있는 곳입니다.

SBI Seoul Bible Institute

서울성경연구원

원장: 배동한(HP: 010-5495-3355)

문맥성경, SBI, 강해훈련, 귀납적 성경연구

홈: www.sbi66.org
E-mail : dhbae386@naver.com

[다음][네이버]에서 "서울성경연구원" 검색하여 홈피에 들어오시면 다양한 자료와 소식을 접할 수 있습니다.

GTBC 교육원
www.gtbc.or.kr

Email:biblestep@gmail.com
HP: 010 4203 9191
원장: 김강래

[다음카페][네이버카페]에서 "GTBC"를 검색하면 다양한 자료와 소식을 접할 수 있습니다.

백투더바이블 출간 계획(구약 · 신약)

1-1 창세기(상)
1-2 창세기(하)
2 출애굽기
3 레위기
4 민수기
5 신명기

6 여호수아
7 사사기
8 룻기
9 사무엘상
10 사무엘하
11 열왕기상
12 열왕기하
13 역대상 · 하
14 에스라 · 느헤미야
15 욥기
16-1 시편(상)
16-2 시편(중)
16-3 시편(하)
17 잠언
18 전도서
19 아가서 · 에스더

20 이사야
21 예레미야 · 애가
22 에스겔
23 다니엘

24 호세아
25 요엘 · 아모스
26 오바댜 · 요나 · 미가
27 나훔 · 하박국 · 스바냐
28 학개 · 스가랴
29 말라기

(신약)
1 마태복음
2 마가복음
3 누가복음
4 요한복음
5 사도행전
6 로마서
7 고린도전후서
8 갈라디아서

▶ 2022. 3월 현재 고딕은 출간 완료

▶ 출간 순서와 번호가 바뀔 수 있습니다.

백투더바이블(누가복음)

2022년 03월 20일 초판 인쇄
2022년 03월 25일 초판 발행

저 자 • 장 종 길
발행인 • 조 경 혜
발행처 • 도서출판 그리심
07030 서울시 동작구 사당로 2길 72 인정 B동(B01호)
등록번호 • 제 7-258호(1998. 4. 23)
출 판 사 • 전화 523-7589 팩스 523-7590
전자우편 • grisimcho@hanmail.net
홈페이지 • grisim.net
• http://smartstore.naver.com/grisimgrisim

• 저자와 협의하여 검인을 생략함.
• 이 책의 일부라도 저자나 출판사의 허락없이 사용할 수 없습니다.

ISBN 978-89-5779-466-5 94230
ISBN 978-89-88291-07-7 94230(세트)

값 : 책 뒷면에